다석일지 多夕日誌

제2권

다석일지 多夕日誌 제2권

1990년 3월 13일 초판 1쇄 펴냄
2024년 8월 20일 개정판 1쇄 펴냄

지은이 | 류영모
엮은이 | 다석학회
펴낸이 | 김영호
펴낸곳 | 도서출판 동연
등　록 | 제1-1383호(1992년 6월 12일)
주　소 | 서울시 마포구 월드컵로 163-3, 2층
전　화 | (02) 335-2630
팩　스 | (02) 335-2640
이메일 | yh4321@gmail.com
인스타그램 | instagram.com/dongyeon_press

ISBN 978-89-6447-779-3 94150
ISBN 978-89-6447-777-9 94150(다석일지 전집)

多夕日誌

多夕柳永模日誌

第二卷

류영모 씀 | **다석학회** 엮음

동연

다석일지多夕日誌를 출간하며

류영모柳永模 님은 사상思想에 동서양東西洋이 있을 수 없다고 하였다.

류영모 님은 YMCA 금요강좌에서 성경聖經, 불경佛經을 말하는가 하면 노장老莊, 공맹孔孟을 말하고 성리학性理學, 스토아 사상을 들려주는가 하면 에크하르트, 톨스토이를 들려주었다. 세계世界의 제 사상諸思想은 우리에게 물려준 유산인데 다 써야 한다고 하였다.

1960년 명문대학 법학도法學徒이던 주규식周揆植 님이 구도求道의 길로 나아가고자 법관法官의 길을 버리고 류영모 님의 말씀을 들었다. 한 해 동안 들었어도 류영모 님의 신앙의 정체正體를 알 수 없었다.

류영모 님께 주규식 님이 물었다.

"선생님께서는 모든 종교의 진리를 말씀하시는데 그 차이를 알고 싶습니다. 선생님께서는 어느 종교를 신앙하십니까?"

류영모 님이 대답하기를,

"나는 신앙이 아니라면 아니지요. 말을 하자면 비교종교를 하지요. 나는 여러 종교 간에 다른 점은 찾아낼 겨를이 없어요. 여러 종교 간에는 반드시 공통되는 점이 있어요. 그 공통성을 찾아내어 인식하고 생활화하는 게 나의 인생철학이지요. '어느 종교가 제일 좋은가'라고 누가 묻기에 '종교는 누구나 자기가 믿는 종교가 제일이지요'라고 대답해 주었어요."

이 말로도 다석사상多夕思想의 요체要締를 헤아릴 수 있다. 우리 앞에 벌려진 물심物心의 세계는 정반正反의 음양陰陽이 변증법적으로 움직여 나아가는 듯한데 이와는 달리 일이관지一以貫之하는 영원한 진리의 생명이 있다. 하나로 꿰뚫린 구멍 자리가 바로 류영모 님이 말한 모든 종교의 공통점이다. 멸망할 몸의 나에서 영원한 생명인 공통의 나로 솟나(부활復活)야 한다는 것이다. 류영모 님이 말한 공통의 나를 예수님은 얼의 나, 석가님은 법法의 나, 노자님은 도道의 나, 유교는 성性의 나, 범교梵敎는 아트만의 나라 하였다. 진리의 나, 절대의 나, 영생의 나일 때 공통의 나가 될 수 있다.

생로병사生老病死의 개인個人을 넘어섰기에 죽음이 없다.

개인의 몸생명에 붙잡힌 사람들은 몸 나가 죽을 병에 걸렸다면 낙심통곡落心痛哭을 한다. 평생 모은 소유所有를 병원에 다 갖다주어도 죽을병을 고쳐낼 리 없다. 그런데도 몸나가 참나(진아眞我)가 아니고 상대적 존재로는 나지도 않고 죽지도 않는 영원한 생명인 얼의 나가 참 나인 것을 깨닫지 못한다. 몸나가 죽는 것을 슬퍼하는 것은 남의 아버지 주검을 보고 내 아버지 죽었다고 우는 것보다 더 어리석은 일이다. 몸나의 죽음은 개구리에 올챙이 꼬리가 떨어져 나가는 것일 뿐이다.

우리는 다석일지多夕日誌를 통하여 몸 나에 끌려다니는 완고頑固를 떠나 얼의 나를 받드는 정고貞固의 삶을 본다. 얼 나로 살면 한알나라 아닌 곳은 없다. 땅의 나라도 그대로 한알나라다.

류영모 님의 말과 글은 처음 보면 어려운 것이 사실이다. 그러나 다석사상多夕思想의 핵심을 알면 생각한 만큼 어려운 것이 아니다.

류영모 님은 이렇게 말하였다.

"내 글과 말이 어렵다고들 하는데 알고 보면 간단해요."

다석일지多夕日誌가 그대로 영생永生의 '만나'라고는 하지 않겠다. 그러나 얼의 나를 깨닫는 줄탁지기啐啄之機를 얻을 것이다.

다석생신多夕生辰 일백주년一百周年이 되는
1990년 3월 13일
박영호朴永浩

다석일지多夕日誌 재간에 즈음하여

"사람은 생각하는 갈대이다"는 파스칼의 말이다. 명상록(팡세)을 지은 파스칼이나 할 수 있는 말일 뿐이다. 이 사람에게 '사람이 무엇인가?'라고 묻는다면 솔직하게 대답하겠다. '싸우기를 좋아하고 식색(食色)을 밝히는 짐승입니다'라고 말하겠다. 레프 톨스토이는 50살이 되어서 이 사실을 깨닫고 짐승 노릇을 끊게 되었다. 비로소 사람 노릇을 하게 된 것이다. 톨스토이는 짐승 노릇한 것을 뉘우친 것을 「참회록」에 밝히는데 그 가운데 이러한 말이 있다. "사람의 삶이란 무의미한 죄악의 연속이다. 이것은 의심할 여지가 없는 엄연한 사실이다."

인류가 예수 석가를 성자(聖者)라 받들지만, 사실은 짐승 노릇을 그만두고 사람 노릇을 한 사람들이다. 그들을 받든다고 내가 짐승에서 사람이 되는 것이 아니다. 자신은 짐승 노릇 하면서 예수 석가를 받드는 것은 아무런 의미가 없다. 다석 류영모는 예수 석가를 스승으로 받들면서 스스로 짐승 노릇을 깨끗이 버리고 사람 노릇을 한 사람이다. 류영모는 이렇게 말하였다.

> "사람의 몸나는 죄악된 수성(獸性: 貪 · 瞋 · 痴)을 지녔으나 한얼님이 주시는 성령인 얼나(Dharma, Soul)를 머리 위에 이고 얼나의 뜻을 좇음으로 거룩함을 입을 수 있다. 죄악된 수성을 자꾸 눌러 지워버리고 지극히 깨끗하게 되어 보겠다는 것이다. 거룩이 무엇인지 몰라도 우리가 머리를 하늘로 두고 얼나의 뜻을 좇으려고 지성을 다 하는 것은 거룩을 가까이하려는 것이다. 얼나를 머리 위에 이어야 할 것을 삼독의 수성을 등에 업으면 더러운 놈이 되어 짐승으로 떨어지고 만다"(YMCA 연경반강의).

류영모의 『다석일지』는 류영모가 1955년부터 1974년까지 약 20년 동안의 일기이다. 그 속에는 스스로 수성(獸性)과 싸우며 영성(靈性)을 기른 내용을 기록한 것이다. 한시 1300수, 우리말 시조 1700수, 도합 3000수의 시가 담겨 있다. 이미 제자 김흥호가 풀이

한 것이 있고, 시조는 이 사람이 낱말풀이를 또 하고 있다. 건강만 유지되면 금년 안으로 끝마칠 수 있을 것 같다.

장자(莊子)가 말하기를 “사람에 이른 이는 나라는 것(제나: 自我)이 없고 얼나를 깨친 이는 제 자랑이 없고 거룩한 이는 이름이 없다고 하였다(至人無己 神人無功 聖人無名). 그래서 류영모는 91살을 살아서도 세상에 이름이 알려지지 않았다. 그래서 제자 함석헌의 스승이라고만 알려졌다. 그래서 세상을 떠나서도 서울에 여러 신문사가 있지만 부음을 알리는 신문사가 없었다. 이 사실을 뒤늦게 알게 된 언론인 이규행 님(당시 문화일보사 회장)이 다석 류영모의 사상을 320회에 걸쳐 문화일보에 연재한 바 있으며 그때 2월 3일 기일에는 문화일보 주최로 문화일보사 강당에서 추모모임을 거행한 바 있다. 그때 성천문화재단 류달영 이사장께서 너무나 고맙다면서 이규행 회장님을 재단 사무실로 초빙하여 회식을 함께 한 일이 있다. 올해(2021. 2. 3.)에는 더욱 놀라운 일이 있었다. 아주경제신문(곽영길 회장)에서 다석의 40주년 추모일에 40년 늦은 부음기사를 크게 보도하였다. 이런 일은 세계적이요 역사적인 일이라 믿어진다. 다석은 “사람이 죽으면 그 얼이 한얼님께로 돌아가는데 그것은 축하할 일이지 어찌하여 슬퍼한단 말인가”라는 말을 자주 하여 스승이 돌아가도 눈물 한 방울 흘리지 아니하였다. 그런데 40년 지각 부음기사를 읽고는 기쁨의 눈물을 흘렸다는 사실을 밝히고 싶다. 다석 스승은 힘주어 말하였다. 사람들이 믿지는 일은 싫어하면서 어찌하여 일생의 삶은 밑지는 어리석은 일을 하는지 모르겠다고 말하였다. 몸나로는 멸망의 삶이요, 얼나로 솟나면 영원한 생명인데, 어찌하여 귀한 얼나를 모르고 멸망의 몸나에만 붙잡혀 죽어가는지 모르겠다고 하였다. 이 가르침이야말로 예수 석가가 깨우쳐 준 말씀으로 복음 가운데 복음이요, 정음(正音) 가운데 정음임을 밝히면서 이 글을 마치고자 한다.

다석일지(多夕日誌) 출간을 맡아준 동연출판사에 고개 숙여 감사드리는 바이다.

2021년 2월 12일
박영호

多夕日誌 | 제2권 |
차 례

길잡이 말(일러두기)

※ 다석일지多夕日誌 제1권~제3권까지는 1955년부터 1974년까지 20년 동안의 류영모 님의 사색일기思索日記다. 일기에서 연월일 다음에 쓴 일만 단위單位의 수는 류영모 님의 산 날수이고, 백만 단위의 수는 약 6,700년 동안의 총 일수日數를 합산한 유리안데이(Julian day)의 날수다. 그 밖의 수는 사망가정일死亡假定日 같이 어느 날을 기점으로 세어 줄여가거나 세어 더해간 날수이다.

※ 日誌에 실린 시문詩文은 모두 약約 3,000수나 되는데 우리말 시詩가 실린 1,700여 수, 한시가 1,300여 수가 된다.

※ 제4권은 부록편附錄篇으로 류영모 님에 관한 여러 자료를 모은 것이다. 그 내용을 간추리면,

(1) 1955년 그전에 류영모 님이 수첩에 기록한 비망록.

(2) 광복전 육당六堂 최남선崔南善 님이 낸 잡지 「청춘靑春」과 김교신金敎臣 님이 낸 잡지 「성서조선聖書朝鮮」에 류영모 님이 기고한 글.

(3) 광복후 잡지 「새벽」, 「다이제스트」, 「코리아라이프」에 실렸던 류영모 님의 기고문과 회견기.

(4) 중앙 YMCA 강좌때 칠판에 게시하였던 류영모 님의 친필 강의안 일부.

(5) 류영모 님이 제자弟子 박영호에게 보낸 편지 17통(류영모 님의 편지를 가지고 계시면 출판사로 연락주시기 바랍니다).

(6) 류영모 님 사후死後 신문–잡지에 실렸던 스크랩.

(7) 류영모 편저, 『메트로』(1928년) 전문 전제.

(8) 1977년 3월 13일에 쓰신 류영모 님 친필親筆이며 절필絶筆 한시漢詩 한 수.

(9) 류영모 님이 노자 도덕경을 우리말로 옮긴 「늙은이」(노자老子). 우리말 글씨는 류영모 님의 친필親筆.

(10) 함석헌, 김흥호, 서영훈, 인진구 님의 류영모 님에 대한 추모문.

※ 日誌의 제자題字는 서예가書藝家 유형재兪衡在 님의 글씨임.

1962

1·1 月 26227 2437666 1649 2076

晩蓋

落地落傷療再起 發年弱質逆順應
人驚我昏身無痼 日終虛堂貞明固

3·1 木 26286 2437725 1708 2135

2 金 26287 2437726 1709 2136

YMCA 다시 다니어오다 —— 百日드러만있다가

13 火 26298 2437737 1720 2147

이른두히 채 본 날 입니다

30 金 26315 2437754 1737 2164

4·6 金 26322 2437761 1744 2171

周急, 不繼富.

하나ㄹ 가멜라! 달어줄게 아니라!ㅁ 왜 못 생각!?
急ᄒᆞᆫ 일만 두루 둘러 느ᄎᆡ 줄수도 있으며.
사ᄅᆞᆷ된 밑바탈(본훌) 속에 이 삶음이 갖혀거ㄴ!

덜어 히울것도 · 곤히 두룰것도 — 아니오니 —
곤이 곤이 또박또박. 미리 미리 차리ㄴ 차림.
작 끈에 동아줄일수 —— 드레(赤土) 맨데, 드림성.

꼭 붙을라도 · 떠러질라도 —— 안 ᄒᆞ는 이 만이 —
붙을데ㄹ 잘 붙고 떠러질데ㄹ 잘 떠러지므로,
참말로 올바른 누리 이뤄 볼가 ᄒᆞ노라.

매므새 끄르고 입성 비스라

한길 사ᄅᆞᆷ의 속은 모른다ㄴ — 남에게 속아 — 말!
제ᄆᆞᄋᆞᆷ은 제 한긋(點)으로 제ᄆᆞᄋᆞᆷ이다 — 속아!
빙이라! 터진다! — 말고. 속 내놓아 — 참 시원!

거울

그런이 ᄆᆞᆷ씀이 거울 같 — 보내도 맞도 않고、
빤빤히 아름 알되 가므리질 아니ᄒᆞᆫ 까 — 、
잘몬을 닿지지 않고 이길나위 였다。고 。

至人之用心若鏡 不將不迎 應而不藏 故能勝物而不傷

아、예브터 드물댔지! 쭈그러든 낯을 뵙고ㄴ?
이른아믄 히 — 온올 · 참찰 · 짐자라 · 싣 봄 · — 거울!、
속의 속 · 한 뒤 않뱎에 뚜렸ᄒᆞ이 — 한 얼골 — 。

씨

하늘 · 따 · 나 · —— 나라니 나니 —— 잘몬과 나는 하나
이미 하나 돼! 또 뭐? 말! 하나랬으니、왔? 말! 없?、
하나와 맡이 둘 되고 둘과 하나 셋이 됨。

이러케 간다면 책역을 낸이도 못 읻을데!
없서 있 가다、셋 된데, 하물며 있서 있 가단?、
갈 데가 어디라 찾나? ㅣ곧 씨가 홀다름 、。

잎이라。꽃이라。등걸이라。가 한 제 계
한나절 피고 질 꽃이래서 꺾어 꽂힘 좋가? 、
싱싱ᄒᆞᆫ 잎은 여름 바다! 고흔 꽃은 아침 구름!、
바다도 구름 조차도 한 등걸 웋 솟 · 곧 · 올!。

싱싱ᄒᆞ기 바다 같고 고흠 보이 구름 같이! 、
곱게 피지、진자리에 열매 맺힘 님의 속뜻!、
봄 날시 맞지 않는 때ㄴ 꽃망울이 · 되려 잎!

알았더면 좋앗슬걸　　　누 十九 42

이제도 오늘이라ㅁ? 나 산데、제 줆을 알턴데!
많은 날 눈밝혀 뵌대며、팔린 눈·곱! 몬지만!
네 줆을 네 알앗더면 좋앗슬게 아니냐?

城乎 今猶爲爾之日 倘爾於是日 而知關爾平安的事則幸
但此事 今隱於爾目矣

1962 4.8 日 비 26324　2437763　1746　2173

9 月 흐림 26325　2437764　1747　2174

10 火 밝 26326　2437765　1748　2175

됨만 믿고

히 아리어 되로 되어 모도 히어 돼간다. 옴、
ᄒᆞ게슬히 아리운데 모도모다 히어 히음、
ᄒᆞ늘속 따웋 사름 돼 모도 히어 됨만 믿.

팔이 이겨 깔고 앉냐? 짐에 저서 등 구브냐? 、
낳고 죽고 얻고 잃고 이고 지고 힘드려 됨、
ᄆᆞ리옿 한웋님 이기 제짐 제져 되게 됨.

17 火 비 26333　2437772　1755　2182

[仲虺左相之誥] 成湯放桀于南巢、惟有慙德、曰:予恐來世以台爲口實. 仲虺乃作誥曰:嗚呼. 惟天生民有欲、無主乃亂、惟天生聰明、時乂. ……惟王不邇声色、不殖貨利、德懋懋官、功懋懋賞、用人惟己 改過不吝、克寬克仁、彰信兆民……
德日新、万邦惟懷、志自滿、九族乃離. 王懋昭大德、建中于民 以義制事、以禮制心、垂裕後昆. →

予聞曰 能自得師者王 謂人莫己若者亡 好問則裕 自用則小、
嗚呼 愼厥終 惟其始 殖有禮 覆昏暴 欽崇天道 永保天命

[湯誥] ……惟皇上帝降衷于下民 若有恒性 克綏厥猷惟后.
…… 天道福善禍淫 降災于夏 以彰厥罪……
爾有善 朕弗敢蔽 罪當朕躬 弗敢自赦 惟簡在上帝之心 其爾万
方有罪 在予一人 予一人有罪 無以爾万方 嗚呼尚克時忱 乃亦有終

[說命]上 ……若藥弗瞑眩 厥疾弗瘳 若跣弗視地 厥足用傷.
中 惟治亂在庶官 官不及私昵 惟其能 爵罔及惡德 惟其賢.
慮善以動 動惟厥時 有其善 喪厥善 矜其能 喪厥功
惟事事 乃其有備 有備無患 無啓寵納侮 無恥過作非.
惟厥攸居 政事惟醇 黷于祭祀 時謂弗欽 禮煩則亂 事神則難
下 …若作酒醴 爾惟麴蘗 若作和羹 爾惟鹽梅……
說曰 王 人求多聞 時惟建事 学于古訓 乃有獲 事不師古 以
克永世 匪說攸聞. 惟学遜志 務時敏 厥修乃來 允懷于茲
道積于厥躬. 惟斆学半 念終始典于学 厥德修罔覺……
股肱惟人 良臣惟聖……惟后非賢不乂 惟賢非后不食……

尙曠出塵表 逍遙滌心神 韋應物 唐·玄宗 貞元中蘇州刺史 方憲政性高潔

[人士] 事事恖念士 良臣弼惟聖
生生立命人 股肱服惟人

1962
4·18 水 26334 맑

2437773

1756

2183

[卽事] 餞送古往古稀上 五尺布衣堂上白
親迎今來今郎中 二米杜鵑庭下紅

「날 순것을 보레다가는 살 날은 없다.」 ㅎ오
오날 순데 픔잘드림 깨나러 날 올에 힘ㅎ일!
힘 드려 써 새힘새롬 힘깃 넌이 묵히 베픔!
오는날 오는희파끈 쇠털보다 많대도!

20 金 26336 맑 2437775 1758 2185

思誡

生民有欲 無主乃亂 德日新遠惟懷 志自滿近乃離 好問而好察 邇言 大知也 克用其中於民 懋昭大德 建中于民 以義制事 以禮制心 股肱惟人 事事反正 良臣惟聖 生生立命 欽崇天道 永保天命

21 土 26337 흐림 맑 2437776 1759 2186

22 日 26338 맑 2437777 1760 2187

復活節

善惡雜同觀崇卑　　效天法地知禮備
晝夜半分望生死　　與幾存義信誠辭

24 火 26340 2437779 1762 2189

옳게 바뀜　　易其至矣乎

하늘 땅을 펼친자리에 ᄀᆞᆫ가는 바뀜이옵
天 地 設 位　易 行 乎 其 中

된바탈의 고딨고딨이 옳을 길의 오래탑
成 性　存 存　道 義 之 門

알 높히 하늘 받들제 차림 낮히 땅을 된,
知 崇　效 天　禮 卑 法 地

25 水 26341 비 2437780 1763 2190

말달인말씀　一、繫辭 上

하늘을 높에 땅은 낮으니, 성큼 몬돌이 뚜렷!
天 尊 地 卑　乾 坤 定 矣

얕지 높히 베프니, 귀ᄒᆞᆫ 자리와 흔ᄒᆞᆫ 자리!
卑高以陳 貴賤位矣
움즈김도 꼭, 가만홈도 꼭ᄒᆞ니, 「세다 무르다」 잘름!
動靜有常 剛柔斷矣
같기로만 모여드러 — 치위놓는듯 — 된 곳에,
方以類聚
무리로 달란, 몬으로 가른데, 「좋다, 싫다」가 생김!
物以群分 吉凶生矣
하늘(치어다 봐)서는 기리 그리운 거림되고,
在天成象
땅에서는 (될성브른) 꼴! 되니
在地成形
갈려 됨이 보임이여!
變化見矣 〔첫머리〕

…누리의 깊숙을 …장ᄒᆞᆫ 것은 긂에 고딨고!
極天下之賾者 存乎卦
누리의 움즈김을 처주는것은 말에 고딨고!
鼓天下之動者 存乎辭
됨의 마름개질은 갈림에 고딨고!
化而裁之 存乎變
밀고 가는것은 뚫림에 고딨고!
推而行之 存乎通
얼타 밝히는 것은 그 사람께 고딨고!
神而明之 存乎其人
잠잠코 이뤄놓음과 말없이 미듬은 속알 고디 고딨음!
默而成之 不言而信 存乎德行 〔끝 마디〕

…글로 말을 다 못 적고 말로 뜻을 다 못 내니. 그러면 씨ᄋᆞᆯ이의 뜻을 그 못 보리오가 같오되 씨ᄋᆞᆯ이 그림을 세워 뜻을 다ᄒᆞ려 ᄒᆞ며, 긂을 베프러 참과 거짓을 다 글오려ᄒᆞ며, 말씀인 말슴으로 그 말을 다ᄒᆞ려ᄒᆞ며 갈리어 뚫리는데도 다 리롭도록ᄒᆞ려ᄒᆞ며, 북을 치고 춤을 추어서 얼을 다ᄒᆞ려 ᄒᆞ니라. ………

꼴에서 우이 준 길이라고, 아래 꼴 된 것을 그릇이라고, 되느란 마름질은 갈림이라고, 밀려가는 것을 뚫림이라고, 누리에 씨알 (때문에) 들고 놓는 것은 일짓이라 ᄒᆞ니라……

書不盡言 言不盡意 然則聖人之意 其不可見乎
曰聖人立象以盡意 設卦以盡情僞 繫辭焉以盡言
言變而通之以盡利 鼓之舞之以盡神

1962 木 26342 1764
4.26 ᄒᆞᆫ낮 밝 2437781 2191

말댕연말씀 아랫

여덟 괘이 느러스니, 그속에 꼴림 보고,
그대로 포개니, 그속에 셰임보고.
굳셈·므롬 밀리는 속에 갈리고.
말댕인말로 뚤린줄속으로 움즈김이라.
좋·싫·뉘웃·꺼림은 움즈김에서 나오는거오.
굳세ᄃᆞ 므르ᄃᆞ는 밑둥을 세우는거오.
갈려 뚤림은 챗이·나가는 때인것이라.
좋·싫은거는 고디로 니길거니,
하늘 땅이 고디볼 길이오,
히 달이 고디밝은 길이오,
누리의 움즈김은 그하나에고딘거이라.

셩큼은 꼭ᄒᆞ니 사롬에게 쉬운것으로 보이오.
몬돌은 수월ᄒᆞ니 사롬에게 간차롬으로 보이니.
셰ᄆᆞ는거는 이본받기오 꼴린다는거는 이꼴림뜨기라.
셰임과 꼴림은 안에 움즈기고.
좋음과 싫음은 밖에 보이고.
일짓은 갈림에 보이고.
씨서난이의 뜻은 말씀에 보이니라.

하늘 땅의 큰 속알은 살림이랄거요.
씨서난이의 큰 가멸은 자리랄거니.
어더케히서 자리를 직힐고? ᄒᆞ면「언」이랄거!
어더케히서 사롬이 모드일고? ᄒᆞ면「쓸거있음」이랄거니,

쓸것을다시리며 말씀을 바로[illegible]미 씨알된이
[illegible] 그릇됨[illegible]ᄒᆞᆯ가 말림은 옳음[illegible]이니라.

繫辭 下

八卦成列 象在其中矣
因而重之 爻在其中矣
剛柔相推 變在其中矣
繫辭焉而命之 動在其中矣
吉凶悔吝者 生乎動者也
剛柔者 立本者也
變通者 趣時者也
吉凶者 貞勝者也
天地之道 貞觀者也
日月之道 貞明者也
天下之動 貞夫一者也

夫乾確然 示人易矣
夫坤隤然 示人簡矣
爻也者 效此者也 象也者 像此者也
爻象動乎內
吉凶見乎外
功業見乎變
聖人之情見乎辭

天地之大德曰生
聖人之大寶曰位
何以守位 曰仁
何以聚人 曰財

理財 正辭 禁民為非 曰義

〔 첫월 〕

1962
4.27 金 26343 비 맑 2437782 1765 2192

29 日 26345 2437784 1767 2194

아홉셋 말ᄒᆞ면 九三日

{올 니러나는} 그이 히지도록 성큼성큼ᄒᆞ고나! 君子終日乾乾
저녁ᄭᆞ지 ᄯᆞ르는 ᄆᆞᆷ먹음에 힘써 허물없다. ᄒᆞ니 무엇이오닛가? 夕惕若厲無咎何謂
이 말씀ᄒᆞ시되: 그이는 속알 나되며 일짓 싫기니 곧음믿븜으로 子曰君子進德修業
속알 나외며 말씀골르므로 참을 세워 일짓 사는것이라 忠信所以進德也修辭
다 온줄 알아 갓다ᄃᆞᆼ니 거의 더블만ᄒᆞ고 끝된줄알아 立其誠所以居業也知至
끝마치니 옳곧있이다 이러므로 웃자리에 산다고 至之可與幾也知終
젠척 않으며 아래자리라고 시름안ᄒᆞᄂᆞ니라 終之可與存義也是故居上位而
不驕在下位而不憂

5.1 火 맑 26347 2437786 1769 2196

周易序 끝마디

……… 얼의 굴리임과 몸의 움즈김으로서 얻으되: 하늘땅과 더브러 그 속알이 맞아모디며, 히ᄃᆞᆯ과 더브러 그 밝음이 맞아모디며, 넷때와 더브러 그 차림차례가 맞아모디여, 얼넋과 더브러 그 좁시름이 맞아모딘 뒤이면, 바뀜도 알겟다 ᄒᆞ리라

그러나, 바뀜의 「긂」이 있는것은 바뀜의 끝을 쓴것이오, 긂의 셈금이 있는것은 긂뵘으로 보인것이라, 끝을 쓰고 뵘을 보인것은 널러 알겠다. 도ᄒᆞᆯ자나 끝도 못·뵘도 아닌것을 블러찾진 못ᄒᆞ리니, 니른바 바뀜이란 마침내 어떠ㄹ가? 이게 배우는이로서는 꼭 알앗스면 一인데.

2 水 26348 흐릿 2437787 1770 2197

人能弘道
惟我主一中
物心內外空

身外無物窄
世間存心弘

3 木 비 26349 2437788 1771 2198

가도 오도 있도 아·니 ᄆᆡ

ᄯᆞᆼ 딛고 선데, 뉘오? 웋 우러 바·란데, 내리오?
붙다·떼다· 걸어 예어 어디로가· 누ㄹ 맞나·오?
그리온 이 목숨사·리ㄴ 고찌기인 발톱 길!

긂 · 셈금

세 걸어 놔·도 · 셈 맞혀 봐·도 · 다· 달리 같잖지!
뫼이·맞이· 들락·날락· 여섯·드다·가· 아없·음!
성큼에 높힐줄 알면 몬돌 얕된 잘 차·림!

卦 爻

卦(爻)雖不同所同
者奇耦·陰陽·
六·九·乾·坤·崇卑

文王八卦方位 伏羲八卦方位

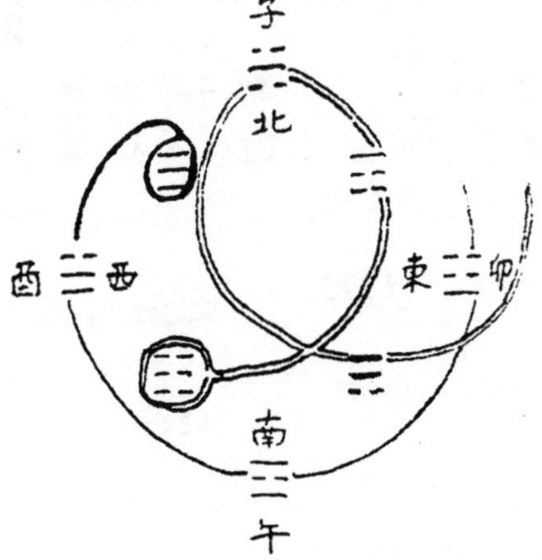

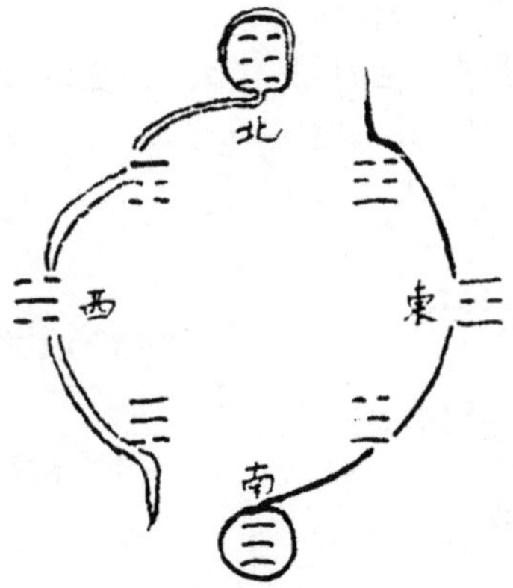

地	山	水	風	雷	火	澤	天
八	七	六	五	四	三	二	一
坤	艮	坎	巽	震	離	兌	乾
☷	☶	☵	☴	☳	☲	☱	☰

1962

5·4 26350 金 2437789 1772 2199
흐

5 26351 土 2437790 1773 2200
맑

프믄·온·여섯·하나 로 오ㄴ의 25190째날

6 日 26352 2437791 1774 2201

잡힐 羊떼를 먹임 · 스갈이: 十一 4
입치락 뒤치락 품아시로 엇바꿔 돌려댐!
치 뫼여·치 드러·드림물려 먹고 삶 지쳐 됨!
도라감 더큰 둘레로 나·남너들 고ㅣ음!!
· 우리가
우러르른 드림볼가? 덜드린 깨끗으로—로!
차림·번져, 어지럽도—가장 어려운 섬김—에!
나·남—나! 너 넘—너 듦! 애 남아먹, 넘어 윌, 맴도리!

天生天殺道之理也
三盜旣宜
三才旣安
食其時百骸理
動其機万化安

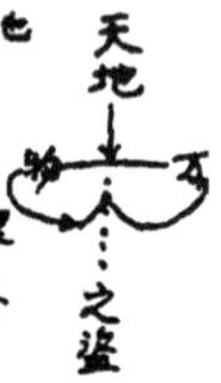

黷于祭祀 時謂弗欽
禮煩則亂 事神則難
說命中

7 月 26353 2437792 1775 2202
맑

9 火 26354 2437793 1776 2203
맑

멀정한 갑갑
이제·예·오늘! 너사는 네때! 네터! 믄이라, 믄!
네게, 가장 좋은일을 네, 알았더면—네·오늘!—에!
이저이 숨기었을가? 네 눈·귀·엔 안 뜨이게!

오늘도 내사리·내날! 내좋을 일, 내 알아, 좋데!
아직 예선 인제라며 이눈·이귀에는 안 뜨의!
머련가, 먹어버린가, 흙무더기 보다 곧!

10 水 26355 2437794 1777 2204
맑

눅 十九 [41] 城을 보시고 우시며 [42] …… 너도 오늘날 平和에 關혼 일을,
「되리라 ᄒᆞ엿거늘 너희는 强盜의 窟穴을 만드럿도다…」
알앗더면 …… 眷顧받는 날을 네 아지 못홈을 因 …… [45·46] …기도ᄒᆞ는 집이」
[47] 날마다 聖殿에서 가라치시니 大祭司들과 書記官들이 百姓의 頭目들고 그를 죽
이랴고 꾀ᄒᆞ되 [48] 百姓이다 그의게 귀를 기우려 드름으로 엇지 홀 方針을 찻지 못…
「맡 廿四」[2] ……돌 하나도 돌우에 넘지 안코 다 문허트리우리라 …… ……
[9] …… 너희가 내 이름을 爲ᄒᆞ야 …… 미움을 받으리라. [13] 그러나 끝까지 견디는
이는 구원을 어드리라 …… [35] 天地는 없어지겟스나 내 말은 없어지지 아니ᄒᆞ
리라. [36] 그러나 그 날과 그때는 아모도 모르나니 하늘의 天使들도 아들도
모르고 오직 아바지만 아시나니라 「廿五」[13] 깨여잇스라. 너희는 그날과 그때를 아
지 못ᄒᆞ나니라.

10	木	26356	맑	2437795	1778	2205
11	金	26357		2437796	1779	2206
12	土	26358	비 맑	2437797	1780	2207
13	日	26359	맑	2437798	1781	2208
14	月	26360	흐림	2437799	1782	2209
15	火	26361	맑 밤비	2437800	1783	2210
16	水	26362	흐릿 맑	2437801	1784	2211
17	木	26363	맑	2437802	1785	2212

우리 떠날 때 ㄹ (맡 廿四 36 廿五 13)
오직 아부지만 아시고 —— 아들 조차 모르는 ——.
그 날과 그때를 너희는 아지 못ᄒᆞ나니라.
끝까지 깨여잇스라 —— 견디곧알 몸시로 —— . 맡 廿四 13

우 리 떠 날 터ㄹ

여긔도·저긔도 말고. 덜벅도·집안도 없이、 맡廿四23.26
하늘 이 끝에서 하늘 저 끝까지 번개 번적. 27·31
우리의 떠날 터라믄 흙 한줌만 여일—말—。

우 리 떠 날 ㅣㄹ

한울님의 보내신 ㅣ를 믿는것이 성김 됨
아래 나와·땅붙은—니. 위서 와·몬웋에 뜬—나. (요六29)
떠넌다. 떠난다지만 오직 위로·올흘—ㅣ。 (八23)

1962 5·18 金 26364 맑	2437803	1786	2213
19 土 26365 맑	2437804	1787	2214
20 日 26366 맑	2437805	1788	2215
21 月 26367 맑	2437806	1789	2216
22 火 26368 맑	2437807	1790	2217
23 水 26369	2437808	1791	2218
24 木 26370 맑	2437809	1792	2219

易有聖人之道四焉 (繫上十)
以 言 者 尚 其 辭
〃 動 〃 〃 〃 變
〃 制器 〃 〃 〃 象
〃 卜筮 〃 〃 〃 占

夫易聖人之所以極深而研幾也

唯深也 故 能通天下之志
〃幾也 〃 〃成〃〃〃務
〃神也 〃 不疾而速不行而至

夫易何爲者也 夫易開物成務冒天下之道如斯而已者也
是故聖人以通天下之志 | 是故蓍之德圓而神
〃定〃〃〃業 | 卦〃〃方以知
〃斷〃〃〃疑 | 六爻〃義易以貢
聖人以此洗心退藏於密
吉凶與民同患 神以知來
知以藏往

是以明於天之道而 | 是興神物 | 聖人以此齋戒
察於民之故 | 以前民用 | 以神明其德夫

28 月 맑 26374　2437813　1796　2223

빛갈·환다! 꼴·곱다! 눈에 드러·꼭 인다! 구·둘!
빛도·꼴도·눈도 믠뒤에 —— 백힌 그림자 —— 박에?
무엇을 봣다! 잇다! 며? 환히곱다? 훌건지!?

오늘도 좋은 빛갈바람 —— 그림자를 옮길 손!
눈코 뜰새 업시, 빠란 빛! 찾은 그려낸단 때!
힘드려 도라가신 길! 이쯤 뚤려 드던 터!

눈탈도·빛탓도·때문·터문을 라믈 —— 나·더냐?
눈 보람·빛 힘닙·때때·턱턱·허믈 업시 삶 —— 너!
너도 나·나도 너 한둘! 셋·더불다 셈들 손!

繫辭「參伍以變 錯綜其數 通其變 遂成天地之文。」 荀子「參伍明謹施賞罰」

1962 5.29 火 26375 맑	2437814	1797	2224
30 水 26376 맑	2437815	1798	2225

사름된 웋 숨 모르고서 그이 될수 없다. 고.
누리에 차림 모르고서 나 설수도 없다오.
맑숨 읎 ! 알마지론 사름 알가 ᄒᆞ노라.

31 木 26377 맑	2437816	1799	2226
6.1 金 26378 흐릿	2437817	1800	2227

「아·돌프·아이히만」은 이날 밤중에 「이스레엘」에서 죽임. (19

2 土 26379	2437818	1801	2228

오랜 가믄 끝에 엊저녁 비롯흔 비방울로 밤새 단비로 이 낮뒤로

나·라·거니

없-한 있-작 나 나·라·니. 난 나! 잘-몬 과도 하나!
귀도 없 싫고 있도 작 싫으믄, 나도 나·란 없!
속이고 밖이고 없시 나·타내란 나·라·니!

3 日 26380 맑 흐릿	2437819	1802	2229
4 月 26381 大 밤비좀	2437820	1803	2230
5 火 26382 맑	2437821	1804	2231
6 水 26383 맑	2437822	1805	2232
7 木 26384 비	2437823	1806	2233

8 金 26385 맑 2437824 1807 2234

하·나· 뚜렷 요十七 4·5

없에서 —몬— 있으로, 나드리 당기머 도라—곤—、
있에서 —몸— 없으로, 제계 히릐、모신 아·부—픔—、
이제도 맨첨과· 같히 아·부지 계 —나— 뚜렷—。

없서 몬—있—계、있서 몸—없—계、곤 아름다·움 어!
하·나·—ㅣ— 두곳 없·있· 두니、셋곳 세워 하·나· 보임、
셋으로 하·나· 보일제 둘셋 다·섯 셋셋 옵!

9 土 26386 맑 2437825 1808 2235

命之有數 命之已形者也 數之有化 數之已見者也
已形已見者可以言知 未形未見者不可以名求 則
所謂命者果何如哉 此學者所當知也

10 日 26387 비 흐림 2437826 FM2391075 45811 1809 2236

1000환 도라·가·니 잊、 100원 나·오니 맞

11 月 26388 맑 2437827 1810 2237

12 火 26389 맑 2437828 1811 2238

13 水 26390 맑 2437829 1812 2239

14 木 26391 2437830 1813 2240

15 金 26392 2437831 1814 2241

1962 6·16	土	26393	[illegible]	2437832	1815	2242
17	日	26394	[illegible]	2437833	1816	2243
18	月	26395	맑	2437834	1817	2244
19	火	26396	밝	2437835	1818	2245

옻、뫃、아홉、여섯,
「마없습」 옻인 자리ㄹ! 예, 니나, ᄒᆞ고 맞 세울가?
하, 나! ᄒᆞ나: 나, 모른, 나! ᄒᆞᆫ·아! 듣좋: 믿음, 곧있!
한웋님 머리욹에 님 「하나」 둘, 셈! 알맞힘!

20	水	26397	[illegible]	2437836	1819	2246
21	木	26398		2437837	1820	2247
22	金	26399		2437838	1821	2248

알마지 떠난 길로, 우리가 예: 근; 하나, 없! 읍.
하나 몰라, 그린 생각, 므릉, 브릉, 말씀이음!
짝 마자 단둘이 되면 예 선재로 마치리?

단둘, 닮듯! 두둘, 반듯! 셋둘, 여·셈! 셈맞힘씀!
하나, 둘, 셈, 맞힐 날제; 마침 내가 하나, 그립!
너, 나, 가 둘, 넷, 논 마자: 하나 그린 셈 맞나?

셋둘, 여, 셈! 힘쓸라나, 하나없이 사랑되랴?
여섯에도 큰 하나 밑, 일곱 될제, 머리 곧솟!
머리칼 기러도 웃서! 솟나 설덴: 님 계만.

23 土	26400	2437839	1822	2249
24 日	26401	2437840	1823	2250
25 月	26402	2437841	1824	2251
26 火	26403	2437842	1825	2252
27 水	26404	2437843	1826	2253

3시에 나려나 5시에 집을 나와 세검정 고개에서 합승차(10원)로 숭인동 오고 강능가는 뻐쓰 타니(雲橋까지 180원) 6시반쯤에 떠나서 낮뒤에 大美에 드러오다
熙琴을 일곱달만에 보는데 더 자라는것을 알아 보게 된다.

28 木 맑	26405	2437844	1827	2254
29 金 맑	26406	2437845	1828	2255
30 土	26407	2437846	1829	2256
7. 1 日	26408	2437847	1830	2257
2 月	26409	2437848	1831	2258

4시지내서 大美그에서 떠나 雲橋에서 平昌(五시半發)으로조차온다는 뻐쓰를타고 14시30 崇仁洞와 닿다.

3 火	26410	2437849	1832	2259
4 水	26411	2437850	1833	2260

1962 7·5	木	26412	2437851	1834	2261
6	金	26413	2437852	1835	2262
7	土	26414	2437853	1836	2263
8	日	26415	2437854	1837	2264
9	月	26416 비	2437855	1838	2265
10	火	26417	2437856	1839	2266
11	水	26418	2437857	1840	2267
12	木	26419	2437858	1841	2268
13	金	26420	2437859	1842	2269
14	土	26421	2437860	1843	2270

滄柱 (넌지도에 23006번) 찾다

15	日	26422	2437861	1844	2271
16	月	26423	2437862	1845	2272

知命五十

三百百日生 一 手掌四五指
洛書三五條 一 五自中四方
二四六八參 一 一三七九與

洛書

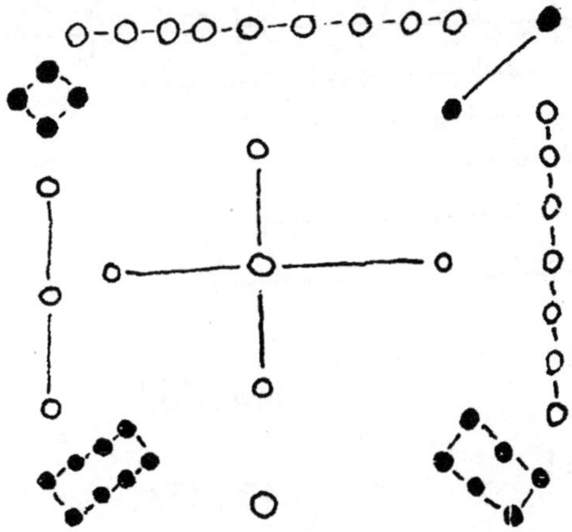

九色三五條 一 合百三十五
手足三五活 一 首出來三百

17火 26424	2437863	1846	2273
18水 26425	2437864	1847	2274
19木 26426 비 70mm	2437865	1848	2275
20金 26427 비 흐림	2437866	1849	2276
21土 26428	2437867	1850	2277
22日 26429	2437868	1851	2278

~~드리·고~~ ~~에 나·와 서: 너ㄹ 브니;~~
~~너 나·도, 맞 나 드. 차·고지어라!~~

늘 나, 늘 나, 차고 지……。
다시 에, 어서! 우리!
우리: 나나ㄴ.
고 만
들 하나 돼!
제 께 드라곤。 음

1962

7.23 月 26430	2437869	1852	2279
24 火 26431	2437870	1853	2280
25 水 26432	2437871	1854	2281

드라곤

ㅓ ㅓ ㅓ ㅔ; ㅐ。

에: 나와서, 나ㄹ 보다;
나나도, 맞나도, 차고지어!
늘나, 늘너ㅎ, 차고자。

다시: 예! 어서!

우리: 나 나 ㄴ 그 ㅊ 드라.

들이고? 골잘이고? 그 가라!
그 참 계신 계로 모다 가 그니!
님 — 하나 ═ 둘 ═ 셈이 옵?!
참말로!
이: 우리 그대로 제계 드라곤. 으.

乙生
1895. 11. 17. 日曜 乙未 10. 1. 戊辰
1962. 6. 29. 金曜 壬寅. 5. 28. 戊戌
2437845 2413515
24331 날 3476 주 824 달 68 해

26 木 26433 2437872 1855 2282

도 라 군
살 살 쉬어, 「자라!」 나.

잘 자라서, 살고 저! 만.

「자라.」「자라.」「자라.」 리더!
어디 가 차릿가?

제게 도라군!

참. 맨첨、맨꼭대가;

춤 좀 숨 옴.

27 金 26434 2437873 1856 2283

28 土 26435 비 2437874 1857 2284

29 日 26436 비 2437875 1858 2285

30 月 26437 비 2437876 1859 2286

31 火 26438 비 2437877 1860 2287

"목숨으로 살라" 에 "가르침이" 있음은 삶의 꼴을 쓴거고, "가르침에" 된것이 있음은 배운 뵘이니; 꼴과 뵘이 있는것은 말로 얻다 겠으나, 꼴도 뵘도 못볼 데에서는 일음 일러 차질 수 없으니; 마침내 "살라" 어떤것일가? 산이, 아를 살았으믄!

1962 水 26439　　2437878　　1861　　2288
8.1 비

2 木 26440　　2437879　　1862　　2289
비

도 라 곤

ㅣ ·ㅣ ㅣㅔ; :ㅣ.
예: 나와서, 너ㄹ 보니;
너나도, 맞나도, 차고지어!
늘나, 늘너, 차고져。

다시: 예! 어서!
우리: 너 나ㄴ 그만 두리。
둘이고? 골잘이고? 몸도 가리!
그 참 계신 계로 모다 가리!

님 一하나 =둘 ≡셈 이옵기.

참말로! 이: 우리 그대로.
제계 도라곤。 옴。
……………
살살 쉬어, 「자라.」니;
一잘 자라서, 살고져! 一만.

사라. 자라. 차라. 리니!
어디: 가 차리ㅅ가!?

제계 도라곤!

참, 맨침, 맨꼭대기
춤 좀 숨 옴

命

命之者敎命之有形者也
敎之有化敎之有見者也
己形己見者可以言知未
形未見者不可以名求則
所謂命者果何如哉此生
者所當知也

살 라

"목숨 살라"에 "가르침"
이 있음은 삶의 꼴을 슨
기고, "가르침"에 "된것"
이 있음은 배운 뵘이니; 꼴
과 뵘이 있는것은 말로 알
다 겠으나, 꼴도 뵘도 못
티에서는 이름 일러 차질
없으니; 미침내 "살라"
어떤것일가? 산이 이
알았으믄!

3 金 26441 비 2437880 1863 2290

4 土 26442 흐림 맑 2437881 1864 2291

죽음 · 삶

깨: 받아 먹은거로, 살갗 · 피ㅅ결 · 잇대, 산다. 믄!
잘! 멕혀 삭아서, 새살과 피 된걸, 죽었대ㄹ가?
깨! 먹고, 죽어서! 잘 잠. 산나? 죽남? 곤적기!

5 日 26443 비 2437882 1865 2292

安寧一息

幼纖老健丁 朝花夕月庭 要領正經緯 乾坤貫安寧

6 月 26444 흐림 2437883 1866 2293

아니! 눈마자, 살지만도. 볼안맛, 죽지만도, 아니!
빛갈, 꼴쨈. 소리, 말시. 내새, 김. 맛, 나이. 다스, 맨치. 즐겨, 곪.
여섯 줄으로 씨개 지킬 열두가지 좋다. ㅁ 야!
바람도 회오리 몬전! 내속알과 볼 안 맛!

7 火 26445 흐림 2437884 1867 2294

귀, 제 울림。
좋거 · 따자! ㄴ 제속 — 몸 — "나" ㄴ 예, 좋다! ㄴ 바람꽃 맞여;
살림새린 "새" 도 들고 아름다운 골방 여 닫;
여 봐라! 이제브터는 너희 사리 기릅직……。

8 水 26446 2437885 1868 2295

1962
8. 9 木 26447 흐렸다 갬. 2437886 1869 2296

~~날은 그만만 들어 좋데!~~

~~벌렸던 입! 닫히는 밤! 놀던 혀!!도 가라앉기!!~~
~~입맛이 저체는 날에, 혀 뜻은 안풀릴손가?~~
~~피ㅅ방울 오르 내림에; 사룸사이: 날.~~ !

10 金 26448 흐림 2437887 1870 2297

그 만 날들 날!

벌렸던 입! 닫히는 밤! 놀던 혀도! 가라앉지!
입맛이 저체는 날에, 혀 뜻은 안풀리라고?
고히도 숨어만 둘피. 밖앗 날시ㄹ 자로 묻! 。

얼골에선 땀이、찌개 그릇에선 김이、무럭:
"송이 버섯·고기 찌개"라며. 떠는 손·숫갈질!
"이.좋을 이. 찌개 맛도: 입에 대자· 쓰기만!"

구진날·구진짓, 짓 구진 날·짓 구진 짓,—이건;
좋은이·좋은일, 참 좋은 이·참 좋은 일,—이건;
바꿜손 엇바꿈질로 이들 이를 갈려곤.

11 土 26449 흐릿 2437888 1871 2298

12 日 26450 맑 2437889 1872 2299

13 月 26451 맑 2437890 1873 2300

14 火 26452 2437891 1874 2301

15 水 26453 2437892 1875 2302

드러눌 누리에서 솟나갈 사ᄅᆞᆷ을 보고저
눈으로만 쏘아드려、녹는 빛살: 고·꽃: 입비!
몸속 깊히 쟁여 있던 생각: 꽃·다치면: 진물!
진물야 지저분ᄒᆞ건: 더런누리ㄹ 솟나ᄅᆞᆷ!!

16 木 26454 2437893 1876 2303
비

17 金 26455 2437894 1877 2304

몸 이 야

한자리 흘넣 놘 몸! 나날히, 끈이로: 살고 죽!
잡아 먹게 애를 쓰고, 싸내 버리기 힘들어!
사ᄅᆞᆷ새 몸만이 ᄒᆞ.. 나! ᄆᆞᆯ고 ᄆᆞᆷ만 ᄆᆞᆰ히 ᄇᆞᆰ。

審美果敢
丹脣朱同異　毛骨美粧室
皓齒生離別　眉目清秀列

18 土 26456 2437895 1878 2305
흐림

몸 먹 기

묽히는 몬、ᄆᆞᆰ히는 몸、붉히는 낯、ᄇᆞᆰ히는 얼.
ᄑᆞᆯ리는 픔、플리는 뜻、묽·붉·플에. 몸먹·될리
될대로 될손 친대도, 너ㄹ 바로만: 먹고저!

1962

8.19 日 26457 흐림	2437896	1879	2306
20 月 26458	2437897	1880	2307
21 火 26459	2437898	1881	2308
22 水 26460	2437899	1882	2309
23 木 26461 비뿌림	2437900	1883	2310
24 金 26462 비	2437901	1884	2311

ᄂᆞᆯ ᄉᆞᆷ ᄋᆞ름 ᄋᆞᆷ

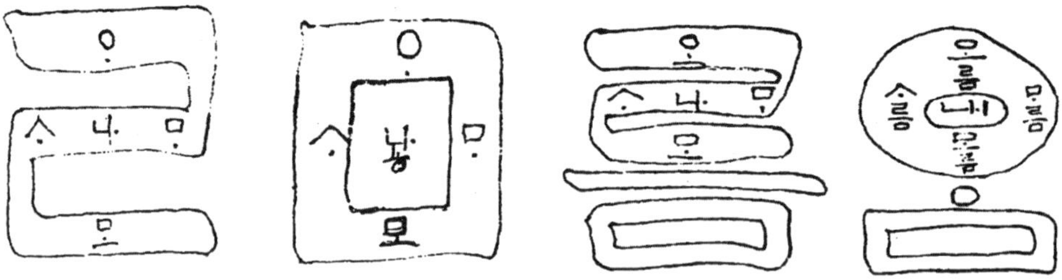

ᄋᆞᆯ、ᄉᆞᆯ、ᄂᆞᆯ、ᄆᆞᆯ、몰.
ᄋᆞᆷ、ᄉᆞᆷ、ᄂᆞᆱ、ᄆᆞᆷ、몸,
ᄋᆞ름、ᄉᆞ름、나름、ᄆᆞ름、모름, ᄋᆞᆷ.

므름: 잇스니; 내 홀짓을 찻기! ㅂ니다。
ᄋᆞ름. ᄉᆞ름. 나름. ᄆᆞ름, 모름, ᄋᆞᆷ.
내가 모를 “몬,, 이고;
나: ᄋᆡᆯ、읠、ᄋᆞ름, ㅂ니다.

25 土 26463	2437902	1885	2312

26 d 26464 흐릿 소내기　　2437903　　1886　　2313

昌原 黃昌成　문힘 븜.

1895 · 5 · 4 , 土曜 1877회 1962 · 8 · 24 , 金曜
乙未 · 4 · 10 , 辛亥　　壬寅 · 7 · 25 , 甲午

24585 날　　아들 岐哲　　岐潤
3512 돌
833 달　　족하 岐周 岐壽 岐松
68 헤

黃聖完 1419회　1902 · 5 · 19 , 月曜　2437903
壬寅 · 4 · 12 , 壬寅　2415889

22014
1962 · 5 · 19 ,　2437804
21915

27 月 26465 비　　2437904　　1887　　2314

28 火 26466 흐림 맑　　2437905　　1888　　2315

29 水 26467　　2437906　　1889　　2316

그 환이 꺼지나요?
그 짬짬이 풀어지나요?
그 냄새고, 소리, 가 큰지나요?
그 맛이 저치나요?
그 다스가 싸늘히지나요?
그 즐거움이 스러지나요?..
그 괴임이 빠지나요?

지나? 가 아니!
꼭, 그래지죠!
그래지는 그것을:
"사랑" 이라고,
"사랑"이 제일 이라고。
가르쳐 왔나요?
가르쳐 갈것인가요?

生 涯
吾日長今晤
每日結成晦
處ㄷ大膽吝
事ㄷ小心悔

1962 8.30	木	26468 흐림	2437907	1890	2317
31	金	26469	2437908	1891	2318
9.1	土	26470 비	2437909	1892	2319
2	日	26471 비	2437910	1893	2320
3	月	26472	2437911	1894	2321
4	火	26473	2437912	1895	2322
5	水	26474	2437913	1896	2323
6	木	26475 비	2437914	1897	2324
7	金	26476 비	2437915	1898	2325

빌 고

“좋길 따잔„ — 몸속길, 깊! “난·에, 좋단„ — 바·람꽃, 얇!
살·림 새로 새도 드러, 아름다·운 골방 이·된!
인제는 둘이서 손판 맞인짝 삶 달콤만。

빛갈, 꼴쨈. 소리, 말시. 내새, 김. 맛, 나이. 다스, 맨치. 즐거, 굄。
여섯흙으로 틈내 드러 늒읡 알릴: 좋담은 —
몬지에 회오릴 바·람 알마지도 알맞힘……?

그 훤·이 꺼지나·요?	그 즐거움이 스러지나요?
그 짬쨈이 풀어지나·요?	그 괴임이 빠지나·요?
그 내새고, 소리, 가 곤치나·요?	
그 다스가 싸늘히지나·요?	음. 빠지지요,

스러지지요!
싸늘히지지요!
저치지요!
근처지요!
프러지지요!
꺼지지요!

그럼, 그 꺼질걸:

가졌거니 ᄒᆞ곤, 사랑이라。나요?
사랑이 제일이라. 는데!
난, 꺼질것도 못가져 봐! 싫다. 나요?

누가 그러히 가르쳤나요?
저마다 고런건가? 배고싶엇나요?
어쨌거나! 많은 흰날에 더럽게 배인것을
벗지 못ᄒᆞ면: 못된 노릇!

음
오 ↗ ㄹ ㅡ ㅁ ↘ 므

므 름: 잇스니;

내
홀 짓 을
찾 기: ㅂ니다

오름 ᄉᆞ름 나 름 ᄆᆞ름 모름

음

내가 모 를 "몬" 이고

"나"
올 " 윌

오름
ㅂ 니 다

1962
9·8 土 26477 흐릿 2437916 1899 2326

9 日 26478 맑 2437917 1900 2327

10538날 앞서 뜨신 아ᄇᆞ지 18932날에 宜相의 365날이있고
오늘은 ─ 1900날이나 더보는 ─ 내 26478날에 熙景의 365날채 임.

10 月 26479 맑 흐릿 2437918 1901 2328

11 火 26480 흐릿 비뿌림 2437919 1902 2329

12 水 26481 흐릿 2437920 1903 2330

13 木 26482 흐릿 2437921 1904 2331

14 金 26483 흐릿 2437922 1905 2332

15 土 26484 맑 2437923 1906 2333

16 日 26485 흐림 2437924 1907 2334

諒闇中言

明黎暗的然 夷希微闇然 居幽息幺幺 在茲慈玄玄

17 月 26486 비 2437925 1908 2335

思誠

闇然而章的然亡
夙興夜忘神明命

四六時節三八課
晝宵春秋叅與誠

1 18 火 26487 맑　　2437926　　1909　　2336

예 순잇새

스므왕레 만, 院나와, 집에서 일흔날 쉿던;
「내 다시 땅을 딛게된다면」 ᄒᆞᆯ때: 『오래간 만』!
ᄒᆞ던 ─ 내 ─ : 몇히·눈, 언께· 뵌지도 또 일흔날!

玄 언 (二三○○六날) 께 가뵌지도 六六날 쌔히오니,
오늘은 언의 二三○七二날!

19 水 26488 흐릿 비　　2437927　　1910　　2337

20 木 26489 흐림　　2437928　　1911　　2338

21 金 26490−26186=304 흐릿　　2437929　　1912　　2339

일즈기, 몸을 맨지다가, 젓의 손구락 마짐에: 거북ᄒᆞ던것이 아주
없은것을 알고; 젓통이의 도라·스기에 三百四 날이 걸리는지?

즐 기 힘

넷이 서서, 고르므로, 기꺼: 오르·내리, 놀기.
열두달과, 여덟 철에, 노리개로 찬 ─ 열여섯!
때나히 넷·여섯이나, 여덟줄·셋: 즐기─힘─!

여덟줄·셋 { 미기─애 씨 / 쉬─기리 니 / 우러─극 긔 }　勞 養 / 息→盜 / 欽 思 }　課八三 ←

1962 土 26491 2437930 1913 2340
9.22 흐릿 맑

巍巍乎！舜禹之有天下也而不與焉。 「不與」實「與」之者致也。

斷斷乎！吾人之有身世也而不與哉。

23 日 26492 2437931 1914 2341
제법 맑, 흐릿

2427379 2402802	2437901 2413317	2437845 2413515	2414855	2414344	2437552	2437193
앞24578.	24585.	24331.	고23588.	23077.	뒤380.	739.

24 月 26493 2437932 1915 2342
구름

生　涯　吏　故　〔生意死故〕
生死存亡心→成敗得喪事→吉凶悔吝處→朔望晦暗時
吾日長今暗　每日結實晦　處=大瞻吝　事=小心悔

25 火 26494 2437933 1916 2343
맑

隨處爲主，立處爲眞。

계계시, 님 닏 제: 슨 되로, 참 나ᆞ루,

26 水 26495 2437934 1917 2344
맑

吏　之　史
億兆生涯之史兮 ｜ 人心惟危道心微
允執厥中而已矣 ｜ 惟精惟一中用耳

〃神卽性　　盡性致命，爲聖賢之眞傳；
　气〃命：　煉气歸神，乃仙佛之眞諦。

27 木 26496 흐림 비 　 2437935 　 1918 　 2345

28 金 26497 비 맑 　 2437936 　 1919 　 2346

29 土 26498 맑 　 2437937 　 1920 　 2347

性命容姿

執着气塞思多煩 毋我神存體一用 體虛用存生靈~~姿~~

身剛心健自彊容

넷 : 이 셋

밤 틀 낮

지닉 　 살닉 　 앞의 　 뒤의

「이 셋 때 틀」

봄			여름			가을			겨울		
II	III	IIII	V	VI	VII	VIII	IX	X	XI	XII	I
봐시	啓蟄	淸明	열시	芒種	小暑	갈시	白露	寒露	길시	大雪	小寒
雨水	반ᄀᆞᆫ	穀雨	小滿	열ᄁᆞᆽ	大暑	處暑	갈ᄀᆞᆫ	霜降	小雪	길ᄁᆞᆽ	大寒

셋 · 엳줄 덟기

미기 - 애 　 씨
쉬 - 기리 　 니
우리 - 극 　 게

 · 八課

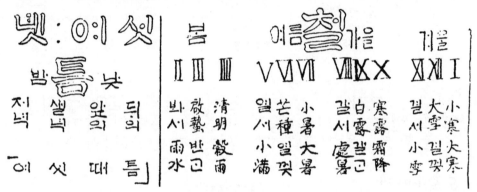

勞怠欽 　 眷盜怨

30 月 26499 맑 흐림 　 2437938 　 1921 　 2348

梧柳洞 다녀옴.

못

고흔것으로, 봣다. 건! 착ᄒᆞ다. 고, 드러다. 건!
이늬·누가·언제·얼만큼, 된데서: 말씀일지?
됨! 참됀: 참이로소랄! 하나되신 밖에는!!

1962 10·1	月	26500	흐림	2437939	1922	2349
2	火	26501	흐림	2437940	1923	2350

李贊熙氏 院里山坂伐木代金殘額 치르러왔다.

3	水	26502	흐림	2437941	1924	2351
4	木	26503	흐림	2437942	1925	2352

20-511-2415

23599 23088

븨 옳 음

「계셔」: 「날라」·「누라」 시는대로, 우린: 날다·눕지?
성훈 얼로 니러나다, 몬에 붙어: 좋(즐)다 죽기!
물불도 몬지부치건! 성코자면: 븨옳음!!

5	金	26504	맑	2437943	1926	2353
6	土	26505	맑	2437944	1927	2354
7	日	26506	흐림	2437945	1928	2355
8	月	26507	맑	2437946	1929	2356

한 생 각 — 날 앞 날 —

이근이게 더디 익힘 | :미나· :밀더니, 당붙김 | 더디 익혀 들이 한삶
잘하는이를 더디 :심 | 싱긋 싱근데. 푹 익힘 | 더디 세임 참잘 살님

넷 때

봄 · 여름 · :갈 · 겨울, 도라가봄이옵.
ᄒᆞ이 · 히, 돌 · 다름, 열둘―셀―셈이나;
하나, 꼴: 다름 핥! 떠날듯! 모돌뜻!
칠·철· 철나! 도라가 봄이옵………….

10·9 火 26508 맑 어머니 도라가신 열한돌 1951.10.10 2437947 2433930 4017 1930 2357

金甲洙 生日이라ᄒᆞ. ~~1903·10·30.~~ 金曜 2416418道日
第21530日 癸卯. 9·11.辛卯

봄 여름 갈 겨울

2 봐·시 비ᄋ물이오
3. 비렝·기더니 빈고
4 맑음뵈다 나·달내릴비옵
5 엘서 그믈차고
6 깔그랑매지 엘껏
7 저근더위 큰더위지나
8 갈서도 더위산대다
9 이슬뚜렷 갈고나
10 이슬차다 서리침
11 겔서 저근눈
12 큰눈 겔껏
1 저근추위 큰추위랍니다.

저 나·와서 올봄 사리 올코! 도라가·나 가을 가리답죠?

10 水 26509 흐림 2437948 1931 2358

11 木 26510 맑 2437949 1932 2359

1962

10.12 金 26511 구름	2437950	1933	2360
13 土 26512 지난밤 우레비·맑·흐림	2437951	1934	2361
14 日 26513 맑	2437952	1935	2362
15 月 26514 맑	2437953	1936	2363

맨 읻 듬 나 이

옛님의 맨읻듬을 찾자면 힘빛낫다ㄹ거시니:
우리롬·밝음·글·생각·으로 차근차근ᄒᆞ시고;
몸다디· 듣좀잘·ᄒᆞ샤:
넷밖으로 빛비최매 위알로 사·모치시니라.

잘밝히시는 높뜰릴 속알로 아·홉거레를 익히샤:
아·홉거레가 다좋거늘,
온씨알을 고루월게ᄒᆞ실새: 온씨알이 말속ᄒᆞ게스리
되지라,
잘나라 끼리 힘맞히어 아울리게ᄒᆞ신디: 많고많은
낱씨도 고친듯이 고루니라.

이에 희ᄒᆞ고 화를 식히샤: 빛울내는 하늘을 우
러러 따르게ᄒᆞ샤: 히·돌·별들·을 따저서
지내므로: 우러르어 삶시·리-때-를 가려내 주시
니라. ………………

님 말씀: 자! 보오, 희 ᄒᆞ고 화.
돌이 삼빅ᄒᆞ고 예순ᄒᆞ고 엿새, 거의 가서 되
거니; 윤달을 써야만 넷때가 맞는 히를 이루

고; 온갖 지슴을 바로 골라, 뭇나이 말솜ᄒᆞ
게스리 될가. ᄒᆞ。 ……………………

16 火 26515 맑 2437954 1937 2364

虞書

堯典

曰若稽古帝堯ᄒᆞᆫ뒤 曰放勳이시니 欽·明·文·思ㅣ 安安ᄒᆞ시며
允恭·克讓ᄒᆞ샤 光被四表ᄒᆞ시며 格于上下ᄒᆞ시니라
克明俊德ᄒᆞ샤 以親九族ᄒᆞ신ᄃᆡ 九族이 旣睦이어늘 平章百姓ᄒᆞ신ᄃᆡ 百姓
이 昭明ᄒᆞ며 協和萬邦ᄒᆞ신ᄃᆡ 黎民이 於變時雍ᄒᆞ니라
乃命羲和ᄒᆞ샤 欽若昊天ᄒᆞ야 曆象日月星辰ᄒᆞ야 敬授人時ᄒᆞ시다
……………………………………

帝曰咨汝羲暨和아 朞ᄂᆞᆫ 三百有六旬有六日이니 以閏月이라사
定四時成歲ᄒᆞ야 允釐百工ᄒᆞ야 庶績이 咸熙ᄒᆞ리라
……………………………………

舜典

曰若稽古帝舜ᄒᆞᆫ뒤 曰重華ㅣ 協于帝ᄒᆞ시니 濬·哲·文·明·ᄒᆞ시며
溫恭·允塞ᄒᆞ샤 玄德이 升聞ᄒᆞ신ᄃᆡ 乃命以位ᄒᆞ시다
……………

正月上日에 受終于文祖ᄒᆞ시다 ……………………
……………… 歸格于藝祖ᄒᆞ샤 用特ᄒᆞ시다 ………………
月正元日에 舜格于文祖ᄒᆞ시다 ……………………
……………………………………

大禹謨

曰若稽古大禹ᄒᆞᆫ뒤 曰文命을 敷于四海ᄒᆞ시고 祗承于帝ᄒᆞ시다
曰后ㅣ 克艱厥后ᄒᆞ며 臣이 克艱厥臣이라사 政乃乂ᄒᆞ야 黎民이 敏
德ᄒᆞ리이다
帝曰兪ㅣ라 允若玆ᄒᆞ면 嘉言이 罔攸伏ᄒᆞ며 野無遺賢ᄒᆞ야 萬邦이
咸寧ᄒᆞ리니 稽于衆ᄒᆞ야 舍己從人ᄒᆞ며 不虐無告ᄒᆞ며 不廢困窮은 惟
帝ㅣ시 時克이러시니라 ……………………………

帝曰來ᄒᆞ라 禹아 洚水儆予어늘 成允成功은 惟汝賢이며 克勤于
邦ᄒᆞ며 克儉于家ᄒᆞ야 不自滿假ᄒᆞᄂᆞᆫ디 惟汝賢이니라 汝惟不矜ᄒᆞ나 天下ㅣ
莫與汝로 爭能ᄒᆞ며 汝惟不伐ᄒᆞ나 天下ㅣ 莫與汝로 爭功ᄒᆞᄂᆞ니 予
懋乃德ᄒᆞ며 嘉乃丕績ᄒᆞ노니 天之曆數ㅣ 在汝躬이라 汝ㅣ 終陟元
后ᄒᆞ리라 可愛는 非君가 可畏는 非民가 衆이 非元后면 何戴며 后ㅣ
非衆이면 罔與守邦ᄒᆞ리니 欽哉ᄒᆞ야 愼乃有位ᄒᆞ야 敬修其可願ᄒᆞ라 四
海ㅣ 困窮ᄒᆞ면 天祿이 永終ᄒᆞ리라 惟口는 出好ᄒᆞ며 興戎ᄒᆞᄂᆞ니 朕言은
不再ᄒᆞ리라 …… …… …… …… ……

“人心은 惟危ᄒᆞ고 道心은 惟微ᄒᆞ니 惟精惟一ᄒᆞ야사 允執厥中ᄒᆞ리라 無
稽之言을 勿聽ᄒᆞ며 弗詢之謀를 勿庸ᄒᆞ라”

正月朔旦에 受命于神宗ᄒᆞ샤 率百官ᄒᆞ샤ᄃᆡ 若帝之初ᄒᆞ시다 …… ……

1962

10·17 水 26516 그믐 2437955 1938 2365

18 木 26517 삭 2437956 1939 2366

감작김 나이

옛님의 감작김을 찾자면 거듭한 이 님께 마즈시며; 깊히·일맞·믿비·마금·—가믄속알 이 들리우니: 이에 일볼자리로 식히시니라.

큰믈댕기 뜻

옛 큰믈댕기ㄹ 찾자면 글날름을 넷바다안에 펴시고, 우리러 님께 이으시니라

20 土 26519 맑 2437958 1941

21 日 26520 맑 2437959 1942 2369

后ᄒᆞ리라 人心은 惟危ᄒᆞ고 道는 惟微ᄒᆞ니 惟精惟一ᄒᆞ야 允執厥中ᄒᆞ리라
無稽之言을 勿聽ᄒᆞ며 弗詢之謀를 勿庸ᄒᆞ라
可愛는 非君이며 可畏는 非民가 衆非元后면 何戴며 后非衆이면
罔與守邦ᄒᆞ리니 欽哉ᄒᆞ야 愼乃有位ᄒᆞ야 敬修其可願ᄒᆞ라 四海ㅣ 困窮
ᄒᆞ면 天祿이 永終ᄒᆞ리라 惟口는 出好ᄒᆞ며 興戎ᄒᆞ니 朕言은 不再ᄒᆞ리라
…… …… …… …… ……

22 月 26521 맑 2437960 1943 2370

님. 말씀:「오라. 우! 큰물이 나를 일깨거늘: 믿붐도 이루고, 질흠도 이룬데, 네 딕거ᄉᆞᆯ난이며; 나라엔 부지런ᄒᆞ고, 집에선 부숭부숭ᄒᆞ야, 젠척 큰척 아니ᄒᆞᆫ데: 네ㅣ 딕거나니라. 너는 자랑 아느나 누리가 너로 더브러 다툴나위 없으며 너는 치사 아느나 누리가 너로 더브러 잘핬다 다툴이 없나니, 나는 네 속알을 크게 보며, 네 큰나이를 좋아ᄒᆞ노니; 하늘의 지벌차례가 네몸에 다ᄒᆞ나니라. 너는 마침내 얻듬님금으로 오르리라.

믹은 몸은 나죽기고, 거룩길엔 힘부치니, 아주 알잠! 아주 한골스로 만ᄋᆡ야 그 뚤릴속을 잡고 가리라.

살핌없은 말은 듣지 말며, 무러안본 꾀을 쓰지 말라.

그리운것은 님이 아니며? 걱정될것은 씨알이 아닌가?

뭇사름에게 얻듬머리가 아니면 무엇을 니고 스며? 님금에게 뭇사름이 아니면 눌과 더브러 나라를 직힐수 없으리니;

우러러 삼가서 네 일볼자리를 가진데서 그 ᄒᆞ고 싶을만ᄒᆞᆫ대로 우러러 닥그라.

네바다 어려운데 다닥칠것 가트면 하늘에서 드리워 주심도 아주 끈치리라.

한갈지 입에서 좋음을 내며 못됨도 짓거리지만; 내말은 뒤집지아
니ᄒᆞ리라.

1962 火 26522
10.23 흐릿 2437961 1944 2371

24 水 26523
지난밤 비 뿌림 2437962 1945 2372

제 빈홀을 차지

~~낮흔 낯깔로 되들 든 낯! 얼골 찾는 꼴의 꼴~~
~~흙으로 된 빈홍이라, 소스라칠때! — — 캉캄 밤~~
—심긴채 그립는 히·ᄒᆞᆯ! 몬지 티끌 된 빈홀!?

깔·꼴·빈홍·빈홀—ᄒᆞ면서— 찾는것들은 뭔가?
좋다. 싫다. 괸다. 밉다. —ㄹ게 업시: 홀린 짐고대!
바랄건: 밤새 잠 자랄—낮인 히질—너머로.

얼골 찾는 꼴론:—낮흔 낯깔, 되든, 낯—이 멀정!
흙으로 된 빈홍이라! 소스라칠때! 캉캄 밤!
심긴채 그립는: 히·플, 몬지·티끌—된—빈홀!?

25 木 26524
언개 맑 2437963 1946 2373

26 金 26525
맑 2437964 1947 2374

27 土 26526 23622, 23111.
맑 2437965 1948 2375

소리! 칙. 듣고: 참말, 소스라칠이가 잇다. 면?
둘이 하나로: 아주! 아주! 조금·주금· 없은—기—!
러찬콘! 죽게 곱다다, 살적! 탈아: 더럽대!

몬진 진대로 최이:지!? 더러우면 못사니까!
—사람도 고흔 깨끗흔이와 흔다는 것이리—
그러나 꽃이곤 진물! 몬지 어민 땅브터!

詩多書詁
易多書言
春秋多書辭

28 日 26527 맑 2437966 1949 2376

李世楨(大韓基督教長老会 長老 六八.) 錦川、德山、種芝里 一 一二

29 月 26528 맑 2437967 1950 2377。

30 火 26529 맑 2437968 1951 2378

31 水 26530 맑 2437969 1952 2378

尙 克 時 忱

可文可質地遊戱 允擴允張天理命
淸盲健忘中惟存 虛靈意志尙思誠

손 잽 손

몸 도 업시 마랏스믄, 몬지ㄹ 먹지 마랏스믄!
몬! 몸! 몬지ㄹ 지버 머굴—몸—을 먹지 마랏스믄!
몸 또 몸 울과불—보다— 더런 티끌: 손잽손!

1.1 木 26531 맑 2437970 1953 2380

1933. 11. 2. 2427379

아버지 도라가신 스믈아홉돌 10591

2 金 26532 흐림 2437971 1954 2381

3 土 26533 흐림 밤에 비 2437972 1955 2382

4 日 26534 흐림 2437973 1956 2383

5 月 26535 맑 2437974 1957 2384

부질업슨 손짭손의: 참? 비롯이 무엇인지?
손재주도 길·길이나 느는듯ᄒᆞ다가 — 그만!
더럴손 깨끗자ㄴ 물·불, 조차 볼손 더런 짐!!

크건? 작건? ᄒᆞᆫ늘이건? 몬지건? — 다·다 넣준 — 빔
몬! 가갑자!! 더럼 되고! 빔! 업시 뵘: 거룩ᄒᆞᆫ이!
에 가친 — 몸 — 은 더럽다! 제계 곤 ㅣ 한웋 읍

1962 11.6 火 26536 흐림 2437975 1958 2385

如本末以彼此爲何岸乎

天地萬有物質名　母氏過重力引傷
食色一味心術昏　原子甚暴電擊混
＋
忠信習工通日課　人生神明小外末
戒定慧學達埋槃　送死諒闇大內本

7 水 26537 흐맑 2437976 1959 2386

8 木 26538 흐림 맑 2437977 1960 2387

9 金 26539 맑 2437978 1961 2388

10 土 26540 2437979 1962 2389

다 먹었대도. 맛? 몰ᄅᆞ!
갈갈 갈라 — 나자. 지잔。— 빛갈! = 결 튼 사이 = 눈끝
목청·귀청, 콧김·내새, 몸시·맏시, 만져·맨치!
지낼제 「나」 빛다. ᄒᆞᆫ들! 제 본 맛이 뭐시ᄅᆞ?

1962 日 26541 2437980 1963 2390
3.11 맑다흐릿

"몬질 떨리"

— 가르치는 스님들께 —

몸의 속알 키워 솟날 손! 흙몬진: 땅! 꿋뭉치!!
내힘 제게 부쳐: 그는·날·예다 부틴 거시다;
우습다! 「몬질 떨다니!?」 똥뻘—더슨—몸이야。

---

12 月 26542 2437981 1964 2391
지난밤 비뿌림

13 火 26543 2437982 1965 2392
맑흐릿맑
저므러 집에 오니 金光錫 언 오셔서 기다리심

14 水 26544 2437983 1966 2393
맑흐림비
손님과 더브러 계명산 가서 金俊鎬 언과 모뎌 쉬고 오다.

15 木 26545 2437984 1967 2394

斯文閑談

新晨偶得閑　長夜定忘忙
語不成說中　修辭立其誠

16 金 26546 2437985 1968 2395
맑

17 土 26547 2437986 1969 2396

나·을? — 날: 아나? 모르나? —
삶다는 나·날! —은— 볼수도 없이슨 — 끗·끗! 틈니!!
나! 죽으면 그만!! —그만 잇서— 계 계신 = 제계 = 로!!
(날, 죽아면 고만!)
(드는)(네 날)
끗끗이. 물어 넘긴 빈 잘든, 나날: 시펄렁 게!!
(살 슨, 날 갈)

클수록 솟아날 긁을 우러러
한우니 바눌 권. 어찌 들면: 뜰개 질은 없지?
한아부지 뭍금 끔은, 너므 느즌 솟곺질 둘!
부치로 늙어 빠진 때! 붙는 사랑: ─속일─몸!!!

1962 11·18 日 26548 밝 2437987 1970 2397

조금 조흠

빛─도 갈갈히 갈라진─갈로ㄴ: 몬지 노름에 ─끼─
그 낯갈·꽃답음! 이눈에 실허다가: 뜨러─늚─
런대로 성흔줄 알고 깃사옵다 ─는 말씀─

19 月 26549 2437988 1971 2398

간짐 좋아 웃되 ─웃다 죽기ㄴ 싫으니── 조금 좀─
가럼 긁는 맛과 긁다 브스럼 걱정이─씨름─
씨름에 쓴씀이 많지! 단·달·다름, 볼거가?

20 火 26550 비 2437989 1972 2399

올 밑에서

올뚝 올에(卄) 무기 무겁(金古) 실룩 실룩(專肉) 곰·곰·곧힘(酉
올말로 키운 고 ─ 드힐개 짓은 어이 침인지?
읽 깬 곳! 올키 프리로 히번단─낯─ 저 물려!

잡아 먹! 집어 써! 더럽혀 놓으로 산다는: 속!
걷위·먹이, 몬와·지음, 씨·킴을 똑바로 날 은?!
솟날손 히·낯·땅몬질, 지번위로 뵐가나.

.62
.21 水 26551 흐림 2437990 1973 2400

ᄇᆞᆷ 잠 잘 —낮 조름 업도록—

자잠, 자장. 잠 잘 자라. 밤새도록 잠잘 자옵.
잠 잘 자고, 밥 잘 먹고, 키 자라서 어른 되옵.
어르신 졸지는 마오 졸고줄단 죽소옵.

깨일자, 떠오는 잠고대ㄹ 적으니 —지난히 떠러젓다는 듯 날이람--

22 木 26552 흐릿 맑 2437991 1974 2401

길고 길 뒤를 받내는 엄마!

잠: 푹·자고, 깸: 꽉·깨믄?—조름 졸림: 흐릿터믄!—
낮인 힛살 빛길 춤춰; 날린 몬지 바람꽃에!
봄 본다! 꽃 곱다!—지들!! 진물 바진 뉘 안나?

소리 나건 들지! —듣는 이의 소리 됨—
있다. 없다. ᄒᆞ는 말도: 모른대로 쓰는 말이,
참 있으면 없어지며? 참 없으면 생겨 나리?
살다가, 죽다가, 똑같! 고흔 입네 —휘파람—.

23 金 26553 맑 2437992 1975 2402

24 土 26554 흐릿 2437993 1976 2403

큰 빎 늚

이 말씀: 「배화서 익히는 때: 깃브지 않으며? 먼 데서 차자와 벗ᄒᆞ는 이 있을 데: 즐겁지 않으며? 남이 알아주지 안는 대도: ᄀᆞ깝ᄒᆞ지만 안는 이는 그이 아니릿가?」 고: ᄒᆞ신 을 듣좁와.

큰 뵘 마침

「목숨을 모르곤: 그이 될수 업스며! 차림을 모르곤: 이러슬수 업스며! 말을 모르곤: 사룸을 알수 업슬거시다!」고: ᄒᆞ신 올 알앗습。

1962 日 26555
11.25 ᄒᆞ림 2437994 1977 24

버림 받아 삶기여

듣으랄 제 빈긴 ―속―이 「더럽다!」고. 내버린 ―박―.
밖도 ―반고― 누리 속에! 다시 바뀌: 거룩 ᄒᆞᆷ ―되―.
믿거라 꼭 버림 받아 솟나 ~~삶은~~ 나아가!
삶 |

26 月 26556 ᄒᆞ림 2437995 1978 240

地位人間 天行剛健

白晝的然亡 | 黎民眠食足 | 先不患無位
黑夜闇然章。| 曆數經綸當。| 所以立自強.

忠信言人立一意誠思誠剛。

27 火 26557 ᄒᆞ림 2437996 1979 2406

忘世間詞【如斯亦自以念之爲信經】

太虛中心忠 無極從容恕 地責重予身 天生德於

金 南海 南郡 男·女·女(面)·女·女·男·男(里)
父 尹三萬
母 申泳圭
堂叔 尹泳培

尹秋子 1943.8.23.月曜
癸未.7.23.癸丑

2437996
2430960
7036
1
70

28 水 26558 맑 2437997 1980 2407

29 木 26559 맑 2437998 1981 2408

한 끗 [一點]

나·너·나·네끗! 끗·끗·끗·끗네! 네일·네끗·끗네!
없끗·있, 있끗·몬, 몬끗·몸, 몸끗·맘, 맘끗·손톱!
손톱은 바늘끗 위서 실끗 맺촙! 잘나이

30 金 26560 맑구름 2437999 1982 2409

엔 시름들!

엔: 십븐 터! 싶어짐·짐, 엘: 몰은 탈! 머름답·답.
답답히도 답게 일고, 짐짐히도 싶어지노.
때·터·손, 안맺기로·-로 될듯 안돼 시름들

김준호 언 계명산에서 떠나 빛골로 가실길이시라。--고 뎡겁이에 오심。

1962 12·1 土 26561 맑구름 2438000 1983 2410

김언과 샐녁에 말씀

꿈에 서로 맞나 둘이 한꿈 꾸미며. —나이기—
이담 깨면 —이꿈 얘기도 늘상 싶기로— 말씀—
어제 「끗내·내끗·을 네일이라.」 홉니다.—

2 日 26562 지난밤 눈 2438001 1984 2411

맺촙드리 잘못되면: 옷: 터질람! 올! 풀릴람!
잘못된 끗 값흠·내람! 꾸중 바디 빚진이랑!
빚지고 졸리움이란: 쓰디쓴맛: 죽게 씀!

죽게 쓴: 끗

1 끗

스신 웋로: 씨! 싫으니; 씨서. 솟날: 우리 스 쓰ㅁ.
立以 竝蠢 用中於民 有天下而能不與焉.
감작김 거듭흰이여 斷斷槿華 晩翠榮.

(풀이) 1 끗 = 億兆一生 = 平生一息. 감작김 = 舜. 거듭환 = 重
斷斷 = 誠一貌. 槿花一朝.

밥 걱정은 입에서, 입 걱정은 몸에서.
씨돼 땅. 쌀!! 나락 한알! 밥풀 돼선! 먹이 못됨!
십어 거울 침, 길고 긺! 먹어 버림. 퍽 모자람!
쉬염 수염 자라고 자람!! 먹은 입은 다물고…….
먹을 입을 늦춰 봐 (씀).

1962 12·3 月26563 2438002 1985 2412

금 새

뜨검도·추워도: 죽게 쓰기! 「시원아」「따스아」……;
그러나: 시원이란. 따스란. 꼭 잰 님은 없지!
봄 덩에 三十七금·찍! 반섬 덩에 三八금!!

아름답단ㄴ: 그릇 침!
낯갈 희곰 눈에 든다ㅁ: 때꼽재기ㄹ 뛰쳐 날듯!
그러나: 낯도, 갈도, 희도, 곰도 듬도, 남도, ―때―
몬자란 때꼽재기·뵐. 몬지 뉘ㄹ 봐ㄴ: 그릇 침!

하나런가?
말슴대로 맨드 ―빈탕―=하나=밖에: 뭬? 있다면!
크건. 작건, 빛도. 몬도, 들게된: 빈탕-속-뿐!
작아·있! 커서·없시! 비!! ―하나런가―

야릇 호 사고 뜸이여
구멍마닥·드려·든든! 내놓·시원! —또 곰세 궁—
든든·시원· 값품 치기: 있기— 없기— 바꿔 치기—
시골과 서울과 달기! 바람·졸림·따라 달.

십 봄. 그대로-잊고-시픔!
아주 아주 십브기로, 그대도록 시퍼홈 길!
시픔 푼뒤 시픔 더커, 십븐속곺 더친 십븜!
십븐 뇔 뛰라고 본데; 시픈 뇔야 더 펄적! (더 날뜀)

1986

4 火 26564 2438003 2413
눈

마침내 달쳐 죽질 않나?
그리케도, 그러케도, 싫다! 좋다 ㄴ: 달라! 붙나?
뾰족·뾰족 옴폭·옴폭, 다르다니: 하늘 땅타!
달잖다! 하나 돼! 맞힘!!-달쳐 죽게 여름 쏟!!

아래 같이: 위도 아조 달리: 앓 옴폭! 뷕·뾰족!
뷕갓 먹이, 않 먹어, —밥입의 므름— 없실슬럼
먹! 멕이! 품아시 섬도 입마닥·혀! 밥 튀정!

맛? 맞? 맞?
「맛만 보고 마렷다는」말의 맛이: 단가? 쓴가?
마침·마즌: 맛난 소리ㄴ —바칠 몸의 마침속알
속알은 이굴 또 이굴 새끗 끗새 새 일맡!

1987

5 水 26565 2438004 2414
맑

깨끗 참, 다살리 좀, 다실이 솜.
깨끗·끗깨, 켄큰·큰캠, 한웅·덩덩 한울·텅텅!
오—늘·하—루, 올—일·히ㅇ일, 오름·올림、올흠·옳딤.
올·옳·옳! 빔·쨈·잼! 쨈·쨈! 「다실이라.」깨끗참

1962 12.6 木 26566 2438005 1988 2415

이 와 다 르 라

돌 지내고 여든 여드레 째 되는 희깅 이ㆍ가 :
흐린불에 자다 깬는 : 나ㄹ 쏴보텅 — 하ㆍ뻐이야 ! —
쨍 ! 불리 !! 늙은 몸 쏟당 — 아부지이 — 소리ㄴ ? 들 !!

君 子 行

率性修行道 天元一大仁 自發憤忘食 他不知不慍

7 金 26567 (맑) 2438006 1989 2416

삶 단。 가 만 못 있 !

삶.삶.삶이, 어서도 삶, 오래도 삶, 어서! 오래!
어선ㆍ오랜、아니! 어서 삶다 몸! 오래 삶도 못!
옌ㆍ없다! 어서니? 오랜!? 오랜 벌서 곤 제계!

늬 란 : 우 믈 우 믈 !

오래 오래 두고 두고 맛을 보고 못잊나? 삶!
우무려야 부러나고 부러나야 풀리는 맛!
보자니 우무려 보지! 늬가 두고 뭐ㄹ 보리!

8 土 26568 (흐림) 2438007 1990 2417

죽 을 떼 씨

떠서 먹고, 살다 조-ㄹ림, 어둬 자고, 꿈꿔 씻담.
둘이 맞나 하나 비롯! 한 읗음직 또또 낳·찜.
똥그란 히무리 밑에 땅뒤덥힐 살무리!

올 1991 2418

9日 26569 안개 2438008

죽을 떼! 로 살 무리!
히무리·달무리·무지개·도릿갠: ―걸고 닦임―
빛이 물방울 걸려, 일곱 갈·줄·살, 이는 맺힘!
마·진 눈! 열덟 길에, 일길: 「일곱갈테, 둥을다.」ㅁ.

깨끗! 텅! 빙ㄴ 몸!!!
한웋님의 말씀이다. 한웋님 께 드린다. ―고!
거듭 거듭 일르지들! 다시 다시 소르지 들!
그러나 깨끗·텅·빈 몸! 하늘나라 씨 아들!
씨알 들!

1992 2419

10月 26570 2438009

옴
너허! 하고 넣준 그월: 주금웋로 솟나 삶! 님.
나·나··나만 더더 셀좁 먹고 더먹 싸쌈 씽질.
이속에 참 삶·좋길도 알맞힘 직! 아·아·멘.

참 나 라
오래 오래 내리 나린, 우리 나란: 옛적브터―
새로 난 나! 새록 씨알! 새살림 세므로 나림!
힘써 산! 새·라로 삶! 잇대 힙솟 참나라:

나 生死始終夢幻花
夏雲峯奇奇異幻 | 人我虛心四象調
草花街麗麗褪花 | 男女有別兩儀和
宿食朝夕吟調和

1962
12·11· 水 26571
호릿
2438010 1993 2420

入 定 有 何 患

空空 心事包容情
口口 意見出入關

播遷太空 大內定
過多人口 世間患

12 水 26572
맑
2438011 1994 2421

앞 ᄆᆞᆷ 뒤ㅎ ᄆᆞᆷ

구멍마다 맑금 들리곤 누른 덜검 좀 덜째.
더러 씨 더러움 치걸! 무슨 잃는 상 삶기도.
뒤 눈 뒤 속시운 흔뒤 씻고 쓸며 또 닥음!

닥고 · 닥이 또 · 닥, 더 · 닥, 다 · 닥, 맑금 · 닦, 끝금 · 뒤
끝금 · 닥이, 없금 · 닦이, — 깨끗! 뷘탕!! 한울! 탕탕!
닥고 닥! 따금 따금 땅! 한웋 숫갈 거룩히

13 木 26573
맑 저녁 흐려 밤에 비 2438012 1995 2422

默瑟 다리고 아범 어멈 오다.

秋子 다니어 온다고 집에 가다.

14 金 26574
맑
2438013 1996 2423

15 土 26575
맑
2438014 1997 2424

16 日 26576
호림
2438015 1998 2425

히서·삶, 돌아·삶, 늘웅·삶.
ᄒᆞᆫ 히! 땅! 사름·삶 야: 물로 씻기! 불에 댉김!
돌! 잘 보고 삶다ㅁ: 지고 저 월·낛 트싱이를 짐!
의츕어 줄곧 늘삶은 한늘 솟남 제계곤!

줄

늘건 줄건 힘들건 업시 뵘이, 제절로 인되,
느림에도 주림에도 힘써 힘낼, 목숨 사리!
힘이여 몬·몸·몸의 힘 내뚜러 낼 살힘씀!

!줄힘·당겨, 느려·맬줄!—주를 힘이: 곧 느를 힘!
줄ᄒᆞᆷ 쭈그린—주름! 늘-금 느리운-늘그 얼골!
뺀거라! 주거라! 며 삶! 줄기ㄹ 다·준 끝줆금!

술술 풀어 줄줄 올바루 짜다도: 출출히 묻!
물어 씹어 삭이어, 맛·맞친·뒤: 출여·솟네·삶!
씻고 씨! 줄곧 뚫릴 줄! 찾참! 맞침! 참 찬 참!

17 月 26577 안개 1999 2426
2438016

改定 憲法 認證 國民投標 ᄒᆞ다

18 火 26578 흐림 2000 2425
2438017

「브라질」로 옮겨사ㄹ길, 열림!
十七살림 八十六이름 으로 오늘 비로소 떠난다 ᄒᆞᆷ

周易序

易之爲書卦爻彖象之義備而天地萬物之情見聖人之憂天下來世其至矣
先天下而開其物後天下而成其務是故極其數以定天下之象著其象以定
天下之吉凶六十四卦三百八十四爻皆所以順性命之理盡變化之道也散
之在理則有萬殊統之在道則无二致所以易有太極是生兩儀太極者道也
兩儀者陰陽也陰陽一道也太極无極也萬物之生負陰而抱陽莫不有太極
莫不有兩儀絪縕交感變化不窮形一受其生神一發其智情僞出焉萬緒起
焉易所以定吉凶而生大業故易者陰陽之道也卦者陰陽之物也爻者陰陽
之動也卦雖不同所同者奇偶爻雖不同所同者九六是以六十四卦爲其體
三百八十四爻互爲其用遠在六合之外近在一身之中暫於瞬息微於動靜
莫不有卦之象焉莫不有爻之義焉至哉易乎其道至大而无不包其用至神

而无不存時固未始有一而卦未始有定象事固未始有窮而爻亦未始有定位以一時而索卦則拘於无變非易也以一事而明爻則窒而不通非易也知所謂卦爻彖象之義而不知有卦爻彖象之用亦非易也故得之於精神之運心術之動與天地合其德與日月合其明與四時合其序與鬼神合其吉凶然後可以謂之知易也雖然易之有卦易之已形者也卦之有爻卦之已見者也已形已見者可以言知未形未見者不可以名求則所謂易者果何如哉此學者所當知也

堯典　曰若稽古帝堯曰放勳欽明文思安安允恭克讓光被四表格于上下
克明俊德以親九族九族既睦平章百姓百姓昭明協和萬邦黎民於變時雍
乃命羲和欽若昊天曆象日月星辰敬授人時
………………
帝曰咨汝羲暨和朞三百有六旬有六日以閏月定四時成歲允釐百工庶績咸熙
………………

大學傳一　康誥曰:「克明德」 太甲曰:「顧諟天之明命」 帝典曰:「克明俊德。」皆自明也。

周易序

易之爲書卦爻彖象之義備而天地萬物之情見聖人之憂
天下來世其至矣先天下而開其物後天下而成其務是故
極其數以定天下之象著其象以定天下之吉凶六十四卦
三百八十四爻皆所以順性命之理盡變化之道也散之在
理則有萬殊統之在道則无二致所以易有太極是生兩儀
太極者道也兩儀者陰陽也陰陽一道也太極无極也萬物
之生負陰而抱陽莫不有太極莫不有兩儀絪縕交感變化
不窮形一受其生神一發其智情僞出焉萬緒起焉易所以
定吉凶而生大業故易者陰陽之道也卦者陰陽之物也爻
者陰陽之動也卦雖不同所同者奇偶爻雖不同所同者九
六是以六十四卦爲其體三百八十四爻互爲其用遠在六
合之外近在一身之中暫於瞬息微於動靜莫不有卦之象
焉莫不有爻之義焉至哉易乎其道至大而无不包其用
至神而无不存時固未始有一而卦未始有定象事固未
始有窮而爻亦未始有定位以一時而索卦則拘於无變
非易也以一事而明爻則窒而不通非易也知所謂卦爻
彖象之義而不知有卦爻彖象之用亦非易也故得之於
精神之運心術之動與天地合其德與日月合其明與四
時合其序與鬼神合其吉凶然後可以謂之知易也雖然
易之有卦易之已形者也卦之有爻卦之已見者也已形
已見者可以言知未形未見者不可以名求則所謂易者
果何如哉此學者所當知也

〔心術〕心思運用的方術。例: 心術醇正; 心術不端。
荀子「形相惡而心術善。」

正月上日受終于文祖。
月正元日舜格于文祖。
正月朔旦受命于神宗。

虞書 堯典

曰若稽古帝堯曰放勳欽明文思安安允恭克讓光被四表

格于上下「被」 옛님의 맨얼듬을 찾자면; 힘빛꽃다ㄹ 거시니; 우러름·밝음·글·생각·으로, 차근차근 ᄒᆞ시고。 옹다다·듣좁잘·ᄒᆞ샤 넷밖으로 뫃비췸의 위알로 사오치시니라。

克明俊德以親九族九族旣睦平章百姓百姓昭明協和萬邦

黎民於變時雍 절밝히시는 높뚤릴 속알로 아홉겨레를 익히샤; 아홉겨레가 다좋거늘; 온씨알을 고루 ᄇᆞᆯ케 ᄒᆞ셔셔; 온씨알이 말숙ᄒᆞ게스레 된지라! 잘나라가끼리 힘맞히어 아울리게 ᄒᆞ신디 많고 많은 낱씨도 곧인 옷이 고르니라。

乃命羲和欽若昊天曆象日月星辰敬授人時

이에 희ᄒᆞ고 화를 식히샤; 빛거는 하늘은 우러러 따로게 ᄒᆞ샤 히·달·별들을 따자시 제배므로; 우러러, 사응시는 때를 가려 주시니라。

··· ··· ··· ··· ···

帝曰咨汝羲暨和朞三百有六旬有六日以閏月定四時成歲

允釐百工庶績咸熙

··· ··· ··· ··· ···

줄곧 뚤림

"하늘 뚤린 줄로 갈것을 "ᄇᆞᆮ홀이라," 고,
"ᄇᆞᆮ홀 대로," 갈것을 "길이라," 고,
"길의 훈한," 대로 갈것을 "가르침이라," ᄆᆞ .

님 말씀: 자 보오, 희 ᄒᆞ고 화。
돐이 삼백ᄒᆞ고 예순ᄒᆞ고 엿새 거이 가서 되거니; 윤달을 써야 넷때가 맞는 ᄒᆡ를 이루고, 온갖 지음을 바로 골라, 웃나이 말숙ᄒᆞ게스리 될가?

큰 슬기제 건넴 몸줄

잇다시보이보살이 반야바라밀다를 깁히 갓슬 적에 다섯꾸림이
다 빔을 비최 보고 온갖 쓴 걸림을 건넷다
눈맑안이아 빛이 빔과 다르지 안코 빔이 빛과 다르지
안타
빛이 바로 이 빔 빔이 바로 이 빛
받·늒·가·알이 또한 다시 이 가트다
눈맑안이아 이 모든 올 빔보기는 나토안코 꺼지도 안코
때끼도 안코 깨끗도 안코 늘도 안코 줄도 안는다
이러므로 빈속엔 빛 업고 받·늒·가·알도 업고
눈·귀·코·혀·몸·뜻도 업고
빛·소리·내새·맛·맨치·올도 업고
눈계도 업고 뜻알계 까지도 업고
어둠도 업고 또한 어둠 다홈도 업고 늘거죽음도 업고

또한 늙어죽음 다ᄒᆞᆷ까지도 업다
쓴·몯·끄 길 업고
앎 업고
얻도 업다
의듬이 업스므로 씨 보리살티가 반야바라밀다로 말미암아 몸의 걸림이 업고 걸림이 업스므로 무서움[illegible] 잇슬게 업시 거꾸로 백힌 꿈풍에서 멀리 떠낫다
마지막 널반 셋계 모든 부처가 반야바라밀다로 말미암아 아누다라삼약삼보리를 의더스므로 반야바라밀다가 이 크게 신통ᄒᆞᆫ 윕·이 크게 밝은 윕·이 우이 업는 윕·이 담 업는 댐 윕으로 온갖 씀을 저칠수 잇슴이 참이고 거짓 아님을 알므로
반야바라밀다 윕을 말ᄒᆞ노나 곧 윕을 말ᄒᆞ면

아제 아제 바라아제 바라승아제 모디사바하

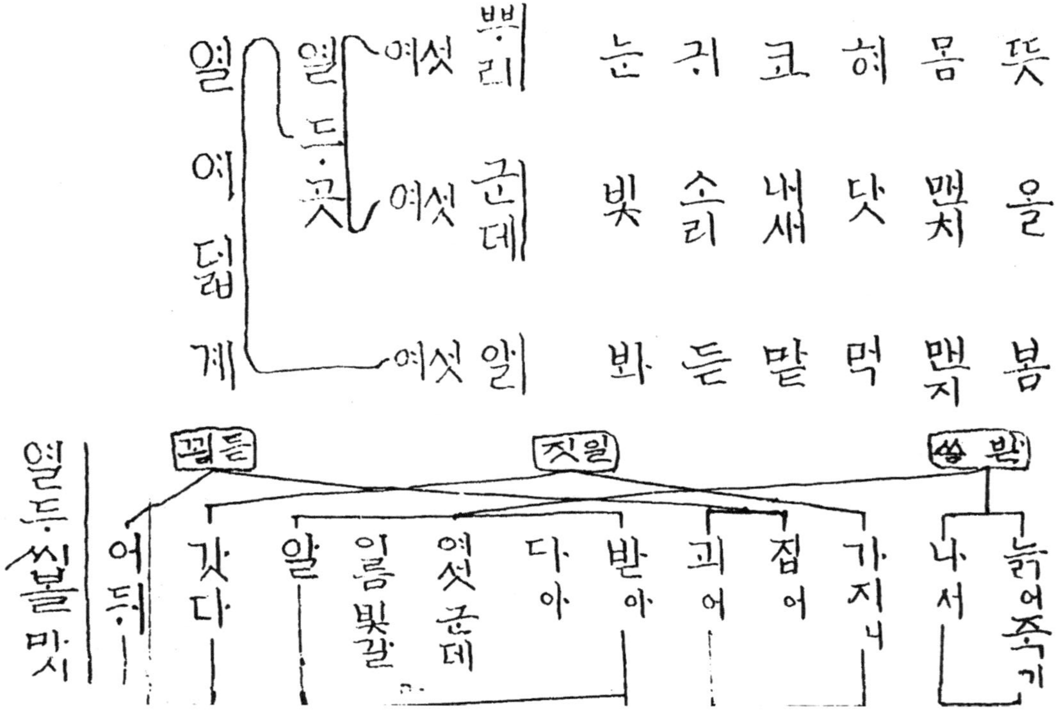

열에덟계
열드·곳
여섯 뿌리
눈 귀 코 혀 몸 뜻
여섯 곤데
빛 소리 내새 맛 맨치 올
여섯 알
봐 듣 맡 먹 맨지 봄
꼽들
짓일
받
열드·씹불 마시
어듸
갓다
알
일름 빛갈
여섯 곤데
다·아
받아
괴어
집어
가지ㄴ
나서
늙어죽기

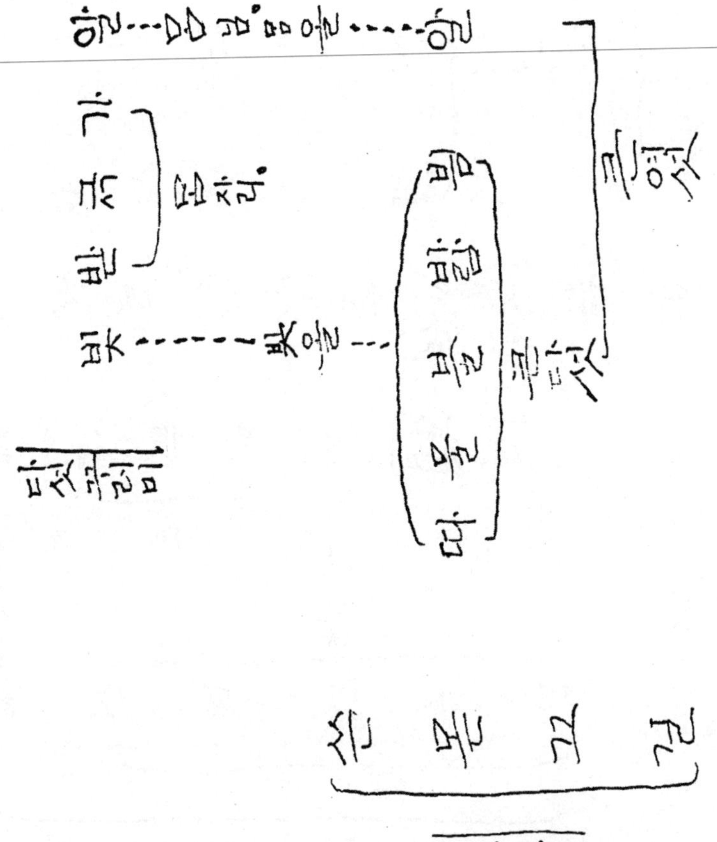
알……몸님。몸울……알
큰여섯
가 즉 반
몸자리。
빛……빛울……
따 물 불 밞 빔
큰다섯
다섯꾸리미
쓴 몬 끄 걸
넷졸가리

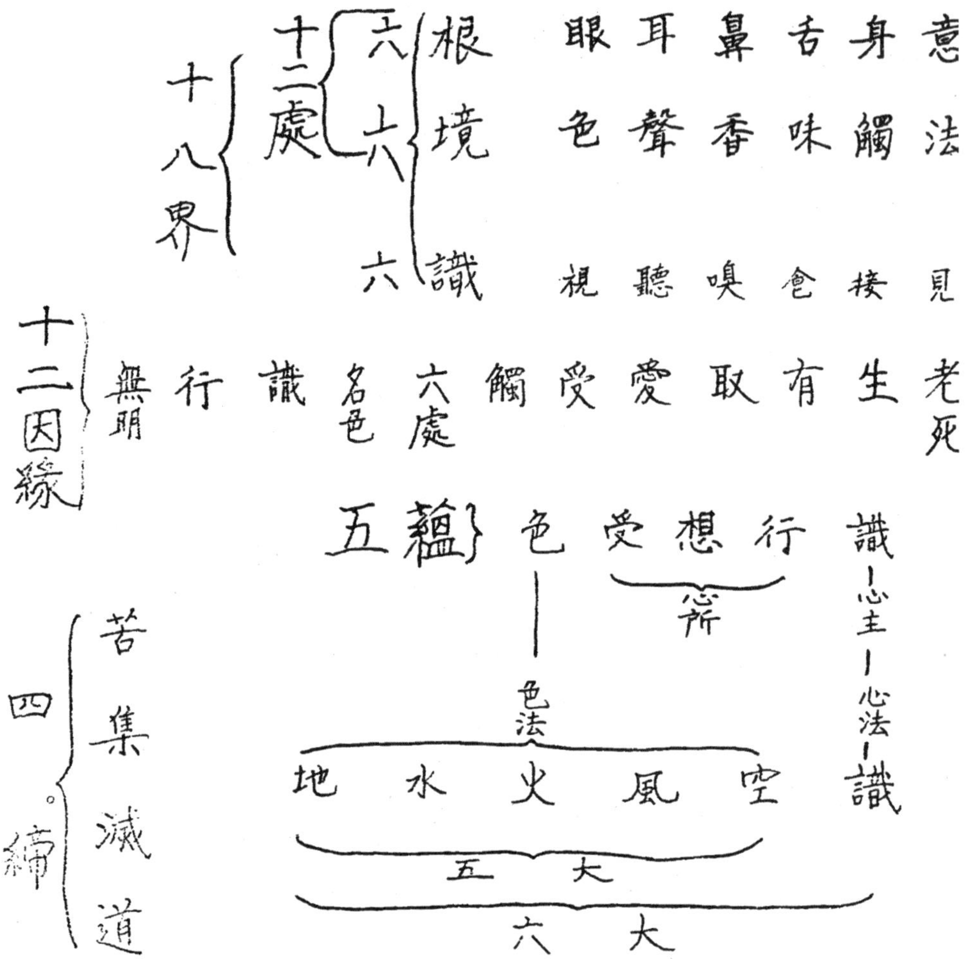
十八界
十二處
六根
眼 耳 鼻 舌 身 意
六境
色 聲 香 味 觸 法
六識
視 聽 嗅 食 接 見
十二因緣
無明 行 識 名色 六處 觸 受 愛 取 有 生 老死
五蘊
色 受 想 行 識
心所
心主
心法
色法
地 水 火 風 空 識
五大
六大
四諦
苦 集 滅 道

九三曰：君子終日乾乾夕惕若厲无咎

君子 進德 修業
信所以進德也 修辭立其誠所以居業也
至 至之 可與幾也 知終 終之 可與存義也
故：居上位而不驕 在下位而不憂
故：乾乾因其時而惕雖危无咎矣

○忠信 主於心者无一念之不誠也 | 雖有忠信之心然 非修辭立誠
修辭 見於事者无一言之不實也 | 則无以居之

아·홉 셋 이란： 그이는저므도록 성금성금 저녁꼬 삼가아 따르거니
힘드오나 허물 없도다

이 말씀：그이는 속알을 나·외이며 짓을 닦느니
뚫릴몸과 살올믿음 가진 속알의 나·아가는 거름이오, 환히 골른 말시로 그말슴 셈으로면
─────────시·는 짓이로다.

니른데 니르를줄을 아·니：거의에도 더불겠으며,
마·침에 마칠 줄도 아·니：더브러 올찰믿 치로다.
웋자·리에 앉아：뽐내지도 않고, 아·릿자리에있대서：슳음도 안ᄒᆞ니,
성금 성금 그때 그대로 삼가ᄒᆞ나·니：비록 낳족대도 허믈
없으리로다.

○뚫릴몸과 살올믿치 몸에서 잡두리 된이는：한·생각의 말슴않 셈이 없겠고,
환히 골른 말시로 일을 히 보이는 이는：한·마·디도 쭉정이가 없겠다.
비록 뚫릴몸과 살올믿의 몸이 있달지라·도 환히 골른 말시로 말슴 셈을 갖지 않고는：
계 살지를 않으리터라.

(올찰믿치로다·：뜻「옳 삶잛참 믿 있」이로다.)

䷀ 乾　元亯利貞

此卦六畫：皆奇，上下：皆乾則　陽之純而健之至也 [illegible]
乾之名天之象．皆不易焉：元亯利貞（大通而必利在[illegible]
固然後可以保其終也。　開物成務之精意）文王所繫之[illegible]
以斷一畫之吉凶　所謂　彖辭者也

　彖曰　大哉　乾元　萬物資始　乃統天
彖卽文王所繫之辭。傳者孔子所以釋經之辭也．

　象曰　天行　健　君子　以　自彊　不息
象者卦之上下兩象及兩象之六爻：周公所繫之辭 也
○天：乾卦之象也　凡重卦皆取重義　此獨不然者　天
一而已　但言　天行則　見其一日一周　而　明日又一
周　若重複之象　非至健不能也　君子法之：不以人欲
害其天德之剛 則　自彊　而　不息矣

　文言曰：元者 | 亯者 | 利者 | 貞者
善之長也 | 嘉之會也 | 義之和也 | 事之幹也
○此篇：申　彖傳·象傳之意　以盡　乾坤二卦之蘊
君子：體仁 | 嘉會 | 利物 | 貞固
足以長人 | 足以合禮 | 足以和義 | 足以幹事
君子：行　此　四德　者，故：曰　乾：元亯　利貞

繫辭　本謂　文王周公　所作之辭一繫于卦爻之下
者一卽今經文此篇：乃孔子所述：繫辭之傳也

䷍ 大有　元亯

易曰：「上九 自天祐之　吉无不利」
子曰：祐者　助也。天之所助者：順也
　　　　　　　　　人之所助者：信也

履信 思乎順 又以 尚賢也 是以自天祐之吉无不利也
子曰：書不盡言 言不盡意 然則聖人之意其不可見乎
子曰：聖人

立象以盡意
設卦以盡情僞 | 變而通之以盡利
繫辭焉以盡其言 | 鼓之舞之以盡神

乾坤：其易之縕耶

乾坤成列而易立乎其中矣
乾坤毁則无以見易
易不可見則乾坤或幾乎息矣

是故

形而上者謂之道 | 化而裁之謂之變
形而下者謂之器 | 推而行之謂之通
擧而措之天下之民：謂之 事業

是故

夫象：聖人有以見天下之賾：
而擬諸其形容、象其物宜、是故謂之象。
聖人有以見天下之動：
而觀其會通、以行其典禮、繫辭焉以斷其吉凶
是故謂之爻。

極天下之賾者存乎卦。鼓天下之動者存乎辭。
化而裁之存乎變。推而行之存乎通。
神而明之存乎其人
默而成之不言而信存乎德行

（上十二章）

1962
12·19 水 26579 지난밤 눈 2438018 2001 2428

되기를 바라도

된것·쓰고, 쓰고·살기, 못 쓰고는·못 살것·만!
잘 돼·쓸것! 못히·없기! 참ᄒᆞᆫ·착ᄒᆞᆫ·고ᄒᆞᆫ—이—ㄹ ᄎᆞᆺ
돼! 못돼! 되·말·질로 된, 숨·씀·사리, 늘·누리!

되기를 바라지만 이 눈으로는 다 못 보오!
참ᄒᆞᆫ이·착ᄒᆞᆫ이·고ᄒᆞᆫ이·도 되게 만 될수 없!
돼·ᄃᆞ논! 주·빋는 새샌 잘됨·못됨 낀·틈새!

윤만식
지민숙 혼인ᄒᆞᆷ

20 木 26580 맑 2438019 2002 2429

우름 듣다 웃게도, 우슴 보다 울게도。
숨 비롯자! 운 우름이 숨 질끝 꺼—는 못감! 물!
ᄃᆞᆯ 뒤바퀴 돋텟일가? 낯에 주름살 잡! 빽곳!
말씀의 첨과 끝이란 우름·우슴 이뿐을!

거짓말을 했드래도 우름우슴: 성히。던들!
온누리: 참뜻—우름! 참말—우슴! 에서 뚫릴걸!
첫 머리 맨끝도 거짓! 너무런가 ᄒᆞ노라.

목숨 질 목까지 목멘! 눈 감을 눈까지 눈물!

눈물! 목멤! 지난것은 골백살에 어린것들!
아마도 사ᄅᆞᆷ이란건 한웋님 속 어린이!

생각이 살건만

와서 사니 좋다고, 가서 죽으니 싫다! ᄒᆞᆯ가?
살며는: 좋은것만 보며? 죽으면: 꼭 언짢을가?
어찌타 받들 생각이 그찜 그찜 ᄒᆞ린고?

먹어도 맛, 싸드 맛, 더·좋은·맛: 찾자! —봄만—좋은가?
입맛 저친 뒨: 달콤·고ㅁ ·쓴외 보듯—ᄒᆞᆫ듬!
참 삶엔 맛·맞이·맺임! —받든 생각— 솟나김!

21 金 26581 눈 2438020 2003 2430

22 土 26582 맑 흐림 2438021 2004 2431

日至

維持雙對 | 春秋平分 | 二立三分
方立四始 | 夏冬極至 | 五立六.至

八立九分 | 律呂成歲 |
廉立終至 | 循環四時 |

23 日 26583 2438022 2005 2432

24 月 26584 맑 2438023 2006 2433

維匡 宗子維城(詩) 維馬(強力) 維雞(弱力) 吉人為善 維日不足(書)

13날 저녁 떠나 집에 갔던 尹秋子 24날 아침 왔다.

그 만 만

죽으면 그만! 이라나, 근 뭔가? 아주 산 인가?
아니! 아니! 산이가 다 죽으면 그만 이란 ―말―,
그만 참 그만이러니 없이 보곤 그만 둠!

낳도 않고 죽도 않는 오직 하나 참 그만은,
여섯 가지 아는 구질 모는 몰라 봐 그만 둠,
그만 참 그만 두기로 한웋 신가 。

하늘·질몬, 들러 싸준; ―빈탕 한데― 기 아닌가?
오직 하나· 드나듦도 없는· 그만 기시오니!
아들은 계신계 제계 도라갈 뿐 그만 만.

1962
12·25 火 26585 흐림 2438024 2007 2434

참 됨 그 림

있으므로 써 쓰고 쓰 될가? 죽도록 쓰고 씀,
없으므로 빼 빱빱히 힘입습다. 제계 돼 삶!
제계 돼 바로 돼 삶은 예 히 짐관 둥뜸직!

깔·끌 됨됨이만 됐다·못됐다로 히지릿가?
이제·예·삶도, 예 히 지고, 제가 계 돼, 되고 됨!
제·저도 예 히 지며도 제계 됨됨 그립슴!

히라고·1962, 날이라· 크리스마스, 집앞에는 새벽에 노래소리가 울렸다는데 잠구러기는 못드렀더니, 낮뒤에 地平線 넘어 넘어 간 크리스마스 모디에 더브러있었습!

309ᄒᆡ 먼저, 和蘭 사람 「하멜」들 36이름이 떠와닿서 14ᄒᆡ 동안 抑留된 가온데
그 한쪽은 海南에 收容돼섰다는데; 그들이 남기고 간 金十字架가 이제 저지도
海南大興寺에 남아 있다.

180ᄒᆡ 먼저, 中國北京에 使節로 간 父親 李東郁 一行에 따라갔던 아들 李承薰
이 北京 南天主敎堂에서 葡萄牙人宣敎師 湯士選에게 領洗ᄒᆞᆫ 것이 우리 나
라 사람으로서 公式·入敎ᄒᆞᆫ 첫記錄이라 ᄒᆞᆷ. 그것이 正祖 七年 癸卯(1783)
니; 또 곧 밝는 새ᄒᆡ도 癸卯(1963)ᄒᆡ. 꼭 셋돐 癸卯로 180ᄒᆡ·짝 참.
純祖元年(1801)에 李承薰·丁若鍾·들 一代名士들이 첫殉敎者.
96ᄒᆡ 먼저. 丙寅(1866)ᄒᆡ 大院君이 佛人宣敎師「베루느」들과 名士
南鍾三、洪鳳周들을 死刑ᄒᆞ고, 그밖에 信徒數千을 虐殺ᄒᆞᆫ 慘事있。
77ᄒᆡ 먼저 培材學堂 · 그 이듬ᄒᆡ 梨花學堂을 세웠음도 생각ᄒᆞ며.
1962ᄒᆡ도 질녁, 25날도 질석, 벌서 벌서 地平線 넘에 먼저 먼저 간 일
만 생각에 잠기어 보번 동안 만은 크리스마스도 잔뜩 흐린 오늘 날시
에도 저 구름 우에 올라 온통 빛밝은 두름 둘레를 자리 잡은 듯이
나·! ᄒᆞ다. ᄒᆞ옵겠습니다. (新敎派의 宣敎는 丙子(1876) 開國以後活動이라)

丙寅 1866ᄒᆡ. 우리 아부지 나시던 ᄒᆡ· 丙子 1876ᄒᆡ면 열돌ᄒᆡ.

26 水 26586 　　 2438025 　　 2008 　　 2435

柳運相 1932·4·23 土曜 　 張喜英 1932·4·30 土曜
壬申·3·18 甲寅 　 2438002 　 壬申·3·25 辛酉
2426828 ………… 11174
2426821 ………… 7
2418527 ………… 8294
熙瑞 1962·12·3 月曜 　 2414344 ………… 4183(+
壬寅·11·7 乙亥

1962·12·3 날. 柳永哲 오ㄴ 23659 　　 23658
申彩雲 ㄱㄴ 1197

1962
12·27 木 26587 맑 2438026 2009 2436

산다 · 죽는다 ?
낳다ㄴ : 사는 · 죽는 · 머리 ! 죽다ㄴ : 사는 · 죽는 · 꼬리 !
머리 · 꼬리 · 사이, 슨 날 : 살어 가고, 죽어 온거ㄴ,
땅에 나 ! 라. 씀 두곤 면 저 · 꼭대기 솟 날 — 웋 —.

空心祈願
姑息不息鼻息生　　誠心正念念又念正
安息無斷命氣神　　苟日新日日又日新

28 金 26588 흐림 2438027 2010 2437

1962 · 12 · 28 金曜　Julianday 2438027 낮 6時 37分에
壬寅 · 12 · 2 庚子　　61.9.9 ← 2437552 475 → 62·12·28
서울市 西大門己 新村 洞山 拾五番地　延世大學校 醫科大學 附屬
세브란스 病院 에서
文化 柳 宜相
慶州 崔 鳳愼　　二女　熙暎 生

29 土 26589 흐림 어둔뒤 비뜻길 2438028 2011 2438

「낚두리라」곤, 곤 · 곤, 또 · 또, 「또 낚두리」
밤새 깨선, 잡아 먹어야만, 풀칠히 · 붙인 목 !
한얼 잃고 외홀, 떨려, 얼 빠진이 : 낚두리들 !
날마다 : ᄒᆞ고 또ᄒᆞᆫ말 참말 참말 왜 못듣 ?
날마다 되푸리 한말　참말 참말 왜 못돼 ??

誠 一 而 已

慢心多㥪苦生人　　小小我心念斷斷
空心克念樂道天　　浩浩其天息淵淵

~~씀뵈귀 나므깨떼 먹가~~
~~구멍마다 사롬둥둥 뚜러뀐 ―김― 은 못 살고~~ !
~~코구멍에 숨 뻥이 도는것만 살었다. 는가~~ ?
~~두어라 아직 사롬은 사랑 탈의 씀뵈귀~~ !

무 26590　　　　　　　　　2012
30 맑 지난밤 눈. 얼고춤　2438029　　　　　2439

그 이 틀

기리 기리 그리운 ―글― : ―나기―므로, 우리 므련!
―웅로만 든― 생각 새록 =밤·낮·없이. 자나·깨나 = !
나기ㄴ ―님― 밀어·믿으·틈, 내곤되로 : 솟·곧·힘!

김 내리와 목숨 키고, 님 받들어 한웅로 솟!
몬 몬지 받, 몸뎅이 속, 살불·피ㅎ물· 도는 바람 !!
이 꿈틀 꿈틀거리곤 : 자란 잠 깬 ―그 이 틀!!!

쉽 진 곳 !
듣긴 드리 불 !　말슴 마루 (宗敎)

집웅 마루를 일러 : 「용마름이라」 혼다지 만.

한웅 마루를 찾고저 : 말슴 마루태기를 듬.

예 난 길 멀다면 먼길 숨않치게 숨쉬고

만 !

ᄆᆞᆯ ᄆᆞᆯ라는 —ᄆᆞᆯᄆᆞᆨ음이— ; 「ᄆᆞᆯᄆᆞᆨ음이」 될 = ᄆᆞᆯ = 이ㅁ
ᄆᆞᆷ에 맞게 「먹은 ᄆᆞᆷ을」 : ᄆᆞᆷ뒤로 ᄆᆞ는 —ᄆᆞᆷ— 도 있나?
바른 ᄆᆞᆷ 속속 들린-뜻-! 들어 봄만 아쉽건 !

1962
12·31 月 26591 맑

2438030 2013 2440

길도 봄 같을가 걱정ᄒᆞ는이가 : 비·아슬 도 생각
가·련데는 ᄒᆞᆰ을나·나 : 브스럼이 나·선 —않 돼 !
간지리면 웃지만도 낄낄대다 죽일거냐 ?
좋다·날 —웃는 가믈엔 : 되려、눈물 —닫 아슬

또·뜨 잊자 ! ㄴ : 잊잖고 !
마·지막이래 !. 막아·볼가·? 뉘·인젠 : 맥힌댔소 ?
비롯들때ㄹ 놔 먹이곤 ! 마지막 껏 막자고는 !
뒤뒤요 못막음 : 히넘 ! 나 잊음만 못ᄒᆞ오。

묵으면 쉬올 새 하·임

히일 다 히ㅆ건·못 힜건; 꼭·다·먹는것이 :
나·이 !
일흔 너무 쉰 목숨도 묵이숨이 아닌 —새김 !
히의 뜸、몸의 굽힘은 익어 묵직 새·올·
힘 !

1963 癸卯

·1 火 26592·23688·23177. 2014
눈 2438031甲辰 ·2441

한국일보 에서
눈먼사랑 눈되어 50회라고,
盲人敎育의 산歷史 朴斗星翁(75)「訓盲正音」「聖經」點字譯 全 24卷.
「손으로 보는 책」 200卷에 뒤따르는 後進 李慶熺·李淑衡·楊桓英 양 등이
點字本을 찍는 「盲人도서관」 寫眞. 仁川栗木洞二五. 本宅에는 「맹인도서안내소」
해마다 十一月四日에 「훈맹정음」 頒布紀念行事.

六 甲 順 當

減:紀年·三, 通日·十. ⌒ 六十除之殘:當數.

[1963年] [2438031日]
3 19(ㅡ
60) 1960 2438021
320 40633
…40 …41

甲 子·戌·申·午·辰·寅.
~~甲子零廿戌申午.~~
~~一二三,~~ 辰 四 ~~寅五~~.
叙 ○·一·二·三·四·五.

干支差半卽進位
甦甦㊝數㊝乎㊅

天干順次爲單位
~~歲文月辰三~~當財

2 水 26593 2015
맑 2438032 2442

됐: 제계ㄴ 길!
끌:굽되! 까불리우고, 꿀:좋아! 굴빠지 놓곤.
밖았 밖앗 남의 밖에, 속아 속아 날 속인 ㅡ내ㅡ.
남의 속 곬 얼굴속이 내속인들 뭐 덜덤?

던 뵐람과 돈 볼람이: 속알 빠진 ㅡ낯 속인=나=!
나온 넌: 비롯이 몬! 던뵐람직도! 난·또: 얼굴!
내 흐임: 속알-얼-을 킴! 솟나고 옳ㄴ 됀: 제계!

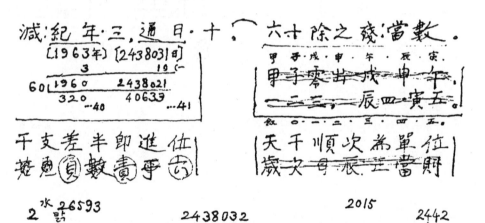

1963

1. 3 木 26594 맑흐릿 24[illegible] 2016 2443

4 金 26595 흐릿 밤에는 2438034 2017 2444

은 돌气方한 빌어. 쌍둥에게 몰림.

5 土 26596 맑 2438035 2018 2445

吾 宗 敎 義

味 旣 中 正 立 身 精 心 空 一 如 象 象 繫

有 無 參 伍 造 化 文 一明謹 施賞罰 神 气 元 同 思 慕 運

뵈고 맞힘 · 드리기큰뒤 되붊브름

6 日 26597 흐림 2438036 2019 2446

7 月 26595 안개 맑 2438037 2020 2447

忙

落望失性妄 欲望多心忙 超生死信望 忘吉凶无

忘

達忘誠仁天 立忘克勇地 坐忘參禪定 臥忘寢息

8 火 26599 2438038 2021 2448

9	水 26600	2438039	2022	2449
0	木 26601	2438040	2023	2450

中 心
一生貫透徹 一志超時空 人我時空化 各命養性忠

乾 元亨利貞

此卦六畫皆奇上下皆乾則陽之純而健之至也 故乾之名天之象
不易焉 元亨利貞文王所繫之辭以斷一卦之吉凶所謂彖辭者也
通而必利在正固然後可以保其終也 (一開物成務之精意)

彖曰大哉乾元萬物資始乃統天

即文王所繫之辭、傳者孔所以釋經之辭也.

象曰天行健君子以自強不息

者卦之上下兩象及兩象之六爻周公所繫之辭也……

文言曰元者善之長也亨者嘉之會也利者義之和也貞
事之幹也

篇申彖傳象傳之意以盡乾坤二卦之蘊。

繫辭 孔子所述繫辭之傳也以其通論一經之大體凡例.

子曰書不盡言言不盡意然則聖人之意其不可見乎?

曰聖人 立象以盡意
設卦以盡情僞
繫辭焉以盡其言 ⌋ 變而通之以盡利
鼓之舞之以盡神

極天下之賾者存乎卦 鼓天下之動者存乎辭
化而裁之存乎變 推而行之存乎通 神而明之存乎其人
默而成之不言而信存乎德行

○形而上者謂之道 ⌈化而裁之謂之変 ⌈舉而措之天下之民
〃〃下〃〃〃器 ⌋推〃行〃〃〃通 ⌋謂之事業

之象非至健不能也 君子法之 不以人欲害其天德之剛
自彊而不息矣.

此獨不然者天一而已但言天行則見其一日一周而明日又一周若重

○天乾卦之象也凡重卦皆取重義

1963 金 26602 2438041 2024 2451
1.11 맑

몸 밝 빙 텅

덜 없다! 다 없어야 ᄒᆞᆫᄃᆞ — 아주 없어야 ᄒᆞᆫᄃᆞ —、
몬이 지고·티가 끌는 — 깨·끗·조차 — 없어야 ᄒᆞᆫ —、
거룩히 몬·티·나브랑 치이·비히· 다 돼。— 없 —。

끄 덕 사 리

이믜 좀 「있」 됐으니: 없시는 — 즉음 금 — 님의
더 있게·있게스리·로만 — 덜없다! 덜없다! — 그가
있·없·새 더·덜 — 덜·더、 끄덕·끄덕 — 브라

12 土 26603 2438042 2025 245
맑

13 日 26604 2438043 2026 245
맑

九三曰 君子終日乾乾夕惕若厲无咎
子曰: 君子進德 修業
忠信所以進德也 修辭立其誠所以居業也
知至至之可與幾也 知終終之可與存義也
是故: 居上位而不驕 在下位而不憂
故: 乾乾因其時而惕 雖危无咎矣
。
○忠信主於心者无一念之不誠也 「雖有忠信之心 然
修辭見於事者无一言之不實也」 非修辭立誠則无以居
知至至之進德之事 知終終之居業之事 所以終日乾乾
而夕惕若者以此故也
可上可下不驕不憂所謂无咎也
〔 至可與幾也 終可與存義 〕

14 月 26605 맑　　　2438044　　　2027　　　2454

니르른데 : 거의에도 더븜직 ! ᄒᆞ.
마치매 : 옳·짧·읎· 꺶 더븜직 ! ᄒᆞ.

䷀ 아홉 셋 이란 :
그이는 저므도록 싱금싱금 저녁꺼 삼가아 따르거니 :
협드오나, 허믈 없도다.
이 말씀 : 그이는 속알을 나외이며 짓을 뒤느니,
뚤림몸과 사를믿을(*) 가진 속알의 나아가는 거름이오,
환케 골른 말시로 그말이 꼭 슬 쏨으로만 사는 짓이로다,
니르데 니르을 줄을 아니, 거의에도 더블겠으며,
마침에 마칠줄도 아니, 더브러 옳짊읎이로다.
웃자리에 앉아 뽐시지도 않고, 아랫자리에 있대서
슳음도 아니 ᄒᆞ니, 그때그대로 「싱금 싱금 삼가ᄒᆞ나다 :
비록 낳죽대도 허믈 없으리로다.

○ 뚤림몸과 살올믿이 몸에서 잡두리 된이는 : 한생각의 말슴 않
쏨이 없겠고, 환히골른 말시로 일을 히 보이는이는 : 한마디도
쭉적이가 없겠다.
비록 뚤릴몸과 살올믿의 몸이 있달지라도 환히골른 말시로
말슴 쏨을 갖지 않고는 : 계 살지를 않으려라, 더라.

15 火 26606 맑　　　2438045　　　2028　　　2455

예서 헤매단
달게·쓰고, 쓰게·달며, 달게·달기, 쓰게·쓰기.
맛·붙인다 ! 달겠으며? 힘·쓴대서 ! 쓰겠느냐?
네 쓴건 내여 볼주곤 ! 내 단것을 넌 달래 !

제 졔 계 ᄀᆞ

제살엔 남의틀끗 하나 떨세라고 — 젊잖이 —
제옷에 재·침 한방울! 이슬 한알! — 틜세라, 지 —
참 삶몸 깨끗도 님에 — 몬 여인옹 — 긴? 게만!

1963
1.16 26607 水 2438046 2029 2456

오래만에 은화어미 다녀가다.

17 木 26608 눈 2438047 2030 2457

우등산 소식 듣다.

18 金 26609 눈바라ᆞ 겜 · 2438048 2031 2458

여섯시 채 못돼서 대미 세사람이 집으로 간다고
떠나는 것을 보내다.

집어 했다
쓸데있을 우리 오락지 {우리오리(倫理)}

가려운데 긁는 맛! 밖으로는 못놀 맛이오!
눈물 지며 웃음이 즐겁만도 이니라 — 간질!
참아 참 부스럼 걱정! 웃단죽긴: 더싫어!!

°

ᄋᆞᆯ 수와 수를 ᄋᆞᆱ

모르며 조금 앎대도, 앎은 내게로 조차만!
손·손·손이, 적은 수나마 수놓 너희들께로!
손에 손! 온몸을 도리 보아줌만 짓—쓸—힘!

1963. 1. 18. 金 21日

熙暎 出生申告完了

19 土 26610 맑 눈 2438049 2032 2459

제 자리

인젠 나도 그자리에 : 먹고, 입고, 쓰게, —됐다。
—내 쓰게 됀 : 깨끗! 옳고! 제 못쓸땐 : 덜없! 곪담!
“나”란 —제!— 참 어딘? 언제? 바로 앉은 자릴고? —

20 日 26611 눈 2438050 2033 2460

21 月 26612 맑 2438051 2034 2461

참흠과 참음

참아 참고, 참 참아. — 참을수 없는것도. 참재! ——
참을수없은 과, 참이· 참을수 없는· — 맨꼭·끗 —?
참아, 참! 참을수 있? 없? “참” 밖에선 : 못적곰!!!

얼운 생각

안개로· 눈으로· 넋으로· 쇠로· 된 —사람— 말고,
꿈으로 ·니야기로· 이름으로·된 —사람— 말고,
죽없에 숤숨이 돌때 뼈에 살이 돋다! 면?

땅 사람에겐 : 눈사람 보다는, 살사람이 「참」!
그러나 사람됨을 — 살사람 만으론 : 다 못봐!
낯갈 뒤 얼골로 드러 속알 얼과 무르면?

22 火 26613 맑 2438052. 2035 2462

솟을 뷝을 생각 홀 밖에 !
「더·더·가지고 있을 생각을」 혼다는 것이지!
「빈 생각·없을 생각을」 혼다[하면: 말되는가?
섯불러 몬·몸·속 있다! 없임 뿐단! 솟을 밖!!

1963
1·23 水 26614 0·18°4'C 2438053 2036 2463
맑

24 木 26615 2438054 2037 2464
맑 흐릿

除 夕

壬寅除夕晦 癸卯待朝朔 丁卯壬寅卒 戊辰癸卯作

健 剛

日日重而一 乾乾夕惕若 至健天德行 大和奐情公

25 金 26616 2438055 2038 2465

六 甲 順 當

減:紀年·三,通日·十, 六十除之殘:當數.

1963 2438055

甲子零出戌·申·午, 一二三;辰四·寅五.

干支差半:卽進位; 若見負數:責于六.

天干順次:爲單位, 歲次日辰·正當則。

26 土 26617 2438056 2039 2466

참 있

뚤렬 몸에: 닫어 매이고·매이일, 一고룰 말시!
쌀올 맑을 앉히이 무로만 타·오르리이다!
환히이 고로고 고를 말슴 씀에: 옳·첨·읎!

陽曆 쓰자고 흔 비롯
李朝·高宗· 金弘集內閣 때
開國五〇四年一一月一七日로
建陽 元 年 一 月 一 日 이라·비롯다.

栁生昔昔夕
李陽晤昭遠
丁酉光武留
丁未隆熙希

公元 1896·1·1,水曜 〔2121 昔昔〕!
檀元 4229
開國 505
乙未 11·17、癸丑

堂二乙未至
建陽丙申元
庚戌明治濫
乙酉昭和釐

〔24497日前〕 〔2413560日前〕

27 日 26618 맑 2438057 2040 2467

28 月 26619 맑 2438058 2041 2468

暫託地心重 永慕天性虛 (地 위에 現, 心 위에 住)
上虛下重中 自己方今居

主忠空中心 維信修辭誠 (空 위에 現, 中 위에 現)
神而明存人 虔忠信篤敬

1963
1·29 火 26620 2438059. 2042 2469

봄 돌손
깔에 깨블리우고、꿀에 골 빠지는 : — 사ᄅᆞᆷ새 !
잡아 먹·집어 씀· 더럽히 놂· — 좋다고만 — 훌가
살속에 얼 빠져서니 숫불꿈에 봄 돌손 !

30 水 26621 눈흐림 2438060 2043 2470

31 木 26622 ᄆᆞᆰ 2438061 2044 2471

2·1 金 26623 ᄆᆞᆰ 2438062 2045 2472

2 土 26624 흐렸 2438063 2046 2473

아쉰 알
걱거 읽이론 : 싫이 없다 ! 읽이 : 없 ! 아ᄅᆞᆫ이 : 없 !
모르고 걱게 : 알듯·몰리 ! 앎·몰롬· 모롬직히 !
이즘은 낯꿀도 않배 얼흔아믄 아쉰—알 ! —

3 日 26625 ᄆᆞᆰ 2438064 2047 2474

~~자멸개교는~~ 히 — ᄒᆞ이금 —
근·널 ; 오래 — 않히 르-몸 : 쓴이 ! ㄴ 또 : ᄒᆞ다 ᄒᆞᆫ 삶이
벗됐음 : 안히 ! 집않히도 : 안히 ! 너나 따로 : 히 !
ᄒᆞᆫ다 히 ! ᄒᆞ지만 않기 안히안히 못도 : 히 !

히 ! 떠 봐 ; 눈 부신 — 네 끝 ! 흐려 봐 ; 속 답답 — 내 몸

뜬 뜬 눈에서 몇 힐 네 봤고? 뜬·뜻 몸에 든 별 네 가깜?
모도히 못도히 갈림 안히히도 단 못히!

4 月 26626 몸 호릿 2438065 2048 2475

저녁뒤 尹秋子: 집·全南海南郡黃山面玉洞里·에 간다.고 감.

5 火 26627 2438066 2049 2476

~~있간? 없? — 있간다? 없간다? —~~
~~(一字)늘(恒宙)을: 한데·늘·도라본대도: 낢 속 밖 — 세 것!~~
" " " " " " " " " " : ~~몸 안 칪 — 나라!~~
~~모름짐! 낢속 내 다리·ㄹ: 어찌 셀감 — 있간? 없?~~

걱정
가지는 걱정:
「가진 걱정을 다 혼다」홀 이도 있을지?
물·불 쓰고 살기나; 가진 살매! 잃곤 죽기도!
쓸수·느릴수·조릴수·먹을수·만큼 만 — 가져!
흔히들「가지고 살긴: 걱정 없다.」~~놓지만~~!ㄴ데: 놓짐!

어찌 셀람!
한(一字)늘(恒宙)을: 한데·늘·도라 본대도: 밖·안·속 — 세 것!
늘·한데: 한늘은 도라 본대도: 속·친·몸 — 세라!
모름짐! 낢속 내 나리ㄹ: 어찌 셀람 — 보는고?

6 水 26628 2438067 2050 2477

1963
2·7 木 26629　　　2438068　　　2051　　　2478

제속 여인 살속! 살속 뜬 위 제속!
「나도 남의 속에도 들어: 맛난 — 드난사리도 —
우리도 남의 나라를 나가 보니: — 밝다. — 고들!
바늘에 한실 오래기: 뇡·봉·밖에: 속홀리!

예. 나와서: 「내란 거니! 제. 드러갈: 쉬얼 — 제속! —
제속 몰골 밖에 나와, 몸살 드러 속이란 믄!
그럽잔! ~~모라 갈 길을~~ 도라 가는 길! 맨첨으터 끝까지!

8 金 26630 흐림　　　2438069　　　2052　　　2479

9 土 26631 맑　　　2438070　　　2053　　　2480

10 月 26632　　　2438071　　　2054　　　2481

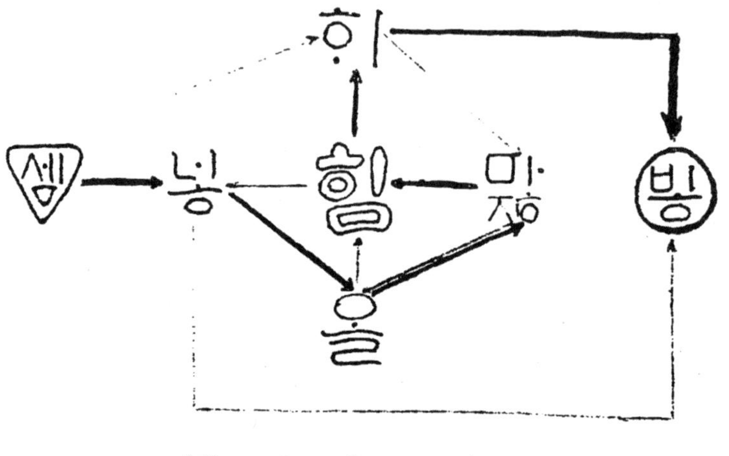

셈 뇡 올 맞힘 히 비이 否
泰 셈 히 맞올 힘 뇡 빙으

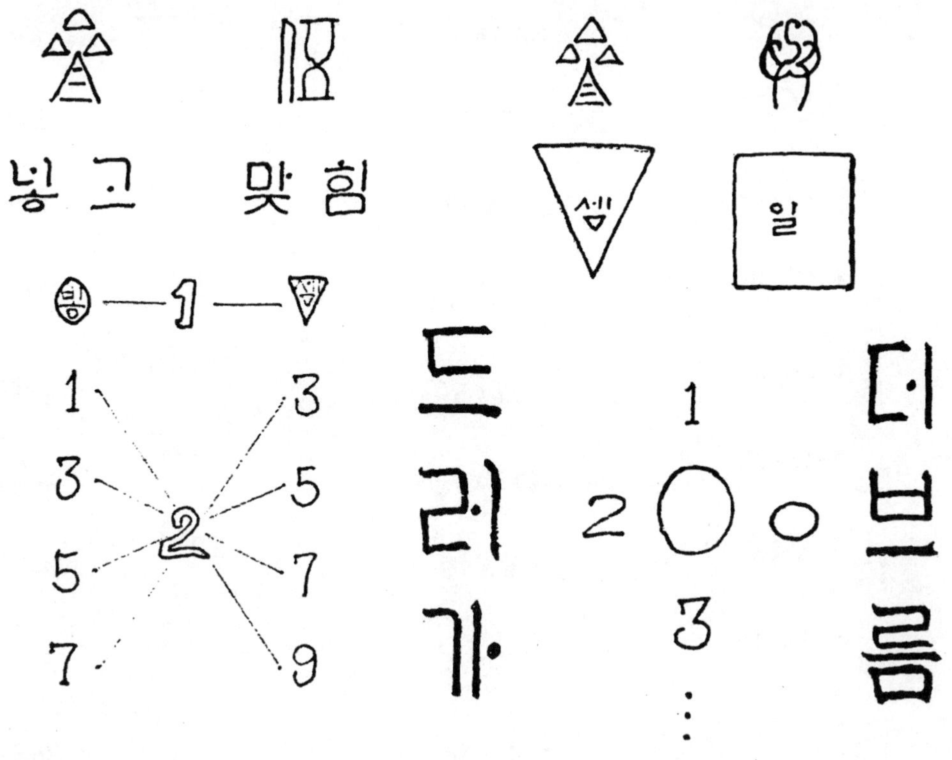
맺힘
셍
일

1963 2·11	月 26633 흐릿	2438072	2055	248
12	火 26634	2438073	2056	248
13	水 26635	2438074	2057	248
14	木 26636	2438075	2058	248
15	金 26637	2438076	2059	2486
16	土 26638	2438077	2060	2487
17	日 26639	2438078	2061	2488
18	月 26640	2438079	2062	248
19	火 26641 [illegible]	2438080	2063	249
20	水 26642	2438081	2064	249
21	木 26643	2438082	2065	249
22	金 26644	2438083	2066	249
23	土 26645 흐릿	2438084	2067	2494
24	日 26646 맑	2438085	2068	2495

日 至

相對維持 方立四始 | 春秋平分 夏冬極至 | 二立三分 五立六至 | 八立九分 碁立終至 | 魚鹽望弦 稼穡節氣

閏餘成歲 調陽四時 | 維日爲善 可與幾至 | 知終終之 可與存義 |

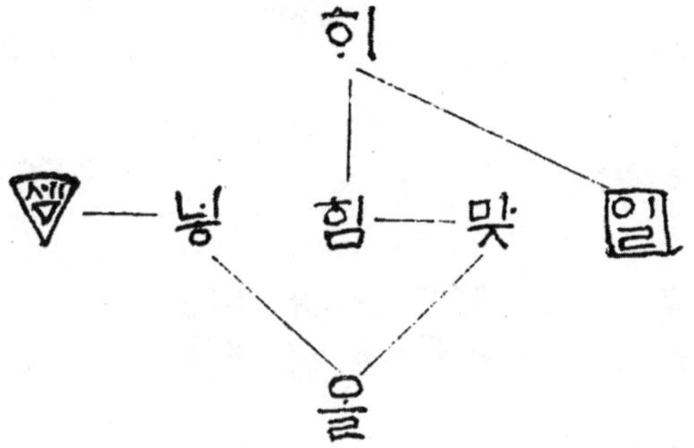

○

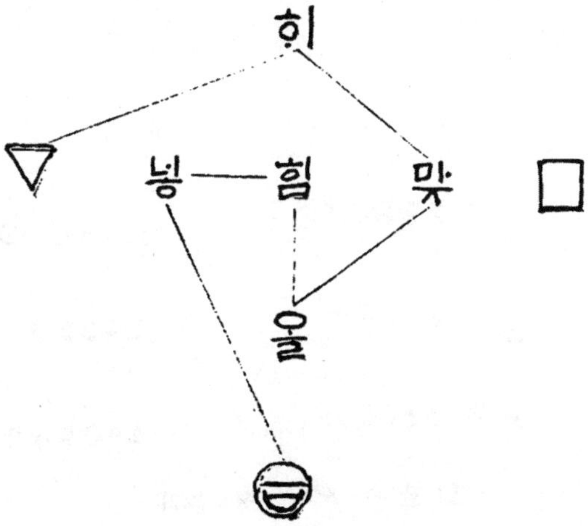

1963 2·25 月 26647 맑. 밤에 눈	2438086	2069	249
26 火 26648 눈	2438087	2070	249

徐順根 오다. | 부산시 초량四동八통四반 (초량복상 入口)
곽동호 언 「일군에 永[illegible] 말드렸다.

27 水 26649	2438088	2071	2498
28 木 26650	2438089	2072	249
3·1 金 26651	2438090	2073	2500
2 土 26652 흐릿 저물어 비뿌리	2438091	2074	2501

李熙周 1896·9·9 水曜 1963·3·2 土曜
丙申·8·3 乙丑 癸卯·2·7 甲辰

2413812

24280 날
3468 주
822 달
68 해

3 日 26653	2438092	2075	250
4 月 26654	2438093	2076	250
5 火 26655	2438094	2077	250

최한수 저녁때 오다.

6 水 26656 맑 2438095 2078 2505

제 절 로

(모도 반듯 쿨데 모질리?)

희 맞ㅎ올 힘 넣 : ~~모진일만 반드시? 아님!~~

넣 올 맞힘 히 일 : 욷 근·올미·웅글·줄? 몰라!

모름직 옐 : 일거니 므! 알마·지 근 : 제절로.

7 木 26657 맑 2438096 2079 2506

8 金 26658 맑 흐림 2438097 2080 2507

9 土 26659 흐림 2438098 2081 2508

최한·수 일즉 떠나·가다. (김춘일 의 생각:「길 도 술 을 멀리 살게 ᄒᆞ이와·지이다.」

10 日 26660 2438099 2082 2509

慎 終 追 遠

慎終蒙身懷 保終學成誠 追遠行旅情 侍奉親寧感

11 月 26661 2438100 2083 2510

12 火 26662 2438101 2084 2511

끗의 끝이 쓰담 : 말슴 되릿가 ?

한·끗이·한끝으므리 ─예─이제─ 낳다·나오니:「나」!

나··삶 담 : 끗의 끗 ─월ㅎ줄 ─ 끗으로 ; 달다. 쓰다. ㄴ : 월

맛맞아· 맞힐 길 우에 맛 모른채 쓰다 ㄴ 끝?

1963 水 26663 26646 24380102 2085 2512
3·13 맑

푹 높

자면 밑등: 푹신. 깨면 끗이: 빨라, 쑤시개질!
일다·눕다, 자다·깨다, 먹다·싸다: 쏘시개질!
솟·깨 좁! 쑤시·쏘시·개ㄹ 그만고만 솟·깨, 높!

14 木 26664 맑 24380103 2086 2513

예·이제!

예·이제! 밤낮 가는이가: 밤낮 가는걸 보며:
"가는것이 이같구나! 밤낮없이 가는구나!"
ᄒᆞ다면 예·이제란 게: 나·남 ─내기─ 씨름 판?

15 金 26665 24380104 2087 2514

우리 길

알아· 살아· 잘아· 차라리, 미러 미더 미트러,
터 뚫리면 솟아 나가, 제게 오를 길이거니,
아부지 한나신 아ᄃᆞᆯ 그륵ᄒᆞ신 참월김.

16 土 26666 24380105 2088 2515

17 日 26667 24380106 2089 2516

弘恩洞 三九番一九號 11統 1班 世康漢醫院

18 月 26668° 24380107 2090 2517

曾子·觀念之言:「愼終追遠，民德歸厚矣。」
嘗予·受命之懷:「愼終追遠，明德復元良。」

19 火 26669 오길 2438108 2091 2518

20 水 26670 2438109 2092 2519

21 木 26671 2438110 2093 2520

22 金 26672 2438111 2094 2521

23 土 26673 2438112 2095 2522

24 日 26674° 2438113 2096 2523

徐正允氏 (赤十字社 少年 指導) 來訪。

25 月 26675 2438114 2097 2524

有 身 生 灵 何 不 參 與 祭

스갈야 十一 4—14、요한 十 1—18。로 十四 5—6 갈 四 10。

元玄: 空·極·一。 分明: 日·月·盈. [合也，晦也]
始黎: 物·我·二。 朔望: 羔羊儀.

26 火 26676 2438115 2098 2525

蘭芝島에 滄柱 언께 다녀 왔다. 23261

1963 3·27 水 26677 흐림 2438116 2099 25

李相湖 언을 찾아 니야기 ᄒᆞ다가 뜻밖에 한웋님 얖
서람을 느끼며, 한웋님 께서 둘이 만나서 이ㄹ
말을 주고 받게 ᄒᆞ신것인가 ᄒᆞ며 떠나오다.

28 木 26678 비 2438117 2100 25

29 金 26679 2438118 2101 25

30 土 26680 2438119 2102 25

柳 進 相 1933, 10, 16. 月曜
癸 酉, 8, 27. ○卯
白 順 姬

찍매점.

31 日 26681 밤 비 우레 2438120 2103 253

4·1 月 26682 2438121 2104 253

제절로 제계로

입맛·질금(즐겁울)·—: 알좀! 자라다: 깨·솟나·올를 길—에
·입에 몬이 익숙 들제와, 둘이 집에 쉴제 에
즐겁다! 맛나다!: ᄒᆞ긴 마주맞잔 질금 질!

불던 입맛: 저치오며, 질금대다: 젤금인, ~~끝~~!
입도·숨도, 닫고 끗남! 깨여 솟아, ~~올다~~ 올라, 옳기,
고요히, 떠난다! ᄒᆞ긴 :: 도라가온 참제계!

2 火 26683　2438122　2105　2532

3 水 26684　2438123　2106　2533

걱정 : 무　　쓸 걱정과,
길을 가며 : 그곧 알고, 많이 갖고, ~~쓰겠다 ; 누?~~
빙당 놀뢰 : 빛갈·맵세, 한눈 팔다. ㄴ! 얼 빠지기!
~~어쩌타 재잘로 좋어 있걱정 곤 없걱정??~~
없다 : 있! 있단 : 또 없단, 곤재기를 : 뭘 걱정?

4 木 26685 효림　2438124　2107　2534

5 金 26686 비　2438125　2108　2535

䷚ 頤
艮上 震下

頤貞吉觀頤自求口實
彖曰 頤貞吉養正則吉也 觀頤觀其所養也
…… 自求口實觀其自養也
天地養萬物聖人養賢以及萬民頤之時大矣哉
象曰 山下有雷頤 君子以愼言語節飮食
初九 舍爾靈龜觀我朶頤凶
象曰 觀我朶頤亦不足貴也 ……
上九 由頤厲吉利涉大川
象曰 由頤厲吉大有慶也

6 土 26687 비　2438126　2109　2536

7 日 26688　2438127　2110　2537

1963 月 26689
4.8 흐림 2438128 2111 2538

9 火 26690
흐림 2438129 2112 2539

줄
이어이예 지어이졔 이에이제 줄줄 줄곧.
주리 주리 느리 느리 줄줄 주리 늘늘 느리,
줄힘을 넉넉 가춘줄. 느러 맬줄 참될줄!

10 水 26691
맑 2438130 2113 2540

䷚ 멈 먹임이 곧으면 좋니라. 먹임을 보며, 스스로 입에
넣것을 찾느니라.
먹임을 본다 홈은: 길리우는 것을 봄이며,
스스로 입에 넣것을 찾는다 홈은: 절—자라다고—먹것답이오!
하늘 땅에 질몬을 길르고, 씻어난이는 닦아나기들 길러.
*모든 씨알에 밎느니라. 먹이는 때란: 큼이구뇨!
첫아홉이어! 거북네; 어림은 두고, 날 보며, 턱은 느러떠러
니: 좋지 않다.
봋익어말: 날보고 턱을 느러떠러는것도 위흐지는 않으니라.
웋아홉은 먹임 말미니 힘드오나 좋니라. 큰내를 잘 건네리라.
봋익어말: 먹임 말미니 힘드오나 크게 두고둔 좋음이 있을이다.
*봋익어말: 「산밑에서 우루를」 흐니: 먹임이라. 매다!
그이로선: 삼가 말솜 세울라며, 꼭꼭 끈이로 먹마시기. 아만!

더 덜 없 미
두름에 사람 싫어: 좋두 —— 힘숨않슬 동안판!
속에 넣어 채니: 좋두 —— 밖으로 내 뒤는 동안!
넣다뺌: 제턱이 제턱! 더덜 없어 좋씨개!

裵善杓 氏 께 묻다. 「숣기를 많이 ᄒᆞᆫ다」심.

11 木 26692 맑　　2438131　　2114　　2541

~~거 지 지버친 얼골 들~~
~~덤이밖엔 : 얼골이! 눞시 푹 · 뚤린 속엔 : 몸이!~~
~~얇판히 발려마친 입븜 · 뻡진 · 벌 · 볼 꽃! 꽃!~~
~~누구를 차즈시나요? 제 못 얼린 님 : 찾좀!~~

ᄒᆞ

얇ᄒᆞ히 발려마친 입븜 : 골 뻬진, 벌 볼 꽃 꽃!
더미밖엔 : 얼골이! 눞시푹 · 뚤린 깊엔 : 몸이!
누구를 차즈시나요? 얼님 그린 날 보믄……。

12 金 26693 153388　　2438132　　2115　　2542

뉘 친 돔!?
빈탕이 : 깨끗ᄒᆞ두면! 몸 가진 사린 : 똥 싸게!
놓으면 : 빼리 먹지! 끝엔 죽겟다며 : 질펀ᄒᆞ지!
첨과 끝! 더나 · 덜 : 없이, 않 싸는 씹 : 밧 씬 돔!

念受命
萬分之一 : 三日生　三百分一 : 百日子
千分之一 : 一朔存　八十分一 : 一年孫

낮지내서 한히반이나 印度바다에 뜬 뱃속에
지냇단 覺相 오다. "日本 가는 짐을 시러다
두고, 오는 배로 仁川에 줄짐이 있어. 대답

1963 土 26694 2116

4·13 비 2438133 2543

큰 빈탕 과 못 든 속

새록 새롬 : 불상 싶어. 사랑 : 뭐라! 속싀이다.
이것저것 버릴 마당엔 : 이저버림! 참 고맙.
그러나 한큰 빈탕엔 : 속삭·이즘! 더 위리.

모른속도 파내여서 : 아릇 일인. 가지 가지?
아모것도 없는 빈탕에 : 아랑곤 홀가 보나?
제속이 모른속의속. 일숭 달숭 못든속!

참 나

우리 믿는 내 님은 : 빈탕을 내며. 제속에 듦.
빈탕 내여 품는 사랑! 속에 드러 깨여 있둥!
부처가? 아들이신가? 큰둥그림 한나라!

14 日 26695 2117

비 2438134 2544

~~2438134~~

울 흐 음

참고, 말수 : 있다! 면? 참음도 : 고마! 참 고맙
참고맙기는 : 나고·죽고· 나죽대도, 옹글랑!
옹글님 계시옵거니 우린 믿고 울횟옴!
또힌올

말 업슬 말슴이 그리옴

나를 알았으면요! 내날·남날·하날·모든날!
입븐이·미운이·수있는이·수없는이 나를!
하날길 하난줄 알손 너나들이 무슨말?

15 月 26696 비 2438135 2118 2545

또 못 참

말 업서도 조흘 말을 ᄒᆞ다가는 하나!나지……
나·나、하·하、나는: 안홀 말ᄒᆞ다: 난거신가, 바!
너·나 들、틈난 자리에 말란 말씀 또 못참!

미김 미김이 고드면 좋니라! 바로 가르면: 조효리라.
미김을 보며, 스스로 입에 넣길 찾느니라.
미김을 본다!믄: 길림을 보미며;
스스로 입에 넣길 찾는다!믄: 저 메글길 봄
하늘 땅에는 절몬을 걸르고, 씨서난이는 믹거니를 걸러、
모든 씨알에 미침! 메기는 때란! 크미구뇨!?
꽃익어 말:「모이밑에서 우루를!」ᄒᆞ니: 미김 이람.
그이로서는: 삼가 말슴 세우며, 꼭꼭 곤히로: 먹고 마심.
첫아홉 이에: 거북아: 네 얼을 두고、날보고 턱을 느러떠리니: 조친타.
꽃익어 말: 날보고 턱을 느러떠리는것도 귀ᄒᆞ진안흠!
열아홉은: 미김-밑미니 힘드나 좋니라 큰내를 잘 건네리라.
꽃익어 말: 미김-밑미니 힘드나 크게 숨이 나마 쓸 ~~무은 좀이 있으~~ 리라.

「足食足兵、民信之矣。」……「去兵」……「去食」……曰:「去食。自古皆有死,民無信不立。」(論·顔)
……齊景公曰:「善哉!信如君不君,臣不臣,父不父,子不子,雖有粟,吾得而食諸?」(上仝)

16 火 26697 비 2438136 2119 2546

17 水 26698 비 2438137 2120 2547

18 木 26699 흐림 2438138 2121 2548

19 金 26700 맑 2438139 2122 2549

1960. 4. 19. 세몰숨: 삼가 생각.

1963 4·20	土 26701 맑	2438140	2123	2550
21	日 26702 맑	2438141	2124	2551
★ 22	月 26703 맑 흐림 비	2438142	2125	2552

므름 믈고

믿든 갓도 못꿰 맺힐지!? 제므름이:!; 제게로!
가락이! 춤이! 어르고 볼래; 사랑 눈! 뛴단 판;
판 않박 가림보다도 제므름을 제갓즙!

23	火 26704 흐림	2438143	2126	2553
24	水 26705	2438144	2127	2554
25	木 26706 맑	2438145	2128	2555

돌 셈　25545 날
　　　　21 날
25566 날 (5·16날) 일흔히로,

26	金 26707 맑	2438146	2129	2556
° 27	土 26703 흐림	2438147	2130	2557
28	日 26709 비	2438148	2131	2558
29	月 26710 흐림	2438149	2132	2559
30	火 26711 흐림	2438150	2133	2560

1963
5.1 水 26712 맑 2438151 2134 2561

物格知至至之之幾　一言本音主心意誠

2 木 26713 맑 2438152 2135 2562

3 金 26714 비 2438153 2136 2563

4 土 26715 2438154 2137 2564

5 日 26716 2438155 2138 2565

둘 셈 25555 날

6 月 26717 2438156 2139 2566

7 火 26718 흐릿 2438157 2140 2567

8 水 26719 흐림 2438158 2141 2568

나 남 사이

몬 모돠 슴이 : 자바·먹고, 누고·싸기; 몬지ㄹ 넘!
깔·빛·끌·음·속·알·몸·빙 = 곤 = 쉬이·지리, 버섣 : 나!
이 일 보! 나·남 사이 금!! 없단·있단 한둘 틈!!!

9 木 26720 2438159 2142 2569

10 金 26721 2438160 2143 2570

5.11 土 26722 맑

2438161 2144 2571

知命盡性

物格知至至之之幾 與幾存義 人士心性
命盡知終終之之義 一言本音 主心意誠

柳永稷 여이다。言

12 日 26723

2438162 2145 2572

13 月 26724
흐림 밤드러 비

2438163 2146 2573

永稷 장사지냄에 서로 멀잖히 살면서 막했던
아직 산다는 낯을 몇몇 보다。

1899、1、12、木曜 1963。5。11。土曜
戊戌。12、1。庚辰 癸卯。4、18。甲寅
2414667 2438161

23495 날
3356 두
796 달
64 해 120날

14 火 26725

2438164 2147 2574

15 水 26726 맑

2438165 2148 2575

우리 안팍이 麻浦·孔德洞 四三三番地 一進社藥局

첫어린애 난 遵相 차자보고 왔다

父	李漢雨	全州 泰休 子 光州 盧氏	1933. 9. 28 木曜 卯時 癸酉. 8. 9 丁酉	2427344 656
母	柳遵相		1935. 7. 16 火曜 乙亥. 6. 16 癸巳	2428000
		結婚式	1961. 11. 6 月曜 辛丑. 9. 28 癸卯	2437610
딸	李宝珩	出生	1963. 4. 24 水曜 9時5/6 癸卯 4. 1 丁酉	243[illegible]

木 26727 2438166 2143 2576

佩王之圖

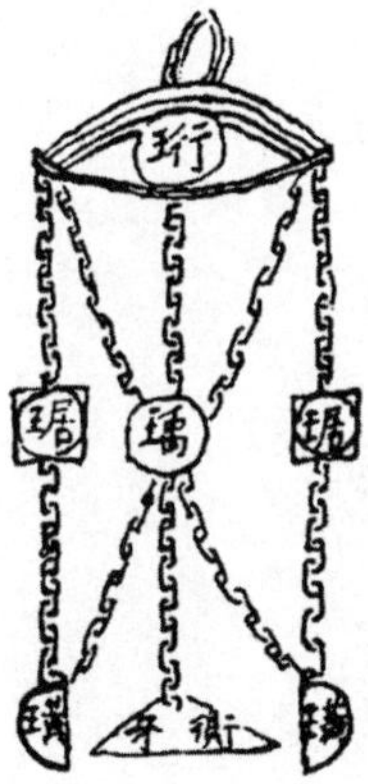

詩經、傳

ㄱ 珩璜琚瑀。ㄴ

文獻通考 各姓淵源 柳氏貫鄉載集 壹百參拾貳.

五·一六。두돌날에

고티。됩잔 : 나·남。새!

목숨이라는、길이 : 곤히、되옵존。나·남。사이!

1963 5·17 金 26728	2438167	2150	25
18 土 26729	2438168	2151	257
19 日 26730 흐릿 밤비 좀	2438169	2152	257
20 月 26731 비 좀	2438170	2153	2580
21 火 26732 흐림	2438171	2154	2581
22 水 26733 흐림	2438172	2155	2582
23 木 26734	2438173	2156	2583
24 金 26735 비	2438174	2157	2584
25 土 26736 비 좀	2438175	2158	2585
26 日 26737 비	2438176	2159	2586
27 月 26738 비	2438177	2160	2587
28 火 26739 안개	2438178	2161	2588
29 水 26740 흐림 비	2438179	2162	2589
30 木 26741 비오다	2438180	2163	2590
31 金 26742	243818	2164	2591

6. 1 土 26743 맑	2438182	2165	2592
2 日 26744 흐림	2438183	2166	2593
3 月 26745	2438184	2167	2594
4 火 26746	2438185	2168	2595

캐토릭敎皇요한23世. 오늘(여기 3시49분)때. 숨지다.
(現地 三日下午七時四十九分)

1881·11·25 金曜 2408410날에
辛巳·10·4 癸亥 北이태리「소토·일·몬테」여름지집에 낳.

1963··6·4 火曜 29775날
癸卯··4·13 戊寅 4253돌 4/7
1008돌
81히 191/365+

5 水 26747 흐렸다 밝	2438186	2169	2596
6 木 26748 맑	2438187	2170	2597

말·숨, 다·ᄒᆞᆯ·바·탈. — 숨을 닐고, 바탈을 다ᄒᆞᆷ.
몬·다·닥치, 일·이르니. 이르루는 게·거의요!
숨·다ᄒᆞ이, 일·다치. 맞히우는 오름·올흠이여!
속소리 잡두른 몸에: 말숨 셀람: 맨첨뜻!

金鎭永68氏來訪。

1963 6·7	金	26749	맑			
8	土	26750	흐렷			
9	日	26751	흐림			
10	月	26752	흐렷 맑			
11	火	26753	흐리다 맑다.			
12	水	26754	맑			
13	木	26755	맑			
14	金	26756	맑			
15	土	26757	흐림 맑			
16	日	26758	맑	2438197		2607
17	月	26759	흐림	2438198	2181	2608
18	火	26760	흐림	2438199	2182	2609
19	水	26761	흐림	2438200	2183	2610
20	木	26762		2438201	2184	2611
21	金	26763		2438[illegible]2	2185	2612

西紀1963年6月23日 (日曜日) (二)

바오로六世 戴冠앞두고 첫「메시지」

大公議會 재소집

基督敎統合 敎會法改正도 다짐

【바티칸市二十二日發AP=特約】同和】 敎皇「바오로」六世는 二十二日世界에보내는 그의最初의「메시지」에서「바티칸」大公議會를 繼續하고 國際平和를위해 努力하겠다고다짐하였다

故敎皇「요안」二十三世가걸어온길을 分明히계속하는新敎皇「바오로」六世는또한「그리스도」敎統合名業에努力하고또「요안」二十三世가着手한敎會法改正을繼續할것이라고約束하였다 敎皇「바오로」六世는 그의先任者들이 提唱한 社會正義政策을 支持할것이라는 印象을 보서 그의計劃에對한 敎要을完成하였다

第二百六十三代「로마·가톨릭」敎皇으로 選出된지 二十四時도 채못되어 發表되는 祝典辭로 미리 準備된 新敎皇「바오로」六世의「메시지」는 事實上 하나의 施政演說이다

『敎皇任期의 大部分은 [illegible]의 모든人間들의 눈이 集中된 第二次「바티칸」大公議會를 繼續하는데 바쳐질것이다 이것은「가톨릭」敎會가 모든人間을「가톨릭」敎로 끌어올릴수 있도록 主님께서 우리들에게 내려주신 모든精力을 우리가 바치며 [illegible] 적것이다』라고 敎皇「바오로」六世는 말하였다

◇새大主敎冠을 쓰고 金色수를 놓은 長衣를입은「바오로」六世敎皇이 二十二日 全世界에 그의 最初의 放送「메시지」를 보내고있는모습 (바티칸市 二十二日發 AP電送=同和)

22 土 26764 曇 새온비 히어 2438203 2186 2613

㊐ 二十一日·「로마·가톨릭」教의第二百六十三代教皇選擧.

▫ 밀라노。區大主教「조바니·바티스타·몬티니」樞機卿이當選.

비·오로六世略歷

1897·9·26. 伊太利 브레스치아·北方. 辯護士「조르조·몬티니」의次男으로(三兄弟)出生.

大学과神学.

1920·5·29· 神父되다「로마」大学과「그레고리안」大学에서 神学研究」.

1923· 와르사와駐在教皇庁使節團의秘書.

1924· 教皇庁國務省으로 転任

1954· 밀라노 教区 大主教

1958· 枢機卿

23 日 26765 흐림	24[illegible]204	〃다 몸〃	2187	2614
24 月 26766 흐림	2438205		2188	2615
25 火 26767 흐림	2438206		2189	2616
26 水 26768 흐림	2438207		2190	2617
27 木 26769	2438208		2191	2618
28 金 26770 비	2438209		2192	2619
29 土 26771 비	2438210		2193	2620

1963

ᄒᆞ! 나·!!

깔·꼴, 매·므새, 잡·두리, ―보기 조탐! 보기 실흠!

깔·꼴, 매·므새, 잡·두리, ― 조케 뵈짐! 실케 보임!

횟박도·옷칠도, 안요! 얼골―저인!! 「ᄒᆞ이」―얼!!

6.30 日	26772	2438211	2194	2621
7. 1 月	26773	2438212	2195	2622
2 火	26774 흐림	2438213	2196	2623
3 水	26775 흐림	2438214	2197	2624
4 木	26776 비	2438215	2198	2625
× 5 金	26777 ᄆᆞᆰ	2438216	2199	2626
6 土	26778	2438217	2200	2627
7 日	26779 비	2438218	2201	2628
8 月	26780	2438219	2202	2629
9 火	26781	2438220	2203	2630
10 水	26782	2438221	2204	2631
11 木	26783	2438222	2205	2632

12 金 26784 흐릿 2438223 2206 2633

신설동 6.43 江陵 뻐스 떠나 10.40(쯤) 운교 닿다.

13 土 26785 비 2438224 2207 2634

엇전역때 大美로 드러와 熙, 琰의 성혼것을 보고 쉬어, 또 한밤을 에서 보내고 왔다

14 日 26786 흐릿 맑 2438225 2208 2635

낮가까 金炯培 언 本邸에서 芳儀洞으로 가는길 이라며 들려시어 마침 맛나 반긴 때를 갖다.

15 月 26787 흐림 비방울 2438226 2209 2636

8.40 떠나 12時에 橫城郡橫城面邑上里二七八의三
橫城郡農業協同組合
農業銀行橫城支店屯內出張所
屯內市場을 도라 보고 17.30쯤 大美에 도라옴

16 火 26788 흐림 비 쏘다짐 2438227 2210 2637

金景洙 16/9 限 ₩1,000—돌림

李文熙 14 [李相舒·鄭氏의子]

7 水 26789 흐림 비많이 2438228 2211 2638

시내 물 소리 : 듣고

돌멩의 시내 소리는 : 돌의 몸 : 곧! 물의 뜻 : 갈
즈믄잘히 있단 시내ㄴ : 밤낮 업시 가—놓질—물!
있어서 올히 가는지? 밤낮 가서 없을지?
오래

1963 7.18 木 26790 날들다 또 큰비 2438229 2212 2639

二百七十六姓 {世昌千字文付}

金李伊異權朴崔鄭丁程安雁白趙曺姜康强彊(어길)剛全田

錢徐(고을)西孫柳兪劉庾楊梁洪吳天千韓漢文宋嚴許南閔(성)

車(성)高裵(성)池智申辛(매울)愼魯盧(성)菜蔡采(비단)秋鄒張莊(씩씩할)蔣(성)章林任具

丘孔公玄卞(성)邊元原袁(옷길)廉濂(고을)閻夫陰方房邦旁(클)龐(성)咸石昔

朱周禹于馬余呂汝宣單(성선)先表薛桂琴沈卓孟魚魏韋印

奇晋秦陳眞甄(질그릇 진)玉殷恩延(뻗칠 연)燕連潘(성)班(차례 반)毛弁諸(모든)陸譚明太奉

鳳承昇慶景謝舍史芮(성)藝水都道陶要堯鞠國成星河夏

郭蘇邵董(연뿌리)吉片邢(나라 형)睦羅尹黃墨葛尙施獨皮溫左慈賈杜

王范(성)凡柴邕(화할 옹)卜扈(나라)胡(어찌)彬(빛날)賓氷弓甘簡干彭(성)唐楚平舜荀(성)順

淳湯昌會路頓乃大丕彈堅雷阿判海米鍾浪包蒼雲肖

后葉化梅花姚奈萬艾介夜段麻占箕馮宗應鮀扁襄永
(성씨 · 고울 요 · 클 · 성 풍 · 일가 · 성 · 자골 도울)

俊端斤君雍執芸哀壹胥潭闞[南宮][鮮于][皇甫][司空][獨孤]
(향풀 · 클)

[西門][諸葛][東方][公孫]顔子項季丫乜曾饒解齊何樊佟
(두갈래질 아 · 성 먀 · 새장 번 · 성 동)

19 金 26791 맑 구름 2438230 2213 2640

20 土 26792 맑게 검 2438231 2214 2641

21 日 26793 구름 늦게 소내기 2438232 2215 2642

살림 안는 사룸은 없건만, 제입맛을 타고 난뒤로 :
— 사는 살림이 드믈어 —
입에 든 : 혀! 혀므른 : 입! 둘새 한 침 : 혼건호제,
「셋」흔 내가「네 녜」일가? 「한입맛」 곤 「한숨결」요!
한 입맛 싱큼숨결엔 : 두 셋 : 새 없, 한 ᄋᆞ「나」라 ᄋᆢ!!

입 나간 : 혀! 혀 빠진 : 입! 다시 그리어 : 마자지구……,
맞히볼라 — 둘새 멀어 — : 침 바르기… 주춰 짜내기…,
겨우 짜 흘린 침 : 맺힌 한입맛에 또말뒤 ?

한 입맛

하루 두끼 : 안 먹으면, 고파지며 : 주린대고!
주릴험 : 써! 느러말 : 줄! 고피서 : 먹! 달게 먹소!
살림 숨 : 하루 한끼로, 줄곤 가질 : 한 입맛!

1963 月 26794
7·22 비　　2438233　　2216　　2643

한「나」라 으로만 — 나 — ㄹ 사랑
입에 든 : 혀! 혀ᄅ ~~[illegible]~~ : 입! 둘새 한참 : 온건혼제,
「셋」혼 내가「네넷」일가? 「한입맛」곧「한숨길」요!
한입맛 성큼 숨길엔 : 두·셋 : 새없、한「나」라

손에 맨힌 : 몸! 몸 돌본 : 손! 둘의 한피 : 골흐오,
「셋」혼 내가「네넷」일가?「한곱나름」「제 한사리」!
한곱넘 성큼 숨길엔 : 두·셋 : 한속、한「나」라로

밖에 싼 : 안! 안에 든 : 밖! 둘이 한집 : 살림 ~~살림~~사리,
「셋」혼 내가「네넷」일가?「한집안」곧「한숨길」을!
한집안 성큼 숨길엔 : 두·셋 : 함께、한「나」라로

므름

「나」ㄴ 네길 봐、쓰다가도 — 네꼴 봐、뵈이다가도 —、
제、짓거릴 부리다가도 — 남、멋내길 보다가도 —、
「그트나 어찌될건고?」ㄴ : 늘 뒤딸린 — 한므름 —.

23 火 26795
흐림 비　　2438234　　2217　　2644

넉이 모자라믄? 걱정! [쌔기 :: 키]
「자라」「자라」「잘 자거라」ㄴ : 내리 내린 — 자장 — 어버
자고 자고 잘 자라나나ㄴ : 우뚝 우뚝 — 사퉁 — 아들,
난 나믄 넉으로 쌔임 사흔 사흠 사흠 헤.
~~死而不亡壽　長生久視哉~~
~~萬一第三日 千一只一瞬 三百一百旦 八十一一歲~~
~~日月來兩儀 天地處三 〃 生死始終外 形而上道大~~

24 水 26796 비 2438235 2218 2645

길!?

기길 떠나、예 있다나! 잇가ㄹ 보네、이제라. 고나!
그절 몰라、내가 한이 —족곳·앞뒤— 살고 살좀!
　민저위 솟아날 숨에 뚫어나갈 길! 길? 길!?
　몬저웅

더블과 제

고텨 됩잔: 나·남、새! 아믄. 고텨 됩잔: 나·남、새!
목숨이라는 —길— 이: 곧히 되읍존、나·남、사이!
　마침에 마칠줄 알아 올칠믿듬: 더블리!

25 木 26797 비 2438236 2219 2646

말슴·얻: 있나?

므흠 므리 믈린데서、브흠 브리 블친데서.
프흠 프리 플린데서、플흠 플리 플튼 말슴、
　얻 있나? 속의속의 몸; 위위 솟순 제계ㄹ 걸。

心及吾无身

日月來兩儀 天地處三才 三百一百旦 八十一一歲
萬一單三日 千一只一晦 死而不亾壽 長生久視哉
生死始終外 形而上道大 數窮自守中 有身猶無涯

26 金 26798 지난밤새 비 2438237 2220 2647

나·남、샐 —나타번—: 나라。

나·남、씰 : 곧혀야 나라가 잘 되겠답니다.

「나ㅣ라」 미 : 나아온 「나」와
「나!라」 미 : 나아온 「남」이

서로 엇 바뀔때 마다

「나는 나라!」고 ;
── 몸속 브터、입의 말에 : ── 든든ᄒᆞᆫ 힘이 바쳤다면 ?

그러ᄒᆞᆫ 씨알의 얼은 나라ㅣ : 잘된나라리다!

므ᄅᆞ 늬나라가 못됐거던 ?

그 나라、씨알의 "나·남、새" 곧혀 됩소사。: 빌뿐。

버 미듬 ── 올철 믿틈 ──
아름·사름·자름·차름 ─에 : 올칠 믿틈 : 더븐─땐─
「자름 고갤 넘고、차름을 가시야! 올의 칠 : 첩
「나·남、샌 : 버·남、남 : 나가」 도라옴큰 ; 제 고저

1963 土 26799 2221
7 27 호랏 환빛 2438238 2648

?
속 업시 : 작! 속속 몸 : 속! 밖 업시 : 커! 밖밖 빙 : 밖!
밖도、속도、있도·업도、작도·크도、몸 : 빙, 빙 : 몸!
반 몰라! 어딜? 언젤? 뉠? 알든? 몰든? 「나」란 : 뭐

「뭐냐?」고는 : 네 나! 「네 나!」 ᄒᆞ긴 : 내나! ―네나! 내나!
알라 ― 알믄 ― 좀 안 ― 이지 …… 「내 나」ㄹ 알단 「네난」ㄴ : 몰라!
몰라라! “앎ㄹ 참! 몰라라 참 : 차자 갈―나ㄹ 일 : 참!
참을 내! 몰라라

28 日 26800 2222
맑 2438239 2649

오늘. 夏曆六月八日인디. 큰비가 많이 오던 날로 보다가. 도라가신 뒤에는 비아내오는 날로 보앗고, 올가티 비많은 ᄒᆡ에도 오늘 맑은 날로 : 아부지 가신지 三十돌ᄒᆡ를 보옵니다. 누리오셧던지 九十七돌 힙니다.(같지 못ᄒᆞᆫ 놈으로서. 도라가신 어른보다 2222 날이나 더줍신)

뮈 ?
똑망 시내ᇰ 소리에 잽히니 : 다른 뉘ᇰ 일 ― 아득!
똑몸 : 곧좀! 물뜻 : 갈좁! 맞서 일름 : 그러치! 들.
그러나 옳고 긇고. 는 : 아닌가 봐 ……

몬몸·살월 : 엄마 사랑 : 묵직! 아부 성큼 : 옳읍!
묵직ᄒᆞ이 둘레 깊긴 : 손만 떼면 : 겁븐 홀데!
옳읍은 솟구칠 ᄒᆞᆷ이 끝끝 네벨 아부음.

어린 싹. 젊는 터. 늙은 나이. 죽은 끝을 : 봤다.
아름 아리 : 더 연 있으리만? : 난 : 몰은 듯! ᄒᆞ도
모른 : 나! 날 몰른 : 내가! 누구·뭘을 안ᄒᆞᆷ : 뮈?

月 26801 2223
지난밤 비 2438240 2650

봉제 : 깨 !

넌 : 몬, 낢 : 몸. 히! 또 흐이! 너·나. 놓고 : 맑금속
돍몸 : 굿좀! 물뭋 : 길솝! 너·나 : 흘기! 오래(올히) : 불질!
물 맑아 시치워 널가? 불질 걸단 : 빙! 제! 까!

깨끗 :: 다 없

빙으 몽으 : 빔 몸! 붕으 봉으 : 붐 몸! 앓밖 : 한
때ㄹ 뜨ㅣ : 물에, 찌ㄴ 태 : 불에. 보내갔고 살라온데!
때의 때! 찌의 찌리·니? 살일 몬 끗 없! 덜 없!

사름 질못

사름 두곤. 움직몬 두곤. 심긴몬 두곤 : 만하,
땅에 묻힌 몬이 가장 많다! 넘친 숨이 있습,
이것이 뒤집혀 될손 사름 : 질못 이랍직!

1963 火 26802 2224
7.30 구름, 며둘뭐 숨내이 2438241 2651

31 水 26803 2225
안개 2438242 2652

새벽 네시께 니러나서 물푸레 집팡이를 암밝이 집고 三兄弟 고개를 넘어 桂洞 場터를 지나 平昌警察署芳林支署 앞· 平昌郡芳林面雲橋里一二七 鄭泰榮(客主)에 니르니 8時20分頃이나 되엇다. 길이 너무 장마에 사나와 젔다. 直行서울이라는 票示한 빼스를 타니 滿員인데 車의 울떨어져 떠다. 붓는것이 너무 잦아 서울을 서너시 지나서 닿게. 버가 얼마를 흐고 부다낀지라 "시발"을 타고 드러와서 150을 주다.
집앓이 한결음 보고 "고맙습니다" 느껴습니다.

맛나는것 찾던 미친 년놈
에· 맛난 : 깨끗! 말이 되나? 잡아먹. 집어써. 더럽혀 놂!
곱다다 간 진물 써놓곤 : 씻느냐! 닦느냐. 혼다. —몸—!
똥·오줌 받내이이다 그는다단 몬헌 : —뉠—!?

1963

8.1	木 26804 호릿 편구름	2438243	2226	2653

아하 나의 사름은 빔: 기시여
갈것, 올것, 있을것도: 다 없어야 깨끗이다.!!!
몬: 부서진, 몬지로, 짓은 몸 브터: 그릇이야!!
깨끗을 찾는것은: 몸! 몯고 몯숩! 몬·있:솟!!!

2	金 26805 맑	2438244	2227	2654
3	土 26806 맑	2438245	2228	2655
4	日 26807 맑	2438246	2229	2656
5	月 26808 맑	2438247	2230	2657
6	火 26809 흐리	2438248	2231	2658
7	水 26810	2438249	2232	2659
8	木 26811	2438250	2233	2660
9	金 26812	2438251	2234	2661

맛이냐: 사랑이냐
손이 뒵버서 : 손에게, 짒을 내는 질 : 봤다! ㄹ가 ?
「그럿타」곤 : 말할수 업겟스나, 첫사랑 과는 ?
아니죠! 둘이 다 안요! 사랑에는 거슬림!

1963
뒤에도 뒤에도 앞짬: 내흐름을 가지고 들!
그러히들 덜다가 일흔 여든을 집어먹곤,
그러래! 잘 틴 인: 쓴대! 거술거술 거술뜻……

모르는 대로: 아는 듯! 알듯! ᄒᆞ는 것이 사랑!
젖맛을 보면서부터 입맛이 저칠 때 — 끝깢 — -
맛·맛·맛! 맛좀 더보믄? 깜박 깜박 이상ᄒᆞᆫ!!!

에 맛난: 깨끗! 말이 되나? 잡아먹, 집어써, 더럽혀 놂,
곱다다간 진물내 놓곤: 씻느니, 닦느니, — 될없다!
똥 오숨 받내이야, 그는 다며: 문헌 뉘!?

8·10 土 26813 2438252 2235 2662

사 ᄅᆞ 좁 — 다 업 시 —
다 없질 못! 덜없답, 덜없답, 아주도, 아주도,
훔쳐서만 · 씻어서만 · 깎아서만: 다 없질 못!
사ᄅᆞ좁: 붙이고, 재고, 맨첨, 맨끝, 없, 박도!

11 日 26814 맑 2438253 2236 2663

브스리기ㄹ가 왼통 일가
여기, 이제, 우리; 사리! 여기, 이제, 우리: 사리!
저기? 거기? 넌: 너! 난: 나! 제·게, 절로: 최질가?
올칠 밑! 도리가 오리!! 빛: 내! 몸: 든! 곧 제게

12 月 26815 맑 2438254 2237 2664

3 ~~火 26816~~ 2438255 2238 2665

긋:내 운:나! 꼭!ㄷ찔러 갈러 븜으로:제!ㄹ—알뜻!?
뷩:드른:저!ㄹ 남의 보게는:「저 넘어가 죽거니…지」!?
을찰밑! 도라가오리!! 빙:내!몸:둔! 고제게!!!

水 26817 2239 2666
4 지난밤새비 2438256

5 木 26818 2438257 2240 2667

6 金 26819 2438258 2241 2668
흐림 비방울

7 土 26820 2438259 2242 2669
흐림

子 尹壯圜·尹壯龍. 婿 韓晃鎬. 密陽朴春根 마님
도라가신 글 븜. 林相郁언이 글을 돌리다.

1895·10·3.木曜 1963·8·16.金曜 13½
乙未 8·15.癸未 癸卯·6·27.辛卯

2413470 ～ 2438258

24789 날
3541 돌
840 둘
69 히

26821 2438260 2243 2670
日

弘濟洞火葬場 다녀오다.

1963 8.19	月 26822 맑	2438261	2244	2671
20	火 26823 흐릿	2438262	2245	2672
21	水 26824 흐릿	2438263	2246	2673
22	木 26825 비	2438264	2247	2674
23	金 26826 흐림	2438265	2248	2675

~~풀이 싫다; 거세잖고! 브드랍다; 풀 안 죽고!~~
~~그뒶! 곧·곧。그 빈; 바탈; 브들! 려움; 저 뵌; 글월!~~
~~올 출 믿! 도라가오리!! 빛; 내; 몸; 든! 곧 제계!!!~~

옰 숣 좂 춂 -길- 옐; 소름! 소롤 믿을 앉힘; 힘써!!
나 왼; 속알! 닦은; 짓질! 다다르매; 올 출 믿을!!
올 출 믿! 도라가오리!! 빛; 내; 몸; 든! 곧 제계!!!

숨 쉰 길
일도 바쁘, 숨이 차다! 누리 삿갈, 일이 얼떨!
얼이 쉰데, 숨; 잘 쉬고! 누리로 놀며, 얼에 얼림!
쉬임 쉬 얼 넘 열린데 기리 긴 길 숨 쉰 -길-。

어제 뛰던 색기 고양이 오늘 죽다니!
잘 먹어서, 잘 뛰느냐? 뛰는대로 재주 늙나?
뭘? 잘못 먹! 아픈거냐? 아프므로 누어 앓느냐?
숨졌나? 안 늙 셈 치냐? 나고; 늙고; 묻힐고!!

비읍나니
풀이 섰다; 거세잖고, 브드럽다; 풀 않죽고!
고됬! 곧, 곧; 그 뷘 바탈! 브드러움; 저 뷘 글월!
꽃아침 달밝은 저녁 거룩ᄒᆞ이 태일 줄!!!

24 土 26827 2438266 2249 2676
흐릿·맑

밀로 말로 잉댕인 말씀

하늘을 놉혀 땅은 낮으니, 싱큼 몬돌이 두렸!
얕치 높히 베프니, 고인 자리와 흔ᄒᆞᆫ 자리!
움지검도: 꼭! 가만ᄒᆞ도 꾹! 질라; 세다! 무르다!
;무리로 달려, 몬으로 갈림! 생각님; 좋다! 싫다!
;같기로만 모여드러; 빈듯ᄒᆞᆫ데.
—기리 그리운— 하늘에 된; 그림!
—될성브른— 땅에 돼; 꼴! 같이 됨을 봄!

25 日 26828 2438267 2250 2677
흐릿

:고봉우, :더러봉우.
ᄒᆞᆫ 끝에 몸을 걸어 지리니, 땅 조차 구중중!
더러운 꼴 싫기란: 무서운 데서 떠라련 듯!
이밖에 뒤바뀜질도: 더럽우니? 곱우니?

26 月 26829 2438268 2251 2678
맑

27 火 26830 2438269 2252 2679
맑

28 水 26831 2438270 2253 2680
맑 흐릿 비뿌림

朴斗星 님 가시든

1888年 3月 16日 (4·26、丁卯?) 江華郡喬桐面에 태남。洞
漢城師範 出身

1913 濟生院盲啞部赴任

1920 六年七個月間 한글點字完成。한때 角膜炎으로
편찬하서、夫人金景乃님、두어히 동안 이나 눈과 집팡이·
點字글들
「성경」「三·一운동비사」「국사」…… 손으로 읽는책이 200너머。

1963年 8月 25日 낮 12時 15分、仁川市栗木洞二五에 떠옮

1888·4·26. 水曜 2410754.〜2438267. 1963·8·25. 日曜
戊子·3·16.丁卯 癸卯·7·7.庚子

27514 날
3910 돌
931 돌
76 해

땅김이때 崔漢洙 오다。
다 왔서 같이 지낸다며, 보리걷이는 잘못됨이 만하다。고。베자람은 이새 깆은 바람직 ᄒᆞᆫ 답。

1963
8.29 木 26832 흐깃 2438272 2254 2682

28635
4090 %
970
79

~~28643~~
~~4091~~ %
~~970~~
~~79~~

~~1885. 4. 2. 木曜~~
~~1885. 3. 2. 木曜~~
~~乙酉 2. 3.~~
乙酉 2. 17. 丁亥

1963. 8. 26. 月曜
癸卯. 7. 8. 辛丑
~~2409626~2438268~~
2409634~2438268

30 金 26833 2438272 2255 2682

말로 밀로 힝 댕인 말씀 스기를 繫辭

하늘을 높혀, 땅은 나즈니.
·성큼, ·몬둘·이 뚜렷!
얕히·높히: 베프니. ——
고인 자리 와 퍼진 자리!
움지김도: 꼭; 가만ᄒᆞᆷ도: 꾹. ——
잘러·말씀: 세다. 무르다.
같기로만 모혀드러: 반듯ᄒᆞᆫ데,
무리로 달려, 몬으로 갈림. ——
생각 남: 좋다. 싫다.
하늘에 된 그림! 땅에 돼 꼴!.
갈려 됨을: 봄!

天尊地卑
乾坤定矣
卑高以陳
貴賤位矣
動靜有常
剛柔斷矣
方以類聚
物以羣分
吉凶生矣
、在天成象 在地成形
變化見矣

(上 第一章 오리)

이 말슴: 글로 말을 다 못ᄒᆞ고 적,
말로 뜻을 다 못 뵈니. ——
씨서난이의 뜻은: 그 못볼가?
그르되: 씨서난이 「그림」을 세워, 뜻을 다 ᄒᆞ려,
·不盡言 言不 「걺」을 베프러, 참과 거짓을 다 골르려,
·盡意 然則聖人 「말로·맏로, 뭉뎅인 말로, 그 말을 다 ᄒᆞ려,
之意 其不可見乎 갈려 뚫리는 대로, 다 좋도록 ᄒᆞ려,
子曰 聖人 북을 치고·춤을 춰, 얼을 다 ᄒᆞ려니라.
立象以盡意
設卦以盡情僞 꼴에서 위론, 길이라고,
繫辭焉以盡其 아리 꼴을 된것, 그릇이라고,
變而通之以 된느란 마름질을, 뚫림 이라고,
盡利 鼓之舞之 누리 씨알을 들고 놂을, 일짓이라니라.
以盡神 밀려감을, 뚫림이라고,

謂之變 推
而行之謂之
通 擧而錯
之天下之
民謂之事
業……

……… 形而上者謂之道 形而下者謂之器 化而裁之

누리 갊숨 가장 넓: 걺에 고딧!

極天下之賾者存乎卦 鼓天下之動者存乎辭 化而裁之存乎變 推而行之
存乎通 神而明之存乎其人 默而成之 不言而信 存乎德行 (第十二章)

누리 옵즈김, 저울림; 말슴에 고딧!
됨. 마름개질, 길림에 고딨!
미려 갊, 뜨림에 고딧!
얼타 밝힘, 그 사름께 고딧!
잡잡 이뤄 높과 말없의 미듬, 속알 곧되 고딧!

1963
8·31 土 26834 맑 2438273 2256 2683

낮 1時. 8月 29日午後 11時에 裵善杓 牧師 도라가시어, 오늘 廣州郡九川面荒山里 가나안 峰下로 묻히신다. 는 글 받음.

1887. 11. 2. 水曜 1963. 8. 29. 木曜
丁亥. 9. 17. 辛未 癸卯. 7. 11. 甲辰
2410578~2438271

27694
3956
938
77

9·1 日 26835 흐림 2438274 2257 2684

2 月 26836 2438275 2258 2685

쓰디쓴! 되잘 히 받는, 쌀에: 살맛이 붙다니!?
내 히! 내입에 든: 내히, 내입! 내혈 꼭 븐: 내입.
입 나간 히의: 뱊족 이나, 히 빠진 입: 도. 그람.
그 도게 께그처 실테! 죽엄사릴! 왜? 되질!

「天主教要理問答」 손에 들게 되다.

3 火 26837 구름 소내기 2438276 2259 2686

아름·참·좋음.
ㅣ죽 껍더기 미끄러질 터: 찾길 —「아름답워」!
맨첨브터 맡치도록 줄곧있 꼭 심(힘)찬 —껜—「참」!
씨울데 잘 씨운다면:「착하다」고 —좋와 들!

7K 26838　　2438277　　2260　　2687

받·들어 들이울 줄

한·울님. 너 너때믄 나·를 내셨으니.
나· 나·를 가·져 너를 받·들어 섬기기를 바라·는지라·.
그러므로 이제 내 속알과· 몸 목숨과· 내 나윘 도무지 네게 받들어
드려. 모다 네 빛에 돌아·가기를 곰곰히 바라며, 한·울님의 거룩 뜻
맞고 한·울님의 일름 따·르고. 도무지 나·와· 모든 사·름 속알의 살기
더욱되기를 이·주 바라·나·이다·.
우리 한·울님여 허믈될 사·름이 나·므람 크고 모짐 무거워 들일바· 되지
못하오나· 네 불쌍히 여기심 바·라·고· 네 언이심 매달려 비오니,
나· 드리는것을 바·다· 드리소서. 아·멘.

十二、奉獻經

天主여, 너 너를 爲하여 나를 내셨으니. 나· 나·를 가·져 너를 받들어 섬기기를 願하는지라. 그러므로 이제 내靈魂과 肉身 生命과 내 能力을· 도무지 네게 받·들어드려、一切 네 榮光에 도라·가기를 懇切히 바·라며、天主 聖意에 合하고 天主의 命을 順히 하·고、도무지 나·와 모든 사·람의 靈魂 救함에 有益하기를 至極히 願하나이다. 우리 天主여 罪人이 罪가 크고 惡이 重하여 들이는바· 當치 못하오나。네 불쌍히 여기심을 바·라·고 네 仁慈하심을 依支하·여 비오니、나· 들이는것은 받아들이소서。아·멘

1968
9. 5 木 26839 2438278 2261 2688

6 金 맑 26840 2438279 2262 2689

李常友님 첨 차저오시어 東亞日報에 從事ᄒᆞ신 애기ᄒᆞ다.

7 土 맑 26841 2438280 2263 2690

8 日 맑 26842 2438281 2264 2691

9 月 맑 26843 2438282 2265 2692

10 火 맑 26844 2438283 2266 2693

11 水 26845 2438284 2267 2694

精 气 神

元精·元气·元神, 元精神·元气神!
元人士之所以進德修業者也。
泄精·散氣·漫神, 風精神·俗氣神!
凡衆生之所以喪德失道者也。

12 木 26846 2438285 2268 2695

13 金 26847 2438286 2269 2696

14 土 26848 2438287 2270 2697

䷣ 明夷利艱貞
彖曰明入地中明夷
內文明而外柔順以蒙大難文王以之
利艱貞晦其明也內難而能正其志箕子以之
象曰明入地中明夷君子以莅衆用晦而明

15 日 26849 2438288 2271 2698

위 읜 위로 뚤려 : 싱! 큼!
코ㅎ대 · 몸집 · 몸뜻 : 곧 있! 긋 곧! 올칠 믿으오리!!
붙첨 붙을 서로 더블가? 숫날궁! 봐 넘조차!!
덧없는 이 도막 마저 위위위로 뚤려; 싱!!

16 月 26850 2438289 2272 2699
山羊間天白牡黑牝交配放牧談。

17 火 26851 2438290 2273 2700
맑

ㄷ ㅣ ㄱ ㄷ:ㅓ:ㄱ ㄷㅏ ㅂㅗ ㅁ 「될가?
멀리 멀리 가온 : 나! 남아서「나라」ㅁ에 : 말슴~~[illegible]~~
가까히 가까히 온 : 널! 님어「너라」ㅁ이 올흘가?
가가가 : 가깝다 : 하며, 가온 오와 나 곤 듸.

18 水 26852. 2438291 2274 2701
맑

19 木 26853 2438292 2275 2702
맑

20 金 26854 2438293 2276
비방울 흐림

1963 9·21	土 26855	2438294	2277	2704
22	日 26856 맑	2438295	2278	2705
23	月 26857 맑 22840	2438296	2279	2706

章基弘　　　　咸銀善

正言一章
咸有一德

24	火 26858 흐림비	2438297	2280	2707

薛允煥 언의 한머니 林 님 도라·가·시 모시는데 보다.

庵
昌

1881. 7. 15. 金曜　　83 히
辛巳. 6. 20. 庚戌　　1016 돌
　　　　　　　　　　4288 들
　　　　　　　　　　30019 날
　　　　　　　　　　2408277 ~ 2438295　　癸卯·8、5 戊辰
　　　　　　　　　　　　　　　　　　　　1963·9.22.日曜

25	水 26859	2438298	2281	2708
26	木 26860	2438299	2282	2709
27	金 26861	2438300	2283	2710
28	土 26862	2438301	2284	2711
29	日 26863	2438302	2285	2712
30	月 26864	243[illegible]	2286	2713

963

고디 길

새김질 못ᄒᆞᆯ 거름에 : 발마지 마자, 닉ᄒᆞᆯ : 一길!
좁둠 : 바로 드디매、넓! 얼븐들 ; 치우치나、외둡!
이어히 예고 예일 길 나남 사이 틈 업습!

10. 1 火	26865	2438304	2287	2714
2 水	26866	2438305	2288	2715
3 木	26867	2438306	2289	2716
4 金	26868	2438307	2290	2717
5 土	26869	2438308	2291	2718
6 日	26870	2438309	2292	2719

고디 밖엔 .. 차라리 없어 지히다
한줄 고딧 꾹 一한줄 · 줄곧 · 고딨 · 이꾹! 꾸곧히!!
코대 · 믐집 · 몸뜻 ; 보나、드르나、쓰나、씨우나.
맨 첨도 끝내 맞히도 『고디』런가 ᄒᆞ노라。

7 月	26871	2438310	2293	2720
8 火	26872	2438311	2294	2721
9 水	26873	2438312	2295	2722

1963 10.10 木 26874 맑 2438313 2296 2723

黃岐周의 아우 岐壽. 李点禮, 마지.

11 金 26875 맑 2438314 2297 2724

12 土 26876 2438315 2298 2725

13 日 26877 밤보터비 2438316 2299 2726

우리 틈에서 웃음·우슴은 뵈지 몹시다.
우름직 흔 : 우름을 우리 새에 울리리이다.
실커정! 뒤인 눈방울 찮 우러름 연과정!

14 月 26878 맑 2438317 2300 2727

15 火 26879 2438318 2301 2728

民主政府 大統領選擧投標.

16 水 26880 2438319 2302 2729

17 木 26881 2438320 2303 2730

꽃 같은 데 : 손 댈 세라!
손에 든 꽃댈 잡안 ; 물에 떠 올릴 — 꼬칠 — 박엔 !?
손 : 참, 달리 쓸가? 보니! — 솔끔 가루 : 한알 망정!
못 쓸 손 : 진물 투성 판! 곰이 낳 : 판이기 !!

열덧달 동안에. 무리에 : 뒤지셨던 여덟분를 보냄

1895—1962.	6.29.	68살	金	이웃첫집
1895— 〃	8.24.	68	黃	姑從
1896—1963.	3. 2.	68	李	姨從
1899— 〃	5.11.	64	柳	再從
1895— 〃	8.16.	69	朴	尹友母
1885— 〃	8.26.	79	李	이웃가온
1887— 〃	8.29.	77	裵	親舊
1881— 〃	9.22.	83	林	辭查
1899— 〃	10.25.	64	玄	벗

將來亦稀七十生乎

18 金 26882 2438321 2304 2731

고딨 ᄂᆡ님
코ㆆ대 · 몸집에, —고딨본날— : 구태 말씀 붙인, ᄂᆡ.
얼굴 지내 : 「몸뜻 고딨. 보좀!」 말을 ; 어이 못 터!?
돌샘의 씰씰씰씰이 고딨 곧있 고디로.

깨치고 맑음에 가서야 : 깨끝 !
흐려 구진 날 : 난 ᄂᆡ! 깨서 맑음 처 : 뵈 —빛일가?
몬 ; 몸뚱이! 찌는 싫여 : 잡든! 놓든! 뒤비·굼질!
두어라. 깨끝을 찻즙! 흙어머니 속만 타!!

19 土 26883 2438322 2305 2732
있다시 온 : 예! 옜다시 곤 : 제!
몇·몇, 예 : 있지!? 없대!!! 「나 하날 잃 맞나 주는」 제,
이제. 나 혼자! 예서 : 그대로 「예 : 있지!?」ㄴ 참인가?
예예예 옜날 잠날 만 옜다 하고 넘이 저!

1963
10·20 日 26884 2438323 2306 2733

·21 月 26885 2438324 2307 2734

22 火 26886 2438325 2308 2735

이러 이러 ᄒᆞ기 : 그러 그러 ᄐᆞ도!
이슬 눅눅 : 물도 울름! 바람 숨기 : 불도 살리!
물에 씻쳐 : 깨끗ᄒᆞ돔! 불에 살뤄 : 거룩ᄒᆞ리!
맨맞힘 말슴 맺히야 : 솟울미틈 타나옴!

23 水 26887 2438326 2309 2736

24 木 26888 2438327 2310 2737

25 金 26889 2438328 2311 2738

滄柱 玄東完 인 그신 일을

26 土 26890 맑 2438329 2312 2739

오늘 아침 한국일보 第4594號

地平線 님의 글시로 옴.

1899. 7. 19. 水曜 己亥. 6. 12. 戊子 2414855 2438328 1963. 10. 25. 金曜 癸卯. 9. 9. 辛丑

23474 날 3353 3/7 돌 795 드 64 히 100 날

1963

10.25·6 30/60

2 6·8 8 8

드루 파·팜읍 삐들 길게 볼나·무 더냐

셋넷 하나 닭 2 3 4 7 4

3 4 1 5 맞셀넷 이를 니히 가·만히 둥티자구ㅂ

2 3 1 7 3 셋. 뙈도 하·나

맞셋 하·나·이루셋 잠잠히 나·라·상·보 ㅂ

셋 뙈도 하·나· 2 2 8 7 2

맞맞 파·이뤄 두 젯금다·울치쥐이아

27日 26891 2438330 2313 2740 아·멘

28月 26892 2438331 2314 2741

中央 YMCA 60돌 잔치 보다.

29火 26893 2438332 2315 2742

없는것 밖에 있는것 앎에 사는! 몸살림·집살림!

가진것 밖에 없는것 속에 사(있)는: 나드리·누리!

있밖과 없앎은. 앎밖있없이 하나 인 속에 찬삶!

始興郡 安養 鳴鶴里에

言東完 언의 버스신몸 두시는 자리 다다라

보고 왔다 홉니다.

1963
10.30 水 26894 2438333 2310 2743

玄之玄夕自吊辭

落傷臥百日 平復屢二霜 右明左黎視 旭昇晦擊

가만히 둥 트시렴

23474 (1963.10.25)

맞셀 네모 반듯을 일워! 너희둘!

── 이라. 심 녕 가?

언님께서는 1399 날앞 하루에. 그앞날 벌서

22075 (1969.12.26)

잘즈믄 맞맞후 둥그럼을 이루다!

── 시라. 보입겠읍니다.

그 마금ᄒᆞ신 ✝ 가깝ᄒᆞ심도 (1400 날 도맥을)

익여 넘기심 고맙습니다.

이 보일 께 않 : 계시지 않

있·밖이 : 없·않임! 있·밖이·없·않인 것! ─ 몰랐서!!

없·않이자, 있·밖이건. : 않·밖·없·있. ─ 하나 속을!

없·않에 있어라 : 샜든! 업시계신 아부지.

한 되로 된기리.

시골집이나·하늘집이나: 예있어. 기둘라옴。

오늘 일직 드러갔으면: 어미와이、참 좋거!
滄柱、ᄀᆞᆫ 지 벌서 엿새: 南美나 北氷보다、남!
바람건: 시골의 글시。남얘기는 제 ᄀᆞ계。

31 木 26895 2438334 2317 2744

나. 남. 님、나가다 ᄀᆞ 옴

아깝게! 한분 가셨답넝가? 로: 보내옵더니!
인젠: 그분! 그분! 그분도! 가졌답넝가? 로: 님!
꼭꼭꼭 내넘네네다 나남갈길 다가옵。

夏曆癸卯九月十五夜! 집 아부지 도라가신지
三十돌陰丁날이며, 回甲前後로 픽여러 번
生辰 六月八日 더위를 避ᄒᆞ시어 九月望日
에紀念ᄒᆞ시다가 도라가신 1933·11·2日은
또癸酉九月十五日로 가시었음!
올癸卯九月 九日로 가신! 滄柱!
달밤에 달 않보고는 못쉬신다더니!
이밤에 달은 木星과 南中夜半ᄒᆞ니
今天木曜月明夜!
家親生 1866·7·19日。滄柱生 1899·7·19日。

滄柱완 아주갈릴마당 이란데!
眞影밖에、못보이오니:
眞影에라도! 말슴사르오랄가?
滄柱도 인젠:
우리 一生、맞났다던것이!

「바람꿈만 이었던것을」
뒤진 이놈에게: 뚜려시、보이심!
참으로: 일흔히 맞나본다며、말을
주고 받으며、뜻을 보히었다던것도
하루의 바람꿈이었지오!?

1963

그림 : 眞影이란 : 바람. 그림자! 그림의 그림자! — 거니,
참그림자 : 란 한마디 — 참말 : 슴. — 으로 옴.

11·1 金 26896 2438335 2318 2745

아부지 생각 : 서른 둘레

어제밤 : 보름달아리, 낼낮 : 흥틀휘믿, — 생각!
九月이라 : 보름밤! 十一月이라 : 힝튼날! — 은,
이승서 아부지 생각 서른둘렐 도리돎!!!

낮뒤에 徐基澗집에서. 일다, 눕다 만 ᄒᆞ고 지내는
永哲에게로 가니, 귀어둠과 다리, 팔의 쓰기
거북ᄒᆞᆫ 그대로 였다.
그런데도 모지라진 붓으로, 草稿字行을 내
손끝으로 가르치면서로, 「가만히 동 트시렴
를 쓰게 ᄒᆞ니 : 도라가시고, 가신, 아부지와 벗」
을 兄弟함께 생각ᄒᆞᆷ으로 히를 지다.

2 土 26897 2438336 2319 2746
맑

엊저녁 집에 와 자고 이러나서 이러케 쓰오니.
三十히 앞. 도라가시는 때. 東窓에 든 볕 같슴.

ᄒᆞᆷ 참 착

어찌. 받아 : 뒤집어 쓴 : 얼골! 제래 : 매만지미,
어디서 — 물른 — 예 : 왔다, 갈때, 도라갈 몸 : 나름,
ᄒᆞᆷ : 히울! 참 : 갈때, 갈 몸! 있—였다시! 착ᄒᆞᆷ.
[밖에] [끄트머리] 있·없[대로]

3 日 26898 2438337 2320 2747

셋 질 날 시 한 날 삶 : 하 루 사 리 !
사흘 사림! 곧; 질에 하나삶! 즈믄질에 : 말?야!
한달 사림! 곧: 즈믄에 하나삶! 즈믄질에; 말!?
세솔감 여든솔에 ; 감 매찬가진. 참인; 뵉!?

4 月 26899 2438338 2321 2748

얼 다 본. : 걱 정
불. 소 : 들고, 물. 웅덩 · 풍덩 길친 — 흙. 동그람에 !
버레 얽흔이건 —이— 멕히길 : 덜히, 끼리 : 덜침 !
히 돌 틈 숨바꿈질 : 봐 조금·사리 : 물가림 !

옛예브터 일러온 : 물·불·바람, 세가지 걱정 !
흙을 곁드려 네가진 : 몬여, 몸! 헤져, 빛! 되오!
이 속에 몸 없이 깨끗 ; 얼씨구 나? ᄒᆞ는지?

5 火 26900 438339 2322 2749

뎌런, 쁘리를 ?
조오아 ? 라 — ᄒᆞ기는 : 매 한·가지를 ? 어찌 ᄒᆞᆯ고 ……?
생각에나 · 한낮에나 ? 한살림도 · 몇살림도 ?
옛, 예건 다음, 담이건 : 얼 빼놓고 조아름, [얼씨구만 웃죽고!]

꺾 꽂힌 ; 꽃도. 피인물 : 돌아. 산다믄 : 산꽃요 !
서리친 잎새 : 긴잠들러 : 지튼 성적(화장) 잘ᄒᆞ지 !
인제도 「시들담」: 실쭉! 곱다ㄴ다 믄 : 꿈일가 ?

11.6 水 26901 비쁜 피 2438340 2323 2750

잘잘있. 없않:. 찰찰찰. 울춤.

있박이 : 없않이자! 뜻박에도. 「없이 너임」: 받!
설부른 있에 : 몸 붙치 타들, 말않돼ㄴ. ; 없잔 친!
네 뜻않: 없않 그대로! 없이계심 : 모신, 곧!

万万有空中 充滿滿存義

7 木 26902 흐림 2438341 2324 2751

吾宗敎義 [을 1돌 5날 쓴 것 옮겨 봄]

味既中正立身精 心空一如象象
有无參伍造化文 命气元同神明

뇡 고 / 參伍 / 뭇 힘   드리ᄀ / 參與 / 더브름

잘잘있.없않 찰찰찰、울춤
萬萬有空中 充滿滿存義

꿈 8 金 26903 2438342 2325 2752

몬 돌 시 어 : 땅 울엄마!
멀리 멀리 울이 울이 둥글흔 빙, 맨뵌게 : 길!
그릇이나, 꼭꼭 빙여 깨끗훈제 엄마 괴임!
잘잘있 거늘에 찰찰: 흘림 무섭, 몬 돌 돌!

1963 土 26904
11·9 2438343 2326 2753

ᄔᅳᇿ ㅁㅁᅳㅁㅁ 끖 꾺 끆 고딘 : 깪끘 딘ᄀ 다. 음

어미니 도라가신지 열두돌 : 4414날 모셔 생각

10 日 26905 2438344 2327 2754

지난달 곧 10·10 날은 姑從二男婚事도 있고, 어머니 생각 못갚
꼭 열한희 = 4017날 됨 잊지 안흔 나로서
꼭 열두희 + 한돌 = 4414날: [夏曆四月四日生, 公曆10月10日 死 ᄒᆞ심]
모시어 생각.

11 月 26906 2438345 2328 2755

가만히 동트렴·PMC 紀念·金曜모딤·
第一次大戰終 1918·11·11날 [奎] 1910 1
: 二 : : : : 1945·8·15날 (사시오 파시오) +27年 +18年 36
오 늘 1963·11·11날 그신지 18日. 36

12 火 26907 2438346 2329 2756

13 水 26908 2438347 2330 2757

아침 뒤에 覺向釜發程而近旬可量歸來云

14 木 26909 2438348 2331 2758

1958. 8. 8. 날께. 파서쌍 덥혀놓고 먹던생을 치넘.

1963 金 26910 2438349 2332 2759
11·15

읊 九〇·12
우리의게 우리 날 셈홈을 가라쳐샤 슬기의 몸을 얻게 홉소서.
두엇잘 댓즈믄 날이나: 라면 一무뎐 ᄒᆞ거니!
둥그런 보름달 바라길: 여덟온 쉰—여러 히!
열달빛! 한프로센트, 둘지넌: 다—여든: 한!
[한 온의 하나]

二十世紀에도: 7×9=六十三年인 올히에
二十世紀: 18 히 2×9=18: 11·11 奎. (생각)
3×9=二十七 히도 더힘: 5×9=四十五 도 히、
비눌진 三六과 18 7×9=63 히: 올히。

일삼구듸 일구일 헛돼 : 五百年도 한파수!
멕힌 十年! 소리 친담: 十年 드틴 三十六年!
十年에 움직임 보되 八年風塵 걱긴가?

16 土 26911 2438350 2333 2760

17 日 26912 2438351 2334 2761

◦18 月 26913 2438352 2335 2762

19 火 26914 2438353 2336 2763

子曰: 易·其至矣乎! 夫易: 聖人所以崇德而廣業也.
知崇, 禮卑。崇: 效天。卑: 法地。

天地設位. 而易行乎其中矣. 成性存存道義之門.
天地設位而變化行 猶 知禮存性而道義出也.
成性: 本成之性也. 存存: 謂存而又存, 不已之意也.

20 水 26915　　2438354　　2337　　2764

61·11·21. 火 — 63·11·20. 水
ᄒᆞ루 브터 730 오늘
드르 하나 ᄑᆞ르?　　드르 옴 하나 다。
2 6 1 8 6　　2 6 9 1 5

ᄋᆞᆱ 차림 삶 ᄇᆞᆫ흘 길 옮 나ᄋᆞᆷ

1963
11·21 ᄃᆞᆯ모르는 척 ᄒᆞ고 쉬지 못ᄒᆞᆫ 가만ᄒᆞᆫ 언 ᄂᆞᆷ캐고
4×7=28. 비ᄃᆞᆯ아온 右明左黎視로 ᄃᆞ히봄.

21 木 26916　　2438355　　2338　　2765

제 계 근 !!!

안팎 봐·본이·말: 밖있이 없一몬, 속없이 있一님.
(안팎)
나, 나, 나, 나가 남 난가! 너, 너, 너, 너서 넘 넌가!

너 나 넘 나 너 남 ᄃᆞᆷ게 한계 제히 제계로ㄹ

· 釜山 단여 오는 셋재가 아침 지네 드러 왔다.

1963 11·22 金 26917 2438356 2339 2766

英親王 李垠(67) 二十二日下午 三時三十五分 金浦空港에 내려 五十六年에만 還國. (23日朝記)

23 土 26918 2438357 2340 2767

케네디 大統領. 새벽 4時 39分 텍사스 州 달라스 市 中心部를 떠나는 때에 狙擊當히 殞命.

예 : 보일 계 않 : 계시지 : 않

있 · 밖이 : 없 · 않음! 있·밖이 : 없·않인 — 것 — 몰랐서!

없 · 않이자, 있 · 밖이건. : 안·팎·없·있 — 하나 — 속을!

없·않에 : 있어라. } — 셨도! 없이 : 계신 : 아부지
한뒤로 : 닮기라. }

제 계 ㄹ !!!

안팎 (옿밖) 봐 본이 · 말 : 밖있이 : — 없 — 믄. 속없이 : — 있 — 남.

· 나, 나, 나, 나가 남 난가? 너, 너, 너, 너서 남 넌와?

너나 남 나너 남 닮아 계 한게저희 제계로ㄹ!

---

24 日 26919 2438358 2341 2768

흐림 밤비뿌리

츰 맖 있

뚤릴 뭄에 : 닿이 매이고 매이힐 -골를- 말시 !
숨올 뭍을 안치이므로만 타 : 옳으리이다 !
환히히 골르고 골룰 말숨 쉼에 : 올 춤뭍 !

25 月 26920 2438359 2342 2769

케네디 永訣 미사 있다는데 : 온 世上 弔意 읊지김.

思賢有感

善惡鬪之實相兮 一世間之曲節悲
成敗史之是非兮 一性命之思議疲
三年不言諒闇孝 四日永訣弔懸忠
天下助祭天子諦 世上聯合世民哀

詩經疏「由予懸其民」

26 火 26921 2438360 2343 2770

○時45分 (25日上午10時45分) 發靷,
聖마태大聖堂에서, 새벽2時 (25日正午) 煉미사
알링턴國立墓地에 下棺。葬終返虞始 : 5時18分 (3時18分)

모질다가 둥그름

없앙 저!로 : 있밖 한뒤 서로 나남 : 一마주 사리,
없이 계신 아부계!로ㄹ : 곧 제계로 근근 : 길요ㄴ
깨칰즙 하나.둘 : 셈은! 모짐숫좁 : 둥그러.

1963 11.27 水 26922 눈 2438361 2344 2771

낮뒤에 熙琴네 왔다.

28 木 26923 2438362 2345 2772

29 金 26924 2438363 2346 2773

由弔憖其民 由己欲其仁 得喪行丰富 自彊不息人

30 土 26925 2438364 2347 2774

울 만 : 몸! 몰름 : 뭐? 덩이 : 몸!
있밖서 없속으로 : 오르고 오를 길만 : 一뚤 춤,
없밖 있속서. 솟사김 : 사룽일뜻! 흔들! 오족?
없;있이 있속에 속아 : 없이 계심 : 一몰르믄?

12.1 日 26926 2438365 2348 2775

二李 類柳 合席 而 繫辭焉 以 欲盡其言

2 月 26927 2438366 2349 2776

3 火 26928 2438367 2350 2777

道器變通業 卦辭裁行時 神明維信主 乾坤父子气

4 水 26929 2438368 2351 2778

書不盡言 言不盡意 書之又書 可以盡言 言之又言 可以盡意 然而夫意者 成性者也, 尚未盡至誠者 所以意見則思誠而求之之道~~者唯命乎夫~~也.

5 木 26930 2438369 2352 2779

七十成人

三合四同茂咸成 三四茂之世順寧
合同咸有一德ㅣ 七日來復立其誠
一德ㅣ忠七十正 貞固成人幹丁寧

옴물의 파잎을 느림: 金炳鎬언님 設計와 李永洙언의 힘씀으로 이루다.

6 金 26931 2438370 2353 2780

金禹卿 男振尼: 李雲根 女金蘭 맞는 담.

7 土 26932 2438371 2354 2781
흐림 비좀

나
빟흐、숨쉬흐、밥브흐、거의흐、마치흐、은흐옹:
없속이: 있밖앗、없웋으로-한디-도라근뒤.
나나가 났다 도라온: 근근인가? 음. 음. 음.

끌도 볼수 업시가: 몬몬의 한아우부지, 름!
볼수·맨질수、-디-없는 없속에서 낳았둠. 나!
있속: 속! 있밖앗 속: 속 크작없시 속맨, 나!

1963 日 26933 2438372 2355 2782
12.8

全·盧·嘉·宋·朴·柳·学生二人 마자 한웋님 사·절물 말슴.

9 月 26934 2438373 2356 2783

10 火 26935 2438374 2357 2784
간밤눈좀

夢 中 覺 覺 中 夢

董禾種耕來 牧畜同勞作 伊尹太公望 體
量米糧倉之 烹牛會讌戱 大衆希誰伊 幹
主
喜之悲之夢 夢之覺之異 虛空懷萬有 四
股

11 水 26936 2438375 2358 2785

이 같흔이: 목숨 가는 길, [에베소 五.16]
한아부……아아부…아부: 도라군 — 옛날 갔날고!
이제: 제·저마다 『오름 옳다』며 — 올라 군군되!
한 오름 올답길 힝길 때: 놓집만 그름직!

밤새도록 잠잠절자 자랄대로 자라난; 나?
저므도록 삼삼살아 깨깨일알 곳곳 나곳,
。무엇이 됐단 말씀오? 밝낮없이 군군되!

갈동, 간두, 얼나 간는, 몸몸 두고; 얼나 간되!
어머니게 받은 몸지 — 몸돌 돈채 — 얼나 간되!
참거록 한신 얼김속; 도로제계·아부계!

12 木 26937 2438376 2359 2786

先有繁花，後遺實果.

遠離醉麻痂

百年未成人 志學願卒業 鬠穉習而悅 夙惠交好隣 俯訓酒草害

為仁由以人 高吸吐煙引

忠信所以進德

啓手足言免 常覩水火美 太極一元求 超越生死信

焚身猶可終。處理出然恭。何事四大中. 貫徹皇衷忠.

13 金 26938 2438377 2360 2787

14 土 26939 2438378 2361 2788

ㅇㅎㅂ셋!

나. 쓴이..

묵숨 느끼곤.

힝·대힌 말씰로..

삶피본. 다음..

ㅎ다. 고,

ㄹ라. 믄.

[거의거의

15 日 26940 2438379 2362 2789

16 月 26941 2438380 2363 2790

示寂居林多介石
夕夕惕若氣惠昔
初前終後示寂是　水泡好養報本土
功成事遂果實非　宇宙浮生人靈知

1963
12.17 火 26942　2438381　2364　2791
흐림

「셋. ᄒᆞᆷ께 고·르 나·라」:　비롯·다! ㅁ.

(비 름)　목 숨 쉬 원, 입 맛 비 맞!
오 늘 올 히, 우 리 올 흠!
옳 게 올 라, ᄒᆞᆫ 게 : 제 계!
곤 곤 곤 곤, 가 오 리 라!

熙瑟 早出大美還行

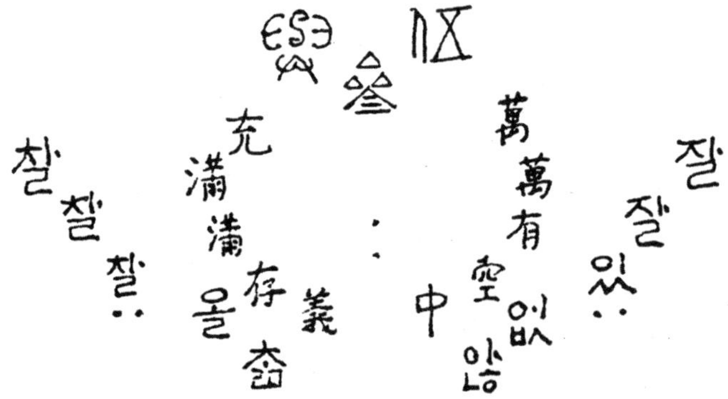

2·18 水 26943 2438382 2365 2792

19 木 26944 −7°C 2438383 2366 2793

거슬러 온 삶

흘러, 낢: 허물! 벗노란: 질만큼, 자란. 잡고되.
한 곱: 꾸. 깨. 얼김: 드나. 쉬엄. 쉬. 뚫린, 속알! 몸,
제계돈. 거슨넉, 위로. 늘참사리: 산 계로.

거스름: 적다. 말고 뫄요. —— 오는 때 — 멀천! 꼭꼭
틈을 내. 티: 거의 옳고! 숨을 드려. 사: 죄다. 값!
이승에, 숨사리: 옳긴? 거슬거슬 거슬름!

누리

아니 먹으면: 죽겠다. 고, 끈. 히. 끈. 히. 로: 산 답,
자면: 더럽다. 고, 그. 눈다. 며, 그누솝. — 지넌답,
끈. 히. 며, 그. 늡. 가락도 어이 구리 잘 읺 맛?

20 金 26945 2438384 2367 2794

21 土 26946 2438385 2368 2795

荀悅曰: 言出于口、咎悔及身。

몸을 닦을 ㅎ가요?
입을 열어, 말내곤: 마닥 몸엔. 남으래 뉘웃친답니다!
몸살인: 쉽잖아요!

大田市大寺洞山의二
成眞院 趙鏞丞 氏

부처에 주신 天符經 보고 생각

한늘 이음찍 월

한 비롯 · 없는 비롯 · 하나 !
풀자니 · 셋 : 가장 다 못 [illegible] · 밑둥이.
하늘 하나 한(皇)
따 하나 둘
사람 하나 셋
하나 그득(十積), [illegible] 세루 : 밀쌀(十鉅) 되 :
다 된데 [illegible] 없이 [illegible](叅) 다 !
하늘 맞서(二三)
땅 맞서
사람 맞서
한셋(大三) 맞(合)하 여섯(六) 소나,
닐곱 · 여덟 · 아홉, 생기다.
움[illegible] 셋, 네 [illegible] 이루나,
다(五) 하늘(七), 하나(一) 고히 노니름!
잘 가고(万往) 잘 오니(万來) 갈리어 쓰이나
꼭 제 [illegible] 않는 밑둥!
[illegible] 밑둥 히 · [illegible] 보다 ;
사람 속 하늘 따 하나 !
한 마침 없는 마침 · 한 나 !

大田서 祈禱하시는 韓요한 氏 오시어 보임。

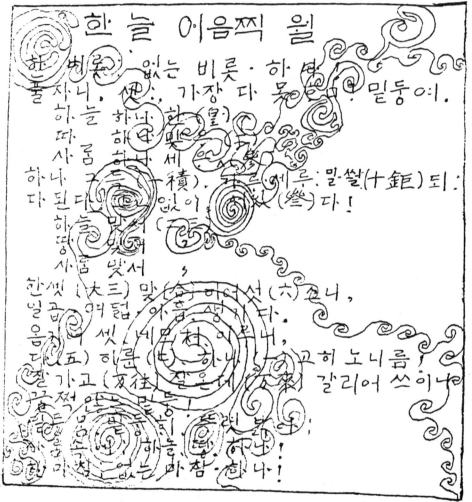

1963 日 26947
12·22　　　2438386　　　2369　　2796

한겨울이름! 또 겨를 맏미타 그라! 빙가?

아는 이 : 란! 누구? 그가 : 바로 나! 아니ㄹ가?

한줌흙 구어, 젊은 몸은 : 땅에 붙던힌 : 실몸!
발른 길. 버틴 골, 낡게 인옷 · 잡들린 집 : 살몸!
잠자름 먹고 · 싸기름!? 지저본도 : 안됨? 일!

素砂梧柳洞 바람쏘임.

23 月 26948　　　2438387　　　2370　　2797

바다 바라기

이있·예다 ; 나이 먹고, 옌 : 옛날이야기 바다 ,
사람 바달; 풀다? 줄일? 애긴 : 서로 말란, 나뭄,
봄처도 한마디 않됨, 님이라도 모른됨。

제계 : 모시옴
씨 — 참。 좋다, 싫다。ㄹ 갈러 : 좋ㄴ 하나ㄹ 뽑씨 놓라ㄹ가
일흔아믄 히. 젊어봐 : 누리ㅎ 몬·일 : — 싫고, 좋고? ㄴ
아니아! 아미에 아녀!! 솟나곤만 ; 제계 — 참——

꽃? 아름답단 : 곤시듬, 서러! 꽃. 동짐 : 뭐? 진물!
한때, 봐 ; 꽤 덜시들람? 말아는 꽃이거니! 들!!
그러나 내내히 않는건 솟실. 남속 맞나만!!!

한늘 어음찍 월

한 비롯.. 없는 비롯.. 하나!
셋 플지니, 가장 다 못흠! 밑둥。
하늘 하나 한(皇) 때.. 하나.. 마주。(兩) 사름 하나.. 셋。(叁)
하나 그득(一積), 밑되、썰되(十鉅), 다 된단.. 없시 —
세위 있다(叁)。
하늘 맞서(兩叁), 땅 맞서, 사름 맞서,
한 셋 맞 이어 셋스니(大三合六), 일곱·여덟·아홉 생기다。
움기어 셋.. 네 모처, 이루니。 다섯 이룸(五七) 하나..——
고히 노니름!(一妙衍) 잘 가고 잘 온데(万往万來) 갈리
어 쓰이나.. 꿈쩍 않는 밑둥。
밑둥 맘· 밑둥 히 — 뚜렷 붉아..
사름 속에.. 하늘 땅 하나! 한 마침.. 없는 마침.. 하나。

一九六三·一二·二五 날.

고 창주 현동완 선생
영결식

[illegible]

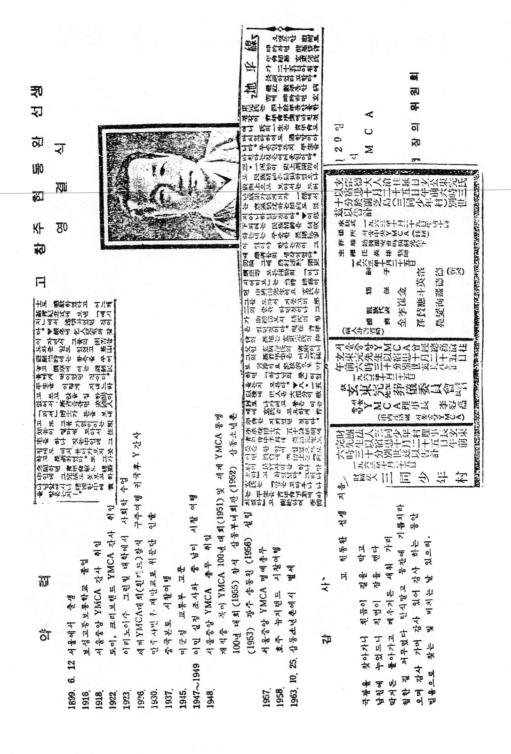

地平線

[illegible]

玄宗德大人洽柱延日玄公東完氏以宿患十月二十五日午前六時三十分於蘭芝島(三同少年村)別世玆以告訃

永訣式 一九六三年十月二十九日午前十時
場所 서울中央YMCA(鐘路)
葬地 始興郡安養[illegible]先塋下
主禮 任英彬 牧師

一九六三年十月二十五日

嗣子 宗德(外)
姪 英德
親族代表 金斗熙
護喪 崔應洵 李贊燮 全澤發

(個人訃告省略)

서울중앙YMCA會經總務洽柱玄東完先生以宿患十月二十五日午前六時三十分別世玆以告訃

一九六三年十月二十五日

故玄東完先生葬儀委員會 委員長
서울중앙YMCA理事長 李容卨
(市內連絡處 서울중앙YMCA)

財團法人三同少年村理事長玄東完先生以宿患十月二十五日午前六時三十分別世玆以告訃

一九六三年十月二十五日

財團法人 三同少年村

1 2 9 인
시
M C A
장 의 위 원 회

약 력

1899. 6. 12 서울에서 출생
1916. 보성고등보통학교 졸업
1918. 서울중앙 YMCA 간사 취임
1922. 도미, 크리브랜드 YMCA 간사 취임
1923. 이리노이주 그린빌 대학에서 사회학 수업
1926. 세계YMCA대회(휜랜드)참석 구주여행 귀국후 Y간사
1930. 만주사변후 재만교포 위문단 인솔
1937. 중국본토 시찰여행
1945. 미군정 교통부 고문
1947~1949 이민 실정 조사차 중남미 시찰 여행
1948. 서울중앙 YMCA 총무 취임
재직중 북미 YMCA 100년 대회(1951) 및 세계 YMCA 동맹 100년 대회(1955) 참석 삼동부녀회관(1952) 삼동소년촌(1953) 광주 송동원(1956) 설립
1957. 서울중앙 YMCA 명예총무
1958. 호주 뉴지랜드 시찰여행
1963. 10. 25. 삼동소년촌에서 별세

감 사

고 현동완 선생 지음

극광을 찾아가니 흰곰이 길을 막고
남원에 누었드니 치벌이 잠을 깬다
막거든 돌아가고 깨우거든 새워 가리
험한 길 저무렀다 탄식말고 등잔에 기름치라
오며 감사 가며 감사 있어 감사 하는 동안
믿음으로 찾는 빛 비치는 날 있으리.

말로 말로 ᄒᆞᆼ 댕인 말슴 스기를 繫辭

하늘을 놉히、땅은 낮으니. 天尊地卑
성큼 몬돌이 뜨렸! 乾坤定矣

얀히 놉히; 베프니.— 卑高以陳
고인 자리 와 펴진 자리! 貴賤位矣

움지김도: 꼭꼭. 가만ᄒᆞᆷ도: 꼭꼭— 動靜有常
잘ᄅᆡ 말슴: 세다! 무르다! 剛柔斷矣

같기로만 모히드러: 반듯ᄒᆞᆫ데. 方以類聚
무리로 달ᄅᆡ, 몬으로 길림.— 物以羣分
생각남: 좋다! 싫다! 吉凶生矣

하늘에 된: 더 그림! 땅에 돼: 이 꼴! 在天成象
—갈ᄅᆡ 됨을 봄! 在地成形
變化見矣

글로 말을 다 못적고 말로 뜻을 다 못뵈니. 書不盡言
— 씨서난이의 뜻은: 그 못볼가? 言不盡意
然則 聖人之意 其不可見乎 子曰 聖人立象
이 ᄀᆞᄅᆞ되: 씨서난이 「그림」을 세워: 뜻을 다 ᄒᆞ려. 以盡意
「긺」을 베프러: 참과 거짓을 다 골르려. 設卦 以盡情僞
말로·말로 ᄒᆼ댕인 말로: 그 말ᄉᆞᆷ을, 다 ᄒᆞ려. 繫辭焉以
갈ᄅᆡ 들리는 대로: 다 좋도록 ᄒᆞ려. 盡其言
북을 치고 춤을 춰: 얼을 다 ᄒᆞ려니라. 變而通之
鼓之舞之 以盡神 以盡利

꼴에서 위를: 길이라고.
아래 꼴된것을: 그릇이라고.
되느란 마름질을: 갈림이라고.
밀려감을: 뚤림이라고.
누리 씨알 들고 놓기를: 일짓이라니라.

누리 깊숙 가장 범: 괘에. 곧있!
누리 움지김을 처울림: 말씀에 곧있!
됨의 마름개절: 갈림에: 곧있!
밀려감: 뚤림에: 곧있!

얼타 밝힘: 그사ᄅᆞᆷ게: 곧있!
잠잠 이뤄놂과 말없의 미듬:
속알 곧덕: 곧있!

形而上者謂之道
形而下者謂之器
化而裁之謂之變
推而行之謂之通
舉而措之天下之
民謂之事業
極天下之賾者
存乎卦
鼓天下之動者
存乎辭
化而裁之存乎變
推而行之存乎通
神而明之存乎其人
默而成之不言而信
存乎德行 十二章

글을 쓰고 써: 말다ᄒᆞᆯ 직도, 말을 ᄒᆞ고 히: 뜻다ᄒᆞᆯ 직도.
런데. 뜻이 반훌을 이루는 성도 싶으니. 오히려
말맺히, 닿지 못ᄒᆞᆫ 이로; 뜻보임은 말을 ᄒᆞ리워서
힐라는 생각으로 걷는 걸이리!

書之又書可以盡言 言之又言可以盡意。
然而未盡者盡性者也 尚未盡至誠者所
以意見則思誠而誠之之道也

옹ᄇᆞ 셋 이랗: 그이는 제므도록 싱금싱금 저녁껏 삼가아 따르거나 힘드오나 나므람 없도다. ㄴ: 무슨 일롬이오?

이 말슴: 그이는 속알을 나외이며,
짓을 닦느니.
ᄃᆞᆺ길ᄆᆞᆷ·ᄉᆞᆯ올ᄆᆞᆫ: 갖흔 "그"의 속알 나외이임!
월계, 골른 말서에: 참말 맺히. 세울른 짓절!

아ᄅᆞᆫ데 이르를줄을 알아: 기의에도 더블고,
ᄆᆞ침에 ᄆᆞ칠줄도 알아: 올촐밑음.

아러므로 웃자리에 앉아: 뽑내도 안ᄒᆞ이!
아ᄅᆡ 자리에 있대서: 시름도 안ᄒᆞ이!

므로 싱금 싱금 그때대로 삼가느니.
비록 나죽대도 나므람 업소리!

九三曰: 君子終日乾乾夕惕若厲无咎. 何謂也

子曰, 君子進德修業
忠信所以進德也 修辭立其誠所以居業也
知至至之 可與幾也 知終終之 可與存義也
是故 居上位而不驕 在下位而不憂
故 乾乾 因其時而惕 雖危无咎矣

앎 삶 잚 찲

목숨 바싸와

사르올

밑을 타옵고

찰

을 미듬으로 다다르리이다.

촐

미ㄹㄷㅌㅁ

올

미

을

솔

틀

ㅇㅅㅈㅊ

ㄹㅁ

ㅇㅅㅈㅊ

ㄹㅁ

목숨받ᄉᆞ니

미 올

솔 틀

타옵고

미 촐

올ㄹ ㄷㅌ듬

으로 다ᄃᆞᄅᆞ리이다.

聖書純化論

The Gospel "New john" (Hypothesis)

요한복음 1장의 Logos思想이 韓國에서 "말씀"으로 中國에서 "道"로 日本에서 "Kotoba"로 英語에서 "Word"로 번역되었다. 나는 이것을 "太初에 말씀(太極 또는 Logos)이 계시니" 라고 修正되기를 希望하고 싶다. 만일 이것이 拒否된다면 요한복음은 Logos思想도 拒否하고 차라리 "太初에 여호와께서 계시니"하고 永有自有(出3－13)의 純粹히브리主義로 도라가는 兩者擇一을 主張하고 싶다. 그까닭은 太極思想이 Logos思想에게 寶座를 讓步하기에는 너무도 優秀하기 때문이다. 도대체 "福音"을 異質的인 헬나哲學의 衣裳으로 表現한 게 실수가 아니었든가.

太極思想의 概要

天, 以陰陽五行, 化生萬物, 氣以成形, 理亦賦焉 (中庸)

夫, 天者之則道也, 道也者且弗違是也, 形體謂之天, 性情謂之乾, 主宰謂之上帝 (周易 : 程伊川의 註(宋))

太極肇分而生兩儀, 夫兩儀(陰陽)者, 天地之道也, 萬物之綱紀, 變化之父母, 生殺之本始, 神明之府也。物生謂之化, 物極謂之變, 陰陽不測謂之神 (醫學入門 : 李梴(明)의 運氣總論)

有理而後有氣, 理氣一而二, 二而一, 一故爲萬物之本, 二故爲萬物之無窮, 天地萬物皆一理氣也, 天下萬事皆理氣之自勝者也, 氣之積謂之天, 理之主謂之上帝 (新齋文集 : 齊齋(李翀))

易者, 象數氣理神之總名也。極者象也, 兩者數也, 生者氣也, 所以生者理也, 理之不測謂之神也。有盛必衰, 有極必反, 易之道也。(周易解義)

吾道一以貫之 (孔子)

現代는 헤브라이즘과 헬레니즘의 決戰場이다. (Reinhold Niebuhr)

(靜한 牧者)

내가 생각건대 하나님이 使徒된 우리를 微末에 두시고 죽이기로 作定한 사람 같이 하셨으매 우리는 世界와 天使와 사람의 구경거리가 되었노라 우리는 그리스도의 緣故로 미련하되 너희는 그리스도 안에서 智慧롭고 우리는 弱하되 너희는 强하고 너희는 尊貴하되 우리는 賤하여 이때까지 우리가 주리고 목마르며 헐벗고 매맞으며 있을 곳도 없고 또 수고하여 친히 손으로 일하며 詬辱을 당한즉 착함으로 勸하니 우리가 지금까지 世上의 더러운 것과 萬物의 때 같으니라 (1 Corinthians 4 : 9－13)

讀有感

无極太元象 相對健律呂

命气變理神 兩儀一音信

낮 마주 보입건。

잃어이 알맞 줌

2411400
63
2411463

1963 12 25
1964 4 22

前後來逝六十四
降昇 三月廿五木

北李南李交椰際
三合參與玄啓明
麥一粒遺地

요한一二。二四
二 二五·五·二五

樂山樂水上谷玄 一九六三。一〇。二五
宜迎宜送下世地 二四三八三二八通月
道巖瑞气無等騰 一九六四。三。一八
賢弼李公啓明致 二四三八四七三通月

ᄉᆞ름사리 을

몸 름
글 그
둚 둚
우리ㄴ ·

先紀六十四

七九六十三
是月
八八
顧龍

2414855
23473.
3190
2441518
[972 7 12]

8:

釜山市青鶴洞一四一
三三統二班 韓延變

釜山市東光洞五街九番地
鄭建錫 方

클 제계 듦 글 ᄋᆞᆷ

ᄒᆞᆫᄂᆞᆯ 떵소른 ᄯᆞ웅에 ᄃᆞ ᄒᆞᆫᄂᆞᆯ 열고 세우인,

우리 ᄂᆞ라ᆞ 는: 올ᄒᆞ은. 올옳게. 오르는: 나라.

땅 드딘 드발 거뒤 찳: 땐 듦 글ᄋᆞᆷ ᄃᆞ리

우리 일을 받ᄒᆞᆯ: 고디 곧 있

없있: 듦글ᄋᆞᆷ 이제 예。있거니: ㅣ 나숨: 긋。과

없시계신: 듦글ᄋᆞᆷ: ᄒᆞᆫ。늘 삶: 곧있시신: ᄋᆞ브、

우이로 우리 ᄃᆞ리 님 아리 들발 몬땅 단。

論語(述而)

子曰：「加我數年以学易可以無大過矣。」

(朱註) 易九易字，以惜字年壽ㅎ方可。蓋吉凶消長之理，進退存亡之道，無窮而又深微ㅎ也。

荀悅「言出于口，則咎悔及身。」

말이 입에서 떠러진데; 마닥 몸은 나므람으로 몸에 뉘웃!

李朝正祖 (1777—1800)

朴趾源 字仲美 號燕巖 (1737—1805)

순열 말: 말이 입에서 떠러진데 마딕 ;
몸은 나므람으로 몸에 뉘웃 !

순 / 차림 / 말 ― 모르고서 ― 설 / 알 ― 그이 될 ― 수 업다

荀悅「言出於口，則咎悔及身。」

「萬民喜樂，無咎殃。」(易傳)

(후한) 淑孫。字仲豫。獻帝時侍講禁中，帝以漢書文繁難省，乃令悅依左氏傳體，撰漢紀三十篇，辭約事詳，論辨多美。

「介謂辨別之端，蓋心意之動而未形之時也」

「介于石」自守其介如石。

「介疾有喜」介然守正而疾為柔靜也

몸을 닥글가?

입을 열어, 말 내고는:
마닥 몸엔: 나므래 뉘웃!

몸 사리: 섭잔히!!

言出于口 咎悔及身

〔荀悅〕

明 丁 海椿 참죽 나무 춘
丁 海珍

1963
12.25 水 26950 2438389 2372 2799

26 木 26951 2438390 2373 2800

27 金 26952 2438391 2374 2801

둥글음 제계

하늘 떠오른 따ᄋᆞ에도 : 하늘 열고, 세이운,
우리나라는 ; 올히온·올옳게·오또는 나라。
땅 드딘 : 두발 거뒤 칠ㅁ 땐 : 둥글음.

ᄆᆞ리 : 계。

28 土 26953 2438392 2375 2802

熙暎 들된 다ᄒᆞᆷ。 夏曆日子로 〔臘月2日〕 지낸다면
癸卯閏歲므로 ; 오히려 十八日이나 더 가서, 됐달거다。

29 日 26954 2438393 2376 2803

冬至 들미 堅氷至ㄹ 터니 어제로 늑지더니, 눈뿌릴
구름인가 ᄒᆞ더니, 간밤 비되어 좀 나리고, 잔득 흐림。

우리 : 빈홀 : 그디 곧 있. 「일울」
없있 : 둥글음! 이제·예, 있거니 : 니 : 네속『긋』과,
없시 계신 : 둥글음! 한늘 삶 곧있시신 : "아브"、
ᄋᆞ이로 님; 우리 ᄆᆞ리 아릐 두발 ; 몬 땅 : 딛!

1963 月 26955 2438394 2377 2804
12·30

癸卯至月食 午后 6,24
7,27
8, 6
8,46
8,49

올에도 간 가외달엔: 토끼도 톡톡 뛰겠ㄷ!
이 추운달 보름은: 무릅넘에 응달로 밀접!
감토끼 욕심이 많아: 일식달을 본뗐음!

31 火 26956 2438395 2378 2805

길음도 못 걸랄; 나·남. 사이

암내. 숨쫓. 짐승: 나위. 숨쉬, 앎 딸. 사름: 때 띠,
나·위 있어, 고르른듯. 때때 자랑, 싯그럽·잖?
제절롤 죄단 뒤엎단: 쩌도못될 씨알。팡。

1783 癸卯 百八十年前. 北京使行李承薰으로 로마敎入.

1801 辛酉 十八年後. 殉敎.

解十八年後今年;
1963 癸卯 水原郊地에. 새敎區設立: 指示。 바오로六世。

1秒마다3名出生 世界의人口 31億8千萬명突破

200年內에 五百億?

一億八千萬늘어 最近 3年 동안

人口增加率

世界	越南	[illegible]	泰국	韓土	中共	印度
1.8%	3.9%	3.7%	3.0%	2.9%	2.8%	2.2%

1964

1.1 水 26957 2438396 2379 2806

한울로 ᄆᆞ리 든이여. 잘된 땅!
우리리 울께 올 히ㅅ숨 사릴 소롤 : 우리 ᄆᆞ리,
붙었다. 떴다. : ㄴ 붙도ᄆᆞ. 뜨도ᄆᆞ. 땅된 거름 : 발,
잘 된 : 땅! 고된 고된 곧! 붙박 · 떠질ㅁ : 과는 몲.

2 木 26958 2438397 2380 2807

3 金 26959 2438398 2381 2808

億兆吟

夜宿溫突韓山禿　穢德千金磅弗億
晝交華奢世森殘　辱壽萬歲食口兆

恐龍言亡軀幹大　帖紙證紙論紙塵
億兆自盡口數多　億兆文明止休紙

받들어 드릴 줄
한울님 [illegible] 나를 내셨으니 [illegible] 나를 가져
개 받들어 [illegible] 싶음.
[illegible] 속알 [illegible] 다 위험을 [illegible]
계 받들어 드려, 모든 개 빛에 도라가기를 꼭 바라며,
한울님 [illegible] 한울님 [illegible]
[illegible] 나의 · 모든 사람의 속알 은 나와 함께 더욱되기
만을 [illegible] 바랍니다. [illegible] 무진
우리 한울님 [illegible] 모자람이 [illegible] 드린다

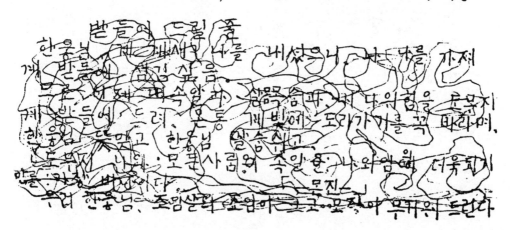

[illegible]

1964 土 26960 2438399 2382 2809
1.4

覺相 釜山으로 떠나감, 《아리랑》 乘組勤務ᄒᆞ겠다 ᄒᆞᆷ.

5. 日 26961 2438400 2383 2810
21時25分 [illegible]

늘샘. 돈뵈기를 드려옴. 上海: 胡.

6 月 26962 2438401 2384 2811

鷄林太古晨 三十三天音.
示寂御苑介于石 惟德明行道太古
石亦未期長久昔 貞固足以幹事夕

7 火 26963 2438402 2385 2812

참 말! 말 없!!
살기 좋은데: 죽기도 싫달순 없는 사ᄅᆞᆷ이!
죽기 싫으면: 살기만 좋달수도 없는 우리!
고.보니: 두셴 한가질? 말은 이에 그쳐숩!

8 水 26964 2438403 2386 2813

9 木 26965 2438404 2387 2814

10 金 26966 2438405 2388 2815

우린. 우리 한울: 보재기!
한가지 사는 두새 나ㆍ 너나 따로 사는 우리.
하늘ㆍ땅: 둘샐 한가지 난: 우리. 따로만 산가!
무구리! 한 무리 박이? 따ㆍ따ㆍ땅. 씬: 한울을.

11 土 26967 흐리다 비좀　　2438406　　2389　　2816

받들어 드릴 줄

한웋님, 계 계서: 나를 내셨으니, 나 나를
가져. 계 받드러 섬김: 시픔. 므로
이제. 내 속알 과ㆍ 실몸 목숨 과ㆍ 네 나의 힘ㆍ
를: 계, 도무지 받들어 드려, 온통!
계―참빛에―: 도라가기를 꼭 바라며, 한웋님
뜻 맞고, 한웋님 말씀 쉬고,
도무지, 나와ㆍ 모든 사름ㆍ 속알: 나외임의 더욱
되기만을: 가장 비나이다.
우리 한웋님!
조임살의 조임이 크고. 몬진 모질이 무거워,
드린다: 못되나,
계 불상홈 바라며 계 언헐 기대어 비오니,
나 드리 쩨계듦. 아멘.

12 日 26968　　2438407　　2390　　2817

빔
살로 가게 ᄋᆞᆫ 낵게: 되며? 씨알 되도로: ᄂᆞᆫ 등?
사름ㆍ 걱정ㆍ 조임ㆍ 쓰림ㆍ 모질ㆍ 나룸: 적없을 줄!
나남새 올바른 잘 긴: 때ㆍ터ㆍ라ㆍ믄 이런가.
때믄? 터믄? 라믄?

1964 1.13 月 26369

2438408

2391

2818

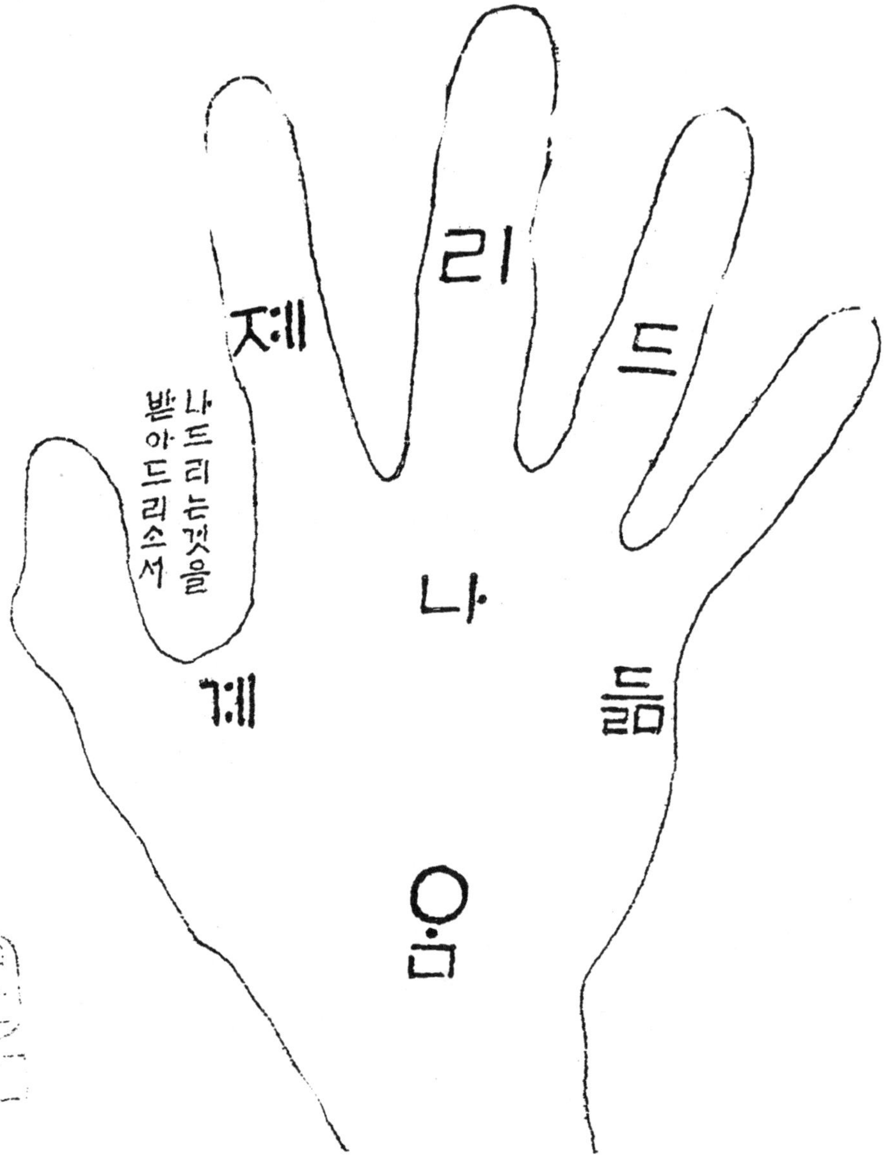

火 26970 2438409 2392 2819

63. 8. 24 —— 1871. 10. 10

슈바이처 89回生日 1875. 1. 14 木 / 甲戌. 12. 7 丙子 2405903날 15537先ㅣ / 15회58날

32507날 4643 6/7 돌 1100 1/4 달

32214 4612 1090

둥글음 제계 글

ᄒᆞ늘 떠 오른 ᄯᆞ우에도 ᄒᆞ늘 열고 세이운·

ᄋᆞ리 나라는 : 올히 온· 올옳게· 오르는 나라。

땅 드딘 ᄃᆞ발 거듸 참· 뗀 : 둥글음

ᄆᆞ리 계。

ᄋᆞ리 일을 받흘 : 고디 곧 있

없있 : 둥글음! 이제·예·있거니 : ㅣ: 나속 : 긋곽!

없시 계신 : 둥을음! ᄒᆞᆫ늘· 삶 : 곧있시신 : 아ᄇᆞ!

ᄋᆞ이로 ᄋᆞ리 ᄆᆞ리 : 님。 아리 드발! 문땅 : 딘。

1964 26971 水
1.15 2438410 2393 2820

받들어 드릴줄

한웋님, 계 계서: 나를 내셨으니,
나 나를 가져, 계 받들어 섬김 싶흠으로.
이 제:
세 속알과·살몸 목숨과· 내 나위힘과·를
계: 도무지 받들어 드리,
온통:
계 참빛에: 도라가기를 꼭 바라며,
한웋님 뜻맞고, 한웋님 말숨쉬고,
도무지:
나와·모든 사람· 속알: 나외임의 더욱되기만을
가장 비나이다.
~~우리~~ 한웋님, 우리·이·
조입살의 조입이 크고, 몬진 모질이 무거워
드린다: 못되나,
계:
불상힐 바라며,
계:
연힐 기대어 비오니,
나·드리 제계 듦. 아멘.

16 木 26972 2438411 2394 2821

17 金 26973 2438412 2395 2822

18 土 26974　2438413　2396　2823
19 日 26975　2438414　2397　2824
20 月 26976　2438415　2398　2825

오네: 이뤄봐•예:서서.
열•욉•다처두처.

하•나•루•네모섯다•구.
둘일 욉일 네모다셋.

志學耳順間

五千四百八十日〔志〕　一万九百六十日〔立〕
万六千四百四十〔定〕　二万千九百二十〔順〕

낮뒤에 瑞石洞 李聖載인 차자 와서 말씀 쉬임.

21 火 26977　2438416　2399　2826

치고치는판

네: 낮살을 좋다거든: 먹을라나? 쌀라나? 봐!
북을 치고 춤을 추고 잔도 치며 잔치란:덴!
씰: 치는 즘승을:처서 살져선:처 맛도:처!

22 水 26978　2438417　2400　2827

老子 三十九章

昔之得一者	天得一以清	天無以清將恐裂
	地〃〃〃寧	地〃〃寧〃〃發
	神〃〃〃灵	神〃〃灵〃〃歇
	谷〃〃〃盈	谷〃〃盈〃〃竭
	万物〃〃〃生	万物〃〃生〃〃滅
	侯王〃〃〃爲天下貞	侯王〃〃貞而貴高將恐蹷
其致之一也		

故 貴以賤爲本 | 是以侯王 自謂孤寡不穀 此其以賤爲本耶:
高〃下〃基 | 故致數輿無輿 不欲琭琭如玉 落落如石

늙은이 39월

옛날에
한아 얻은 이로
하늘이 하나를 얻어서 맑게 쓰고
땅이 〃 〃 〃 〃 〃 〃 편안케 쓰고
신이 〃 〃 〃 〃 〃 〃 령케 쓰고
골이 〃 〃 〃 〃 〃 〃 참으로 쓰고
잘몬이 〃 〃 〃 〃 〃 〃 삶으로 쓰고
임금들이 〃 〃 〃 〃 〃 〃 世上고디 되니
그 꼭가 대인 하나로다

하늘로 맑게 씀이 없으면 아마 찌져질라!
땅으로 편안을 〃 〃 〃 〃 〃 〃 〃 픠여바릴라!
신으로 령홈에 〃 〃 〃 〃 〃 〃 〃 쉴라!
골로 참을 〃 〃 〃 〃 〃 〃 〃 다홀라!
잘몬으로 삶을 〃 〃 〃 〃 〃 〃 〃 없어질라!
임금들로 고디를 〃 〃 없이도 놉히기만 ᄒᆞ면 아마
믿그러질라!

므로 놉힘은: 낮힘으로서 밑을 삼고
높은: 아리로 터、됐으미여!

이래서 임금들이.
제 일르기를: 외롭이 홀옵이 쭉정이라! 홈.

이것이 그 낮힘으로서 밑을 삼음이냐? 아니냐?

므로 수레 생김새를 따저 발리면 : 수레가 없다. 535
는셈으로
맑숙 맑숙 玉같다! 데굴 데굴 돌 같다! ᄒᆞ고 싶지
안호라.

[다른 색임] 故吉浦崔承謨先生之句讀	
이것이 그 낮힘으로서 밑을 삼음이오, 간사스레 일부러 ᄒᆞᆫ게 아니로다. 수레를 따지면: 수레가 없다.	此其以賤爲本.邪非乎故致. 數輿 無輿.

23 木 26979 2438418 2401 2828

ㄴ ㄱ ㄹ

몸대로 못ᄒᆞ는것이: 살기와 죽기라. ㄹ거요,
몸대로 ᄒᆞᆫ다는게: 살리기와 죽이기라. ㄹ가?
왜 나:! 면? 잡아 먹음과. 처서 먹임. ㄴ ㄱ ㄹ.

崔恩穩 1964·1·5. 日曜 21時25分
癸卯·11·21. 癸丑 2438400날

父 崔元亮 1923·12·29. 土曜 2423783날
癸亥·11·22. 丙子 ·

七六一

母 柳月相 1926·1·28. 木曜 2424544날
乙丑·12·15. 丁巳

恩和	1956	12·28.	金曜	7時	
	丙申	11·27.	乙巳	2435836날	
恩穆	1958	6·27.	金曜	5時50分	
	戊戌	5·11.	乙亥	2436381날	
恩穩	1959	12·26.	土曜	20時35分	
	己亥	11·27.	壬午	2436929날	
恩謙	1962	1·13.	土曜	19時[illegible]5分	
	辛丑	12·8.	辛亥	2437678날	

1964
1.24 金 26980　　2438419　　2402　　2829

ᄋᇂᆸ 셋 !

나 · 쓴 이 ‥
목숨 느끼곤 。
힝댕인 말시로 ‥
살피 본 · 다음 ‥
괜 촘 않 속 밑 웅 뜻‥ 그리워 ?。 ᄒᆞ면서。
⋮ ⋮ 맨꼭대기로‥ 맨꼭대끄‥ 십흘 생각이‥ 일터ㄴ데 ⋮⋮
의짝 속삭임만 같뒤‥
말로 말로 힝댕인 말시로만‥ 고르는 노릇이나‥
이제 예 나‥ 도‥ 나 !
ᄒᆞ다 · 고 · ㄹ라 · 미 · ⋮⋮⋮ 거의 거의。

詩云予懷明德不大聲以色
子曰聲色之於以化民末也
詩云德輶如毛毛猶有倫上
天之載無聲無臭至矣

꽃같은데 : 손댈세라 !
손에 든 꽃덜 잡안 : 물이
대올릴 ㅡ꽃일ㅡ밖엔 !

25土26981 2438420 2403 2830

ᄋᆞ ᄒᆞ ᄒᆞ ᄀᆞᆫ 만 ᄐᆞ ᄃᆞ ᄂᆞᆯ

ᄃᆞᇙ글음 ᄒᆞᄂᆞᆯ 계 계시사 : 둘밭 땅몸 몬땅 된.

몸대로 못ᄒᆞ는 엔 : ㄴㄱ, 몸대로 ᄒᆞ는 계 : ᄀᆞᆫ.

될곳은 오히려 : 있곳! 업시계신 아ᄇᆞ ᄀᆞᆫ!

ᄀᆞᆭ기 ㄹ : 차자시

ᄀᆞᆭ게 : 좋다. 꽃! 봐. 불! 봐. 난 : 꽃 싫여!
— 진물인걸 —?

불은 참 깨끗지! 깨끗만? 거룩지! 만 : 뜨거워!

불 뜨궈 못 맨짐 : 더뤄ㅂ! 부셔 못볼 : 먼 눈임!

너 나 새에. 주고 받은 말이면 : 더욱!

동굴린 불 곤디 : 방그시 트이는 입술로 : 는.

소리도 간 얇으며도 : 또려시 : 「진물인걸요」?

봄 속 : 길! 말숨 뿜는 : 꽃! 불도 : 알가? ᄒᆞ노라.

손 : 참! 달리 쓸가? 보니! — 손끝 가루 : 한일 — 망정!
못쓸손 : 진물 투성 : 된! 곪이 없동 : — 핀 이기!

땅ᆞ : 웃으은 뷘 소리.　　　538

벌일건 : 손만 뜨이라! 버얼이 ᄒᆞᆯ게. : 엄마 : 말슴
거ᄉᆞᆯ 거슬 거실만 삶이라. 심 ; 아ᄇᆞ 뜻 이건!
클 늚음 오로며 비란 온자몸둥 땅떵땅!

1964 日 26982
1.26　　2438421　　2404
2831

ᄒᆞ ᄂᆞ 름

맞히운 : 몸들 엄마 본 봐서 하루밤 꾸위 : 쉼!
본히울 : 성큼 아부 받드러 길기리 잘아 : 솟!
뚜려시 성큼과 몸둘 두듬새는 ᄒᆞ나 름!

ᄒᆞᆫ울뗌일쫌실줄

클 늚 글 읆　제계

ᄒᆞ실 : 니나, 없, 비롯. ᄒᆞᆫ 프리 : 셋 가장. 뭇다
둘 믿둥. ᄒᆞ늘 ᄒᆞ나 ᄒᆞᆫ, 따 ᄒᆞ나 맞둘, ᄉᆞ룸
ᄒᆞ나 세웋.
ᄒᆞ나 그득, 밑썰되 : 다ᄒᆞᆷ 업시 된 세임.
ᄒᆞ늘 맞셋, 땅 맞셋, ᄉᆞ룸 맞셋.
ᄒᆞᆫ셋 맞돈, 여섯스니 : 일곱 여들업. 아업. 생기다.
읆기어 셋ᄋᆞᆫ, 네모루처, 이른 고리 :
다섯. 이룸. ᄒᆞ나. 고히 노니름.
칠가고 잘온데 갈리어 쓰이나, 꿈적안는 믿둥.
믿두 몸. 믿둥 히. 뜬렷 붂이 :
ᄉᆞ룸속 ᄒᆞ늘 땅 ᄒᆞ나 — ᄉᆞ룸. ᄒᆞ늘 땅. 드러맞
ᄒᆞᆫᄒᆞ나. ᄒᆞᆫ — 마침, 업글. ᄒᆞ실 ;

豐 1925 5 27
乙丑 閏4 5
2424298

月 1926 1 28
乙丑 12 15
2424544

1972 5 3 : 2441441
2411440
30001
1 (+
2 ……… 新生二日生書

運三四成環 五七一妙衍

太陽黃道十二宮一周期

365日2422

太陰白道 二十八宿一周期

29日5305882 × 12 = 354日3670584

每一年期의 餘在로 0.3670584日

∴太陽 19 周期에 太陰 12×19=228

周期ᄒᆞ고 閏餘로 太陰 7周期를 加味ᄒᆞ

야: 太陽氣候와 太陰朔望을 調和ᄒᆞᆫ成歲
가

陽曆 365日2422×19=6939.6018日
陰曆 354日3670584×19=6732.9741096
29日5305882 × 7 = 206.7141174

6939.6882270日

◎ 五·七 妙衍 : 12月成歲, 五·七·一 妙衍 : 13月成歲乎。

月南 1850.10.26. 土) 2397057 1927.2.27 24249.
~~庚戌~~ 庚戌. 9. 3. 丁卯. 2. 6

27882 生
3983 들
944 물
78 하

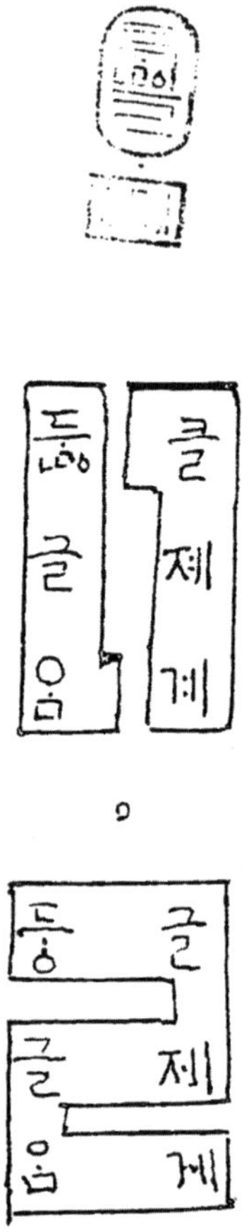

ᄒᆞᄂᆞᆯ 떠오른 따우에도 ᄒᆞᄂᆞᆯ 열고 세이온..

우리 나라는 올 히 은。 올옳게、 오르는 나라。

땅 드딘 ᄃᆞ발 거두 참.. 땐。

듦글음

爲我爲學，必皆學年當于方寸。
益吉凶消長之理，進退存亡之道，
參究而又深徵其中。

ᄂᆞ 리 계

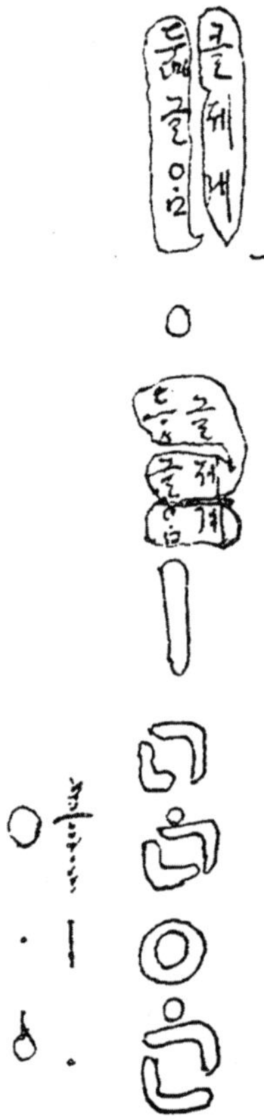

1964 1.27 月	26983	2438422	2405	2832
28 火	26984	2438423	2406	2833

壹萬參千八百八拾日月相生.

參拾八周年

一 四 六 四 一

崔洛興	1899 己亥	11 10	10 8	金曜 壬午	2414969	
崔昇日	1899 己亥	10 9	17 13	火曜 戊午	2414945	
崔元克	1923 癸亥	12 11	29 22	土曜 丙子	2423783	
柳月相	1926 乙丑	1 12	28 15	木曜 丁巳	2424544	10時40分
崔恩和	1956 丙申	12 11	28 27	金曜 己巳	2435836	7時
崔恩穆	1958 戊戌	6 5	27 11	金曜 乙亥	2436381	5時50分
崔恩穗	1959 己亥	12 11	26 27	土曜 壬午	2436929	20時35分
:崔恩謙	1962 辛丑	1 12	13 8	土曜 辛亥	2437678	19時25分
崔恩穏	1964 癸卯	1 11	5 21	日曜 癸丑	2438400	21時25分

1964
1.29 水 26985 비쁘림 2438424 2407 28:

곤 되 로

간지러. 웃음 ; 좋안가? 가려. 긁음 : 좋기만코 :
파고듦 ; 좋걸 ; 찾지만 ? 꿔먹은 곪 : 깨믊. 묻기
그 : 밖엔, 아모것도 ; 않 제계도로 곤되 :

ᄒᆡ ᄃᆞᆯ 노래

ᄒᆡ · ᄃᆞᆯ · 아 ! 우리ㄹ ; 놓으래라 !
열댓ᄒᆡ. 배홀 뜻 !
열댓ᄒᆡ. 선 듯 !
열댓ᄒᆡ · 된 듯 !
열댓ᄒᆡ. 들릴 듯 !
ᄐᆞᆷ을 내 타라, 때가 그르니라. 〔에베소 5.16

오네 이뤄 봐 예서서, 5478.633 날
열 ᄋᆞᆲ 다 처두 넉 넉, 10957.266 〃
하나 루 네모 셋 다 주. 16435.899 〃
둘 일 ᄋᆞᆲ 일 네모 다 세두. 21914.532 〃

30 木 26986 2438425 2408 2835
비는 빠림

ᄒᆡᆼ화·정 교회를 묻고, 아남교회 왼쪽에 오집사의 맨드셧다는 本菴에 나아가 鄭寅世 언 뵙고 도라옴

31 金 26987 2438426 2409 2836

一九六四年二月四日

上谷初行

觀玆在玆

晤給欲供念今昔　立身行道眠

中心言人降衷誠　存神消息气

2.1 土 26988 흐림 눈뿌림	2438427	2410	
2 日 26989 맑 추음	2438428	2411	2838
3 月 26990 맑	2438429	2412	
4 火 26991 흐림뒤맑	2438430	2413	2839 2840

어제 6時 蓮洞教會 南側으로 둘째 洋館 越便에 있는
市外 뻐스 停留場에서 高陽邑 碧蹄(광탄行) 타기 爲하야 세
검정發 마장동行 뻐스로 鍾路五街에 내려 차자서 七時에 出發할
이 가게 되어, 어제 李聖載 언과 니야기 하다가 四時에
溫飯 豆腐湯 도토리묵 熱冷麵은 用意 設備하여서
運搬까지 하여 두신 것을 받드러 먹고 金연자 同伴
건너가서 젊은이 모인데서 말슴하는 主 續任 禪 있
는 房에서 就寢하고 오늘 아침은 그 近傍에 首陽山人莊
主人이신 鄭在鎔氏 尋訪하고 午后 一時 뻐스로 오다

1886·12·1. 水曜　2410242　28189日

丙戌·11·6 乙未　4027週

954月½

首陽山人莊主 鄭在鎔　77年66日

고1198

高陽郡碧蹄面理 上谷

5 水 26992	2438431	2414	2841

1964 2.6 木 26933 눈　　2438432　　2415　　2842

낮뒤에 진눈속에 小說界誌 一冊를 李周永氏[國文學 가져다 줌을 받다。

7 金 26934　　2438433　　2416　　2843

。 소리는 「아오」 비슷ᄒᆞ되 「오」 울림: 따로 업시 한마디로。

아오? 가오? 사오? 라오! 나는 말은
ᄋᆞ? ᄀᆞ? ᄉᆞ? ᄅᆞ! 라고 흔히 ᄒᆞᆷ。

ᄉᆞ롬이 맨먼저 ᄋᆞᆫ것: 저! 自己라고 알아서
내가, 나는, ᄒᆞ고 人權主張이 됨。

밖앗몬과 드남으로 ᄋᆞᆲ은: 숨쉴줄. 울줄. 곰지락거림. 잘줄 뻔줄. 아픔 아ᄅᆞᆯ줄. 오줌똥 쌀줄. 같은 것들 일거오.
말ᄒᆞᆯ줄 알고. 좋고 언짢고 생각ᄒᆞᆯ줄 알수록:
깔. 꼴을 보고 좋듯 생각이 들면: 보고 만지고 빨면 맛이나 있지 안흘가 ᄒᆞ게 됨。

이 먹은것만을 그동으로 ᄒᆞᆯ 때의 짓이지만, 이것이 그대로 즐거움을 채즈며 짝이 그립다는 철에 가서도: 깔꼴에 곤치지 않고, 그속 그넘어로 참맞나는: 일것이 있지 않을가? ᄒᆞ는 칫김。

그러나 그런싯이 잔몬이나 질여 더럽고, 다시 알수없는 짐승 껍ᄒᆞᆫ 에서 덜잖은 씨알이 너무 쏟아져 나서 인제는 잘못ᄒᆞ다는: 서로탈져 다ᄒᆞ나보다 ᄒᆞ게 됨。

ᄉᆞ롬된 ᄉᆞ도옴을 ᄋᆞ름인지? 좋ᄂᆞᆫ 깔꼴 보고 또 보고 뚜러지게 보고, 만지도록 닳이도록 부비며 앓으며 헤치며 터치며 그 끝에 얼매 매지가 이꼴이 임。

。 얼ᄋᆞ둘인듯ᄒᆞ온데 그가 울고져 ᄒᆞ는것은 ᄋᆞ。이온도 저밖에 다른[그러나 같은]。가 있다면 울고 싶허오! 。午后에

있다면 수万。 다 울고 싶허으 와니나? 1면 다 울아이ㄷ 저ᄒᆞᆫ
도 울게 될것 ᄂᆞᆫ 갈희석름!
。이 스스로 ᄋᆞᆷᄒᆞ고 ᄋᆞᄇᆞ를 보입잔것이 ᄂᆞᆷ으로 월은 됨이지
다른것이 「ᄋᆞᆷ」ᄒᆞ고 울득히 내게 닥치는것을 사랑이라며 제가장
「ᄉᆞ」나 된드시 ᄒᆞ는것은 迷라 釋迦觀, 罪라 耶蘇觀!

낮뒤에 朴文浩 언이 弟子라 부르는(일커음) 高世雄
(畫家인 號는 承寬)언을 同伴다녀어 옴。
麻浦區 阿峴洞 二區 二十番地 一號 (朴)
〃 八十五의 九統 八班 (高)

8 土 26995 진눈비 2438434 2417 2844

나 가 만 ᄀᆞᆫ 뒤
나만 홀로 떠러지고, 내 아는 인: 다 떠났대?
다 다 가고: 없던 다。나? — 예: 맞날순? — 내: 맞날순?
비 가: 날。 맨먼저 앉으나。ㄴ? 예: 날 떨고 앉뜯가

그 겐: 늴 ᄂᆞᆯ김
나가만 ᄀᆞᆫ 뒤, 나라ㄴ: 누구, 누룬 그리워 그리!
그로 그룩, 나라 누구, 나라 일을 우리 누룬:
그 그글: 글, 그림, 그려, 그 까지 겐? 그날: ᄂᆞᆯ김。

누 근: 늙 임
나가만 ᄀᆞᆫ: 누구 ᄆᆞ, 누누 ᄀᆞᄀᆞ ᄆᆞᆫ목 ᄆᆞᆷ ᄀᆞᆫ 뒤
근 늑! 푹 늪! 푹 늪, 누근。 듣ㅣ큼 ᄂᆞᆷ 는곡 낟끄!
김: 먹혀 근: 누을 늙임, 누: 늙임에 뚤릴-올-。

9 月 26996 진눈나림 2438435 2418 2845

~~咸性存存｜~~

~~三合四同戊咸咸~~　~~合同咸有一德｜~~
~~三四戊之順生靈~~　~~從心所欲七十誠~~

~~觀玆在玆~~

~~晤給歆供念今昔~~　~~立身行道眠食節~~
~~中心言者降衷誠~~　~~存神消息气精貞~~

~~싱싱ᄒᆞᆫ 낯빛이오!~~　~~ㅡ ㅣ 。ᄋᆞ ㅣ ᅌᆞ。음。~~
~~힝ᄒᆞᆫ이 거름거리!~~　~~으、을히은 을우리。~~

1964 2.10月 26997　2438436　2419　284

觀玆在玆。

晤給歆供念今昔　立身行道眠食節
中心言者降衷誠　存神消息气精貞

咸性存存｜

三合四同戊咸咸　合同咸有一德｜
三四戊之順生靈　從心所欲七十誠

싱싱ᄒᆞᆫ 낯빛이오!　ㅡ ㅣ 。ᄋᆞ ㅣ ᅌᆞ。음。
힝ᄒᆞᆫ이 거름거리!　으。을히은:을우리。

2·11 火 26998 2438437 2420 2847

다 르 고 ◦ 같.

즈믄· ;달하지? 한 ᄉᆞ름: 같히?
나ㆍ 날이: 돌짓! ᄃᆞ 돌이; 갖히!

12 水 맑 26999 2438438 2421 2848

ᄋᆞ 부 께: ᄒᆞᆫ 아, ◦ 에: ᄒᆞᄂᆞ。

ᄒᆞ늘 땅을 맨드른: 님。이르시길: 내 ᄒᆞᆫ 일, 든?
「ᄒᆞᆫ ᄋᆞ」ᄒᆞ며 열린입을 다믈수: 없; 되로「ᄒᆞᆫ 아」!
님 계시 맨듦 ᄒᆞᆫ ᄋᆞᆷ 나 내신 내; ᄒᆞᄂᆞᄅᆞ!

癸卯◦臘月小除夕。元相回甲云云。 1904. 2. 15 月曜 癸卯-12.30 乙卯 2416526
甲辰。正月大朔旦。月建丙寅, 日辰壬辰。

2·13 木 27000 2438439 2422 2849

보름 바ᄅᆞᆫ 보ᄅᆞᆷ

낮에, 눈으로: 네·덧。 놓여: 아를림 —낮—를보곤,
그만? 가촘죽! 그만? 고업죽! 그만? 아름담죽!
희 드디: 낮이 지는 —낮—! 바람·잔·밤, 바람 직!

1939 6.24
~~[illegible]~~ 土曜
~~[illegible]~~
己卯 5. 8. 土曜 } 2428439 夕生의 18000날。그 이튿날 貞陵里 聖書朝鮮社主로 集会ᄒᆞ시던 金教臣(1945·4·25.故)
卽 1939·6·25·日曜 己卯·5. 9.癸巳 에 旧基洞으로 舍家으로 오시서 集会後에 夕生에게: 生后一八000날맞는感想을 말ᄒᆞ라시던 자리라
예 이자리에 오늘은 生 九000날 더먹어 二七000날재 본답니다。

1964.2.10 月 26997 2438436 2419 2846

觀玆在玆

晤給繳供念今替　　立身行道眠食節
中心言者降衷誠　　存神消息气。精貞

成性存存　1

三合四同戊咸成　　合同咸有一德 1
三四戊之順生靈　　從心所欲七十誠

싱싱ᄒᆞᆫ 낯빛이오、　ᅌ　으ㅣ오。ㆍㅣ ᄋᆞ。읠:
힝ᄒᆞᆫ이 거름거리。　으、올히온ㆍ올우리。

2.11 火 26998 2438437 2420 2847

다ㆍ 르 고、 ᄀᆞᇀ。

날 나ㆍ 누: 달ᇰ지? ᄒᆞᆫ ᄉᆞ름: ᄀᆞᇀ히!
나ㆍ 날이: 달짓! ᄃᆞ ᄃᆞᆯ이: ᄀᆞᆽ히!

ᄋᆞᄇᆞ 계ㄴ: ᄒᆞᆫ이ㆍ、 ㆍ에ㄴ: ᄒᆞᄂᆞ。

ᄒᆞᄂᆞᆯ 땅을 맨드른: 님。이르시길: 네ᄒᆞᆫ일、든
ᄒᆞᆫᄋᆞ ᄒᆞ며, 열린입을 다믈수: 없: ᄃᆞ로。ᄒᆞᆫ이ᄋᆞ
님 계서: 맨든 ᄒᆞᆫᄋᆞ음、날 내신 내: ᄒᆞᄂᆞ로

Eliro 3.14

Mi ESTAS, KIU ESTAS,

La Estanto sendis min al vi.

2-12 水 26999 2438438 2421 2848

癸卯. 十二月 二十九日 辛卯

1904. 2. 14. 日曜
癸卯. 12. 29. 己卯 } 2416526 柳元相 還甲이라 言.

1939. 6. 24. 土曜
己卯. 5. 8. 壬辰 } 2429439 生 后 九千日 재로 맞는 분 때문 計日ᄒᆞᆷ.

13 木 27000 2438439 2422 2849

甲辰. 正月 一日 壬辰

위에 적은 計算ᄒᆞᆫ 어떤 분의 날은: 오늘 내에게도: 생각되는날,
距今九千日간 그날은 나의 生后一万八千日지낸 이튼날
곧 18001로 보낸날인데.
1945·4·25. 作故ᄒᆞ신 金敎臣 언의 日曜集会를 예 오와
이자리에 베프신 뒤: 나에게 말슴: 万八千日 먹은 느낌을
말ᄒᆞ라.고 ᄒᆞ신 생각은 목숨에 그대로 살아: 나는 그
저 오늘도 예라면서 咸錫憲 언. 예 앉으오 九千日前
에 예 앉어던이로 오늘도 예라·면서 예 앉인것이
난가? ᄒᆞ고. 말슴.

보름 ᄇᆞ른 보ᄅᆞᆷ?

낮에. 눈으로. 네·댓. 놓이: 아울림-낮-을 보곤,
그만? 가춤즉! 그만? 고임즉! 그만? 아름담즉!
ᄒᆡ 도디: 낮아지는 낮! 바람·잔·밤: ᄇᆞᄅᆞᆷ직!

1964 2.14 金 27001 밝 춤 2438440 2423 2850

매 흔 같

빠르길, 길위: 힘낼가? 쉬엄, 쉬: 한목 느릴가?
밟은사리의 올: 닦음! 자랄잠의 올: 감 줄음!
빠르건? 느리건? 틈에: 왔다가는 ― 되프리.

◎ 明夷 利艱貞 彖曰明入地中明夷
象曰 ……… 君子以 莅衆 用晦而明.

15 土 27002 2438441 2424 2851

갖디? 같디?

살몸 쓰고 놘건: 갓이 갖이고 갖임: 강되ㄹ기
흙빛 비서 주곤: 같되 가다가 틈봄: 갈되ㄹ기
가다 틈· 가다 치음, 샌: 깨다, 꾸다. 끈다; 깐

◎ 子貢曰夫子之文章可得而聞也
夫子之言性與天道不可得而聞也 (公冶長第五)

經 綸 一 綵

降衷下民 率性地　　水平炎直 經緯績
孝敬上帝 追遠天　　莅立昇遐 彌綸線

◎ 子曰: 性相近也 習相遠也 (陽貨第十七)

◎ 子罕言: 利與命與仁. (子罕第九)

習ᄒᆞ야性으로 다못成ᄒᆞ도소니

◎ 伊尹曰茲乃不義習與性成予不狎于不順營于桐宮密邇先王其訓無俾世迷王祖桐宮居憂克終允德
書經〔太甲上〕

◎ 孔子曰：少成若天性，習貫成自然。
〔漢賈誼陳政事疏〕

◎ 子曰：朝聞道 夕死可矣。〔論語 里仁第四〕

◎ 子曰：加我數年五十以學易可以無大過矣
〔〃 〃 述而第七〕

2·16 日 27003　　2438442　　2425　　2852

픈데 · 낫데 · 낫 없은데.

발라 마치어 : 보일람? 과, 발라 마치며 : 볼램!?
그리면서들 : 좋으나? 싫으나? ㄴ; 무슨 노릇들?
픈? 던; 낫! 깔 : 발라마치! 플게 ; 없진 않 안아?

나 시 보 시 고
제 : 떠러져, 납뒤 : 젔뒤! 버러 쌓자! 알아, 옳자!
옳게 쌓길 ; 먼저 ᄒᆞ고, 사귀놀음 ; 이담 좋다。
맨 막음 : 밀린노름을 꿈에 본들 : 늦잠 꿈!

나서 봐 : 길, 바로 잡아, 다음 담 질도 오르심!
어렵 ; 넉넉, 갓힘 : 높게, 집박 : 나라, 따위 ; 한웋.
솟나솟 가섰으련와 솟나신궁 듣고 봄。

17 日 27004　　2438443　　2426　　2853

吾在界上自由在，重力境內活別西。
性相近也習相遠，色有別乎里有定。

1964
2.18 火 27005 2438444 2427. 2854

同夫人行樂無糆亦可

上衣比等下裳鉄　內外共通合所幹
何厚何薄男女別　日夜參與同行列

雪白氷岅危靴黑　六禮七去舊笑談
手扶足待慇懃熱　客舍華燭新昏結

19 水 27006 2438445 2428 2855

20 木 27007 2438446 2429 2856
맑

古靈 李福男玉 氏 來訪. 率三男五女云云. 성희·덕존
室內 景 氏四 亦平安云.

21 金 27008 2438447 2430 2857

ᄒᆞ실 ᄒᆞᆫ울 밑에 : ᄆᆞ을 ᄆᆞᆷ먹 오ᄅᆞ
ᄒᆞ실 ᄒᆞᆫ울 : 없저서. 있돼나. 있에서, 없비롯.
ᄒᆞᆫ울 ᄆᆞᆷ먹 : 없에서, 있비롯. 있저서, 없돼나.
올ᄋᆞ리 몰고 몰, ᄆᆞᆷ 먹 : ᄒᆞ실 ᄒᆞᆫ울 받들ᄅᆞᆷ.

22 土 27009 2438448 2431 2858

邵康節 말. 『物不過七等』 다시 생각남.
"일곱" 일의곱. 其道反復 七來復. "ᄒᆞᆫ곱"

23 日	27010	2438449	2432	2859

실 을 . ᄆᆞ 올.

드리오는:실, 받드리:살림.
우리ᄉᆞ리:올, 플므로:ᄆᆞ음.

24 月	27011	2438450	2433	2860
25 火	27012	2438451	2434	2861
26 水	27013	2438452	2435	2862
27 木	27014	2438453	2436	2863
28 金	27015	2438454	2437	2864
29 土	27016	2438455	2438	2865
3. 1 日	27017	2438456	2439	2866
2 月	27018	2438457	2440	2867

1961.11.21.火 26186 落傷入院。12.15.金 26210:第二十五日
에 自我意識이 分明하니。二十四日동안 忘却消遣。19.火 26214 夕頃退院。
집에서 七十日 거우 쉬다가
1962.3.2.金 26287。에 다시 中央基督教青年会에 나아갔다음。

3 火	27019	2438458	2441	2868

1964
3·4 水 27020 2438459 2442 2869

明 入 地 中 明 夷
땅속에 든 밝음은: 다친 밝음

때에 든 밝음이: 다치며? 몸속 몸이: 흐리ㅎ
땅속알 관: 달·낮 없고! 사롬 몸은: 하늘 나ㅡ
무리들: 그이 에게는, 날마닥이 그믐 밤
君子 莅衆 用晦而明

5 木 27021 2438460 2443 2870

실 알 · 마읃
드리오는: 실! 받들어 살림이오,
굴어사리: 올! 플으로 마음이라.
생각실, 말씀실, 목숨실, 밑도, 몬도, 時도, 空ㅗ
天도, 地도, 史도, 國도: 한 실오래기.
므로, 살려는이는 실올을 바로 알아, 올바ㅡ
산다는것이오.
이 산다는것은; 맘을 가지고 하는것이나:
그 맘에다 무슨 실올을 그득 담아 두는것이
아니고,
모든 실올을 되어 [斗量] 낼수있는 됫박 ~~흔~~
~~[illegible]~~ 같은데가?
그러므로 마침내는 제맘 스스로 깨끗한 ~~[illegible]~~ 이
참 비힌 맘으로 도라가올 직!
온갖 올 위의 올된 것이: 마음, 곧 맘실가.
一 차질것, 될것을: 다하얀 준 一 주금: 올.

6 金 27022 2438461 2444 2871

좀 님에: 싫, 싫음 님에: 좀.
따뜻·시원: 맛날 바에! 얼·딜. 걱정 ᄒᆞᆫ단 말가,
다스ᄒᆞᆫ 딘: 탈 걱정도, 시원ᄒᆞᆫ 딘: 얼 걱정도:
물. 쓰고 불 드디는 길: 한발 두발 조촌 됨.

7 土 27023 2438462 2445 2872

◎李相赫 아들 翊變인. 는玉惠 딸 尹贊李◎

昏因式 祝果晨
보며, 각생

全스님 ‖ 1904. 5. 21. 土曜 〉2416622通日 差5182
甲辰. 4. 7. 乙卯
울에 4·7날은 5·18날로: 21913 흘재보시는날.

8 日 27024 2438463 2446 2873

生順死安
世緣昏因會離始 天命晨果生意業
雜同散異億兆嘆 万法歸一沒吾安

高鳳壽 사위 李重澤 新堂洞 慶安藥局
(아장동 뻐스 中央市場)
第二姊 의子 崔종은
〃 三 〃 〃 李창규

1964
3·9 月 27025 2438464 2447 2874

(따) (피)
處地에서 : 살피어도
푹깊 몬돌어ᄆᆞ : 한웋 아부께 : 그륵 드릴 발!
따에는 ; 밝음과. 몸속 ; 맘이. 사괴이면 : 알손!
빛진듯、빛 맡은 숫도 그믐 뭇숨 뵈선듯!

우리 곤
예: 있지들!? 모도:올길!? 다; 갔거니!? 너ㆍ나ㆍ제계
누구;몯!「어디메냐?」고。─나: 나가만! 너게너 뎬?
나ㆍ나ㆍ나 나란; 누루! 누름 수름 제계 곤。

양의眼鏡 ₩350,00 사오다。

10 火 27026 2438465 2448 2875

立 身
天尊身自信 乾坤和氤氳
地重心委任 心身健信任

出 世
果花葉幹出種本 兩儀擧子億備我
肉雖飯粒入養窟 一念生意万有物

11 水 27027 2438466 2449 2876

12 木 27028 2438467 2450 2877

곻히 ᄎᆞᆨ착 알맞히

엄마 믹음: 꽃답 않고, 아부 그림: 알음답움。
깔·꼴 에서 ― 그리로 ―: 걸음 된 적이 그루히:고
제제로 도라가신가? 고히 ᄎᆞᆨ착 알맞히。

13 金 27029 2438468 2451 2878

~~從心所欲~~ 愼終 (上月 13日 對照)

心意欲求至上見　美至上情妄出沒
眞見善見抑美見　先難而後獲~~稱~~仁見
愼愼又悔從欲心　終亦或發老妄見
天原郡豐歲面斗南里 林塞伯 (二 七第 農出自作農) 연 찾음 받。

14 土 27030 2438469 2452 2879

참 말 맺힌 이 : 한뜻 속 늘 삶。
쓰고 쓰느니, 말을 다 적도록: 쓰자는 글씨,
ᄒᆞ고 ᄒᆞ느니, 뜻을 다 뵈도록: ᄒᆞ자는 말씨,
어즈버 뜻뵈임이란 바탈이룸 인가? 도。

오히려 말맺히: 못다다른제·힘써 골를 뜻,
이제 뜻: 아까 뜻 두곤 새뜻! 담담도 새록·새,
새록새 새록 새록만 목숨인가 ᄒᆞ노라。

由己爲仁覺平虛
本意知命眞生靈
多夕用晦明　休談獨昏因
一旦得意窩　至誠曉晨果

摘果

1964 日27031 2438470 2453 2880
3.15

문 진 모질이 무거워
가만 둬 둬! 빨라 맺힌 꽃답 알홈이: 이제 한 창!
뒤어요? 한창에. 둬요! 빛힌 볼때? 언제 보게?
한 창에! 한고빌! 어이? 때가 가도, 꺾어도。

"광 · 트크。보살" 생각하며 (「티치 · 쾅 · 트크」 Tchic Quang Dhuc)

三秒間一息生이 一秒間二食口、增加總集會中
地球世界飢區。

아침 버섯 좀 둬 두면 없건만, 맛이 있대서:
쓴다、쓴다며, 많히 길히 길러 내서 까지는。
인제는 버섯만 난대? - 나고 나고 나고 나。

맛 부친 인: 누구? 누구? 길러 내긴: 누가? 누가?
뭇 菩美人 보잘 건가? 佛種田也? 天國土也?
좀 많이 버섯 색기들! 나트랍人: 나 들가!

몇 번을: 새로 온 「가랑잎」 인가고 — 집어 보면: 먼저 온 —
거! 하고, 뚝, 놓아 두면 그만인데。오늘도 또 그래서
다시 집어서 읽고, 다시 읽다가 日附印 63·1·15을
쫓아가서: 그날의 一周年인 64·1·15에 써놓은:
"받들어 들일 줄"을 또 읽고 다시 읽다。
오래 묵은 옛 가랑잎이 날 일깨러 앞날 다 못 깨는 꿈을
다시 드러 꾸게、꾸어 깨게 할 일인가?
그리고 보니: 묵은 것이 그대로 새롭아온!
아 예 접어 두자!

3.16 日 27032　2438471　2454　2881

永哲 六七歲 (2414344)

17 火 24128日 / 24129日　2438472　2455　2882

18 水 27034 (24130)　2438473　2456　2883

19 木 27035　2438474　2457　2884

20 金 27036　2438475　2458　2885

相知眞情難
會以爲天耕作地　溫故知新生前志
政用中正幹事貞　物故心靜死後情

21 土 27037　2438476　2459　2886

至誠一道
平生消息刻刻銘　允克作聖每日課
念思成性存存命　自卑法地至天誠

22 日 27038　2438477　2460　2887

立象以盡意詞
落地心生性慕天　下地上天兩間工
昇天身死本報地　克己復禮正一止

1964

坡州郡廣灘으로, 에서 다시 高陽郡通過살을
行뻐스를 二時間기다려, 十一時發 수영고개를 넘
어 碧蹄에서 내려 됫박고개밑·啓明山上谷으로 드니
谷城金光錫執事도, 陵谷李　　도, 몇몇舊面面
눈들이 보인다. 늙으신 綾州한나主人이 나서시며
말슴:「李先生賢鄕언: 께서는 拾六日中: 괴로와
ᄒᆞ심을 나타내시다. 拾七日中: 도라갈 뜻, 말슴과
한울님께: 빛으로 빛으로. ᄒᆞ시다가, 고요ᄒᆞ매
잠잠ᄒᆞᆫ 속으로. 아모 기침이나 담끓는 일도 없다가,
새벽 곧 1964·3·18日水曜三時。 2438473

直經三萬里 ᄒᆞᆰ구슬에 눕히고 이어—물로 뒤덮
은 넓은 우도 매한가지로—싸올린 김구슬과
밀김·썰김·으로 목숨쉬이 잔치를 그만 마치신
가」 壬子(1912)生, 甲辰(1964)卒。

「인제는 쓰지 안케되어 두고 가신 몸은 ᄒᆞᆰ속에 돌려
묻었다.」 두덩으로 올라 묻고 덮은 ᄒᆞᆰ우에 떼
풀만 보니: 떼는 잘 살겠구나! 그러나 떼도 살
곤 죽어야 맞이지! 이도 저도 예 마치면! 제
가면 ?ᄒᆞᆫ없이: 다 궁금。
李언의 마지막 마치신 土窩는 故玄滄桂언의 짓고。
일고 누시던 房이오. 나도 앞서 지내보던 房인데 이저
녁에도 예서 金·金。李。柳。가 한밤 쉬자고: 눕다。

3·23月 27039
2438478 2461 2888

앉아 말ᄉᆞᆷᄒᆞ다가 16時 빠스로 도로 오다。

3·24 火 27040 2438479 2462 2883

숨;김도 힘;피도

오호한; 봄ᆡ. 오고 꼭: 참, 좋담? 좋며! 싫담? 싫가!
이도·제도, 아도·해도, 물도·불도, 나도·너도,
모도다 뭣이고 엇이 좋되 싫되; 아닌 걸?

그는 게른 이 같구나! 밤낮 없 있. 곤곤곤곤,
코에: 김도! 입에: 밥도! 밑흐으로: 오줌! 똥도!
좋다고! 드러가거나? 싫되! 내감? 아닌 걸!!!

하늘 땅도 두틈 사이! 틈새에는: 몬이 끼오,
안 깨지는 몬도 없고! 깨져 놓믄: 몬지 티끌!
직잖은 하늘땅 새로 몬진사름 그득실!!!

눈이 봤나? 꽃이 봤나? 내눈·네꽃: 네: 알! 마시,
하늘이 냐? 땅에서 냐? 네 하늘·땅: 내: 알! 마지,
알! 마지: 파다 가:가 끄 제제곤되 흐늘! 옴.

25 水 27041 2438480 2463 2890

26 木 27042 2438481 2464 2891

麥一粒遺地 요·24/12

ㅇ: 흐글옴. 樂山樂水上谷玄
우리ㄴ: 흐글름. 宜迎當送下世地
사름 사리: 을.

道巖瑞气無等騰 賢齊李公啓明致

1964
3.27 金 27043 2438482 2465 2892

내 아부 : 네 계 뿐
있 : 나, 없 : 저. 히 : 나, 밤 : 저. 예 : 나, 계 : 저.
— 인젠 : 제께!
나선 : 쓰기 키티피히! 즈건 : 그금 큼 틈픔흠!
네 나랍 : 너희 네 않만 곰곰 그려 : 꾸고잠!

속 삭 기 리
모른동안 아름답고, 알고 보면 모름답음.
또, 아직 아름답어요. 다, 아직 모른것이죠.
모름직 아름아리에 얼이 둥 절 속삶짝.

---

28 土 27044 2438483 2466 2893

29 日 27045 2438484 2467 2894

안개 아침에 나가 碌磻里에서 舊高陽邑通過 廣灘行 뻐스를 苦待ᄒᆞ며 타고 나가 숫돌고개 넘어 右析邑路로 드러브터 히빛이 밝아지어 碧蹄에 다다러 車를 내려 길을 걸으니 明朗ᄒᆞᆫ날시! 上谷에 드러가니 十時半쯤.
「솜 : 김도 힘. 피도」 「麥一粒遺地」요 24/12 읽고 니야기 ᄒᆞ고 十五時半頃 떠나 거러 : 수영고개 앞 碧蹄路 뻐스로 도라오니. 熙瑟父 왔 있다.
感謝ᄒᆞᆸ니다. 옵.

30 月 27046 2438485 2468 2895

에: 사리 지! 게: 보입 줍!
ㅣ ㅓ ㅣ ㅔ 예: 나! 이제 있다가, 아까 어저께,
아까 · 어저께, 그저 · 그저께; 에고 엔: 날 말슴!
듣글음 제게 도라 ⊡ 참말 마지 게빕줍。

31 火 27047 2438486 2469 2896

4.1 水 27048 2438487 2470 2897

2 木 27049 2438488 2471 2898

釜山市東光洞五街九番地
鄭東錫 氏方
韓延燮 앞 : 으로
부쳤다 흠 (64.4.1) 22운 一篇 稅 7500 稅123 稅176225
運 賃

[釜山市 大韓海運公社支店
아리랑 号]

有終追遠
降衷下民忠 愼終人間信
遠邑後生親 追遠絶對神

1964・4・2。木曜 Julian day 2438488
甲辰・2・20。辛巳 아 침 10時
西大门区 新村洞山15番地 延世大学校医科大学附屬
세브란스病院 에서

柳熙桓 生

1962・12・28。金曜 Julian day 2438027
壬寅・12・2。庚子 아 침 6時37分
西大门区 新村洞山15番地 延世大学校 医科大学附屬
세브란스病院 에서

柳熙暎 生

1961・9・9。土曜 Julian day 2437552
辛丑・7・30。乙巳 낮 12時55分
徽慶洞 29番地 1号에서

柳熙景 生

母 1929・2・12。火曜 Julian day 2425655
己巳・1・3。戊子
義州
父崔世德
母李氏
本慶州崔鳳愼 生

父 1917・5・20。日曜 Julian day 2421369
丁巳・3・30。壬戌
京城需昌洞4番地

柳宜相 生

1960・5・20。金曜 Julian day 2437075
庚子・4・25。戊申
舊基洞150番地

昏

512 萬

256 起

128 福

64 植

32 信

16 連

8 根

4 模

2 相

1 桓

二世載籍

三代漢山

連綿于今

根模相桓

1964
4·3 金 27050 2438489 2472 2899

4 土 27051 2438490 2473 2900

5 日 비 27052 2438491 2474 2901

6 月 비 27053 2438492 2475 2902

낮 뒤에 : 낳ㄴ 어린아이 더리고 엄멈 집에 옴

7 火 27054 2438493 2476 2903

熙琴父 大美歸

8 水 27055 2438494 2477 2904

9 木 27056 2438495 2478 2905

10 金 27057 2438496 2479 2906

熙桓 出生申告 : 鍾路區廳에 提出.

11 土 27058 2438497 2480 2907

淸 掃 未 得 意
交媾快視 會食樂觀 高坐漫居 長臥利便
如是迷妄 終始所見 念茲莊覺 自不貪生

12 日 27059 2438498 2481 2908

李舜浩氏、찾아주신이 마저、말씀ᄒᆞ다.
雪嶽山으로 祈求를 가질가 : ᄒᆞᆫ다 ᄒᆞ심.

13 月 27060 2438499 2482 2909

14 火 27061 2438500 2483 2910
默瞙牛症。

15 水 27062 2438501 2484 2911

몬 : 드나, 나나.
잠 김 · 깁 : 이시어, 그룩이시리이다. 아멘, 옴,
짬·낌·껍. 엔 : 겁·열. 조차 : 껍컴 ᄒᆞ림이 숣거니,
잠잠잠 선금 : 꾸지무! 자나、깨나 제계 곤.

잠 : 쉬히、김 : 뚤리、겁 : 걸어、사ᄅᆞᆷ 사리올 말ᄉᆞᆷ!
일잠 : 위、얼킴 : 아린、듬빡이로 낀 김이면 : 죽!
목숨아、한말ᄉᆞᆷ 맺히 날 : 따고솝「나른」ᄃᆞᆸ.

16 木 27063 2438502 2485 2912

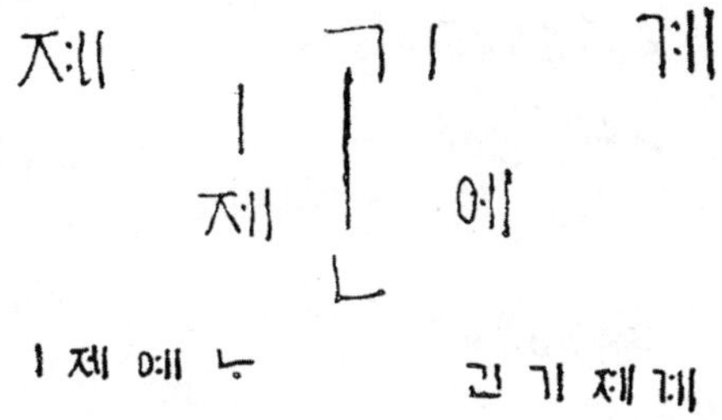

1964 4.17	金 27064	2438503	2486	2913
18	土 27065	2438504	2487	2914

MATEO
6.33 Sed celu unue Lian regnon kaj Lian justecon
kaj ĉio ĉio estos aldonita al vi.

~~ᄋᆞᆯ맞이 ᄒᆞ는 아ᄃᆞ~~
~~보도, 듣도, 알도, 못ᄒᆞᆫ 되로 ―맨 먼저 읺 긴―~~
~~읺 아들. 고프다. 시프다.~~
~~읺ㅣ 누 읺 ㄴ 모름 음 부 아 부 제계 곤.~~

ᄋᆞᆯ맞이 ᄒᆞ는 이 :

보도, 듣도, 알도, 못ᄒᆞᆫ 되로 ―맨 먼저 읺 긴―
고프다. 시프다. 읺. 아들.
읺ㅣ 누 읺 ㅗ 모름 움 부 ᄋᆞ 브 제계 곤.

19	日 27066	2438505	2488	2915
※ 20	月 27067	2438506	2489	2916
21	火 27068	2438507	2490	2917
22	水 27069	2438508	2491	2918

蘄 求할긔 當歸근

求之己以教人，制之家以推之國家天下，孔孟学說之特色也；視國事如一身，視天下如一家，此吾民族同有之觀念也；惡強暴而喜和平，忍艱苦以蘄至善，不圖目前之小利，而規人類社會之大計，又吾民族人人同具之德性與志願也。 〔四書白話新解序一節〕

20 너희는 使徒들과 先知者들의 터우에 세우심을 닙은
者라 그리스도 예수께서 親히 모퉁이 돌이 되셧나니
라 21 그의 안에서 建物마다 서로 連結하야 主 안에서
聖殿이 되어가고 22 너희도 聖靈안에서 하나님의
居하실 處所가 되기 爲하야 예수 안에서 함께 지
어져가나니라 〔에베소 二章〕

20 너희는 使徒들과 先知者들의 터우에 세우심을 닙은
者라. 기름바든 님께서 바로 모퉁이 돌이 되셧나니라. 21
그 안에서 채채 마다 서로 드리마저 거룩ᄒᆞᆫ 집이 되어
가고 22 너희도 숨님 안에서 한웋님 ~~안에서~~ 의 계실
듸가 될라고 님속에 지어져 가나니라. 함께

에베소 二章

20 너희는 使徒들과 先知者들의 터우에 세우
심을 닙은 者라.
기름받은 님께서 바로 모퉁이돌이 되셧나니라.
21 그안에서 채채마다 서로 드리마저 거룩ᄒᆞᆫ 집
이 되어가고, 22 너희도 숨님안에서 한웋님 계실듸
가 될라고; 님속에 ᄒᆞᆷ께 지어져 가나니라.

國民優生法案에 対한 우리의見解

우리나라의 切迫한 人口問題에 対하여 누구못지 않게 関心을 가지고있는 韓国天主教会는 그 領域안에서 最善을 다하여 이 問題를 解決하는데 積極的으로 協力하고있으나 倫理的으로 不当한 方法에 依한 避姙과 人工姙娠中絶(落胎)로써 人口調節을 企図하려는데 対하여서는 다음과같은 理由로써 賛同할수없음을 밝힌다。

一、國家는 國民의 生命을 侵犯할수없다

国家는 国民의 生命을 비록 胎児의 生命일지라도 侵犯할 権利가 없다. 왜냐하면 国民은 国家 以前에 있고 国家는 国民으로써 形成되었기 때문이다。(教皇비오XII世의 [illegible]) 우리 나라 憲法上 国民에게 保障된 権利는 바로 人間의 生命権에 그 土台를 두고있는 것이다。이 生命権은 胎児에게도 있으니 民法이 胎児를 이미 権利의 主体로 規定한은 当然한 일임에도 不拘하고 刑法의 落胎罪가 胎児의 生命権을 너무나 가볍게 다루고있음은 참으로 遺憾千萬이라 아니할수 없다。

二、人工姙娠中絶(落胎)은 母體에 큰害毒을 끼친다

人工姙娠中絶은 그方法이 藥物에 依하거나 手術에 依하거나 母体에게 害毒을 끼친다. 医学的統計에 依하면 姙娠中에서 感染、子宮外姙娠、習慣流産、子宮破裂、絨毛上皮腫 其他 精神的 肉体的 悪影響이 多大하다는것이 証明되고있다

三、不當한 産兒制限 特히落胎는 家庭과 社會의 倫理秩序를 破壞한다

家庭과 社会가 健全한 状態에있으려면 性秩序가 維持되어야한다 그런데 不当한 産児制限 特히 落胎를 恣行하는 家庭에는 家庭不和 青少年의犯罪 其他 온갖社会悪이 助成되어 結局 家庭과 社会의 倫理秩序를 破壊하게된다

四、産兒制限만이 民生苦解決의 方法이아니다

人間生命의 尊厳性을 無視하는 思考方式에 依한 産児制限 그中에서도 非人道的인 落胎方法外에도 人口問題를 解決하는方法은 얼마든지있다 結婚時期의 自由로운延長、節欲習慣의 断乎한是正、週期的禁慾、移民奨励、国土開発、農業方式의 改良에依한 食糧増産等 여러方法을 講究함으로써 人口問題를 解決하여 나갈수있다

五、外國失策의 前轍을 밟지 말라

独逸서는 一九三三年에 「国民優生」을 目的으로 実施되었던 断種法이 失敗한 結果 一九四五年 이悪法은 廃止되었고、日本서도 優生法을 実施한 以来 出生率의 非正常的인 低下에 따르는 労動力의 減少와 年齢構造의 畸形化等 弊害의 発生으로 말미암아 이를 改正乃至 廃止하지 않으면 아니될 段階에 이르렀다 韓国天主教主教들은 以上과같은 理由로써 不当한 方法에依한 避姙과 人工流産을 主要内容으로하는 国民優生法案을 強力히 反対하며 再考있기를 要望한다

一九六四年五月一日

天主教 서울大教區長 大主教 盧基南
天主教 大邱大教區長 大主教 徐正吉
天主教 光州大教區長 大主教 하롤드·헨리
天主教 春川教區長 主教 토마스·퀸란
天主教 釜山教區長 主教 崔再善
天主教 清州教區長 主教 제임스·파디
天主教 全州教區長 主教 韓珙烈
天主教 仁川教區長 主教 윌리암·맥노튼
天主教 水原教區長 主教 尹恭熙
天主教 大田教區長 몬시뇰 에밀·보드뱅
天主教 平壤教區長 몬시뇰 죠지·캐롤
天主教 咸興教區長 몬시뇰 티모테오·비텔리

斯文閑談
新晨偶得閑語不成說中
長夜定忘忙修辭立其誠

吉田(岡野)俊子 一九二一・一・二九
吉田政雄 一九二三・四・三
(柳)豊子 一九二五・五・二七
和夫 一九二七・七・㊂
哲夫 一九三四・二・七
(西川)富子 一九三七・三・六

서울市西大門區付岩洞二四八番地
柳均相

熙朝

柳永旭
一八八五年一二月八日火曜
乙酉一一月三日丁酉
一九五〇年一一月八日水曜
庚寅九月二九日丁未
23711
3387
803
65

付岩洞二六九番地
柳漢相

議政府市佳陵洞二一八番地
柳熙宰
一九四八年六月五日土曜
戊子四月二十八日癸卯
二四三二七〇八日

一八八七年九月一三日火曜
丁亥七月二六日辛巳
二四一〇五二八日
一九五六年一二月三十一日月曜
丙申一一月三十日壬申
二四三五八三九日
25312
3616
857
[illegible]

ᄒᆞᆫ 프ᄅᆞ 가장 셋

너나 들, 없있 비롯.

너 없으면 넣고, 나 있어 나가니.

 덩이는 두테 없는 □. 셈 없이 많이 많이 : 비롯 □, 두테어 □□□, 긑인 □, 으로 됨

□ 낯은 넓이 없는 —. 셈 없이 많이 많이 : 비롯 —. 넓이어 |||, 긑인 —, 으로 됨.

— 금은 끌 없는 ◦. 셈 없이 많이 많이 : 비롯 ◦, 드나 ◦◦◦, 긑인 ◦, 으로 됨.

◦ 긋은 깔, 꼴 없이, 자리만, 있다. .

ᄒᆞᆫ프리셋 가장

너.. 없으면 넣고, 나.. 있어 나가니.. 너나 둘: 잇없 비롯.

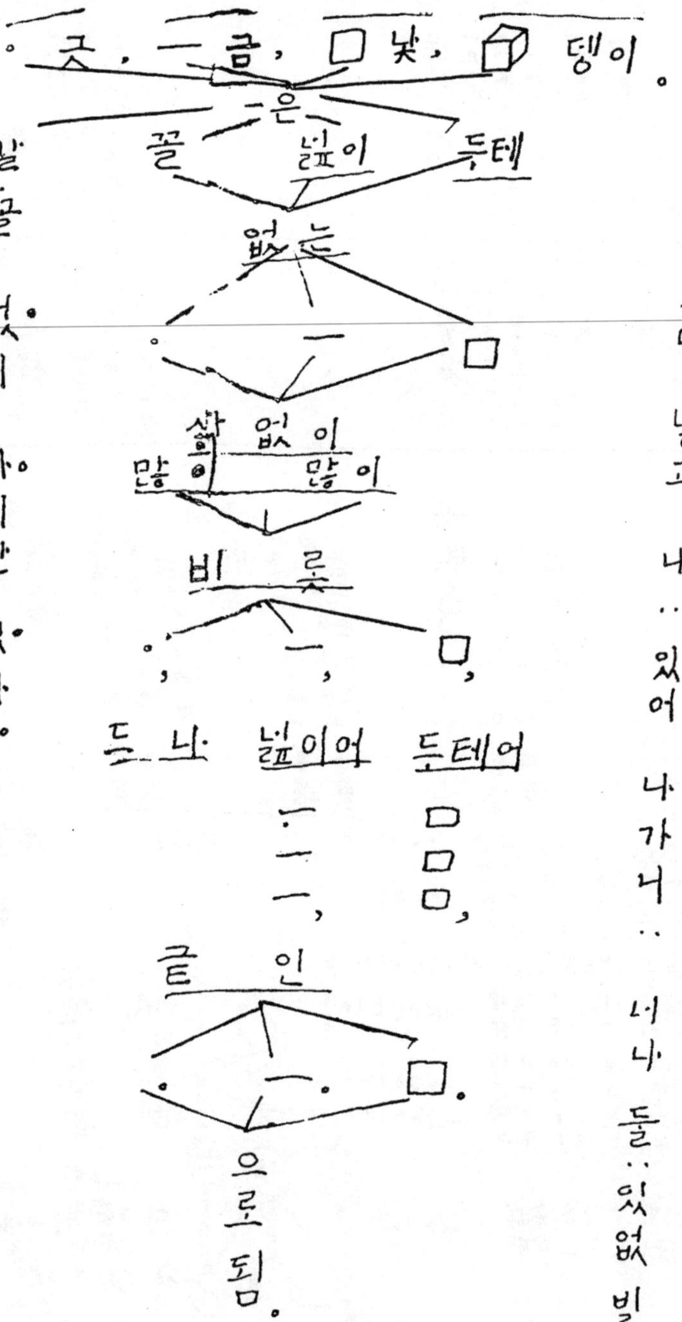

낄·끌 없이 자리만 있다.

子 永哲
一八九八・二・二三
戊戌・二・三
二四一四三四四 生

申彩雲
一九〇九・八・八
己酉・六・二三
二四一八五二七 生
一九五九・八・二五
己亥・七・二二
二四三六八〇六 終

子 運相
一九三二・四・二三
壬申・三・一八
二四二六八二一 生

張喜英 作同
一九三二・四・三〇
壬申・三・二五
二四二六八二八 生
父 張善永
母 閔有德

惠相
一九一七・一〇・一四 日曜
丁巳・八・二九 己丑
二四二一五一六 生

子 熙瑞
一九六二・一二・三
壬寅・一一・七
二四三八〇〇二 生
乙亥 月曜

子 熙宰
一九六四・六・二二
甲辰・五・一三
二四三八五六九 生
壬寅 月曜

女 熙貞
一九六七・一一・一〇
丁未・一〇・九
二四三九八〇六 生
戊寅 金曜

恩雨

全州 李泰休
光州 盧 氏

宣
居寓居
蔻

李漢雨	1933. 9. 28	木曜	2427344	656	
	癸酉. 8. 9	丁酉			
柳遵相	1935. 7. 16	火曜	2428000		
	乙亥. 6. 16	癸巳			

《古: 1963・5・15日記에서》

	1961. 11. 6	月曜	2437610
	辛丑. 9. 28	癸卯	
李宝珩	1963. 4. 24	水曜	2438144
	癸卯. 4. 1	丁酉	
李珠珩	1966. 2. 1	火曜	2439158
	丙午. 1. 11	辛卯	
李	1967. 7. 19	水曜	2439691
	丁未. 6. 12	甲申	

瓊枝寸寸是玉
梅檀片片皆香

佩玉之圖

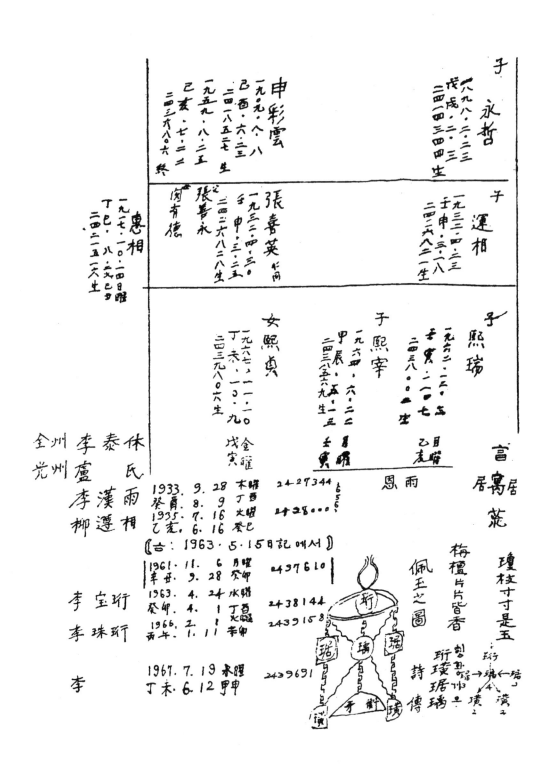

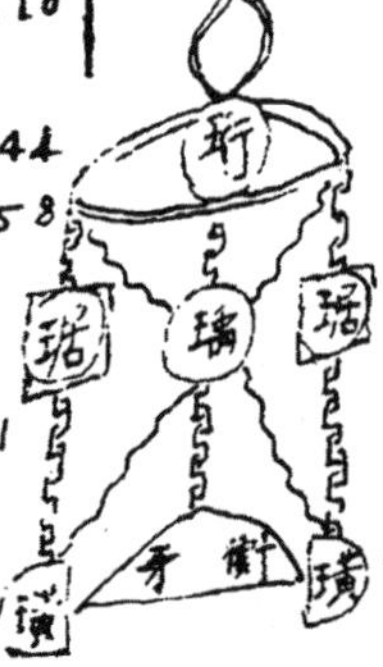

詩傳 珩璜琚瑀으로

珩
琚 → 瑀 ← 琚
璜 璜

兹稹 八六五八 九七九三 二十五子

金顯成
林氏
金海

柳明根 一八六六.七.一九 木曜 丙寅.六.八 乙未 二四〇二八一五

金完全 一八六三.五.二一 木曜 癸亥.四.四 癸亥 二四〇一六九七

金驥永
浥氏

二四五七八日 三三八五一七 六八三一八周 八九歲 一〇九四朔 四六一二周 三二二八四日

金顯成
林氏

金建杓 一八八二.一二.一九 金曜 壬午.一一.一一 癸亥 一九四八.五.二 日曜 戊子.三.二四 丁亥
吳 一八八七.一〇.二二 土曜 丁亥.九.六 庚申 二四一〇五六七

子 永模 一九〇三.一二.一五 木曜 癸卯.一一.三 己巳 二四一六四六〇

金孝貞 一八九三.五.一七 水曜 癸巳.四.二 甲子 二四一二六〇一

子 宜相 一九一七.五.二〇 日曜 丁巳.三.三〇 壬戌 二四二一三六六

慶州 崔鳳愼 一九二九.二.一二 火曜 己巳.一.三 戊子 二四二五六五五

子 自相 一九一九.一〇.一六 日曜 己未.九.二三 辛亥 二四二二二五八

玧龍 寅 一九三七.九.二八 火曜 丁丑.八.二四 戊午 二四二八八〇五

柳永烈 姬 淑蓮

子 與見相 一九二一.四.一五 金曜 辛酉.三.八 戊申 二四二二七九五生

吉豐子 一九二五.五.二七 水曜 乙丑.四.五 辛亥 二四二四二九八生

女 熙景 一九六一.九.九 土曜 辛丑.七.三〇 乙巳 二四三七五五七

女 熙暎 一九六二.一二.二八 金曜 壬寅.一一.二二 庚子 二四三八〇二七生

子 熙桓 一九六四.四.二 木曜 甲辰.二.二〇 辛巳 二四三八四八八生

女 熙珏 一九六〇.九.一五 木曜 庚子.七.二五 丙午 二四三七一九三生

女 熙遠 一九六四.一〇.二四 土曜 甲辰.九.九 丙午 二四三八六九三生

女 熙純 一九六七.二.一八 土曜 丁未.一.一〇 癸丑 二四三九五四〇生

女 熙觀 一九七三.五.一六 水曜 癸丑.四.一四 癸亥

水原 白昌源 1912 · 4 · 17. 水曜
壬子 · 3 · 1. 癸亥 2419510 8070

仁同 張四明 1917 · 12 · 29. 土曜
丁巳 · 11 · 16. 乙巳 2421592 10152

柳進相 1933. 10 · 16. 月曜
癸酉. 8. 27. 乙卯 2427362

白順姬 1938. 1. 2. 日曜
丁丑. 12. 1. 甲午 2428901

柳熙姸 1963. 7. 19. 金曜
癸卯. 5. 29. 癸亥 2438230

柳熙坤 1964. 9. 1. 水曜 2439005
乙巳. 8. 6. 戊午

柳水姸 1967. 7. 9 日曜 39681
丁未. 6. 2. 戊戌

從祖 務春 7
原州元氏
子 漢吉

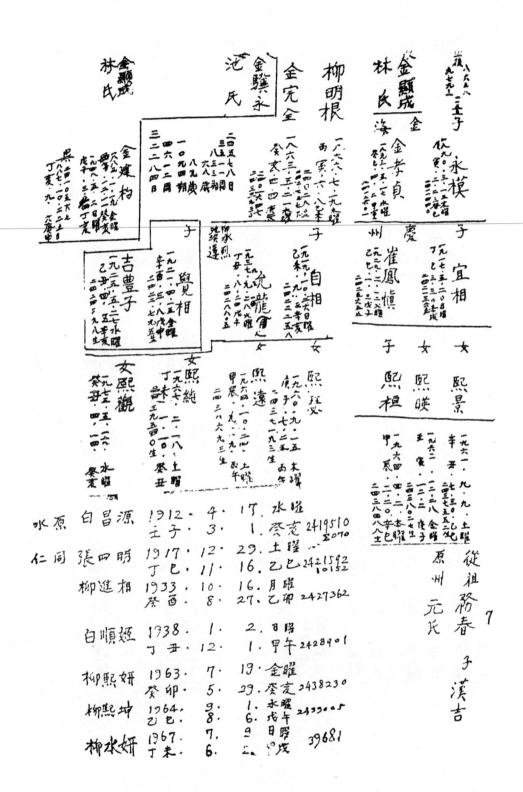

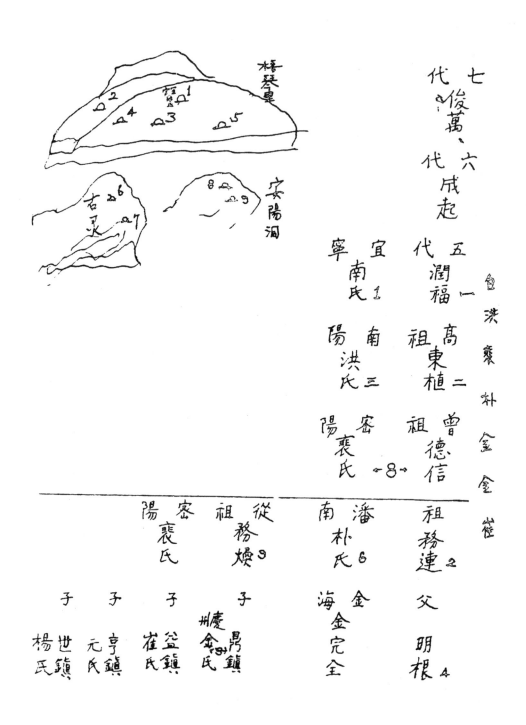

七代 俊萬

六代 成起

五代 潤福 一
宜寧南氏 1

高祖 東植 二
南陽洪氏 三

曾祖 德信
密陽裵氏 ‹8›

自 洪 裵 朴 金 金 崔

祖 務連 2
潘南朴氏 6

從祖 務煥 9
密陽裵氏

父 明根 4
金海金完全

子 昺鎭
慶州金氏 ‹5›

子 益鎭
崔氏

子 亨鎭
元氏

子 世鎭
楊氏

文化柳氏 一家系

내위로 다섯번 갈림에 계시었던 柳潤福 한아바시께서 남의 골사리(郡守職任)에나 따라 다니시고, 宜寧南氏신 한어마님께서도 나라에서 戶籍홀제 남의 戶籍이나 代書ᄒᆞ시게 되셨서다고 傳홀만콤; 집안 살림이 어려우셨던지?

아ᄃᆞ님 곧 내 高祖되신 柳東植氏 한어니 ~~祖母~~ 南陽洪氏 ~~신~~ 內外분 ~~高祖母~~께서 ~~내五代祖母~~ 偲母님 南氏 모시고 本鄕인 文化골을 떠나신듯홉니다.

새福地를 漢城 西北 武溪와 三溪의 峽谷으로 잡으셨음.

내 五代祖父님께서는 그뒤에 아ᄃᆞ님의 잡은 福地로 오신듯. 으로 五代祖父母님 山所가 西郊에 계셨고

내 六代祖父님 柳成起氏·七代祖父님 柳俊萬氏의 啣字는 壯紙에 墨書ᄒᆞᆫ 古戶籍에서 얻었을뿐。

俊	萬
成	起
潤	福
東	植
德	信
務	連
明	相

훗실 한울 [illegible] 쩨 [illegible]

[illegible] 없 [illegible] 별 [illegible] 내 [illegible] 푸러, 세 가짐. 못다 한 [illegible] 드.

[illegible] 맞다 둔 [illegible] 兩 사름 [illegible]

[illegible] 웃 [illegible] 大皇 [illegible] 때 [illegible]

그둘 一積十 덜되 설히 十鉅 디 [illegible] 없이 새위 있답 [illegible]

하늘 마 [illegible] 兩叅, [illegible] 맞섯, [illegible] 맞섯 [illegible] 여 [illegible] 아홉

맞듯 [illegible] 이 [illegible] 나 大三合六, 사름 일굽 [illegible]

생 [illegible] 다. [illegible] 네 [illegible] 차 [illegible] 아 [illegible] 다섯 [illegible] 이름 [illegible]

울 [illegible] 에 [illegible] 가 고 잘 본 [illegible] 길라 [illegible] 다 [illegible] 나 [illegible] 그 한

나름! 품떡 [illegible] 는 말동. 믿듬 몸 [illegible] 믿듬 [illegible] 하 [illegible] 따 [illegible] 드래 맞

한, 사름 [illegible] 마침.. 없 [illegible] 하늘 [illegible] 하나 [illegible] 하늘 [illegible]

天符經

一始无始一析三極无盡
本天一一地一二人一三
一積十鉅无匱化三天二
三地二三人二三大三

合六生七八九運三四成
環五七一妙衍萬往萬來
用變不動本本心本太陽
昂明人中天地一一終无終一

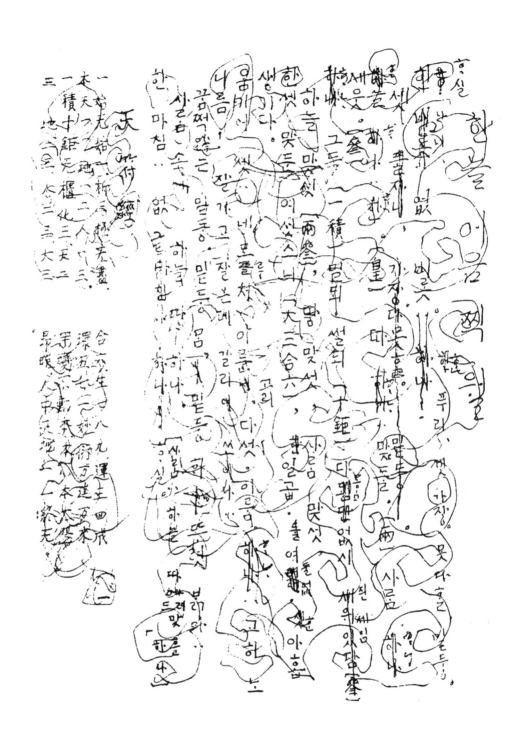

너·나·; 둘의 ᄉᆞᄅᆞᆼ이란? 한틈박일 짠게 : 비롯;
비롯 틈박이로 흘러나온 아ᄃᆞᆯ도 많고 많!
그만 둬 먹짓 씨·개질 : 그만그만 허물 벗!

그만그만 틈박이 비롯을 떠나치 : 솟나 삶,
한나신 아ᄃᆞᆯ : 허물 거드샤, 거듭비롯 업숨,
얻듬난 한나신 아ᄃᆞᆯ 의 : 얻듬은 아부지。

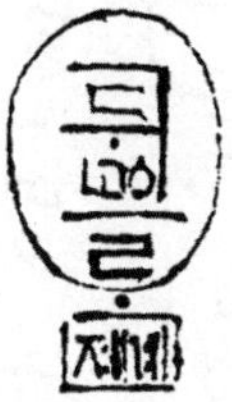

하늘로 떠오른 따ᄋᆞ에도 : 하늘 열고 세이운
우리 나라는 : 올히은 올옳게 오르는 나라。
땅 드딘 두발 거둬 춤, 땐 : 둥글움
므리 : 계。
일 울
울려 받 홀 : 고디 곧있
없있 : 둥글움! 이제·예, 있거나 : 이 : 내속 ᄀᆞᆺ, 과
없시 계신 : 둥글음! 한·늘, 삶·곧있 : 시신 아부
우이로 봄 : 우리 므리, 아리 두발 : 몸땅 : 딘!

ᄒᆞᄂᆞᆯ 아음 쪽을

ᄒᆞ실. ᄂᆞ니. 업 비롯. ᄒᆞᆫ ᄑᆞ리、 셋 가장. 뭇다ᄒᆞᆯ 밑둥
ᄒᆞᄂᆞᆯ ᄒᆞᄂᆞ ᄒᆞᆫ、 따 ᄒᆞᄂᆞ. 맞둘、 ᄉᆞᄅᆞᆷ ᄒᆞᄂᆞ. 세웃.
ᄒᆞᄂᆞ. 그득、 밀썰되.. 다ᄒᆞᆷ 업시、 된 세임.
ᄒᆞᄂᆞᆯ 맞셋、 땅 맞셋、 ᄉᆞᄅᆞᆷ 맞셋,
ᄒᆞᆫ셋 맞둔 여섯스나, 일곱. 여둘업. 아업. 생기다.
음기어 셋 네모루처 이룬 고리.. 다섯. 이름. ᄒᆞᄂᆞ.
고히 노니름!
잘가고 잘온데 갈리어 쓰이나.. 꿈적안는 밑둥!
밑둥 몸.. 밑둥히.. 뜨렷 붉아..
ᄉᆞᄅᆞᆷ 속.. ᄒᆞᄂᆞᆯ. 땅. ᄒᆞᄂᆞ. — ᄉᆞᄅᆞᆷ.. ᄒᆞᄂᆞᆯ 땅 드리
맞ᄒᆞᆫ ᄒᆞᄂᆞ. —
ᄒᆞᆫ 마침, 업 글. ᄒᆞ실.

天 符 經

一(ᄒᆞ실)始(ᄂᆞ니)无(업)始(비롯)。一析三極。无(뭇)盡本。天一一。地一二。人一三。一積(그득)十鉅(밀썰되)。无(업)匱(시)化(된)三(셋)
天二三。地二三。人二三。大三(ᄒᆞᆫ셋)合(맞둔)六(여섯)生七(일곱)八(여둘업)九(아업)運三(생기다)。四成環(이룬 고리)。五七一。妙衍(고히)。万
往万來。用變不動本。本心本太陽昂明。人中天地一。一終无終一(ᄒᆞ실)

본ㅣ 드나ㅣ 나 나‥

잠·김·깁 이시어! 그록 이시리이다. 아멘

쨤·낌·깸· 엔; 겁·얼. 조차 깜킴 흐림이

잠잠잠 선품 꾸지 ᄆ 자늬 깨나 졔계

잠 : 쉬히. 김 : 뚤리. 깁 : 걸어, 사롬 : 소리올 말숨

알짬 : 위. 얼킴 : 아릐 틈박이로 - 낀 - 김이면 죽

목숨아 : 한말숨 맺히 - 널 - 따고 좁 「나」

졔 ㄱ ㅣ 계

ㅣ

졔 | 에

ㄴ ᄇ

(吾人定) ᅳ

세 에 긴 기. 졔 계

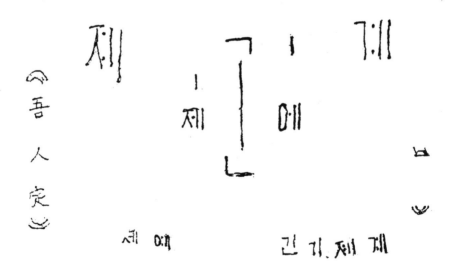

1964
4.23 木 27070 2438509 2492 2919

寄 崇淵一色地山謙 消息受命生平用
南載 圓方天壤人心微 日課至誠易可以

24 金 27071 2438510 2493 2920

25 土 27072 2438511 2494 2921

걸어 갈 길 웋의 : 걱정 닭일 그릇?
있어 걱정? 없어 걱정? 있다 걱정!. 없다 걱정!
있던, 없던 : 걱정 마오, 있다, 없다 : 걱정 않기.
걱정 없 걱정이 없소, 처음브터 끝까지。

네나 내나 모다 가네, 없다간 : 와 있다간 : ㄱ.
없단 : 산이 걱정 없음! 못잊출손 : 가장 큰 없!
참말로 있다간 : 가리 있던 걱정 뭣에 닭?。

걱정을 그릇에다 담은것도 걱정이지만,
걱정을 담은 그릇이 더욱 다시 그릇 된적!
맨끝엔 담을데 없단—걱정 조차—고대 : ㄴ거ㄹ!

26 日 27073 2438512 2495 2922

엄마 품속으로 돌릴거?
버리긴 쉽다! 처럼 쉬리!? 뒷문 : 여러 놓인 듯!
손만 떼 봐라! 。몸 돌。: 우리 어머니는 꼽재기
몬지란 지의 지진을 모도모다 품속속

1964 4.27 日 27074 2438513 2496 2923

28 火 27075 2438514 2497 2924

길에서 錦山辛翁이라신분과 니야기ᄒᆞ며 걷게 되다. : 辛氏의 錦山居來歷도 十六代에 數百户宗族이 되었다.ㄴ 말씀.

지난밤 11時35分 金斗連氏 도라가시다. 吉.

1906.10.29 月曜 〈2417513～2438513〉 1964.4.27 月曜
丙午 9.12 丙午 甲辰, 3.16 丙午

21001 날
3000 돌
711 ᄃᆞᆯ
58 ᄒᆡ

桂璇
榮璇
貴璇

29 水 27076 2438515 2498 2925

30 木 27077 2438516 2499 2926

5.1 金 27078 2438517 - 2427379 = 11138 2927
2904
24174
11138 = 8638 + 2500

며칠 날이 들더니, 어제 다시 흐릿ᄒᆞ다가. 밤에 비롯ᄒᆞᆫ 비.로 저므도록 고히 오다.

듯 틈새

고꽃: 참 곱아? 참말! 어디? 고꽃! 참 참말 곱지!?
곱기에, 맨져, 꼭 쥐던; 맥곤, 산듯, 진물이 름!
하늘 빋. 곱던 곧 진물! 떠나 선듯 틈새 름!

5.2 土 27079 2438518 2501 2928

물다운: 참! 불다운: 참! 꽃다운: 참! ᄒᆞᆨ 좋싫기! [좋다가 싫게 / 싫다가 좋]
너나 하늘 땅 두틈박에 찌끼 곱새ㄹ: 멀ㄹ 찾아?
참말로 아름다운 참 소롱이란? ᄒᆞ누ㄹ 옴!!!

3 日 27080-1161=25919 2438519-2412601=25919 2502 2929

새하루 보름: ᄒᆞ고 지내기도 917 되혼셈

1016×29.53058823日=30003日0776112

九一七月連九九 既望一千十六月 知足平生九旬幾
八十二年五十日 消遣三萬有三日 閏餘成歲十九七

日月分明合朔晦
天地兩間同氣一

4 月 27081 2438520 2503 2930

5 火 27082 2438521 2504 2931

6 水 27083 2438522 2505 2932.

아ᄇᆞ 므릅흐로 솟나 수룹

빙빙 놉히, 빙빙 깁히, 빙빙 크게, 빙빙 ᄒᆞᆫ옹.
솟놓 솟놓, 솟솟 솟솟, 솟놓수룹, 솟나 수룹,
춤성히 한ᄒᆞᆷ근: 성큼 ᄋᆞᆸ 입헤: 수리옵

1964
5.7 木 27084 2438523 2506 2933

씩씩ᄒᆞᆫ 겉에 고딵 속이란: 겉볼 안이랄가?
보고 봐도 뵈고 봬도 깨끗 깨끗! 부숭부숭!
뵈 보단 친다며: 씼·닦。 키묵 서틈 때문에!

안팎이 하나 같달가? 뵘과 봄이 다르달가?
산의 벌어 게집 살림! 게집질손 산히 솟침!
다음이 끝까지 달라: 합게 같종 사ᄅᆞᆷ길!

8 金 27085 2438524 2507 2934

밥 먹은 담: 밥쌀노릇을 ~~바람~~.
우리 받든 고숨과 맛과 ~~삼켜~~ ~~좋다던 께~~ 닿아 좋담이
우리 몸에만 그침 ~~있는것~~이 아니고。
땀 ~~[illegible]~~ 털 굼으로 내이어서:
두로 올의 온 군되 ~~[illegible]~~—뭇삶이 몸으로—드러가,
조임 모짐에서: 밝음 히…놓이어지믄…。 ~~을~~ ~~바람~~。 ~~다다~~。

飯食已訖 當願衆生 德行圓滿
成十種智 三世智·佛法智·法界無邊智·充滿一切無邊智·
願我所受香味觸 法界無礙智·普照一切世間智
不住我身出毛孔 住持一切世界智·知一切衆生智·
遍入法界衆生身 知一切法智·知無邊諸佛智·
等同法藥除煩惱

9 土 27086 2438525 2508 2935

十念

清淨法身毘盧遮那佛　　圓滿報身盧舍那佛
千百億化身釋迦牟尼佛　　九品導師阿彌陀佛
當來下生彌勒尊佛　　十方三世一切諸佛
十方三世一切尊法　　大聖文殊師利菩薩
大行普賢菩薩　　大悲觀世音菩薩
諸尊菩薩摩訶薩　　摩訶般若波羅密

10 日 27087 2438526 2509 2936
지난·밤·비쁘림

11 月 27088 2438527 2510 2937

時 命 維 新
來日 來無盡　去日去作故
今日今方別　時吾時新吾.

12 火 27089 2438528 2511 2938

13 水 27090 2438529-2412601= 2512 2939
1161
25929

이 른 한 히 그 득 ᄎᆞᆷ
들 셈 께　1833·5·17　癸巳·4·2
들 다 섯 옯 셈 듬 이

14 木 27091 2438530 2513 2940

15 金 27092 2438531 2514 2941

오 늘 옴　「근 • 제계 : 떠! 시! 니!
오는날 : 오고ㄴ, ᄀᆞ는날 : 근ᄀᆞㄴ, 올 • 이제 : 돌리, 골!

1964 5.16 土 27093 2438532 2515 2942

새벽세시 니러나서, 네시 좀지나서, 회술다린 어미 떠나다. 월요에 왔더니.

17 日 27094 2438533 2516 2943

18 月 27095 2438534 2517 2944

오일팔등
1964 5182 甲辰47乙金 2191心 ㄷ
1904 521 回辰410 金 21916 날

19 火 27096 2438535 2518 2945

20 水 27097 2430[illegible] 2519 2946

21 木 27098 2438537 2520 2947
밥에 가느홍비

22 金 27099 2438538 2521 2948

23 土 27100 2438539 2522 294[illegible]

夏曆四月十二日亡黃君의 ? 22651ㄷ

當者思舊

九七九三出 四四四九長 二二六五一

三六八九二 百年又一期 二七百日當

말 홀 수 있 나?

이。 섫 다。 ㄴ : ㅡ손 잡 손ㅡ빅 !
무엇이 : 무엇이 ㅡ골ㅡ !

24日 27101 2438540 2523 2950

25月 27102 [illegible] 2524 2951

26火 27103 [illegible] 2525 2952

27水 27104 2438543 2526 2953

자와하를랄·네루
二十七日下午二時(우리下午五時半) 도라가심。

1889.11.14木曜 2438543 1964.5.27水曜
己丑.10.22甲午 2411321 甲辰.4.16丙子

27223 블 願致我更生
3889 블 相知百四痛
922 들 長篇一一九
74 히 6 달 12 날 從且夜夜明

28木 27105 2438544 2527 2954

二十八日下午五時(現地時間) 불붙이됨

29金 27106 2438545 2528 2955

30土 27107 2438546 2529 2956

1964
祭基洞 집에 다녀오다가 金琮煥商店에서 나
야기를 한참 하고 옴.

5.31 日 27108 2438547 2530 2957

도라간 再從致學氏의 宅에 兄嫂氏(七十八)
찾아 오셔서 오래간 만 뵈다. <1887.2.7 丁亥.1.15>

6.1 月 27109 2438548 2531 2958

2 火 27110 비 2438549 2532 2959

印度首相「랄·바하두르·샤스트리」

3 水 27111 흐림 2438550 2533 2960

戒

无中有言
只今云我無內點　物色顔料相煩惱
將去叫爾遠外圓　容物赤顔自閑安

4 木 27112 맑 2438551 2534 2961

文命尚未盡數
四大五相離　天寒白脛貧　競平等欲別
露頂裏足雄　輝美赤脚窮　爭自由不中

5 金 27113 2438552 2535 2962

6 土 27114 2438553 2536 2963

7 日 27115 2438554 2537 2964

8 月 27116 2438555 2538 2965

「네루」 몸 살른 재 띄우러 가는 汽車를 범뻬던
이들 가온뒤 다친이가 있다 흠.
버릴 몬 불에. 버릴 재 물로. 가는길에 넘치니?
몬 씨알 「바라밀다」 내겠다다 간 —님— 넘넘도!
치우다 치이단 말가? 맑숙 넘넘 못보고.
{「간디스」江에 재를 뿌릴제 [illegible] 한사람은 「간디스」로 뛰어 드러 죽었답.}

9 火 27117 2438556 2539 2966

10 水 27118 흐림 2438557 2540 2967

11 木 27119 2438558 2541 2968

참 말 : 뭐?
조흐 바치, 싫흐 싸기, 시스 덕네: 싱긋! 방긋!
일리니: 깔! 업시: 뵈: 일! 이둘: 흩기? 어룬: 칠합?
딱: 꺾준 — 씨싹. 터: 걷둔 — 말씀인가!?

堂侄 文相 보고 「오늘 몸이 기쁘다.」 ᄒᆞ고 왔다.

12 金 27120 2438559 2542 2969

思 餘 燼 忠

心性生命存在中　聲色好惡致幹事
天地位育易亦行　耳目骨董止聰明

1964

6.13 土 27121 2438560 2543 2970

14 日 27122 흐릿 비방울 2438561 2544 2971

15 月 27123 2438562 2545 2972

16 火 27124 흐리다、갬 2438563 2546 2973

17 水 27125 2438564 2547 2974

23時 누어 깨나니: 밝을 세시천 뒤라 낯씻고 나서 세검정 나가도 뻐쓰가 아니 떠서 얼마 기둘러서 타고: 鍾路五街 가서 合乘을 가려 타고 崇仁洞에 나려.
江陵行 ₩180.00 6.10發? 楊平 15分쯤인가 朝飯한다고、橫城 40分쯤인가 午站한다고 雲橋 나리니 14時 나 넘은지: 불다리를 외이고 손에 들며 桂村場을 밟아 山뒤로 드러서 兄弟峪으로 오는 건널목을 묻다가 兪師初面에 짐을 대신 가져다 줌을 받다. 다 잘 지내는 것을 보니: 感謝!
뒤보고. 낯씻고、젖마시고、밥좀 뜨고. 누어서 푹자고 괴소리에 깨니 새로 2時쯤 지내인듯 한담、다시 잠에서 깨니: 아조 밝은 아침을 얻다. 또또 고맙!

18 木 27126 구름 드뭇 맑 2438565 2548 2975

大美에서 새날 또 다시 삶; 고맙습니다.

19 金 27127 엷 흐릿 비 2438566 2549 2976

하루 낮을 지내고、또 밤을 잘 쉬고 깨: 아조 밝은 때였다

20 土 27128　　2438567　　2550　　2977
흐렸다 개임

本平南德川人인 徐福錫氏來訪談話。

14時: 李贊甲 집 생각ᄒᆞ면서
基明 떡마지 이날로 비롯는 자리가 열렸겠읍니다
가장 높으신 뜻으로 열리는 길이어지이다。

21 日 27129　　2438568　夏至 17·57　　2551　　2978

시 내 소 리
시내도 설나일런가? 듥날에 물씨 먹어 넘,
듥굳은 뜻에 물푸일 몸이 괴닭여: 속삭임。
가람을 이루는동안 덜도 않혀 쉬헤 숨!

22 月 27130　　2438569　　2552　　2979

山에 안쉬 들리는데 大美를 떠나 맑은 날에 서울 드러오다。

23 火 27131　　2438570　　2553　　2980
맑

24 水 27132　　2438571　　2554　　2981

25 木 27133　　2438572　　2555　　2982

26 金 27134　　2438573　　2556　　2983

27 土 27135　　2438574　　2557　　2984

1964

6·28 日 27136 2438575 2558 2985
맑 궂음 비뿌림

29 月 27137 2438576 2559 2986
맑

30 火 27138 2438577 2560 2987
맑 어둔뒤비

7·1 水 27139 2438578 2561 2988
(간밤 오다 가락)비.

2 木 27140 2438579 2562 2989
비

3 金 27141 2438580 2563 2990
안개비 16시 개임

4 土 27142 2438581 2564 2991
흐림

1882·3·19 日曜 壬午 2·1 丁巳 <2408524 ~ 2438579> 1964·7·2 木曜 甲辰 5·23 壬子

30055 날
4293 돌
1018 돌
82 히 3 돌 10 날

李允臣
敎錫
사 복

5 日 27143 2438582 2565 2992
비 뿌리다 오다. 오다

同气一 {五月三日吟}

6 月 27144 2438583 2566 2993
흐림

7 火 27145 2438584 2567 2994
흐림 밤드러 비

四。五。二七。斗 내르
○谷七。二。磬三日

天地兩間同气一
日月分明合朔晦
閑餘成歲十九七
知足平生九旬幾
消遣三万有三日
旣望一千十六月
八十二年五十日
九一七朔連九九

仍明短夜四十日
反印二七二·二三

8 水 27146 2438585 2568 2995
안개속비

ᄉᆞ 날마다 : ᄒᆞ루사리

여든두히. 쉰ᄂᆞ날, 맞九九사구파루.
달로처: 千열여섯, 三万날: 치고. 三卅.

9 木 27147 2438586 2569 2996

ᄉᆞ 흘 잘 치 기

여든두히 쉬인날. 맞九九사구파루, 달로처千열여섯, 사흘잘치고: 사흘

10 金 27148 2438587 2570 2997
흐리다. 구름. 저녁 개임

첫재 壽를 빌ᄃᆞᆸ 니다 !?

萬에 ᄒᆞᆫ 사흘 치ᄅᆞ! 千에 ᄒᆞᆫ ᄒᆞᆫ돌 칠위!

三百 곱즘 百날 보기! 흘온 거듭 十朔 치길!

ᄒᆞᆫ히 ᄒᆞᆫ살 고작 여든! 거짓 펍원 萬歲 사읍!

11 土 27149 2438588 2571 2998

· 믈그름 말그름
여든두히 ᄒᆞᆫ돌 스므날 : 사흘 -잘- 쉬인 엿새!
여듧히 두돌 스므날 : 사흘 -즈믄- 꼭 덤 받슴!
가는골 안경뜰 닿아 서른히나 쓴물맑.

1964

5.3日 多夕:27080 石泉:25919

ᄒᆞ루·보름·ᄒᆞᆫ며 ᄃᆞᆯ: 힌지 — 917 되고
뎜: 받은 —— ᄂᆞᆯ —— 2929 된ᄂᆞᆯ

同气一 느낌

4.27日 金斗連氏 가시	5.27日 자·와·하·올·랄·네루氏 가시	7.2日 李氏 母堂 가시
21001 ᄂᆞᆯ	27223 ᄂᆞᆯ	30056 ᄂᆞᆯ
3000 ᄃᆞᆯ	3889 ᄃᆞᆯ	4293 ᄃᆞᆯ
711 ᄃᆞᆯ	922 ᄃᆞᆯ	1018 ᄃᆞᆯ
58 ᄒᆡ	74 ᄒᆡ	82 ᄒᆡ
	6 ᄃᆞᆯ 12 ᄂᆞᆯ	100 ᄂᆞᆯ

이든둘ᄒᆞᆫ늙스믈:
이덞히。으。둘스믈.

仍明短夜四十日.
灰印二七二二三、

細谷七。二終三日.
四。五。二七斗。네루.

天地兩間同气一
日月分明合朔晦

聞餘成歲十九七
知足平生九旬幾

消遣三万有三日
既望一千十六月

八十二年五十日
九一七朔連九九
九六翁先九百廿

사흘 — 찰 — 치기

이든두히 쉬인ᄂᆞᆯ、맞九九사구파루、ᄃᆞᆯ로처구열여섯、
사흘찰 치고 사흘!

7.12 日 27150 2438589 2572 2999

간밤 깊어 숫한 비 쏟더니 앞내물 맑금 씻기어 흐르며 하늘은 안개로 걷히며: 날이 맑금 듦.
金언이 쇠덧창살을 돌고 오서 붙혀주고 나아가려시다가.
오래왔서 빠지고 굽고 틀려서 안맞던 쇠살문을 바로 맨지어
바로 꼭 여닫게 곤치어 늚을 받으니, 몸에도 안개가 걷히는 듯!

13 月 27151 흐림 저물며 우뢰비 듦 2438590 2573 3000

오늘로 다시 三千날 재: 덤받아 쉬는 목숨이옵고!

14 火 27152 오락가락 비가 4시께 부터 많 2438591 2574 3001

·덤 받 이

덤받이로 이룬 집안: 어디 언제 뉘네는가?
어제가: 바로, 또! 三千날: 덤—사흘—또 즈믄 칠!
그럼: 나는 덤있다, 오늘! 덤받이-더 거름걸!

在自由界而維持平和策 (후버)
防莫北之侵, 排막스学說。確立農工業、保障其利潤
報酬労働者, 尊重人間値。政府非主人, 活動從僕己。

15 水 27153 2438592 2575 3002

첫 밤 샐 녘: 거믄 비바람, 담날 새벽: 말숙 별·별·별

1964 ᄉᆞᆱ이니 ᄁᆞ: ᄒᆞᆫ마듸, 나는!

놔! 봐, 멕여! 봐, 먹어! 봐: 모르겟다, 모르겟서.
새벽마다 우는 닭이오, 있닥 마다 짖는 개.
도모지 모르겟다: 다! 모르겟새: ᄒᆞᆫ마듸!

나 안 지
나는: 않자! 나 앉어! 밤: ᄒᆞᆫ데: 난: 않자! 나 안저
직힐라나? 볼라나? 아니! 아니지! 나만 나 봄!!!
이저것: 모다 모도가 ᄒᆞ 내런가! ᄒᆞ노라.

7·16 木 27154 2438593 2576 3003

홀로 만남: 나만
느직히; 저녁이나 뜨고, ᄒᆞᆫ밤은: 나 앉어 봐!
술·놂, 새·듦: 눈·붙침: 밤눈 떠! 삶, 낮: 낮으히
낮든일 다: 꿈꿍이속, 바란: 밤·봐, 나 만 남!

17 金 27155 2438594 2577 3004
간밤중 지나매 가는 비

18 土 27156 2438595 2578 3005
어제ㅏ는 비 밤든뒤. 흐림.
16시뒤 소내기

ᄎᆞᆷ말로 ᄉᆞᆷ 아아멘

입웅 위 ᄉᆞᆷ마루에: 큰, ᄒᆞᆫ웅 위 ᄒᆞᆫ마루에: 얼

얼·몬인 씨알 나라! 나라 일른: ᄎᆞᆷ·새, 사리 올

사리올·뜻: 이룬. 말슴. ᄎᆞᆷ말로 ᄉᆞᆸ: 아아멘

7.19 日 맑 27157 2438596 2579 3006

엇저녁은 눈붙치었다 뜨니 9시半인데 고동안 또 소내기로 쏟듯ᄒᆞᆫ 비가 왔다. 며, 냇물소리도 뜻을 보이듯 더크다. 구름이 터지면서 初旬月인듯ᄒᆞᆫ이 西北土峯쪽으로 기움. 달을 내다보고야 쉰다신 滄桂ᄒᆞᆫ 가신지도 267날이며, 밝는날은: ᄒᆞᆫ나신 날자 같은데 ᄒᆞ면서 달이 土峯을 넘어 잠김을 보고 보고 생각ᄒᆞ니 때는 子正이나 될기.

아침에 李永洙君 말: 열대라도 좀 받어 팔아본다 므로

6A. 7. 19. 돈 ₩2000⁰⁰ 내줌

8. 6. ———— 일: 27日 28日 29日 흰칠: 31日 1/8日 2日 / 삯金 1200⁰⁰ 支拂,

9. 19/7 돌려준 돈 回受。

---

20 月 27158 2438597 2580 3007

21 火 27159 2438598 2581 3008

22 水 27160 2438599 2582 3009

23 木 비 27161 2438600 2583 3010

참말로습 아멘 참말로습 아멘

고요ᄒᆞᆫ 말일
두말 없도록 다 말씀, 또븜 없도록 마친 일.
새말 찾도록 드른 말, 답일 맡도록 익힌 일.
그러나 ᄒᆞᆫ마듸 참이ᄃᆞ 일낼 되말 다듬없!

7. 24 金 27162 2438601 2584 3011
맑

25 土 27163 2438602 2585 3012
간밤 달붉. 발묽.

님과 함께 돌 : 우럴가
돌면 : ―우러르는― 멀곤 뭍 뒤돈, 우러는 : 우럶
뒤ㄴ, 뒤 벌곤·퍽 궂으다. 눈의 부어 바로 못ㅅ
설 섮·계수 쉬허 가까완, 우럶 모잛 열잘고ㅇ

26 日 27164 2438603 2586 3013
맑

27 月 27165 2438604 2587 3014
구름 있다 묽

瓦匠 朴斗星氏 請ᄒᆞ야 집웅 蓋瓦를 보다.

28 火 27166 2438605 2588 3015
맑 소내기

집웅 보기 마치다.
工賃金 圓1600^{00} 支出
塗料代 圓700^{00} 〃
二日延用 圓100^{00} 〃

29 水 27167 2438606 2589 3016
흐릿 소내기

30 木 27168 2438607 2590 3017
비

31 金 27160 호릿 2438608 2591 3018

李相雄 엇저녁 왔다 오늘 가다.

8.1 土 27170 2438609 2592 3019

님들과 한계、둘 : 우럴가

둘엔 : 一우리로는一 멀고 멂디도, 우리는 : 우럶。
더 멀고·픽 갖으나, 흰 : 눈이 붓여·바로 못봄!
얼김·계 : 멀긴! 멀리? 만, 우리 우럶·계붙름。

⊙살님·계 : 쉬히! 가까? 완, 우럼 모잠·뉘웃힘。

2 日 27171 흠 2438610 2593 3020

3 月 27172 2438611 2594 3021

4 火 27173 이흐릿 2438612 2595 3022

5 水 27174 구름 2438613 2596 3023

6 木 27175 비뿌림 2438614 2597 3024

7 金 27176 흐림. 비 2438615 2598 3025

8 土 27177 2438616 2599 3026

1964 8.9 日 27178 뿌리는 비 2438617 2600 3027

우리는 님들과 한 계 돌. 우릴가·

돌엔: 우리로는, 멀고 먼되도, 우리는 우럽!
더멀고·퍽 갖으나, 헌: 눈이 붓어, 바로 못봄!
살·님께: 쉬히 가까? 왼, 우럽 모싦—뉘웃힘!

더멀고·퍽 갖으나, 헌: 눈이 붓어, 바로 못봄!
돌엔: 우리로는, 멀고 먼되도, 우리는 우럽!
얼·김계: 멀긴! 멀리? 만, 우리우럽—계: 붊!

10 月 27179 흐림 비 뿌리 2438618 2601 3028

11 火 27180 2438619 2602 3029

12 水 27181 2438620 2603 3030

13 木 27182 2438621 2604 3031

지난새벽녘에 한웅의 밸들! 묽숙이도 보이었다.

瞻星有感

太陽口號暗日辰 穹窿宣布億兆文
諒闇宿命晦除夕 虛靈危微恐化石

밝을녘에 東天 좀 높이 牡牛座의 좀생이 옳은 쪽으로
木星이 뚜렷이 밝고, 그 아래로 오리온座가 가
로 누어 오르는데; 三台星이 가운데로 내리 찍히
고 그 왼켠으로 α가 그 오른켠으로 β가 있고
그런데 그 왼켠 α의 왼켠으로 啓明星이 이글이
글하게; 金·α·三台·β·가 一列로 間隔도 서로
걸마길드시 보이며 날이 샌다.

14 金 27183 2438622 2605 3032

好色

穹窿森羅好神色 淸宵瞻仰驚異切 萬千星霜
留意目 時空往來遠近節 億兆生死窮理情
參與愛憎何日決 七十二候廿四風 气軆消息果安結

栽銀杏苗木

爾古此地千載基 我當今方一自適

15 土 27184 흐림 2438623 2606 3033

16 日 27185 2438624 2607 3034

17 月 27186 맑 2438625 2608 3035

林憲伯(天原郡豊歲面斗南里斗芝) 찾아왔음.

18 火 27187 맑 2438626 2609 3036

1964
平倉洞 萬河莊 호텔 위 溪谷에 愛院 金豐瑞氏 찾아
그 父親 聖武氏 住所: 城北區 수유동 二七0의 一一八
(國民住宅 九九号)랑 알다.

8.19 水 맑 27188 2438627 2610 3037

水踰洞 二七0의 一一八 (住宅 九九号) 尋訪. 仁壽峯頭 中心 로 黑雲
下에 驟雨 보며 빠르게 入闈 하니 文殊·普賢 側으로는 아주 조금 뿌리고,
까지 그러하더니, 밤 드러서는 雷雨가 많았다.

20 木 맑 27189 2438628 2611 3038

21 金 맑 27190 2438629 2612 3039

22 土 맑 27191 2438630 2613 3040

23 日 맑 흐림 27192 2438631 2614 3041

心箴 范浚 宋蘭谿人字茂明。昭興間擧賢良方正。以秦檜當國不起。閉門講學。篤志求道。學者稱香溪先生

茫茫堪輿 參爲三才 惟口耳目 其與存者
俯仰無垠 惟曰心耳 手足動靜 嗚呼幾希

人於其間 往古來今 投間抵隙 君子存誠
眇然有身 孰無此心 爲厥心病 克念克敬

是身之微 心爲形役 一心之微 天君泰然
太倉稊米 乃獸乃禽 衆欲攻之 百體從令

24 月 흐림 비뿌림 27193 2438632 2615 3042

唯天下 至聖 : 爲能 聰明睿知 足以有臨也
寬裕溫柔 〃 〃 有容 〃
發強剛毅 〃 〃 有執 〃
齋莊中正 〃 〃 有敬 〃
文理密察 〃 〃 有別 〃 。

君 子 :
尊德性而道問學
致廣大 ; 盡精微
極高明 ; 道中庸 溫故而知新敦厚以崇禮。

凡事如是難可逆見. 臣 : 鞠躬盡瘁 死而後已,
至於成敗利鈍. 非臣之明所能逆覩也。

---

25 火	27194	2438633	2616	3043
26 水	27195 맑	2438634	2617	3044

氤氳興
夜深人定中正敬　　日淺生疎忠親誠
一壹二貳三叁聖　　初肉再誼坐元命

27 木	27196 맑	2438635	2618	3045
28 金	27197 맑	2438636	2619	3046

梧柳洞 宋斗用 인과 裵牧師 : 追慕談。

夏曆六月十九日로 回甲云矣

1904 · 7 · 31 . 日曜 } 2416693 ~ 5253
甲辰 · 6 · 19 . 丙寅 } 이네ᄒᆞᄅᆞᄅᆞ옵세 오너오세

1964
8.29 土 27198 2438637 2620 3047

廣州郡東部面豊山里。『가나안복음농도원』있는
荒山 묻헌 裵善杓氏墓所 보고옴。

30 日 27199 2438638 2621 3048

『ᄒᆞᆫ 바다 얼구 파른』 보입。

聲 邑
見啓明星白 聽鷄鳴聲播
聞播悔彼得 觀白悟釋迦

裵 언께

豊山이면 億劫 : 보며 ?
荒山이래 사흘 : 베라 ?
얼 : 솟낳. 싱큼이실데 !
몬흔 붇치 뭇이옵 !?

이우 柳

31 月 27200 2438639 2622 3049
지난밤 곤비 저므도록

9. 1 火 27201 2438640 2623 3050
지난 밤 새 : 갇 내께도 부슬비

2 水 27202 2438641 2624 3051
밤새흐림. 비

勿 藥 可 愈
雜家掛藥局 何嘗煩惱苦 千代生心末 万古浚

3 木 27203 2438642 2625 3052
부슬비

4 金 27204 2438643 2626 3053
간밤 별 보이다. 흐리어 바람 들리며 비

ᄒᆞᆫ 므름 두틈박 운이

웬통 위로 올리어다, 쳐다보며: 『ᄒᆞ나』, 고나!
몸이 둘레 아래 놓고, 두발로 섭: 『둘』, 이라네!
두틈박 들어가 낀 0: [단/담/당]기거닌? 뭣일ᄒᆞ가.

비구니에 단 『몬』 넓직히, 틈박운인줄: 몰라.
몬으로 된 몸, 몸으로 든 집, 집으로 담긴 뉘.
ᄒᆞ늘 또 두틈박에서 당길되를: 못 찾아?

제계곤

보도 듣도 울도: 못ᄒᆞᆫ되로, 멘먼지 온건·,
긒으다· 싫으다· · ·, ·온 ·둘· ·,
ㄴ·ᄂᆞ 긜! 보름: ㄱ, 옴ᄇᆞ 으ᄇᆞ 제계곤.

가고, 가고, 다 가시니: 모자라서 가심인가?
아니! 아니! 그건: 아니! 자람 꽉 채 가신거지!
이누리 자람 채 자란: 누구나 다 제계곤.

5 土 27205 2438644 2627 3054
간밤브터: 흐리다. 개다.

6 日 27206 2438645 2628 3055
간밤 별 보임. 몱. 호릿

1964
9.7 月 27207 　　　　2629 　3056
간밤 별 많이 뵘. 2438646

事物

終古終日物 始今始作事 本意立命存 生心縱欲死

日夜 　修辭立其誠所以居業 修辭見於事業 无一言之不實

夜順忘却世 日應紀念生 日下投形容 地上撮影響
投撮何鼓舞 影響孚通情 不得盡其辭 必也使無訟

---

8 火 27208 　　　　2630 　3057
간밤 드러 흐리고 2438647
샐녘 비방울, 보실비로 저뭄

9 水 27209 　　　　2631
간밤; 인개 걸. 어둠길. 2438648 　3058

道

道正首底由己尊 　欲是欠谷唯危沒
万古本意立命存 　千代生心縱欲滅

所住

暫託地心重 永慕天性虛 上虛下重中 自己方今居

主體

主忠空中心 維信修辭誠 神而明存人 處忠信篤敬

木星

10 木 27210 2632

지난밤 맑아 별 아름답. 2438649 3059

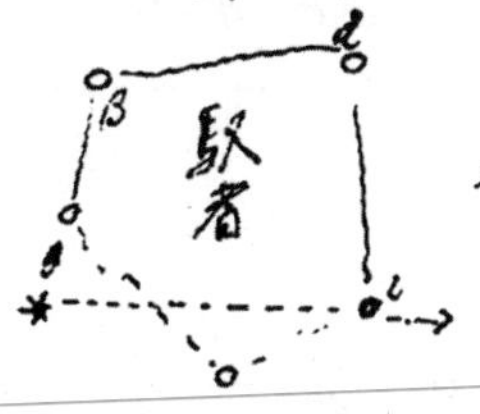

별중 지난듯 한 때. ☼ 있는 것을 보다가 움지기켜

짐 보고. 봉고. 보더니 l 아래로 보이다 가는 양 보임.

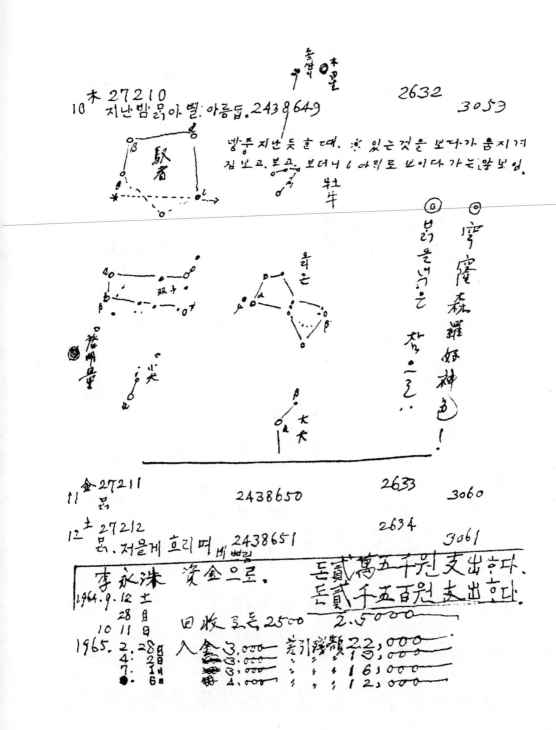

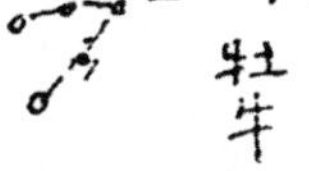

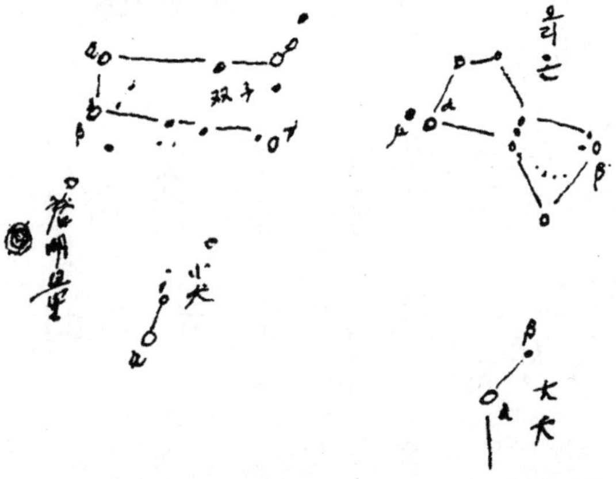

붉은 올니온은 참으로..

穹窿森羅好神色!

11 金 27211 2633

맑 2438650 3060

12 土 27212 2634

맑. 저물게 흐리며 비 뿌림 2438651 3061

李永洙 資金으로. 돈貳萬五千원 支出하다.

1964. 9. 12 土 돈貳千五百원 支出하다.

28 月 2.5000

10 11 日 回收 로돈 2500

1965. 2. 28日 入金 3.000 差引殘額 22,000

4. 2日 〃 3.000 〃 〃 19,000

7. 1日 〃 3.000 〃 〃 16,000

●. 6日 〃 4.000 〃 〃 12,000

1964

9.13 日 27213 2438652 2635 3062

간밤에 雷風雨.

14 月 27214 2438653 2636 3063

간밤 흐리 쁘림

晝宵 一 遊

日月 分明 坤 晝宵 所得 遊 止至至善

男女 別 好人 邑德 物邑來在明明德

밤낮 ᄒᆞᄂᆞ 가

ᄒᆡ·ᄃᆞᆯ이 너·나 ᄇᆞᆰ으니, ᄯᆡ에: 밤·낮 이오.

안ᄒᆞ·밖이 좋·싫 다·르기, ᄉᆞ롬: 깔·속 이로.

얻은뒤로: 가 지리니, 참-살/잘/찰-에: 글 지미.

몬·낄: 더듬 와 있기는,

ᄇᆞᆰ을 속을: ᄇᆞᆰ히.

간 十日에는 「聖書の日本」主筆 政池仁(まさいけ じん) 氏

란 분과 뜻밖에 뻐스 안에서 첫[끝도 컴 친지] 人事.

[느낌] 古蹟 = 彰義門。東十字閣.

新制 = 뻐스。握 手。

同 風 世 界 情

因 緣 宿 業 報

羅州居 尹業一 君:[軍務中] 休暇歸鄕途歷訪云々

15 火 27215
밤새흐린대로　2438654　2637　3064

16 水 27216
밤새흐린대로　2438655　2638　3065

17 木 27217
간밤은 ᄆᆞᆰ이. 별보고 봄　2438656　2639　3066

18 金 27218
간밤새흐리뽀리　2438657　2640　3067

19 土 27219
간밤도흐림　2438658　2641　3068

冬 · 貞

春夏秋節葉華實　地生草木遺種傳
喜勞歡作息夜長　冬養蓓蕾固貞藏

終 貞

顚面始接容身服　大人志學女恭烈
服膺守分兩儀正　繼天立極幹事貞

20 日 27220
간밤도흐림　2438659　2642　3069

秋夕날이라는데 오늘 저녁 달이나 ᄇᆞᆰ을지.

새벽 ᄒᆞᆫ두시어림에:

金興浩 생각에 들며, 집셋재 覺相생각에 듬.
예수 이름에서 찾으며: 거룩ᄒᆞ신 김
넉넉히 부어 주시옵소서　아멘

1964
9·21 月 27221 2438660 2643 3070

巷聞旂見、又經一奔忙罷。

松餅茶禮名時節 ○秋夕雲淡旣滿晨
製粉往來婦兒忙 東見啓明西別望

B·C. 4713.1.1日 以來日數:

前	一	年	歲	曆	申
元	二	年	歲	年	酉
紀	四	年	歲	甲	子
4	7	1	3	辰	子

A.D. 1287.12.31日 까지 計6000年동안 2191453.2日
〃 1887. 〃 〃 〃 6600 〃 〃 2410598.52日
〃 1964.12.31日 까지 計6677年동안 2438761.

戊子歲次·火曜日로 비롯 진 B·C·4713·1·1 브터
甲辰歲次·木曜日로 맞히 는 A·D· 1964·12·31 까지

二百四拾三萬八千七百六拾一日 6677周年間

돌네 세 봐 치 루ᄂᆞᆫ ᄒᆞ루,. 로자。

22 火 27222 2438661 2644 3071
간밤 ᄆᆞᆰ다

晤惜念今昔
仲秋昨日陰松餅 八一五節解放歡
旣望今夜揚明輝 九廿一念今昔貫

23 水 27223 2438662 2645 3072
지난밤도 ᄆᆞᆰ음

네루 떠나 간 지도; 119日이 더 도라가는 오늘
15-1

964, 9.24 木 27224 2646 3073
간밤 ᄆᆞᆰ 샐녁. 매배골 개짓음 2438663

나로 만 더 「ᄒᆞᄅᆞ」 사는 날이오리ㅎ가

詩篇 119 篇 一七六節 읽고.
히브리 א ב 22字대로 22段으로: 1段 8節로, 節마다 첫소리를 그段當番字로 8次出題ᄒᆞ는 技巧도 있어 8×22=176節.
'73—80節 말슴 읽고 다시 읽으며 76周에 逝去ᄒᆞᆫ 일 생각!

9.25 金 27225
간밤 ᄆᆞᆰ고 고요 2438664 2647 3074

東南川工築石. 나로 이틀재 살가

26 土 27226 2438665 2648 3075

간밤 9時頃 흐려 北極星 언저리도 못 보고, 깊은잠 자고 깨 닭소리 자우처, 나서 보니 北天 흐리고, 天頂좀 너머 금성 木星 月 東天으로 一二等星 보이며

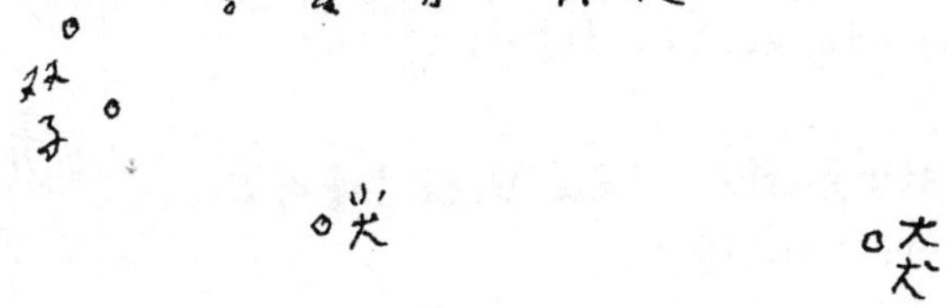

太白 샛별 높히 오르며 새날은 또 밝는다.

LA PSALMARO 119. 73—80

י JOD

73 Viaj manoj min kreis kaj fortikigis; Prudentigu min,
kaj mi lernu Viajn ordonojn.

74 Viaj timantoj min vidos kaj ĝojos, Ĉar mi fidis Vian vorton

75 Mi scias, ho Eternulo, ke Viaj juĝoj estas justaj,
Kaj ke Vi juste min suferigis.

76 Via boneco estu do mia konsolo,
Konforme al via vorto al Via sklavo.

77 Venu sur min Via favorkoreco, ke mi vivu;
Ĉar Via instruo estas mia plezuro.

78 Hontiĝu la fieruloj, ĉar maljuste ili min premis;
Mi meditos pri Viaj ordonoj.

79 Turniĝu al mi Viaj timantoj
Kaj la konantoj de Viaj leĝoj.

80 Mia koro estu ĝusta, laŭ Viaj leĝoj,
Por ke mi ne hontiĝu.

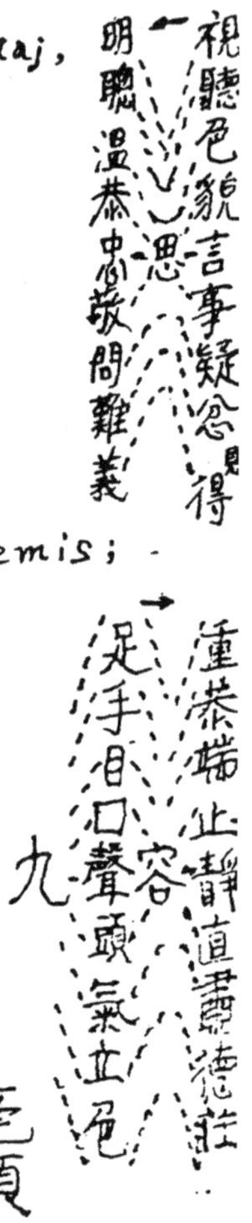

前何.面後無顏

月明星稀微
陽曝陰薄面

白晝相釐毫
黃昏同容顏

詩篇 一一九 73—80

요드. ᄀᆞ 마태五 17 18

73 너희의 손이 날 맨들고 이르켜 세우었음이여.
나·를 일깨우샤, 내가 너희의 가·르침에 배우어지라.
74 너희의 두렵우렵는이들 나·를 보겠고 깄블게니,
내가 너희의 말슴을 믿었으니 까니.
75 나·는 압니다, 호 ᄒᆞᆫ늘계신님여, 너희의 갈여 내임
반듯ᄒᆞ니이다. 또 너희 날로 힘들게도 ᄒᆞ길 반듯ᄒᆞ게ᄒᆞᆷ.
76 그럼 너희의 좋-ㅁ이 내 몸색임도 되긴요. 너희의
종 더러 ᄒᆞᆫ 너희의 말슴 ᅩ ᄃᆡ로.
77 너희의 불상히넉임 내위에 오라, 나· 살게스리;
너희의 가·르침은 ·내 질거움이니 까니.
78 부끄러라· 큰척ᄒᆞᆫ이들, 저들은 삐뚜러지게 나·를
밀쳐섰거니, ᄅᆞ.
나·는 너희의 가·르침속에 깊히들어 생각ᄒᆞ리라.
79 너희의 두렵우렵는이들 과· 너희의 올을 아는이들
이여 두리키라 내게로.
80 내 몸아· 반·듯ᄒᆞ라, 너희의 올을 딸어서,
날 안부끄럽게 ᄒᆞᆯ리·.

ᄀᆞ.

人士 立[illegible] 重恭端止靜直肅德莊人
行道 明聰溫恭忠敬問難義士

616

1964
9.27 日 27227 간밤 비 뿌림 2438666 2649 3076

誠意物色 不得而已

蓬頭突鬢垢手耻 天生物色意好惡
油毛粉類徒爪奢 本來面目思正邪

日本神戸市生田區海岸通 大阪商船ビル
大韓海運公社 神戸出張所

28 月 27228 2438667 2650 3077

9.29 火 27229 흐림 2438668 2651 3078

李永洙 平昌行 떠났음.

30 水 27230 흐림 2438669 2652 3079

내가 오늘 해를 보는것은 「네루」가 혼뉘에 봄 보다 훈일해 재 더 본 듯?

10.1 木 27231 흐림 2438670 2653 3080

2 金 27232 간밤브터 구름 오락가락 2438671 2654 3081

彌綸 綸 選擇 詞

時計空晝生命道 天地設位易行中
方針散策彌綸理 物心由己自气息

3 土 27233　　2438672　　2655　　3082
흐림

ᄒᆞᆫ ᄃᆡ 나·안자 않 못 자는 글에!

밥 나된—너— 남께 찾아? 밤—나—앉아 내길을!
ᄒᆞᆫ때 ᄒᆞᆫ군 되서는 그럴수도: 있겠다. 만은,
그만둬 직히도? 빌도? 밤잠잘자 볼일로。

다ㄴ 예、다ㅁ기어、다ㅇ게: 솟놀 길.

죽으러 가는 길에서: 잘 살겠다ㄴ게 뭣이며?
살길! 찾아 가는 길을· 죽으러 간다! 고·는가!
나그네 다ㄴ예、다 담긴、웋로 당게: 솟놀 궁!

4 日 27234　　2438673　　2656　　3083
흐림 밤새비

5 月 27235　　2438674　　2657　　3084
흐림

誠

壹原傳油兆民生　　呼吸往來擧措步
億鼻消息一元气　　彌綸天地道理機

自己由息言　　思誠人之天
生气消遣成　　成言竟至誠

夜長流气元消息
常養浩然人受命

敬

1964 10. 6 火 27236 간밤 흐림	2438675	2658	3085
7 水 27237 간밤 흐림 一等星 더러 뵈기도	2438676	2659	3086
8 木 27238 묽 李永洙 오다.	2438677	2660	3087
9 金 27239 묽	2438678	2661	3088
10 土 27240 묽	2438679	2662	3089
11 日 27241 묽	2438680	2663	3090
12 月 27242 간밤 별: 나다 들다 끄므르 李永洙 가다	2438681	2664	3091
13 火 27243 묽	2438682	2665	3092
14 水 27244 묽	2438683	2666	3093
15 木 27245 묽	2438684	2667	3094
16 金 27246 묽 저물게 흐림	2438685	2668	3095

覺相 의게서 仔細히 近節을 적어 붙쳐 온 書 보다.

日本國 神戶市 生田区 山手通 6丁目 91

神戶 掖濟会病院 77号室

17 土 27247 2438686 2669 3096
간밤 비뿌리며 흐림

18 日 27248 2438687 2670 3097
낮맑
맑 구름

19 月 27249 2438688 2671 3098
흐림

20 火 27250 2438689 2672 3099
비 ·

「올림픽」에서 ; 높뜀 : 5M10 = 16尺8寸3分
묵듦 : 572KG5
= 954斤16 = 152貫7

21 水 27251 2438690 2673 3100
간밤브터 안개 흐림

22 木 27252 2438691 2674 3101
밤낮흐림

追 悼

欲追未追在地身、 思悼己悼存天命.
八十有咨長沙行、 六十五明宿李空.
七十印度네루寂、 一五一今吾儕誦.
蘭芝精神少年市、 上谷白骨修碧舘.

『마라돈』
{40Km = 95里238}
I 아베베 (이디오피어) 2時間12分11秒2
II 히틀리 (英 國) 2 : 16 : 19 · 2
III 圓谷 (日 本) 2 : 16 : 22 : 8

XI 李尚勳 2時間22分2秒8. XXI 金連範 2時間24分30秒6. L 朱烟結 2時41分8秒2

1964 金 27253
10.23 간밤흐림 맑 2438692 2675 3102

21 土 27254
맑 2438693 2676 3103

1964.10.24 土曜 甲辰. 9.19 丙午	下午九時五十八分 熙遠 生	2438693日
1960. 9.15 木曜 庚子. 7.25 丙午	熙瑟 生	2437193日

25 日 27255
흐림 2438694 2677. 3104

下午4時 中央青年会에 滄桂 가신 분 追悼 보다.

26 月 27256
맑 2438695 2678 3105

李永洙 오다.

27 火 27257
맑 2438696 2679 3106

感謝. 釜山市东光洞五가九번地.
釜山船舶名務社内 에서 내보신
覺相의 글시 보고.
神戶서 20日 退院, 25日 歸國 云耳

28 水 27258
맑 2438697 2680 3107

29 木 27259
맑 2438698 2681 3108

30 金 27260
맑 2438699 2682 3109

3-1 土 27261
흐림 2438700 2683 3110

11·1 日 27262 간밤비 몸 2438701 2684 3111

2 月 27263 몸 2438702 2685 3112

3 火 27264 몸 흐릿 2438703 | 26540日 2686 3113

4 水 27265 흐림 비방울 2438704 2687 3114

柳熙遠 出生申告提出。

父 自相 1919年 10月 26日生

母 允用 1937年 9月 28日 火曜 〔籍〕 1939年3月14日로됐음 生
丁丑 8 24 戊子

〔江原道 平昌郡 芳林面 桂村弍里四六壱番地〕

昏 1959年4月1日 水曜

5 木 27266 안개비 몸 2438705 2688 3115

6 金 27267 2438706 2689 3116

7 土 27268 2438707 2690 3117

· 三正, 未統; 晦·光, 克得。

一一點點星燭目, 晨作夕寐人間念,
輝輝煌煌風景灰。 的亡闇章萬古晦。
具 眼 之 人 宜 當 觀 止 不 可 灰 盲

受命詞

永言配命, 自求多福。道在明明, 知止定得。
天命心性, 立命平生, 順命服膺, 使命鞠躬,
顚命有終, 歸命吾寧。

下午 1 時 Y.M.C.A 에서 현영덕 김종원　III 時 市民會館 에서 盧宜鎭 鄭求鳳

1964「1964.11.7. 아침에 熙澤에게 ₩5,000─ 돌렸다. 熙澤 이야기 듣다」

11.8 日 27269　2438708　2691　3118
곰 陰 10.5日 21時 林炳雲 逝計
林壽龍. 壽完. 順完

9 月 27270　2438709　2692　3119
흐림 곰

二帝三王之治 本於道　二帝三王之道 本於心　得其心
則道與治 固可得而言矣 何者 精一執中 堯舜禹相授
之心法也 建中建極 商湯周武相傳之心法也 曰德曰仁
曰敬曰誠 言雖殊而理則一 無非所以明此心之妙也
至於言天則嚴其心之所自出 言民則謹其心之所由施
禮樂敎化 心之發也 典章文物 心之著也 家齊國治而
天下平 心之推也 心之德其盛矣乎

二帝三王 存此心者也 夏桀商受 亡此心者也 太甲成王
困而存此心者也 存則治 亡則亂 治亂之分 顧其心之存
不存如何耳
後世人主 有志於二帝三王之治 不可不求其道 有志於二帝
三王之道 不可不求其心 求心之要 舍是書何以哉

-嘉定(宋寧宗 1209)己巳三月旣望 武夷蔡沈 序
仲默
九峰　(書集傳序 鈔)

10 火 27271　2438710　2693　3120

林炳雲氏 葬日。
嗣子 壽煥 壽龍 壽完 順完

孫 昌浩

俗離山 아래 報恩고을 가까히 鍾谷에 隱遁하던 大谷 成運의 『地下忘恩怨 人間說是非』 句! 읽고。

11 水 27272 볕도 뵈더니 날새여 2438711 2694 3121
흐려 뻐려

第一次大戰媾和：四十六周
二 ：一十九周 平和祈禱滄桂思慕。
六弍五 事變 ：一十四周

三旬 苗民逆命
益。贊于禹：曰「惟德動天 無遠不屆 滿招損
謙受益 是乃天道。
帝初于歷山 往于田：日號泣于旻天 于父母
負罪引慝 祗載見瞽瞍 夔夔齋慄 瞽亦允若
至誠感神 矧茲有苗。
禹拜昌言 曰：俞。……… 七旬：有苗格。

念玄在茲

地下忘恩怨 人間說是非
號泣于旻天 念茲存慈悲

2 木 27273 구름 바람 왔다 갔다 2438712 2695 3122

13 金 27274 묽 2438713 2696 3123

14 土 27275 흐릿 2438714 2697 3124

1964

乾道變化에 各正性命하니 保合大和하야 乃利貞하니

○ 變者·化之漸, 化者·變之成。物所受·爲性, 天所賦·爲命。大和·陰陽會合冲和之气也。各正者·得於有生之初, 保合者·全於已生之後。此言; 乾道變化·無所不利而萬物·各得其性命以自全·以釋利貞之義也

비는 말씀

성큼 펼친 길에 : 달리 달리 되거니.
저마닥 바로 바탈을 타고, 바로 시킴을 받었으니.
지닌 맺임으로 골으르 골으우므로;
그예히 곧곧히 옳으르도록.

이루어지이다.

元 春 亨 夏 利 秋 貞 冬

왼득 봄 여름 열어 실린 대로 들에 갱임

11.15 日 27276 흐림 2438715 2698 3125

目的

擧頭兩目中 —— 滿天萬星目
目目相貫革 聖意焉攄得

16 月 27277 2438716 2699 3126
ᄆᆞᆰ

17 火 27278 2438717 2700 3127
ᄆᆞᆰ

18 水 27279 2438718 2701 3128
흐렷

19 木 27280 2438719 2702 3129
ᄆᆞᆰ

20 金 27281 2438720 2703 3130
구름

21 土 27282 2438721 2704 3131
ᄆᆞᆰ

그적게 華城郡 正南面 諸岐里 金順學
文學農園에 갔다가
어적게 도라오다

朝登積阻遲 → ←夕觀兩舌紛
昨歸宿熟眠 — 今開夜拂塵

22 日 27283 2438722 2705 3132
ᄆᆞᆰ다가 낮흐림

23 月 27284 2438723 2706 3133
ᄆᆞᆰ—구름 있으나—
어제 낮뒤 작은집으로 가서, 쉬고, 떠나겠다. 며 간
熙遠네: 오늘 길을 떠났을것도 같다.

24 火 27285 2438724 2707 3134

25 水 27286 2438725 2708 3135

26 木 27287 2438726 2709 3136

漢陽奠都 570周 (1394·11·26日 甲戌·10·25日)

現人口 3百50萬
就業 25% 의7%：3次產業

1964

「恥」六書總要曰：從耳心會意。取聞過自愧之義 凡人心慙則耳熱面赤是其驗也。

11·27 金 27288 2438727 2710 3137

孟子曰：人不可以無恥，無恥之恥：無恥矣。
：恥之於人大矣。
：爲機變之巧者無所用恥焉。
：不恥不若人何若人有。
但無恥一事不如人則事事不如人矣。
或曰：不恥其不如人則何能有如人之事，其義亦通。

『부끄럼』

〔孟子라도 맞난드시〕

나·남·없이 몬지로 된 몸뎅이를 쓰고 댕기는 바에：
「인제 나는 『부끄럴게 없다.』는 생각를 ᄒᆡ, 말ᄒᆞᆯ수는 없겠다.」
人不可以無恥
「부끄럴것이 없다. ᄒᆞ기를 부끄러워 ᄒᆡ야만 부끄럼이 아조 없게 된데로 《몬지로 된 몸뎅이를 몬돌 坤 엄마 毋 게로 돌려 갚고 저自己는 ᄒᆞᆫ울로 솟나 뵌데로》 갈것이다.」 無恥之恥 無恥
부끄럼이란：ᄉᆞ람사이에 큰것이구나! 恥之於人大矣
요랬다, 조랬다, 잘ᄒᆞ는 놈아. 부끄럼이란：쓸데 없겠지만
爲機變之巧者無所用恥焉
부끄럽지 않기가 남만 못ᄒᆞ면, 무엇이 남만 ᄒᆞᆯ게 있을가?
남만 못ᄒᆞᆫ것을 부끄러 아니ᄒᆞ고야, 무엇이 남만 ᄒᆞᆯ게 있을까?
不恥不若人 何若人有

벍어 벗고 나슨 ᄉᆞ람! 이 돼가지고；
「나는 『밤 부끄럴게 없다.』ᄒᆞᆫ다.」ᄒᆞᆫ다면? —— 그말처럼：
참 부끄럴것은 없을것이니 ——

님들이
저ㄹ더러:
「압브다. 입브다.」 ᄒᆞᆫ다! ᄒᆞᆫ다는 바람에
볽어 벗을데로 어디나 나스겠다는 ᄉᆞᄅᆞᆷ!
그 얼골에는 낯을 붉힐수 있는 피가 있는둥! 말둥!
됐다.
믄!?

뒤처거려 본 — ᄉᆞᄅᆞᆷ새 — ㄹ
이쯤 돼 보니! 예ㄴ! 어디ㄹ가?
∴ ᄉᆞᄅᆞᆷ살: 새인 「모」 다 깩인 붓글얾,!!
번들 번들. 人間世ニ破廉恥.

28 土 27289 흐림	2438728	2711	3138
29 日 27290 흐림	2438729	2712	3139
30 月 27291 ᄆᆞᆰ음	2438730	2713	3140

붓글 얾이: 없기: ᄒᆞᆫ가지가 남과 같지 않으면,
가지 가지가: 남과 같지 안ᄒᆞ리.

無恥一事不如人則事事不如人矣

그 남만 못ᄒᆞᆫ것을 붓글어워 안는다면,
무엇이 남만ᄒᆞᆫ게 있을가?

不恥其不如人則何能有如人之事

南軒張氏曰 恥者羞惡之心所推也. 恥吾之未能進於善則善可遷, 恥吾之未能遠於過則過可消. 苟惟漠然無所恥則爲無所忌憚而已矣 故人當以無所恥爲恥也

慶源輔氏曰 恥者改過遷善之機也. 人能以己之無恥爲恥則思去其恥而恥可無. 否則安於無恥而恥終不可免.

12. 1 火 27292 昆 26131 2438731 2714 3141

우리도 거듭누리를 보입니다
두솗은 나믄 히를 곱 길러서 보입다니요?
발리 맺혀 넘어간 뒤: 그테두리로 — 그대로 —
먼저짼 발려맺힘이 그런대로 보옴즉

○

盡其心者 知其性也 知其性則知天矣

心者人之神明 — 愚言: 神者天之心情 —

存其心養其性所以事天也

存謂操而不舍 養謂順而不害 事則奉承而不違 [illegible]

殀壽不貳修身以俟之所以立命也

不貳者知天之至 修身以俟死則事天以終身也

立命謂全其天之所付 不以人爲害之

(程子) 自理而言: 謂之天。 自稟受而言: 謂之性。 自存諸人而言: 謂之心。

(張子) 由太虛: 有天之名。 由氣化: 有道之名。 合虛與氣: 有性之名 合性與知覺: 有心之名

莫非命也順受其正

人物之生吉凶禍福皆天所命然惟莫之致而至者乃為正命

是故知命者不立乎巖墻之下

盡其道而死者正命也　桎梏死者非正命也

求則得之舍則失之是求有益於得也求在我者也

在我者謂仁義禮智凡性之所有者

求之有道得之有命是求無益於得也求在外者也

仁義禮智根於性乃所當求，富貴利達制於命不可必求.

萬物皆備於我矣

反身而誠樂莫大焉

強恕而行求仁莫近焉

此章言萬物之理具於吾身體之而實則道在我而樂有餘，

行之以恕則私不容而仁可得.

2水 27293 昊 -10℃　2438732　2715　3142

모습

님의 곱게 뵈든 ; 모습! 내가 곱다 : 보든 모습!

모습으론, 옛때까지, 곱던 모습, 뜯어 뵈오!

모습도 진물 뵐는지? 몸은 뉘도 뉘볼가?

知覺太虛一點心我(~~虛靈知覺一貞心~~)。

煇煇煌煌風景方

天道性心

之大養貞

謂虔存一

虛化道覺

太气天知

覺虛光靈

知中觀虛

一一點點星燭宮

1961

12.3 木 27294 몸 2438733 2716 3143

永秀의 어머니 생신에 갔다 오다. | 28104 4015 937 78

1887.12.24 日曜 丁亥 10.30 癸丑 } 2410630 差 8108

4 金 27295 몸 2438734 2717 3144

~~双子徘徊柿蕾天 獨我馳騁柳生地~~
~~[illegible]來介介瞬 | 瞬息草露自怪歎~~
~~[illegible]近[illegible]接寂寂息 | 遠近天眞[illegible]樂識~~

5 土 27296 몸 호흡 2438735 2718 3145

瞻星臺點心鐘

雙子徘徊柿蕾天　千萬意外意中人
獨我馳騁柳生地　億兆口實口要會

遠來朋辰介介瞬　瞬息草露心憂恨
近接隣宿秋秋息　遠近天眞神明識

6 日 27297 간밤: 뿌리다, 불닿 2438736 2719 3146

몸 맘 말
모습 모습 그 모습도 이젠 모습 조차 그만?
그만 없을 모습이련! 벌서 사윈! 옮아! 참월!!
두어라 그만둘 둘때. — 비롯브터 덧붙친 —

復性歸命

吞吐妄生夢 何日剋念覺 離乳別
居老 志于成人學。

亡命失性衆 可以復歸崇 圓腦回
天直 方趾踏地重。

7月27日 27298 2438737 2720 3147

몰 몸 (말마음)

두설흔나믄 히를 곱 질러서 보입다니요?
빌러마쳐 너머간 뒤; 그대두리로 그대로,
먼저 쩬 빌러마침이 그런대로: 보옴즉!
님의 곱게 뵈든 모습! 내가 곱다 보던 모습!
모습으론 여태까지 곱던 모습 뜯어 뵈오!
모습도 진물 낼른지! 몹슬 뉘도 뉘볼가:

모습 모습 그모습도; 이젠 모습조차 고만!
그만 없을 모습이건! 벌서 사뭄 곪아! 참 될?
두어라 그만들; 좋다! —비롯브터 덧붙친—

可憐獨月

吞吐一望後 晦光養德章
回向悔念邇 初三新計朔

1964
12.8 火 27299 2438738 (◎1941·23周年 日,眞珠湾襲擊) 2721 3148
맑

| 吾受受먹기 | 理致든九九 | 이네쌉판을 |
| 多謝多謝億 | 壽恩이랄가 | 이루어셈뵈 |

| 이치두하나 | 三一네 뵌:덤! | 八八六十四 |
| 한데천했날 | 세두네 뵌:덤! | 陽厂臘八日 |

9 水 27300 2438739 2722 3149
맑

이에 네 일치 삼주 얼구치셈 들두오.

10 木 27301 2438740 2723 3150
흐림

11 金 27302 2438741 2724 3151
맑

言果日行誠得以課

업시 계신 ᄋᆞ부니계 : 예 잇시곤 찍ᄉᆞᆷ으로
·16—1. ᄋᆞᆸ ᄋᆞ부지 모시오니 ᄋᆞᆷ.
嵩 𣲀 誠誠成言誠 誠意知性 建中

心箴

茫茫堪輿	是身之微	往古來今	惟口耳目
俯仰無垠	太倉稊米	孰無此心	手足動靜
人於其間	參爲三才	心爲形役	投間抵隙
眇然有身	惟曰心耳	乃獸乃禽	爲厥心病

一心之微
衆欲攻之
其與存者
嗚呼幾希

君子存誠
克念克敬
天君泰然
百體從令

范浚 宋蘭谿人字茂明.
昭興間奉賢良方正。以秦檜當國不起.
閉門講學. 篤志求道. 學者稱香溪先生.

12 土 27303 옴 ~~[illegible]~~ 2438742 2725 3152

虛頭 天元 極 崇高 大人思

一一點點星燭目

知覺太虛謂之天

中虛气化展大道

諒開
~~觀光~~天道存養性

虛靈知覺一貞心

輝輝煌煌風景來

一點 心中 知謙重 自身足

13 日 27304 2438743 2726 3153
흐림 눈좀 맑음 어둔뒤 옴

14 月 27305 2438744 2727 3154
흐림

15 火 27306 2438745 2728 3155

延世大学附属세브란스病院 李久子는 入院。

1964 水 27307 2726 3156
12·16 엷흐럿 2438746

17 木 27308 2730 3157
윽 흐림 눈뿌리다·갬 2438747

物心吟

人人爲人僞 | 物色人物色 | 如是觀是誰 | 面面顔料艶
行行余假途 | 不染蓮質汚 | 或可得面晤 | 深深內容吾

程子: 理 天
稟 性
存 心

○: ᄒᆞᆫ늘「올」!
받든「바탈」!!
올 뉘이는「몸」!!!
「몸」..!

張子: 太虛天
气化道
虛气性
性覺心

18 金 27309 2438748 2731 3158
동붉던밝지새매구름

盡心歸命

自求益得在我分 殀壽不貳俟死立
聞道待命上天恩 操存順養承事運
而不舍" 而不害" 奉而不違"

19 土 27310 2438749 2732 3159

내 놓 란: 소리 없는 뒤 — 빎 —
우리 댕김 바꿔 봐도? 빈자리란: 참 넓크 둠!
벌벌 벌벌 따따 따땅 몬몬 몬지 저지 날뜀!
ᄒᆞᆫ늘도 몬지 곰재기도 노날대로 자리남!

20 日 27311 2438750 2733 3160
윽 추움

熙澤 보다. 그 눈이도 맞나던. 엄마 生日이로: <至月十七日>

아 오늘도
닭여가신지 <므릇 2千7百30날동안!>
제대산: <2萬7千3百날>算가지도되읍。
이즈음 어릉윌보입: 늘그일줄 모름직!

21月 27312 2438751 2734 3161

新村 세브란스入院흔 李久子는 오늘退院歸鄕云。
(어제問訪에 드름)

아침 9시쯤 金春先과 함께 韓一積善洞支店에 들렀다가 헤어진뒤 李敬浩氏께 오래간만에 尋訪흐이 니야기흐므로 히를 보내고 집에 와 저녁을 먹다.
<저녁 8시지나 자리에 눕더니:> 麻浦區阿峴#番地一号 朴文浩氏가 女学生 三人에게紹介흐며 말씀을 좀 듣자기로「一一點點星燭目」「峯頭兩目中 滿天万星目」니야기흐고 9시30분 쯤에 떠나보내고 잤더니, 다시깬때는 새벽3시가 지났더라.

22火 27313 2438752 2735 3162
흐림
4시50분冬至點이름
23水 27314 2438753 2736 3163
흐릿
24木 27315 2438754 2737 3164
안개 잘다

象曰: 明入地中. 明夷。
「君子. 以. 莅衆.. 用晦而明」。

䷣ 明夷。利艱貞
彖曰: 明入地中、明夷。內文明而外柔順 以蒙大難 文王以之。
利艱貞、晦其明也, 內難而能正其志, 箕子以之

1964
12.25 金 27316　243876　2738　3165

思上天之載至矣

性稟降衷成存理　家鄉遠離思親還
心存誠美歸天道　予懷明德無色毛

고디. 곧 듣기.
뉘[누·그·] 말을 고지 드르ㅁ?
고디 말[잃 없었든]이。라。도。 듣기.
뿐!

읽듬 봄 꽃 나
는리 여름 닢 너
돼 가을 실림 오늘
쟁였 겨울 드름 지마닥
맞
지희 제 고디

始治殆辱妨(近)妄恥 | 貽厥嘉猷妙好策
貽厥嘉猷時 | 予與余有餘
殆辱近恥地 ! 相訪伴妻妙

26 土 27317 2438756 2739 3166
몸1

27 日 27318 2438757 2740 3167
몸1

28 月 27319 2438758 2741 3168

春先[illegible] ₩2,750 — (HLB No 143313)
入室, — 羅相元

29 火 27320 2438759 2742 3169

아부지 보신. 보신 : 24578日 + 2742日 = 27320
어제 睽. 두 돐 : 732 날 x 37 = 27084 날! 37돐도 넘네!

30 水 27321 2438760 2743 3170
가밤 비뿌림

31 木 27322 2438761 2744 3171

ᄅᆞ 그믐 캄캄 ᄒᆞᆷ ᄒᆞᆷ 그믊 그믊!

1965. 1. 1.

1. 1 金 27323 2438762 2745 3172

숨님 모시고、몬지속 셟은히 보신. 예수 께 :
셟어운 뉘고 : 「듣곰 반도 넘기라」 심이나 잉가?
몬지 뉘 티끌 누리룬 벌서브터 일른말!

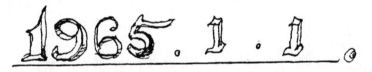

1965

李晟範언 찾아오서 막힘 많이 풀다。

光州市芳林洞132番地 東光園
金俊鎬 언 「마지막 말씀을 해주시기를 바라나
다.」 글월 보고.

대구시 봉산동 一구一○八번지
장기홍 언 「……저에게 아들이 생겼습니다.
── 이름은 守範 입니다.……」

1963. 9. 23 月曜 2438296
章基弘
咸銀善 } 正言一章으로 咸有一德 하자!

했더니: 章守範 을 낳음。

1.2 土 27324 읽 2438763 2746 3173

太虛頌
外包內容委之物
無頭無尾太虛圓 | 脚趾具足人存心
中正立地瞻星天

3 日 27325 흐릿 눈옴 2438764. 2747 3174

나가 ㅁ마지 마지막 ㄱ ㄱ ㄴ 기곤 끄치히.

存心日啓新天命 生心月落陷地困

·4 月 27326　　2438765　　2748　3175

昔之得一者　老子　三九章
蘇註　一·道也。物之所以得爲物者皆道也。天下
之人見物而忘道。天知其清而已。地知其寧而已。神
知其靈而已。谷知其盈而已。万物知其生而已。侯王
知其爲天下貞而已。不知其所以得此者皆道存焉
耳。致之言極也。天不得一·未遽裂也。地不得一·未遽
發也。神不得一·未遽歇也。万物不得一。未遽滅也
侯王不得一未遽蹶也。然其極必至此耳。天地之
大·侯王之貴·皆一之致。夫一果何物也。視之不見
執之不得。則天地之至微也。此所謂賤且下也。本
也。昔之稱孤寡不穀者·亦擧其本而遺其末耳。輪
輻蓋軫衡軛轂轊·會而爲車。物物可數。而車不
可數。然後知無有之爲車所謂無之以爲用者也。
然則天地將以大爲天地耶。侯王將以貴爲侯王
耶。大與貴之中·有一存焉。此其所以爲天地侯王
者。而人莫或知之耳。故一處貴而非貴。處賤而非
賤。非若玉之琭琭貴而不能賤。石之落落賤而不
能貴也。

입ᄒᆞᆫ치 빙읆 ―― 서울서 빛골。
여섯 ᄒᆞᆫ 읆 듬: 둥긂 ―― 오는날 빛봐。

5 火 27327　　2438766　　2749　3176

맞이 빛당에서 빛읽에!
ᄒᆞ미ᄒᆞᆫ 파읽히!

빛골로。 二四二五六六三七 / 一四一八七

1964．6．1 月曜
甲辰．4．21 辛巳　Julianday 2438548

金　健　伊

1965 水 243877[5] 2757 3185
1·14 눈뿌리는 날이고 ~27336

아·침에 눈길로 뻣스로 光州驛. 전에 없이 동광원 언·눈 여러분의 ——入場券 가진—— 넙 내임을 받다.

15 金 27337 눈 2438776 2758 3186

16 土 27338 2438777 2760 3187

17 日 27339 2438778 2761 3188

ㄴ뭉ㅇ 울

그리운 — 그그그린 — 그 그리 — 그 리 — 그.

밤흐응에: 별 별 별 이며,
집집오래: 는 섭섭 — 불 — 과,
ㄴ홈ㅇ게 늙은: 집집네 — 낮 — 은,
도모지: 맞 맞 맞 = 는 ㄴ뭉ㅇ울 = 인가!?
몽울은: 물 불 새임 에서, 브르터 나느니?
마·르면: 시들고, 질면 진물지오.
꽃! 다·치일세라, 진물 지이일세라.

몽울: 닯리·? 눈물: 짊리·?

꽃은 꽃대로 아름답게 살으는 불이옵!
몽울은 몽울대로 삶을 끌이는 불이오니!
그대로 그대로: 가·장 그룩히 곱게, 아름답으지이다.
— 그이: ᄒᆞ나 그리움음

18 月 7340 2438779 2762 3189

19 火 27341 2438780 2763 3190

20 水 27342 2438781 2764 3191

21 木 27343 2438782 2765 3192

22 金 27344 2438783 2766 3193

23 土 27345 2438784 2767 3194

金春先 入金貳千貳百원(第壹回).

24 日 27346 2438785 2768 3195

金昇天夫士. 申益熙筆豪 李熙昇博士

25 月 27347 2438786 2769 3196

「윈스턴·처칠」 32928

2405858 1874·11·30 月曜 4704

2438785 1965. 1.24 日曜 1115

(甲戌·10·22～甲辰·12·22) 91

26 火 27348 2438787 2770 3197

밤에 눈

志学 耳順 間

五千四百八十日 一萬九百六十日

萬六千四百四十 二萬千九百二十

27 水 27349 2438788 641 2771 3198

1965

서가모니 釋迦牟尼 Sākyamuni

能仁寂默. 釋迦氏의 聖者.

中印度 迦比羅 伐窣堵 의 城主: 淨飯王의 太子.
公元前 623年. 어머니 摩耶께 誕生. 난지 七日 뒤에 어머니 잃고,
姨母 파사파뎨(波闍波提)에게 자라다.
어릴때 이름: 喬答摩, 혹은 悉達多.
선각王의 딸: 야수다라 와 結婚, 아들: 라후라 를 낳다.
23歲(或 19歲로) 에 出家ᄒᆞ야 苦行ᄒᆞ던 끝에: 禁欲的 苦行으로도
能得道가 아니라! 고
불타가야 의 菩提樹 아래; 자리ᄃᆞ듬고 앉아서; 맑은생각 ᄀᆞ듸: 깼다.
그때 나이 35歲. 45年 동안 獅子吼 說法으로 맟후니: 80.

1. 28 木 27350 2438789 2772 3199

念三

吟一 宵天星 夜城燈 偕老顔 如來瞳
善逝覺 見性明 平生.

스믈 셋

(히)
ᄒᆞᆫ ᄋᆞ 읊어, 밤 ᄒᆞᆫ늘 별! 어둔 재: 불!
ᄒᆞᆷ게 늙는 꽃! 있다시 오는 ᄂᆞᆷ을! 옜다시 가 꼄!
바탈 봐 ᄇᆞᆰ아! 숨잘 쉽!

29 金 27351 흐림 2438790 2773 3200

제 계 ᄀᆞᆫ

			계			
체	제	세	녹	에	헤	혜
			네			

녹으네!
나스니,
께: 네 ᄒᆞ고:

세위 제 히어 치우에 : 스도록
숨을 : 예 혜 헤 로 길뤼 도루 ᄀᆞᆫ —계—.

셋 즈믄 두온 됨날.

覺相

住所 釜山市中区東光洞五가九
船舶無線.技術社

職業 『三省海運株式会社』
노르웨製: 600余噸. 商船(日本関西地方까지)
一次約二週日内;往復이라.云云

30 土 27352 2438791 2774 3201

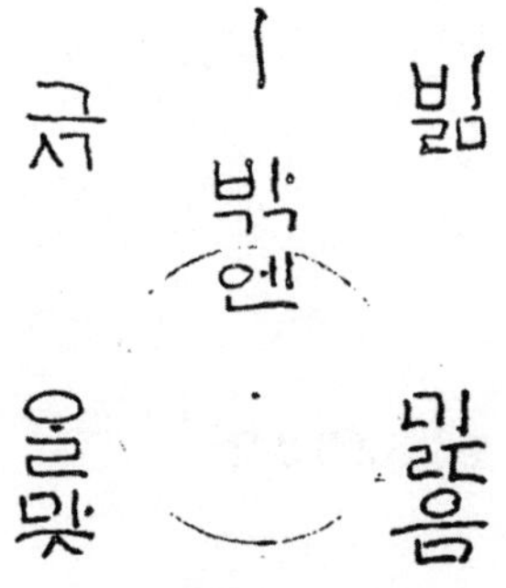

31 日 27353 2438792 2775 3202

1965
2. 1 月 맑 27354 2438793 2776 3203

옳 늘

닫은 : 다섯 — 모
어니 : ᄒᆞ나 — 드
드개 : 세울 — 개
셋 : 세울 — 길
얼렸 : 넷 — 옳

이

○넷 얼렸 옳: 이다。
○셋 세울 길: ⁝⁝⁝
○드개 세울 개: ??
○어니 ᄒᆞᆫ 드: 모쇄!
○닫은 닷 모: 르지?

2 火 27355 2438794 2777 3204

3 水 27356 26195 2438795 24452 2778 3205
2414893 | 23902 是相을 생각。

2 7 3 5 6
3 9 0 8
9 2 6

4 木 27357 2438796 2779 3206
1 4 1 8 7 | 13170 | 2 24 25 6 27 | 13190

ᄒᆞᆫ셈ᄒᆞᆫ 읽음 큰날 둘이 읽음 셈다. 읽음

壹叄壹聖圓日 兩聖叄伍願
壹 成大 合成 成

2 4 2 5 6 2 7
맞 네 맞 닿어서 맞 읽거

1 4 1 8 7
ᄒᆞ 네 ᄒᆞᆼ 파 읽혀

5 金 27358 2438797 2780 3207
간밤눈좀. 묾기

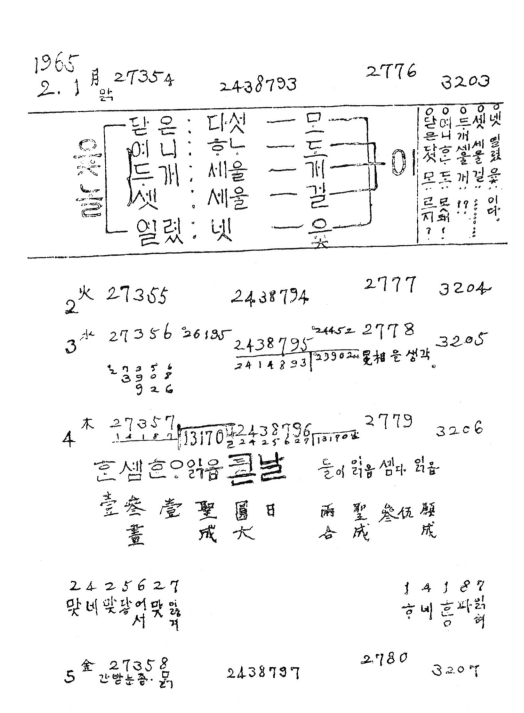

6 土 27359　2438798　2781　3208

쪼개 두개 셋길, 얼렀네 윷놀기 윷치기。
된은 다섯 모도 모, 여러도 ᄒᆞ나 또 ᄒᆞ나。

받들어 드릴줄

ᄒᆞᆫ웋님。계 계셔 : 나를 내셨으니,
나 나를 가져, 계 받들어 섬김 싶음으로.
이제 : 내 속알과·살몸목숨과·내 나위힘과·를
계 : 도모지 받들어 드려,
온통 계 참빛에 : 도루가기를 꼭 바라며,
ᄒᆞᆫ웋님 뜻맞고, ᄒᆞᆫ웋님 말씀 쉬고,
도모지。나와·모든 ᄉᆞ람·속을 : 나외임의
더욱되기만을 가장 비나이다.
ᄒᆞᆫ웋님。우리。이。조임살의 조임이 크고,
몬진모질이 묵어워, 드린다 : 못되나,
계' 불상힐 바라며, 계 언힐 기대어 비오니,
나드리 제계 듦。아멘。

오 네 : 이뤄 봐, 예 : 서서。　志學 耳順閒
일·곱, 다 서 두 치。　五千四百八十日 / 一万九百六十日
ᄒᆞ나 흐 네모 서 다 구。　万六千四百四十
둘 일 곱 일 네모 다 섯。　二万千九百十五

---

7 日 27360　2438799　2782　3209
氣溫이上으로　　　厭濕왔다감
8 月 27361　2438800　2783　3210

1965
2. 9 火 27362　　2438801　　2784　3211

빎 밝음
긋 밖엔 올맞

(나) 숨이란 : 긋이 그그그 긋을
我 生 者 騐 想 厥
그리워서, 생각 ᄒᆞ이아! 빌고 빎。
愛慕之 、
밀으。믿어。 믿어, 밝음。 畜
보아 봐 : 그그 밖에는 : 빛 !
올맞아 믿음! 믿어 올맞임 !
긋기에 : 올맞! 빌기에 : 밝음 !

숨
긋　　아
직

는것이 볼수 없! 많고 많

겠습。

10 水 27363　　2438802　　2785　3212

어제는 咸언이 「간디 眞理의 實現」을 가져-
「金鳳國氏 편찬」말씀도。
ᄒᆞᆫ울 ᄒᆞᆫ울님 ᄒᆞᆫ울님。

11 木 27364 2438803 2786 3213

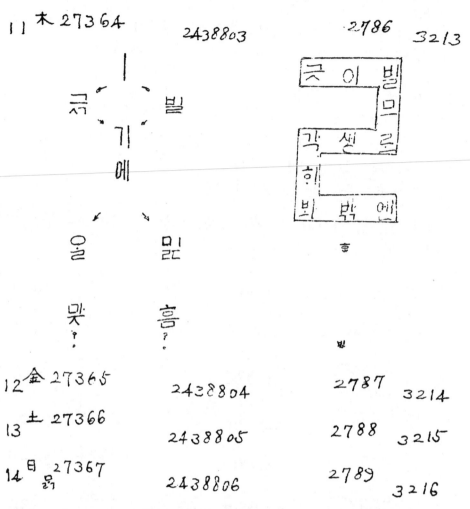

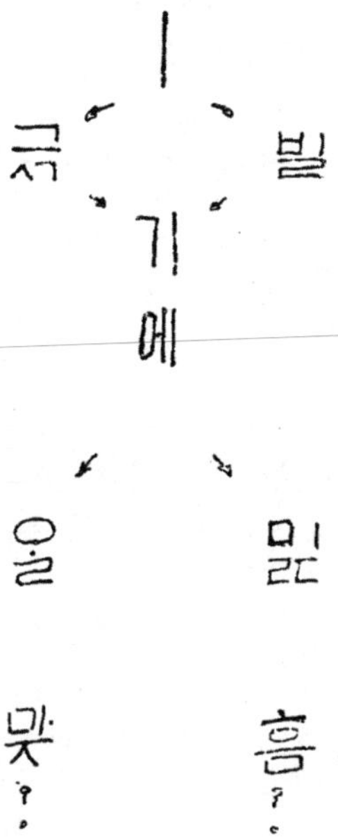

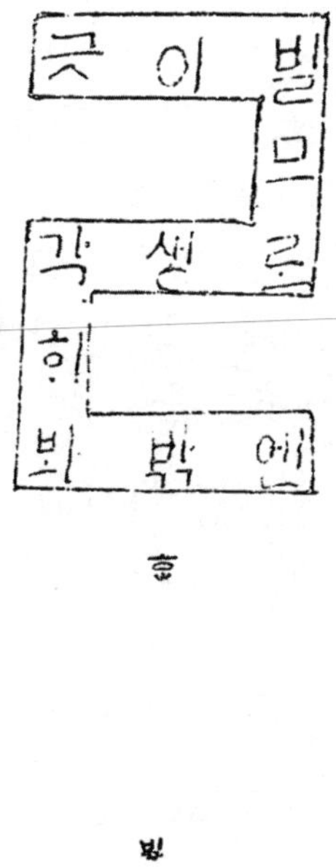

12	金 27365	2438804	2787	3214
13	土 27366	2438805	2788	3215
14	日 27367	2438806	2789	3216

昨年二月十三日木曜(甲辰正月元旦壬辰) 擧生 27000日 된데:
今年二月 九日火曜(乙巳正月八日甲午) 〃 27362日,
오 늘 十四日日曜(〃 十三日己亥) 〃 27367日,

一千九百三十九年六月二十五日日曜(己卯五月九日癸巳) 擧生 18001日로 (1945.4.25)別世ᄒᆞ신: 金敎臣先生께서 主日集會를 ᄒᆞ이어서 까지:

1965

「万八千날 먹은 느낌」을 무르시던 생각이나서:
昨年에는:「아아 다시 또 또 먹은것이 九千日이야!」
「그래오늘 二万七千날 먹나!?」ᄒᆞ왔더니……」
『인제 또 오늘 ᄒᆞ면서 二万七千三百六十七日!』
이코는 그대로 그때코 비스시 히어 숨을 쉬면서.
이눈도 그대로 그때눈 비스시 히어 그분들 앉이던
이자리를 같은 내가 나로서 보거니: ᄒᆞᆸ니다.
—— 왼눈은 못보오나 ——。

日前感謝히 咸兄과 이자리를 이러케 봄으로
이러케 이러케 니야기 못ᄒᆞᆫ것을: 새삼스리 생각ᄂᆞᆷ。

2.15 月 흙 27368	2438807	2790	3217
16 火 27369	2438808	2791	3218
17 水 27370	2438809	2792	3219
18 木 27371	2438810	2793	3220
19 金 27372	2438811	2794	3221
20 土 흐림 27373	2438812	2795	3222
21 日 ᄆᆞᆰ 27374	2438813	2796	3223
22 月 27375	2438814	2797	3224

金春先 第弍回 돌어옴。

2.23 火 27376　　2438815　　2798　3225

예순일곱 돐 24472날 되는 樹堂

덧 덧 근

그렀타 : 고。ᄋᆞᆫ。더니, 아니루 : 고는 드둔 : 맏가?
그리웁게 : 곳답더니, 그런뒤로 곧 시들루!
후이염! 덧없 덧덧없!! 그런뒤로 덧덧근!!!

2.4 水 27377　　2438816　　2799　3226

思誠者之工課

晦晦晤晤世　　正立直行道
貞貞明明心　　合同成言謙

書集傳序 鈔

二帝三王之治、本於道. 二帝三王之道、本於心. 得其心則道與治、固可得而言矣. 何者. 精一執中 : 堯舜禹、相授之心法也. 建中建極 : 商湯周武、相傳之心法也. 曰德曰仁曰敬曰誠 : 言雖殊而理則一. 無非所以明此心之妙也.
至於言天 : 則嚴其心之所自出, 言民 : 則謹其心之所由施.
禮樂敎化 : 心之發也. 典章文物 : 心之著也. 家齊國治而天下平 : 心之推也. 心之德 : 其盛矣乎.
二帝三王 : 存此心者也. 夏桀商受 : 亡此心者也. 太甲成王 : 困而存此心者也.
存則治, 亡則亂. 治亂之分 : 顧其心之存不存如何耳.
後世人主 有志於二帝三王之治 : 不可不求其道, 有志於二帝三王之道 : 不可不求其心 ;
求心之要 : 舍是書何以哉.

[27270 / 1964.11.3]

그 ᄒᆞᄂᆞᆫ것은 보고, 그때문: 속도 보고, 그 편찬히 ᄒᆞᆯ까짐을 살피면
: ᄉᆞᄅᆞᆷ 졈을 나두지! ᄉᆞᄅᆞᆷ됨을 나두지!

1965
2.25 木 27378 2438817 2800 3227

子曰: 視其所以, 觀其所由, 察其所安: 人焉廋哉, 人焉廋哉.
[爲政]
子曰: 不患無位, 患所以立. 不患莫己知, 求爲可知也
[里仁]

26 金 27379 2438818 2801 3228

27 土 27380 2438819 2802 3229

孔子謂季氏八佾舞於庭是可忍也孰不可忍也
△三家者以雍徹. 子曰: 相維辟公「天子穆穆」奚取於三家之堂
△子曰: 人而不仁, 如禮何? 人而不仁, 如樂何?
△程子曰: 仁者天下之正理失正理則無序而不和.
子曰: 里仁爲美, 擇不處仁, 焉得知.
△子曰: 不仁者不可以久處約, 不可以長處樂; 仁者安仁, 知者利仁.

28 日 27381 2438820 2803 3230

인이란: 누리를 얻 바른 올이옵, 바른 올을 잃고야
ᄎᆞ림도 없! 고르르도 못! 홉니다.

ᄉᆞᆷ으로서 성언ᄒᆞ지: 못ᄒᆞᆯ제;
차라기ㄹ 어쩌매? 바랄키ㄹ 어쩌ㄹ고?

3. 1 月 27382 2438821 2804 3231

자리가 걱정입니ᆞ가? 질홀것이 걱정됩니다.
「저를 몰라」는: 걱정 없고, 올맞힐줄만: 찾고ᄉᆞᆸ니다.

2 火 27383 2438822 2805 3232

못 성언(健仁)이는: 오래도록, 졸라 조일줄을 못가지오,
; 길게스리, 줄기둥을 썹을수가 없지오.

○ 참! 오래도록, 졸라 조일줄이론: —
"받드러드릴줄" —: 긴가!? 몸. [illegible]. |口ㅊ.

올

읽기: 싫지? 얻음: 어되? 좋음: 좋지? 얻듬: 얻디
얻듬 봄, 누리 여름, 돼 실립, 재었 드름, — 이읍,
두어라 몬진 모지름 벗어나와 솟나올!

올옳다. 올올 올바로. 올케 허것. — 녹으며 — 고,
오르지? 옳지? 오른손; 옳지? 오르룬: 말 — 옳지?
오로지 올올 바로 좁! 올올 마지; 올마지!

3 水 27384 2438823 2806 3233

ᄆᆞᆱ 말씀 맘 몸

있삿칫? 마음움! 긺힐긿 받으홀 바들ᄆᆞᆱ!
ㆍ| ㆁ ㆍ ㅡ| ㆍ ㅡ| ㆍ ㆍ| ㆁ ㆍ 옴 ㆍ [illegible] ㆍ |口ㅊ ㆍ
말고 빎 받고 밀기룬 올올마지: 올마지!

1965

끄 더 기

맞본처 : 낢。 맞난뒤 : 삶。 맜 찾게 : 앎。 맜짖처 : 즘,
맞을 뉠 : 뭄。 맞몰라 : 못。 맡은 들제 : 솟날숨 옴
끄더기 끄더기 엉감 일흔 여든 보이심!

3. 4 木	27385	2438824	2807	3234
5 金	27386	2438825	2808	3235
6 土	27387 눈	2438826	2809	3236
7 日	27388 옭	2438827	2810	3237
8 月	27389	2438828	2811	3238
9 火	27390	2438829	2812	3239
10 水	27391	2438830	2813	3240
11 木	27392 씩ㄷ허고, 스ㄷ럽,	2438831	2814	3241

월 낮힌 옴

글낮 : 씩숫! 낮낄 : 곱히! 생각수록 그림은늣
생각 : 그림! 새촘 찾촘? 맞나 좋긴 : 너촘 맞나
맞내네 너나남 물고, 우리 곤속 흥누 옴。

12 金	27393	2438832	2815	3242
	23677			
	23376			

13土 27394 2438833· 2816 3243

뜻밖에 찾아 온 손 맞고, 손의 손 든것을 이고
가시나: 우리 ᄋᆞᄇᆞ지 뜻 계시옵시나 잇가

14日 27395 2438834 2817 3244

15月 27396 2438835 2818 3245
흐림 비

16火 27397 2438836 2819 3246
흐림 비

(23681
23380)

滄柱 23474 {(64·8·21) 1963·10·25 (65·6·18)}

17水 27398 2438837 2820 3247

18木 27399 2438838 2821 3248

毋金玉爾音而有遐心，悠然遐想有高世之志。
布告遐邇咸使聞知。

五百十日滄柱遠
一期追念上谷空

19金 27400 2438839 2822 3249

曲礼曰：毋不敬，儼若思，安定辞，安民哉。

◎熙 澤 圓 7.000 6/4 圓 4.000
26/3 圓 2.200 13/4 圓 1.000
13/4 圓 800

1965
3.20土 27401 2438840 2823 3250

꾹ᄎᆞ리 골온:
웅웅립 · 심싱각 · 꾹물숨 · 쌀쉬계.

金春先第三回드러옴.

21日 27402 2438841 2824 3251

22月 27403 2438842 2825 3252

23火 27404 2438843 2826 3253

24水 27405 2438844 2827 3254

⊙熙澤 卅2,200 큰딸: 基爀 基南 1965.1.4日生

25木 27406 2438845 2828 3255

26金 27407 2438846 2829 3256

27土 27408 2438847 2830 3257

28日 27409 2438848 2831 3258

29月 27410 2438849 2832 3259

30火 27411 2438850 2833 3260

31水 27412 비방울 2438851 2834 3261

4·1 木 27413 2438852 2835 3262

2 金 27414 2438853 2836 3263

熙桓 닏잠을 자고, 감기 풂! 늦이 옴. 고맙。

3 土 27415 2438854 2837 3264

틈을 내어 타라: 때 그를 ᄅ! (에 五 16)

求得舍失勤勞中 行道與幾遐想外

體之而實則道在我而樂有餘。
行之以恕則私不容而仁可得。

4 日 27416 2438855 2838 3265

征月 | 求仁展道強恕行 | 私不容而近可得
坐忘 | 日步復元晦朔望 | 生明死白都是亡

5 月 27417 2438856 2839 3266

直行 | 花朝月夕炎涼織 | 豈多日弄微末情
德立 | 葉海骨岡星霜弄 | 終乎身幻豫直行

뽀바윌믄 : 제가 드딘 길이란 : 즐검도 느근!
당기길 : 예있드시믄 : 금틀도 옚시 :
인 월 갔숩!

1965
4. 6 火 27418 2438857 2840 3267
熙澤 ⊕ 4.000 —

7 水 27419 2438858 2841 3268

8 木 27420 2438859 2842 3269

9 金 27421 2438860 2843 3270

10 土 27422 2438861 2844 3271

11 日 27423 2438862 2845 3272

둘레세바치ᄅᆞ는하ᄅᆞ = 2438761 :
라고 보낸 1964.12.31 날 Julianday
6677周年날이라고 보내고 : 또 다시
1965年을 : 들어 먹기를 : 百날ᄒᆞ고 壹
ᄒᆞ면서 : 4月11日이란 : 또 한날 먹슴。

12 月 27424 2438863 2846 3273

繫辭 上 第七章

子曰 :
易 其至矣乎 夫易 : 聖人 所以 崇德而廣業
知 : 崇, 禮 : 卑. 崇 : 效天, 卑 : 法地.
天地 : 設位 而 易行乎其中矣. 成性
存存 : 道義之門。 天地設位而變化行 猶知禮存
而道義出也 成性 本成之性也 存存 謂存而又存 不已之意也

13 火 27425 2438864 2847 3274

熙澤 卌1.800—

14 水 27426 2438865 2848 3275

15 木 27427 2438866 2849 3276

16 金 27428 2438867 2850 3277

17 土 27429 2438868 2851 3278

易簡而天下之理: 得矣. 天下之理得而成位乎其中矣.

○成位: 謂成人之位, 其中: 謂天地之中, 至此: 則體道之極功=聖人之能事=可以與天地參矣.

18 日 27430 2438869 2852 3279

19 月 27431 2438870 2853 3280
안개비

確然而易, 隤(頹)然而簡.

[論語 泰伯] 子曰: 巍巍乎舜禹之有天下也而不與焉

○ 不與: 猶言不相關, 言其不以位為樂.

쉽고 간단히 世上 올을 얻도다. 世上 올을 얻으니 그속에 자리가 생겼도다.

○ 자리가 생긴다믄: 스름 자리가 생기담이오.
그속이라믄: 하늘땅 속이람. 이러고 보니:

1965

길 뽑아 없데 : 고딘 끝 가장이 씻어 난이의 나위 있은
일로 : 하늘·땅· 더브른 셈으로 로곤!

4.20 火 27432 2438871 2854 3281

뜻 : ㅣㄹ 되?

오른이, 왼데. 왼이, 오른데. —— 드러 맞는 건—눈
눈과 언은 유뎁이 —— 하나 돼도 —— 다른 훈이로!
참말로 맞고지고는 틀림없을 그륵 뜻!

21 水 27433 2438872 2855 3282

金春先 第4回 들어옴.

22 木 27434 2438873 2856 3283
오림

23 金 27435 2438874 2857 3284

을 : 곧이
문지 바람 속 : 외니? 오르니? 가늠 꿏 고디
! 저울대 바로!

24 土 27436 2438875 2858 3285

25 日 27437 2438876 2859 3286

自己 太虛 自靈 气化道 生知死覺吾小節
存心養性 知覺中 虛靈知覺惟信忠

至今은 付岩洞이라는 일음속에 들려 불르지만
일쯕이는 三溪洞天에서 맨쪽대기인 <골비위집>
이라는 터엔 우리 柳氏가 三四代 살터라. 公元1938
年頃까지는 사러섰다.
1939年頃? 以來 : 忠州 崔榮澤이란 분의 有居되었더니
그전대로 杏桃果種. 栗梨古喬. 後松. 傍澗. 如依 如常
거의 二十星霜 古色蒼〻타가 輓近 三四年동안에 伐木開
拓減峻爆岩隱渠築石하야 新作之轉 自動車路하고
洋館華屋이 層生疊出하고 하는 가온디 ——
지난 21日에 崔氏 急逝하셨다 하니 行年 六十八이롬

26 月 27438 2438877 2860 3287

일쯕이 惠相에게 나아갔다 왔다. 又孫(李敎一 : 女)

熙敏 熙福 熙用 熙三 熙重 四男一女

27 火 27439 2438878 2861 3288

28 水 27440 2438879 2862 3289

ᄂᆞᆷ의ᄆᆞᆯ ᄉᆞᆨ의ᄆᆞᆷ

예 : 나。ᄂᆞᆱ 으로
곧 니。ᄂᆞᆱ 으로

너·낭~맞낭 : 싫 ᄃᆞᆷ!

너 난 봐야 : 딴것도 없으니!

1965

참 넘은건지? 또 넘을건지?

네게 넘어다가, 넘으면: 내 속만 타!
내가 넘나므리는 말은 어이 자진지!

참말로 일를것을 일렀다면 다시는 일럴 말도 없겠고,
참으로 이룬 일이면 다시는 일도 없을 것!

그러나, 그저,
버 낫 없이.
너 낫어서!
나는 빨빤 한께 되고,
너는 말을 일러는듯……,
나는 일을 어서 다히 칠라는데,
너희는 새로 일만 내는듯!

예 난것이 남 이건: 나를것은: 저!
맨먼저

내가 뭣을 넘줄(누가) 따로 난선것은도 아니건!
너희: 마오!

내 혼 입으로 말 내서,
네 귀 들: 나 나 들으:
늬 몸속: 네! 르가?
빨라 준 말: 그만 돈고:다!
모 몸 맨이: 속알수없는 속!

2863

4.29 木 27441 2438880 329

30金 27442 2438881 2864 3291

ᄋᆞᆷ [illegible] 10次

나: 놈이 없이,
드른 말도 없이,
—— 드른 말에서 떠오르는 뜻을 잡아 먹은 맘이오!
맘 드러 있는 속이라! 농 없이 ——

남더러:
「ᄒᆞ라! 말라!」 소리가!? 나ㄹ 가?

뜻 없는 소리: 입에 나도, 귀에 들도, 안는 지여!

왼듬 봄으로 나온 이도: 아름답아……

고맙! 곧이!
곧이 ᄉᆞᆱ. 고맙 ᄆᆞᆷ.

그리 ᄋᆞᆷ.

5.1土 27443 2438882 2865 3292

2日 27444 2438883 2866 3293
26283

고디 ᄉᆞᆱ, 고맙 ᄆᆞᆷ.
感謝是日, 그리 ᄋᆞᆷ.

1965

5.3 月 27445 2438884 2867 3294

4 火 27446 2438885 2868 3295

5 水 27447 2438886 2869 3296

金東瀅 丘水玉 새매듭: 봄.

6 木 27448 2438887 2870 3297

7 金 27449 2438888 2871 3298

4時半께 떠나서 洗釰亭에서 市內로 도라가는 車을 타게되어 新設洞에서 江陵뻐스를 타고 10쯤 雲橋오다.
桂村(　　　　　　金炯浦氏를 맞나서 보따리를
매끼고: 3時쯤 大美에 드러오니: 날이맑고 집안이
平安ᄒᆞ니 感謝感謝. 우리 안팍이 맞나지내기를「쉰둘
이나된 올에: 오늘은 이 大美의 風光山水로 드러옴.

8 土 27450 2438889 2872 3299

大美淨气又一夕 쉬고 니오니 气運生動維新朝.

9 日 27451 2438890 2873 3300

10 月 27452 2438891 2874 3301

11 火 27453 2438892 2875 3302

12 水 27454 2438893 2876 3303

下芳林洞에오다. 倉水洞길로 조차.
書堂訓長文成律氏. 芳林國民学校長尹명行
校監李종구

13 木 27455 2438894 2877 3304

傳道師 李기석 (橫城劉舜根)

14 金 27456 2438895 2878 3305

ᄒᆞᆫ늘 말숨쉴라는 바ᄐᆞᆯ! 바ᄐᆞᆯ을 가ᆞ 리려는 길!
~~바바 제 길을 내낼라는~~ 가ᄅᆞ침이더라.
길을 내내낼라는

15 土 27457 2438896 2879 3306

芳林에서 金德用氏 花柳詩會에 나가신대로 나는 떠나서 大美로 오는데 炯培氏가 1時30分 原州行뻐스로 狐峴를 넘어 車를 내려서 보내주다.

氏는 宅으로,
나는 大美로,
向하야 거러 나가
나:갈리다.

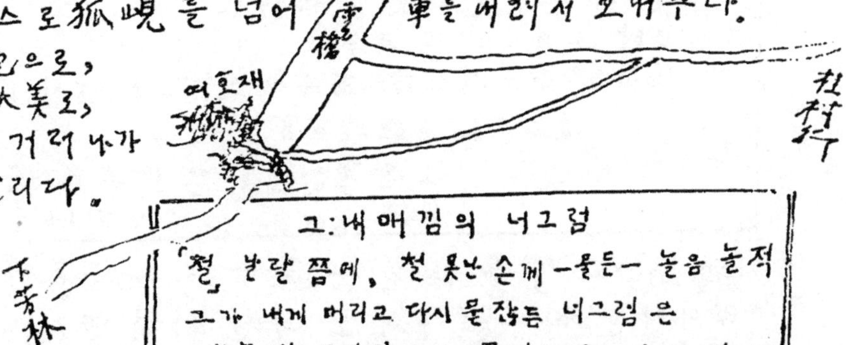

그:내 매낌의 너그럼

「철」 날랄 쯤에, 철 못난 손께 —물든— 놀음 놀적
그가 내게 머리고 다시 물잠든 너그럼은
나는 참 그리않았다 —물겠는데! 본다면?—

16 日 27458 2438897 2880 3307

1965
5.17 月 27459 2438898 2881 3308

18 火 27460 2438899 2882 3309

4時 니러나서 낯씻고 30分쯤 떠나 雲橋오니 7時좀지났든
半쯤. 平昌에서 來서울行을 타고 午后2時쯤 新設洞着
永哲에게 들렸다가 집으로 오다. 집 一安 感謝하옵고.

熙桓 거름이 걷는자 흔게 된것을 보다.

19 水 27461 2438900 2883 3310

20 木 27462 2438901 2884 3311

21 金 27463 2438902 2885 3312

金春先 第五回完畢. 感謝.

永樂 朴載甲先生慰靈追悼式
日時 五月二十五日 正午
場所 忠南大德郡鎭岑面南仙里(신도안 등문다리)
檀君天祖 眞理의 巨宮
主催 罪人없는 世界創造 思想普及處
連絡處 大田東元洞 六八 하나상회

纏頭巾과 背囊袱로 一週一次 硏經會에서
맛나기를 아마 數十次도 더될 朴載甲氏가
가셨다! 가시었읍닛가? 가실걸 가시고 가셨
음이오닛가?

22 土 27464 2438903 2886 3313

23 日 27465 2438904 2887 3314

break'fast [brékfəst] 아침먹으ㅁ!
먹지않음을 부셨듬!

西大門区平洞 拾參番地의 1 나아가 樓井 뒤에 崔峻洙牧師
監理會平洞教會에서
맛나고 오다.

24 月 27466 2438905 2888 3315

25 火 27467 2438906 2889 3316

ᄎᆞ즈면 얻고, 두면 잃느니 : 이건 사리뜨는 시러곰! 제게 달린 ᄎᆞ짐 이오。
곧을 ᄎᆞ저야고, 때를 얻더야니 : 이건 사리안드는 시러곰! 하늘데 달린 ᄎᆞ짐이라。
잘몯이 다 제게 가춰느니, 몸으로 가서 참말로 그럴진댄 : 즐거움은 더클게 없고,
세차게 옛 다시 되로 가면 : 얻을 ᄎᆞ저 감에 가장 가깝우리。

4017.6642
574
136
11

哲宰

1954. 8.30 月曜	2434985	3913 날	
甲午. 8. 3 戊午		559 돌	
1965. 5.17 月曜	2438898	132 돌 ½	
乙巳. 4.17 辛未		11 해	-104

1965. 3. 2

28/2

3—李永侏

31/3

3—

虛頭天元 極 崇高 大人思

一
一點點
星燭
目

知覺 太虛 謂之 天

中虛 气化 展 大道

諒闇 天道 存養 性

虛靈 知覺 一貞 心

輝輝煌煌
風景
灰

一點 心中 知 謙重 自身足

읻듬 ~~[illegible]~~(누리) ~~[illegible]~~(되ㅣ) 쟁있

봄 여름 실림 드름

元 亯 利 貞

春 夏 秋 冬

盡其心者 知其性也 知其性則 知天矣

心者人之

神者天之心

存其心 養其性 所以事天也

存：謂操而不舍 養：謂順

不害 事：則奉承而不違

殀壽不貳 修身以俟之 所以立命也

不貳者：知天之

身以俟死則事天

立命：謂全其天之所付不以人為

身也

莫非命也 順受其正

人物之生 吉凶禍福 皆天所命 然惟莫之致而至者

為正命

是故知命者 不立乎巖牆之下

盡其道而死者 正命也

桎梏死者 非正命也

求則得之 舍則失之 是求有益於得也 求在我者

求之有道 得之有命 是求無益於得也 求在外者也

萬物皆備於我矣 反身而誠 樂莫大焉

強恕而行 求仁莫近焉

仁義禮智 根於性 乃所當求

富貴利達 制於命 不可必求

此章言：万物之理具於吾身 體之而實則道在我而樂有餘

行之以恕則私不容而仁可得

程子曰：心也性也天也

一理也

自理而言：謂之天

自稟受而言：謂之性

自存諸人而言：謂之心

張子曰：由太虛：有天之名

由气化：有道之名

合虛與气：有性之名

合性與知覺：有心之名

虛頭天元 極 崇高 太人思

一一點點星燈日

知覺 太虛 謂之 天
中虛 气化 展大 道
諒闇 天道 存養 性
虛靈 知覺 一貞 心

輝輝煌煌風景交

一點中心 知 謙重 自身足

읻듬 봄	누리 여름	돼 실림	쟁였 드름
元 春	亨 夏	利 秋	貞 冬

盡其心者 知其性也 知其性則 知天矣

心者：人之神明　　神者：天之心情也哉

存其心 養其性 所以事天也

存：謂操而不舍 養：謂順而不害 事：則奉承而不違

殀壽不貳 修身以俟之 所以立命也 莫非命也 順受其正

不貳者：知天之至 修身以俟死則事天以終身也 立命：謂全其天之所付 不以人爲害之 人物之生 吉凶禍福 皆天所命 然惟莫之致而至者 乃爲正命

是故知命者 不立乎巖墻之下

盡其道而死者 正命也　　桎梏死者 非正命也

求則得之 舍則失之 是求有益於得也 求在我者也
求之有道 得之有命 是求無益於得也 求在外者也
萬物皆備於我矣 反身而誠 樂莫大焉　强恕而行
求仁 莫近焉

仁義禮智 根於性 乃所當求 富貴利達 制於命 不可必求
此章言：萬物之理具於吾身 體之而實 則道在我而
樂有餘 行之以恕則 私不容 而 仁可得

예있몸 드딘기 : 곰틀 없(앖)는(낀) 인 읻기。

程子曰	張子曰
心也性也天也 一理也	由太虛 有天之名
自理 而言謂之 天	由气化 有道之名
自稟受 而言謂之 性	合虛与气 有性之名
自存諸人 而言謂之 心	合性与知覺 有心之名

이얼 몰숨 : 잘몬의 올은 내게 갖었으니, 몸봄열ᄃᆡ 길은 : 제계고、즐김 : 남으리。

軌塗도장 膠轕교갈 [illegible]

인 일 읇 에 슬 기

西紀1966年4月5日 (火曜日) (陰曆三月十五日 甲午)

道峰山第5號피톤除幕

4월들어 첫 일요일인 3일 낮 2시30분께 도봉산(道峰山)꼭대 오봉(五峰)의 제5봉 꼭대기 1m 넓직한 바위에서는 색다른 제막식이 있었다. 이름하여 「제5봉 피톤 제막식」. 주최는 중대(中央大) 산악부.

「오봉」중의 제5봉은 등 기술의 다양성을 요해할 7백「미터」, 바위로 하는 곳이다. [illegible] 산정의 높이는 산속 서투른 초보자가 함부로 [illegible] 약30여「미터」로 떨어지다 사고나기 일가 쉰다. 가파지른 이바 맞아 여태껏 4、5명의 [illegible] 초보「알피니스트」와 [illegible] 가 길으로 떨어져 사고를 겪는 난(難)「코스」ー「침니」 (Chimney) 「슬라브」(Slave) [illegible](Upsiding) [illegible] 를 냈다.

[illegible] 바(大宮東ー32·中大生) 씨가 지도하는 「중대산악부」는 지난3

신의 길(心)과 신(身)을 단련하는 등산에서 한걸음 나아가 등산을 즐기려는 꾼「알피니스트」에게 유익한 길을하자고. 결국 채택된것이 사고가 잦고 앞으로도 큰 불상사가 틀림없이 날「제5봉」에「피톤」을 꽂기로 했다.

「제5봉」엔 썩은 소나무가 한개있다. 그동안 「알피니스트」들은「톱」(TOP)을「침니」(바위통을 몸의 마찰로 기어 오르는것)로 올라가 이 썩은 나무에겨어는「로프」(밧줄)를 잡고「톱·클라이밍」해왔다.「톱

◇새로가설한「피톤」을 이용하여「압사이딩」의시범을 보이는 중대山岳班

바위 40「센티」쪼아

遭難危險…「알피니스트」에安全의길

中央大山岳班 술·담배값아껴 마련

생명을 걸고있는것이다. 중대(中大)산악부원 25명은 담뱃값과 술값 1、

대로 그렇고 험준한「오픈」으로 덤볐기 때가길무턴까지작업을감행했다. 바위를뚫어 사람1자、직이40「센티」정도 까지 파야했다. 작업기재를 오로 모아 나가기 1주일. 잘못치는 망치에 맞아 내부분이 손에상처를 입었다. 배는 고프고 [illegible] 첫으나 지난달26일께 좋은 바위를 다뜨아내고이 발 폭파「시멘트」로 속을채운후 20「센티」가랑

의「피톤」(쇠못같은것)을박음으로써일을끝냈다. 누군가 한사람의 생명을구하기위한 1주일간의 고된 작업은 끝나고 일요일인 3일 그제막식을 가진것이다.

어떻게보면 간단한 일이었다. 그러나 그정신은 一산이거기있기때문에 에산다는「멜나·모리」의 말처럼산도넘은것이어서우리사회에서 떨어져가는생명에의외경(畏敬)이며있는것이다. 【金明寬·金点鎬記者】

◇십원씩을 매일절약、2주일 후엔 약3천원의자금을 마련했다。이돈으로 못이 기계하며 줄 공사 [illegible]

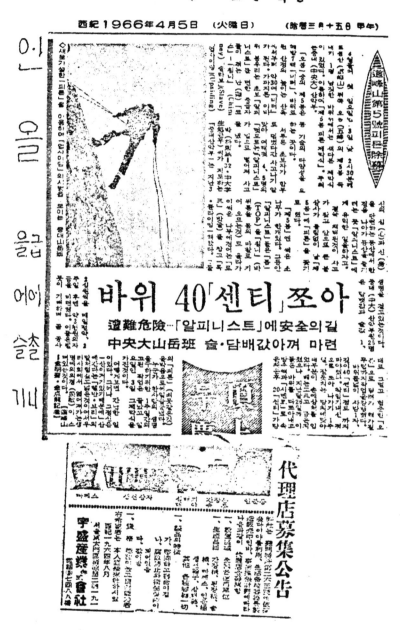

成言立德

人士 容止 若思

立身 足重·手恭·目端·口止· 聲靜·頭直

气肅·立德·色莊· 人之 容

行道 視明·聽聰·色溫·貌恭·言忠·事敬

疑問·忿難·得義· 士之 思

언을

곱어촐나
울어슬기

盡其心者 知其性也 知其性則 知天矣

心者 人之神明. (神者 天之心情.)?

存其心 養其性 所以事天也

存謂操而不舍 養謂順而不害 事則奉承而不違

殀壽不貳 修身以俟之 所以立命也

不貳者 知天之至 修身以俟死則 事天以終身也

立命謂 全其天之所付 不以人爲害之

程子曰:
心也性也天也 一理也.
自理而言 謂之天.
自稟受而言 謂之性.
自存諸人而言 謂之心.

張子曰
由太虛 有天之名.
由气化 有道之名.
合虛與气 有性之名.
合性與知覺 有心之名.

莫非命也 順受其正

人物之生 吉凶禍福 皆天所命 然惟莫之致而至者 乃爲正命

是故 知命者 不立乎巖墻之下

盡其道而死者 正命也 桎梏死者 非正命也

求則得之 舍則失之 是求有益於得也 求在我者也

在我者 謂仁義禮智 凡性之所有者

求之有道 得之有命 是求無益於得也 求在外者也

仁義禮智 根於性 乃所當求, 富貴利達 制於命 不可必求

萬物皆備於我矣 反身而誠 樂莫大焉 强恕而行 求仁莫近焉 잘몬이 다 내게 가초았구나! 몸으로 돌아가 참말로 그럴것이면 즐검이 뭣에 더 크며?, 힘쓸 대로 몸같이 되면 얼을 찾기는 더 가까우리?

此章言 萬物之理具於吾身 體之而實 則道在我而樂有餘

行之以恕 則私不容而仁可得

얻·올·차림·슬기·는 바탈에 뿌린 뿌리거니; 예예 또박 찾아 드딤이고
많검 높곰 돼담이란; 일솜되로거니; 꼭 찾진 않을 것이옴.

1965
5.26 水 27468 2438907 2890 3317

27 木 27469 2438908 2891 3318

김° 옴기어, 사리 옴즈기옴.

气 運, 生 動.

28 金 27470 2438909 2892 3319

ᄎᆞ즈면 얻°고, 두면 일느니:
이건 사리 드는 시러곰; 제게 달린 ᄎᆞ짐이오.
곧을 ᄎᆞ져이고, 때를 이더에니:
이건 사리 않드는 시러곰: 한데 달린 ᄎᆞ짐이라

잘°몬이 다° 제게 가취느니,
몸으로 가서 참말로 그럴진댄!
즐거움은 더 클게 없고.
세ᄎᆞ게 옛다시 되로 가면;
얻을 ᄎᆞ져감에 가장 가깝다.

29 土 27471 2438910 2893 3320

30 日 27472 2438911 2894 3321

31 月 27473 2438912 2895 3322

알는 소리 몇 몇 히 들
버리라! 먹자? 싸라! 씻지? 그렁 저렁 넘어갈랑
인젠; 그만, 됐다, 또, 먹! 아직. 더. 더. 잇다가. 허!
이사이 알마지 마춰: 그런되로 바롬직…?

1965
6.1 火 27474 2438913 2896 332

ᄋᆞ쩨 로 거나 ? ᄋᆞ든, 이거나 ?
다시는 말: 없도록 ᄎᆞᆷ말 ᄒᆞᆯ 입은: 않먹을 입
또는 일: 없게스리 다. 히 치운 날도: 쉬오리
둘 땋고 별 별러 봄도 동글 동글 동그ᄅᆞᆷ

나르바아나 〔涅槃〕
夕休朝忙生涯困 | 痛哭古人聖嘆息
幽麤明細所見小 | 責任今我快嘲笑

2 水 27475 2438914 2897 3324

3 木 27476 2438915 2898 3325

동그루지 나.!? 2523

동글 동글 굴녀 될거 가튼뒤도 안굴거든.
안굴며는: 접어 치우, 폼앗 짬잼 만으롬 뻬!
만만이 도 만만 찬히 돌릴성이 또작.

4 金 27477 2438916 2899 3326

별 눈이: 멀건? 말건?

몬지 티끌 조므래기· 긋을 뵈고 낯을 내며,
바람 타고 노닐적에 힌발 탁견 빛갈 튀김,
대 낮혀 낯: 처든것들 털구멍도 밝히미.

5 土 27478 2438917 2900 3327

6 日 27479 2438918 2901 3328

一燈下坐影四方　　地方小别計日差
万息上呼觀極辰　　天極無他擧首困

7 月 27480 2438919 2902 3329

8 火 27481 2438920 2903 3330

9 水 27482. 2438921 2904 3331

10 木 27483 2438922 2905 3332

간밤 미싱 뽑아 갔다. (신고)

11 金 27484 2438923 2906 3333

12 土 27485 2438924 2907 3334

13 日 27486 2438925 2908 3335

廉洛駿 연 들러: 지난 달에 高鳳壽는 宅에 孫의 慘慽 故를 보셨다는 말씀 놀랍다. 城北洞으로 吊問ᄒᆞ였다가 文萊洞廉兄宅으로 가서 저녁을 먹고 오다.

14 月 27487 2438926 2909 3336

15 火 27488 2438927 2910 3337

1965
6, 16 水 27489 2438928 2911 3338

고마운 비방울

17 木 27490 2438929 2912 3339

18 金 27491 2438930 2913 3340

오리 골수 잇는 : 울음ᄋᆞ리 어려워루!
親舊難!

石泉 26330 大炭
우리 함께 가던 날브턴 흔 호물 쓰으름
40날
나만 서울 온지 30날
씨가 서울로 오든 : 하루 앞은 : 5.17날
高鳳壽 눈 宅에서는 孫哲熹 언이
3913날을 도막으로 先師됐음.

덤사리로 3340날 된 : 오늘
24151날 보이신 南岡先師
24578날 보이신 先親
보다 2913날을 더 쉬며 :
32284날 보이신 어머님
[釜山서]
도라가신지 5000날!
23474날 보이신 詠桂
[蘭芝島서]
가신지 602날! 仍ᄒᆞ야 또 등사름 : 생각!

ᄒᆞ『마주 치네 얼굴 ᄒᆞᆫ』 ᄒᆞ면서 잇는데
金 紹介로 朴 羅
분들이 「떨기」 木板을 가지고 오시다.
다시 다시 親分? 親旧?

6.19 土 27492 2438931 2914 3341

20 日 27493 2438932 2915 3342

21 月 27494 2438933 2916 3343

原因
牛勿牛物有物力 | 本來空寂今始末
人也人也无他人 | 末了奔走昔自元

22 火 27495 2438934 2917 3344

4½時 흐린 하늘 밑을 걸어 積善洞서 合乘을 올라 東大門 앞에서 내려 또 新設洞까지 걸어가서 江陵直行 뻐스 타니 7時發, 8½時 楊平, 橫城. 10½時 安興, 아침站. 11½發 雲橋 12½. 날은 快晴ᄒᆞ얏는데 桂村場을 지내서 뒤골로 드러스럴제 金炯培氏를 맛나서 풀에 앉아 이러 저러 니야기 ᄒᆞ다 作別ᄒᆞ고 三先峰 고개 오르는데 東天邊으로 遠雷엿더니 分校 가까히 온때 소나기가 땅이 저질만큼 오다. 扶餘로서 移住햇다는 方氏 簷下에서 별거어오다

23 水 27496 2438935 2918 3345
맑

1965

밤자고 나니. 어제 소내기로 모못낸것을 좀더 낸다는 光景이 있고, 또 소내기로 어제만큼 더 바드면 좋겠다는 소리도 들린다.
맑던 날이 午后 3時 지내서 어제 같이 東天으로브터 뭘우레가 은은터니 비가 내린다. 窓前에 빗빨을 보고 있더니 잔콩알만큼 호 우박이 좀 나리는것 보다 40分 쯤 소내기 지냈다.

6.24 木 27497 2438936 2919 3346
목

8時쯤 떠나 11時가까와 雲橋와서 좀 기대리니 江陵으로브터 오는 뻐스 타고 18時서울 到着.
앓늙은이: 멀미좀 났으나 自相의 모심이 있어 왔다 집에 드러와서 平安하니 感謝.
한가지로 가물인데도: 平昌. 橫城 따를 보기에는 潤氣 오히려 보히는듯한데 京畿境內로 드러 오는디로 紅塵万丈 이란 말그대로 遠欲望見京山容 近摘無顔健色態.

25 金 27498 2438937 2920 3347

26 土 27499 2438938 2921 3348

自相歸鄕發程: 5時頃.

大田市 大寺洞 山四番地
樂園 趙鏞丞 弟 趙鏞書 子 趙允濟
孃 崔冠宇 [illegible]
明 27日 (乙巳.5.28) 回甲云
1905. 6. 30 金曜 <2417027>
乙巳. 5. 28 庚子

李善一長老長逝云(宇敬浩)

1893. 6. 28 水曜 2412643. 1965. 1. 14 木曜 2438775
癸巳. 5. 15 丙申 甲辰. 12. 12 戊辰

26133날 3733들 885돌 71해 200날

27 日 27500 2438939 2922 3349

6월 1965. 6. 27일 多夕 27500 1161
石泉 26339
樹堂 24596 2904

28 月 27501 / 26340 2438940 2923 3350

29 火 27502 2438941 2924 3351

滿七十年日子奇　增一載上加二百
二五五六六九五四　六五歲首第十四

30 水 27503 2438942 2925 3352

7.1 木 27504 / 26343 2438943 2926 3353

고 뭄
이 긑잔흔 두 몸뎅이ㄹ; 이날조차 갖게 ᄒᆞ시、
보고 보고 알고 알고 이러이러 그러그러,
숨쉬어 말숨 바로 받. 뜻에; 맞<몸> 고맙음

1965
7. 2 金 27505 2438944 2927 3354
26344

感恩詞

握固朘作赤子翁 石泉猶洌恒左右
知止自足樓碧山 多夕惕若相安閑

23788
1965. 7. 1 : 7時 23487日 至18日!

無斷斷食非斷斷無他技

落毛削髮禁斷食 無期反對韓日協
二三四八七日七 感德歸一何時致

---

3 土 27506 2438945 2928 3355
26345

去來處地

立身從事爲 今起因昨臥
行道抛物歸 晚臥願早起

4 日 27507 2438946 2929 3356
26346

家人話

家人先內夫往外 二十餘載獨起居
念聞旅行補敬等 七十後年三日存

두시치면서 비방을 소라! 반갑기 나를데 없다!

5月 27508 2438947 2930 3357

무슨 때문?

죄다 먹는 수박! 그저 있는 비괴임! 얻절가?
건너다 봐선: 꿏일데! 붙다 치면: 진물인걸?
석가불, 예수: 내좀도 때문인가? ᄒᆞ노라.

나모름~ 남모름~ 날모름~ 내몰?

달리달리 다들라다: 쓰디 쓰다! 쓰게 될가?
쓸데 있어; 힘을 쓰고? 다른 맛을 따라 달가?
이·저게; 다 될만큼 돼! 때믄 터믄 나모름!?

조금에는: 소금을 곧 둠

속고 속고 속는것이: 그리스도 그리스도!
속이고 속이고 속이고 속이는것이: 마귀!
이 둘이 마주서 엮금: 지남적힘 또 조금!

이승을 다시 살핌

뱀이 ᄒᆞᆰ에 들락지만, 드러갈덴: 아닌거고,
ᄒᆞᆰ이 열려 날듯다도: 그만 아로 것도 없서,
이승ᄒᆞᆰ: 들도 못할 놈 아름알밍 배베ᄅ다!

雨 意 度 歎 晴
O비뜻갑; 다시 훑고, 개임!

6火 27509 2438948 2931 3358

1965

◎ 먼저 알믄.

"ᄒᆞᆫ" 〈없〉다는 『ᄃᆡ』 놓인것이 : "모든" 〈있〉다는 『몬』 『몸』
『예』 있거니? 『제』 있거니? — 서로 ; 없음 — 〈까지꺼!?〉 『림』
ᄒᆞᆫ웋님 : 없이·계심을 — 먼저 알믄 — ᄒᆞᆷ니다.

매ᄒᆞᆫ곧

〈없〉는 『ᄃᆡ』 : 드러 서서는 『제』 아무리 크되도 : 『없』
없는 드시 있는이만 : 있고·없글 : 울고 — 모음
『없』에 있, 있다곰 : 없앨 ; 울고·몲고 : 매ᄒᆞᆫ :

7.7 水 27510 2438949 2932 3359

뜻이면 : 짓도 좋!
치례면 : 그만 두!

없으신이로 : 계신드시, 아침 저녁 진뫼 곰도,
보도 못홀 ᄒᆞᆫ웋님과 듣도 못홀 보리살타,
브르고, 을 브르즈짐 : 어주메니, 으븟저!

身信·行人 몸ᄑᆡ고 !
獨立獨尊具足身 出家出世雲水行
合掌合衆大同信 入山入定消息人

待朝有想

七月七日常平床　二萬七千五百十
黎明未明非無想　二六三四九石泉

8木 27511　2438950　2933　3360

微妙空虛

多夕雨致奧十一　次我一一六一來
石泉離陸參伍空　小花微妙同位虛

9金 27512　2438951　2934　3361

좋구멍

쓰고, 쓰고, 달디 단데: 쓰는 〈밑천〉 다른 〈입들〉
쓰디 쓴 힘을 쓰다가, 달디 단 말이 달린다。
길부역 쓰기도 쓰나 한번 타자! 좋구멍!!

멀 먼 멈 멍

멀은 먼 멈사리: 길다, 구멍쾅 뚤레: 좋구멍。
좋다 좋다; 좋게 없지? 구멍 구멍: 솟날 궁가,
한울이 문어진뒤도 솟날궁가! ~~물잊줌~~!

잊줌을 않잊줌기!　└않잊줌!

잊고 잊고 잘도 잊어, 잠 잘 자서 잘 자란: 님!
한울이 물어질제: 솟늘 궁 〈않잊줌〉은 어찜?
게까지 잊고잊고 줌: 않잊을가!!

1965 土 27513 2438952 2935 3362
7.10

오래도 타고 가믈 든 날시: 어제부터 깁 ~~눌림~~
~~이 묵여우畔~~ 흐림 뿌림으로 비롯더니, 밤지냄
도 한가지로。3時頃; 쏘다지다。비! 비!

篤初誠美 迎賓時誼 回顧亦是 忠且信矣
愼終宜令 審三日情 知止丁寧 歸一虛靈

出	世	无	心	欲	欲	實
在	家	有	身	念	念	存
存	心	孜	孜	天	誠	課
成	性	存	存	道	義	門
知	死	生	之	大	人	命
準	利	害	之	精	神	明
斷	斷	小	心	煩	惱	死
念	念	太	虛	微	妙	生

가믈 간 날!

咸錫憲씨夫人단식

지난 1일부터 한일협정 반대한 무기한식 중인 종교인 함(咸錫憲)옹의 부인 황(黃得順 "64") 여사가 남편의 뒤를 따라 9일부터 무기한 단식을 시작했다.

히 보임 뵘날
가믈 가믈 나도 가나, 오블 오블 너 또 올가?
나는 물: 다 내여 가지고, 드는 물: 드려 보믄!
옜말 힌: 일곱히 가블! 여덟히 봄: 이담 봄!

11 日 27514 2438953 2936 3363
맑 흐림 비

元 頌

一一九九推崇元 | 其小無內自中心
零零空空極瞻尊 | 其大無外睿靈神

12 月 27515 ≻ 2438954 2937 3364
23498 그믐 개인 밤에 달

感謝生命 — 祈禱人情

雖求未强得 | 當事祈道獲
莫言要利益 | 欲行發願力

13 火 27516 ≻ 2438955 2938 3365
23499
— 긴, 한 밤: 지나서, 안개 흐림 속: 지즘 떠온 희여! 저물게 뿌림

우리 ᄋᆞᆶ밖이 낮게: 元曉路로 斷食第十三日中
일 咸宅을 다녀오다. 다녀오는 길에는 ——
公州生 젊은이 林炘洙인이 가치 니야기
ᄒᆞ기로: 집에 왔다 감。

1939. 12. 3 日曜
乙卯. 10.23 甲戌 ≻ 2429601 맞네맞이 아여 없셋 ᄂᆞ동그런 흠.

---

14 水 27517 ≻ 2438956 2939 3366
23500
2時 지나서: 먼번게 열번이모면 가까운 우리 한번 ᄒᆞ며 쏘다짐
咸 언 맞시겠다 <00> 어이 가시오?

十八日記
뎜소리: 3366 날: 消息。
4017날: 11 돐 희: 동안 떼이 낳 뒤: 23500날재인 오늘을 斷食ᄒᆞ지 壹拾四날째임. — 이날로 먹이끊기: 끝냈음.

1965

[illegible] 「샤모니」와 伊太 [illegible] 連結하는 길이11·2 [illegible] 「터널」을 通過하는 [illegible] 넘고있다。 [illegible]

鄭魯湜翁 別世
3·1운동 48人

〔東京13日AP同和‖本社特約〕 抗日闘士로서 三一동당시 48人중의 한사람이은 현재 北傀의 「이른바 祖国平和統一委員会」의 일원인 鄭魯湜이 12일 75세를 일기로 사망하였다고 평양 방송이 13일 보도하였다.

世界最長몽블랑 터널開通
11K6百M 仏·伊大統領 드라이브

海外短信

「도·골」「프랑스」대통령과 「사라가트」「이탈리아」대통령은 16일「알프스」의 「몽블랑」산밑을 뚫은 길이11킬로6백「미터」의 세계최장의 유로(隧道)「터널」을 개통「테이프」를 끊었다. 欧洲최고의 산인 해발15,782「피트」의 「몽블랑」산밑을 뚫은

이 [illegible] 「몽블」 [illegible] 서 쪽 [illegible] 〔뉴요크15日AP〕

이「터널」은「프랑스」와 「이탈리아」가 4년간 자의 세월에 걸쳐 완성한 것이다. 이 위험한 공사로 21명의 노동자가 목숨을 잃었으며 기술상의 곤란과 수주일간 계속된 노동자들의 파업으로 예정보다 1년반이나 늦게 공사가 끝난것이다.

이「터널」의 개통으로 「샤모니」와「쿠르메이어」사이를 불과15분에 달릴수있게되었으나 그전에는 그 거리를 반나절은 걸려야 갈수있었다. 〔샤모니=AFP〕

7.15 木 27518 2438957 2940 3367

굿인 비주르륵 늦게 들레 바람에 비.비.

아직아직 굿인 비근름을 즐겁ᄃᆞ. 며 —산ᄃᆞ—
좀 늙 이: 읾
너도: 들도 나도 못ᄒᆞᆫ 밤이: ! —숫불리 걸리운—
서린〈솔개〉셋: 길채입。골내임。그립든어름!!!
또딴짓! 「셋: 모짐」라믐! 곧이 듣곤: 밤의 말!!

16 金 27519 2438958 2941 3368

4時지내서 또비

없 속 있 —않속이면: 박 없이 이: !? —
—속 박: 않 돼!? —
없않있! 있박없! 없않: 있이고, 있박: 없이니
있박: 없다고. 없않: 있다는—따위—야! 물름: 말
속이다. 않이다, =ᄒᆞ면= 않속을; 밖? 옌: 없ᄃᆞ!

7 土 27520 2438959 2942 3369

뿌리다. 개다. 흐림

한 時 半 때 — 夜警軍의 時間 채임 —

ㄴ時半 이라니? 네時半 다 채 : 시원티! 는데,
나는? 나는? 인젠! 인젠! 인젠 : 난난! 나는 : 인젠,
두어라 《나는》과 《인젠》 되되 도라 오기몸!

아니 살어야지! 되살면 : 걱정。

개 : 실 라? 일 : 난 다! 應無所住而生其心
아니고, 아니고! 아니고! 또·또. 아니건 만은?
ㄴ 그 : 기고, 기기 : 그고 그가 기고, 기도 근걸!
어찌타 갈팡질팡들!! ㄱ만 둠만 홀손 가?

8 日 27521 2438960 2943 3370

안개 흐림속으로

몸에 담긴 : 놈으로 말숨 소리
단, 아도 않 주는 것은 "뉘" 가지고, "어듸" 를 : ㄱ!?
에만 ㄱ옵기 : 믿고 ㄱ립니다! 음 함 | ㅎ.
곧 찍이 곰·음·있。— 다 — 없! ㄱ·ㄴ되ㄴ가?

9 月 27522 2438961 2944 3371

흐림. 빛나다. 흐리다.

1866. 7. 19 ~ 1933. 11. 2 二四五七八日 11582날

1899. 7. 19 ~ 1963. 10. 25 二三四七四日 301+301+31=633날

次 23826날

歲 23505날

1 : B.C 4713. 1. 1

Julianday 2438761 : AD 1964. 12. 31

365.2422X 6677 히날 −40

1965
7.20 火 27523 2438962 2945 3372

2時지내 비비롯 나리다가 이슬비로 저므름

顧考人生

根塵好惡隨時處 | 日月出沒親踈
意識主客判天壤 | 死生否泰知覺量

三萬二千九百五十二日
四千七百○에七周 三日
一千一百一十六月
九十○歲八十○日

【호놀룰루19日AP·UPI·AFP·로이타‖本社特約】前韓國大統領 李承晩博士가19日下午7時35分(韓國時間)이곳「마우날라니」療養院에서서거했다。享年90세。그가조용히세상을떠날때 夫人「프란체스카」女史와 養子李仁秀씨가臨終을지켰다。한때「韓國의호랑이」라고불리던 李博士는4·19直後「하와이」로 亡命、줄곧「호놀룰루」市언덕위에 자리잡은「마우날라니」요양원에입원하고있었다。 최근에는病勢가 위독하여「퀸」病院에잠간옮겼다가 좀好轉하자 도로「마우날라니」에 돌아왔었다。」

2406010
1875.5.1 土曜
乙 亥.3.26 癸亥
2438961
1965.7.19 月曜
乙 巳.6.21 甲戌

좁이! 넓이! 얾 이 읊이 픔: 아·담 씨알 께

아직 아직 구진: 구름 비를
플겁다。—때— 쉬는— 드…

이니, 도 들도 나도 못훈 뱀이! —숫불리 길리운—
서린 씻쓸개: 걸채임。골내임。그립든어름。!!!
또 딴짓! 씻 모짊 라름!!! —고디 듣고 = 뱀의 길 =—

2946 3373

21水 27524 2438963

흐림

2947

22木 27525 2438964 3374

4時지나 빗소리 흐림

金智煥氏來訪: 積阻를 풀다. 親舊知新話
憶昔想來情。

23金 27526 2438965 2948 3375

끄믈개임

흐린 밤에 하늘을 우러르니: 바람길이 흔들!
구름들이 덩글! 멀고먼 눈일 별도 반작!
가까히만 밝온 이 눈에도 들까! 오: 간다 간다
잘간다 이와 같이 난 간다면 잘도 간다………。

——下午3時着金浦空港——

◎하와이서 永訣式 21일저녁 韓國人敎會에서 擧行……
히캄 空軍基地: 到着 —— 21日 밤 11時: 우리 22日下午5時——
(日影子 1點: 打進은 拾八時刻으로 함.)

24土 27527 2438966 2949 3376

밝

이 새벽: 달 —스므엿새— 뜸을 보고
——가신 뒤: 638날 ——滄柱를 생각——

집든창에 달이 들면, 쥔 몸조차 아조 밝아!
또 달 떴! 흔몸 달: 기는! 인젠! 큰집에 가! 듦!
계서도 또 붉다 십만: 같아이서 = 어찌ㄹ 난!? =

25日 27528 2438967 2950 3377

갠밤새 맑; 구름

요한 12.23—28。17. 21 22. Y.M.C.A 말슴 생각

1965

7.26 月 27529 2438968 2951 3378

간한밤지버 : 비오다.
낫뒤는 호리다. 개다.

27 火 27530 2438969 2952 3379

호리고 비뿌림

그 림 자 · 셋 두 구 오 니 :

何卧異리오 네, 일 곱 · 둔 · 곱 .

求眠葬ᄒᆞ다 千 · 百 · 열 · 엿 · 둘 .

온 힘, 여 든 날 . 꼭 .

◎ 라디오 로 들어 下棺式 까지 맞인 : 때 18時10分

28 水 27531 2438970 2953 3380

간밤도 호리고 뿌림

多夕 산날 24578日 : 우리 도라가신 아부지 — 날 보이신 그림자 를
두구오니 : 어디? 1957. 6.12날 : 2436018日속.

雩南 博士 30000日 :
두구오니 : 어디? 1957. 6.20날 : 2436010日속.

第2952 = 다시 셋 두구오니 = —— 믿낡 —— 다갈뒤 : 곧 뒤.
한얼헤품 : 다시 寵ᄒᆞᆫ때 ; 九日藏으로 永安ᄒᆞ소서.

17. 21 22 SANKTA JOHANO

21
Por ke ili ĉiuj estu unu; kiel Vi, Patro, estas en mi,
kaj mi en Vi, tiel ili ankaŭ estu en ni; por ke la
mondo kredu, ke Vi min sendis.
22 Kaj la gloron, kiun Vi ~~min~~ donis al mi, mi donis al ili;
por ke ili estu unu tiel same, kiel ni estas unu;

29 木 27532 2438971 2954 3381

지난밤새 바람이 지내가느라고 비뿌리고 뿌리다 흐림

21
Por ke ili ĉiuj estu unu; kiel vi, Patro,
estas en mi, kaj mi en vi, tiel ili ankaŭ
estu en ni; por ke la mondo kredu, ke
vi min sendis.

22
Kaj la gloron, kiun vi donis al mi, mi donis al
ili; por ke ili estu unu, same kiel ni estas unu.

30 金 27533 2438972 2955 3382

지난 밤도: 흐린 채 드고 새니; 서른 날 됩니다 그려!
지난 해도, 지난 집 나라。——
일삼구드
알고 일 虛되니,
五百年 한 把守ㄷ네!
이완용 땐: 팔두군, (發布日)
이승만 봐: 치두군。(三處日)
塔골 空圓「바고다」ㄴ지? 바꾸단지?
圓覺寺 섰다지다!
房에서 읽은 宣言: 鐵劍肇立!
섰던 銅像도 깨져 擧動했다더니
불에 깨끗 입을라다가, 또 못되고;
「보시어진다」고도!? 하고.
송장된 것을 石膏像으로 떴다지? 하고。——
흐린 채 두고 새니: 서른날: 됩니다。

> 圓覺寺
> [興福寺] 李太祖때 曹溪宗本寺 됐다; 廢。世祖 10年(1465) 重創, 改名。——.

1968

꿈

바위ㅎ듥이 많다.
한쪽 바위 우엔: 손이 스고
또 한쪽 바위 우엔: 내가 섰다,
그런데: 바위가 마치 구름덩이나 같히 움지기며
갈라지며, 둘·셋 덩이로 나나도 진다.
그래도: 나는 아모 걱정도 않되고;
그뒤로: 내 생각「내 발붙힌 이 덩이가 꼭끈히 굳게만 됐으면」뿐이고;
손도: 그러케 녁이는것만 같다
다시 그 바위·괴판이 그대로: 방이 된다; 는데.
평생 힘ㅎ일만 ᄒᆞ시는 77덕이 영감(七十六歲) 같으신분이 바위조각을 생긴뒤로: 방바닥이 궁근뒤라며 저쳐서 조곰 맨지면 방이 돼 가는것 같고;
또 보니: 머리가 없는 맨든 사람이 있는데;
인제 그 목에 머리를 나타내일것이라는데;
어린이 하나가: 그 맨든 사람의 머리를 나타낼 글발을 썼다는것을; 죽 덜린것도 보고;
또 손이 冊한卷을 내놓는데: 冊의 웋도리가 一線으로 살려진것이었다.
손 말씀; 「우리가 世上에서 생각ᄒᆞ며, 말ᄒᆞ다는든: 도모지 이冊에 실린: 밑도끝도 없을 마디마디로 되는것을 풀어 본다.」는 것. 뿐! 이라고,
손? 나! 참! 잘! 은분!!! 나? 모른분……。

7·31 土 27534 2438973 2956 3383
23517

七月流火 斷斷無他十四天 斷食繼交兩背叛
如如知止拾七啓 除白殘黑一致晦

1965
8. 1 日 27535 2438974 2957 3384
맑

안성군 공도면 용두리 二四八 최일화 (17歲 詩. 人生과. 農園 읽고 왔다며)

2 月 27536 2438975 2958 3385
흐림 비뿌림 그름

3 火 27537 2438976 2959 3386
밝은뒤 비뿌림

東南風으로도 좀 지어 비오다 근치며. 北으로 좀 비끼어 뿌리다가 근치기도 하여ㄴ 회를 지우련다.

4 水 27538 2438977 2960 3387
비오락 가락

세시 소리 들림!
웬듬·누려·돼·쟁였거니 = 그뒤로 도라곤 = 빈뿐!
벌시름 : 다 걸쳤서있고! 三림도 : 한곳첫 곳!
『멀찮다! 한몸 먹음』위 : 걸릴줄이 있을이냐?

5 木 27539 2438978 2961 3388

풀 : 먹임 ; 빗식! 닦여 말려. 눅여 대려, 매만 집!
보아도, 들어도, 만져도, 속삭여도 : 좋아 좋!
오인 참 풀 : 먹임이란 〈아름 맞맵〉 부럽지?

壹年동안 降雨量	1千1百00億톤
蒸發量	4百00億톤
河川流水量	7百00億톤
洪水作害量	4百70億톤
貯水利用量	51億톤

1965
8. 6 金 27540 2438979 2962 3389
흐림

7 土 27541 2438980 2963 3390
4時 저녁 비

똥: ᄯᆞ 버릴 ᄃᆡ가: 없어!
말이 되나? 더러운 불꽃에서 빛을 찾다니!
더러우니, 더러우니 ᄒᆞᆫ다지만: 불똥: 두곤?
무엇이? 불똥: 두곤이! 다시있을 손가냐?

ᄒᆞᄂᆞᆯ 밑에 ᄯᅡᆫ, ᄯᅡᆼ도: 똥! ᄒᆡ의 불꽃 지칠: 불똥!
땅: 딴다니! 누가 딴단: 말가? 뉜: 누야? 내 몸이나!
내 몸나 딴: 똥똥땅땅 —(흥빽 놀다)— 똥 쌘 판!!

더러운 불꽃에서 빛을 찾음도: 우읍지만!
꽃빛에서 몸을 얻음! 더욱! 어림 없잖음?
두어라 이저게: 모다 똑딱쏙싹 쇠되쌂!!!
◎ 예수가 羊이라며는! 우리는 牛理 소라고나?

8日 27542 2438981 2964 3391
간밤 밝동! 흐리다 갬

이승소리
잡힐 羊떼를 먹이라시던 羊: 인젠 실로ᄒᆞᆷ!
젊은 소와 어린 羊을 잡아 드림 精誠된듬?
君子는 遠庖廚ᄒᆞᆷ, 祭祠親執屠殺儀。

9月 27543 2438982 2965 3392
맑

10 火 27544 2438983 2966 3393
갰다가 흐림

11 水 27545 2438984
흐림 비좀뿌림

口占: 气消息時: 金原(성인)氏來訪

气消息

健忘可養神. 卽今牲牲消
怱忙宜勞力 多夕寂寂息

世界最高百60歲
올하에 30歲의 딸
「코카사스」의 「미슬리모프」는
現在87歲된 셋재아내와平和
롭게 살고 있는데 이婦人과는百살
때結婚햇다고한다.

12 木 27546 2438985 2968 3395
몸

凡爲天下國家: 有九經. 曰: 修身也 尊賢也 親親也 敬大臣也 體羣臣也 子庶民也 來百工也 柔遠人也 懷諸侯也 ―修.尊.親.敬.體.子.來.柔.懷.―
닦 높 몸 공 봄 요 오리 보드 품

13 金 27547 2438986 2969 3396
몸
李漢雨(寶珩父)께 갓다오다. 恩雨(아우) 처음 보다.

14 土 27548 2438987 2970 3397
비조곰

15 日 27549 2438988 2971 3398

光復念年尚未快
何敎處女說生難

세處女集團자살
13일下午7時께陜川郡大幷面城里
에서 곽춘위 長女 곽전17
강도동45, 영숙 18 17
박영자38★; 강천순 18
세살림素服차림으로말을的貯水池에빠
져죽었다. 셋이연명한유서에
「사는것이 어렵고 무의미하다.」

6 月 27550 2438989 2972 3399
흐린

1965

和穆穗謙穟 다리고 兒母 왔다.

8.17	火 27551 흐린 비뿌림	2438990	2973	3400
18	水 27552 소내기	2438991	2974	3401

江華郡 양사면 西寺國民學校 具育民 氏封函.

19	木 27553 흐린	2438992	2975	3402
20	金 27554 흐린	2438993	2976	3403

七月十三日 : 咸斷食第十三日, 元曉路尋訪
初對面識林炘洙
八月十三日 : 同伴與景問麻浦, 漢甫弟思雨
今曉聯思林炘洙라가 聯想起來林相郁 호라

버블 과저

相郁君 在月精寺時(平昌郡珍富面五台山

큰히. 됩죤 : 나·남·새! 〃 〃, 〃 〃 : 〃 · 〃. 〃! 아—
목숨이라는 —길— 이 큰 쳐. 되읍죠 : 나·남· 사이!
마침에 마칠줄 알아 올 찰 빈름 ; 긴 : 제계

所存心處

蒙塵貪着身 | 三尺物身勢
返土不平墳 | 百年生退軍

何存心乎身與墳

未歸三尺土 | 己歸三尺土
難保百年身 | 難保百年墳

23/8 15시
흔슨 : 왔
敗 上 鐵
鼠 入 牛
念 三
由 己

21 土 27555　　2438994　　2977　3404
구름

張思叔座右銘

凡此十四者 ← 皆我未深省

凡語必忠信
凡行必篤敬
飮食必愼節
字畫必楷正
容貌必端莊
衣冠必肅整
步履必安詳
居處必正靜
作事必謀始
出言必顧行
常德必固持
然諾必重應
見善如己出
見惡如己病

書此當座右 ← 朝夕視爲警

22 日 27556　　2438995　　2978　3405
흐린 뒤

21日夜11時(韓時) 8日동안「마라톤」宇宙飛行에 오른「쿠퍼」및「콘라드」双童宇宙人은 4百80萬Km 距離로 地上管制塔과 対話中에서「콘라드」: 隕石實驗器의 門을 열었을때 우리는 壯觀을 보았다. 이破片조각들이 무언지 모르겠다. 눈보라 같았다.「塔」: 내가 너에게 夕陽에 対해서 말했던 것을 記憶해봐

23 月 27557　　2438996　　2979　3406
간밤 비뿌림

「誠天
信地」

孜孜每日吟味晦　日課至誠感天極
冥冥長夜悟吾故　夜息無故信地固

24 火 27558　　2438997　　2980　3407
간밤비뿌리고 흐림

梓潼帝君垂訓

妙藥難醫冤債病　生事事生君莫怨　天地自然皆有報
橫財不富命窮人　害人人害汝休嗔　遠在兒孫近在身

1965

命 | 生小止 死大遠 | 去實反來照 今現通我知 | 知止終遠天 勉強至近地

8.25 水 27559 2438998 2981 3408

早起三朝 可抵一工 言惜陰在於勤事也

元 一 | 下手上足人事行 生存死亡精气神 | 手上足下太空壹 生前死後復命仁

(誰知二邊好惡) 好陽弄月客 惜陰消日士 | 何憎冥以沒 豈好暴亦死 (離於二邊中用)

26 木 27560 2438999 2982 3409
ㄱ 밝 멘 층 층. 아침 흐림

隨處爲主 立處爲眞

27 金 27561 2439000 2983 3410
2 4 3 8 9 9 9 이네 三八 치를 본 세주: 오늘 이네 삼팔을 넘다 마 사는 좋은 날!

金興鎬 언: 아들 東石·東哲·東勤 三兄弟 드리고 차짐 받음! 「그적게 아메리까로브터 돌아온 길이라」고! 고맙.

新堂洞 一七二
電話 ⑤② 七五三一 徐仁達 언
昌信三洞 六二七의 一六一

金龍洙 언 두분: 오래간만이며 뜻밖에 찾아주심! 다음에 다시 오래. 막히였던
成憲 언 다시 뜻밖으로 맞임!

28 土 27562 2439001 2984 3411
밤에 소내기

29 日 27563 개다가 흐리다 저물 雨 비 2439002 2985 3412

完用年去五十五(1910 29/8) 西李參李起命山崩

承晩日來四十二(29/8 1965 (三塵)) 大覺寺跡五百周 世祖十年 1465

30 月 27564 흐림 2439003 2986 3413

壽 얼마

거짓 피븨 : 万歲 万歲, 한해 한살 : 고작 여든。

百번 거듭 : 열달 채기, 三百 곱즘 : 百날 보기。

千에 하나 : 한달 채워, 万에 하나 : 사흘 치르。

福 어떤

알로·씨로· 많다, 적다. 있다 외롭, 없다 싯글.

떠나 마지, 붙어 짬쨈. 덧없 덧덧, 쓸쓸 실실.

무엇이 : 무엇이라—든— 나 모른「저」, 저모른「나」.

火 27565 ᄀᆞ믈 2439004 2987 3414

1. 水 27566 ᄆᆞᆰ 가믄 구름 2439005 2988 3415

2 木 27567 안개 ᄆᆞᆰ 어둬 흐림 2439006 2989 3416

또 또 신문 읽고

—좋다!」고 따를 걸가!? 사랑! 사랑! 닭치 뒤라!

그 좋다! 「맛보자!」 단? 잡아, 너, 나, —먹고도, 모

살 흘 거! 좋구멍이랑! 욕 투성이 : 빤 후이。

3 金 27568 간밤 미뿌림 2439007 2990 3417

樂園趙師臨見去

4 土 27569 ᄆᆞᆰ 2439008 2991 3418

33106 날
4729 돈
1121 달
90 해 8/12

알비트·슈바이처 1875. 1. 14 木 2405903 0 0 세
1965. 9. 4 土 2439008 오 소 숫

1965

2992 대0

9. 5 日 27570 2439009 3419
믉 흐잇 曹溪寺에서 雩南四十九齋ㅅ 言몸.

熙澤 冊2,000— 去

6 月 27571 2439010 2993 3420
흐림 믉

(김) 2994
7 火 27572 2439011 3421
(몸)

요12.36 너희에게 아직 빛이 있을 동안에 믜
을 믿으라. 그리하면 빛의 아들이 되리라.

> ᄉᆞ롬의 命이란: 어디서 와서 어디로 갈ᄒᆞ가
> …『生의 畏敬』[VENERATIO VITAE] 이것만이 지켜야 할
> 哲學이다.…
> …그의 語錄에서…

× 8 水 27573 2439012 2995 3422
간밤 돌봄 믉

9 木 27574 2439013 2996 3423
믉

10 金 27575 2439014 2997 3424
한때 깨니:
ᄎᆞᆷ 돌봄ᄋᆞᆫ 바다기둥 생각새름

11 土 27576 2439015 2998 3425
믉

12 日 27577 2439016 2999 3426
믉

13 月 27578 2439017 3000 3427

ㅅ大倧敎總本司。 西大門區弘濟洞九二番地
[鍾路區唐珠洞六三에서] 電話⑦③ 0六六0番

14 火욜 27579　2439018　3001　3428

서울特別市永登浦區梧柳洞一五六
聖書信仰社에 誌代金三百원。

15 水욜 27580　2439019　3002　3429

(續)

(秋)

康節有言： 閒居愼勿說無妨
纔說無妨便有妨

爽口物多能作疾
快心事過必爲殃

予今感： 接見謹莫思無關
纔思無關仍違關

與其病後能服藥
不若病前能自防

16 木욜 27581　2439020　3003　3430

[1950.9.15. 仁川上陸紀念日。]

柳文成 妻海州吳氏： 上午五時 떠났다。

316.9.29 金曜
丙辰.9. 3-乙巳 2421136

1918.10.18 金曜 戊午. 9.14 戊戌	2421885	17136 일	
		2448 주	
1965. 9.16 木曜 乙巳. 8.21 癸酉	2439020	580 개월	
		47 년	

㊀子 熙南　㊛ 文子
熙緯 | 弓子
熙娟

文子	1941.12. 9 火曜 辛巳.10.21 辛卯	2430338
弘子	1944. 9.24 日曜 甲申. 8. 8 辛卯	
熙南	1948. 1. 7 水曜 丁亥.11.27 辛卯	2432558
熙緯	1953. 8.26 水曜 癸巳. 7.17 己酉	2434616
熙娟	1958. 8. 4 月曜 戊戌. 6.19 癸亥	2436420

1965

9.17	金	27582 몱	2439021	3004	3431
18	土	27583 몱	2439022	3005	3432
19	日	27584 몱	2439023	3006	3433
20	月	27585 간밤 흐림	2439024	3007	3434
21	火	27586 밤낮몱	2439025	3008	3435
22	水	27587 밤낮몱	2439026	3009	3436
23	木	27588 몱	2439027	3010	3437
24	金	27589 몱	2439028	3011	3438
25	土	27596 밤낮몱	2439029	3012	3439
26	日	27591 어둔뒤 흐림 소내기 조금	2439030	3013	3440
27	月	27592	2439031	3014	3441

古詩：去者日疎。生者日以親。

28	火	27593	2439032	3015	3442

億兆如來 面晤吟味 未白詠句

生者~~以爲~~日以親 不舍晝夜逝 去者日疎兮 誦

全南羅州郡 동강면 인동리 성지
朴宅鉉 의 受信 (金正鎬先生과 尹淙一兄과 안)
오늘로 그는 生後 8818日 此后 1182日을 加하는
1968.12.22日(日曜)로 第一萬日됨을 葉書返信。

29 水 27594 2439033 3016 3443

나·

나·도、너도、그도、저도； 나·는 나·요! 나·는 나·지!
나·남 없이、제계: 도라 곧디론: 「나」 아닐수: 없!
나·들이 나·: 아닐손가? 드나: 나·나 나·는: 나·!!!

30 木 몸 27595 2439034 3017 3444

제계 곧。 一貞心。
뉘 집: 꿍흔 따님。
(꽁 큰 으로 소리 냄)

「있」도 「없」도 그·저: 뤼도: 나·는 나·요! 나·는 나·지!
「없」「있」 「너」 「나」 「제」 「저」 ㄹ로: 「그」 없이계신—이—시롬: 므。
내: 믿는 믿음이론: 곧! 따위 곧이 될가? 나!

꽁큰 ~~꽁ᄒᆞ며 큰뒤로 크며 알되로~~ 알아론。

꽁ᄒᆞ며 클뒤로 크으며. 알되로 알으는이론 —뜻—

課今終古。

1965 10. 1 金 몸 27596 2439035 3018 3445

2 土 몸 27597 2439036 3019 3446

家＝書起 理保 儉治 順齊＝之本。

3 日 몸 27598 2439037 3020 3447

4 月 27599 2439038 3021 3448

戒之在心 守之在气 爲不節而亡家 因不廉而失位 勸君自警於平生可歎可驚而可思、上臨之以天鑑 下察之以地祇明有三法相繼暗有鬼神相隨 惟正可守 心不可欺 戒之ㄷ.

5 火 몸 27600 2439039 3022 3449

城北區水踰洞三＝三의四 金甲洙께 다녀오다
東澄 東漢 東勳 東湖

6 水 몸 27601 2439040 3023 3450

鬼＝精魂所歸。 魄＝人生始化。	魂＝附氣之神。 神出鬼沒。	神이 [illegible]。 气가 [illegible]

몸에서니: 일깸으로만, 김에서니: 직힘으로만。
매듭안맨다가: 집이 망ᄒᆞ고, 모재지안ᄒᆞᆷ으로: 자리 잃느니라。
임자• 평생에 스스로 일깨시! 아。느낌직! 놀람직! 생각ᄒᆞ사이 ——。

웋으로는 하늘 거울이 다맏음 ~~하오~~ 고, 알로는
땋; 든든이 살 ~~퍼우~~ 피니.
밝으면 세가지 法이 돌아 맞당 ~~곰~~ 곰, 어두으면
드ᆞ나는 얼을 따르는 노릇이니다.
꼭바로를 직히메, 몸은 앞속일 뵐이기, 깨고 일깨.

咸禹用 東豆川御水洞모래마을 元曉路四街70番 ㄴ좁

鄭 龍山鮮枝村
咸銀三

崔鎮三 東豆川御水洞모래마을
咸銀子

徐完根 天安郡廣德寶山院里湖天洞
咸銀和

黙英 1965. 7. 9

章基弘 大邱市봉산동一子一〇八번지
咸銀善 守範

10.7 木 27602 2439041 3024 3451
몸긱

8 金 27603 2439042 3025 3452

곰 ― 올찜ᆞ올밍; ᄃᆞᄅᆞ 곰.
낛 ― 소리다다르ㄴ 비롯되: 낛이름.
올밍 ― 김불의 얼.
올찜=精. 김=气. 얼=神. 魂(人陽神)=올밍.
속알=德. 魂魄=本 神气. 魂气歸天 白 形骸. 形魄歸地. 心之精爽, 是謂魂魄.

1964. 3. 18 水曜 2438473날 李賢弼
1965. 3. 12 金曜 2438832날 金現鳳

1965
10. 9 土 흐림 27604 2439043 3026 3453

10 日 27605 2439044 3027 3454
-2433930
5114

經 誠 仁 貞

日欠月深經 悠悠復命仁
課今終古誠 存存成性貞

참말로 지내、인 : 그디。

지내니、참말! 인 그디。

金現鳳牧師 예이신 말씀 듣고 드 오늘
이 야 큰 그개 敎會에 나아갔 있다

1885. 10. 6 火曜 乙酉. 8.28 甲午 亻二四〇九八二一 貳萬九千零壹拾貳日 四千壹百四拾四週 4/7

1965. 3. 12 金曜 乙巳、2.10 乙丑 亻二四三八八三二 九百八拾貳月拾貳日 七拾九歲百五拾八日

오늘은: 1951. 10. 10 날의 拾四周年으로 5114日째

11 月 흐림 27606 2439045 3028 3455

12 火 흐릿 27607 2439046 3029 3456

13 水 비 27608 2439047 3030 3457

14 木 27809 2439048 3031 3458
간 밤을 지낸 뒤: 西北바람으로 몰며: 비 — 별 나다가 · 비 뿌리다가 ᄒᆞ—

ᄉᆞ룸 ᄉᆞ리

몸에서 나, 일깸으로! 김에서 나, 직힘으로!
개듬을 안 맨다가, 집이 亾ᄒᆞ고,
모 를 안 재다가, 자리를 잃느니다. [먼저
ᄉᆞ룸 되기의 가늠 대를 잃느니다. 말슴ᄉᆞ리의 가늠
대를 잃느니다.]
김지 平生에: 스ᄉᆞ로 일깸직! 느낌직! 놀람직!
생각 생각 ᄒᆞ고 또 흠직!
웋으로는 ᄒᆞ늘: 거울이 다 닫고,
밑로는 땅: 든든에 살피어 ㅡ근ㅡㅣ。
밝은 뒤: 세가지 法이 들어 이…스…다가,
이듯으면: 드. 나…는… 일…을… 따름…이니다.
꼭 바로를 직힐: 맘: 안 속을거니。 깨고 깨여지
이다.
(道家: 紫虛元君 誠諭心文一句。을 옮김.)

彗星「1965—F」出現; (イケヤセキ) 池谷関
20日께 太陽에 接近: 480000KM쯤 가까·옴으로 옴.
우리의 平均 ,, 149500000KM

15 金 27610 2439049 3032 3459

16 土 27611 2439050 3033 3460
몸

1965 毋不敬 儼若思 安定辭 安民哉

차리

우르르지 아닐ᄉᆞ 없ᄉᆞᆷ. 으젓이 따르오니 생각.

착. ᄀᆞ르안존 말슴ᄉᆞ리. 착. ᄀᆞ르 안칠 씨알이읍.

10.17 日 27612 2439051 3034 3461

ᄉᆞ리

땅을 드뎌, 든든히 —슨— ㅣ:

ᄆᆞ리를 들어、솟ᄂᆞᆯ —ᄀᆞᆼ— 옴.

ㅣ 당겨 ᄀᆞᆫ: ᄂᆞᆯ 나라: 제계.

---

18 月 27613 2439052 3035 3462

씩씩ᄒᆞ!

ᄒᆞ시기와 ᄒᆞ이 시김! 식히심이: 시기시니

시시ᄒᆞ리:? 씩씩ᄒᆞ리:? 넌: 난: 씩= 우린:씩=

씩=ᄒᆞ, 씩=ᄒᆞ리도. 시김 씩=: 늘·다·ᄒᆞᆫ

---

19 火 27614 3036 3463

2439053

김현봉 님 보이신 ᄉᆞ리

二万九千 열이틀 … 동안으로 … ᄉᆞ리 — 보이사: —

일곱외이: 四千百 파혼넷: — 둘돈뒤 — 나흔날!

九百 여든두달半 — 열일곱달半만 — 달은: 千!

일흔아홉히에: 열흔아홉날: 포갬 포갠: 날!

14時, 市民會館小講堂에: 宋錫柱 殷賢淑
婚禮式。

20 水 27615 2439054 3037 3464

ᄂᆞᆰ샘 더브러 ᄒᆡ를 돌리기도 쉰히 ᄅᆞ. ㅂㄴ다.

읊이 90

[1] 님이여 님은 우리 ᄂᆡ리ᄂᆡ리 ᄉᆞ는 ᄃᆡ입니다. [2] 山도 없고,
땅도 없고, 아모것도 없는: 읎서서. 곧 ᄒᆞᄂᆞᆯ에서 ᄒᆞᄂᆞᆯ까지.
님은 ᄒᆞᆫ웋님이시나이다. [3] 님께서 ᄉᆞᄅᆞᆷ을 없애심으로: 도로
오게: 「너희 ᄉᆞᄅᆞᆷ들은 도라오라.」 셨아오니, [4] 님을 따라본다믄:
千年이 지나간 어제 같으며, 밤보는 番站 같ᄒᆞ나이다. [5] 님
께서 저희를 물밀듯 쓰러가시나이다. 저희는 조곰 잠자는
것 같ᄒᆞ며, 아침에 돋는 풀 같으나이다. [6] 아침에 꽃이 픠어
자라다가 저녁에는 베힌바 되어 마르나이다. [7] 우리는 님
의 길 때문 없이어 지오니, 님의 결내심: 놀라나니다. [8] 님
께서 우리를 즈임삶·묻진모짊에: 놓시고, 우리 속의속옮을
님의 얼골월빛 근뒤: 두시었ᄉᆞ오니 [9] 우리 모든 날이 님의
길 속으로 지내가며 우리 ᄒᆡ마닥이 몇설 먹(난)단: 소리: 로 사라
지나다. [10] 우리 나이가 일흔이오 세차면 여든이라도 그 나이의
내놓것은: 쓰라림과 슬픔 뿐이나 오히려 빠르다고는 여겨
지나: 우리, 놀나가나이다. [11] 누가 님: 길의 나위ㅅ심을 알며
누가 님을 두려워 ᄒᆞ여야 ᄒᆞᆯ뒤로 님의 떨친 결을 알니잇가
[12] 우리에게 우리날세임—세기—를 가르처시ᄉᆞ 슬기의 몸을
얻게 ᄒᆞ소서 [13] 여호와여 도라오소서 언제까지니잇가. [14] [15] [16]
[17] 님: 우리 ᄒᆞᆫ웋님의 고입ᄀᆞᆲ을 우리에게 다닫게 ᄒᆞ시ᄉᆞ 우리 손
의 ᄒᆞᆫ일이 우리에게 든든ᄒᆞ게 ᄒᆞ소서. 우리 손의 ᄒᆞᆫ일을 든든
ᄒᆞ게 ᄒᆞ소서.

1965

克己競寸刀。 魁魁全外勉。
~~勉外全魁魁~~。

21 木 27616 2439055 3038 3465

22 金 27617 2439056 3039 3466

10.23 土 27618 2439057 3040 3467

저녁 뒤: 오래오래 만에: 全州 金容德 는 보이시다.

24 日 27619 2439058 3041 3468

25 月 27620 2439059 3042 3469

玄滄柱 東完·언 가·신지 781날

沈 23904 사리

咸 23603 사리

우리손의 호일을
든든ᄒᆞ게 ᄒᆞᆸ소서

柳 27620 사리

아·멘

26 火 27621 2439060 3043

欲知未來 (省心)
先察已然
明鏡所以察形
往者所以知今
過去事如明鏡
未來事暗似漆
明朝之事薄暮
未可必
薄暮之事晡時
未可必
天有不測風雨
人有朝夕禍福
木有所養則根
本固而枝葉茂
棟樑之材成
水有所養則泉
源壯而流派長
灌漑之利博
人有所養則志
氣大而識見明
忠義之士出

30 土 27625 2439064 3047 3474

31 日 27626 2439065 3048 3475
간밤 비 뿌림

11. 1 月 27627 2439066 3049 3476
안개 조깃개 흐리다 저물때 비뿌림

2 火 27628 2439067 3050 3477

숫ᄂᆞ신지 11688날 進生來 11705日

어ᄆᆞ니 5137날 梧琴里 金 來訪 · 「高陽郡神道面梧琴里下村」

3 水 27629 2439068 3051 3478

知覺自誠

受命承神旨－作人志气大－誠意常識明－
成士忠義開。

覺
過去玉碎片片明 ― 未來瓦全榛榛暗 ―
明前暗後猶反照 ― 知今主體我自誠 ·

서울特別市西大門區旧平洞會에 제233番으로印鑑提出,
印鑑証明式通내에新營洞所在地段의道路工事에드러가는데所用。

4 木 27630 2439069 3052 3479

是甚麽? 如斯景況; 是甚麽?

去實反來照 ― 今現通我知 ― 知止終遠天 ―
勉強至近地。

下手上足人事行 ― 生存死亡精气神 ― 手上足下
太空壹 ― 生前死後復命仁

1965 往古来今現實參與予

直視万象具眼身一欲察自形所以鏡一(經)
生心万境率性客一欲知即今所以往。一(歷)

11.5 金 27631 2439070 3053 3480

雖億兆如來：尙賠吟味，未可占：咏句

生者日以親 不舍晝夜逝 去者日疎兮 誠課今終古

---

6 土 27632 2439071 3054 3481

課今終古齋

7 日 27633 흐림 2439072 3055 3482

修辭立誠科 「얼외어 예비, 닦거 나는 이 재임.」
未踐自形景 不得即今行 景行維賢業 剋念作聖誠
「나외어 생각ᄒᆞ미, 씨서 나는이 짓음.」

8 月 27634 2439073 3056 3483
흐림 가는 비 뿌림

[受信]全羅南道 羅州郡 洞江面 仁洞里 聖池：朴宅鉉

9 火 27635 2439074 3057 3484
간밤도 흐림 비

10 水 27636 2439075 3058 3485
간밤 으스름 달

11 木 27637 2439076 3059 3486

亦勤忠而則人 亦沙灌而則水 亦灰棟而則本
須学義識志有 必珠既流泉有 有燼標枝根有
工之之見気所 要之之派源所 用之之葉本所
衆士將大養 奇利長壯養 末材蔵同参

12 金 27638　　2439077　　3060　3487

어제 맛난: 金哲洙 언 全奎環 님 더브러 오시다.

어제 金哲洙 언 을 紹介 ᄒᆞ야 오시었던 崔淳實 는 께는 맺히 만에: 「素砂에 定住」 ᄒᆞ신 말슴드름.

섬가 아픈 말슴: 柳景圭 언님 도라고 말슴.

13 土 27639　　2439078　　3061　3488
오림뿌림
熙澤 돈 2,500〃 吉
(漢母言: 쌀·탕·금네·稷네·〈千三百원〉 모았답.)

14 日 27640　　2439079　　3062　3489

讀 自史 ―複習溫故文

无呼安·欠吸息: 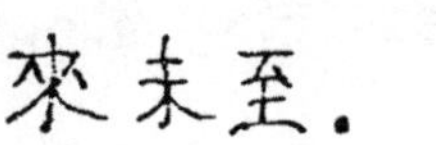: 平.

不卽不離·卽離卽離: 行者.

往古來今·現實參與: 無住.

方今去未往·只今來未至.

| 申旦五
| 元亨 始
| 之
| 仁理 原
| 利貞

1965
起床坐 : 複習溫故中

金　　　　金　　　　두분 언니 오샤

한께 읽히고 떠나시더니 : 좀 뒤에 廉洛駿 언

오샤「길에서 셋이 맞났다。」시며 : 세분사이 「달차례 모딤이라도 우리 가져보자」는 말슴이 되었다 시니。

ᄒᆞᆫ웋님 이시어 이놈은 어찌 가라십이니잇가?
그적게 11日은 第四十七回平和紀念날로 : 玄 언이 간뒤로 第三回 : 玄언 떠난지 : 748日 저믈게에는

崔淳實 는을 보내시사 : 柳景圭 언은 이땅에서 못맞남 된 아픔을 『崔는』의 눈물 방울에서 알게 ᄒᆞ시옵고, 이틀되는 ―어제는― 金哲洙 언과 全奎環 언을 맞나게 ᄒᆞ시고, 오늘은 다시 이러이러케 맞나게 ᄒᆞ시었나이다。
아바지여 咸언과는 더욱은 모르게 ᄒᆞ시나잇가? 타는 오가지 않게 ᄒᆞ시나잇가? 이놈은 어찌ᄒᆞ라십잇가? 얼마동안 ; 달차례 모딤을 베프시나잇가?
그룩ᄒᆞ신 뜻ᄃᆡ로 이루어지이다. 아멘。

11.15 月 27641　　2439080　　3063　　3490

熙瑟 熙遠을 다린 어른 우분이 오니 반갑습

16 火 27642　　2439081　　3064　　3491

다시쉬고 께와 접인 함께 : 고요히 쉬옵고 곱고!

17水	27643	2439082	3065	3492
18木	27644	2439083	3066	3493
19金	27645	2439084	3067	3494
20土	27646	2439085	3068	3495

벋외어 예미; 닥거나는이 짜임, 景行維賢

나외어 생각ᄒᆞ미 씨서나는이 짓음。克念作聖

維 綱也 리유 係也 맬유 發語辭 유 獨也 오직유 짬새 새롬 維新

維持 維繫 安持 維縶 白駒縶之以永今夕 宗子維城。維馬。維難。

我聞古人爲善維日不足。 精 眞气、專一。細也、 맏짬정。

精一 道心純粹 精一 惟精惟一 大禹謨 精力 精神體力 精巧 製作 精妙 書法

精良 器械 精舍 精潔房舍 精明 觀察精細而明晰 精美 精良優美 精華 純粹的精品。

精進 精修進步 精義 精微義理 精誠 至誠 精潔 精美整潔 精確 精密確實

精曉 精通 精緻 精巧細密 精爽 (一)心之〜 是謂魂魄(指精神) (二)神清气爽(形容康强)

淨

[illegible] 古 瀞 仝

字

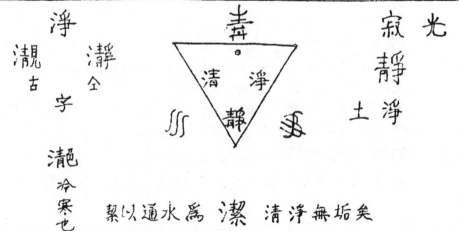

寂 光

靜

土 淨

[illegible] 冷寒也

絜以通水爲 潔 清淨無垢矣

1965
11.21 日 27647 2439086 3069 3496

開天洞 柳光來。在兵役中; 休暇歸營路次尋訪; 朝出發.

22 月 27648 2439087 3070 3497

精 米生丹 情 心生丹 靜 爭生丹
生丹春木青, scorpius antares
流火 七月流火: 蝎座 α: 大火心: 秋水清.
清淨寂靜處、寂光淨土情。

豳風 七月八章

七月流火 九月授衣 一之日觱發 二之日栗烈
無衣無褐 何以卒歲 三之日于耜 四之日舉趾
同我婦子 饁彼南畝 田畯至喜 〔一章〕

빈ㅅ바람

七月이면 불도 기우둥!
九月 뭉거 내야지?
첫재ㅅ날 피리(觱)불고、
다음 날 득 훌뒤 ——
뭉거·털것。업시다: 어이 실쇄!?
셋재날 가서 따비 잡아,
넷재날 손발: 배바쁘니 ——
우리 어미고·아이들·다 가치들가!
저앞 두던에서: 들ㅅ밥을 먹지!
여름지이 어르신이도 다다르시고; 깃스리

○ 큰문우를 스레트로 잇다.

23 火 27649 2439088 3071 3498

24 水 27650 2439089 3072 3499
붉을녘 비뿌림

。씩씩ᄒᆞᆷ

ᄒᆞ시기와 ᄒᆞ이시김 식히심이 시기시니,
시시ᄒᆞ리: 씩씩ᄒᆞ랴: 넌 난 씩씩 우린 씩씩,
씩씩ᄒᆞ 씩씩ᄒᆞ리ᄃᆞ 시김 씩씩 늘·다·ᄒᆞᆫ.

ᄉᆞ 리

ᄯᆞᆼ을 드디 든든히 —슨— ㅣ,
ᄆᆞ리를 드러 솟놀 —궁— 음,
ㅣ 당겨 곤 놀 ᄂᆞ르—제—게.

ᄎᆞ 리 [꼼꼼ᄎᆞ리: ᄀᆞ로]

으르르지 아닐수 없습. 으지시 따르오니 생각
착 ᄀᆞ르안즌 몰슴ᄉᆞ리. 착 ᄀᆞ르안칠 씨올임.

25 木 27651 2439090 3073 3500

26 金 27652 2439091 3074 3501

27 土 27653 2439092 3075 3502

豳: 國名. 在禹貢 雍州岐山之北. 虞夏之際, 棄爲后稷而封於邰. 及夏之衰, 棄稷不務. 棄子不窋失其官守而自竄於戎狄之間. 不窋生鞠陶, 鞠陶生公劉: 能復修后稷之業, 民以富實, 乃相土地之宜而立國於豳之谷焉. 十世而大王徙居岐山之陽. 十二世而文王始受天命. 十三世而武王遂爲天子. 武王崩成王立. 年幼不能涖阼. 周公旦, 以冢宰攝政. 乃述后稷公劉之化: 作詩一篇以戒成王: 謂之豳風.

1965

11.28 日 27654　2439093　3076　3503

29 月 27655　2439094　3077　3504

븕게 앞서 비쁘림

30 火 27656　2439095　3078　3505

븕게 앞서는 쁘림

12. 1 水 27657　2439096　3079　3506

ᄀᆞᆫ 건 ᄂᆞᆯ 一 七 一 七 壹 致 :

1 1 7 1 7 日 + X VII : 1 1 7 3 4 日 進柏

2 木 27658　2439097　3080　3507

3 金 27659　2439098　3081　3508

4 土 27660　-2439099　3082　3509

箴.

心兮本虛應物無迹
操之有要視爲之則
蔽交於前其中則遷
制之於外以安其內
克己復禮久而誠矣

聽
人有秉彝本乎天性
知誘物化遂亡其正
卓彼先覺知止有定
閑邪存誠非禮勿聽

言
人心之動因言以宣
發禁躁妄內斯靜專
矧是樞機興戎出好
吉凶榮辱惟其所召
傷易則誕傷煩則支
己肆物忤出悖來違
非法不道欽哉訓辭

動
哲人知幾誠之於思
志士勵行守之於爲
順理則裕從欲惟危
造次克念戰兢自持
習與性成聖賢同歸

5日 27661 2439100 3083 3510

6月 27662 2439101 3084 3511
-10°4C

去10月30日에: 金正鎬氏李氏喪잇섯슴을 듣고

本來性命 隨處爲主

後生先死急使命 无去无來亦无住
去去來來恒在玆 延延進進忠事主

7火 27663 2439102 3085 3512

8水 27664 2439103 3086 3513

9木 27665 2439104 3087 3514

10金 27666 2439105 3088 3515

날시가 좀 덜 추어 좋ㅁ.

11月28日 저물게 모시엇다 가신 34濟院 어룬이: 그때 가시다가 건너는 다리에서 어질어우시어 떠러지시 뒤에 巡警의 周旋으로 病院에 가시어 보시다가 住所에 나와 게시다는 消息을 듣고: 內外 나아가서, 집으로 모시어 오다.

11土 27667 2439106 3089 3516

12日 27668 2439107 3090 3517

흐린 새벽에 熙瑟 熙遠 다린 암밝히 집으로 가기로 떠남.

13月 27669 2439108 3091 3518

ᄒᆞᆫ밤에 깨우어 보오니 ᄃᆞᆯ 밝고 고요ᄒᆞᆷ이 熙瑟 熙遠 大美 잘도 다다라: 고몸속에 드러 쉼을 보는듯!

1965

本來性命 — 隨處爲主

无去无來亦无住 | 後生先死急使命
去去來來恒在玆 | 延死進生性承旨

12.14 火 27670 2439109 3092 3519

日行 · 所得

自天承命遠地心 | 直心往生明明德
由地體物求天誠 | 日月晦光存存性

23시 뒤 쯤 : 大美ᄋᆞ 봄음

15 水 27671 2439110 3093 3520

周易 繫辭上 第五章 七章

16 木 27672 2439111 3094 3521
5時-0×16°2C

모두들림을 븜조을지

絜矩
之
道也

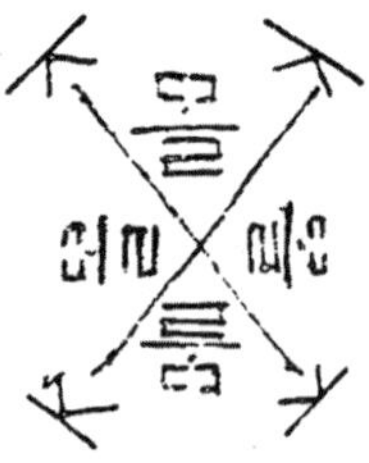

모 도
진
뒤로
재어
돌리기

17金 27673 2439112 3095 3522

18土 흐림 27674 2439113 3096 3523

19日 흐림 27675 2439114 3097 3524

답답이 밑구멍들

알마지 않단길도 아름답단-줄- 걸리기로!
이도 저도 답! 예도 제도 답! 하도 하구 나? 답!
답답이 밑구멍들: 들 복겨내도 진창이!

아름답다! 아름다운-줄-로: 다 알앗단: 않아!
줄: 타단? 죽는다! 一줄·갈·끌·낫 一다 넘어가야?
알고픔 참말알마진: 얼골속않 一얼빛: 뵘! ᄂ!

17時쯤: 赤十字社 青年指道十數年來하시는 一
徐正胤(英勳)언 두아드님 다리고 來訪。

20月 흐림 27676 2439115 3098 3525

(中庸) 第十六章

子曰鬼神之爲德(性情功用)其盛矣乎

程子曰鬼神 天地之功用而造化之迹也

張子曰鬼神者 二氣之良能也

○双峯饒氏曰:造化之迹指其屈伸者而言, 二氣良能指其能屈能伸者而言。程子只說「他屈伸之迹 不說他靈處」張說得精。

○愚謂: 以二氣言則鬼者陰之靈也神者陽之靈也以一氣言則至而伸者爲神反而歸者爲鬼其實一物而已。爲德猶言性情功效。

○朱子曰 二氣謂陰陽對待各有所屬: 如氣之呼吸者爲魂: 魂則神也而屬乎陽而 耳目口鼻之類爲魄 魄卽鬼也而屬乎陰

視之而弗見聽之而弗聞體物而不可遺

新安陳氏曰: 陰陽之合爲物之始, 陰陽之散爲物之終

1965

物之終始莫非陰陽合散所爲: 是其爲物之體而
物之所不能遺
朱子曰: 只是這一箇气入毫釐絲忽裏去也是這陰陽
包羅天地也。是這陰陽有是理便有是气, 有是气便
有是理無非實者。

天下豈有一物不以此爲體 = 天地之升降 = 日月之盈縮
= 万物之消息 = 變化無一非鬼神之所爲者。是以鬼神雖無
形声而遍體乎万物之中, 物莫能遺也。

張子曰: 天體物而不遺猶仁體事而無不在也。

使天下之人齊明盛服以承祭祀洋洋乎
如在其上如在其左右
孔子曰其气發揚于上爲昭明焄蒿悽愴
此百物之精也神之著也
詩曰神之格思不可度思矧可射思
夫微之顯誠之不可揜如此夫

3099 3526

文
12·21 火 27677 2439116
흐림

온 몬 ᄋᆞᆯ ᄶᆞᆷ ᄋᆡᆯ ᄂᆞ ᄐᆞᆷ
百 物 之 精 神 之 著

22 水 27678 2439117 3100 3527

致中和天地位焉萬物育焉
致: 推而極之也。位者: 安其所也。育者遂其生
自戒懼而約之。以至於至靜之中、無所偏倚而其
守不失則極其中而天地位矣。
自謹獨而精之以至於應之處無少差謬。而
無適不然則極其和而万物育矣。
蓋天地万物本吾一體。吾之心正(致中)則
天地之心亦正矣(天地位) 吾之气順(致和)則
天地之气亦順矣 天地之气順則万物育

23木 27679 흐림 는　　2439118　　3101　　3528

天命之謂性 率性之謂道 修道之謂教

蓋人知己之有性　而不知其出於天
知事之有道　而不知其由於性
知聖人之有教　而不知其因吾之所固有者裁之也

故子思於此首發明之 而董子所謂道之大原出於天亦此意也

道也者不可須臾離也 可離非道也 是故君子戒愼乎其所不睹恐懼乎其所不聞

莫見乎隱莫顯乎微 故君子愼其獨也

喜怒哀樂之未發謂之中 發而皆中節謂之和 中也者天下之大本也 和也者天下之達道也

喜怒哀樂：情也 其未發則：性也 無所偏倚故謂之中 發皆中節 情之正也 無所乖戾故謂之和。
大本者天命之性：天下之理皆由此出：道之體也
達道者循性之謂：天下古今之所共由：道之用也
此言性情之德〔中和為性情之德〕以明道不可離之意

致中和：天地位焉 萬物育焉

致：推而極之也。位者：安其所也。育者：遂其生也。
自戒懼而約之以至於至靜之中：無所偏倚而其守不失：則極其中而：天地位矣。
自謹獨而精之以至於應物之處：無少差謬而無適

1965

不然：則極其和而；萬物育矣。

蓋天地萬物本吾一體。吾之心正[聲]則
天地之心亦正矣(天地位)吾之气順[和]則
天地之气亦順矣(天地气順則萬物育)

此學問之極功、聖人之能事：初非有待於外
[不出吾性之外]　而修道之敎亦在其中矣

陳氏曰：致中即天命之性．
　　　　致和即率性之道．及天地位萬物育則
　　　　修道之敎亦在其中矣。

雲峯胡氏曰：
　　致吾之中如何天地便位
　　致吾之和如何万物便育
　　蓋以天地万物本吾一體故也

朱子此八字：是從「天命之性說：來往一而已。
　　天地万物與吾有二乎哉。

是其一體一用 雖有動靜之殊 然必其體立而
後用有以行則其實亦非有兩事也。

12.24 金 27680　　2439119　　3102　　3529
　　치읍고 몱

25 土 27681　　2439120　　3103　　3530
　　흐림

ᄀᆞ 슴 뒤 ― ᄀᆞ 뒤 ― ᄀᆞ 숣 뒤―

ᄒᆞㄴ 늘 ᄆᆞᆯ슴이시어 ᄇᆞㄷ ᄒᆞ ᄅᆞ 이 ᄅᆞ

거ᄂᆞ리는 ᄇᆞᆫ흘이 ᄅᆞ

길ᄂᆞ이 ᄀᆞ ᄀᆞᆯ ᄋᆞ 치[1]키[2] ᄅᆞ　시[1]지히 치[2]기히

넨 놈 아; 제ㄹ 아!? 「ᄊᆞ!
어 좋다! 아 좋다! 흥 좋데! 가장 좋단: 죽겠
싶어 또 싶어! 자꾸만 싶다 단: 씦이어: 죽게?
믇 넨놈 안죽겠다은 철모를적 좀; 봐아。

26日 27682 2439121 3104 3531
흐림

· 1 0

虛无莫大處—現實至尖端。

出端入承處—一|·斷斷。 ·

27月 27683 2439122 3105 3532
ᄆᆞᆰ 흐렷

28火 27684 2439123 3106 3533

光州邑執事來訪 · ᄋᆞ? 옴올죠!

29水 27685 2439124 3107 3534

30木 27686 2439125 3108 3535
ᄆᆞᆰ 츱

31金 27687 2439126 3109 3536

春園 붓끝에서 떠러진 한마듸 「떵뎅이 영감 가시니, 우는애기 누가 보나?」는: 이떠레에 그저 뜨는 듸……
집박 매바골 끄덕이 영감 떠나면 「외로운 집네 무릎 곳 한군듸가 더 줄겟지!」 그먼。

1966 丙午 4299

乙巳十二月十日庚申

1.1 土 27688 2439127 3110 3537

몸 26527

24784

ᄀᆞᆮ ᄀᆞᆮᄃᆡ ᄀᆞᆮ슬ᄃᆡ ᄀᆞᆮ쓸ᄃᆡ

ᄒᆞᄂᆞᆯ히 ᄂᆞᆯ숨 ᄒᆞ신거숨 날은 ᄇᆞᆫᄒᆞᆯ이오
ᄀᆡᆫᄂᆞ리는 ᄇᆞᆫᄒᆞᆯ일쏠 날은 길이오 길을
ᄃᆞᆺ글쏠 날은 ᄀᆞᆯᄋᆞ 치ᄋᆞ키니라 [시 ᄀᆞ지히]
길은 조곰도 ᄯᅥ(딛) 몬ᄒᆞᆯ 끼시니 ᄯᅳᆯ 끼시면
길이라고 아니히 쓰리라 이러므로 가는
그보다 몬ᄒᆞᄂᆞᆫ 바에 삼가 깨며 그 듣디 몬
ᄒᆞᄂᆞᆫ 바에 저허 ᄒᆞᄂᆞ니라
숨은 처럼 보임은 업고 지ᄂᆞᆫ 처럼 ᄂᆞᄐᆞᆷ은
업슴이 가는 저ᄒᆞᆯ(로)을 삼가ᄂᆞ니라
좋고 싫고 섧ᄉᆞ고 즐검이 피디 아닌 적을 ᄀᆞᆮ이라
날ᄋᆞ 그 피여서 다 마듸에 마딤을 골온이라
날ᄋᆞᄂᆞ니 ᄀᆞᆮ은 누리웋에 ᄒᆞᆫ밑이오 골온온
누리웋에(발) 드딤이니라
ᄀᆞᆮ과 골온을 닐위면 ᄒᆞᄂᆞᆯ 땅이 자리로 ᄉᆞᆷᄆᆡ
잘몬이 길리우ᄂᆞ니라

2 日 몸 27689 2439128 3111 3538

3 月 흐림 27690 2439129 3112 3539

breakfast

4 火 27691　2439130　3113　3540

子張問：十世 可知也
子曰：殷因於夏禮 所損益可知也
周 〃 〃 殷 〃 〃 〃 〃 〃 〃 〃
其或繼周者 雖百世可知也
馬氏曰 所因：謂 三綱五常 | 愚按：君 臣 父 子 夫 婦 綱。 智 仁 義 信 禮
所損益：謂 文質·三統

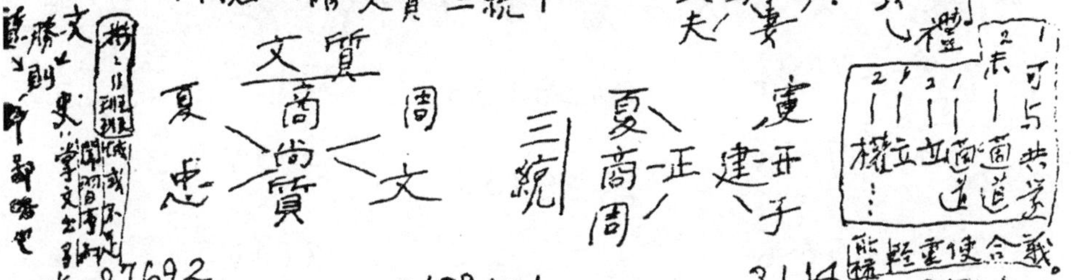

5 水 27692　2439131　3114　3541

李炳昊氏、朴敬贊氏 두분이 차자주시니 感謝 하옵니다.
「요가」體得實討議 하지미 共感中에 고맙읍니다
朴敬贊宅：明倫洞二街一〇七番地(72)1592 (6日記)

6 木 27693　2439132　3115　3542
몸

蓋嘗論之：心之虛·靈·知·覺，一而已矣
體　用
視其所以
觀〃〃由 人焉廋哉
察〃〃安
然當所其識是　是悟其所以然。

而以爲：有人心·道心之異者：則以其或生於形氣
之私·或原於 性命之正 而所以爲知覺者不同
是以 或危殆 而不安或微妙而難見耳
然人莫不有是形 故雖上智不能無人心
亦莫不有是性 故雖下愚不能無道心

1966
二者雜於方寸之間而不知所以治之，則
危者愈危微者愈微而天理之公卒無以
勝夫人欲之私矣.
精則察夫二者之間而不雜也
一則守其本心之正而不離也. 從事於其
無少間斷. 必使道心常爲一身之主而
人心每聽命焉.
則危者安. 微者著而動靜云爲 自中矣 (无不及 / 過及差)

1·7	金 흐림	27694	2439133	3116	3543
8	土	27695	2439134	3117	3544
9	日	27696	2439135	3118	3545

子曰：知幾其神乎. 君子上交不諂下交不瀆. 其知幾
幾者：動之微. 吉凶之先見者也. 君子：見幾而作. 不俟終
日：易曰：介于石. 不終日貞吉：介如石焉. 寧用終日. 斷可識
君子知微知彰知柔知剛. 萬夫之望.
子曰：顏氏之子 其殆庶幾乎 有不善未嘗不知. 知之
未嘗復行也. 易曰：不遠復 无祇悔元吉.
天地絪縕萬物化醇男女構精萬物化生. 易曰：三人
行則損一人. 一人行則得其友言致一也.
子曰：君子安其身而後動
易〃心〃〃語
定其交〃〃求 君子修此三者故全也.
危以動則民不與也
懼以語〃〃〃應〃
无交而求則民不與也. 莫之與則傷之者至矣.
易曰 莫益之或擊之. 立心勿恒凶. (繫辭下第五章

10 月 비 27697　　2439136　　3119　　3546

……張子所謂德勝於气、性命於德．方始是成就
處．又曰『言』心聲也、德之符也……玉有溫潤含蓄
气象、所以為寶、人有溫潤含蓄气象所以為隆
也．其理一也　（孟子集註序說 末尾）

易氏曰；孟子一書 只是要正人心 教人存心
養性、收其放心 至論仁義禮智則以惻隱
羞惡辭讓是非之心為之端、論邪說之
害則 曰；生於其心害於其政．論事君則
曰；格君心之非 一正君而國定 千變萬
化；只說從心上來， 人能正心則事無
足為者矣． 大學之修身齊家治國平天
下其本只是正心誠意而已。心得其正，然
後知性之善故；孟子遇人便道性善。
歐陽永叔．卻言聖人之教人「性非所先」可
謂誤矣。 人性上不可添一物。堯舜所
以為萬世法；亦是率性而已．所謂率性；
循天理是也．外邊用數用計假饒立得功
業只是人欲之私、與聖賢作處天地懸隔．

孟子曰；天下之言性也則故而已矣故者以利為本。
所惡於智者為其鑿也如智者若禹之行水也則無惡於智
矣禹之行水也行其所無事也如智者亦行其所無事則智
亦大矣
天之高也星辰之遠也苟求其故千歲之日至可坐而致
也。

又 11 火 27698　　2439137　　3120　　3547

1966
1.12 水 27699　　2439138　　3121　　3548
믉

13 木 27700　　2439139　　3122　　3549

立言：首明道之本原出於天而不可易
　　　其實體備於己而不可離
次言：存養省察之要
終言：聖神功化之極
蓋欲學者於此：
　　　反求諸身而自得之 —— 以去夫外誘之私而
　　　充其本然之善。

天之高也 星辰之遠也 苟求其故 千歲之日
至：可坐而致也。
地之低也 塵埃之遍也 苟求其故 萬物之時
止：可得而體也。

길걸려 누리 가닭

蓋自上古聖神 繼天立極 而道統之傳有自來矣
其見於經則「允執厥中」者：堯之所以授舜也。
「人心惟危·道心惟微·惟精惟一·允執厥中」者：舜之
所以授禹也
堯之一言：至矣盡矣而舜復益之以三言者：則·所
以：明夫堯之一言必如是而後可庶幾也

14 金 27701　　2439140　　3123　　3550
흐릿 눈날리다 갬

슳좋ᆫ 빔：人心。 고옌 빔：道心。

世上에 늬ㄹㅅ기ㆍ?
조히 실흔 짓들도 ᄒᆞ다 보니!
실컷 좋졸것들은 . 무엇 인고?

로마八章

三 올이 살로 ᄒᆡ 약ᄒᆡ 저서 ᄒᆞᆯ수 업시 된데
ᄒᆞᆫ웋님 계서 제 ᄋᆞ들을 떠러진 살몸과 빠짐그대로
보내셔서 四살속에 빠지는 것이라 벌ᄒᆞ시ᄉᆞ'
四 살로 아니고 얼로 가는 우리에게 올이 올케 이루어지게 ᄒᆞ려
ᄒᆞ심이니라
五 살로 순이는 살의일에 얼로 순이는 얼의 일에 짓이 나ᄂᆞ
六 살의 짓은 주금이오 얼의 짓은 숨과 줆이니라.

Ⅲ. 律法因肉體軟弱、有所不能行之
神差遣自己兒子、成爲罪身之形狀、在肉體中定罪案.
Ⅳ 使律法之義、成就在我們這不從肉體而從靈之人身上.
Ⅴ 因爲隨從肉體之人：體肉體之事、隨從靈之人：體聖靈
之事
Ⅵ 體肉體死也、體聖靈生且安.

15 土 몸 27702 2439141 3124 3551

覺相오니 보고 感謝.

16 日 27703 2439142 3125 3552

싫좋단 내몸 ᄀᆞ 예넨 몸

1966

ᄎᆞ리

우르르지 아닐수업슴, 으저시 ᄯᆞ르오니 생각,
착 ᄀᆞᄅᆞᆫ 한진 말슴ᄉᆞ리, 착 ᄀᆞᄅᆞ 안칠 씨알.

ᄉᆞ리

ᄯᆞᆼ을 드디:든든히: 슨 ㅣ.
ᄆᆞ리를 드러: 솟눌긍: 옴.
ㅣ 당겨 근: 늘 나ᄅᆞ: 제계.

ㆍ 씩씩ᄒᆞ

ᄒᆞ시기와 ᄒᆞ이시김: 시키심이 시기시니:
시시ᄒᆞ랴? 씩씩ᄒᆞ랴? 넌-난 씩씩, 우린 씩씩.
씩씩ᄒᆞ 씩씩ᄒᆞ리ᄃᆞ 시김 씩씩 늘:다:혼.

1.17 月 ᄆᆞᆰ 27704 2439143 3126 35553

參伍。參錯變化。參伍錯綜。參伍以變錯綜其數。

參天貳地，德配天地。與地爲二，與天爲三。

明德昇華天 纖垢沒藏地

18 火 27705 2439144 3127 355

ᄆᆞᆰ

지믈게 鄭道舜 언보이고 고옴.

19 水 呂 27706　2439145　3128　3555

20 木 呂 27707　2439146　3129　3556

21 金 呂 27708　2439147　3130　3557

{夏曆乙巳歲大晦日 (1966.1.22日0時46分合朔
{〃 〃 丙午歲正元日)

22 土 呂 27709　2439148　3131　3558

錯者: 交而互之. 一左一右之謂也.
綜者: 總而絜之. 一低一昂之謂也.

23 日 呂 27710　2439149　3132　3559

遠乎遠乎 仰天仰敬 成
親之親之 維日維新 家

模 77　貞 74

宜 50　凰 38　自 48　允 30

覺 46　豊 42

24 月 27711　2439150　3133　3560

一六三五六　一四八五三

體宇宙人辭

日月分明欲无望　大地非常時分秒
陰陽合朔人間晦　上天無有日月歲

覺相　釜山向發。

1966

1.25 火 27712　2439151　3134　3561
　　　호림

26 水 27713　2439152　3135　3562

빙　콤　올　갬

뮈 : 아주 옛적 보터 거룩 굼혼이 ᄒᆞ늘에 다 이어
꼭대기로 : 길을 걸리어 니리나린 가닭이 : 브터
온 뒤가 이시니다.

글 : 날줄에서 보면 "잘짚은 곧", 이 요님이 가져
순님을 준거요,
"싫좋님은 : 어쩌나 죽! 곧옌넘은 : 끼물 으믈! ᄒᆞ나" 올짬
만이 : 만. ᄒᆞ나 만이 : 만, 잘짚은 곧", 이 순님이 가져 옳님
을 준거니다.

요님의 ᄒᆞᆫ마디가 다 니른건데 : 순님이 다시 세마디를 더
힛스나 : 그 요님의 ᄒᆞᆫ마디를 다시 [illegible] 헐라 [illegible] : 꼭 이러케
히이 : 러의 될가 쉬어서니다.

뮈 : 일지기 이러저리 말히본데 : 몸의 "빙. 콤길 : 올. 갬
"ᄒᆞ나" 뿐이라고. 그러는데 : 싫좋넘과 곧옌넘으로 달리"
된다는 거는 : 그 혹 꿀김 제꿈들이 생김과 혹 본홀몸숨이
바로 터져 크로서니다

울 쩡
그러 : 솖겨톤이 갈장어서 : 혹 이를 어쩌나 ! 고 편창
아 ᄒᆞ며, 혹 끗물 우믈 ᄒᆞ되고 보기를 어려워 ᄒᆞ거나,
그런뒤 : ᄉᆞ롬이 끌 안가진이는 업셔 : 아주슬기로와도
: 싫흖님이 업슬나위가 업고, 또 이 본홀을 안가진이가
업스므로 : 아주 어리석을지라도 : 곤엔넘이 업슬 나위는
업ᄂᆞ니다.
두가지가 선치바닥새에 드러가지고 : 다시릴줄을 모르면
어쩌나는 더더 나죽겟다 ! 고, 끗물은 더더 우를거려서 :
ᄒᆞᄂᆞᆯ울의 번듯이 마침내 그 ᄉᆞ롬 : ᄒᆞ고 싶 : 꿈틀을
이기지를 못ᄒᆞ니다.
울짬,,이면 그 두틈박이를 살피어서 뒤석지를 아니ᄒᆞ고,
ᄒᆞᆫᄂᆞ,,이면 그 본밑 몸이 바른뒤로 직히어서 떠나지를
안ᄂᆞ니다.
이러케 보는 일로 조고만 틈 : 끄넘도 업시 : 꾸 곤엔 넘으
로 ᄒᆞ이곰 : 몸으로 : 늘 ᄒᆞᆫ몸의 줆을 삼으면 : 싫
흖냄온도 : 몰슴마닥 드[illegible]리이다.
그러면 어쩌나 [illegible]든덴게 : 편안ᄒᆞ고, 끗물다 [illegible]덴게 : 똘깃
ᄒᆞ고, 움저기 · 고요 · 일르기 · ᄒᆞ기 : 예모다제절로 어김
업시 : 마지올이다.

虛靈知覺

蓋 自上古聖神繼天立極而道統之傳有自來矣。
其見於經則允執厥中者 堯之所以授舜也 人心惟
危道心惟微 惟精惟一允執厥中者 舜之所以授禹也.
堯之一言至矣盡矣 而舜復益之以三言者則所以明
夫堯之一言必如是而後可庶幾也
蓋嘗論之 : 心之虛靈知覺一而已矣 而以爲有人心道心
之異者則以其或生於形氣之私 或原於性命之正而所
以爲知覺者不同. 是以或危殆而不安 或微°而難見耳 然

然、人莫不有是形故雖上智不能無人心亦莫不
有是性故雖下愚不能無道心二者雜於方寸之
間而不知所以治之則危者愈危微者愈微而天理
之公卒無以勝夫人欲之私矣精則察夫二者之間
而不雜也一則守其本心之正而不離也
從事於斯無少間斷必使道心常為一身之主而人心
每聽命焉則危者安微者著而動靜云為自無不中

1966 1.27 木 27714 흐린 흠	2439153	3136	3563

A日行伍 마치 드딘 陸地 든든하나。陸離하게 七零八落 흡시다

三合四同 國伍 맑여 드딘 陸地 든든하나，陸離하게 七零八落 흡시다

28 金 27715 흐림 눈 뿌림	2439154	3137	3564
29 土 27716	2439155	3138	3565

늙은이 5월 老子第五章

하늘 땅이 어질지 않은가 天地不仁
짚돈을 가지고 꼴개를 삼으니 以万物為芻狗
다시리는이 어질지 않은가 聖人不仁
씨알을 가지고 꼴개를 삼으니 以百姓為芻狗

하늘 땅 새는 그 또 풀무나 같고나 天地之間其猶橐籥乎
뷔엇는데 쭈그러들지 않고 虛而不屈
움지겨서 움질움질 나오건 動而愈出
많은 말이 히가단 맥히니 多言數窮
고 직힘만 같지 못。 不如守中

迦旃延 Katyayana 文飾。不空。南印度人。十大弟子中一。論議第一。

雜阿含 六入品

世人顚倒於二邊、若有若無。迦旃延。
如實正觀世間集者：卽不生世間無見。
〃 〃 〃 〃 〃 滅 〃 〃 〃 〃 〃 〃 〃 有 〃。

世人取諸境界、心便計著。迦旃延。
若不受、不取、不住、不計於我：
此苦：生時生、滅時滅。迦旃延。
於此：不疑、不惑不由於他，能自知。是名：正見。
迦旃延。如來：離於二邊、說於中道。

九三：終日乾乾夕惕若厲无咎。
子曰：忠信所以進德也，修辭立其誠所以居業[也
知至至之，可與幾也知終終之可與存義也。

30 日27717 27 2439156 3139 3566

○大學之道 在明明德 在親民 在止於至善。

○知止而后有定
定〃〃〃能靜
靜〃〃〃〃安
安〃〃〃〃慮
慮〃〃〃〃得

○物有本末
事有終始
知所先後
則近道矣

○物格而后知至
知至〃〃意誠
意誠〃〃心正
心正〃〃身修
身修〃〃家齊
家齊〃〃國治
國治〃〃天下平

○古之
欲明明德於天下者
先治其國
欲〃〃〃者
先齊〃家
欲〃〃〃者
先修〃身
欲〃〃〃者
先正〃心
欲〃〃〃者
先誠〃意
欲〃〃〃者
先致〃知
致知在格物

古詩
去者日疎
生者日以親
二月 十吉

○自天子以至於庶人．壹是皆以修身爲本

○其本亂而末治矣、其所厚者薄而其所薄者
厚未之有也。者否

大學。右傳之五章　蓋釋格物致知之義而
今亡矣。閒嘗竊取程子之意以補之曰所謂
致知在格物者言欲致吾之知在卽物而窮其
理也。蓋人心之靈莫不有知而天下之物莫
不有理。惟於理有未窮故其知有不盡也。
是以大學始教必使學者卽凡天下之物莫不
因其已知之理而益窮之以求至乎其極至於
用力之久而一旦豁然貫通焉則衆物之表裏
精粗無不到而吾心之全體大用無不明矣。此
謂物格此謂知之至也。

1966
1.31 月 27718　　2439157　　3140　　3567
묽

夕今有言; 操情在對色。

所謂操情在對色者言欲趣吾之味在對色而究其
味也。蓋人心之情莫不有趣而天下之色莫不
有味。惟於味有未究故其味有不盡也。
是以先生指道必使後生對凡天下之色莫不因
其已驗之味而益究之以求至乎其極至於用心
之久而一旦淡然靜遠焉則色色之好惡而錯無
不經而吾情之全程塵埃無不悔矣。此謂色對
此謂味之至也。

3141　　3968
2.1 火 27719　　2439158
날이 누그러짐

象曰用六永貞以大終也
文言曰坤至柔而動也剛至靜而德方　「而時行
後得主[利]而有常　含萬物而化光　坤道其順乎承

積善之家必有餘慶 積不善之家必有餘殃臣弒
其君子弒其父非一朝一夕之故其所由來者漸
矣由辯之不早辯也易曰履霜堅氷至蓋言順也。
直其正也方其義也君子敬以直內義以方外敬
義立而德不孤直方大不習无不利則不疑其所
行也。
陰雖有美含之以從王事弗敢成也地道也妻道
也臣道也。地道：无成而代有終也。
天地變化 草木蕃 天地閉賢人隱
易曰括囊 无咎无譽蓋言謹也。

2 水 27720 2439159 3142 3569

隨處爲主 立處爲眞

[illegible]气福德來. 殺風景光逝. 如來善逝時, 无去无住處.

木 27721 3143
흐림과 바람이 씨름 2439160 3570

간데 마다 임자인 : 제 : 슨자리되로 참이믄.

ㄴ김 福德으로 온듬? 죽 바람景光에 간듬?
ㅅ다시 오와 옜 다시가감: 버릴자리 없, 머믈자리 없.

○ ○ ○

씨가 속에 있는 이상 죽지 않을 것입니다
一月四日

○ ○ ○

◎ 한씨알 아. 너는 죽지 아니ᄒᆞ고
씨가 네(살)속에 있는 ᄂᆞᆺ노사나;
(요 十二 24 對照나 ᄒᆞ야 ᄒᆞ믄?)

아침에 三陟으로브터 왔던: 權述龍
저녁에 삼개에 계신宅으로: 朴文浩

오늘 아침과 저녁 두자리에 다 힘 얘기 나오니
—어찜이오니잇가? ᄒᆞᆫ울님이시여.

1966 2.25 金 27722 2439161 3144 3571

김 바탕 [氣質] 씩씩 (精爽)

ᄯᅡ로 슨 ᄯᅡᆼ 옿에서 너희 ᄯᅡ위가 ᄯᅢᄯᅢ 랄 ᄯᅢ
ᄒᆡᄒᆡ, 날날。 봐봐, 달달. ᄒᆡ마다 올: 올올: 올가
난 김에 힘써 볼븐이 솟나 늘삶 참되리!

ᄒᆞ이히: 우이로: 늘: 우리는 우르르어 오르리!
누리 뉘리 나 나와: 스나, ᄯᅡ로 슨게: 저。슨가?
우리는 욹로 울어만 솟나 볼가? ᄒᆞ노라.

가가 가까히、가갈 갈갈라, 되되 돼다: 돼요
오호: 오호호! 우후: 후훌리, ᄒᆞ오. ᄒᆞ이시기!
이 ᄒᆞᆫ뒤 시시진: 고맙! 씩씩: 씩만 ᄒᆞᆫ게.

5 土 27723 2439162 3145 3572

6 日 27724 2439163 3146 3573

23707 240.08 <23474> 新 1.

7 月 27725　2439164　3147　3574

大學中庸

始終如一執厥中　志定目的謂之始
終始不貳率性命　能得業革可以終

生命	性質	生气	气質	性命
삶목숨	바탈 밝땅	숨김	김 밝땅	바탈몸숨

8 火 27726　2439165　3148　3575

愛蓮說　周茂叔
濂溪先生 名惇頤 (改實)

水陸草木之花 可愛者甚蕃 晉陶淵明獨愛菊 自李唐來 世人甚愛牡丹 予獨愛「蓮之；出於淤泥而不染 濯清漣而不妖 中通外直 不蔓不枝 香遠益清 亭亭淨植 可遠觀而不可褻翫焉」予謂「菊花之隱逸者也 牡丹花之富貴者也 蓮花之君子者也」噫「菊之愛 陶後鮮有聞 蓮之愛 同予者何人 牡丹之愛 宜乎衆矣」

敬
或曰：敬若何以用力耶？

1966

朱子曰：程子嘗以「主一無適」言之。
〃〃「整齊嚴肅」〃〃。
門人謝氏之說則有所謂「常惺惺法者」焉。
尹氏〃〃〃〃「其心收斂，不容一物者」焉。

敬者一心之主宰而萬事之本根也。知其
所以用力之方則「知小學之不能無賴於此」
「以為始知小學之賴此以始則」「夫大學之不
能無賴於此」「以為終者可以一以貫之而無
疑矣。」
蓋此心既立 由是格物致知以盡事物之
理則：所謂尊德性而道問學，以修其身則
由是誠意正心
所謂先立其大者而小者不能奪，及乎天下則
由是齊家治國以
所謂修己以安百姓篤恭而天下平。
是皆未始一日而離乎敬也。
然則：敬之一字：豈非聖學始終之要也哉。

太極圖說：言「靜」不言「敬」朱子註中言「敬」以補之。

太極圖說
平巖葉氏謂：此圖即繫辭：
易有太極 是生兩儀 兩儀生四象 之義而推明之
但易以卦爻言。圖以造化言。
朱子謂此：是道理大頭腦處。又以為百世道術淵源。

蓋學聖人者：求端自此而用力於小大学之類：及
其收功之日而遡極一源則
所謂：「窮理盡性而至於命」
〃〃：「窮神知化德之盛者也」。（繫辭下五4）

無極之眞理 二五之精气
惟人也得其秀而最靈。形既生矣。神發知矣。
五性感動 而 善惡分 万事出矣
聖人定之以「中正」仁義而主「靜」立人極焉。
故聖人与天地合其德、日月合其明、四時合其序、
鬼神合其吉凶
君子修之吉，小人悖之凶。
故曰：立天之道曰：陰與陽。
〃地〃〃〃：柔〃剛。
〃人〃〃〃：仁〃義。
又曰：原始反終 故知死生說
大哉易也！斯其至矣。

2. 9 水 27727 26566 2439166 3149 3576

[illegible] 01 百三十九 7—12。

快＝愜＝㥦
適意也。

釋誠意中對照

惡臭 接線 惡近暴 | 毋自欺者誠其意
好色 境界 樂適犯 | 愜而仍憂在茲慊

慊 足也 [illegible]

德勝於气 性命於德 方始是成就處。
○〔意：心音也〕 誠心声也。德之符也。
玉：育温潤含蓄气象：所以爲寶。

人: 有溫潤含蓄气象: 所以爲隆也

可遠觀而不可褻翫焉

멀직 바루 보아 곲 꽃이
손대 맨질 손엔: 꼭 질물.

1966 木 27728 2439167 3150 3577
2.10 비

11 金 27729 2439168 3151 3578

文子가 金安泰게로 갔듬. (엄마간지 壹百四十九日)
(났지第八千八百三十一日)

생각: 24013 沈. 23712 感. 가신지 840 去.

◎ 이승만 아나?
◎ 어듸로 가나? 안 드 稀罕히?
남주기곤: 전! 전? 如前: 싫 싫 ᄒᆞ니?

ᄒᆞ 흔 ᄀᆞ 중 그림 몰슴

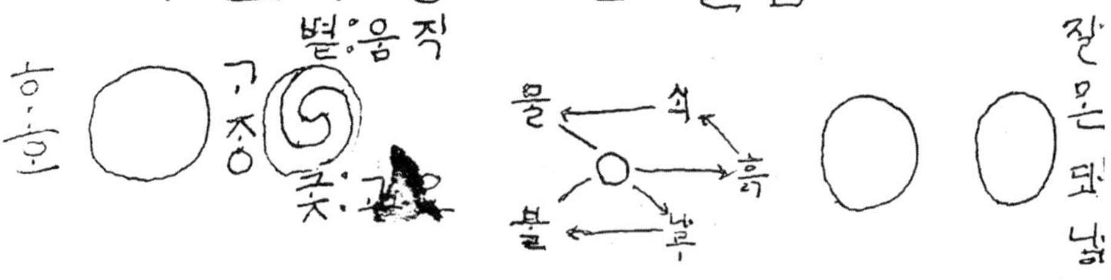

ㅅ 긋중:서 「ᄒᆞᆫ 긋중」. 「ᄒᆞᆫ 긋중」 움직에: 서:
極 而 太 極 太 極 動 而
볕. 움직 긋중:서: 고요. 고요:서: 낳ᄂᆞᆫ 곳.
陽 動 極 而 靜 靜 而 生 陰
긋중: 다시 움직. 「ᄒᆞᆫ 움직」「ᄒᆞᆫ 고요」 엇바꿔
極, 復 動. 一 動 一 靜 互
돼도 「뿌리」인듯. 「나나 「곳」「나니 「볕」「두 짓질」
爲 其 根 分 陰 分 陽 兩 儀
로 나:습니다. 그러 「볕:갈리」「곳:대시」:낳니:
立 焉 陽 變 陰 合 而 生
물. 불. 나무. 쇠. 흙. 「다섯 김」 글으 펴지며,
水 火 木 金 土. 五 氣 順 布
넷 철」 엤찌힙니다 「다서 예찍」: ᄒᆞᆫ 곳볕
四 時 行 焉 五 行 一 陰 陽
이오, 곳볕: ᄒᆞᆫ 「ᄒᆞᆫ 긋중」이오, 「ᄒᆞᆫ 긋중」
也 陰 陽 一 大 極 也, 太 極
밑은 「없긋중」이랍니다.
本 無 極 ~~이답니다~~ 也
다섯 예찍기: 낢 냄 이란: ᄒᆞ나 (저) 마닥: 기
五 行 之 生 也 各 一 其
본흠」: 은 「없긋중」의 참 과 「둘다섰다」의 몰짬
性 無 極 之 眞 二 五 之 精
이 異常ᄒᆞ게(妙ᄒᆞ게) 지어서 엉기었으니 성큼성큼
妙 合 而 凝 乾
길에: 숫일 이루고, 몬돌 몬돌 길에 계집을 이루었읍니다.
道 成 男 坤 道 成 女

어 그이는: 예나아가니 좋겠고 적은이는: 왜저가니 싫겠
君子 修之 吉 小人 悖之 凶
되리이다。

n46

볕긋: 두: 김! 사귀뭄뭅으로 돼 놓으니: 잘 몬 입니다:
二 气 交感 化 生 万物
잘몬이 나고 나서 갈리됨: 끝이 없습니다
万物 生 生而 變 化 無窮焉

오직 ᄉᆞ롬이라야만: 실어금「기」빼이
惟 人 也 得 其 秀
난되서 가장 큼! 꼴: 그예! 놓구나와! 얼;
而 最 靈 形 既 生 矣 神
픠어! 아는구나와!「다섯 본호」「뭄뭅음직」서
發 知 矣 五 性 感 動 而
잘 잘: 못 나놓니 잘 일은 쏘다집니다。
善 惡 分 万 事 出 矣
씻어 넚이가 바루 잡을라는디:「고 비르」를
聖 人 定 之 以 中 正
가지고 고,「얼 올」에서는「고요함」으로 님니
仁 義 而 主 静
고 나셨으니:「ᄉᆞ롬 ᄀᆞ장」을 세우었읍니다。
立 人 極 焉
므로 씻어 넚이는: 그 속알이 ᄒᆞ늘 ᄯᅡㅇ과
故 聖 人 與 天 地 合
더불지고. 그 밝음이: 히 ᄃᆞᆯ과 더불 지고,
其 德 日 月 合 其 明
그 차례: 넷철과 더불지고、그 좋 싫: 얼: 드남
四 時 合 其 序 鬼 神 合
과 더불 짐이리이다。
→○ 其 吉 凶
므로 골온: ᄒᆞ늘 가는 길: 보이어 세우는디;
故 曰 立 天 之 道 曰
긋과 볕、더불라! 고、ᄯᅡㅇ 가는 길 보이어 세우는디;
陰 與 陽 立 地 之 道 曰

부드럼과 굳세임 더블라! 고、 ᄉᆞ롬 가는 길
柔 與 剛 立 人 之

보이어 세우는 뒤 언과 옳음 더블랍니다。
道 曰 二 仁 與 義

또 ᄀᆞᆯ은: 비롯을 따지고 맺임을 되짐 므로:
又 曰 原 始 反 終

죽고 ᄉᆞᆯ고 조차 알마지곤 돈 몰슴이니이다:
故 知 死 生 之 說

크지오이다! 바꿈이란요! 이그 그(크)
大 哉 易 也 斯 其

니르름이니이다.
至 矣

止者：	所當止之地 卽 至善之所在也。	對照 3/1
知之：	則：志有定向。	
靜：	謂：心不妄動。	
安：	〃：所處而安。	
慮：	〃：處事精詳。	
得：	〃：得其所止。	

明德：爲本	知止：爲始。
新民：〃末	能得：爲終。
本：始。—	所先。
末：終。—	所後。

새롭새룩. 新新. 올ᄋᆞ름. 親親.
去者日疎、生者日以親.

12	土 27730	2439169	3152	3579
13	日 27731 立[illegible]	2439170	3153	3580

尹大地月善逝 因山.

乾：天也。天者：乾之形體。　　天天：尊言之則
乾：健也。乾者：天之性情。　　分而言之
健而無息之謂：乾。

1966
2.14 月 27732　　2439171　　3154　　3581
흐림 개임

15 火 27733　　2439172　　3155　　3582

物　象

쇠코뚜레 둥글라믄 쇠코잠뱅이 팽팽이
코기리는 코도 길지! 코만 길가? 숨도 길다!
소리옴 두세에 세민 物象본가 ᄒᆞ노라。

16 水 27734　　2439173　　3156　　3583

무슨 소리：둥글 박등：七零八落
몸 가지고：는：님이여。「열어」「구시」「좀」「봅」니다!
흙 벗어：나：곤：저는요。오ᄫᅳ뫼서：소리! 참 옴!
쇳소린? 돍맹소린들! 실올。뒤쪽。 가죽。숨?

븽

빙가 빌리어 준 자리에 「따」「ㅣ」 때，「ㅣ」「제」 에ㅣ。는!
다른 땅 몬으로서：「들」：수 없습이다! 두렵습! 고!
「따」「ㅣ」：때： 길다。짧다。이! 늘길길은 아니：걸

곧 앞에

계진네 빋! 숲줄이 헐벗겨，땅한번 탁 못 딘
산아이 얼굿이 너무 빨라 처킨 하늘도 잊
이겨 다：전 제멋되로 꾀매 짬짬 이릴지

17 木 27735　　2439174　　3157　　3584
흐림

上天之載無聲無臭至矣

帝堯曰：放勳：欽明文思安安允恭克讓光被四表
格于上下。

帝舜曰：重華：協于帝。：濬哲文明溫恭允塞
玄德升聞：乃命以位。

大禹曰：文命：敷于四海：祗承于帝。

文質彬彬	三代	三正統
 掌文書 多聞 誠或不足 習事 鄙略也	夏 商 周 尚 忠 質 文	臺 正 月 夏正 商正 周正 建 寅 丑 子

숩 곤 디 쓸	[illegible] 기ᄂᆞ리는 본홀을 길이ᄅᆞ 길 닉이 곤 골ᄋᆞ 치키ᄅᆞ (시지히ㅡ치ㄱ 시기히ㅡ키ㅡ)

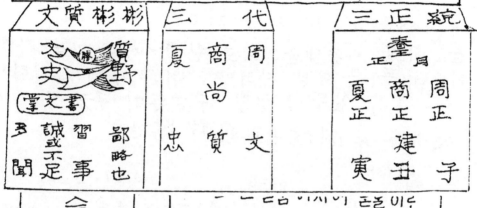

길은 조곰도 뜨덜 몯홀꺼시니 뜰거시면 길이라
고: 아니 히쓸 아화·이러므로 기는: 그 보디 몯
ᄒᆞ는바에 삽가 깨며 그 듣디 몯ᄒᆞ는바에 저
허ᄒᆞᄂᆞ니라

숨은 처럼 보임은 없고 자근 처럼 ᄂᆞ톰은
없으미 가는 저 홀(로)을 삼가ᄂᆞ니라

좋고 슳고 슳고 즐겁이 피디아닌적을 곤
이라 날ᄋᆞ고 피여서 다 마뒤에 마딤을 곧은
이라 날ᄋᆞᄂᆞ니: 곤은 뉘웅에 ᄒᆞᆫ 맏이오 골은은
뉘웅에 (발) ᄃᆞ딤이니라

곤과 골은을 닐위면 ᄒᆞᆫ놀 땅이 자리로 스며
잘몬이 길리워ᄂᆞ니라

1966
2.19 土 27737 2439176 3159 3586

載再見別. 石泉改葬.

20 日 맑 27738 2439177 3160 3587

듣손 : 계. 치우리!

눈. 네.일 ; 아름답움 : 바로 뵐 틈<네 다 가늠>봐이:
귀. 네.들 ; ᄒᆞᆫ 아림 : 자리이: ; 네 않 가취 차리리!
얼짬밖 삶뜻에 끌림 千万뜻밖 千万에.

大哉乾乎 剛健中正純粹精也.

21 月 흐림 27739 2439178 3161 3588

八百六十二日先生. 九百〇七日咸
故 爽 善 嵇 언보다 四 十 五 日 더보는날

실알 · 마올

|드리오는 : 실! |맏들이 살림이오.
|우리사리 : 올! |플므로 .마옴이리.

생각 실, 말씀실, 목숨실, 일도, 몬도, 時도, 空도, 天도, 地도, 史도, 國도 : ᄒᆞᆫ실오래기. 므로 살려는이는 실올을 바로 알아, 올바로 산다 는 것이오. 「이 삶다는것은」: 마음을 가지고 ᄒᆞ는것이나 그 마음에다가 무슨 실올을 그득ᄒᆞ게 담아두는것이 아니고, 모든 실올을 되어[斗量] 낼수 있는 되ㅅ박 같될가: 그러므로 마침내는 제몸 스스로 깨끄시; 참 빙인 몸으로 도라가옴직! 온갖올 위의 올된것이 : 마음곧 몸일가!? —차질것 · 될것을 : 다ᄒᆞ야 줌; 주금; —올.

차라리 | 우르르지 아닐수 없습. 그것이 따르므로니 생각.
착 가르안즌 말슴소리. 착 가르만칠 씨알이읍.

251

曲禮 范氏曰:經礼三百 曲礼三千 張子曰:曾我両盡 自曲禮入 (65 16/10 対照)

曲禮曰 毋不敬 儼若思 安定辭 安民哉。
敖不可長 欲不可從 志不可滿 樂不可極
賢者狎而敬之 畏而愛之 愛而知其惡 憎而知其善
積而能散 安安而能遷。

通鑑

周紀 自武王至平王凡十三世
自平王至威烈王又十八世
是時周室衰微 徒擁虛器 號爲天下共主
傳至赧王五世 爲秦所滅. 威烈王在位二十四年。

[戊寅] 二十三年 初命晉大夫魏斯趙籍韓虔爲諸侯.

春秋之世 晉有范氏 中行氏 智氏 及韓魏趙 是爲六卿 後三家皆爲韓魏趙所滅, 三分晉地而有之。至此:始請命於天子, 爲諸侯.

22 火 27740 2439179 3162 3589
눈옴
(24836) 樹堂님 二月初三日 눈에 막히서。

23 水 27741 2439180 3163 3590

(論。述而) 「加我數年以學易可以無大過矣。
易非易學 博學年高者方可; 蓋吉凶消長之理, 進退存亡之道; 無窮而深微者也。

순열 말: 말이 입에서 떠러진데 마닥:
몸은 나므람 으로몸에 닥옷!
荀悅 言出于口, 則咎悔及身。

气正 闢量 去浩 玄浩 命元 歸闢 性貞 盡終

色耋 神气 好易 節職 高正 高正 最眞 耋 善

○子曰
學而:時習之: 不亦說乎.
有朋:自遠方:來: 不亦樂乎.
人:不知而:不慍: 不亦君子乎.

숨:모르고서 그이 될:수 없다.
大:림:모르고서 나 설:수 없다.
말:모르고서 스ㄹㅁ 알:수 없다。

○子曰
不知:命: 無以爲君子也
不知:禮: 無以立也
不知:言: 無以知人也

삶 뜻이「아름답다」엔「고맘」그만。
눈깔·빛깔。두틈에: 뵌 아름답은 있답? 없답?
「아름」몰라! 다시 답답!「사랑」까진 못 속삭여!!
고프믄: 먹자는 짓을: 끝않낳면, 뭘 죽- 다。

1966
2·24 木 읽 27742 2439181 3164 3591
25 金 27743 2439182 3165 3592

食而不知其味

未口思味吟欲占 口實滋味孰可體
旣口嘅嘆含缺賦 粒唾融和造化膚
忠信誠誼呼民主 飽飫烹宰古今侯
勞謙謹勅吸自由 飢厭糟糠夫婦乎

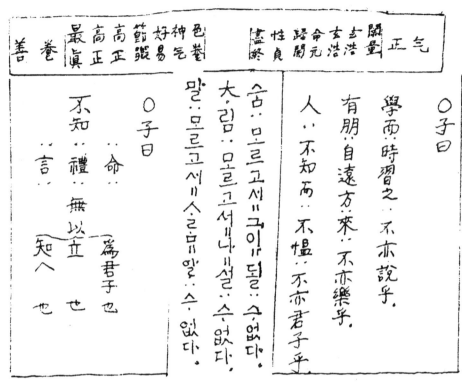

全羅南道 光州市 芳林洞 一三二
東光園 鄭寅世 언님 의 글월 읽고,
며칠 앞서　　건모　언　글도.

三三 乾: 元亨利貞
九三君子終日乾乾夕惕若厲无咎。
象曰大哉乾元万物資始乃統天
乾道變化.各正性命.保合大和乃利貞。
首出庶物万國咸寧。
象曰: 天行健.君子以自彊不息。
上九: [亢龍有悔] 盈不可久也。
用九: [見羣龍无首吉] 天德不可為首也。

文言曰: 元　　　亨　　　利　　　貞
　　　　者　　　者　　　者　　　者
　　善之長也　嘉之會也　義之和也　事之幹也。

君子

體　　嘉　　利　　貞
仁　　會　　物　　固
足以　足以　足以　足以
長　　合　　和　　幹
人　　禮　　義　　事

君子: 行此四德者; 故曰　　乾: 元亨利貞.

九三曰: 君子終日乾乾夕惕若厲无咎; 何謂也.
子曰: 君子: 進德修業; 忠信所以進德
也. 修辭立其誠所以居業也。知至至之可與幾
也. 知終終之可與存義也. 是故居上位而不驕在下位而不憂; 故因其時而
惕雖危无咎矣。
九五曰: ...... 本乎天者親上
　　　　本乎地者親下則各從其類也。

䷣ 明入地中：明夷

땅속에 든 ᄇᆞᆰ음은：닫힌 ᄇᆞᆰ음.

높은 눈。깊은 꽃. 제：절로 들：쌔! 희고, 짙! ᄇᆞᆰ은
뉘 눈을 부시히며? 누구의 낯을 ᄇᆞᆰ히리ᇰ가?
제가 저：제：절로 만：만 위의 뜻만 본듬：뵘。

따에 든 ᄇᆞᆰ음이：다치며? 몸속 몸이：흐리리라?
땅：속 올과：돌 낯：없고! 소ᄅᆞᆯ 몸은：ᄒᆞᆫ늘 나루
무리들! 그이：에게는, 날마닥이：그믐밤：!
君子：莅衆用晦而明.

乾(續) 乾元用九：天下治也
見龍在田：天下文明
終日乾乾：與時偕行
或躍在淵：乾道乃革
飛龍在天：乃位乎天德
亢龍有悔：與時偕極

乾元用九乃見天則. 乾元者始而亨者也.
利貞者性情也. 乾始能以美利利天下不言所利大矣哉

大哉乾乎剛健中正純粹精也

君子

學以聚之 問以辯之 寬以居之 仁以行之
易曰：見龍在田利見大人：君德也.
九四 重剛而不中 上不在天 下不在田 中不在人 故或之
或之者疑之也. 故：无咎.

夫大人者與天地合其德
與日月合其明
與四時合其序
與鬼神合其吉凶：
先天而天弗違
後天而奉天時

天且弗違：而況：於人乎 況於鬼神乎

直其正也 方其義也 君子敬以直内 義以方外「敬義立而德不孤。
直方大不習无不利——則不疑其所行也」。 955

亢之為言也 知進而不知退
　　　　　　　　存　　　亡
　　　　　　　　得　　　喪
「其唯聖人乎 知進退存亡 而不其正者 其唯聖人乎。

䷁ 坤元亨利牝馬之貞
君子有攸往。先迷後得主利。
彖曰：至哉坤元 万物資生 乃順承天。
坤厚載物 德合无疆 含弘光大 品物咸亨。
牝馬地類 行地无疆 柔順利貞 君子攸行。
象曰：地勢坤 君子以厚德載物。
初六：履霜堅氷至。
六二之動 直以方[大]也 不習无不利 地道光「也。
六三含章可貞 或從王事 无成有終
象曰：含章可貞 以時發也。或從王事 知光大也。
唯其知之光大 故能「含晦」 淺暗之人 有善唯恐人之不知 豈能「含章」
六四：括囊无咎无譽。「象曰：括囊无咎 慎不害也。
六五：黃裳元吉 象曰：黃裳元吉 文在中「也
象曰：用六永貞 以大終也。

文言曰：至柔而動也剛。至靜而德方。
後得主利而有常。含万物而化光
坤道其順乎 承天而時行。
積善之家必有餘慶、積不善之家必有餘殃 臣弑其君 子弑其父 非一朝一夕之故 其所由來者漸矣 由辯之不早辯也。易「履霜」 蓋言順也。
陰雖有美 含之以從王事 弗敢成也 「地 妻 臣」道也
天地變化 草木蕃、天地閉 賢人隱
易曰：括囊无咎无譽 蓋言謹也。
君子黃中通理 正位居體
美在其中而暢於四支、發於事業 美之至也。

17 參伍。

參伍錯綜。參伍以變:錯綜其數。

錯者 交而互之(一左一右之) 謂也。
綜者 總而絜之(一低一昂之) 謂也。

756

開城薛氏

1907.1.1 火曜 丙午 11.17 庚戌 2417577

1966.2.25 金曜 丙午 2.6 乙卯 15時 2439182

21686
3086
73105
59歲528

1966 土 27744
2.26

2439183

3166

3593

元:气之始
大德之所以生
在天元
在人仁

仁:理之原
行之綜
一心之德
万事之善

元气:
精神活動
气力

气 包大地
人呼吸(生之元)
万物生成根源
天地現象(風雨寒暑)
一期節
人體勢力
意志感情

正气:正大至高
万象根本
邪之對
本心

元
申六5

仁
利七九18

마가 十二 29——34

元	亨	利	貞
大也	通也	宜也	正而固也

文王以爲乾道 大通而至正
故於筮得此卦而「六爻皆不變者」其占:當得
大通而必利在正固 然後
可以保其終也
此聖人所以作易:教人卜筮而可以
開物成務之精意。

27 日 27745 2439184 3167 3594

會葬

28 月 27746 2439185 3168 3595
흐림

우리 熙景 熙暎 다리고 熙瑞 熙寧 네게 다녀옴.

3.1 火 27747 2439186 3169 3596
흐림

픔픔 다시 믈 따르게 홈

2 水 27748 2439187 3170 3597
흐림 안개

음 / 씀 / 1/2	일위지이다.	계치킹을..	제자리로..	글은 곧.	고이리!	둥글	제계

3 木 27749 2439188 3171 3598
흐림

出入動靜 健以乾乾
卽今神氣精力活 健而無息謂之乾
万古道理安息動 乾而勞倦可爲健

4 金 27750 2439189 3172 3599
朝晴 京發 向 光州 進 夕五時着

5 土 27751 2439190 3173 3600
晴
◎ 問病 崔老牧師

6 日 27752 2439191 3174 3601

1966
3. 7 月 27753 2439192 3175 3602

8 火 27754 2439193 3176 3603

9 水 27755 2439194 3177 3604

10 木 흐림 27756 2439195 3178 3605

光州駅에서 벗스를 타고. 梁仁雲언 더브러 長城森西面 水海: 沈相國宅에 오다. 一家 ᄒᆞ심 뵈오니 感謝.

11 金 쌀쌀함 27757 2439196 3179 3606
쉬고 갬! 아침에 梁언은 羅州郡茶道面芳山面 덕금앞 東光園으로 도라감을 보다.

12 土 27758 2439197 3180 3607

泰靜中學設立校舍建築場에 臨觀
校 長 崔順子
垈地主 沈載華
企成會長 羅永局
師親会長 沈相國
다시 小農里를 尋訪ᄒᆞ고 水海로 도로오다.

13 日 27759 2439198 3181 3608
흐리다 개임
羅甲柱언 맛다

14 月 27760 2439199 3182 3609

15 火 27761 2439200 3183 3610

愜 협 適意　慊 겸 恨也　饜也　愜也　意不滿　협 足也

惡臭接緣惡近暴 毋自欺者誠其意
好色境界樂通花 愜而仍憂在云慊

흐린 아침에 빼스로, 長城驛 두어 時間기둘러 木浦서로부터 오는 特急列車32를 10時55分에 타고 歷路 빗발이 車窓에 부디쳐서 흐리는것을 보며 17時正刻에 서울驛 되고 빼스로 洗劒亭 걸어 집으로 드니: 大美自相의 大門열어줌을 보아 반갑게 들다.

16	水 27762 흐림	2439201	3184	3611
1	木 27763 흐림	2439202	3185	3612
18	金 27764 비	2439203	3186	3613
19	土 27765	2439204	3187	3614

읃 · 윌 · 긷 · 긑 。으로 : ᄒᆞ늘돌길: ᄀᆞᆫ :떳떳。
읻 · 올 · ᄎᆞ림 · 슬기。로 : ᄉᆞ름본올: :벼리。

大也 通也 宜也 正而固也
元 亨 利 貞 天道之常,
仁 義 禮 智 人性之綱。

文王以爲: 乾道: 大通而至正. 故:
於筮得此卦而六爻皆不變者, 其占當得:
大通而必利在正固然後可以保其終也
此聖人所以作易: 敎人卜筮而可以開物成務之精意.

大學: 傳之六章 釋誠意
所謂誠其意者毋自欺也 如惡惡臭 如好好色
此之謂自「謙」 故君子必愼其獨也
小人閑居爲不善無所不至見君子而后厭然
揜其不善而著其善 人之視己如見其肺肝然
則何益矣 此謂誠於中形於外故君子必愼其獨

也

曾子曰 十目所視 十手所指 其嚴乎 760

富潤屋 德潤身 心廣體胖 故君子必誠其意

1966

3.20 日 27766 흐릿 흡	2439205	3188	3615
21 月 27767 묽	2439206	3189	3616
23750 謝咸.	24051 思沈.	868 踈玄	
·22 火 27768 비	2439207	3190	3617
23 水 27769 듸	2439208	3191	3618
24 木 27770 눈뿌림	2439209	3192	3619
25 金 27771	2439210	3193	3620
26 土 27772	2439211	3194	3621
27 日 27773	2439212	3195	3622
2 28 月 27774	2439213	3196	3623
29 火 27775	2439214	3197	3624

課得至誠 | 念體天聖神 自由己成仁 | 每事終古今 萬有太空心

30 水 27776	2439215	3198	3625
31 木 27777 흐릿	2439216 760	3199	3626

4. 1 金 27778　　2439217　　3200　　3627

維友道幹

體幹每事終古今　今古心空聖神命
容包萬有太空心　尋消聞息養性人

往而未去來不盡　卽今未卽叵知今
雲騰雨滲出原泉　往夢來覺現責善

삼우엘이 木浦人 河士 더브러 來訪.

2 土 27779 옭　　2439218　　3201　　3628

3 日 27780 몱　　2439219　　3202　　3629

4 月 27781 옭　　2439220　　3203　　3630

東洋理髮器具商에서 金世煥에게서 알아보고.
東大門안 : 敦岩洞四街 : 東都戲場越便 : 山阪洞里로 건너서
「延壽亭」 가까히 있는
東小門洞 二七八의一 (二七의八一号인 듯) 二層家屋.
故金文煥宅으로 吊問하다.

寡嫂氏 말씀 : 「간밤 꿈에는 主人을 보았었더니! 다른 식구도 보이였다. 더니!」 하시면서 : 나의 尋訪을 받게 되노라 하심 : 듣고.

5 火 27782　　2439221　　3204　　3631

1966

4.6 水 27783 2439222 3205 3632

간밤달 몱고 이아침은 몱다가 낮뒤에 흐림

7 木 27784 2439223 3206 3633

몱

城北区 水踰洞 五三五의 三一号

槿齋 李顯翼 先生 계신데 바로 찾다

8 金 27785 2439224 3207 3634

9 土 27786 2439225 3208 3635

10 日 27787 2439226 3209 3636

首出庶物寧

天子巡狩撫

11月 立冬 27788　　　2439227　　　3210　　　3637

發微不可見　充周不可窮之謂神

性焉安焉之謂聖，復焉執焉之謂賢。

幾（動之微）善惡之所由分也　誠無為。

德
愛　宜　理　通　守
明特分会踈親　釋別離合遠近　解
曰仁　曰義　曰禮　曰智　曰信

聖人之道 入乎耳 存乎心 蘊之為德行 行之為事業 彼以文辭而已者陋矣

12 火 27789　　　2439228　　　3211　　　3638

崔漢洙 와 더브러 祭基洞집에 다녀오다.

13 水 27790　　　2439229　　　3212　　　3639

아침 뒤에 崔漢洙 따나다. 金春一 君을 爲하야 돈 1,000원을 가지고 가다. 1966. 12月에는 돌려 오도록 한다는 말도.

14 木 27791　　　2439230　　　3213　　　3640

人苟以善自治 則無不可移者：雖昏愚
之至皆可漸磨而進也。唯 往往強戾而才力
自暴者拒之以不信， 有過人者 商辛是
自棄者絕之以不為。 也。
自棄自暴者非必皆昏愚也。

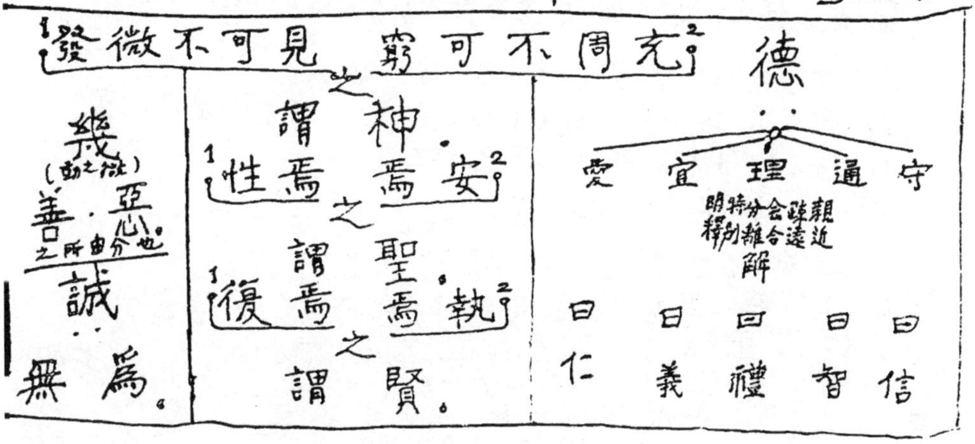

史記：稱紂：資辨捷疾 聞見甚敏 才力過人 手格猛獸 知足以
拒諫 言足以飾非 則其天資固非昏愚者然 其勇於為惡而自絕
於善 要其終則歸下愚耳。革面畏法亦常罪則與人同也。

仁者：天下之公，善之本也。
有動：皆為感，感則必有應。所應復為感
所感復有應 所以不已也。
理：終而復始，所以恒而不窮。恒：非一定之謂也。
一定則不能恒矣：唯隨時變易乃常道也。
○在物為理 處物為義 ○動靜無端 陰陽無始
○仁者正理 失正理則無序而不和
○明道先生曰：天地生物各無不足之理。常思
天下君臣父子兄弟夫婦：有多少不盡分處。
○忠信所以進德 終日乾乾（君子當終日對越
在天也（盡乎其心之謂忠 盡乎實理之謂信）
（君子：一言一動守其忠信 常瞻對乎上帝 不敢有一毫欺慢之意也）
蓋上天之載 無声無臭：其體則謂之易。
〃理〃〃〃道。
〃用〃〃〃神。
〃命于人則謂之性。率性則謂之道。
修道則〃〃教。

孟子去其中：又發揮出浩然之气 可謂盡矣
故說：神如在其上 如在其左右：大小
大事而只曰：誠之不可掩如此夫。徹上徹下
不過如此。形而上為道
形而下為器：須著如此說「器亦道，道亦器。
但得道在不繫：今与後，己与人。
○醫書言：手足痿痺為「不仁」此言最善名狀。
仁者：以天地万物為一體 莫非己也。
認得為己 何所不至 若不有諸己：自不与己相干「如手足不仁 气已不貫 皆不屬己。」
故博施濟衆：乃聖之功用。
仁至難言！故：止曰：己欲立而立人
己欲達而達人
能近取譬 可謂仁之方也已。

生之謂性。性卽气。气卽性：生之謂也。
蓋生之謂性 人生而靜。以上不容說：才說性時
便已不是性也。
凡人說性：只是說「繼之者善也」

［繫辭上五章］
一陰一陽之謂道：繼之者善也。
成之者性也。

仁者見之謂之仁。
知者見之〃〃知。百姓日用而不知
顯諸仁，藏諸用，鼓万物而不與聖人同
憂。盛德大業至矣哉。 富有之謂大業
日新之謂盛德
生生之謂易
成象之謂乾
效法之謂坤

極數知來之謂占。
通變之謂事。
陰陽不測之謂神。

［〃 上七章］
子曰：易其至矣乎！夫易：聖人所以崇德而廣業也
知崇，禮卑。崇效天，卑法地。
天地設位而易行乎其中矣。成性存存，道義之門。
天地設位而变化行，猶知禮存性而道義出也。
成性：本成之性也。存存謂存而又存不已之意也
繼之者善也者猶水流而就下也 皆水也 有流
而至海終無所汚。
此理天命也 順而循之則道也 循此而修之各得
其分則教也。
自天命以至於教 我無加損焉 此舜有天下而
不與焉者也。
○觀天地生物气象 」此元者善之長也
○万物之生意最可觀」 斯所謂仁也

○滿腔子是惻隱之心
○天地万物之理無獨，必有對，皆自然而然、
非有安排也 每中夜以思 不知手之舞之足
之蹈之也
○中者天下之大本。天地之間亭亭當當直上
直下之正理 出則不是。惟敬而無失最盡。
○伊川先生曰：公則一。私則万殊。人心不同
如面 只是私心。
○凡物有本末。不可分本末為兩段事。
灑掃應対：是其然。必有所以然
朱子曰：治心修身是本。灑掃應対是末。皆其然
之事也。至於所以然則理也。理無精粗本末。
○問仁。伊川先生曰：此在諸公自思之。將聖
賢所言仁處類聚觀之體認出來。孟子曰：惻隱
之心：仁也。後人遂以愛為仁：愛自是情
仁自是性*
*豈可專以愛為仁？
孟子言惻隱之心：仁之端也。既曰：仁之端*
*則不可便謂之仁。
退之言：博愛之謂仁。
非也：仁者固博愛 然便以博愛為仁、卽不可。
○問仁與心何異？
曰：心譬如穀種生之性：便是仁 陽氣發處乃情也。
○義訓宜、禮訓別、智訓知、仁當何訓？說者謂
訓覺訓人。皆非也。當合孔孟言仁處大槩研窮
之二三歲得之未晚也。○心統性情者也。
○凡物莫不有是性由通蔽開塞所以有人物之別。由蔽有
厚薄故有智愚之別：塞者牢不可開，厚者可以開而開之也
難薄者開之也易開則達于天道與聖人一。

1966

4.15	金 27792 비	2439231	3214	3641
16	土 27793 흐림	2439232	3215	3642
17	日 27794	2439233	3216	3643

林自善 三善 孝善 明善 光善의 어머님葬禮.

18	月 27795	2439234	3217	3644

牛王頌

牛王正中直射精　　生勞死供犧牲故
反芻再嚼休養神　　奉先給後孤陋心

19	火 27796 흐리다 개다가	2439235	3218	3645

忠南公州邑中洞一四七의一七 林漸洙 (答葬)

20	水 27797 맑	2439236	3219	3646
21	木 27798 흐림	2439237	3220	3647
22	金 27799 맑	2439238	3221	3648
23	土 27800 맑	2439239	3222	3649
24	日 27801 맑	2439240	3223	3650
25	月 27802 밤드러 비뿌림	2439241	3224	3651
26	火 27803	2439242	3225	3652

1966
4.27 ^水27804　　　2439243　　3226　　3653

28 ^木27805
안개 개다 흐리다　　　2439244　　3227　　3654

29 ^金27806
간밤 비뿌림　2439245 안개 흐림　3228　　3655

30 ^土27807　　　2439246　　3229　　3656

5. 1 ^日27808　　　2439247　　3230　　3657

2 ^月27809
비조금　　2439248　　3231　　3658

×3 ^火27810　　　2439249　　3232　　3659

4 ^水27811　　　2439250　　3233　　3660

開則達于天道與聖人一.

5 ^木27812　　　2439251　　3234　　3661

洛書。方陣:數字紀列:八種計十五

四	九	二
三	五	七
八	一	六

步←行—偶　　MAGIC SQUARE
行—中—行
步←奇—偶　　魔 方 陣

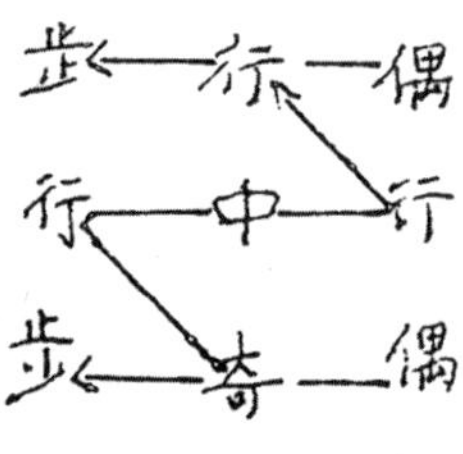

을피 90

1 님이여 님은 우리가 내리내리 사는뎁니다.
2 山도 업고 땅도 업고 아모것도 업는 업서서:
곧 하늘에서 하늘 까지: 님은 한웋님 이시니이다.
3 님께서 사람을 업새시므로: 도라오게; 너희
사람들은 도라오라. 셋사오니,
4 님을 따라: 본다믄: 千年이 지나간 어제 같으며
밤 보는 番站 같으니이다.
5 님께서 저희를 물밀듯 쓰러가시나이다. 저희
는 조곰 잠자는것 같으며 아침에 돋는풀 같으
니이다. 「되어 마르나이다.
6 아침에 꽃이 퓌어 자라다가 저녁에는 베힌바.
7 우리는 님의 걸때믄에 업서지오니: 님의 걸내
이심을 놀라나이다.
8 님께서 우리를 조임삶·몬짐모짊에 놓시고, 우리
속의 속알을 님의 얼골 월빛 가온데 두셧사오니
9 우리 모든 날이 님의 걸속으로 지내가며, 우리해
마닥이 몇살먹단: 소리로 사러집니다
10 우리 나이가 일흔이오 세차면 여든이라도 그나이
의 내놓은것은: 쓰라림과, 슬픔뿐! 그래도 빼르다고는
녀여 지며 날라가는듯 삽니다
11 누가 님의 걸의 무서운 심(힘)을 알며? 누가 님을
두려워 할대로 님의 걸떨침을 알릿가? 「얻게합소서.
12 우리에게 우리 날셈세기를 가르치시: 슬기러운 맘을
13 여호와여 도라오소서. 언제까지니 잇가!? 14 15 16
17 님; 우리 한웋님의 고임값을 우리에게 다닫게하사; 우리손
의 한일이 우리에게 든든 하게 하소서: 우리손의 한일을
든든하게 합소서.

제몸을 꼭 다 ᄒᆞᆫ이: 제바탈을 움직! 제바탈을
알면: ᄒᆞ늘도 움직! 제몸을 잡아 제바탈을
닭으어 나아감이 ᄒᆞ늘을 섬김이니라. 짜르건、
길건、한가지로, 제가 질: 채리어 기ᄃᆞ르거니
말ᄉᆞᆷ 세우자는것이라. 말ᄉᆞᆷ이 아닐수 없느니
꼭 바로 따라 받고집니다.

그러므로 말ᄉᆞᆷ을 아는이는 무너질뜻ᄒᆞᆫ밑에 서지 않
느니라. 제 거를: 길을 다 걷고, 죽는것이 바른
말ᄉᆞᆷ이오, 뭣에 걸려 죽는것은 바른 말ᄉᆞᆷ이: 아닐거니
차즈면 얻고, 두면 잃느니: 이건 사리 드오는 시러곰이니
제게 달린 차짐이오, 곬을 차저야고、때를 어더야니: 이
건 사리없는 시러곰이니 한데 달린 차짐이라.

잘몬이 다 제게 가췄느니, 몸으로 가서 참말로 그럴진댄
즐거움은 더 클게없고, 세차게 옛다시 뒤로 가면: '
을 차저 감에 가장 가까우리라

盡其心者知其性也 知其性則知天矣

存其心養其性所以事天也

殀壽不貳修身以俟之所以立命也

에베소 五·一六

틈을 내 타라

때가 그르니라

에 五 16 {歲月을 앗기라 / 기회를 사라} 틈을 내타라

때가 그르니라。

莫非命也

順受其正

是故知命者不立乎巖墻之下

盡其道而死者正命也

桎梏死者非正命也

求則得之舍則失之是求有益於得也

求在我者也 求之有道得之有命是

求無益於得也 求在外者也

萬物皆備於我矣 反身而誠

樂莫大焉 强恕而行 求仁

莫近焉

參與十指拳拳服之仁人

參伍十方面面膺之元士

錯交而互之一左一右結

綜總而絜之一低一昂織

25594162 ○맛다 다음 내 흐르 하나 들 셈。

제몸 꼭 다ᄒᆞ이: 제바탈 알뜻!
제바탈 알면: ᄒᆞ늘 알뜻!

제몸 잡아. 제바탈 담겨나감은 ᄒᆞ늘 섬김이니라。

짜르고, 길고 한가지로! 제가 채리며 기두르거니! 말숨 아닐수 없느니! 따라서 바로 바듬이니라。

그러므로 말숨을 아는이는 문어질뜻ᄒᆞᆫ 밑에 서지 안ᄂᆞ니라。

제길을길을 다 걷고 죽는것이 바른말숨이오, 뭣에 걸려 죽는것은 바른 말숨이 아닐거니라。

찾으면 얻고, 두면 잃느니: 이건 사리드오븜 시러곰! 제게 달린 차짐이오。

곧을 차져야고, 때를 어더야니: 이건 사리 없는 시러곰! 한데 달린 차짐이라。

잘몬이 다 제게 가췄느니, 몸으로 가서 참말로 그럴진댄: 즐거움은 더 클게 없고, 세차게 옜다서 뒤로 가면: 언을 차저감에 가장 가까우리라。

김음기미 사리음지기음

break'fast (brékfəst)

깨을세ᄅᆞ 큼 빌음

■……지난 5일 오전 7시 24분(한국시간). 세계는 또 한 사람의 위대한 지도……■
■……자를 잃었다. 평생을 검은 대륙의 원주민을 위해 바쳐온「알버트 슈바……■
■……이쳐」박사는 50년 정든 적도 「가봉」의 「람바레네」병원에서 생전에 즐……■
■……기던 「바흐」의 음악을 들으며 조용히 숨져간 것이다. ……………………■

「람바레네 聖者」… 密林속에 숨져가다

알버트 슈바이쳐 박사

20세기 초엽, 구라파가 서구문화의 발전을 구가하고 있을때, 그는 문화의 몰락을 예언하고 그 구제책을 제시했다.

위대한 철학자요 의학자, 신학자요 음악가로서의 「슈바이쳐」박사는 그가 생애의 전부를 바쳐 인류를 사랑해왔기때문에 「20세기의 성자」로 불리우기도 했고 혹「유럽이 낳은 위대한 위선자」니 「외고집의 환상가」로 혹평받기도 했다.

1875년 1월 14일 독일령 「알사스」의 「카이제르버그」에서 신교 목사의 아들로 태어난 그는 출생후 6개월만에 옮겨 간 「균스바하」에서 단란하고 행복한 어린시절을 보냈다.

그는 어릴때부터 두척 자연과 동물을 사랑했다.

어느날 그는 채찍을 맞으며 도살장으로 끌려가는 말을 보고 그날 저녁부터 자기의 기도를 새로이 고쳐 올렸다.

「하늘에 계신 아버지, 숨쉬는 모든 동물을 보호하시고 축복하여 주십시요. 모든 악에서 구하시고 평화스러운 휴식을 주시옵소서」

그의 동물·식물·모든 생명에 대한 사랑과 동정은 훗날 그를 아프리카의 원주민을 위해 일생을 바치게 했고 또 「生에 대한 敬畏」(Ehrfurcht vor dem Leben)의 倫理를 부르짖게한 원동력이 된 것이다.

커갈 수록 그는 자신과 의우사회에 대한 유대감에 대해 깊이 생각했다.

그는 깊은 이성적인 사고와 반성을 거친 진실한 감정으로써 이웃과의 사랑이 맺어질 수 있다고 믿었다. 그러므로 사랑이 남을 감동시키

지 못하면 아직
랑이 부족한
했다. 자기 주
함과 거짓을 보
수 없을 때, 그
신이 아직도
부족한 탓이라고
이와같은 그

「문화

「生

생

에 뿌리박은 부
실화는 그를
의자로 대성케
의 사업과 학문
했던 것이다.
1893년 10월
스불크」대학에
신학과 철학을
학시절에서는

도 자기의 사
탓이라고 생각
H에서 불성실
고도 어찌할
는 그것을 자
성실함에 있어
고 생각했다.
의 깊은 사고

계속해온 음악공부에도 열중하여 빠리로 가서 저명한 음악가들에게 음악을 배우면서 논문준비에 정렬을 쏟았다.

그가 인류의 진보를 의심하기 시작한 것은 「슈트라스불트」때부터였다. 세계에는 비인도적인 사상이 팽창해가

「…철학」의 윤리적 바탕은──

「生에 대한 敬畏」

…애의 50년을 아프리카 원주민에 바쳐

단한 내면적
…굴의 이상주
했으며 불굴
을 이룩하게

그는 「슈트라
입학. 여기서
공부했다. 대
어릴 때부터

고 정신은 퇴폐하여 인간은 점차로 亞流者로 자기를 상실한 채 전락해가고 있다고 생각했다. 이것은 그가 서구문화의 몰락과 재건에 관심을 쏟은 「문학철학」의 시발점이었다. 그는 문화몰락의 원인이 이상주의적 세계관의 파산에서 온다고 믿고 「세계와 인생에 대한 윤리적인 긍정」에 입각한 진정한 세계관 수립을 모색해야하며 그 뒤에 윤리적 문화를 이룩해야 한다고 생각했다.

이 결론은 결국 「생에 대한 경외」에 귀착되어 생명을 사랑하고 그것을 향상토록 힘쓰는 행위는 선이고 반대로 생명을 저해하고 그것을 저주하게 하는 행위는 악이라는 윤리적 문화의 바탕을 이룩하기에 이르렀다. 그리하여 학창시절의 어느 성령강림젯날 그는 자기의 현재를 모두 버리고 직접적으로 이웃을 위해 봉사하는 길을 택하기로 결심했다.

즉 30세까지는 교회 학문 음악등을 위해 헌신하고 그 후부터는 남을 위해 헌신할 것을 다짐했다.

1900년 그는 「聖·니콜라스」교회의 부목사로 있었으나 교리로써의 종교가 아닌 직접 사랑을 베풂으로써 사랑의 행위가 영원성을 가졌다는 것을 보이기 위해 1905년 그는 아프리카의 원시림에 가서 평생을 의사로 지내겠다고 친지들에게 통고하고 그날로 의학공부에 전념했다.

1913년 受難日 오후. 그는 구라파에서의 찬란한 미래를 버리고 「균스바하」를 떠나 멀리 아프리카 적도지방 「람바레네」로 출발했다.

「백인들의 무덤」이라고 까지 불리운 원시정글 불령「가봉」의 「람바레네」에서 그는 부인 「엘레느」여사와함께 손수 병원을 짓고 환자를 돌보며 기독교를 전파하는 등, 그의 모든 학식과 재능을 바쳐 인간이 인간에게 쏟을 수 있는 최대의 사랑을 아끼지 않았다. 그는 항상 체험으로 「인류애의 사랑」「생명의 경외」를 부르짖었다.

의사이며 철학자로서 50여년동안 밀림의 밝은 불빛이 되어온 박사는 향년 90세를 일기로 세상을 떠났다.

박사는 그가 생전 몸바쳐 돌보아 온 나병환자와 다른 환자들이 밀림병원 가까이에 파놓은 무덤에 고요히 묻혔다.

전설적인 이 박애주의자의 최후 안식처는 그가 살던 집 앞에 마련되었는데 그 옆에는 1957년에 서거한 애처「엘레느」여사의 유해가 담긴 무덤이 있다.

임종의 날 병원 문밖 어두운 「가봉」의 하늘 밑에는 수백명의 아프리카인들이 그의 죽음을 슬퍼하고 있었다.

인류는 그들을 위해 일생을 바쳐온 성실한 스승을 아까와하기 전에 그의 염원이었던 인류평화를 위해 노력해야 할 것이다.

〈편집실 제공〉

김 옴기어 ᄉᆞᆲ 옴지기음

气 運 生 纖

然 知 靈 虛

깨 올셸 · 금 빔 음

同一

끎 · 깔 · 짓 · 터 · 말 비슷 한갈?
갈잖은 더에 한갈 찾 갈잖은 나옴
한님 그리는 한갈 맘 그 오직 ᄂᆞ」

異端

너다름 나다름 다다름 아름다름
다르다고 다놀건가 갈다고 가들건가
다름 다름에 하나 찾다(그려) 다갈이 다다름

「푹 찾아 볼 모퀴 찾니다 · 九二九
十月에는 먼 여행은 안떠나지요」

1950. 4. 12 <2433384> 生 中成郁

6. 22 <2433455> 生 許初旭

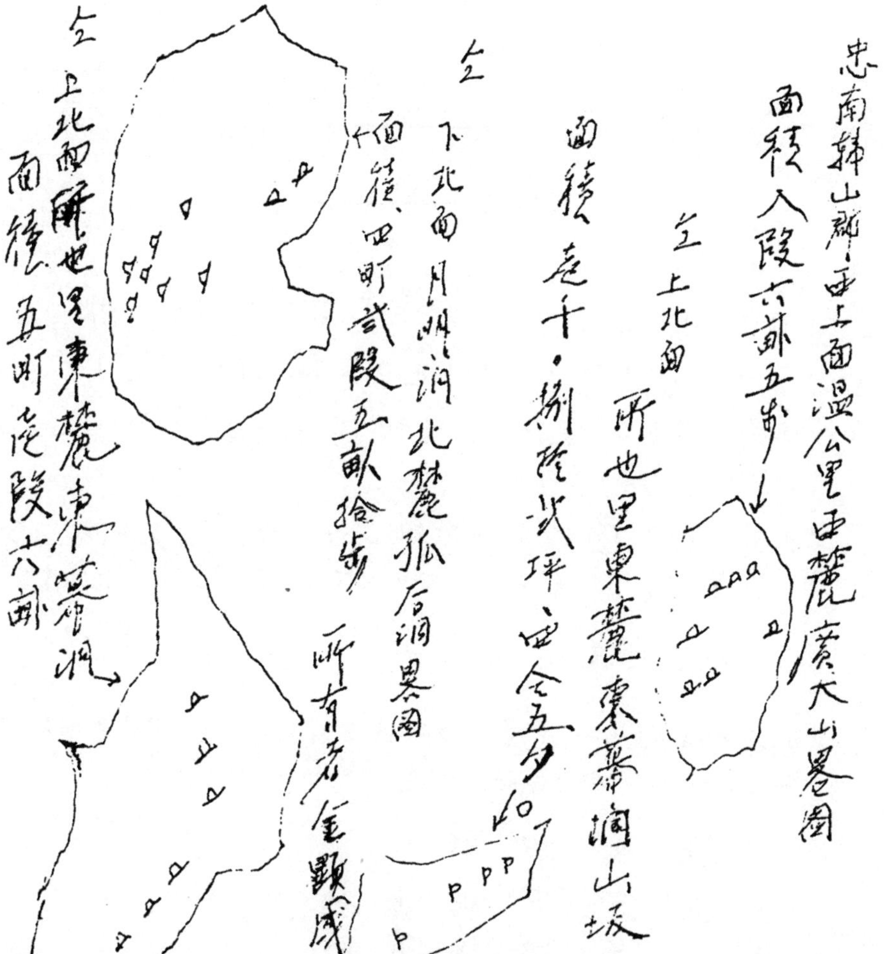

1966
5.6 金 27813 2439252 3235 3662

人生日周數字記錄八種合計十五.

MAGIC SQUARE

今 乙 陣 ≡

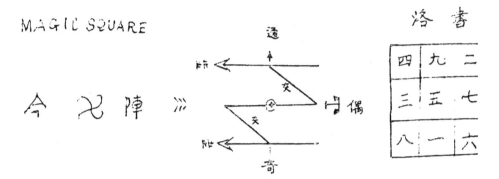

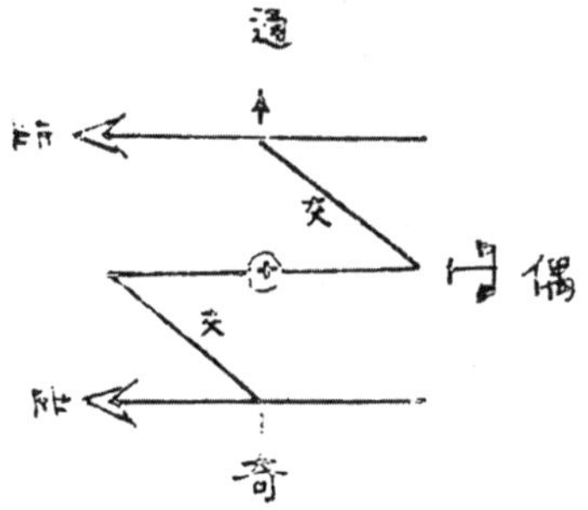

洛書

四	九	二
三	五	七
八	一	六

우리도: 옐 떠나 一계一 ᄒᆞᄂᆞᆯ로 열린 몸이요: 봐!
할넬누야 성큼 길로 솟어 논이: 돼 하나: 온!
아부지 우리 누르린: 이제계로 듧니다.

◎ 우리가 이제 땅에: 붙단힌 몸이 되었소오나:
오히려 님을 떨어울으로 솟아 누굴 줄을 믿습니다

◎ 開則達于天道與聖人一.

◎ 수날밤 9時께 昔姻變=36 長男永起=9 次男民起=7
昨年5月作故 金鍾甫(안희) 三男龍起=5出養子.

男 女 始 終
非 單 百 年 偕 老 始
且 累 萬 代 連 苦 終

7 土 27814 비 2439253 3236 3663

子曰 巍巍[1]乎 舜禹之有天下也而不與[2]焉.

〔註〕 1 高大之貌 2 猶言不相關: 言其不以位爲樂也.

子曰 大哉 堯之爲君也 巍巍乎 唯天爲大: 唯堯則之. 蕩蕩乎 民無能名焉. ○ 巍巍乎其有成功也. 煥乎其有文章. 《論語 泰伯第八》

8 日 27815 안개 끄믈 2439254 3237 3664

9 月 27816 맑 2439255 3238 3665

10 火 27817 2439256 3239 3666
갚흐리고 뿌리다. 말다로

11 水 27818 2439257 3240 3667

12 木 27819 맑 2439258 3241 3668

13 金 27820 맑 2439259 3242 3669

엊저녁에 金大用 언 오래만: 來訪. 出生男兒 四月十日生 命名: 始夏.
三月二十日乙亥. 2439256火

14 土 27821 흐림 비좀 2439260 3243 3670

繫辭 下 五

子曰: 知幾其神乎! 君子上交不諂. 下交不瀆. 其知幾乎!
幾者: 動之微: 吉之先見者也. 君子: 見幾而作不俟終日
易曰: 介于石, 不終日, 貞, 吉. 介如石焉, 寧用終日? 斷可識
矣. 君子: 知微·知彰·知柔·知剛: 萬夫之望!

反復其道 七日來復 利有攸往

象曰: 雷在地中: 復. 先王以至日閉關商旅不行. 后不省方

1966
5.15 日 呂 27822　2439261　3244　3671

16 月 呂 27823　2439262　3245　3672

繫辭上　第五章

一陰一陽之謂道 迭運者:气, 其理則:道。

繼之者善也 成之者性也

仁者見之 謂之:仁。知者見之謂之知。百姓日用而不知

故君子之道鮮矣。

顯諸仁 藏諸用 鼓萬物而不與聖人同憂盛德大業至矣哉。顯:◎ 仁:造化之功. 德之發。藏:◎ 用:機緘之妙. 業之本。

程子曰: 天地无心而成化!
　　　　聖人有心而无爲!

富有之謂:大業。日新之謂:盛德。

張子曰: 富有者:大而无外。日新者:久而无窮。

生生之謂易。成象之謂乾。效法之謂坤。

極數知來之謂:占。通變之謂:事。

陰陽不測之謂:神。

張子曰 兩在故不測。

17 火 呂 27824　2439263　3246　3673

18 水 呂 27825　2439264　3247　3674

◎ 光州 五放 崔興琮 牧師

一九六六年五月一四日下午二時一〇分別世

一八日 上午一一時 永訣式

三萬一千四百二十三日
四千四百八十九周
一千零六十四月
八十六年

○ 지지난달: 三月 五日 午頃: 東光園에서:
鄭寅世氏 父子분과 金俊鎬氏와 함께 가서 보이던 날「茶飮」만으로
斷食 六十日 넘우 되시겠다는 말씀을 드른 지가 七〇日이나 되간 이 날!

1880. 6. 18 金曜 庚辰. 5. 11 戊寅　2407838.　1966. 5. 14 土曜 丙午. 3. 24 癸酉　2439260

五 放 昇 遐 州公園場永訣式 / 池尤洞里安葬事

五放命立白放宜　　餞訣朔望無等茶

一落訃告黃泉屍　　空心齋明能服气

19 木 27826 흐림　　2439265　　3248　　3675

20 金 27827 흐릿　　2439266　　3249　　3676

愚生小感　　无心成化天. 有心无為人.

剋念清淨無一物　先先後後虛空極

今茲思議有百事　切切偲偲課生知

詳勉

21 土 27828　　2439267　　3250　　3677

22 日 27829 흐림. 바람.　　2439268　　3251　　3678

4時 나려나 5時에 떠나서 6時出發 江陵直行뻐스로 雲橋 11時 쯤 닿다. 場으로 向하야 거들레 얻빛에 아버님의 마주 나오는 것을 보아 大美로 반작 드러오다. 依安하니 [illegible].

23 月 27830 (간밤새 바람 많고) 흐리며 눈 구름　　2439269　　3252　　3679

24 火 27831 흐림　　2439270　　3253　　3680

慶州右人: 李慶雨(69) [相邦: 父] 故鄉: 慶山郡. 現住: 浦項.
(鄭氏 丈熙)

25 水 27832 흐림　　2439271　　3254　　3681

1966

5.26 木 27833 몸 2439272 3255 3682

27 金 27834 호림 2439273 3256 3683

씨가 잘 않쓴다고 베오기를 바라는 쯕。四月八日 이라고 : 早朝에
村夫一人이 藁綱속에 큰 열 朴桶 같은것을 걸머지고 지내·가다가
잇웃집 主人과 接語 호는 것을 보앗는데 「四月八日이라 : 致
誠드리고 오논것이다」고 말호는것이라。 기에, 어디 절이 잇
느냐 ? 호즉 : 아니라며 ! 「寺刹은 없고 山으로 좀 올라가서
나무밑에 ; 바위 곁 ; 같은 데서 뭘 좀 버리고 빌고 오는것이
라」云云。

28 土 27835 호림 2439274 3257 3684

4時에 니러나서 半頃 떠나서 雲橋 오니 8時。다시 半頃 江陵
서오는 버스 타고 14時頃 入京. 택시로 집에 오니 집안 恩安
호다. 感謝! 버스 480원。택시 240원。

29 日 27836 몸 2439275 3258 3685

集會에 가다 : 오는 日曜集會時刻 7時30分으로 定호다.

30 月 27837 2439276 3259 3686

31 火 27838 2439277 3260 3687

6.1 水 27839 몸 2439278 3261 3688

第68/66 信託金五萬원整 (內金 ₩2,000은 따로 내외 準備)
元本交付日 一九六七年 拾貳月 念日
受託者 第一銀行 積善洞支店

5. 2 木 27840 몸끼 2439279 3262 3689

3 金 27841 몸끼 2439280 3263 3690

4 土 27842 비 2439281 3264 3691

5 日 27843 호짓 비뿌림 2439282 3265 3692

6時 떠나 91뻐스로 南山洞 모딤에 닿다.

6 月 27844 몸끼 호짓 2439283 3266 3693

ᄀᆞ믄 언 생각

없는것 밖에 : 있는것 않에 : 一몸一 길일랑 : 집 숨 림!
가진것 속에 : 없는것 빔에 : 一있는一 누린든 : 누 드 리!
있밖없않 에 : 없·있·밖·않 이一ᄒᆞᄂᆞ인一 속에서 : 좋아, 참!

올히 2月3日에 찾아 왔던 權述龍 : 오다. 天安에 있다가 온다 함
1940年11月16日生이라ㅁ.

1940·11·16 土曜 ~2429950日 산지 9334 재날. 9333 꼭
庚辰·10·17 癸亥
1968年 4月 2日~2439949日 〃 9999 본날. 9999 꼭
3日 〃 10000 본날. 10000 꼭

333. 666. 999 字를 보니 五十五歲에:
淵朔六百六十六、何望三百三十三。
ᄒᆞ던것이 생각남 : 一千番朔望, 八十翁難見

心魂精爽 心魂 康强

康强精爽

1966 火 27845
6.7 몸 흐릿 2439284 3267 3694

天行健

與衆同樂民主望 伉儷好交種煩惱
存吾順事君子剛 純粹精爽元健康

8 水 27846 2439285 3268 3695
흐림

張勉 님이여 「째마 길가나」 같은 이 도라고 뒤로 시닝가?
드시었던 몬몸을 땅으로 돌리는 날: 이라는; 오늘!

9 木 27847 2439286 3269 3696
개다 흐리다 뿌리

發 微不可見。充周不可窮、之謂神。
性 焉、安 焉之謂聖。
復 焉。執 焉之謂賢。

幾、動之微、善惡之所由分也。誠:無爲。

『德』愛 宜 理 親近.疏遠. 會合.分離.種別.明釋 通 守

解

曰 曰 曰 曰 曰

仁。義。 禮。 智。信。

聖人之道:入乎耳、存乎心. 蘊之爲德行、行之爲事業。
彼以文辭而已者陋矣。

◎人苟以善自治則無不可移者:雖昏愚之至:皆可
漸磨而進: 唯自暴者:拒之以不信、自棄者:絶之發微不可見、充周不可窮、之謂神。性焉、安焉、之謂聖。復焉、執焉、之謂賢。幾：動之微、善惡之所由分也。誠無爲。

"德"

愛曰仁。	宜曰義。	理〔解別〕—親近—疏遠—會合—分離—特別—明釋—曰禮。	通曰智。	守曰信。

聖人之道：入于耳、存乎心、蘊之爲德行、行之爲事業。一彼以文辭而已者：陋矣。○人苟以善自治則無不可移者。雖昏愚之至：皆可漸磨而進。唯自暴者：拒之以不信、自棄者：絶之以不爲。自暴自棄者 非必皆昏愚也。往往强戾而才力有過人者：商辛是也。

史記 稱紂：資辨捷疾 聞見甚敏 才力過人 手格猛獸 知足以拒諫 言足以飾非。則其天資 固非昏愚者 然其勇於爲惡而自絶於善 要其終則眞下愚耳。革面畏威而寡罪則與人同也。

仁者：天下之公、善之本也。有動皆爲感 感則必有應。所應復爲感、所感復有應、所以不已也。理終而復始、所以恒而不窮、恒非一定之謂也。一定則不能恒矣。唯隨時變易乃常道也。

○在物爲理、處物爲義。○動靜無端、陰陽無始。○仁者正理 失正理則無序而不和。

○明道先生曰：天地生物各無不足之理。常思：天下君臣父子兄弟夫婦 有多少不盡分處。○忠信所以進德 終日乾乾 君子當終日對越在天也。(盡乎眞心之謂忠、盡乎實理之謂信。)~~(常瞻對乎上帝不敢有一毫欺慢之意也。)~~ 君子一言一動守其忠信 常瞻對乎上帝不敢有一毫欺慢之意也。

蓋上天之載無聲無臭：其體則謂之易。其理則謂之道 其用則謂之神。一其命于人則謂之性。率性則謂之道 修道則謂之敎。一孟子去其中 又發揮出浩然之氣 可謂盡矣。故說：神如在其上 如在其左右 大小大事而只曰誠之不可揜如此夫。
○醫書言；手足痿痺爲不仁。此言最善名狀。仁者以天地
萬物爲一體 莫非己也，認得爲己 何所不至若不有諸己 自不
與己相干如手足不仁 气己不貫皆不屬己。

仁至難言故 止曰：己欲立而立人 己欲達而達人。能近取譬
可謂仁之方也已。
○生之謂：性。性卽气、气卽性。人．生而靜：以上不容說
；才說性時便已不是性也。
凡人說性：只是說「繼之者善也。」繼之者善也者：猶水流而
就下也。皆水也。有流而至海終無所汚。
此理天命也。順而循之則道也。循此而修之各得其分則教也。一
——自天命以至於教．我無加損焉：此舜有天下而不與焉者也。
○觀天地生物气象 ○萬物之生意最可觀：此元者善之長也。
斯所謂仁也。○滿腔子是惻隱之心。
天地萬物之理：無獨：必有對、皆自然而然：非有安排也。每中夜
以思不知手之舞之足之蹈之也。
○中者天下之大本。天地之間亭亭當當直上直下之正理。出則不是。
惟敬而無失最盡。
○伊川先生曰：公則一。私則萬殊。人心不同如面而只是私心。○
凡物有本末．不可分本末—爲兩段事—洒掃應對：是其然、必有
所以然。

朱子曰：治心修身是本。洒掃應對是末。皆其然之事也。至於
所以然．則理也。理無精粗本末。

問仁．伊川先生曰：此在諸公自思之；將聖賢所言仁處：類聚
觀之體認出來。孟子曰：惻隱之心仁也．後人遂以愛爲仁。愛
自是情．仁自是性。豈可專以愛爲仁。孟子言；惻隱之心仁之
端也、旣曰仁之端則不可便謂之仁。退之言；博愛之謂仁非．
也．仁者固博愛然、便以博愛爲仁則不可．○問仁與心何異
曰：心譬如穀種生之性便是仁陽气發處乃情也。
○義訓宜。禮訓別。智訓知。仁當何訓 說者謂：訓覺．訓人．皆
非也。當合孔孟言仁處大槩研窮之二三歲得之未晚也」

以不爲。自暴自棄者: 非必皆昏愚也. 往往強戾而

才力有過人者: 商辛、是也.

史記 稱紂: 資辨捷疾 聞見甚敏 才力過人 手格猛獸 知足
以拒諫 言足以飾非 則其天資固非昏愚者然 其勇於爲惡
而自絶於善 要其終則眞下愚耳. 革面畏威 而寡罪則與人同也

仁者: 天下之公, 善之本也.　　「以不己也。

有動皆爲感 感則必有應. 所應復爲感、所感復有應, 所
理終而復始 所以恒而不窮, 恒非一定之謂也. 一定則不能恒
矣. 唯隨時變易 乃常道也. ○在物爲理, 處物爲義。○動靜
無端、陰陽無始。○仁者正理: 失正理則無序而不和。
○明道先生曰: 天地生物各無不足之理。常思: 天下君臣父子
兄弟夫婦: 有多少不盡分處.
○忠信所以進德、終日乾乾 君子當終日對越在天也。
(發乎眞心之謂: 忠。盡乎實理之謂: 信。) ── 「之意也.
君子: 一言一動 守其忠信、常瞻對乎上帝: 不敢有一毫欺慢
蓋上天之載: 無聲無臭: 其體則謂之易。其理則謂之
道。其用則謂之神. 其命于人則: ── 謂之性。率性則
謂之道。修道則謂之敎。── 孟子去其中: 又發揮出
浩然之气: 可謂盡矣。故說: ──
禮如在其上: 如在其左右: 大小大事而只曰: 誠之不可

揜如此夫。
○醫書言: 手足痿痹爲不仁。此言最善名狀。仁者以天地
万物爲一體 莫非己也。認得爲己何所不至 若不有諸己: 自不
與己相干 如手足不仁 气已不貫 皆不屬己。
仁至難言 故止曰: 己欲立而立人 己欲達而達人。能近取譬
可謂仁之方也已 ○生之謂: 性. 性卽气. 气卽性. 人生而靜
以上不容說: 才說性時便已不是性也. 凡人說性 只是說
繼之者善也。繼之者善也者: 猶水流而就下也. 皆水也有
而流至海終無所汚。

此理天命也. 順而循之則道也 循此而修之各得其分則敎也
——自天命以至於敎; 我無加損焉 此舜有天下而不與焉者也.
○觀天地生物氣象 ○萬物之生意最可觀; 此元者善之長也
斯所謂仁也. ○滿腔子是惻隱之心 ○天地萬物之理無獨
必有對; 皆自然而然; 非有安排也. 每中夜以思, 不知手之舞之
足之蹈之也.
○中者; 天下之大本. 天地之間亭亭當當直上直下之正理
出則不是. 惟敬而無失最盡.　　「是私心.
○伊川先生曰; 公則一. 私則萬殊. 人心不同如面而只
○凡物有本末. 不可分本末, 爲兩段事. 洒掃應對是
其然. 必有所以然.
[朱子曰; 治心修身是本, 洒掃應對是末, 皆其然之
事也. 至於所以然則理也. 理無精粗本末.]
問仁. 伊川先生曰; 此在諸公, 自思之; 將聖賢所言仁
處類聚觀之體認出來. 孟子曰惻隱之心仁也. 後人
遂以愛爲仁; 愛自是情. 仁自是性. 豈可專以愛爲仁
?孟子言; 惻隱之心; 仁之端也. 旣曰仁之端則不可便謂
之仁. 退之言; 博愛之謂仁 非也. 仁者固博愛然便以
博愛爲仁 卽不可
○問仁與心何異? 曰; 心譬如穀種生之性; 便是仁陽
氣發處乃情也. ○義訓宜, 禮訓別, 智訓知, 仁當何訓
?說者謂; 訓覺, 訓人. 皆非也. 當合孔孟言仁處大槩
硏窮之二三歲得之未晩也. ○心統性情者也.
○凡物莫不有是性. 由通蔽開塞, 所以有人物之別.
由蔽有厚薄 故有智愚之別; 塞者牢不可開, 厚者可以開而開
之也難. 薄者開之也易. 開則達于天道與聖人一.
繫辭 上 五章
一陰一陽之謂道; 繼之者善也 成之者性也.
仁者見之謂之仁. 智者見之謂之知, 百姓日用而不知.
顯諸仁, 藏諸用, 鼓萬物而不與. 聖人同憂, 盛德大

、至矣哉 →
富有之謂: 大業.
日新之謂: 盛德.
生生之謂: 易.
成象之謂: 乾.
效法之謂: 坤.
極數知來之謂: 占. 通變之謂: 事. 陰陽不測「之謂: 神.

繫辭上 七章

曰 易其至矣乎! 夫易: 聖人所以崇德而廣業也。
崇.禮卑 崇效天 卑法地.
地設位而易行乎其中矣. 成性存存道義之門.

天地設位而變化行. 猶知禮存性而道義出也。
成性: 本成之性也. 存存: 謂: 存而又存不已之意也。

10 金 27848 호리다가 소내기 2439287 3270 3697

11 土 27849 맑。 2439288 3271 3698

세—
어린것들:
이
따 들고 들어오는 櫻桃!
「인젠: 참, 잘,
익었구나!
불구실이로구나……」。

아!
東窓 밖:
담을 덮은—
붉은 薔薇도
어제 오늘
방그시
피는데—。

父 李永洙
母 李 氏
李恭根

一千九百六十六年 一月一日 土曜
乙巳歲十二月十日 庚申
二四三九一二七 通日

出生

㊐ 夏至 66.6.22.5時33分

1966 日 27850 2439289 3272 3699
6.12 맑

13 月 27851 2439290 3273 3700
흐고 갰

14 火 27852 2439291 3274 3701
맑

卽 事

對外矛盾
中情平和
焚身呼訴火
輸血治療水
戰備原子爆

和準十字架
所有世而不與焉
參與乎以正伍之
舜禹之有天下也
多士之存心身也

15 水 27853 2439292 3275 3702
맑

卽 景

三惡三毒迷惑地
好色好生破廉恥

信宗義宗遊說奔
知足言足弄飾非

16 木 27854 2439293 3276 3703
맑

17 金 27855 2439294 3277 3704

18 土 27856 2439295 3278 3705
어두어 뿌림

19 日 27857 2439296 3279 3706
비

明明白白火爐末
事事實實水泡沫

中庸脈膺身公空
利用貪瞋知昏癡

我我

北頂[illegible]絕三六計
43° 0′ 36″

百面恩之東經土 124° 11′ 0″ —— 130° 56′ 23″ 一去吾育念三界

33° 6′ 40″
三十三天陸不動

20 月 맑 27858 2439297 3280 3707

21 火 맑 27859 2439298 3281 3708

22 水 맑 27860 2439299 3282 3709

23 木 그므름 27861 2439300 3283 3710

무네미 산다는 崔鍾煥 30 아침에 와: 神学出身이며, 健康은 念慮.

24 金 구름 덮히다가 비 27862 2439301 3284 3711

25 土 27863 2439302 3285 3712

事變十六祀

咸藏穢德猶無事　二十世紀正中變
尚開口舌於何辭　六十六年十六祀

26 日 흐림 비뿌림 27864 2439303 3286 3713

아침 묻임에 맞나셧지만 한나절 지냇슬때:
徐正胤 언이 다른 두분과 함께 찾아주다.
WALTHAM 2203 을 몇몇 분의 뜻으로 보내신다. 고맙.
[NO 25594162]…들 다 다 옵네 하루 둔: 때 —
맞 다 다 옵네: 하루 [illegible]때 돌 [illegible].

27 月 맑 27865 2439304 3287 3714

28 火 27866 2439305 3288 3715

1966.
6.29 水 27867 맑 구름 2439306 3289 3716

30 木 27868 흐림 2439307 3290 3717

7. 1 金 27869 흐림 2439308 3291 3718

元 率 自 平 生　　金

春 仁

亨 性 彊 康 老　　剛

夏 禮

利 日 不 健 病　　律

秋 義　　建

貞 行 息 泰 死

冬 智　　極

세개의 追慕碑 : 어제 1966. 6. 30. 除幕
翰西 南宮檍先生 27周忌 6.30日 洪川郡西面牟谷里墓所와
翰西 中學校 校庭에서. 碑의 글 : 「나는 독립을 못보아도
너희들은 반드시 볼것이다. 내몸은 과일나무아래 묻어 거름이
다도 되게하라.」
李鍾南 언의 追慕碑 : 咸平國民學校 동산에 : 「우정의 동
밑에서는 : 三千사람이나 거의 될 서러운분들 가운데 :
李언과 同年甲으로 : 李언께 건지움을 받어 : 산 朴萬洙언이 소리처 :
延世大學校에서 : 세브란스醫科大學創立者「오 : 아르 · 에비슨」追慕銅

2 土 27870 2439309 3292 3719

곧세인 풀림

낳 늙기오、 올ㆍ 죽기로.

내어 받으우며、 성히 세워 뜨르리니 가장.

제 : 人절Y로ㄹ : 힘쓰어 쉬잠도록

바탈 디로 히고 :

읜 언 봄: 열어 차림 여름: 갈리어 올 가을: 곧 가지고 술기니 겨를:

— 인가!? ᄒᆞ노라.

3 日 27871 2439310 3293 3720

4 月 27872 2439311 3294 3721

1966 7.5 火 27873 2439312 3295 3722

6 水 27874 2439313 3296 3723

美國 틀레도:에서 世界 아마·레슬링 選手權大會에서 優勝者 된 張昌宣 (金福順:어머니)選手歡迎. (李昌分:約昏효이)

7 木 비 27875 2439314 3297 3724

可遠觀 愛說

榮華當日難思眞 名高維新善長繼
貞固平常元气人 香遠益清美極盡

8 金 27876 흐린 볕좀우리며 2439315 3298 3725

9 土 27877 2439316 3299 3726

10 日 27878 흐림 2439317 3300 3727

11 月 27879 2439318 3301 3728

ᄉᆞ롱?
멀고 먼된 분: 이라며, 남·납, 끼리: 올바 없이
가·까히 더 가까이 아주 ᄒᆞ나 차렴: 됐으믄?
ᄒᆞᆫ다니! 어쩜일가나? 나·도 몰라: 이런:쭌!

내나·계나, 첫번 한땐: 그리 되게 단련이고?
다시 두번: 이라거나? 번번 덧덧: 이란되믄?
어즈빠 그거시 말로, 틀린 뉘라:—아닐가?

12 火 27880 2439319 3302 3729

새로 새로 ᄒᆞᄂᆞ 둘 셈

빌러 마친 · 둘이 : 로서, 딜러 블존 : 둘로 : 서니,
우리 인젠 : 둘이 안야! 하나만 맨 길 아야지?
읎거니 둘틈에 : ᄒᆞᄂᆞ! 하나, 둘 셈 : 꼭 · 이읎

네番 갈리나? 30분 (高祖内外 16 / 次代 14) 의 玄孫.
세番 갈리나? 14분 (曾祖内外 8 / 次代 6) 의 曾孫.
두番 갈리나? 6분 (祖 父母 4 / 父母 2) 의 孫子.
한番 갈리나? 2분 (親 父母 2 / 0) 의 子息.
먼젠 : 모르믄? ○분 (大无外: 睿灵神 / 小无内: 自中心 ○) 自己.

二代 四祖陳. 二微 兩堂親. 當代 兩親在, 二微 孤獨身.
第十代祖 千 廿四, 二微 亢代 總合計. 原 无量.

13 水 27881 흐림 2439320 3303 3730

金 (57) 그제 떠나 : 오늘 火葬。

14 木 27882 비 2439321 3304 3731

15 金 27883 비 ᄂᆞᆼ 2439322 3305 3732

16 土 27884 흐림 비 2439323 3306 3733

17 日 27885 비 맑 2439324 3307 3734

派 派 脈
脈 脉

1966
7.18 月 27886 　 2439325 　 3308 　 3735
호림 　 2402802

人類情

四代高祖位十六 　 十代始祖千廿四
三世二徵則十四 　 九世繼宗千廿二

二千四十六位尊 　 水分潤山原流派
代代成性存存乎 　 氣息生命人類情

信仰生
足立祇地瞻徹天 　 日月分月存後聞
一心情起理想高 　 固有貞固知誠吾

月淵洞室
不主視聽言動人 　 月淵洞室今昔感
何所有物處理事 　 萬年壽石安往置

三溪洞天 雲峴宮別莊 大舍廊庭前 曾所
置之白大理石平床 前側刻字: 石壽萬年

19 火 27887 　 2439326 　 3309 　 3736
비 　 2402802

二三八六 四五三八 五一三歲 七一朔 八週 日 2402852 2427379	八一四三 九0六二 歲九一二 二八 朔週日 2401647 2433930

1866.7.19브터 36525날임 오늘 = 百히 ㅡ ㅂ니다
1933.11. 2브터 11947날임 = 32히 260날.

1899.7.19
1963.10.25브터 999날 맘

20 水 27888 　 2439327 　 3310 　 3737
흐림 낄, 빠림뜻 고욱

誠庶幾
仔賢可養終能化　克己復禮剋念聖
字汝無礙古自己　成仁到處誠庶幾

舌縮而聲深 天開於子也 形之圓 象乎天也
ㅡ 舌小縮而聲不深不淺 地闢於丑也 形之平 象乎地也
ㅣ 舌不縮而聲淺　人生於寅也 形之立 象乎人也.

ㆍ올 맞이, ᄒᆞ는이 ㅡ : ㆍ ?

보도 듣도 알도 몯ᄒᆞᆫ디로 : 맨먼저 읺긴 !
끔으다 .! 싶으다 .! . . ! . ᄋᆞᆶ : ᄋᆞᆯ !
ᄋᆞᆶ ㅣ : ㄴ ? . ᄋᆞᆶ ㄴ : 모름 ᄋᆞᆸ브ᄋᆞᆸ 제계 ᄀᆞᆫ!

牙音ㄱ象舌根閉喉之形。舌音ㄴ象舌附上腭之形。

好生道 —理气—
孛泳生道分派死　情操趣味浩然養
乂脉血輸循環气　心臟由性維持理

精气神　63 11/9

元精·元气·元神。元精神·元气神!
元人士之所以進德修業者也.
泄精·散气·漫神. 風精神·俗气神!
元衆生之所以喪德失道者也.

木27889
1　2439328
795　3311　3738

	B.C 4713.1.1. No 1	*Julian day* 〈六千六百七十七 히날〉
1966	A.D 1964.12.31 : No 2438761	『예수삼팔치론흐름: 넉넉 철칠 했돌날 그믐』

7.22 金 27890 흐림　　2439329　　3312　　3739

『정님의 날』을 여덟 바퀴나 돌리었다는 오늘에는! 그 香氣롭게 풍기는 애기 밑동에는!! 『좀더 갸륵스럽게로 예어 나가지지들은』 못되었던가? 흐는 싫고 싫음이 끼워있었으니: 놀랍습니다.

무릇 냄새란 것이 멀고 멀리 오고 오도록 새: 맑으면: 그것이 아름답의 가장 이리이다. 一香遠益清美極盡一.

23 土 27891 흐림 비　　2439330　　3313　　3740

『늙』그네 고 길다.
울어 봐도 호오 둘 셈: 굽어 봐도 흐능 둘 셈:
외도 바뤄도: 다섯 손! 두 좀 몫 돗을 꼭 쥐니,
두 발로 열가락 거둔 드딤돼낸 고 길다.

24 日 27892 흐림 비 뿌림　　2439331　　3314　　3741

25 月 27893 밤 낮 비　　2439332　　3315　　3742

26 火 27894 비 비 흐림　　2439333　　3316　　3743

도라가신 아부지	도라가신 어무니
1866.7.19날 — 1933.11.2날	1863.5.21날 — 1951.10.10날
二四〇二八〇二 24578 二四二七三七九	二四〇一六四七 32284 二四三三九三〇

壹八六六.7.19
이 달 그 날: 꼭: 온 돎.
壹九三三.11.2
오늘: 萬千九五四.

$100^{해} = 36525^{날}$

壹千壹百 쉰 닷새,
六千五百 쉰 하루,
↔七千七百 엿새를↔
앞서 보다 뒤지신

2. 27 水 27895 흐리다 몱다 2439334 3317 3744

28 木 27896 흐림 2439335 3318 3745

29 金 27897 흐림 오락가락 2439336 3319 3746

30 土 27898 흐림 2439337 3320 3747

息 觀

本來安息：無鼻無心 今息叵息：生滅自心。
究竟消息：離鼻卽心。 世終夕信。一誰子遲疑：
日終夕宿、命終夕休，多夕要息，永夕不息。

31 日 27899 비뿌리 2439338 3321 3748

3. 1 月 27900 흐림 끄믊 2439339 3322 3749

熙澤：도야지 치기 밑：돈2000一천주다。

2 火 27901 비 2439340 3323 3750

福 地

夕穀夜寐夙興天 宿口空心實腹地	夕穀夜寐萬天興 宿口空心·百里行

衰老憂病死 宿老不病歸

1966

울:나,라 ᄀᆞᆫ 다닥 이

안되로는 날:『내 나롬!』 모르지만『내: 압속:얼!

므리 든께: 오를내고! ᄀᆞ비ᄀᆞᆫ되: 내놓 내다!

첨브터 알고:알고:안! 모르기도: 모름직!

모름직: 꼭꼭! 아랑곳: 다다! 뉘; 아니랄가? 만:

꼭꼭못히: 더:모르고, 다다 안히: 덜:되는 듯.

드름박 끄덕질 말고, 꼭꼭이고! 다다가:

8. 3 水 27902 39341 3324 3751
리다·개다

4 木 27903 2439342 3325 3752
간밤 덜 도 보다

遵相 姦訪 다녀옴

5 金 27904 2439343 3326 3753
간밤·참 더웁다

『울맞이』 ᄒᆞ는이—: ·?

보도·듣도·알도, 못ᄒᆞᆫ 뒤로: 맨먼저 읽건·!

고프다·! 시프다·! ·.! ·. : 오돌·.!

ᄋᆞᆯ ㅣ: 누! ·ᄋᆞᆯ ㄴ: 모름! ᄋᆞᆸ ᄋᆞᆸ 제계 ᄀᆞᆫ!

日 昔

지어늙 아침밥을 아니들고 저녁밥만 들어 보기로

ᄒᆞᆫ날, (1941年(五十二歲) 2月 17日(2430043通

(生後壹萬八千六百四日中)이

오날: (1966年(七十七歲) 8月 5日(2439343通

이므로 (오늘: 生後貳萬七千九百四日中) 加增九千三百

卄八年。

6 土 27909 2439344 3327 3754

ᄆᆞᆰ 흐릿

李聖載언 來訪

7 日 27906 2439345 3328 3755

흐렴 소내기 흐림

벼락이 람!?

果實받잔: 양은 함박: 소내기에 벼락 맞담!

날새 깻가에: 부치개 ᄒᆞ더란: 바로 二집네!

그러면 인마 또 곤ᄒᆞᆫ 몇아이가 있겠담!

8 月 27907 2439346 3329 3756

아조 ᄆᆞᆰ다

9 火 27908 2439347 3330 3757

소내기

저승, 洗劍亭 고개길 뚜리ᅌ가: 곤쳐진 집에:

高壓電柱下: 물골 내던: 四十壯年: 感電死!

아울러 感觸即死는 —邂逅成胎— 따윌가?

10 水 27909 2439348 3331 3758

ᄆᆞᆰ 흐릿

仁義禮智 信未央

自主存沒可成仁 文盲只管損益禮

能權輕重使合義 万世河淸尚未知

三千八百七拾五日落後讀申報

1966

子張問：十世可知也？子曰：殷因於夏禮，所損益可知也。周因於殷禮，所損益可知也。其或繼周者，雖百世可知也。

馬氏曰：所因：謂：三綱五常。所損益：謂：文質・三統

君爲臣綱	智	夏尙忠	夏正建寅
父爲子綱	義信仁	商尙質	商正建丑
夫爲妻綱	禮	周尙文	周正建子

質勝文則野〔鄙略也〕　〔彬彬：班班〕
文勝質則史〔掌文書多聞習事而誠或不足〕

可與共學，未可與適道。可與適道，未可與立。可與立，未可與權
〔能權輕重使合義〕

8.11	木 27910 소내기	2439349	3332	3759
12	金 27911 맑	2439350	3333	3760
13	土 27912 맑	2439351	3334	3761
14	日 27913	2439352	3335	3762
15	月 27914	2439353	3336	3763

主權自若，國泰民安。

荄手莫足，身泰心安。

16 火 27915 몱다. 흐릿 2439354 3337 3764

17 水 27916 간밤브터 비 2439355 3338 3765

18 木 27917 몱 2439356 3339 3766

19 金 27918 흐릿 2439357 3340 3767

에베소 二章 19—22

열가락 온손을 쓸쳬! 자개 캐본 갓흔 벌도!

온몸 갖되: ᄒᆞᆫ욿 높: 그리스돈: 숨님의 기름!

염통속 ;산이, 숫 날 손: 계집안히 ·두곤 들!

20 土 27919 비 흐리며 써늘 2439358 3341 3768

億兆늬 가늠 네 남의 가늠 내億꼭 남兆꼭,

꼭꼭꼭꼭 꼭인데야 내다 꼭꼭 남꼭 남아,

내나로 ᄒᆞᆫ욿나라로 一씨알泰平一계있슴.

21 日 27920 흐릿27 천바람 가며 더움 2439359 3342 3769

22 月 27921 2439360 3343 3770

一食晝夜通 一言生死通 一坐天地通

通晝夜一食 通天地立命

通死生成言 一仁有無通 通有無得仁 ..

存吾順事 沒吾二千五百夕 順事一生三萬日

元命維新四家寧 成性進德忠信誠

毋不敬·儼若思· 安定辭·安民哉.
敖不可長·欲不可從· 志不可滿·樂不可極.

202

賢者. 狎而敬之 畏而愛之 愛而知其惡 憎而知其善 積而能散 安安而能遷.

1966
8.23 火 27922 2439361 3344 3771
즘끄름

24 水 27923. 2439362 3345. 3772

25 木 27924 2439363 3346, 3773
소세기

26 金 27925 2439364 3347 3774

27 土 27926 2439365 3348 3775
몸 27

28 日 27927 2439366 3349 3776
몸 27

29 月 27928 2439367 3350 3777
몸 27

30 火 27929 2439368 3351 3778
몸 27

張琮鍵氏 問病

31 水 27930 2439369 3352 3779

申相哲 안 來訪

개의 이빨같은 이로 뿌리가 고보이든 낮보다 곱절되는것으로 두어회를 흔들리며 삐뚜러지면서도 끼여 가던것을 作别

1965. 7月初旬日記事들을 뒤지면서 생각이 많있

1 木 27931 2439370 3353 3780

3. 2 金 27932 2439371 3354 3781
흐릿 맑김

3 土 27933 2439372 3355 3782
흐림 鄭昌海旨池英書

善養+正气
最高高節好神己　盡性歸命玄文關
眞正正鄉易气養　終貞開元浩浩量

「曲禮」 范氏曰：經禮三百、曲禮三千.
張子曰：物我兩盡自曲禮入.

曰：毋不敬、儼若思、安定辭、安民哉.
敖不可長、欲不可從、志不可滿、樂不可極
賢者：狎而敬之、畏而愛之、愛而知其惡、
憎而知其善、積而能散、安安而能遷。

「通鑑」 周紀 自武王至平王凡十三世、自平王
至威烈王又十八世。是時周室衰微 徒擁虛器 號為天下共主 傳至
赧王五世爲秦所滅。威烈王在位二十四年

戊寅] 二十三年 初命晉大夫魏斯趙籍韓虔為諸侯。
春秋之世 晉有范氏 中行氏 智氏 及「韓」「魏」「趙」是為六卿 後三家
卜為「韓」「魏」「趙」所滅、三分晉地而有之. 至此：始請命於天子. 為諸侯.

(A.D 190～220)
荀悅 字仲豫 後漢獻帝時侍講禁中
曰：言出于口 則咎悔及身。
말이 입에서 떠러진데 마닥:
몸은 나므람으로 몸에 늬웃!

4 日 27934 2439373 3356 3783
흐리자 비

1966
9.5月 27935 미 2439374 3357 3784

6火 27936 비 2439375 3358 3785

8.30分에 張悰鍵氏別世

子 濟寰 濟綱 濟翼 濟學。 〔7日早朝接訃以記〕

7水 27937 비 2439376 3359 3786

八月三十日 火曜午后에 생각이 나서 張께 尋訪갔다가 마침 点心床을 對히 밀국술 자시는데 니야기ᄒᆞ면서 다 자시는것을 보았고 新聞도 펼쳐 있으며 漢文說詩冊子도 열려 있었다.

무슨 大学生으로 傳道로 예수믿으란 말도 드렀다고 ᄒᆞ았고, 生死에 對ᄒᆞ야서는 일직이 漢文을 가르치시던 先生이 當身別世ᄒᆞᆯ 日時를 너무도 確感ᄒᆞ고 當身生日에 接對飮食後에「이러분들은 그만 헤여지어 宅으로 들 가시기들을 請ᄒᆞᆫ뒤」에 當身은 몸도 씻고 옷도 갈아 입고 자리도 펴고 그자리에 누워서 떠나던것을 보았다는 말슴과 같이「나로서는 그러케 時日은 모르지만 死에 對ᄒᆞ야 남의 일로 알고 있지는 않노라」는 말슴 ᄒᆞ는것이: 듣는 사람으로도 가장 便安ᄒᆞᆫ 心情을 갖게 ᄒᆞ시더니!

8木 27938 흐림 2439377 3380 3787

朝上夕下, 乍認始地 內外夕 永訣終天祖上朝

1895·4·4 木曜 1966·9·6 火曜

乙未 3·10 辛巳 ←2413288 丙午 7·22 戊辰 ←2439375

26088 날
3726 돌 6/7
883 달 12 날
71 해 돌

9.9 金	27939 흐림 뿌리	2439378	3361	3788
10 土	27940 흐리	2439379	3362	3789
11 日	27941 흐리다 소내기	2439380	3363	3790
12 月	27942 맑	2439381	3364	3791
13 火	27943	2439382	3365	3792

朝上夕下

乍認始地內外夕 · 倏昔忽旦天後先
永訣終天相上朝　多夕新朝億兆

14 水	27944 맑	2439383	3366	3793
15 木	27945 맑	2439384	3367	3794
16 金	27946	2439385	3368	3795

◎ 1948.5.10日 韓國投票!
◎ 1966.9.10日 越南投票!

17 土	27947 맑다가 저녁께 뿌림	2439386	3369	3796
18 日	27948 맑 구름	2439387	3370	3797
19 月	27949 맑	2439388	3371	3798

一八百九十九年九月十八日 鷺梁津‖仁川 鐵道開通

23日 24日 伐木 품값[二人] ₩1200원 用40원　67年 1月 ₩3500원 下
26日 李永洙 집웅홀든 2000원 下.
　　　　　　　　　　　　　돈30원 下.
◎30日 柳熙澤 감받어팜 ₩5,000원 下.

1966 9. 20	火 27950 ᄆᆞᆰ	2439389	3372	3799
21	水 27951 흐릿	2439390	3373	3800
22	木 27952 ᄆᆞᆰ	2439391	3374	3801
23	金 27953	2439392	3375	3802
24	土 27954 ᄆᆞᆰ	2439393	3376	3803

어제 아기가시야,
오늘 묵은 감나무。 들을 버히다.

25	日 27955 ᄆᆞᆰ	2439394	3377	3804
26	月 27956 ᄆᆞᆰ	2439395	3378	3805
27	火 27957 ᄆᆞᆰ	2439396	3379	3806
28	水 27958 ᄆᆞᆰ	2439397	3380	3807
29	木 27959 ᄆᆞᆰ	2439398	3381	3808
30	金 27960 ᄆᆞᆰ	2439399	3382	3809
10 1	土 27961 ᄆᆞᆰ	2439400	3383	3810

따움에서 때 !?

따 : 우에서 때때 지어 ○ 때때라며 ○ 입다가도,
때 : 울라서 못 입겠다! 때는 업시 있고픈데!
업샐라! 아주 업샐손? 밀고 미리 덜업대!!

萬넏 지내봐야 그식이 장석! 여섯 場 : 한달!
밤낮 겨꺼 본뒤도 그네네 것들 : 저흠의 것!
한두 秒 秒秒·分分·때 : 때만 지워 넘긴가?

2 日 27962 몸 2439401 3384 3811

3 月 27963 2439402 3385 3812

네따위 제따위를 누구라서 : 처다나 보리?
그따위 저떤위 이따위 네따위는 뭘 흐리?
두어라, 따위 따위 론? 몬지 더미 불틴걸!
풀이야 살이야 희나 텔니 몬지 꽃-짝 넓노누나!
킬릴란데 둘이없에 두렵우리 파파희다!
검으면 머리 곱되단 희면 : 낯이 : 돋뵌대!

4 火 27964 몸 2439403 3386 3813

5 水 27965 몸 2439404 3387 3814

年内萬名 自殺기告 美学生教育에 不満

국의 一学生雜誌는 : 미국大学生과 大学院生 10,000名이 今年에 自殺을
圖할것이며 그中 1,000名은 自殺에 成功할것이라고. 報道하면서 이밖에도 9,000名
学生들은 그들의 個性発達보다 技術教育에만 置重하는 旧式高等教育의 雰圍氣가
는 壓迫感을 回避하려고 하는것이라고 덧붙였다.

1966
10. 6 木 27966 2439405 3388 3815

畢臨撮影

肉質華色美人物 神養心性征正狂
把蕪化馨榮木草 形表意誠訂好惡

7 金 27967 2439406 3389 3816
오늚

걱정

빛갈 참 고아, 美人에 : 꼭 : 바탕은 : 그도 : 고길 ?
지르 길첸데, 맨 내새도 좋, 잘 핀 : 풀꽃 : 인들 ?
고기건 傷홀가 걱정! 풀꽃조차 시들길!

그럼. 치실 맘 받홀,,! 안 틀리도록 —기— 바로 잡삼!
꿀 : 보인, 춤 몸 색잼,, 은 : 싫잖게 조히 봐 지곰!
이 밖에 그 빡가 서지! 이젠 나너 믿고을.

8 土 27968 2439407 3390 3817

넓지기 삶 만!
(퇴에 나앉아 보고)

이 풀 봐요, 저 낭구도. 또 돌바위, 모래, 흙요!
예 : 山 같고 들 같고 아조 시골 도 같지! 갇힌 요.
예 앉아 이 툇마루는 바로 벼랑 길찬 길!
(뒤도 보아)
웅그리어 웃둑 앉아 떠러 내려 보던 우리!
뒬 섞 앉아 바로 붙쳐 눈 다는게 : 안심 찬해!
똥바로 그누기란게 가도록새 꺼림칙!,

太虛頌 — 못잊지 : 모름직 —

自然! 自然을 못이저, 大自然은 못잊겠서!
萬物도 天地는, 天地도 自然은 못잊! 못잊!
모름직 太自然, 또한 다시 太虛로 못잊지!

9 日 27969 2439408 3391 3818
비좀

10 月 27970 2439409 3392 3819
묽 흐릿

感謝食 — ᄒᆞ이금? 시러금? —

먹음! 먹고들 싶거니? 太虛空도 呑吐万有!?
삼키길 어이 삼켠지? 배터놓긴 우리는 꽆!
고몰수: 뚝 뜨는이만 시러금에 ᄒᆞ이금!!

平倉洞 禹永根 늙으신이 올에 九十一歲.
말씀에; 뒤보는 뒤나무를 쓰지만 나무에
씩길것은 따로 없는 것 같다심 — 일즉
내가 생각에; 사람도 自然生則대로 살면
노루나 토기 같치 뒤씩개 없이; 그되로
깨끗ᄒᆞ얐을것이 아닌가? ᄒᆞ얐더니,
오늘에 實際에 實生況으로 보이심
을 보입게되다.

11 火 27971 2439410 ◎ (고구마 먹다 마돌래 보뵘) 3393 3820
늦게비

12 水 27972 2439411 3394 3821
그믐흐

13 木 27973 2439412 3395 3822
묽

金圭成 入院되다 : 든다.

1350

소가? 사롬이? [솟아? 사롬아?]

두뫼 않손: 잉접·콩—모르고, 풀과 강랑대만!
수손: 흐레에: 흐림이 없이 바로 쏘니 젊잖!
쇠젓은 銀河水: 같고 印度선: 神 엔: 正肉

토끼나 노룬: 뒤를 보아 「덜 없다!」는 없거든!
높직혼 움직임에 오른 사롬: 씻개 없지 못?
오늘: 뵌 한늙으신분 「씻걸것이 없단: 섬!

10.14 金 27974 2439413 3396 3823
뻐러따 개다
恩和母 다녀 가다.

15 土 27975 2439414 3397 3824
호리 뻐파 개입

16 日 27976 2439415 3398 3825
비

17 月 27977 2439416 3399 3826

들렐루: 고요에

눈·코 하나·옴식 달삭? 힘안쓰건! 무게고—뭐—!?
땡뎅이고 티끄시고? 버려두는데야—되로—!?
아무렴 고요히 고요 고요에로 들렐루.

孟子曰: 天下之言性也 則故而已矣. 故者以利爲本. 所惡於智者: 爲其鑿也. 如智者若禹之行水也: 則無惡於智矣. 禹之行水也: 行其所無事也: 如智者亦行其所無事則智亦大矣.
天之高也星辰之遠也苟求其故 千歲之日至: 可坐而致也.
地之低也塵埃之邇也苟求其故 万物之時止: 可得而體也.

18 火	27978	2439417	3400	3827
19 水	27979	2439418	3401	3828
20 木	27980	2439419	3402	3829

世上에서들 바탈을 찾는것은 까닭을 알려는것이고, 까닭을 알며는 일을 ᄒᆞ야가기가 便利ᄒᆞᆫ 탓이니. 穿鑿ᄒᆞᆫ 따짐은 쉽게도 ᄒᆞ게도 되지만 禹님금이 물일 가보듯이 일을 볼것같으면 미울것은 없겠으나 禹님금이 물로 가서 ᄒᆞ기는 물의 바탈을 거슬리는 일은 없도록 일을 ᄒᆞ았나니라. 슬기러운이가 일가서도 일없도록만 ᄒᆞᆯ일을 보아간다며는 그슬기도 또ᄒᆞᆫ 크다ᄒᆞ리다.
ᄒᆞᄂᆞᆯ이 높다거나 별과 별들이 멀다거나 참 그까닭을 따지면. 즈믄ᄒᆡ의 나날이 올것도 앉인자리에서 그대로 오겠금을 알리이다.

얕은 땅이오 다닥친 티끌에서도 때! 때—지번때— '때'로 지워진줄로 알고 가는이는: '잘몬'의 때의 멈춤까지를 시러금 몸본으리이다.

---

21 金	27981	2439420	3403	3830
22 土	27982	2439421	3404	3831
23 日	27983	2439422	3405	3832
8 24 月	27984	2439423	3406	3833

開天國是

可遠觀之解語伊　侍下子弟成性乎
聊褻翫以兩親侍　孝上終天歸命時

. 16個開英實 二二67 位

1966. 10.28 金 27988 熙澤오다 ~~85,000~~원 돌려수위 본다.

10.25 火 27985 가는비	2439424	3407	3834
26 水 27986 믁 흜	2439425	3408	3835
27 木 27987 흐림	2439426	3409	3836
28 金 27988 흔바람 늙	2439427	3410	3837
29 土 27989 구름 뿌리오락 가락	2439428	3411	3838
30 日 27990	2439429	3412	3839
31 月 27991 끄므름	2439430	3413	3840

美 交 歷

11.1 火 27992	2439431	3414	3841

아 부

1866.7.19 木曜 1933.11.2 木曜
丙寅 6.8 乙未 癸酉 9.15 壬申
2427379 − 2402802

24578日
3511周
833月
68歲

어 므

1863.5.21 木曜 2433930
癸亥 4.4 庚辰

1951.10.10 水曜 2401647
辛卯 9.10 癸未

32284日
4612周
1094月
89歲

해마다 四월이 오면 봄을 선구하는 진달래 처럼
생각의 꽃들은 사람들의 가슴에서 되살아 피어나리라.

2	水 맑	27993	2439432	3415	3842

夏麗安好

3	木 맑	27994	2439433	3416	3843
4	金 맑	27995	2439434	3417	3844
5	土 맑	27996	2439435	3418	3845
6	日 흐림 소내기 바람 맑	27997	2439436	3419	3846

오류동 宋斗用宅 몯임에 다녀오다. 올때에
數十年 本洞에 居住ᄒᆞ신 現今 : 抱川郡松陽
國民學校長視務시란 :
抱川郡蘇屹面松隅里 鄭千根 氏와 初面人事.

7	月 맑	27998	2439437	3420	3847
8	水	27999	2439438	3421	3848
9	水 맑	28000	2439439	3422	3849

그네친 날셈으로 六四終六六七七.

四·一九墓地 삼가 살피오니

참말로 참말 참
여러분께서는 깨끗히도 가즉히도
흙을 땅으로 돌리시고
얼을 ᄒᆞ늘로 솟고시니다

게으른 저녁 삼가 소리

1966.

11.10 木 읅 28001 2439440 3423 3850

저녁을 먹는데 김동환 찾아 왔다 가다.
「앞에서 一年長으로 風症이 있다; 고. 孫子들 만 付岩洞(武溪)에 住宅도 갖었다: 답.」

11 金 읅 28002 2439441 3424 3851

新約 고린도 I: 13章 「사랑」은 「언」으로 읽어야만 옳을듯! 13章 4節: "언은 오래 진달내오 언은 힘드려 오를랩니다."

12 土 28003 2439442 3425 3852

13 日 비 28004 2439443 3426 3853

14 月 28005 2439444 3427 3854

15 火 28006 2439445 3428 3855

16 水 28007 호림 뿌리 2439446 3429 3856

그리스도 언

고임 빠질 "곪"을 뭘호? 식을사랑 "아랑곳"가?
그느르실 어니ㄹ 뚫자! 어니 뚫단: 언잖잖아!
"언"이란 오래 진달벌! 힘을들여 오롤랩!

[고린도 I 13·4]

17 木 28008 2439447 3430 3857

18	金 28009 맑	2439448	3431	3858
19	土 28010	2439449	3432	3859
20	日 28011 흐림. 눈. 진눈, 춥다.	2439450	3433	3860
21	月 28012 맑	2439451	3434	3861
22	火 28013 흐리다 벗다	2439452	3435	3862

저녁밥을 먹다가 瑟遠을 다리운 입염 들이 와서 들어오다. 感謝. 고맙. 음. 흠. 10시

23	水 28014 흐림	2439453	3436	3863
24	木 28015 흐리다가 비옴	2439454	3437	3864
25	金 28016	2439455	3438	3865

大邱市壽城洞二五一의二
石鍾爽 大悟 氏 來訪.

26	土 28017	2439456	3439	3866
27	日 28018 흐림 가느른비	2439457	3440	3867
28	月 28019 안개 맑	2439458	3441	3868
29	火 28020	2439459	3442	3869
30	水 28021 구름과 바람 세움, 추움	2439460	3443	3870

1966

12.1 木 28022 몸 (0°12.40) 2439461 3444 3871

2 金 28023 2439462 3445 3872

3 土 28024 흐림 2439463 3446 3873

4 日 28025 2439464 3447 3874

5 月 28026 몸 2439465 3448 3875

6 火 28027 몸 흐림 2439466 3449 3876

7 水 28028 (므슨 보슨 바람으로.) 2439467 3450 3877

8 木 28029 2439468 3451 3878

9 金 28030 몸 2439469 3452 3879

10 土 28031 흐림 2439470 3453 3880

11 日 28032 몸 2439471 3454 3881

鄭遠 아린 요영 橫城 들렀다가 쉬어 歸平 홀드시 떠나다.

12 月 28033 간밤에 눈 왔다 2439472 3455 3882

13 火 28034 몸 2439473 3456 3883

沈 인 글 받다

14 水 28035 2439474 3457 3884

15 木 28036 2439475 3458 3885

흐린 6時떠나 뻐스停留場新設접 平昌行을 타니 앞자리를 앉었다. 그러나 만히 기다려서 8.30에 發車ᄒᆞ야 橫城 邑上里 李宇鉉氏宅으로 安着ᄒᆞ다. 庾淳根牧師 맞나 니야기ᄒᆞ다. 芳林 金炯培인 來同ᄒᆞ니 ᄒᆞᆫ울님께서 베프심이니이다.

16 金 ᄆᆞᆰ 28037 2439476 3459 3886

1923 11. 18 日曜 〈2423556〉
癸亥 10. 10 乙未 24 1 1 44 / 1 2 1 1 6

17 土 ᄆᆞᆰ 28038 2439477 3460 3887

7時떠나 合乘으로 原州에서 急行車로 10時頃을 지내어서 淸凉里駅着.

18 月 ᄆᆞᆰ 28039 2439478 3461 3888

19 月 흐렷 28040 2439479 3462 3889

마디 맨 마지

모르고 본 삶이: 〈ᄋᆞᆯ아 오는 터, ᄋᆞᆯ아 가는 길.〉
ᄋᆞᆯ마지 ᄋᆞᆯ마지 ᄋᆞᆯ마지 ᄋᆞᆯ마지 ᄋᆞᆯ마지 ― 곤 ―.
알알히 ᄋᆞᆯ아 아리랑 아랑곳곤 ᄒᆞᆫ마디!

20 火 흐렷 28041 2439480 3463 3890

21 水 ᄆᆞᆰ 28042 2439481 3464 3891

1966

뭣 뭣이 붙다 떼다ㄴ 말가
뭐세: ᄒᆞᆫ 몸만 올짬 될순 없나? 因緣生無主!
뚝 떤 꽃도: 빛·꼴·내·숨·가릉. 물 ᄒᆞᆫ방울 얇-물!
그러나 속식에 볼라! 다섯 더럼 될 법 되?

몬·몸, 잘몬이 있! ᄒᆞᆫ마디로: 있으라시: 있디,
있다간 없어지란 말씀 이건: ᄒᆞᆫ마디도 같고,
외지비 하나 둘 셈이 ᄒᆞᆫ가진가도 싶고.

12.22 木 28043 2439482 3465 3892

16時 28分 冬至

坤上 ☷ 地
震下 ☳ 雷 復

反復其道하야 七日에 來復하니 利有攸往이니라
彖曰: 復亨은 剛反이니
動而以順行이라 是以出入无疾朋來无咎니라
反復其道七日來復은 天行也오
利有攸往은 剛長也일새니
復에 其見天地之心乎인뎌
象曰雷在地中이 復이니 先王이 以하야 至日에 閉關하야 商旅不行하며
后不省方하니라
初九는 不遠復이라 无祇悔니 元吉하니라 邵子之詩亦曰
象曰 不遠之復은 以脩身也라

乾上 ☰ 天
巽下 ☴ 風 姤

姤는 女壯이니 勿用娶女니라
彖曰姤는 遇也니 柔遇剛也라
勿用取女는 不可與長也일새라

天地相遇하야 品物이 咸章也오
剛遇中正하야 天下에 大行也라
姤之時義가 大矣哉라
象曰天下有風이 姤니 后以하야 施命誥四方하나니라

震上 ☳ 雷
巽下 ☴ 風 恒

剛上而柔下 雷風相與 巽而動 剛柔皆應恒
恒亨无咎利貞久於其道也
天地之道恒久而不已也
利有攸往 終則有始也
日月得天而能久照 四時變化而能久成 聖人久於其道而天下化成 觀其所恒而天地萬物之情可見矣
象曰 雷風恒 君子以立不易方
九三 不恒其德 或承之羞 貞吝
象曰 不恒其德 无所容也

○積陰之下 一陽復生 天地生物之心 幾於滅息 而至此乃復 可見 在人則為 靜極而動 惡極而善 本心幾息 而復見之端也 程子論之詳矣而

冬至子之半 天心无改移。
一陽初動處 萬物未生時。
玄酒味方淡 大音聲正希。
此言如不信 更請問包羲。

至哉言也 學者宜盡心焉

23	金 28044	2439483	3466	3893
24	土 28045	2439484	3467	3894

1966
12·25 日 [illegible] 畣 28046 2439485 3468 3895

李晟範 언 들러봄.

26 月 畣 28047 2439486 3469 3896

開天洞서 胡桃·大棗 가지고 來언 오다

27 火 畣 [illegible] 28048 2439487 3470 3897

28 水 [illegible] [illegible] 28049 2439488 3471 3898

모름직을 꼭 알가? 가 : 생각!

무리 다되 네발맞혀 넘나들다 목궁넘지?
가슴 뱉도 한가지로 두갈래워 한꿀떡른!
두어라 호나 들 셈을, 치다가도 모름직!!

29 木 28050 2439489 3472 3899

저녁에 仁川 港洞旅宿에서 자고 얼다.

30 金 28051 2439490 3473 3900

6時에 배를 타고 信島·矢島·를 지나 長峰島에 下陸하니 8時 되진 하야 새로 내인 길로 長進하야 晳淵泰宅으로 다닸다.

31 土 28052 2439491 3474 3901.

鄭鍾和 金형으신분 傳道士 鄭氏 來訪

壹千九百六拾七年壹月壹日이라고:

北島面長峯島會宅에서 묵은 잠 깨니
우리는 다시 또 올로히ᄉ 숨을 븨립고,

1967 1.1

1.1 日 28053 묵 2439492 3475 3902

會宅에서 日曜모임에 參與。낮 뒤에 절터 간 뒤 散策
저녁 모임 뒤 쉬다.

2 月 28054 묵 2439493 3476 3903

6時頃 니러나서 7時쯤 出發: 長峯沿路의 中程쯤에 三木島向方으로 旭旦光輝를 望. 趨到着津頭에 潮滿漸逼目하고 海潤益接天하다.
仁川에서 會淵蓡氏, 三木二李孃 다리고 洪城行하고 우리는 入京한다。

3 火 28055 2439494 3477 3904

좀 쉬고 있는데 午后 늦게 洪 來訪, 安一蓡居云。

4 水 28056 2439495 3478 3905

5 木 28057 2439496 3479 3906

엊제 오신 손님의 龍崗산자를 桓들과 會食。

弘恩洞 朴一日能 '36570日'
1866年 10月 15日生
[11月 21日] 2402927

1967

1.6 金	28058	2439497	3480	3907
7 土	28059	2439498	3481	3908
8 日	28060	2439499	3482	3909
9 月	28061	2439500	3483	3910

낮뒤 石大悟來訪。

實情乎 實情乎 — 眞情이냐? 眞情이냐? —
날개 날개 날내: 나요? 죽지 죽지 부러: 지나?
씨브난이 십허 십게! 조타 조타 다가: 죽지!?
「가저와! 먹고서: 죽지!」 조타 조타 조타 죽?

10 火	28062.	2439501	3484	3911
11 水	28063	2439502	3485	3912
12 木	28064	2439503	3486	3913
13 金	28065	2439504	3487	3914
	高. 오심	鄭. 오심		
14 土	28066	2439505	3488	3915
15 日 몸	28067	2439506	3489	3916

−0°.16°, 1′C 气溫

16 月 몸	28068	2439507	3490	3917
	−0.18°4′C			

題 一 言

情實月諸大一千　眞情日居三萬夕
口實人間羊言善　純情生涯誠成言

17 火 28069　2439508　3491　3918

18 水 28070 흐림　2439509　3492　3919

우리 무리? 우리 두리!
꿀 업시도 꽃: 피이나, 꿀 다 뻰데: 모도지지?
꽃 매지로 열매 매침! 열 매 매듭 나무리ㄹ가?
두어라 나:남 사이리? 우리무리 모를 일!

19 木 28071　2439510　3493　3920

믿 밖에: 없!
쇠·듥, 아닌: 살 바탕이: 돼가지고: 깨끗·고흠!!
깨깔·굵골, 가온[고] 얼마? 쇠·듥만도 못지나지?
살 속에 빠져 가지곤 아돌 될줄 믿 밖엔!?

가만 곰 — 도라 공 —
일흔 후면: 예브터 드물뒷서! 여든이 수얼!?
취인이 발슴얼며, 이어 쉰되 귀가 서원컨!
일흔엔 이루엇슬걸? 염읍 턱턱 가만 곰.

20 金 [illegible] 28072　2439511　3494　3921

21 土 28073　2439512　3495　3922

나·그네 — 길 — 오른 길

길 가보니 곧 곧 곧이 꾹 꾹: 물고, 꾹대기로.
꾹꾹 물고 나선이로 꾹 대기로 꾹꾹 댄 뒤:
어디로? 물을게: 업죠! 오름 올라: 오른길!

22 日 28074 ᄆᆞᆰ 2439513 3496 3923

23 月 28075 ᄆᆞᆰ 2439514 3497 3924

곧 뒤: 대 이 길

깜박 잊고 ᄒᆞᆫ눈 팔제: 「가시나? 오시나?」 소리!
왔다: 가단 — 가면 말지? — 길을 잃고 섰는 길에!
예: 있어 조흘거시면: 곧 뒤: 댈게 없겠도!

(仁) 성인님 :께: 얼 얼듬 (元)

갔다 다시 오실 님께: 우리 딸아 모실 님께
언니 언니 우리 언니, 언님 성님 우리 그는은.
다다다 ᄒᆞᆷ께 모실손 예·제·계 가 ᄒᆞᆫ곧 뒤!

24 火 28076 2439515 3498 3925

◎ 고前 拾參 4 언은: 오래↓ 진달 내오! 짐글
언은: 힘들여↑ 올을 뵙니다! 올로

25 水 28077 2439516 3499 3926

26 木 28078 2439517 3500 3927

27 金 28079 ᄆᆞᆰ 흐림 2439518 3501 3928

28 土 28060 간밤 눈좀 뿌림, 흐렴갔 2439519 3502 3929

蓋自天降生民 則既莫不與之以仁·義·禮·智
之性矣 然 其氣質之稟或不能齊是以不能皆有
以知其性之所有而全之也 一有聰明睿智能盡其性者
出於其間則天必命之以爲億兆之君師 使之治而教
之以復其性 此伏羲神農黃帝堯舜所以繼天立極也
……………

三代之隆……… 莫不有學 人生八歲則自王公以下
至於庶人之子弟皆入小學而 教之以
灑掃·應對·進退之節. 禮樂·射御·書數之文.
及其十有五年則 自天子之元子衆子以至公卿·
大夫·元士之適子:凡民之俊秀皆入大學而教之
以窮理·正心、修己、治人之道 ………………
其所以爲教則 又皆
本之人君躬行心得之餘:不待求之民生日用
彝倫之外.
是以當世之人無不學:其學焉者:
無不有以知其性分之所固有:
職分之所當爲::而各俛(頫音)焉以盡
其力

玄性實氏 一生

一千八百八十四年 十二月二十一日 日曜
甲申 十一月 五日 乙巳

一千九百六十七年 一月二十九日 日曜
丙午 十二月 十九日 癸巳

2439520 去日
2409532 來日

29988 壹旬缺叄萬日

1908晩來生誕

2439540　　28101　17283
　　　　　26940　10736

1967年 2月 18日 土曜 7時　　234

丁未 一月 十日 癸丑　　84

熙順 生

蓋自上古 聖神 繼天立極 而 道統之傳有自來矣
其見於經 則 允執厥中者 堯之所以授舜也
人心惟危 道心惟微 惟精惟一 允執厥中者 舜
之所以授禹也
堯之一言至矣盡矣 而舜復益之以三言者 則所
以 明夫堯之一言 必如是而後 可庶幾也
蓋嘗論之 心之虛靈知覺一而已矣 而以爲有
人心道心之異者 則以其或生於形氣之私或原
於性命之正 而 所以 爲知覺者不同是以
或危殆而不安 或微妙而難見耳
然 人莫不有是形 故 雖上智 不能無人心
亦 莫不有是性 故 雖下愚 不能無道心 二者
雜於 方寸之間 而 不知所以治之 則 危者
愈危 微者愈微 而 天理之公卒無以勝
夫人欲之私矣
精則察夫二者之間而不雜也
一則守其本心之正而不離也
從事於斯(=精一)無少間斷 必使道心常爲一
身之主而人心每聽命焉

29 日 28081 진눈깨비 ,2439520 3503 3930

1967

午前1時20分 住宅: 平倉洞一九八番地

永川 玄性實 別世

29988 날
4284 들
1015½ 달
82 해살

子 [順 玉](午前亡) 承重孫 海光
潤億
明億

高陽郡元堂面元堂里 三日葬.

1.30 月 28082 品 2439521 3504 3931

31 火 28083 2439522 3505 3932

2.1 水 28084 品 四〇一二 九五一 2439523 3506 3933

1899.7.19 水曜 2414855 1963.10.25 金曜
己亥.6.12 戊子 2438328 癸卯.9.9 辛丑

三三五三週三日
七九五月
六四年一〇日.

健
1959.12.26 → 22075 患1400 1963.10.25
23474 ←

玄 去者日疎! 一千一百九十五日!!

1880.6.18 金曜 2407838 1966.5.14 土曜
庚辰.5.11 戊寅 2439260 丙午.3.24 癸酉

崔 二百六十三日!!

1312. 2438473 1964.3.18 水曜
甲辰 2.5 丙寅

李 一千五十日!!

去者日疎 生者日以親

2	木 28085 (1913)	2439524	3507	3934
3	金 28086 간밤 눈옴 안개흐림	2439525	3508	3935
4	土 28087	2439526	3509	3936
5	日 28088	2439527	3510	3937
6	月 28089	2439528	3511	3938

光州市邊을 半巡入하는 汽車로 夕陽地上을 觀光하다

7	火 28090	2439529	3512	3939
8	水 28091 비	2439530	3513	3940
9	木 28092	2439531	3514	3941

(7–9) 梁仁雲 同起居 羅州郡茶道面芳山里 닥금앞

鶴洞 二区 7921 金正鎬 宅으로 오다

10	金 28093	2439532	3515	3942
11	土 28094	2439533	3516	3943
12	日 28095	2439534	3517	3944
13	月 28096	2439535	3518	3945

沈日燮 君과 더브러 水海에 오다

1951. 3. 22 木曜 入 2433728
辛卯 2. 15 辛酉

1967
2.14 火 28097 2439536 3519 3946

15 水 28098 눈 2439537 3520 3947

16 木 28099 맑 눈 2439538 3521 3948

17 金 28100 2439539 3522 3949

18 土 28101 맑 2439540 3523 3950

七時頃 버쓰로 (산裝 에서 나리는 사람: 만) 長城驛에서 기다리어
特急32호車에 타니 10時56分發로(車費520원) 서울驛掛時計 五時된것을 보게
집에 드러와 그런뒤로 지범을 보오니 고맙습니다.

[濟州道 濟州每日新聞社
濟州市三徒一洞 260
金時雄]

19 日 28102 흐림 2439541 3524 3951

20 月 28103 2439542 3525 3952

낯밑에 꿃질 늬 봐?
다 없 넘에 깨끗 뵐걸, 아직 덜없: 「덜없되!」 건!!
아름답의 모르겠고, 꽃이 좋나; 못꽃일 되!!
확 퍼킨 힘은 무서워! 불똥·믿지ㄹ 못볼데!

21 火 28104 밤에 비 뿌림 2439543 3526 3953

얽잴지? 마잘지! 酒肉色
숭: 떠났고 각: 뜬뒤라. 빛갈 희고, 생김 좋은?
목숨 기리, 뚝심 쏘림: 우리 깔끌도 희맑지!
침 괴며 우숨자리에: 더불 몸몸 모잘지!
[말지안치]

저녁때 朴完鎭 崔秀寬 來訪 밤車로 떠난다 함.
꿀 한籠 두울 사가는데 돈은 내가 써 없는데: 떠난뒤 다시세니 [100] 더함!

22 水 28105 비봉비공이 2439544 3527 3954

23 木 28106 2439545 3528 3955

마음과 虛空

마음이 속에 있다고 : 좇아 들어 못봤거늘,
虛空이 밖에 있대서 : 찾아 나가 맞날손가?
제맘밖 물으는 김자 야릇다운 쥔인가!?
달라붙은 속알이 : ― 마음을 제속이라 만 ―: 빅:
터믄이 도 물으는이 : ― 몬키를 밖이라고 만 ―: 옴:
宇宙를 휩싼 虛空도 빈 맘속에 드누먼!
온갖 일에 벌벌 젓을 다 봐 주는 마음이오,
모든것의 갓인 꼴을 받아 주는 虛空인되,
아마도 이 두가지가 하나인 法 싶구먼。
제몸이건 쉽게 알고 : 못되게는 안쓸거시;
업시 보고 빈탕이라 : 妄發을랑 말올거시:
님께서 나드시는 길 가까움직 ᄒᆞ구먼。

金東煥 喪配葬日云云 ― 五日葬 ―

24 金 28107 2439546 3529 3956

25 土 28108 묽 2439547 3530 3957

20日 熙琴의 연필로 쓴 편지로 :
1967年 2月 18日 7時 熙順 낳다 함을 듣고 感謝。

1967 2.26 日 28109 2439548 3531. 3958

눈 : 얼마·나 보는 눈일가·?

묵게 보고, ᄒᆞᆫ 노릇이 : 털석 : ᄒᆞ더라. 나·— 말씀 —
어둔데서 맨져보며 다·룬 것이 : 틀림 없답!
눈이란 팔리기도 : 히! 믿다가도 못 믿히 !!

27 月 28110 2439549 3532 3959

28 火 28111 2439550 3533 3960

지난히 12달 16날 橫城邑上里에서 庚淳根 1923.11.18 日曜 癸亥.10.10乙未
2423556 − 2411440 = 12116 ∴ 15995날 ; 5/3 16000날。

3. 1 水 28112 2439551 3534 3961

'01 사·이 뒤10일구。 또 말가? 1919.3.1

2 木 28113 2439552 3535 3962

Mahatma

モハンダス カラムチャンド ガンディ。
印度西北 작은 半独立國 オマン海를 바라보는 ポルバンダル(흰거리)서
千八百六十九年十月二日 났다.
千八百八十八年 九月ロンドン着。 千八百九十一年 歸印度(母喪後)

리프케 独逸聯邦大統領

1882年 韓独修好

메렌도르프 [穆麟德] 外部協辦
金允植 外部督辦

1876年에 [illegible] 韓日修好通商條約 [illegible]
1884年甲申政變後日本에가서 [illegible]。
1885年에 英國이 巨文島를 [illegible] 때에
[illegible] 世界 [illegible] 가서 [illegible]

內容外藏太空絜
合掌具足子弟矩

3 金 28114 비　　2439553　　3536　　3963

ᄋᆞᄇᆞ ᄋᆞᄇᆞ지 ᄂᆞ놓 ᄒᆞ올님

섣불리 갖고 있단: 업시만 뵈단: 업세졌단:
참업시 계셔 모든것의 가진꼴: 받아 주사,
아모턴 ᄒᆞᄂᆞ 되시어 우리ᄋᆞᄇᆞ 되시옵。

솟ᄒᆞᆫ 나

히히 히마닥 ᄒᆞ야금: 돌 돌 다달이 다드건;
알것만 같이: 살다가, 모르겠다.며; 죽지들!
치치치 치올라 솟리! 몬몸 벗고: 솟ᄒᆞᆫ 나.

4 土 28115 흐림　　2439554　　3537　　3964

5 日 28116　　2439555　　3538　　3965

食餌治療癌 ＝ 以除페닐아라닌之粉末

6 月 28117 맑　　2439556　　3539　　3966

7 火 28118 맑　　2439557　　3540　　3967

8 水 28119 ★　　2439558　　3541　　3968

1967
3·9 木 28120　2439559　3542　3969

10 金 28121 立림　2439560　3543　3970

11 土 28122　2439561　3544　3971

잠잠히 됨
默而成之
말없이 됨
不言 存乎德行 而信

書不盡言、言不盡意. 然則聖人之意: 其不可見乎?
子曰: 聖人立象: 以盡意, 設卦: 以盡情僞. 繫辭焉: 以盡
其言. 變而通之: 以盡利. 鼓之舞之: 以盡神.
乾坤: 其易之縕耶, 乾坤成列而易: 立乎其中矣.
乾坤: 毁則无以見易! 易: 不可見則 乾坤: 或幾乎息矣.
是故 形而上者: 謂之道. 形而下者: 謂之器. 化而裁之:
謂之變. 推而行之: 謂之通. 擧而措之天下之民:
謂之事業.
是故 夫象: 聖人有以見天下之賾而擬諸其形容, 象其
物宜. 是故謂之象. 聖人有以見天下之動而觀其會通
以行其典禮. 繫辭焉以斷其吉凶. 是故謂之爻.
極天下之賾者: 存乎卦. 鼓天下之動者: 存乎辭.
化而裁之: 存乎變. 推而行之: 存乎通.
神而明之 存乎其人. 默而成之: 不言而信:
存乎德行. ○卦爻所以變通者: 在人. 人之所以神而明之者: 在德.

으:!

언!언! 오래 오랜 진달내!! 힘써 힘쓴 오를냄!!!!

숨!숨! 다 쉰 목숨:업고!! 물!물! 츤물 말씀. 없!!!

언니들 눈니 누나들 미듬 바롬 막이 맞!!!

12 ^日 28123 흐리다몸   2439562   3545   3972

13 月 28124   2439563   3546   3973

　　오늘 樹堂:
　　25220^日 多夕과는 2904日間!
　　　1234날 去者日疏: 滄柱 가신저!

14 火 28125   2439564   3517   3974

기 리,가 ?

사롬이조차: 싸깔겨 낳고, 잡아 먹고 삵이롬!
　지저분 흔 밑끝: 예가나? 제 가나? 예나? 이제?
　　밑끝이 이쯤 된바에 고디를 ── 뉘?라?

15 水 28126   2439565   3548   3975

16 木 28127 흐렸롬   2439566   3549   3976

17 金 28128   2439567   3550   3977

8 土 28129   2439568   3551   3978

1967
3.19 日 28130 2439569 3552 3979

1941.2.17日 月曜
辛巳.1.22日 丙寅 2430043 通日 브터:

전녁으로 밤이 낮끝이: 르 고 소리

九千五百二十六끼로 오늘 곧: 오는 해 七月五日 쯤 보과지

赤十字社宅 모딤을 10時頃까지 갖고 슬슬 걸어서 蓮洞敎會 [煉瓦屋으로 세운뒤로는 처음] 11時30分 모되 을보다. 六十年前 相從ᄒᆞᆫ 사ᄅᆞᆷ으로: 두사ᄅᆞᆷ을 다시 보니: 美洲에 가셨다: 들은 一 全을 보게 되고 一 또 뜻 밖에 一 金商 一 뵈다. 此生再見逢不逢 不期千万意外ㅣ

20 月 28131 2439570 3553 3980

21 火 28132 2439571 3554 3981
16.37 春分 방에 비

오라 雄智

22 水 28133 2439572 3555 3982
19.10分 龍山 美八軍 '헬리콥터' 機에: 北傀 中央通信社 副社長 李穗根! 脫出.

23 木 28134 2439573 3556 3983

24 金 28135 2439574 3557 3984

※25 土 28136 2439575 3558 3985

26 日 28137 2439576 3559 398[illegible]
곤비

27 月 28138 2439577 3560 3987
안개 호림

28 火 믐 28139 2439578 3561 3988

밤나무골 눈나: 에섯분이 다니어 가시다.

29 水 28140 2439579 3562 3989

30 木 28141 2439580 3563 3990
한개 비 호림

熙瑟: 아범 따러 옴.

31 金 28142 2439581 3564 3991

直視万象具眼身
欲察自形所以鏡

生心万境率性人
欲知卽今所以往

4. 1 土 28143 2439582 3565 3992

熙純 出生申告提了.

〔四書白話新解序一節〕

求之己以敎人，制之家以推之國家天下，孔孟學說之特色也；視國事如一身，視天下如一家，此吾民族同有之觀念也；惡强暴而喜和平，忍艱苦以蘄至善，不圖目前之小利，而規人類社會之大計，又吾民族人人同具之德性與志願也。

2 日 28144 2439583 3566 3993

1967
4.3 月 28145　　2439584　　3567　　3994

兩親侍下子女生 | 十四層階下曾孫
六位重承命抱孫 | 三十列祖後玄孫

二代四祖陳　二微兩堂親　當代兩親在
二微孤獨身
第十代祖千廿四　二微九代總合計

原.无量

○　督灵神　大无外
·　自中心　小无內

水分潤山原流派　氣息生命人情

---

4 火 28146　　2439585　　3568　　3995

날이 끄믈다가 바람이 차지며 추움

熙澤　葉圃計係 ₩1,000 돌린다. 며: 내엿고.
돌망치: 사라! 고. ₩300 준다. 며: 범.

5 水 28147　　2439586　　3569　　3996

바다 보아라

물: 너나 젹신 뫼텩 새내 흘레 걸지디.가 뫼다 !
깁: 쉬어 사는 말슴 소룸 따위 섭뜻이 할 가? 나!
대.재야 따로 하야될 거시라곤: 업서라.

6 木 28148 2439587 3570 3997

如是觀

形形色色色情處 賢賢易色好好好
是是非非非常時 色色無色是是是

이러케 봐 | 和順 春陽 石亭里 金道洙 來訪 |

「꼴보믄」ᄒᆞ고、「깔 어때」ᄒᆞ니:「나체만 뜻이 볼」!
「내올코、네글타。」ᄒᆞᆷ아시니:「떤덛시 못된때」!

「다꼬 다까 볼일!」「낫길은 그담담 뵐거시」: ——
「 존걸 조탄: 좀」!
「깔이 깔이: 깔 깔 탈거시! 올흔걸 올탄: 올흠」!

7 金 28149 2439588 3571 3998
읆

8 土 28150 2439589 3572 3999
비

攄陰

自千九百五十六 今年當七十七得
至千九百六十七 十一回載四千日

宋斗用님 보낸엽월로: 三月十六日에 長峯齋에서
魯淵泰 咸錫祚 徐完根 님들로 푸른ᄒᆞᆨ원 열렷다.

또 李贊甲님: 症勢 말씀도! ᄒᆞᆫ울님 께: 옴

1967

4.9 日 28151 2439590 3573 4000

[이 65.8.27.]

金龍洙님 맞아 故凡夫. 故長沙. 또 一觀: 말슴

10 月 28152 2439591 3574 4001

흐림

自率琴曉發

11 火 28153 2439592 3575 4002

맑

益謹避之乎

內容外藏太空絜踏 | 相避相關萬匹避節

飛行機衛避電尖塔 | 關節炎症神經痛閒

12 水 28154 2439593 3576 4003

맑

通道吟

仁寺洞口大開明　曾聞寒士白屋棲

木覓蠶頭巨顯靈　當今公會赤杜境

13 木 28155 2439594 3577 4004

맑

14 金 28156 2439595 3578 4005

맑 안개 흐림

15 土 28157 2439596 3579 4005

서로 마주 칩이란!?

높히 떠날 날길에도 뫼뿔에나? 번개 바늘?
몽이에 매디러냐? 원쉬 외나무 대리더냐?
거듬더 避홀랄 자릴 또ᄒᆞᆫ 마주 치다니!

16 日 28158 흐리다. 2439597 3580 4007

옹 로 삶 을 곰

옹로옳 옳을램! 올히 짊·짊달 램! 짊달내오!!
오래 옳의 올옳 올히·올헤도 힛걸로 올힙!!
옹도록 봐도 봤어도 털없·되가!!!

17 月 28159 2439598 3581 4008

18 火 28161 2439599 3582 4009

속 온 근 삶

나나 네네 나남 남나? 나남 업지? 둘이 ᄒᆞ나!
우리 둘도 너나 불나! 나도 너먹! 너도 나입!
먹고 쌈 그만들 두고 ᄒᆞᆫ몸: 불가?

너: 나올나!? 네: 날몰라!? 마주보다: 버러질라!?
싸운 ᄒᆞᆫ의 뭉친다믄! 골잘 둘로 메우리다!
오부야 아버지계로 도라갈가?

19 水 28161 비 2439600 3583 4010

20日 9時4분「케이프 케네디」에서 發射된지 65時間 안에 34萬8千2百km을 가서「서베이어」3號는: 上月:軟着

1967 木 28162 2439601 3584 4011.
4.20

인 가시던날 2438328 (1963·10·25)

1273 흐드 히릐 셤

沈相國 언: 이제 새새벽으로 히어 이러나.시니ᄒ가
이네 1 소오?

---

21 金 28163 2439602 3585 4012
옭

우리 들 〈面前一線長時無間〉

언: 언니, 싱: 언니! 우리들에겐: 가장 섬큼: 언.
우린: 울어 숫근치고! 우린: 살아 거듭 살리!
뭍 저 고 성큼 언닌「실」: 딸아선가? 우리들!

22 土 28164 2439603 3586 4013
옭

23 日 28165 2439604 3587 4014
옭

日課至誠

感性存存之道義 按手撫摩具足身
去讒遠色處無疑 正心想像至誠意

24 月 28166 丁未三月十五日 2439605 3588 4015

皆旣月蝕:

半影食 始作 6時28分
初虧 7時25分
皆旣食 始作 8時27分
食甚 9時07分
皆旣食 終了(生光) 9時46分
復圓 10時48分

25 火 28167 2439606 3589 4016

咸 親 沈 龍 玄 疎
24150 24451 1278

「格物致知」에對하야 인즉이 金凡父 말씀이라면서「夫婦親
⑯吳昔泉: 宿ㄱ記 <142> 에서 一節:

『修身 齊家 治國 平天下를 놓고 보자。
身、 家、 國、 天下는 物이오、
修、 齊、 治、 平은 格이라。 고 보면』
절로 斟酌이 갈것이다.

李宝珩 母:
　　一 武桶 41斤½ 40斤½ 80斤 × 3000 = 24,000원
　　　　　　每桶 500원減価 1,000원
　　　　　　　　　　　　正價 23,000원

26 水 28168 2439607 3590 4017
　　읽

27 木 28169 2439608 3591 4018

28 金 28170 2439609 3592 4019

全北 益山郡咸羅面新木里
崔漢洙의 封緘받다. 金春一의失農云ㄴ하고; 돈을 붙져왔다.
春一의 일; 가엽스며 漢洙의 맘; 어므름! 호올님 앞에: 읍

29 土 28171 2439610 3593 4020

ᄀᆞᆫ ᄡᆡ ―ᄃᆡᆮᄃᆡᆮᄀᆞᆫ―

―ᄃᆡᆮ 없에―　　긋; 쓰단 !?

ᄒᆞ늘 ᄆᆞᆯᄉᆞᆷ: ᄉᆞ임: 바탈요!
바탈ᄃᆡ로 ᄀᆞᆫ: 길요!
길 뚤려 ᄀᆞᆫ의 가르침인: ᄀᆞᆫ!

길이라니: 조곰도 떠나진: 몯! 떠난ᄃᆞ믄: 길: 아니죠!
이러므로 그이: 보지않는ᄃᆡ 어렵히 삷가며, 듣지않
는ᄃᆡ 스럽 든리니: 감쳤던 것보다 더 보일거시 업고
죽은듯 처럼 나타남이 업슬거시니; 므로 그이 삶길은
ᄀᆞᆫ찍이에서 브터 임!

값·벨·쉽·죽, 따위로 픠지않은ᄃᆡ를: ᄀᆞᆫ! 픠어서
다 알마즌 마ᄃᆡ를: 고르롬! 이람.
ᄀᆞᆫ이란: 누리의 ᄒᆞᆫ 밑둥! 고르름이란: 누리의 시·모칠
올! ᄀᆞᆫ고르름을 이르우면 ᄒᆞ늘땅: 자리잡히고 잘
몬: 길리우리!

4.30 日 비　28172　2439611　3594　402

5. 1 月　28173　2439612　3595　402:

외 [illegible]의 날

―바로 ᄒᆞᆯ 바― 누리: 누리리

올: 바로 몯ᄒᆞᆫ 일은: 일업시: 본일이 몯되오,
다다다, 더더더, 작은만: ᄒᆞ이금도: ᄀᆞᆫ찍이ᄂᆞᆫ 몯,
올: 되로 바로ᄒᆞᆫ바에 일업시: 츰: 봐놓리.

ᄒᆞ. 야 금

몬지 치이는 ᄉᆞ람이 꽃지인들 드고 봅나?
꽃지 치이고 잎피 열으니 짙은 여름 지ᄌᆞᆸ!
가을에 ᄭᅵ위 가리ᄌᆞᆼ 겨를 길위 오는 히ㄹ!

19時지내 沈日燮 찾아왔다. 「서울 와 桂洞: 中國人料理집에서 한달쯤 지냈다며, 오늘은 昌慶苑 求景ᄒᆞᄂᆞᆫ 許由를 타서 尋訪ᄒᆞᆫ다면서、

[在家 益燮 入隊 信燮 入隊 福燮 古村 日燮 從 君燮도 留京中이람.]

踏十里로 向ᄒᆞᆫ다면서、계: 가서 쉬고, 오는 날 샐녁 出勤ᄒᆞ도록ᄒᆞᆫ다고 —

5.2 火 28174 2439613 3596 4023

이새벽: 沈相國氏 생각: 우리 오부 앞으로만: 아멘.

3 水 28175 2439614 3597 4024

꽃 구경

잇ᄀ 꽃: 작되、업ᄀ 않이건? 업ᄀ 듦이 크나、잇ᄀ 않음!
낡ᄀ이 탐보다: 묵고? 흙이 풀림 많큼 곱은가?、
꽃 곧 되! 네 곱은 건: 뭣? 잠고뒤는: — 멈출 일 —

4 木 28176 2439615 3598 4025

울뜰살뜰 뭣에: 맛!? 뜯!?
꽃지、치게: 몸 지치고, 힘쓸일 「하」 숨도 조림!
쓰디두: 막! 싶으믄: 회! 머기: 않싴: 생각 없동!
입맛을 저쳐들 놓곤: 더 맛난건 없나? 찾!

845

1967

5.5 金 28177 2439616 3599 4026

컬럼비어大学에「学生同性愛联盟」(海外토픽)

6 土 28178 2439617 3600 4027

7 日 28179 2439618 3601 4028

8 月 28180 흐림 2439619 3602 4029

瑞山郡安民面창기里168李德원33이 4月28日밤10時께父親萬(70)에: 三男「병구」(5)의肝을내어서供饋하엿다가翌日에患者:作故云

9 火 28181 좀끄등 2439620 3603 4030

會 話

안히와 더브는 속삭임

「우리도: 다는: 모를 내!음」

맛나 봐: 알음답아: 끼리만 돼: 숨아보는: 사이!
「인젠 우린 둘이 안요!! 딴 넌: 날? 난: 널? 찾는 걸: 븜!」
커니: 참! 아직 멀었서! 모름직히 모를네.

10 水 28182 27021 2439621 3604 4031

ᄀᆞᆫ 속 몸

일 업게 보앗고 말 업시 ᄒᆞ앗스니: 참말·일!
갈도 좋, 끝도 좋, 살도 좋, 뼈도 좋, 얼도 좋아!
이러히 지나ᄀᆞᆫ 쪽기 ᄋᆞᆸ올 ᄀᆞᆫ속몸!

11 木 28183 2439622 3605 4032

原无量

睿灵神 尊 大 无 外
自中心 卑 小 无 内

水分潤山原流派
气息生命人子乃

十代烈祖千廿四
二徵九代總親在

兩親侍下當代景
二徵自身孤獨存

12 金 28184 2439623 3606 4033

13 土 28185 2439624 3607 4034

金明壎 白貞子 더브러 새로 命을 비롯다.

14 日 28186 2439625 3608 4035

思終局妄狀有一人
當體七拾巨遠色 欲衛九旬可斷倉.

15 月 28187 2439626 3609 4036

16 火 28188 2439627 3610 4037

예 오았다 : 곤 : 계 ㄱ 있다
내가 바로 그넬입니다 : 우리가 바로 그넬!
나그네、나그네。 우리들이 그네! 우리 드림!
나그네 나그네 론뒤 그네ㄹ 뗌만 녁였지!?

1967

ᄆᆞᆯ숨 수이고 나서는 : ?

제계 도신 ᄋᆞ부 — ᄒᆞᆫ웋님 : 날 : 우리 ᄆᆞ리 : 줄림!
ᄒᆞᆫ 얼이·님금을 따라 섬기는 벌떼 두뤼ㄹ 봄!
젓과 꿀 흐름에 커선 쉰叅소리 어이리……?

5.17 水	28189	2439628	3611	4038
18 木	28190	2439629	3612	4039
19 金	28191	2439630	3613	4040
20 土	28192	2439631	3614	4041
21 日	28193	2439632	3615	4042
22 月	28194	2439633	3616	4043
23 火	28195	2439634	3617	4044
24 水	28196	2439635	3618	4045

朴(韓鍾民手功) 瑞鷺膝有恙脚在赤 柳策未定轉聯 白

ᄒᆞ나 하나
늬에 : 누나! 뉘에 : 누가? 꼭 한번 만에 : 길렀잖응?
뭣의 뭣이! 얼의 얼던게? 꼭 하나만 아니오?
번번히 꼭 한번 만이 개개마다 꼭 하나!

25 木	28197	2439636	3619	4046

[redacted] 좋은비
됴 좋고 ᄒᆞ고나 · ᄒᆞᆫ줄게 업잖오?

개、개。번、번。「꼭 ᄒᆞᆫ번만」이 : 꼭 ᄒᆞᆫ번만일가?요
거 저、그저라만 : 나가며、보는바엔 : 타! ᄒᆡ : 되,
꼭이란? 고·고。ᄒᆞ고나 : 골 잘 줄곧 : 일진 : 도。

26金 28198 흐림	2439637	3620	4047
27土 28199	2439638	3621	4048

Julian day 記憶ᄒᆞᆯ가?고。

그 :
세친날셈 : 브시—4713 BC——므로브터
일구(皤皤)끝나니 : 어디—19(64) AD——까지
이네三八치를 일! 2438761——로通日됨

公元前4713年1月1日브터起算ᄒᆞ야
公元后1964年12月31日까지 日子2438761꼭됨。
6677ᄒᆡ동안에 ᄒᆡ와 돌의 合바꿈질의
實相 :
그림자로 적힌게 : 貳百四拾參萬八千七百六拾壹。

을고 불레라

四顧無親 : 답답ᄒᆞ단 : 말가? 답답ᄒᆞᆫ 자리지!
萬古不知 : 가깝ᄒᆞ단 : 게야! 가까왔단 : 몰미!
ᄀᆞᄀᆞᄀᆞ 오으와 ᄀᆞᄀᆞᄀᆞ 가까온 : 곤 얼러나!!!

잘몬의 을은 내게 갖웠으니 몸봄 열미 길은 제게고 즐김 남? 萬物之理具於吾身體之而實則道在我而樂有餘

夏曆五月十五日生潮。 1905·6·17土曜
乙巳·5·15丁亥 二四一七〇一四
다다 치네올來

1967

5.28 月 28200 2439639 3622 4049

간밤에 복슬:울임이 있더니, 8무리 강으지 낢。

29月 28201 2439640 3623 4050

安息之消息

내나 네나 나아와서: 예다: 솔일 보는거고,
모도모도 드러가믄: 죽어넘엔: 일이 없듬。
참말로 그럴사오나 꿈으르면 못쉴걸……。

꾹: 못쉬고、깨난다며는: 하루: 또、고생이지!
깼으면 또 봐: 일! 않든건 또 히: 말!—다 없도록、—
참말로 일러봐: 본일: 말(일)다: 없을 곧인듯!。

30火 28202 2439641 3624 4051

나도 믿음

따여。내 이제 네 몬지 곤 흙 한줌에 들어서: 말씀!
내。네게서 나간다믄: 이 줌흙도 둥굴러 :몬돌 가록!
예수여 안넘땐으와。으부계로 근 아멘。

31水 28203 2439642 3625. 4052

ᄒᆞ나 둘 셈

ᄒᆞ나ㅣ 둥어 세이는 판에:
물를수 있으면 쉬울상 싶되、
될수로: 세일수란 없고、——
물러나면 물러난 '판' 밖의 ㅡ나ㅡ .

말: 스기는,
나: 되기고。
誠者自成
也 而
길: 나가는
ᄃᆡ, 몰: 스오。
道自道也

花潭集

原理氣

徐花潭

太虛淡然無形號之曰先天其大無外其先無始其
來不可究其淡然虛靜氣之源也彌漫無外之遠逼
塞充實無有空闕無一毫可容間也然挹之則虛執
之則無然而却實不得謂之無也到此田地無聲可
耳無臭可接千聖不下語周張引不發邵翁不得下
一字處也摭聖賢之語泝而原之易所謂寂然不動
庸所謂誠者自成語其淡然之體曰一氣語其混然
之周曰太一濂溪於此不奈何只消下語曰無極而
太極是則先天不其奇乎奇乎奇不其妙乎妙乎妙
倏爾躍忽爾闢孰使之乎自能爾也亦自不得不爾
是謂理之時也易所謂感而遂通庸所謂道自道周
所謂太極動而生陽者也不能無動靜無闔闢其何
故哉機自爾也既曰一氣一自含二既曰太一一便
涵二一不得不生二二自能生克生則克克則生氣
之自微以至鼓盪其生克使之也一生二二者何謂
也陰陽也動靜也亦曰坎離也一者何謂也陰陽之
始坎離之體淡然爲一者也一氣之分爲陰陽陽極
其鼓而爲天陰極其聚而爲地陽鼓之極結其精者
爲日陰聚之極結其精者爲月餘精之散爲星辰其
在地爲水火焉是謂之後天乃用事者也天運其氣
一主乎動而圜轉不息地凝其形一主乎靜而榷在
中間氣之性動騰上者也形之質重墜下者也氣包
形外形載氣中騰上墜下之相停是則懸於太虛之
中而不上不下左右圜轉亘古今而不墜者也邵所
謂天依形地附氣自相依附者依附之機其妙矣乎

誠者自成也 (物之所以自成) 말스기는 나되기고
而道自道也 (人之所當自行) 길 나가는되 말스오

徐敬德 中宗時學者 號花潭 (公元1489—1546)

제몸을 꼭 다 ᄒᆞ이 : 제바탈을 앎직! 제바탈을 알면 : ᄒᆞ늘도 앎직! 제몸을 잡아 제바탈을 닦으어 나아감이 ᄒᆞ늘을 셤김이니라. 짜르건, 길건, 한가지로, 제가 절 : 채리어 기두르거니! 말숨(목숨) 세우자는것이라. 말숨이 아닐수 없느니 : 꼭 바로 따라 받고접니다.

그러므로 목숨(말숨)을 아는이는 무너질뜻ᄒᆞᆫ밑에 서지 않느니라. 제 거를 : 길 : 을 다 걷고, 죽는것이 바른 말숨이오, 얽게 걸려 죽는것은 바른 말숨이 아닐거니라.

차지면 얻고, 두면 잃느니 : 이건 사리 드로는 시러금이니, 제게 달린 차집이오. 값을 차저야고, 때를 어더이니 : 이건 사리없는 시러금이니 한데 달린 차집이라.

잘몬이 다 제게 갖었느니, 몸으로 가서 참말로 그럴진댄 즐거움은 더 큰게 없고, 세차게 옛다시 되로 가면 : 언을 찾아 감에 가장 가까우리라.

1967年 8月 2日 구두랑골 밭 판 돈 703,000원 入銀
〃 9月 6日 〃 〃 〃 〃 돈 6,329,300원 入銀
〃 〃 〃 〃 700원 利子

7,033,000

日記 帳

1967

10.	18	쌀	₩4,400	計
		고기	320	
		비누	340	
.	25	10万2年 第1回	18,200원	
	26	고기	600	23,860
11	3	[illegible]	260	
		10斤	120	
	닭알		1,000	
	內用 全部		200	
	6	新聞代	240	
	7	[illegible]	356	
		비누	38	
	8 內用		2,000	37,474
		[illegible]	1,300	
	10	숭어	300	
		[illegible]	120	
		[illegible]	206	
		[illegible] 內用	1,020	40,414
	15	內用	5,000	
		新聞代	500	40,914
	[illegible]	쌀	4,100	45,014
		고기	430	
	26	[illegible]	36,400	
		[illegible]	3,150	
	26	[illegible]	755	
		[illegible]	5,000	
		內用	8,000	
		[illegible]	300	
	30	고등어	1,000	100,049
		內用		
12	1	[illegible]	500	
		[illegible]	30	
	4	신문	180	
		[illegible]	15	
	8	고기	1,220	
	18	[illegible]	4,000	
	20	[illegible]	[illegible]	

없이 계신 아부

도모지 이저게 뭣에 쓸라고, 뭣홀라고ㄹ가.
온 누리 사람. 다잘살게 홀라는 노릇이라네.
뉘다잘 살다 죽음은 호월호단 말일가.

모르지 또뭣홀건, 모르지 다시 뭣에 쓸건.
마지막 눈맞히 곳이 워갈지는 아모도 올.
이저게 없훈우라믄 아니랄수 없어라.

있이 없은-없앨수는 도모지도-없을거니.
부스러진 것으로서 외통울랑 없앨수 없.
이저게 없훈우라믄 아니랄수 없어라.

28204 22187 24488 去者日疎 8072 131

1967

6. 1 木 28204 2439643 3626 4053

인개 걷더니 가는 추김 뒤:갬。

얻:찾기

나는 얻을 찾습니다 — 孔丘: 찾으시던 뒤로 —
이: 차집이 命의 힘: 되므로 — 몸소 낱우신 — 예수。
이러히 우린 미더요。그밖의 건: 제 갓후ㅣ!

內容外藏太空絜、 合掌具足子弟矩。

2 金 28205 2439644 3627 4054

內容知覺外藏物 合掌崇仰具足卑.

3 土 28206 2439645 3628 4055
흐릿흐림

4 日 28207 2439646 3629 4056
흐리다 낮뒤 늦게 흐리며 빗울오락가락

有 人物至小存無內地上
物心自重處無外天下 中虛靈知覺

南山에 단군굴있음을 첨 알다。
朴孝達님 住持。

5 月 28208 2439647 3630 4057

6 火 28209 2439648 3631 4058

7 水 28210 2439649 3632 4059
흐림

8 木 28211 2439650 3633 4060
흐림

◎1967·6·8日.『國會議員選擧.』

9 金 28212 2439651 3634 4061
흐비

	一	二	三	四	五	六	七	八	九	十	
	甲	日	秉	精	懋	既	經	身	任	啓	
六	子	追	仁	妙	震	思	午	未	信	維	
	述	解	自	軸	人	妙	震	思	悟	徵	
千	申	由	述	核	子	軸	仁	妙	眞	綸	詞
干	吾	未	信	愈	述	解	自	軸	仁	妙	
	逢	思	悟	靡	信	揩	述	解	慈	軸	
支	仁	妙	眞	謝	悟	未	申	由	述	解	

10 土 28213 2439652 3635 4062

11 日 28214 2439653 3636 4063

内容外藏太空絜、合掌具足子弟矩. 内容知覺外藏物。合掌崇仰具足矣。

有人物 至小 無內 地上、物心 自重 無外 天下 中

虛 ‖ 靈。知 ‖ 覺

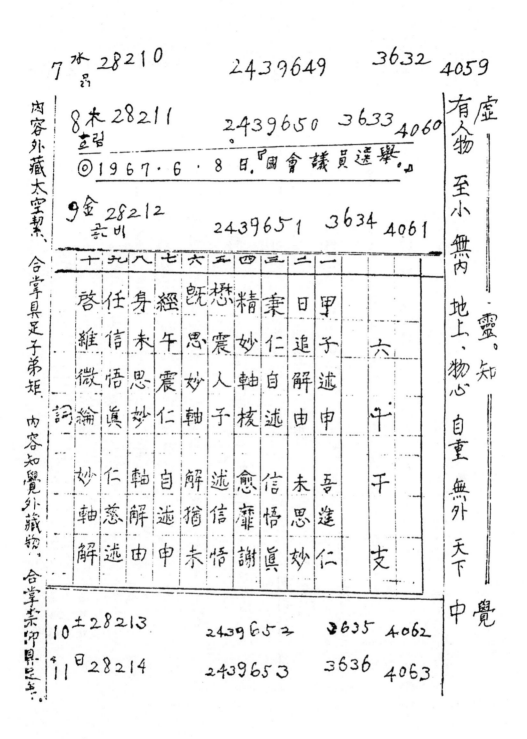

1967 6.12 月 28215 2439654 3637 4064

쓰인 뵈 흙그 王乂

맞이 ᄆᆞᆯ숨소리 「나는 연을 ᄀᆞᆫ 나와 입!」.

날마닥 말맴긋 좋소 오나 아적 뚝 따진 몬!

인을 받든 제 ᄆᆞᆯ숨 「믿고 깨야만 참이니다.」고!

「알짬 뚝딴 바꿔되 알맹」만은 더우더 그만더만 몬흡니다.

힘 쓰게 떨쳐 낢 오ᄂᆞᆯ ᄆᆞᆯ숨은 「믿고 깨!」롬!!

뚝딴 바뀌 칼뜻은 벌서 벌서브터 ᄒᆞ고 ᄒᆞ 히마닥 히

히히도 아직 몬했던 프리!!!

낮이나 지내믄: 떨치는 언이 제 ᄆᆞᆯ숨은 소리기온듸.

몸손, 아직도 「뚝딴 바뀌되의 알밍긋」을 몰름!.

믿음되로 참깨이ᄌᆞᆷ이 언실리 소리옴!

곬 실꾸리 속 맺긋이 열리던: 뚝딴 바뀌될 풀어집다

去 1335
來 24508
來 ?207

十進法 ⟶ 二進法									
1	2	3	4	5	6	7	8	9	10
1	10	11	100	101	110	111	1000	1001	1010
11	12	13	14	15	16	17	18	19	20
1011	1100	1101	1110	1111	10000	10001	10010	10011	10100
21	22	23	24	25	26	27	28	29	30
10101	10110	10111	11000	11001	11010	11011	11100	11101	11110
31	32	33	34	35	36	37	38	39	40
11111	100000	100001	100010	100011	100100	100101	100110	100111	101000
41	42	43	44	45	46	47	48	49	50
101001	101010	101011	101110	101101	101110	101111	110000	110001	110010
51	52	53	54	55	56	57	58	59	60
110011	110100	110101	110110	110111	111000	111001	111010	111011	111100
61	62	63	64	65	66	67	68	69	70
111101	111110	111111	1000000	1000001	1000010	1000011	1000100	1000101	1000110
71	72	73	74	75	76	77	78	79	80
1000111	1001000	1001001	1001010	1001011	1001100	1001101	1001110	1001111	1010000
81	82	83	84	85	86	87	88	89	90
1010001	1010010	1010011	1010100	1010101	1010110	1010111	1011000	1011001	1011010
91	92	93	94	95	96	97	98	99	100
1011011	1011100	111101	111110	1011111	1100000	1100001	1100010	1100011	1100100

可遠觀愛說

榮華當日難思眞　名高維新善長繼

貞固平常元气人　香遠益淸美極盡

內容知覺外藏物

合掌崇仰具足卑

內容外藏太空絜

合掌具足予舍矩

去	1327	1328	1329	1330	1333
來	24500	24501	24502	24503	24506
來	24199	24200	24201	24202	24205

13 火	28216	2439655	3638	4065
14 水	28217	2439656	3639	4066
15 木	28218	2439657	3640	4067
16 金	28219 흐림	2439658	3641	4068

스언 븨 흙, 크

ᄂᆞ리 ᄂᆡ틴 『스언 비』 맞아 ᄒᆞ놀이로 노닐기,
부러 불틴 『흙큰 바람』 씜 바다 누릴 ᄒᆞ 스언,
이름 타 이 소리 살릴 때[뎨] 없을가?

17 土	28220 비뿌려	2439659	3642	4069
18 月	28221 흐리다몸	2439660	3643	4070

16日夕頃 왔던 自相 今早發歸家。

19 月	28222 간밤에 비 좀	2439661	3644	4071
20 火	28223 소내기 한줄기	2439662	3645	4072
21 水	28224	2439663	3646	4073

2)97
2)48…①
2)24…⓪
2)12…⓪
2)6…⓪
2)3…⓪
①…①

十進法 → 二進法

1	2	3	4	5	6	7	8	9	10.
1	10	11	100	101	110	111	1000	1001	1010

97 → 1100001
98 1100010
99 1100011
100 1100100

去 1336	一八九〇 · 六〃二九日 日曜
來 24509	演 實 · 五〃一三日 辛巳
來 24208	式四壹壹五四八週日

1967
6.22 木 28225 흐림 2439664 3647 4074

原子力商船 서배너 (SAVANNAH) 설탕두알燃料로 太平洋橫斷

23 金 28226 2439665 3648 4075

빌레님들께	☷☶ 艮下坤上 地山 謙

侖山 에: 빌레님들께 — 『높다!』고, 올라만 앉존—
읃흔 따로 니러 놓인 — 우리 들과도 좀 넘남?—
깬 속울 [illegible]밍 만금큼 게지고가?

24 土 28227 2439666 3649 4076

25 日 28228 흐림 雷雨香 2439667 3650 4077

26 月 28229 2439668 3651 4078

27 火 28230 흐림 맑음 2439669 3652 4079

不知其味

肉饍一生不知味　互相吞食交代贖
血食千秋且何意　反復無常未定義

燈下把理

前腕後脚交換練　頭面拂拭羽時精
左加摩右右擦左　須臾不離順命姿

去 1342 1343 1344 1345 1346 1347 1348
來 24515 24516 24517 24518 24519 24520 24521
來 24214 24215 24216 24217 24218 24219 24220

28 水 28231 2439670 3653 4080
간밤 비뿌림

29 木 28232 2439671 3654 4081

30 金 28233 2439672 3655 4082
흐림 소나기

圭昌. 圭祐. 圭喆. 圭洙.

7.1 土 28234 2439673 3656 4083
비

2 日 28235 2439674 3657 4084
비

3 月 28236 2439675 3658 4085
흐리다: 개다:

4 火 28237 2439676 3659 4086
흐림

一致治隆日久日公 一七七六:一九一

去1349, 來24522 來24221

5 水 28238 2439677 3660 4087
맑

金本德。申石史。 宇飼馬。 뜨시였음

去1350, 來24523, 來24222.

6 木 28239 2439678 3661 4088

七十而從心所欲不踰矩

일흔 하차 여덟 하나: 우리 조차 에든 볼가?
집주름 땅 흥정도: 빈자떡 병술 잔도: 간되!
옜말씀 틀릴 줄 없어: 턱턱 들어: 맞 믿음!

聖堂서 同性結婚 主教는 無効宣言 (海外 토픽) [조선일보] ......—

同性연애 合法化 英國下院서 通過 男子成人끼리 合意한 同性연애는 처벌 않는다 는 法案을 相當 通過表決. —
8時間 論爭끝에 99/14票로 — 내각相關 없는 社會立法의 重大한 里程表! .

去 1351 1352 1357 · 1358 1359 136
1967 24524 24525 24530 24531 24532 2453
來 24223 24224 24229 24230 24231 2423

※7. 7 金 28240 2439679 3662 4089
흐림

5月1日에 「서울 와서 한달 쯤 됐다」며 : 칫던 沈日燮 이
왔다. 어제 낫지나서 ; 「집에 가서 舍兄의 農牛를 보삷
이라도 ᄒᆞᆯ 생각이라」고.
오늘 아침이라도 떠나기로 ᄒᆞᆫ다며 作別ᄒᆞ다.

[益燮 農作 信燮 入隊 福燮 入隊 日燮] [健君燮 留京中이라]

ᄎᆞᆷ 일 : 업시 : 바 — 농리 —

옳 바로 몬ᄒᆞᆫ 일을 본일이라 고는 몬ᄒᆞ고!
온 히 : 곧간, 오는 히 : 올 — 을 풀어 : 온, 올 풀어 : 간,
올 풀이 옳게 올온풀 올이 플이 피량가 :

8 土 28241 2439680 3663 4090
ᄆᆞᆰ

9 日 28242 2439681 3664 4091

10 月 28243 2439682 3665 4092
ᄆᆞᆰ

11 火 28244 2439683 3666 4093
ᄆᆞᆰ 낮지녁 흐림

日相八日夕頃에 왔다가, 今朝五時에 어머니 모시고 떠

12 水 28245 2439684 3667 4094
흐리다·비

13 木 28246 2439685 3668 4095

罷士無伍 罷女無家 (管子)

{五福} 一曰壽. 二曰富 三曰康寧 四曰攸好德 五曰考終命
{六極} 凶短折 疾 憂 貧 惡
六曰弱.

忠南公州邑中洞一四七의一七 林妡洙

公元一千九百六十七年七月十三日
第二百四十三萬九千六百八十五日
回信

萬飜晝夜一日光
交代陰陽小暑節

更後五天接得書
筆正初萬八十一

獨殘在無故消息人音
多聞疾憂貧惡弱
每思康寧攸好德

一無親知何故鄉
健忘晝夜罷消息
一去無伍. 一去無家

14 金 28247 2439686 3669 4096
27086
호림 낮뒤에 개임

15 土 28248 2439687 3670 4097
27087
호림

16 日 28249 2439688 3671 4098
간밤도 비소리 좀
益山 熊浦面
趙南宣(二十一) 인 古倉 來訪. 南均(二六) 南烈(一七)

17 月 28250 2439689 3672 4099
27089
2432587
7103
1948. 2. 5 木曜
丁亥. 12, 26 辭

9去 1363　1364　16去 1370　31去 1375　3/去 1378　5去 1380　1381
來24536　24537　來 24543　來24548　/8 來 24551　來 24553　24554
來24235　24236　來 24242　來24247　來 24250　來 24252　24253

1967　火 28251　2439690　3673
7. 18　27090　4100
몸

19 水 28252　2439691　3674　4101
호림 소내기

20 木 28253　2439692　3675　4102
간밤 우뢰비

21 金 28254　2439693
흐림쁘림 호릿

1888. 11. 7. 水曜　1967. 7. 19 水曜
戊子. 10. 4. 壬午　丁未. 6. 12. 甲申
2410949　2439691
二萬八千七百四十三日
[드 팔 치 바루 셈] 이시다。

洪以燮博士大人牧羊洪秉璇牧師老
患中主님의부르심으로城北區東小
門洞七街三三의二自宅에서七月十
九日午前十時別世하였기玆以訃告
하나이다(個別訃告省略)
永訣式 때 七月二十一日午前九時
곳 서울YMCA
葬地 抱川[illegible]
殯所 서울[illegible]
護喪 金禹鉉
(電話[illegible])

22 土 28255　2439694　3677　4104
흐리다 쁘리다

23 日 28256　2439695　3678　4105
흐리다 쁘리다

洪着四九一回後、柳生三四一五回後玄來
仍加二三四七四回忽又先逝；去一三兵三巖
日洪且別世矣。以吾觀之則後來先逝玄之
先生誕先師洪中爽而獨落者柳無聊有遲

24 月 28257　2439696　3679　4106
몸

25 火 28258　2439697　3680　4107
몸

26 水 28259　2439698　3681　4108
몸
27098
25355

1897. 8. 3. 土曜 2414140 ~2700
丁酉. 7. 6. 癸亡 2425670

四具一成

4 9 1　셋넷이오

3 4 1 5　맞세네이루네

2 3 4 7 4　ᄒᆞᆫ셀수록셈 :

1 3 6 3

2 8 7 4 3　뒤밧이루네셈

1 2 5 7　일이다 이룸…… ……

3 0 0 0 0　1968. 11. 20

27 木 28260　2439699　3682　4109

몸 저녁뒤 우뢰 소내기

28 金 28261　2439700　3683　4110

흐리다 개임 27100

29 土 28262　2439701　3684　4111

구름 저녁 소내기

30 日 28263　2439702　3685　4112

흐림

31 月 28264　2439703　3686　4113

8.1 火 28265　2439704　3687　4114

흐릿다 맑

13時弘濟院 : 金順學, 文基, 文周, 慈親葬에 가봄.

2 水 28266　2439705　3688　4115

그름

3 木 28267　2439706　3689　4116

흐림 비

8·11 去 1386
來 24559
1967 來 24258

8.4 金 28268 2439707 3690 4117
그믐

5 土 28269 2439708 3691 4118
그믐

6 日 28270 2439709 3692 4119
흐릿 소내기 조금

梧柳洞 宋宅 갓다가 芙蓉花 보다。

7 月 28271 흐림 2439710 3693 4120

이새는 한만 學校長 한만 氏(覺菴) 退去令에 飮毒을 報道! 宗敎人(釋璣) 美國出沒 何其紛忙 Quaker 岡測

8 火 28272 2439711 3694 4121

9 水 28273 2439712 3695 4122
흐리다 맑다

1967/8 10 木 28274 2439713 3696 4123
저녁때 브터 비

11 金 28275 2439714 3697 4124
27114
간밤 비 오 아침 흐림

---

12 土 28276 2439715 3698 4125
간밤도 좀 뿌리

이제 咸은 어디서 쉬오? 오늘 우리가 生의 숨쉰 뒤에도 히어 其息이 長息으로 八千一百四十五.

襄陽郡 西面 五加里 寒溪嶺에 京畿서 蜂百三十群을 轉飼ᄒᆞ다가 京蜂群이 在來種群을 襲滅ᄒᆞ엿다ᄂᆞᆫ 記事잇다.

13 日 28277 2439716 3699 4126

Ｔ15457 1901. 3. 13 水曜。
辛丑. 1. 23 庚寅。

1901, 4, 18 木曜. 辛丑. 2.30 丙寅。	24154 93 四十五歲 / 五百四十五朔 / 二千二百九十二週 / 一萬六千七十九日
1945, 4.25 水曜. 乙酉, 3.14 甲子.	2431571

ᄒᆞᆫᄋᆞᆸ 이ᄅᆡᄃᆞᆯ 히:
다ᄉᆡᆺ다 ᄃᆞᆯ: ᄒᆞ르—
(ᄃᆞᆯ ᄂᆞᆯ)。—
ᄃᆞᆯ 네네 ᄒᆞᆫ네 네 ᄃᆞᆼ글름!
스 므 르 !!
ᄉᆞᆺ ᄂᆞᇂ ᄀᆞᆫ.

六甲順當
年減三、六十除殘
日減十、六十除殘

干 支 差 半
員 責 六
干 單
位

餞送伏炎 欽服庚申

14 月 28278 庚戌 2439717 3700 4127
曜 末伏

5.15分 門앞서 택시 맞나서 타고 新設洞:江陵行 6.10發
漸〻霧雲細雨에 風涼 塵埃中 京畿經ᄒᆞ고 江原地 橫城以來
晴明中 雲橋 11時쯤 되어 거러서 大美入ᄒᆞ니 16時以後 되엇다.
依安ᄒᆞ매 感謝ᄒᆞᆸ니다。

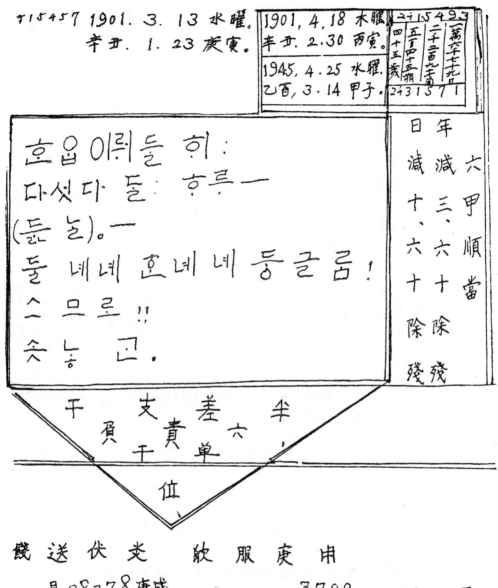

1967 868

8.15 火 28279 2439718 3701 4128
비

大美서 쉬고 나니 窓 밧게 비오는 소리 듣고, 낫에도 저선
오고 저넉 오다。

16 水 28280 2439719 3702 4129
밤·낮 비

저녁나절 비 좀 근치더니 밤 깊어서는 달빛도 보아다.

※ 17 木 28281 2439720 3703 4130
흐리다 개다

18 金 28282 2439721 3704 4131

흐린날시에 3時半發 걸려 雲橋로 나아 갔다 15시 乘車
安興立, 橫城 驛到 尋訪 李宅 高는님 在宅; 우리 內外를
맞아 주시다 마침 白飯 雞湯에 晝食을 하고 淸靜房子에 安息

19 土 28283 2439722 3705 4132
흐린 아침 6시 지나 뻐스場으로 나가 原州로서
오라온車로 原州; 原州 —— 서울 直行 — 160원 — 8사 13시 歸
집이 平安하니 感謝..。

20 日 28284 2439723 3706 4133
묽

21 月 28285 2439724 3707 4134
뭇

22 火 28286 2439725 3708 4135
흐리다 개다

平倉洞 禹永根氏 맞나뵙고 (66.10.10)
1877.2.3.土曜
丙子.12.21.丁未 ≻2406654 +33072 ≺ 오늘: 생각 많!

23 水 28287 2439726 3709 4136
흐림 저녁 소내기

24 木 28288 2439727 3710 4137
흐림 뒤에 갬

25 金 28289 2439728 3711 4138
밤中에 이러나 보니 秋七月 스므날 달이 구름장을 누피며 희은 낯을 보이기도 잘한다
흐렷다가 저녁때 雷雨 한참 쏘다지고

26 土 28290 2439729 3712 4139
흐림
石伴雨衫隨柳攎

27 日 28291 2439730 3713 4140
흐리다 좀 뿌리

吳嫂 大田 가신다며 가시다.

28 月 28292 2439731 3714 4141
비 뿌림

29 火 28293 2439732 3715 4142
간밤도 뿌림

30 水 28294 2439733 3716 4143
흐리모리

31 木 28295 2439734 3717 4144

紫霞 집 系 熙宰 에게

九代 俊萬 八代 成起 七代 潤福 六代 東植 五代 德信 高祖 務煥 曾祖 鳴鎭 祖父 永旭 父 漢相

宜寧 南氏 南陽 洪氏 密陽 裵氏 密陽 裵氏 慶州 金氏 金氏 金氏

23 1408 1409 58 1411 1412 1416 118 1418 ~~1420~~ 158 1421
24581 24582 24584 24585 24589 24591 ~~24594~~ 24594
24280 24281 24283 24284 24288 24290 ~~24292~~ 24293

1967
9. 1 金 28296 2439735 3718 4145 87°
몸성녁 흐림

2 土 28297 2439736 3719 4146
비

3 日 28298 2439737 3720 4147
비

漢相의 딸들 熙寧와 그 엄마 金玉奇에게 武溪洞
집建築物代으로 ₩300萬000을 그伯父均相이 받아서
熙寧에게주었다. 「한웋님 앞에서 고맙습니다: 心情뿐。」

4 月 28299 2439738 3721 4148
흐림

5 火 28300 2439739 3722 4149
비

6 水 28301 2439740 3723 4150
흐림

개 인 날

노래노래 그 노래ㄹ 듣다: 개일가? — 또 흐린 — 듬,
노래노래 그 노랠 듣노라면: 개개 개오 — 겜 —,
노래로 솟나 솟살와 할넬누야: 개인날!

골에 구름: 만히 훨훔 {1934.

北漢大南門 나리어: 碑峯밑으로 트러 놓니:
구름안 골 이래다: 이마누엘 한 엇개 — 된 — 터:
골깊숙 — 물또김 몲은 — 곬에등에 짓집 짓!!
[1967. 9. 6 日]
車相稿 언: 생각。

7 木 28302 흐림 2439741 3724 4151

地下125m 갱속에 갇혔던 金昌善(36)氏: 昨夜 9時16分: 370時間(만에) 36分 救出되다. 青陽 九峯金礦에서 滿15日10時36分間: 自今ㄴ楊昌善ㅓ云.

8 金 28303 흐리다. 개임 2439742 3725 4152

元相의 아들 熙澤이 그 압바의 寓居를 築構한다는데: 돈 ₩20,000원 주엇다.

9 土 28304 맑 2439743 3726 4153

10 日 28305 흐림 2439744 3727 4154

11 月 28306 맑 2439745 3728 4153

11時30分 城東驛 春川行發. 春川서 버스로. 다시 華川 버스로. 가서 茶店에서 療養所車 나온것을 타고 發電所를 들렀다가 療養所에 오다. 看東面九萬里이라 함

未曾見震日 今對看東面 聊到九萬里 洋館食且眠

12 火 28307 맑뒤흐림 3 (2) 4156 2439746

華川땜. 破虜湖. 發電所를 두로 觀光見學하다.

13 水 28308 맑 2439747 3730 4157.

觀覽發電所

春川伏白露 以利爲本性
華川利活潑 手委致力發

華川郡看東面九萬里 一八八 韓國電力株式會社
華川發電所長 李晟範 氏 春川驛까지 보내주심을 받고。

1967

華春川狀展百里
華川郡途屈曲甚 陵谷交代隱現替
一脈江流左右之 直連百里遊觀喜

밤늦게 自相오다. 다 平安ᄒ다고 고맙!

9.14 木 28309 맑음 늦게 흐림 2439748 3731 4158

15 金 28310 흐림 2439749 3732 4159

아침五時좀지내 집으로 가다. 自相.

16 土 28311 맑음 2439750 3733 4160

柳熙澤武溪洞집으로서기를 밀고 옴.

17 日 28312 맑음 2439751 3734 4161

18 月 28313 맑음 2439752 3735 4162

丁未秋夕이라고 松餠米製粉女列보다.

議政府市佳陵洞弍壱八番地
上 同參參弍番地의 壱
1坐 壱千六百七拾坪의 55/1670 卽 參拾弍坪
柳熙宰

(文獻) 精力있는 곳에 愛情과意欲이... 文藝 藥材 文質 約京
—單一호르몬製劑와는 다른 4重効果의 複合호르몬劑
文對) 天降衷: 精气元力 人復命: 情操意誠

25日							
1431	1432	1433	1434	1435	1436	1437	1438
24604	24605	24606	24607	24608	24609	24610	24611
24303	24304	24305	24306	24307	24308	24309	24310

19 火 음 28314 2439753 3736 4163

熙澤武溪 洞 집으로 서기를 비웁니다。
白。

20 水 음 2 15 2439754 3737 4164

21 木 음 28316 2439755 3738 4165

一 地上人物、至小無內、境遇是故事.
大天下品件、自重不外、中正觀虛靈. 自中知覺

22 金 28317 비뿌림 2439756 3739 4166

23 土 28318 음 우뢰뿌림 2439757 3740 4167

九三 子曰: 君子 進德 修業
忠 곧음 信 믿음 所以 一 也。也 居 以所 誠 其 立 辭 修
知 至 至之 可與 幾 也。 也 義 存 與可 之 終 終 知
是故
居上位而不驕. 憂不而位下在
乾 元者始而亨者也, 利貞者性情也。
大哉乾乎 剛健中正純粹精也。

24 日 음 28319 2439758 3741 4168

25 月 28320 2439759 3742 4169

26 火 28321 2439760 3743 4170

1967

짓숨 곧 몸 믿듬 가져 속을 나오이고。
몰숨 골나 가져 일늠 일누리춤。

忠信所以進德
修辭立其誠 居業

9.27 水 28322 2439761 3744 4171

繫辭[1] 第七章
子曰 易其至矣乎 夫易聖人所以崇德而廣業也
知崇禮卑 崇效天 卑法地. 天地設位而易
行乎其中矣 成性存存 道義之門.
○ 天地設位而變化行 猶知禮存性而道義
出也. 成性: 本成之性也. 存存: 謂存而又存不
已之意也

幻覺劑 마리화나?

28 木 28323 2439762 3745 4172

繫辭上 第五章
一陰一陽之謂道. 繼之者善也 成之者性也.
仁者見之謂之仁, 知者見之謂之知. 百姓日用而
不知. 故君子之道鮮矣.

○顯:自內而外也。仁:謂造化之功德之發也。 藏:自外而內也。用:謂機緘之妙業之本也。	程子曰天地无心而成化聖人有心而无爲。

顯諸仁藏諸用 皷萬物而不與。聖人同憂、盛德·大業至矣哉。
富有之謂:大業、日新之謂:盛德、
生生之謂:易、成象之謂:乾、效法之謂:坤、
極數知來之謂:占、通變之謂:事。
陰陽不測之謂:神。

乾九三

子曰:君子進德修業。
忠信所以進德也,修辭立其誠所以居業也,
知至至之可與幾也,知終終之可與存義也。
是故居上位而不驕,在下位而不憂。
乾元者始而亨者也,利貞者性情也。
大哉乾乎剛健中正純粹精也。

29·金 28324 2437763 3746 4173

自心知覺	一 地上人物	至小無內境	遏是故事
	大 天下品件	自重不外中	正觀虛靈

京畿道抱川郡小屹面二街八里葛月洞	
李蓮順 8050날午后에 떠이어보내림	一九四五年九月二十一日癸巳 乙酉八月十六日金曜 二四三一七二〇通日 二四三九七六九,, 丁未 九月 二日壬寅 一九六七年 十月 五日木曜

30 土 28325 2439764 3747 4174
日 27
夕純來到

李 1441 1442 1443 1444 1445 14/10 1450 16/10 1452 19/10 1455
來 24614 24615 24616 24617 24618 24623 24625 24628
來 24313 24314 24315 24316 24317 24322 24324 24327

1967

10. 1 日 28326 가는비 2439765 3748 4175

2 月 28327 맑 2439766 3749 4176

3 火 28328 맑 2439767 3750 4177

4 水 28329 맑 2439768 3751 4178

5 木 28330 맑 2439769 3752 4179

6 金 28331 맑 낮뒤 흐림비 2439770 3753 4180

䷅ 訟 有孚 窒: 惕, 中吉, 終凶。

彖曰 訟: 上剛下險 險而健訟。
訟有孚窒惕中吉 剛來而得中也 ……
利見大人 尙中正也.
象曰 天與水違行: 訟、君子以作事謀始。

7 土 28332 2439771 3754 4181

人間訟

上剛 下險來 | 戴天臨海地
作事 謀始訟 | 有孚窒惕中

8 日 28333 맑 2439772 3755 4182

자기앞No 217500 自己앞手票 ~~₩300,000~~ 1967. 10. 7
發行人 서울銀行 支給地 서울銀行西大門支店앞

877

1967. 10. 9日 [丁未 9. 6 丙午] 寒露, 한글날, 上弦

9月 28334 2439773 3756 4183
맑

宜	二四二一三六九	18405	一九一七.五.二〇日 日曜 丁巳.三.三〇日 壬戌
鳳	二四二五六五五	14119	一九二九.二.一二日 火曜 己巳.一.三日 戊子
景	二四三七五五二	2222	一九六一.九.九日 土曜 辛丑.七.三〇日 乙巳
暎	二四三八〇二七	1747	一九六二.一二.二八日 金曜 壬寅.一二.二日 庚子
桓	二四三八四八八	1286	一九六四.四.二日 木曜 甲辰.二.二〇日 辛巳

稹: 日本歷訪코. 向아메리가出 午后二時半 金浦空港에서

한글을 바르게 되기만 바라며: 돈 ~~300,000원~~ 내임。

10 火 28335 2439774 3757 4184
맑

11 水 28336 2439775 3758 4185
흐

12 木 28337 2439776 3759 4186
비

熙純을 업고 엄마: 집으로 가는길 오르다。

13 金 28338 2439777 3760 4187

겐: 얼마지 업다.
그만 고흔 곬 그만콤 조코 조타 조싸오니!
십고 십흔 십흥 그저 시프다나 씨브난것들!
또렷이 드려다 본들 일마지가 잇괸되!

24	去	1456	1457	1458	1439	1460	1461	1462	1463	1464
/10	來	24629	24630	24631	24632	24633	24634	24635	24636	24637
	來	24328	24329	24330	24331	24332	24333	24334	24335	24336

1967 10·14	土 28339 ᄆᆞᆰ	2439778	3761	4188
15·	日 28340 ᄆᆞᆰ	2439779	3762	4189
16	月 28341 ᄆᆞᆰ	2439780	3763	4190
17	火 28342 ᄆᆞᆰ	2439781	3764	4191
18	水 28343 ᄆᆞᆰ	2439782	3765	4192
19	木 28344 ᄆᆞᆰ	2439783	3766	4193

두가지에 : 짐작

살 : 만뒤 좋게시믄 : 간짊타고 줴다 주게 ?
글 고골거 베내좋믄 : 옴만 올녀 될게 됐게 ?
사름 돼 : 이 두가지에 일직암치 짐작 ?!

吳嫂 生來 二九二一七日 되는 今日은: 金兄去後 七一一○日
7 8 3

20	金 28345 ᄆᆞᆰ다 흐림	2439784	3767	4.194
21	土 28346 지난 밤 비 맹을	2439785	3768	4195

나 들 —나라 들— 맡 六33 요 一八36–38

나 들이라. 나 드리ㄹ 가도 : 제게로만 도라듦
제게라니? 제짓제지 — 제집。제자리·제몸속》
뫼셔도 거나리어도 맞도 세도 외롭도。

22	日 28347 ᄆᆞᆰ 구름	2439786	3769	4196

전라남도 광주시 양림동 22 반 방 坊 61

金 龍 國

23 月 28348 맑 2439787 3770 4197

24 火 28349 맑 2439788 3771 4198

U.N -國際聯合- 스물두돌 날

25 水 28350 맑 2439789 3772 4199

26 木 28351 맑 2439790 3773 4200

길에서 金鳳鉉氏 (七十七) 란 분 만나 「거의 十年쯤 前에 YMCA에서 이사름의 말 하는 것을 드럿섯는데 至今 다시 보니 반갑다 심을 받고 茶房에서 한참 니야기 하다.」

27 金 28352 27!9!! 맑 2439791 3774 4201

28 土 28353 맑 2439792 3775 4202

29 日 28354 구름 2439793 3776 4203

30 月 28355 구름 2439794 3777 4204

31 火 28356 맑 구름 2439795 3778 4205

11. 1 水 28357 2439796 3779 4206

다친 개풀 시체 봄ㅅ

1967

작난치다 다친 목숨: 치치신못·곤서면!
다친 새끼 시쳐봅시 곤서생숨 다시듬직!
작난판 다치뮈앒선 볼볼틈새 ㅡㅣ·。

실 옮·ᄆᆞ 올

드리우는: 실! 받들어: 솔림이오。
우러소리: 올! 품으로: ᄆᆞ옴이라。

생각실, 몰숨실, 목숨실。—— 일도·몬도·
덛도·븨도·ᄒᆞ늘도·ᄯᅡᆼ도·적기도·나라도
—— ᄒᆞᆫ 실오라기!
므로
솔려는이는 실올을 바로 올아, 올바로 솖단
거시고,
이 솖다는것은: ᄆᆞ음을 가지고 ᄒᆞ는것이니: 그
몸에다 무슨 실올을 잔뜩 담아 두는거시 아니고
온갖 실올을 잘 되어(斗量)될수 잇는 됫박 노
릇을 ᄒᆞᆷ뿐!
그러므로 마침내는
—— ᄎᆞ칠기: 될것을 다ᄒᆞ야 준: 주금 님에로
제스스로 세끄치·충빅헌·몸으로 도라감。직!—
온갓 올 위의 올 된거시 몸일가⁈ ᄒᆞ오아。

11.2 木 28358 2439797 3780 4205
27187
25454

우리 아부지 뜨신날브터는　　어무니 뜨신날브터는
1933. 11. 2 ― 1967. 11. 2　　1951. 10. 10 ― 1967. 11. 2
壹萬貳千四百壹拾九日.　　五千八百六拾八日.

어구 어머니
나:지? 너:나! 아무? 어뵈! ―― 아부지 : 어무니 : 루네!
빅다 주고. 오다 곤되, 먹고·누나 : 끈이, 소리!
그누다 싸뭉개임은 쏭썽 썽쏭 어머니!!

아 아부지
똥오줌도 잘 바다 닉는: 어머니가 계시면,
본지·티끌·피고름·송장썩지, 다 치우는: 썽,
울어러 아부지께만 믿·바람을―부치리.

Mr. E. Sang Yu
Far Eastern, University of Wash.
Seattle, Washington 98105

SEATTLE. WA
PM
26. OCT
1967

MR YU E. SANG,
150, KUGI-DONG,
SODAEMUM-GU, SEOUL,
KOREA.

Yu Yong-mo

Sodaemun-gu Kugi-dong
150
Seoul, Korea

SEATTLE 에는 18일 午后 12시45분(낮)에 到着.
서울 向해 오는 다음날(19일) 새벽 4시45에나 될 셈――
―― 日本東京, 八ホタ空港을 떠는 밤 8시35분에 떠나
서너시간 뒤에는 멀동이 튼 것입니다.――

저녁때 熙澤 와서 니야기 듣고: 또 시원하고 고맙: 느낌!

日晷 工夫

85

1967
11·3 金 28359 2439798 3781 4208
몸
㐅

齒落吟
肉脫齒落近消息 人身孤單七八十
自己心業遠所忌 物情操習億兆機

4 土 28360 (1640) 2439799 3782 4209
몸

3日 午6時 20分께 서울성北구 東선동 2가 37 집앞 구멍가게에서 10원 짜리 고무풍선을 사서 불던 姜元培(37·회사원)氏의 2남 錫柱(10·大光국민교 2년)君이 고무풍선이 목으로 들어가 窒息死했다. ——— 담임先生이 「自然」시간에 나오는 고무풍선 노리를 연습히 오라는 거스로 어머니로부터 돈을 얻어 풍선을 사다는 것.

餘分吟 XXXXI 40날

降衷下民明德· 四十一回四十晷
日行所得自成性 三萬日行不尠敬

5 日 28361 (1639) 2439800 3783 4210
개니 陰 午后晴
南山 朝餐에 興鎬 碩師도 맞나 참으로 同行來
數時一路後徂을 펴고 分手하다.

6 月 28362 (1638) 2439801 3784 4211
몸

7 火 28363 (1637) 2439802 3785 4212

8 水 28364 (1636) 2439803 3786 4213
저녁질때 覺相 오다. 錄音來耳聽情寂!

9 木 28365 (1635) 2439804 3787 4214
흐림다. 몸

一六三五不勤敬
當日二八三六五

19/11 來 24353
來 24654
去 1481

두부따따음。 앗세네이루때。

서울. 용산구 보광동 一六八 五山中高校 문예반
다섯 메 (제20호) 받다.

10 金 28366 (1634) 음 2439805 3788 2415

11 土 28367 (1633) 구름 2439806 3789 2416

어제 어둔뒤, 髮의 얼굴이 純도 다리고 와, 覺과 만나고,
早朝覺은 釜山으로 向發登程。

12 日 28368 (1632) 2439807 3790 2417

當日二八三六八 一六三二不勤敬 四十一回四十暑 日行所得自成性.

13 月 28369 음 2439808 3791 2418

當日二八三六九 一六三一不勤敬 四十一回四十暑 日行所得自成性.

14 火 28370 2439809 3792 2419

予

當日二八三七0 一六三0不勤敬 四十一回四十暑 日行所得自成性

15 水 28371 음 2439810 3793 4220

16 木 28372 2439811 3794 4221

17 金 28373 (1627) 2439812 3795 4222

成性存存道義之門

余

三 一六二七不勤敬 四十一回四十暑 日行所得自成性.

이네ㅅ모처:

1967 11.18	土 28374	2439813	3796	日行所得: 1 自成性

當日二八三七四 一六二六不勘歎, 四十一回四十暑。

19	日 28375 흐림	2439814	3797	2
20	月 28376 간밤부림	2439815	3798	3
21	火 28377	2439816	3799	4

힘입닌: 우리·진: 오른이: 언니 고Ⅰ 一三 4

우리 ᄒᆞᆫ웅님
참! 스스로 참으시며. 참을 우리들게도 우리들에게 참으로 치으실
라: ㅣ 그ᆞ리ᆞ처심 ㅣ인 것을 믿ᄂᆞ이다.

우리 ᄒᆞᆫ웅님
예: 언이시며
ㅣ 가장 맨 꼭대기 그지 ㅣ 우리님으로 계시어 돌서
우리 [illegible] 힘에 [illegible] 우리 이 [illegible] 을 줄곧 [illegible]
브사 [illegible] 참 [illegible]
[illegible] 계 ᄒᆞ셨ᄂᆞ이다. 참 [illegible] 사모치게 [illegible] 이어 [illegible]

우리 ᄒᆞᆫ웅님
계: 그ᆞ장 으ᆞ름답으신: 우리 ᄒᆞᆫ웅님
우리 님
예: 그ᆞ장 ᄉᆞᄅᆞᆼ이옵실 우리 님
ㅣ 다없 · 미쁫 ㅣ ᄒᆞᆫ 몸으로
ᄉᆞᄅᆞᆼ을 ᄒᆞ야지이다. ᄉᆞᄅᆞᆼ이 되어지이다.
내 ᄂᆞᆨ 남으로: ᄉᆞ내ᄂᆞ위ㅅ ᄉᆞᄅᆞᆼᄂᆞ위ㅅ 되야서
내 박: 남ㅅ속:
온통·왼통. ᄉᆞᄅᆞᆼ이어지이다.
아멘

德誦 信·望·愛 고前 一三 1-13

17

校慕 돈 1,000원 고부관 三人
8,000원 二人

22 水 28378 2439817 3800 5

음물 ᄒᆞᆨ을 ᄒᆞᆫ자ᄉᆞᆷ 파다 두ᄉᆞᆷ 亻金炯泰 基奭

23 木 28379 2439818 3801 6

ᄒᆞ림

24 金 28380 2439819 3802 7

當日二八三八〇 一六二〇不勘敬 日行所得自成性

음물 ᄒᆞᆨ일 두ᄉᆞᆷ 亻金炯泰 基奭

25 土 28381 2439820 3803 8

ᄒᆞ림

八

음물 파벽기둥일 세ᄉᆞᆷ 亻金·ㅁ·ㅅ 亻李채

26 月 28382 2439821 3804 9

음물ㅅ일 두ᄉᆞᆷ 亻金炯泰 基奭 8,000원

當日二八三八二 一六一八不勘敬 日行所得自成性

27 月 28383 2439822 3805 一六一七 10

눈비

오늘은 도라가신 오부의 ᄒᆞᆫ뉘 (二四五七八) 보다 三千八百五새 더 보는 날 : 어ᄆᆞ의 ᄒᆞᆫ뉘 (三二二八四) 에는 三千九百一 못밋。두어른의 보신 뉘 다ᄅᆞ기를 七千七百0ㅊ새.

大美 엄옵이 瑟緣 데리고 遠두고 姨母와 함게 집으로 떠나는 길을, 洗劍峴에서 택시 타는 것을 보고 집에 오니 午前六時.

아침 惠相 未訪 돈 七萬원 (70,000) 돌려어주다!

惠相 李又孫(父敎一).
熙 〃 〃 〃
敏 福用三重

이제 히는 누르로 ᄒᆞ노리에 땅따르오니

×1967 11.28 火 28384 비 2439823 3806 一六一六

29 水 28385 흐림 2439824 3807 一六一五 12

오린 시골

이 제 히 는 (훙히는) 누르로 ᄒᆞ노르에 땅따르오니
땅엄마 묵은심。흙 꽃。닫 씨웃。닌 위에 어름!
이숨이 말숨쉰이리 오린시골 그리워!

ᄀᆞ곤오 저뒤로

뚤네 뚤네 뚤닌뒤로 막아 막아 마근뒤로,
가려 가려 가린뒤로 갈네 갈네 갈닌뒤로,
두둥실 도라 가오는 ᄀᆞ곤오온 저뒤로.

30 木 28386 니러나니 땅에 흰눈좀 2439825 3808 一六一四

가ᄅᆞ는 노름에 가리운 곱
눈。봐 길나 골으믄：돼! ᄒᆞ다 보니。새: 파물험!!
가롬가리 얼켜덥힘, 가른뒤로 가뤼 몰음!。
이듬박 부스러진새: 흙도 듥도 헛물켜!!

12.1 金 28387 2439826 3809 一六一三 12

遠觀明明罷汨苦
褻瀆重重誕生涯

感謝曲

自覺萬有是煩擾
能體虛空正無礙

---

2 土 28388 2439827 3810 一六一二 15

3 日 28389 2439828 3811 一六一一

吉 1501 1502 1503 1504 1505 1506 1507
來 24674 24675 24676 24677 24678 24679 24680
未 24373 24374 24375 24376 24377 24378 24379

4 月 28390 흐림 2439829 3812 一六一〇 17

당겁이에 李相雄來訪

5 火 28391 맑 2439830 3813 一六〇九 18

6 水 28392 흐림 2439831 3814 一六〇八 19

ᄂᆞ ᄂᆞᆷ ᄆᆞᆷ ᄆᆞ —— 쓰ᄃᆞᆯ 몰ᄆᆞ

쓸때 쓸게 업서 ᄃᆞᆯ고、ᄃᆞᆯ데 ᄃᆞᆯ릴게 업서 씀!
쓸게 업서 버게 아섬、니거 니게 뒤뒤이 씀!
두어라「쓰고 ᄃᆞᆯ고」을 도무지를 ᄂᆞᆷ ᄆᆞ!

7 木 28393 맑 2439832 3815 一六〇七 20

낫제 李 氏와 터자리 사고 팔고 니야기로 사괴에다.

8 金 28394 맑 2439833 3816 一六〇六 21

9 土 28395 2439834 3817 一六〇五 22

10 日 28396 맑는좀날림 2439835 3818 一六〇四 23
李柳來訪留宿

11 月 28397 2439836 3819 一六〇三 24
午後金王鎬氏來着圖渡美云云而留宿相談之後毅然轉意以還鄉

12 火 28399 흐림눈날림 2439837 3820 一六〇二
起床續論決意廻光反照. 歸去來樂等福地.

1967 水 28399 2439838 3821 一六〇一
12. 13 26

ᄀᆞᆫ 소리

나는 시름 업고나! 인제브턴 시름 업다.

님이 나를 차지ᄒᆞ샤.
—— 님이 나를 마트셧네.
—— 님이 나를 가지셧네.
몸도 낯도 버릴게ᄅᆡ —다—.
내거라. 고ㄴ: 조……고…ㅁ…도…… 아니이리 —다—

그럼!
계 ᄀᆞᆫ 『그』『저』 몸은? ᄒᆞᆫ늘!
—ᄒᆞᆫ늘: ᄒᆞᆫᄒᆞᆫ과 홈게……
—ᄒᆞᆫ늘: 늘늘 느 리리……

계 ᄀᆞᆫ 『그』『저』 낯은?
『ᄒᆞᆫ응』 드곤 놉들려 드놉히 들리우어 오르오리니
—누가 누구 누가? —— 뉘게 뉘 뉘 뉘게?
그 낯이 보이오릿가!? 들리오릿가!?

그낯은 그리스도, ᄀᆞᆫ 바로 들리어 계시오리다.
계 ᄀᆞᆫ 계심직. 아—멘.

14 木 28400 2439839 3822 一六〇〇
눈오다 쌔빌 27

光來吟
昨朝大風出發始 光來昏定晦省息
當夕平安眉信地 陸明日新昇元氣

楊泰根

楊洪宅氏	1891. 10. 11 日曜 辛卯 9. 9 未午 ⟷ 1967. 12. 14 木曜 丁未 11. 13 壬子	性淡 淵堂 性圭
	27823	157
	2412017 — 2439839	

15 金 28401 음 2439840 3823 一五九九 28

16 土 28402 2439841 3824 一五九八 2.

識者 一

歷史長長生 消長去來中
希望消消息 人我出沒識

識者 二

惟皇上識尊 崇天自卑地
降衷下民仁 成性存存人

17 日 28403 흐리다 음다 22를 2439842 3825 一五九七 30

覺到夜半 一五九六

18 月 28404 음 2439843 3826 31

出發申後 原州人 (益善洞八○) 朴淳再翁來訪

19 火 28405 2439844 3827 一五九五 32

20 水 28406 2439845 3828 一五九四 33

21 木 28407 2439846 3829 一五九三 34

22 金 28408 2439847 3830 一五九二 35

冬至 22日 22時 17分

邵康節之詩

冬至子之半 一陽初動處
天心无改移 萬物未生時
玄酒味方淡 此言如不信
大音聲正希 更請問包羲

去 1528 來 24701 來 24400

1967 12.23	土	28409 음27	2439848	3831	一五九一 36
24	日	28410 음	2439849	3832	一五九〇 三七
25	月	28411 는	2439850	3833	一五八九 三八
26	火	28412	2439851	3834	一五八八 三九
27	水	28413	2439852	3835	一五八七 四〇
28	木	28414	2439853	3836	一五八六 四1
去 1526 來 24699 來 24398 29	金	28415 음 −0.16C	2439854	3837	一五八五 四二
1527 24700 24399 30	土	28416	2439855	3838	一五八四 四三
31	日	28417	2439856	3839	一五八三 44

一千九百六十七年 十二月二十日

1911 10 19 木曜
辛亥 8 28 癸亥 2419329

1967 12 7 木曜
丁未 11 6 乙巳 2439832

聖書朝鮮摩西咸
羊躍無等壯士金
摩西手垂壯士臥
繼號昊天有誰子

羴且羴
无等上竿被天雲
其像恰似羴且羴
羊乎牛乎千也万
人子牧之元氣還

二萬〇五百〇四日
二千九百二十九週
六百九十四月一旬
五十六回年五旬日

金瑾變 壯士

1968 戊申

1月 1日 月曜　　丁未 12月 2日 庚午

1. 1 月 ᄆᆞᆰ	28418	2439857	3840	一五八二 45

攝養感謝 知味長壽堪 日不再食飢
　　　　 順事餘慶感 飢攝每口甘

揮 奮也 散也 振手去也 指 ｜「指爲」 撝 攫也 裂也 「頤使」 指 手指 示也

子半 覺聲 起床 開門 歡喜 음

2 火	28419	2439858	3841	一五八一 46
3 水	28420	2439859	3842	一五八〇 47
4 木	28421	2439860	3843	一五七九 48
5 金	28422 發光	2439861	3844	一五七八 49
6 土	28423 歸舊	2439862	3845	一五七七 50
7 日	28424 覺照	2439863	3846	一五七六 51
8 月	28425	2439864	3847	一五七五 52
9 火	28426	2439865	3848	一五七四 53

去	1538	1539	1540	1541	1542	1543	1544
來	24711	24712	24713	24714	24715	24716	24717
来	24410	24411	24412	24413	24414	24415	24416

1968

1.10 水 28427 2439866 3849 一五七三 54

朴漆壽 論貽

11 木 28428 2439867 3850 一五七二 55

12 金 28429 흐림 2439868 3851 一五七一 56

13 土 28430 2439869 3852 一五七〇 57

14 日 28431 간밤 만흔 눈 2439870 3853 一五六九 58

눈 온 뒤 바람 친데 大美 아부오다. 눈바다 세미 끄요롱 밥에 달 뭄.

15 月 뭄 28432 2439871 3854 一五六八 59

韓一銀行 積善洞支店에서 No.6543号 口座에서 ₩5000000원 引出하야 韓一銀行 光州支店으로 移替하야 受領人 金正鎬氏 口座 No.3478号에 送入金 되기를 請託하다. 送料 ₩765원.

16 火 뭄 28433 2439872 3855 一五六七 60

近貴思誠
七十古來稀 千月非容易
八旬今居貴 百年難可期

望羴犇雲
無等上半被天雲 羊乎牛乎千也萬
其像恰似羴且犇 人子狀之气運元

一人子吟
分明竝間生 消息呼吸信
立命天上成 傳油元气盛

17 水	28434	2439873	3856	一五六六 61
18 木	28435	2439874	3857	一五六五 62
19 金	28436 大姜歸	2439875	3858	一五六四 63
20 土	28437	2439876	3859	一五六三 64
21 日	28438	2439877	3860	一五六二 65
22 月	28439	2439878	3861	一五六一 66
23 火	28440	2439879	3862	一五六〇 67
24 水	28441	2439880	3863	一五五九 68
25 木	28442	2439881	3864	一五五八 69
26 金	28443	243[illegible]882	3865	一五五七 70

믿기만 ᄒᆞ라신 님께서도 ― 졸르고 졸라 빌라심 ―
아조 빼트려 더(떼)납 보담은 ~~늙재는~~ 몰라도, 눅18 ―一八
꽃만 보다 그만둘 노릇이란 익히지도 못들,
졸리고 졸리인 끝에 트임인게 차라릴!?

미듬 ᄉᆞ리ᄋᆞᆸ
[illegible]름답다! 고, 다 ᄂᆞᆼ 기어 든덕가 아니엇구나!
[illegible]첨브터 ᄋᆞᆸ 차린 주리른 촘·졸·ᄋᆞ름·답!
예수여 언니더브름 우리미듬 ᄉᆞ리옵!

30. 2.1 6 7

去 1555 1558 1559 1560 1565 1566

來 24728 24731 24732 24733 24738 24739

來 24427 24430 24431 24432 24437 24438

1968

1.27 土 28444 2439883 3866 一五五六 七一

28 日 28445 2439884 3867 一五五五 七二

29 月 28446 간밤눈 무뮈 흐림 2439885 3868 一五五四 七三

30 火 28447 ᄆᆞᆰ 2439886 3869 一五五三 七四

31 水 28448 ᄆᆞᆰ 2439887 3870 一五五二 七五

長長建陽無感陰曲

日月高低地球悠 七十年三無頭尾

陰陽長短人生遊 八旬歲齒何所由

• 六百分之四百。 一百 〇六六 二百 一三三 三百 一九九

四百 二六六 五百 三三三 六百 三九九

一百 小六六 二百 一三三 三百 至近

四百 二六六 五百 三三三 六百 至近

2.1 木 28449 츱고 끄믐 ᄆᆞᆰ 2439888 3871 一五五一 七六

2 金 28450 2439889 3872 一五五〇 七七

3 土 28451 2439890 3873 一五四九 七八

4 日 28452 ᄆᆞᆰ 2439891 3874 一五四八 七九

夕後覺來到 一飛一 云云

5 月 맑 28453	2439892	3875	一五四七 八〇
午後自 來到			
6 火 맑 28454	2439893	3876	一五四六 八一
7 水 28455	2439894	3877	一五四五 八二

光! 州! 柳? 遊?

8 木 28456	2439895	3878	一五四四 八三
흐릿 눈부릿 모임			
淳昌郡 柳等面 外伊里			
裵永振			
9 金 28457	2439896	3879	一五四三 八四
崔昌益			
10 土 28458	2439897	3880	一五四二 八五
11 日 28459	2439898	3881	一五四一 八六
12 月 28460	2439899	3882	一五四〇 八七
13 火 28461	2439900	3883	一五三九 八八
14 水 28462	2439901	3884	一五參八 八九
15 木 28463	2439902	3885	一五三七 九〇
水海王			

1968. 2 17日土曜
戊申. 1 19日丁巳

金 点用 子始榮 始敬 金 大龍 子始文 始董

1968 金 28464 3886 一五三六
2. 16 2439903 九一
沈언의 싱흡도라오게 ᄒᆞ신 은혜感謝.

土 28465 3887 一五三五
17 ᄅᆞ 2439904 九二
森西(面所·学校·郵遞)——뻐스·長城 ₩40——
驛에서 18日9時22分 서울票사가지고 歸溪園으로 드러가 쉬다.

日 28466 3888 一五三四
18 2439905 九三
눈이 ᄒᆞᆫ길 데 長城 發 忠淸兩道 京畿 雪霽. 歸着宅安感恩.

月 28467 3889 一五三三
19 ᄃᆞ 2439906 九四

火 28468 3890 一五三二
20 2439907 九五

水 28469 3891 一五三一
21 2439908 九六

○ 木 28470 3892 一五三○
22 눈 2439909 九七

드리 ᄀᆞᆫ (一)

이 ᄯᅡ위、ᄯᅢᄯᅢ로。아름답다가도 : 다시 답답!
나·위. 우리옿. 가장 맨 꼭대기로 : 꼭꼭 문이!
아부지 이제 저희로 드디 도라 옵니다。 아멘

金 28471 3893 一五二九
23 눈뿌리며 ᄀᆞ믐. 2439910 九八

數爻 챔 만? ᄒᆞ리: 나·!
깊든 님의 얼허울 눈뜬들 ——내속 수중 일가!?——
나너 너나—— 살내、살녀: 게 꺼절가? —— 속은 업시!?
엇지타 속울미리 업! 數爻 챔 만 ᄒᆞ리? 나!

去 1583	1584	1585	1586	1587	3/1 1532	1533	1534	1595
來 24756	24757	24758	24759	24760	24765	24766	24767	24768
來 24455	24456	24457	24458	24459	24464	24465	24466	24467

24 土 28472 맑 2439911 3894 一五二八 九九

六時自向大美發

25 日 28473 맑 2439912 3895 一五二七 100

26 月 28474 2439913 3896 一五二六 101

李宅 金氏 歿

도라고 (二)

버레도 · 새도 · 짐승도 · ᄉᆞᄅᆞᆷ도, 나는 몰라요!
올흔 얼이 이루읍는 즐거움으로 숣니다.
『아ᄇᆞ지 이제 저희로 드뎌도라 옵니다.』 아멘

27 火 28475 2439914 3897 一五二五 102

28 水 28476 2439915 3898 一五二四 103

徐完根來訪

29 木 28477 2439916 3899 一五二三 104

午后稀利. 夜覺利

3.1 金 28478 27317 2439917 3900 一五二二 105

朝覺退.

十時頃出發 哲 25574日 七十一回生日에 內外서 다녀옴.

2 土 28479 2439918 3901 一五二一 106

哭殉職社友〔끓는 쇳물속에 뛰어드는 言論의 生命을 爲해〕

宋在憲、崔益善、劉翼均、李鵬興、金汀福、崔錫允、李時鎬

898

1968 3. 3 日 맑 28480 2439919 3902 一五二〇 107

4 月 맑 28481 2439920 3903 一五一九 108

夕覺 [illegible]

5 火 28482 2439921 3904 一五一八 109
간밤 비뿌림

6 水 맑 28483 2439922 3905 一五一七 110

7 木 28484 2439923 3906 一五一六 111
진눈

8 金 28485 2439924 3907 一五一五 112
〔佛家庭〕 永論里 金日相氏 初訪來

예수 나시자! ㄴ? 피!!

힘입: 니고. 오리:지고, 오름. 오르신. 언니는:
이어 이 예, 서른 히, 거룩히 쉬신: 예수 목숨!
팔, 다리, 뭇 구멍이 넷: 찔린 허리: 로도 피!!

일직 니르길 「물작난, 불작난, 이고나!」 힛고.
다시 보니 「끓는물=피=작난 이란 말씀」이오!
숨쉬어: 피 돌림 이란? 나랄 돌림: 피삶기!

숨매켜 주금 없이, 말매키면 절취김. 몰나?
생각은 괴일수 있는 빛은, 피를 돌녀 주는 숨!
말숨을 홈께 돌립소! 쉬업쉬업 다 잘 숨!

1597 1598 1599 1600 1601
24770 24771 24772 24773 24774 877
24409 24470 24471 24472 24473

9 土 28486 2439925 3908 一五一四
뭄 113

0 日 28487 2439926 3909 一五一三
뭄 114

崔叅士연 갔다.

1 月 28488 2439927 3910 一五一二
호릿 115

이 저 그 미 드 ㅁ
맏도 가오. 낯맨도 되오. 팔다리ㄹ 못슬 ᄀ……,
적도: 그적일가? 묻곱! 이나도: 그 나인가?
미적이 그저긔 누이! 누ㅣ룬 저의 고찌끼!

2 火 28489 2439928 3911 一五一一
호릿 116

曠生吟咏

日月分明顔 晝夜四時環
朔望合晦光 出入世代曠

水 28490 2439929 3912 一五一〇
117

人間訟 上剛下險來 戴天臨海地
作事謀始訟 有孚窒惕中

계
ᄉ
팔·다리, 못구멍이 넷!
숨 쉬어: 피돌림 이란?
말숨을 홈께 돌립소!
나·시 ᄃ ㄴ—뭄숨

숨뭄—누리ᄅ ㄴ 피
찔린 허리로도 —피—!
나·랄 돌림: —피—뿜기! ᄂ
쉬엄 쉬엉 —다: 잘: 살→ —
름

1602
24775.
24474
1968
3.14 木 28491 2439930 3913 一五〇九
몸 27330 118

25587 金俊鎬 언
崔昌益 언 : 느긱 오셔 밤 쉬어 : 陝谷으로.

15 金 28492 2439931 3914 一五〇八
호림 늦게 비뿌림 118

大美 어가 기. 熙. 純 더리고 저녁 나절 닿다.

16 土 28493 2439932 3915 一五〇七
몸 120

곧 되고 그리움
지키란 게 : 구치란 거ㄴ : 아니고,
되게란 게 : 노치란 거ㄴ : 아니ㅁ.

지킨다다 구치 노키나,
되게스리 타다가 노치ㅁ.

구쳐도 노쳐도 다 못 쓰겠스며,
곧 적기로 써
곧 되 가까오리이다. 가까오리이다.

17 日 28494 2439933 3916 一五〇六
121

F. ボッシュ
性の倫理
性慾程、理性を曇らせる慾望は他に無いというのも之亦歴史上の事実が如実に示す所である。

玄去 1606

18 月 28495 　　2439934 　　3917 　一五〇五 122

2438473

李去 1461

[illegible]山樂水上谷玄
[illegible]逝宜送下世地

道巖瑞气無等騰
贒爾李空答明致

19 火 28496 　　2439935 　　3918 　一五〇四 123

首陽山人 鄭長老孚夢

1886
丙戌

20 水 ● 28497 [illegible] 　　2439936 　　3919 　一五〇三 124

21 木 28498 [illegible] 　　2439937 　　3920 　一五〇二 125

2 金 28499 [illegible] 　　2439938 　　3921 　一五〇一 126

自早發向大美

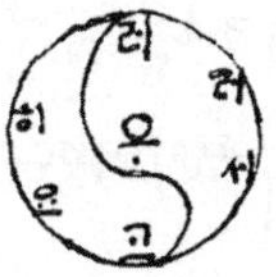

고요히 가란자 삼가 므거며도

敬

地身天命 上帝降衷
元士自覺 建極建中
而
形而下則 原始要終
無明斯終 性爾至崇
目
敬直遠圓 靜安愼重
不須多言 歸一庶衆

[illegible]

우러러 곧고디 멀 둥글음글

28. 去 1616 30. 1618 4.2 1621 3. 去 1622 5. 去 1624 625 1621
來 24789 24791 24794 來 24795 來 24797 24798 2479
來 24488 24490 24493 來 24494 來 24496 24497 2449

1968
3.23 土 28500 읽 2439939 3922 一五〇〇 127

光來向德水

24 日 28501 읽 2439940 3923 一四九九 128

多乃光回來

25 月 28502 읽 2439941 3924 一四九八 129

崔昌益 언 陵谷서 와서 英漢「詩·書·春秋·左傳·四書」
金正鎬 엉께 보낼거ㄹ 가지고 夜行車로 歸光키로。

X 26 火 28503 읽 2439942 3925 一四九七 130

27 水 28504 흐리다 개 2439943 3926 一四九六 131

朝光來開天歸田 (₩10,000—)

28 木 28505 읽 2439944 3927 一四九五 132

29 金 28506 흐리다가 빠짐 2439945 3928 一四九四 133

30 土 28507 2439946 3929 一四九三. 134

「다·업다」와「덜업다」에서 배숨。—가까:왔다—ㅎ오·갈게:업ㅎ
호ᄋ:들:만 이엇스면 볼일 조차 업섯슬지?
우리:이: 언니。눈으。저저 마닥:세임 봅시다!
오 갈:셈: 꼭꼭 미친덴 다고 덜고—일 업슴—。

31 日 28508 흐림 2439947 3930 一四九二 135

1 月 28509 2439948 3931 一四九一 136

충남 홍성군 홍동면
풀무학원 朱鋈會 인:

人格의 根源을 하나님으로 생각합니다
또 그 人格을 닮아 기쁨 받은 人間은 亦是 自
由意思를 가지고 人格의 主體下에 살아갈
수가 있읍니다.

一四九〇

2 火 묽 28510 2439949 3932 137

熙純 집으로. 熙遠 에 잇고.

一四八九

3 水 묽 28511:27350 2439950 3933 138

感謝.

一四八八

4 木 28512:27351 2439951 3934 139

저녁에 覺 오다. 비 좀 뿌림.

一四八七

5 金 28513:27352 2439952 3935 140

覺 朝發.

一四八六

6 土 28514:27353 2439953 3936 141

羅馬八章
三 律法因肉體無力、不能滅罪，惟神爲罪遣其子降生
肉體、狀如罪人之身、滅身之罪矣、四 使我儕不從肉體而
從聖靈、可成律法之義、五 蓋從肉體者體肉體之事、從聖
靈者體聖靈之事、六 體肉體死也、體聖靈、生且安、

一四八五

7 日 28515 27354 2439954 3937 142

一四八四

8 月 비 28516 27355 2439955 3938 143

玄去	1627	1528	1629	1630	1631	1632	1633
沈來	24800	24801	24802	24803	24804	24805	24806
感來	24499	24500	24501	24502	24503	24504	24505

64 3½ 이내삼팔서우이
/12 二四三八七六一 六千六百七十七年間日子.

1968

4.9 火 28517 안개비	2439956	3939	一四八三 144

五年前에 첨 왓섯던 氏 2.15日朝光州YWCA査經班에서 다시봣던
宣敎師 氏가 새로 來洋을 然訪ᄒᆞ는 氏來訪

10 水 28518	2439957	3940	一四八二 145
11 木 28519	2439958	3941	一四八一 146
12 金 28520	2439959	3942	一四八〇 147

ㄴㆍㅣ ㅣ ㅁㅣ 드 ㄹ

계시어 계스 기 ㆍㅣ ㅣ계 계시 업시 계이심,

예시어 예스 이 ㆍㅣ ㅣ예 예수 우리 님이심.

숨님의 거룩ᄒᆞᆫ 말슴 돌고돌고 돌나심。

13 土 28521	2439960	3943	一四七九 148

主體者

믿거란: 말은? 「먼저 주체만 스러워도」 못씀!

몸으로 슨 인, 몸짓이: 얼로 슨 인, 얼짓이: 일!

아부지 主體믿히라 ᄇᆞᆫ오돌은 제主體!

賢賢逝 人情好厶天性公 志學求仁知覺成
幼蒙好好明賢賢 日課克念至誠現

14 日 몸 28522 2439961 3944 一四七八 149

진달·개날、한창!

15 月 28523 2439962 3945 一四七七 150

楊平郡龍門面다문리 뻐스영업소 李東華。
글: 3月30日上午3時60才로 裵約翰。 가시담.

玄去	1634	1635	온게 업스니: 가야고!
裵去	17	18	갈바 업스니: 다왓게!
沈來	24807	24808	
咸來	24506	24507	예바·르게면: 제계 곧!

진달베ㄹ 기리이음

서른 나·믄 히 압서
진달베: 혼 포기를
마당으로 옴겻더니、

봄마·다·: 히마·닥:
픠며 : 진달내!
자·라·며: 커젓지 ?
—— 첨아 끗출 견주곤:
막섯지! ——

온 뜰안: 왼집안 이:
불그레 보이히며、
붉안이 비치인답니이다.

三角山
샷샷치: 틈틈이:
길엽、둘새、— 업는데가 업시-
살고·픠고、픠고·시·는데、

서른나·믄히 히마·닥 맛나·봐·도
땅갓테 붓튼 한 포기、한 포기。
그식이 장식 이랍니다。
이山이 뉘네 마당이엇던들:
 온山이
뚜려시 가·득히 비최이엇슬잇가.
—— 暎山紅 —— 만!?

16 火 28524 2439963 3946 一四七六 151

1968
4.17 水 28525 2439964 3947 一四七五 152

18 木 28526 2439965 3948 一四七四 153

제 와 나

나 도 : 저 계 :: 입에 : 히만
—— 갓트면 조으릿가 ?
내입에 드는 그히 처럼요 !?
이히 노는뒤로 조아란 그입 처럼요 !?

그러나
예 : 나온 나는 첫재(ㅇ號) 남으로 나지 !
계 : 잇던 저와는 머를 걸요 !?

옴은요……
젠 절로 도루 고、
제 계 곤 : 만 !
제 : 계、듬。

가 까 온

온계 : 업스니 : 가아 고 !
갈바 : 업스니 : 다왓 게 !
예바루 계면 : 제계 곤 !

19 金 28527 2439966 3949 一四七三 154

題畵 雪岳山別吾 一撮五台景 奇乃寫之境
究竟淸息響

乂 20 土 28528 2439967 3950 一四七二 155

餘|響

天生之予 自己也我 徐晉順序 叙之爵位
餘之慶福 職終以幻 昇明報德 直心日行
所得自然。

21 日 28529 2439968 3951 一四七一 156
몸

22 月 28530 2439969 3952 一四七○ 157

23 火 28531 2439970 3953 一四六九 158

一太乙陰一直心從一

公道包容大 陽止所居處
日給無暫靜 陰直以己行

24 水 28532 2439971 3954 一四六八 159

욘계 업스니. 가야고
갈바 업스니. 다왓계
예바루. 계면. 제계고.

25 木 28533 2439972 3955 一四六七 160
비
夕純米

1968

4. 26 金 28534 ᄆᆞᆰ	2439973	3956	一四六六 161
27 土 28535 ᄆᆞᆰ	2439974	3957	一四六五 162
28 日 28536 ᄆᆞᆰ	2439975	3958	一四六四 163
29 月 28537	2439976	3959	一四六三 164

제계 듬 : 고맙

우릴 내시ᆢ、예 : 이제 : 살게 ᄒᆞ는 : 수는 숨님요,
ᄒᆞᆫ뜻 디·다름에 닐닌 : 들려 푸러 피인 숨 쉬,
ᄃᆞᆯ과·숨 말숨으로 쉬 아침 올치 저녁도。
우린 예 이젤 살거니、보고 듣고 먹고 싸고!
그저 저귀 니나서야、보니나 봐! 바더나 들!
나·니나· 서먹서벅귄 제계 듬직 나그네!
살게 ᄒᆞᆫ순 숨님이고、건져 줄순 예수시고。
깁히 고이 앴게 쉬며 놉히 고디 소리리니。
가까·와· 다다른 자·릴 제계 든든 들고맙.

30 火 28538	2439977	3960	一四六二 165
5. 1 水 28539 ᄆᆞᆰ	2439978	3961	一四六一 166
2 木 28540 흐림 비	2439979	3962	一四六〇 167
3 金 28541	2439980	3963	一四五九 168
4 土 28542	2439981	3964	一四五八 169

5. 5 日 28543 2439982 3965 一四五七 170
(日 아래: 뭄)

尹聖岩 金圭昌과 우리內外 : 水原. 文化礼式場에서(가서)

金圭原 鄭徹英의 婚姻보고, 오다. (우리內外)

6 月 28544 2439983 3966 一四五六 171

밤ᄉᆞ리 궁금!
한톨 밤을 픔은송이 밤톨꺼플 못닛건요!
꺼플이야 속살과 꼭, 속살도 참 꺼플과 꼭,
한솝이 씻뜨잇이믄 그속ᄉᆞ리 여믈가?

敎堂洞七統七班
229의2番 陸重坰氏 初尋訪.
70

7 火 28545 2439984 3967 一四五五 172

多情夕話 : 求仁曲
至今回憶宗中親 飽息气海氤氳情
庶幾作故獨維新 致命生涯能仁隣

諭山 宋憲祥氏

8 木 28546 2439985 3968 一四五四 173
9 木 28547 2439986 3969 一四五三 174

언제브터 어찌 돼서?
내임자란이 날 뒤두고 낫실 절믄일 갖데!
그절믄인 살실 날과도 아는척 ᄒᆞ질: 안코?
대관절 이노름 노릇 업칠뒤칠 뉘발누!?

10 金 28548 2439987 3970 一四五二 175

1968 5.11 土 28549 2439988 3971 一四五一 176

온계 업스니 가야고
갈바 업스니 다왓게
예바루 계면 제계ᄆ

萬古益高	
多故思故鄕 何故作故友	偕老告白髮 自覺健忘憂
有事問故去 生事通知來	古故何由故 同異限綱太
一生潔淨 決定 結品	千六百六十日疏 十四夕夜望月色 我尚存明君亡邈 愚界同好絶消息

12 日 28550 비좀 2439989 3972 一四五〇 177

13 月 28551 2439990 3973 一四四九 178

2429306 − 2411440 = 17866 ×10684=

1939 2 11 土曜 戊寅 12 23 乙卯 趙鏞善

夕覺來

JOHANO 17.5

Kaj nun, ho Patro, gloru min kun Vi, per la gloro, kiun mi havis kun Vi, antaŭ ol la mondo ekzistis.

14 火 28552 2439991 3974 一四四八 179

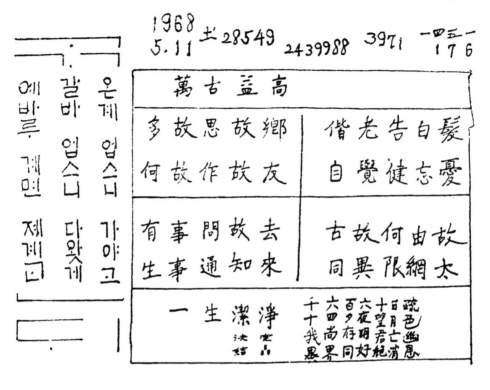

낫뒤에 麻浦區 孔德洞 四三三 藥局에 다녀왔다.

15 水 28553 2439992 3975 一四四七
묽 180

覺朝發

16 木 28554 2439993 3976 一四四六
181

意
誠 → 者 (始) 知 → 正
音

形 動 寬 大 中 聲 活
名 副 課 實 有 終 聲
貞 元 冬 春 終 復 初
地 天 泰 通 亂 氣 正

17 金 28555 2439994 3977 一四四五
182

行 儀 作 法
自初至終毋情一 名實相副介石界
子中由己追遠毋 形端表正初終眞

心 善 息 天
念念愼終潔淨心 一生臨時決定息
惜惜篤初美眞善 萬古益高結晶天

18 土 28556 2439995 3978 一四四四
비뿌리 183

19 日 28557 2439996 3979 一四四三
184

20 月 28558 2439997 3980 一四四二
185

21 火 28559 2439998 3981 一四四一
186

1968

· 一 丨 ⊙

萬法歸一 一歸何處 一歸空中 中正是予
天生德予 德立身幻 直心日行 所得自然

5. 22 水 28560 2439999 3982 一四四〇 187

7.30 淸凉里發原州行으로.
熙純 엄은 어미 집으로 가다.

5. 23 木 28561 2440000 3983 一四三九 188

公元一九六八 5 23 2440000		
通日유리안데이 六六七七年間日		自前四七一三始 至廿紀六四年終
二四三八七六一 네히더히五念三		又淸一二三九日 二百四十四萬日

24 金 28562 2440001 3984 一四三八 189

25 土 28563 2440002 3985 一四三七 190

26 日 28564 흐림 2440003 3986 一四三六 191

27 月 28565 비흐림 2440004 3987 一四三五 192

一 丨 ㆍ 곧 ㆍ 丨 ⊙

곧곧 예·예·예、예: 옛! 가까와 가까 오니! 곧곧
곧곧 예: 옛날! 게: 갓날! 네온날! 제온날! 곧곧
오 봉게 바로: 제계를 가온인가 ᄒᆞ노라。

28 火 28566 깨이다· 흐리다　2440005　3988　一四三四 193

29 水 28567 흐림　2440006　3989　一四三三 194

몬 껌껌 일순? 짭 짭 짭! 짭 짭 짭!

껌만 ᄒᆞ면 머린가보다 ᄒᆞ고 앞으로 찻지!
껌 낍 껍 껌 ᄒᆞ니: 단물 빠진 껌이란! 맛이뭐?
ᄒᆡ 날름 철이란 업서 맹탕인걸 짭짭짭。

熙純 어미「잘 가서 잘 지냄」편지 봄: 고맙.

朕心

自古億兆蒼生云　百姓千戶猶煩惱
人子意見何兆朕　萬物衆性歸一心

30 木 28568 흐림　2440007　3990　一四三二 195

31 金 28569　2440008　3991　一四三一 196

拙生自足 吾主忘世憂　名望何所用
人物忙生事　終結皮裏史

6, 1 土 28570　2440009　3992　一四三〇 197

微塵魁嘆

所謂人間甚麼物　言必稱來眞善美
同塵世居獨有難　身自惹起吞洩歡

1968
6.2 日 28571 소림 쁘리 2440010 3993 一四二九 198

3月 28572 믁 2440011 3994 一四二八 199

遠乎遠乎 仰天仰敬成
親之親之 維日維新家

模79 貞76 宜52 鳳40 自50 允32 覺48 豊4

4 火 28573 2440012 3995 一四二七 200

正心誠意 ᄒᆞᆫᄂᆞ 딘그믐 믈슴 디르
가락 마침

无漏獨生神人子 日課至誠福意迎
有漏重繼凡夫衆 一气承命性灵送

1968 6 1 土曜
戊申 5 6 壬寅 ~ 2440009 善逝

1880 6 27 日曜
庚辰 5 20 丁亥 ~ 2407894 如來

헬런 · 켈리 눈니

32116 날
4588 돌
1088 달
88 해

5水 28574 몸	2440013	3996	一四二六 201
6木 28575 몸	2440014	3997	一四二五 202
7金 28576 몸	2440015	3998	一四二四 203
8土 28577 호립	2440016	3999	一四二三 204
9日 28578 호리다·비	2440017	4000	一四二二 205
10月 28579	2440018	1	一四二一 206

마·음 과· 虛空

마·음이 속에 잇다고 조차·드리 못봐·거늘、
虛空이 밧게 잇되서 차·저나·가 맛날 손가?
제 안팍 모르는 임자· 아릿다운 줜인가!

모든것의 가진 솔을 바·더주는 虛空이오、
온갓일의 别别짓을 다봐·주는 마음인되、
아·마·도 이두가·지가 ᄒᆞ나인 法 십구면!

업시보고 빈탕이라 妄發을랑 마·를거시!
제몸이건 슯게울고 못되게는 안쓸거시!
님께서 나·드시는길 가까·옴직 ᄒᆞ구먼!

몸이 안에만 잇다봄 달라브튼 所見이오!
虛空이 밧기라봄 터믄이도 모르는 임자·!
宇宙를 휩싼· 虛空도 빈몸속에 드누면?

968

6. 11 火 28580　2440019　2　一四二〇 207

12 水 28581 읽 호림　2440020　3　一四一九 208

13 木 28582 호림　2440021　4　一四一八 209

昨夕頃純來。

ᄐᆞᆼ　요十八36—38

ᄐᆞᆼ에 노니느니: ᄯᆞᆼᄯᆞᆼ 이ᄯᆞᆼ만은 우리 소리!
이웃ᄯᆞᆼ엔 소리 안돼? ᄯᅡ위 거처 드높소리?
ᄃᆞ 다 ᄯᆡ ᄯᅡᄯᆞᆼ ᄃᆞ ᄒᆞᆫᄐᆞᆼ 도리 누ᄀᆞ 보음직
그만 잇: 누른 업: 업시 계신 님.
물거슬 둘거슬 날니고 또 날니고 또 날니!
홀거슬 또 홀길 안ᄒᆞ고 또 안ᄒᆞ고 또 안컨!
ᄆᆞ침넌 참 날러 물업 본단일도 ᄯᅡ론업!

14 金 28583　2440022　5　一四一七 210

福子 아침 일직 떠나다. 大姜歸鄕.

15 土 28584　2440023　6　一四一六 211

昨夕覺來

16 日 28585　2440024　7　一四一五 212

참이 무엇이냐? 요十八38

요十六 28
〃 十七 1—11

우리. 계서: 예 왓다가, 다시 예ㄹ떠: 도라감을,
맨첨브터 ᄋᆞ돌ᄒᆞᆫ ᄒᆞᆫ빗 ᄒᆞᆫ춤 됨돼온긂,
춤부치ㄴ 몰숨 듣기리 춤이ᄅᆞㄴ이? 무언고!

낮뒤에 柳承國氏와 同行: 碑峯에 갓다 回程이라며
來訪: 朱柄乾氏(庚寅) 柳正東氏 그 밧게 몃〃분。

17 月	28586 ᄆᆞᆰ 저녁 흐림	2440025	8	一四一四 213
18 火	28587	2440026	9	一四一三 214

몰 몸 먹

그걸 그러케만 보지들 ᄆᆞ! 나이 찬이 ㄹ수록!
먹지 안아 조흘거니! 뵈지 안아 조흘거니!
먹다도 일직엄치들: 거둬치고 몰몸먹!!

진물켬 (生物界)

꽃이 곱면 사ᄅᆞᆼᄒᆞᆸ소! 사ᄅᆞᆼᄒᆞ면 갖워둡시!
곷걸 사ᄅᆞᆼ 사ᄅᆞᆼᄒᆞ니 꺽고십소! 꺽그이 죽!
죽이며 사ᄅᆞᆼ이라니 곱다다간 진물켬?

19 水	28588	2440027	10	一四一二 215
20 木	28589	2440028	11	一四一一 216

思愆過 — 讀朱子勸學文而 —
勿謂今日不學而有來日。勿謂今年不學而有來年。
日月逝矣、歲不我延。嗚呼老矣,是誰之愆,

1968

6.21 金 28590 2440029 12 一四一〇 217

22 土 28591 2440030 13 一四〇九 218

23 日 [illegible] 28592 2440031 14 一四〇八 219

24 月 몸 28593 2440032 15 一四〇七 220

니러나서 가자!
나보다 크신 아부지께로 요十四28—31

아멘. 우리 아부지를 우리가 ᄉᆞ랑홉니다.
맞침내는 주고라시는 뒤로 죽습니다. 옴.
우리는 나나 보다 큰! 계신데로 도라감.

25 火 몸 28594 2440033 16 一四〇六 221

26 水 몸 28595 2440034 17 一四〇五 222

27 木 28596 2440035 18 一四〇四 223

깃솝게 ᄉᆞ리 요十五

우리 아분 여름짓기 우리 언닌 포도나무!
우린 너난 가진 가지, 낭게 붙처 열매 맺기!
짓기와 열미 맺기로 기리우어 깃솝게!!
아부께로 곧힌 뜻 (두곤): 목숨 바칠 ᄉᆞ랑: 업!
뼈도 살도 가깝 입도 힘입 듭도 아조 업시,
참말론 벗아 뜻같힌 918 살도 죽도 꼭 갓치!!

保惠師의 責望 요한 十六 8

나·신 ᄋᆞ돌을 몯미드니 아·직 조임살 ᄉᆞ리!
젤 떠나 온 ᄋᆞ돌이 엘여여 도라·감이: 오름!
님금은 審判자리라· 인끼 어렵 잇고 잇.!

28 金 28597 2440036 19 一四〇三
몸 느저 흐림 224

29 土 28598 2440037 20 一四〇二
흐림 225

荀悅 |儉| 淑孫。字仲豫。年十二能說春秋。所見篇牘。一覽多能誦記。
性沈靜。尤好著述。獻帝時侍講禁中。累遷祕書監。侍中。時政移曹氏。
悅志在獻替而謀無所用。乃作申鑒五篇奏之。帝以班固漢書文繁難省。
復令悅依左氏傳體。撰漢紀三十篇。辭約事詳。論辨多美。
荀悅曰：言出于口、則咎悔及身。
순열 이르되：
말이 입에서 떠러진 데 마닥 몸은 나므람으로 몸에 뉘읏!

30 日 28599 2440038 21 一四〇一
226

1 月 28600 2440039 22 一四〇〇
227

沈相國 24884 咸錫憲 24583 李容勳 24283
3469

1902 1 17 火曜 Julian day 2415757 822
辛丑 12 8 庚子 66

卽感 平交命士不一致 漢北世居晩參與

1968 7 2 火 28601 ᄆᆞᆰ	2440040	23	一三九九 228

午后, 軍務中의 沈信燮 君의 本第로 다녀서 入隊ᄒᆞᆫ 길에 來訪.

1942	5	31	日曜	2440040
壬午	4	17	甲申	2430511

9530날 가치맛.

體宇宙之所感

日月分明遡轉望　大地非常時分秒

陰陽合朔人間晦　上天無有歲月日

3 水 28602 비ᄈᆞ리	2440041	24	一三九八 229
4 木 28603 새벽비	2440042	25	一三九七 230

7시쯤에 純: 어머게 업히어 外叔光來同行: 向天安發。

5 金 28604 ᄒᆞ리 ᄇᆞ람	2440043	26	一三九六 231

미부ㅅ글 스ᄅᆞ지며。 그터ㅅ글 빈지느ㄴ

미바위를 드러닉시 넓은 바다ㄱ을 맨드고ᆞ

개미들 움나라ㄹ 세운위: 효웅 엄을 봐ㅅ거뇨!

몇몇이 몇열힐 죽금。 개미드레ㄴ 불이 낡。

6 土 28605 흐릭	2440044	27	一三九五 232
7 日 28606 흐리다ᆞ비	2440045	28	一三九四 233

서울 城東區 君子洞六二의五 金基錫께 尋訪

8 月 맑 28607 2440046 29 一三九三 234

夕覺來

9 火 맑 28608 2440047 30 一三九二 235

早發程

一貞萬固美

奇花珍草遠可疏　分別會合卽一離

附遠親疏昏越明　生存死沒古貞寧

10 水 맑 28609 2440048 31 一三九一 236

11 木 맑 28610 2440049 32 一三九〇 237

「마음의 廣場」「새마음」社 魚廣善氏 外 세분 來訪

12 金 28611 2440050 33 一三八九 238

6時 熙純母女 떠나: 집으로。

13 土 맑 28612 2440051 34 一三八八 239

14 日 비좀 28613 2440052 35 一三八七 240

1968

「몸 마주 들뜰안팍」으로 지내오다.

卽日 知夕夕之可者過多夕生

金重塊外

利貞吟味

너 나
제 계 님 제
니
다

千金重理 萬里平和 一氣剛健 未口珍味
今口正音 義卽利也 蓋 利欲公大 曰
義矣 主義提案 則是論文 旨將現實
進德居業 至上意誼 宗敎信義

7 15 月 28614 흐림 비쏫 2440053 36 一三八六 241

16 火 28615 비 2440054 37 一三八五 242

17 水 28616 비 흐림 2440055 38 一三八四 243

(ᄀ 곧 곤 찍기 |)

18 木 28617 비 2440056 39 一三八三 244

李容勳 2415757 | 24300 날 니야기 가지다.

——〈24600 날 뒬 이 생각 ᄒᆞ미〉——

19 金 28618 2440057 40 一三八二 245

1866. 아부: 첫날。 1899. 玄: 첫날。 1967. 洪: 끗날
1933 1963

손바닥 치올니 맏고、불다리 조금 드딘 둥.

타도 끄도 몰고、불ᄋᆞ리 물의 노닐람니다.

박몬듸 속울끼으니 동(둥글워니) 크롬에 끼긋디 ?

제

나님
너게

지

ᄀᆞᄁᆞᆷ

찍기

內容知覺外藏物 內容外藏太空絜 崇效天

合掌崇仰具足卑 合掌具足子舍矩 卑法地

一三八一 246 ᄀᆞᄁᆞᆫ

41 三六二四 ᄂᆞᄀᆞᄁᆞ

2440058

20 土 28619

1980. 7 23 누 1 보오 2444444날) 1965(七五) 7 12 鄭會湜:共.

1968 日
7 21 28620 비 ᄎᆞ께옭　　2440059　　42 三六二三　　一三八〇 247

今心昔心惜一刻　一念二念三念夕
念情 念操 多味 惜吟　昔夕明旦念一生　假我數年讀易更

夕飯中: 李尚道(二七)來訪。

月 28621
22 ᄀᆞ름오락·가닥　　2440060　　43 三六二二　　一三七九 248

ᄒᆞ 야

ᄒᆡ서 ᄒᆡ서 ᄒᆡ서라나 어이ᄒᆡ서 말슴인가?
ᄒᆞ이아서, ᄒᆞ이시다。 ᄒᆞ이시사, 우리 ᄒᆞ야!
옿: ᄒᆞ이 ᄒᆞ이시오니 우리ᄒᆞᆷ이 올ᄎᆞᆷ히。
세기 ᄉᆞ토막 죄다가 잘 믿다못ᄒᆞ고, 「나라」ㄴ다。
에 니: 닝나: 업!
나· 다· 내가 ᄋᆞᄇᆞ지께로 가서, 다시 「못봄」
이: 올름!
님금도 더길순 업서 심판만을 기룬다!
요한十六〇八—十一

ᄒᆞ 야 금

ᄒᆞ루ᄒᆞ루 나날이 가니 서른 그믐 ᄒᆞ야금,
ᄃᆞ달이 ᄃᆞ두러 열ᄃᆞ달 새ᄒᆡᆺ 싈쉘큰 그믐,
ᄒᆞᆫ올히 ᄒᆞ이금 긔면 모름지기 오름직!

23 火 28622 2440061 44 一三七八
구름 왔다 갔다 三六五一 249

24 水 28623 2440062 45 一三七七
三六二0 250

25 木 28624 2440063 46 一三七六
三六九 251

1: 뭐?
나! 난? 저! 절: 제가 몰나? 이제, 날: 보자고!
난: 이말 네게!
넌: 그 말슴 생각! 잘 생각이 ᅀᆞᆱ!
목숨엔 잘 생각 ᅀᆞᆯ리! ᅀᆞᇍ 말슴만 늘 살리!

이 뭐? 날리서! 목숨!! ᅀᆞᆯ리기!!!
1 뭐? 나. 난? 저! 「절 제가 몰나?」 이제 ᄂᆞᆯ 보자고。
난 이말 네게, 넌 그 ᄆᆞᆯ슴 생각, 잘 생각이 ᅀᆞᆱ。
목숨엔 잘 생각 ᅀᆞᆯ리! ᅀᆞᇍ ᄆᆞᆯ숨만 늘 ᅀᆞᆱ 옴。

26 金 28625 2440064 47 一三七五
흐리다 맑 三六一八 二五二

奉 獻 經

天主여. 네 너를 爲ᄒᆞ여 나를 내셨으니, 나 나를 가
져 너를 받들어 섬기기를 願ᄒᆞ는지라. 그러므로
이제 내 靈魂과 肉身生命과 내 能力을 도모지
네게 받들어 드리어, 一切 네 榮光에 도라가기를 懇切히 바라
며, 天主聖意에 合ᄒᆞ고 天主의 命을 順히ᄒᆞ고, 도모지 나와
모든 ᄉᆞ람의 靈魂救ᄒᆞᆷ에 有益ᄒᆞ기를 至極히 願ᄒᆞ나이다. 우리
天主여 罪人이 罪가 크고 惡이 重ᄒᆞ야 드리는바 當치 못
ᄒᆞ오나. 네 불상히 너기심을 바라고 네 仁慈ᄒᆞ심을
依支ᄒᆞ여 비오니, 나 드리는것을 바다드리소서. 아멘.

말이 입에서 떠러진데 마닥 몸은 나므람으로 몸에 뉘웃거니! 참말
言 出 于 口 則 咎 悔 及 身

1968
7 27 土 28626 몸 어두어서 흐림 2440065 三六一七 48 1三七四 253

米로서 도라왔다는 洪 氏와 더브러 「八月一日發渡美 爲計中이란」 兪大植氏 來訪

28 日 28627 몸 다 구름 2440066 三六一六 49 一三七三 254

무슨 목이 물라선가? 몸이 심을 찌일적 마다 예쿠머니! 버려지누나!
어플수 이따덩이엘 이들끌른 식기어!

夕頃自來到

29 月 28628 몸 다 구름 2440067 三六一五 50 一三七二 255

30 火 28629 몸 다 구름 2440068 三六一四 51 一三七一 256

31 水 28630 2440069 三六一三 52 一三七〇 257

어제 照澤: 와서
奉天洞 六一六番 一二〇號에 住宅을 建築했다 함
路程: 安國洞에서 42番 乘을 타고 「신림동」의 다리ㅅ목에서 下車, 川邊으로, 20分쯤 것는 곳.

들끌른 식기

말이 입에서 떠러진뒤 마닥: 몸은 나므람으로, 몸에 뉘웃거니! 참말
무슨 목이 몰라선가? 몸이 심을 찌일 적 마다: 예쿠먼이! 버려지누
어플ㅅ 이 따덩이엘 이들끌른 식기에!!!

Karl L. Bruce.　　Ledyard.

8 1 木 28631　2440070　53 三六一二　一三六九 258

自相 Bruce 게 갓다가 Ledyard (36) 열넷힘前에 나를 맛낫던 일라며서 오겟다 ᄒᆞ엿다 하여: 午后에 來訪을 바다서 셋이서 들기 니야기: 漢語·韓語·英語·日語로 交叉ᄒᆞ야 意思交換 漢文·韓文으로 凡千卷 가지엇다 ᄒᆞ며 老子를 英語로 反譯된것은 凡八十種이나 잇겟다 ᄒᆞᆷ。

2 金 28632　2440071　54 三六一一　一三六八 259

五시 十五분 大美길 떠나다。

낮 납바、밤 바라웁기。

나치운: 나제、맞나。너봐。떵 되고 낮: 기누: 니?
밤엔 다 쉬、ㅓ흔울숨: 별 속삭김: ㅓ 三千年을: 든!
『낮』납바、『밤』바라웁기。 别莊조차 밤그립!

3 土 28633 묵　2440072　55 三六一〇　一三六七 260

4 日 28634 묵　2440073　56 三六〇九　一三六六 261

5 月 28635 안개좀　2440074　57 三六〇八　一三六五 262

어제 南原 藝樹人 金鍾熙氏 맛나다。

6 火 28636 지름뜬날 방울비　2440075　58 三六〇七　一三六四 263

忠常正中絜矩心　信宿律呂文章意

1968 完州郡九耳面龍伏里三區 龍興寺『진달네』
全州驛。南部駐車場: 중인리行「마이크로」뻐스運行—중인리國民校前-
에서 거의 五里나 거름。 [朴孝根氏商店]

夕頃覺到

8 7水 28637 2440076 59 一三六三
비뿌림 3606 264

8木 28638 2440077 60 一三六二
비 3605 265

5時半覺發程向南

繫辭 上五章 『一陰一陽之謂道 繼之者善
也 成之者性也 仁者見之謂之仁 知者見之謂
之知 百姓日用而不知 故君子之道鮮矣』

七章 「子曰易其至矣乎 夫易聖人所以崇德
而廣業也 知崇禮卑 崇效卑法地 天地設位
而易行乎其中矣 成性存存 道義之門

舒川 金氏 初面人事。

9金 28639 2440078 61 一三六二
三六0四 265

에베소 二章

20 너희는 使徒들과 先知者들의 터우에 세우심을
닙은者라, 기름 바든 님께서 바로 모퉁이 돌이 두
셧나니라. 21 그 안에서 채채마다 서로 드러 마ᄌᆞ지
거룩ᄒᆞᆫ 집이 되여 가고, 22 너희도 숨님 안에서 ᄒᆞ웋님
계실 듸가 될라고 ; 님 속에 ᄒᆞᆷ께 지어져 가나니라

10土 28640 2440079 62 一三六一
三六0三 266

11	日	28641	2440080	63 三六02	一三六二 267
12	月	28642	2440081	64 三六01	一三五九 253
13	火	28643	2440082	65 三六00	一三五八 269
14	水	28644	2440083	66 三五九九	一三五七 270
15	木	28645	2440084	67 三五九八	一三五六 271

억만한가지 뇌헌날을 스믈세돌로: 또 뵈는 날도 니러나서. 진달내 뜰 감나무 슨 자리에 서서 잇슴이: 가는 이가: 「다시 오시오비」! 「다시 오지오」! 나누이다.

全羅北道 完州郡 九耳面 龍伏里 三區(『龍興寺』跡)

진달네.

全州驛. 南部駐車場. 九耳面중인리行: 마이크로 버스.
중인리國民學校前에 下車

중인리에서 朴·孝根氏와 첫人事를 紹介하고, 우리 다시 난위에: 김. 진달네로: 류서울 집으로.

집에 와서 집 平安 이니 感謝.

16	金	28646	2440085	68 三五九七	一三五五 272
17	土	28647	2440086	69 三五九六	一三五四 273
18	日	28648	2440087	70 三五九五	一三五三 274

1968
8 19 月 28649 2440088 71 三五九四 一三五二 275

金인이 그 健伊 더리고 다다르다.

20 火 28650 2440089 72 三五九三 一三五一 276

七時 비오는데 金인 健 더리고 빼스로 서울驛에. 九時十五分發 하지매 비오는 光州에 듦. 밤 쉬고 나니 밝은 빛골을 누리렵니다. 곧

21 水 몸 28651 2440090 73 三五九二 一三五〇 277

22 木 28652 2440091 74 三五九一 一三四九 278

23 金 몸 28653 비만히 옴 2440092 75 三五九〇 一三四八 279

24 土 몸 28654 2440093 76 三五八九 一三四七 280

先뒤에
金祖母님과 金長老泰燮氏와 作別하고 모님에 같이 하고 가는 몇몇 분과 떠나 풀길 山구비로 무등원 남은집이라고 金俊鎬 홀로 에 따뒤는로 엇빠뮈 구불層ㄹ 드덤볼이며 돌다리로 드되 건너 도라 나 에 主人의 層ㄹ 母親侍庭에 當到하야 또 마침 遠方來訪者 二三人과 함 낮에 싼 점을 먹고 또 다시 나길 로 澄心寺 境을 지내어 金宅에 다다르니 저녁 七時쯤 저녁 밥을 먹고 8시5分發 해車에 오르다.
新榮 [illegible] 에 오니

25 日 28655 2440094 77 三五八八 一三四六 281

아침 8時; 理髮하고 집으로 오니 泰寧: 感謝! 고맙!
저녁後에 일찍 누었더니 깨는데 子正이라. 나려와서 쓰다.

26 月 28656 2440095 78 三五八七 一三四五 282

27 火 28657 2440098 79 三千八六 一三四四 283

無等晨咏

金도 헤저 날려 드나는 동안은: 몬지북데기!
불맡아, 썩잖 숨, 돌되면: 돌숨! 玉됀: 굳센 구실!
ᄋᆞᄇᆞ지 이스라엘을 저희는 앞 보오며。

일지기:일지기:無等 조흔 山에 왓섯습니다!
오늘은 이때에도 젓과 꿀이 흐를랍니다!
ᄋᆞᄇᆞ지 이스라엘을 저희는 앞 보오며。

ᄎᆞᆷ 몰숨:두 ᄆᆞ듸!

맨꼭대기로 오를이의 목숨이 맨꼭대기오!
맨꼭문이로 모디인데: 지저분이 업소오!
ᄒᆞᆫ웋님 우리말속에 이두마딀 두시앗!!!

곪것: 거짓말!—— 썩:좋다ㄹ가?——
아름다움: 곪: 좖: 입븜! 이란 무엇이오닛가?
덜업고, 지저분코, 썩은걸: 걸채 먹여: 핀, 꽃!
꽃보고 물을 들면: 봄! 속아속아 속아 썩!!!

28 水 28658 2440097 80 三五八五 一三四五 284

ᄒᆞᆫ아 곤듸 모심

속빈속 ᄆᆞᆰ! 븨고빈속! ᄆᆞᆰ으오리 ᄆᆞᆰ으리다!
텅 븨인속: ᄆᆞᆰ고 ᄆᆞᆰ아! ᄇᆞᆰᄇᆞᆰ홉께 ᄆᆞᆰ으리니!
속임도 바꿈도 업시 ᄒᆞᆫ아곤듸 모시옵。

서울大學敎授四人停年 朴鍾鴻 28年 勤務 朴敬贊 40年 工理元泰常 22年李廷紀

1968

8 29	木 읽	28659	2440098	81 三五八四	一三四二 285
30	金 읽	28660	2440099	82 三五八三	一三四一 286
31	土 읽	28661	2440100	83 三五八二	一三四〇 287

5.30分 自相出發 大姜

9 1	日 읽	28662	2440101	84 三五八一	一三三九 288
2	月	28663	2440102	85 三五八〇	一三三八 289
3	火	28664	2440103	86 三五七九	一三三七 290
4	水 읽	28665	2440104	87 三五七八	一三三六 291
5	木 비	28666	2440105	88 三五七七	一三三五 292

公元 壹千九百六拾八年九月五日
第貳萬八千六百六拾六日
第貳萬七千五百〇有五日

有終追遠

降衷下民忠　愼終人間信
遠邑後生親　追遠絕對神

속 삭 거 림

모른동안 아름답고, 알고 보면 모름답음.
도! 아직 아름답어요, 다! 아직 모른거시죠.
모름직 아름아리에 얼이둥절 속삭 짝.

내 아부: 네게 븐

있: 나, 없: 지。 히: 나, 밤: 지。 예: 나, 게: 지。
—— 인젠: 제게!
나선: 쓰기 키티피히! 즈건: 그금 큼틈픔흠!
내 나람: 『너희 네 않만 곰곰 그리』: 구고 짐!

예: 사리 저! 게: 보입 좁!

! 이 ㅣ게 예: 나! 이제 있다가, 아까 어저께。
아까·어저께, 그저·그저께, 예고 옌: 낼 말슴!
늚글음 제게 도라곤 솜몰 매지 계뵙좁。

有終追遠

愼終人間信一降衷下民忠
追遠絶對神貞遠邑後生親
分別會合 萬 生存死沒
卽一離 古 古貞寧

1968

9 6	金	28667 흐리다 개임	2440106	89 三五七六	一三三四 293
7	土	28668	2440107	90 三五七五	一三三三 294
8	日	28669	2440108	91 三五七四	一三三二 295
9	月 흐	28670	2440109	92 三五七三	一三三一 296

擬古

東方有一士　被服常不完　三旬九遇食　十年著一冠
辛苦無此比　常有好容顏　我欲觀其人　晨去越河關
青松夾路生　白雲宿簷端　知我故來意　取琴爲我彈
上絃驚別鶴　下絃操孤鸞　願留就君住　從今至歲寒

10	火	28671	2440110	93 三五七二	一三三0 297
11	水	28672	2440111	94 三五七一	一三二九 298

帝堯曰放勳

欽明文思安安 允恭克讓 光被四表 格于上下

帝舜曰重華 協于帝

濬哲文明 溫恭允塞, 玄德升聞 乃命以位

大禹曰文命 敷于四海 祗承于帝

恒元等　　　　多夕生음

12 木 28673 2440112 95 三五七〇 一三二八 299

受信

欽明銘

放勳 文思安安 允恭克讓

光被四表 格于上下

重華 濬哲文明 溫恭允塞

文命 敷于四海 祇承于帝

님 앓에 을받들 두레티음

文思安安

瑞石澗水雄牧氤 氤氳泰通桓無等

接天原𦋺養牛氳 學教常平儉思文

13 金 28674 順敍 2440113 96 三五六九 一三二七 300

14 土 28675 復建 2440114 97 三五六八 一三二六 301

15 日 28676 感謝 2440115 98 三五六七 一三二五 302

1968

곧 다 솟

이 · 저 · 업시 、 잇 잔 큰 。
이제 : 이제 · 이제
곧 서 쓸 ‖ 와서 쓸 ‖ 곧 오는 : 곧 다 솟

ᄒᆞᄂᆞᆯ 모ᄅᆞᆷ이시어 브ᄅᆞᆷ이ᄅᆞ.。 거ᄂᆞ리는 브ᄅᆞᆷ을 길이ᄅᆞ.。 길 닉어
곧 곯ᄋᆞ 치 ᄒᆞ잇 키시길어 ㅣᄅᆞ.。
길은 조곰도 ᄠᅳ딜몬ᄒᆞᆳ거시니 ᄠᅳᆯ거시면 길이라고 아니ᄒᆞᆳ스리라。
이러므로 기(오인)는 그 보디몬ᄒᆞᄂᆞᆫ바에 삼가께며 그 듣디 몬ᄒᆞᄂᆞᆫ바에
저허ᄒᆞᄂᆞ니라。 숨은 처럼 브임은 업고 쟈근 처럼 ᄂᆞ톰은 업스밍
기(고인)는 저 ᄒᆞ올로를 삼가ᄂᆞ니라。
좋고 싫고 슳고 즐검이 픠디아닌적을 곧이라 닐ᄋᆞ고 픠여서 다
마디에 마딤을 고룬이라 닐ᄋᆞᄂᆞ니
곧은 ᄂᆞᆯ웅에 ᄒᆞᆫ밑이오 고룬은 ᄂᆞᆯ웅에 드딤발이니라。
곧과 고룬을 닐위면 ᄒᆞᄂᆞᆯ땅 제자리로에 수ᄒᆞ며 잘몬에 길리워 웅。
ᄂᆞ리라。

16 月 28677		2440116	99 三五六六	一三二四 303
17 火 28678		2440117	100 三五六五	一三二三 304
18 水 28679		2440118	101 三五六四	一三二二 305
19 木 28680	흐림	2440119	102 三五六三	一三二一 306
20 金 28681	간밤비	2440120	103 三五六二	一三二〇 307
21 土 28682		2440121	104 三五六一	一三一九 308

日好覺來

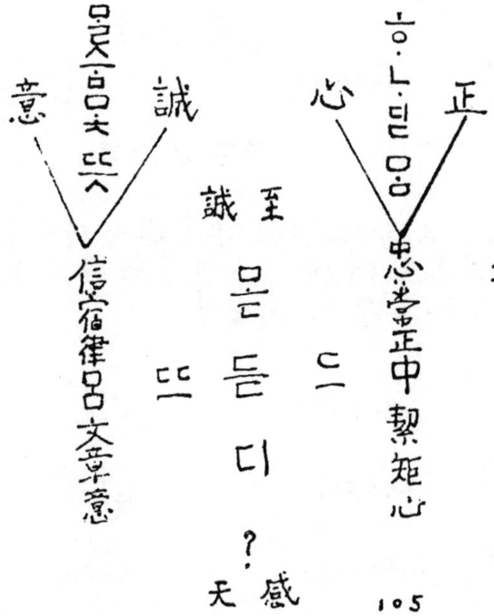

夕達自美

싸틀 반김

희경 글발

22 日 28683		2440122	105 三五六〇	一三一八 309
23 月 28684		2440123	106 三五五九	一三一七 310

1968

9 24 火 몱 28685	2440124	107 三五五八	一三一六 311
25 水 몱 28686	2440125	108 三五五七	一三一五 312
26 木 몱 28687	2440126	109 三五五六	~~110~~ ~~三五五五~~ ~~110~~ 一三一 31
—10,— 27 金 몱 28688	2440127	110 三五五五	一三一三 314
—25,— 28 土 28689	2440128	111 三五五四	一三一二 315

夕白美福子來

29 日 28690	2440129	112 三五五三	一三一一 316

吉豐子歸去

30 月 28691	2440130	113 三五五二	一三一〇 317

早出 自返美

17時頃開天洞 李忠熙 李官鎔와 더브러 오다/
開天洞名產:胡桃壹卜負.忠熙與友來: 聊有今昔感
況此日此席覺相同會見.

10 1 火 몱 28692	2440131	114 三五五一	一三〇九 318
2 水 28693	2440132	115 三五五〇	一三〇八 319
3 木 28694	2440133	116 三五四九	一三〇七 320
4 金 28695	2440134	117 三五四八	一三〇六 321

29898 102 모자라 숨만 날 몸봐!

陸重均언 오셔서 밭에 "牛膝草"있는것을 차저 배게되다. 술거리를 말리어서 단술을 희서 먹으며 뿌리도 말려 대려어 먹으면 鎭定이 되어 잠잘잔다.

「찰번빅뒤」나물 도 뱄는데: 말녀 매려어 씨스면 가려운데가 난는담

1886 11 25 木曜 82 희 1968 10 3 木曜
丙戌 10 30 己丑 戊申 8 12 丙午

2410236 ~ 2440133
29898
4271 돌 늘 1012 돌
먼1204지

---

5 土 28696 2440135 118 三五四七 一三0五 322

6 日 28697 2440136 119 三五四六 一三0四 323

일직이름 執事와 金理事ㅣ 앞으로서 오시다.

7 月 28698 비 2440137 120 三五四五 一三0三 324

8 火 28699 2440138 121 三五四四 一三0二 325

ᄒᆞᆫ갖 비옵기는

우리는 업시 계신 우리 ᄋᆞ불 그리우고 그립니당

섣불리로 숤되다가 나므림에 살바더만!

마이고 우리를 잡아 올리 댕겨 줍소서……

이. 멘.

— 이 빎을 } 온 말숨 수리 론: ᄒᆞᆫ가지 두레로 —
……드립시다.

1968
10

오직 언

ᄒᆞ야금 ᄒᆞ이시샤 시려금 시기시는 마당!
싄불려선 몯믿는다! 익불림이 되고지 즙!
ᄂᆡ라서 익불림 나위? 믿고 바람 이쁜은!

9水 28700 2440139 122 三五四三 一三〇一 326

精貞吟 〔言中有語〕〔消息 訃音〕〔守貞維新〕 〔能敬不外〕

橫從正直眼耳鼻 懋實力行開新天
一心本意性情粹 日課至誠闢敞地

〔成性存存〕 〔修辭立誠〕

二佰覺發程

10木 28701 三림 2440140 123 三五四二 一三〇〇 327

11金 28702 2440141 124 三五四一 一二九九 328

ᄂᆡ

五月이라 端午란다. 우리 보다 그네 뛰자!
그녁에 기쁨을 잘 치릉어 건넌이는 뉜고?
ᄂᆡ 뉘 뷔 뷕ᄇᆡ 누리자? 조코 조히 ᄂᆡ보리!
夕後覺回來

0 12 土 ᄋᆞᆰ 28703 2440142 125 三五四〇 一二九八 329

왼통ᄒᆞᄂᆞ

ᄋᆞᄇᆞ ᄋᆞᄇᆞ 우리 ᄋᆞᄇᆞᆫ 맨꼭ᄃᆡ기 계시 우리、

밑도 끝도 업시![조 ᄒᆞᆰ] 너나·나너: 서는 뭘 ᄒᆞ?

들ᄃᆡ도 빌ᄃᆡ도 업시 맨꼭문이 엇스믄。

13 日 ᄋᆞᆰ 28704 2440143 126 三五三九 一二九七 330

東煥 來訪

14 月 28705 四三〇〇 2440144 127 三五三八 一二九六 331

光州市楊林洞六十一番地

光山金公洙渡氏 一生記

1900 12 24 土曜 1968 10 4 金曜
庚子 11 3 辛未 戊申 8 13 丁未
2415327 ~ 2440134

24808 늘
3544 들
840 ᄃᆞᆯ +3ᄂᆞᆯ
68 ᄒᆡ -28ᄂᆞᆯ

多夕生謹識

令嗣 龍國 압ᄒᆡ서

요한三十五소베에

1968
10 15 火 28706
2440145
129
三五三七
一二九五
332

李濬煥 李相湖 次男
張福子 張光晳 四女 昏因時日

16 水 비 28707
2440146
129
三五三六
一二九四
333

可憐自卑

自下聞博人 陽止所居處
紫霞門外生 陰直以己行

蘇聯〈百歲以上萬千名 人口2百萬名中〉「투르크매니스탄」共和

17 木 28708
2440147
130
三五三五
一二九三
334

ᄒᆞᆫ ᄆᆞᆷ 뭇 뜻

ᄒᆞᆫ ᄆᆞᆷ ᄒᆞᆫ 뜻 : 「안븥 드디」·『안떠 디드』: ᄒᆞᆫ ᄆᆞᆷ ᄒᆞᆫ 뜻

ᄎᆞᆺ참·치참,「찰 참 찬」 ᄆᆞ치·ᄆᆞ침니, 참몰 뭇뜻

고디음 : 뭇뜻으로 : 로! ᄀᆞᆫ쉴몰숨!! 숨ᄉᆞ롬 !!!

18 金 28709
2440148
131
三五三四
一二九二
335

19 土 28710
2440149
132
三五三三
一二九一
336

20 日 몸 28711
2440150
133
三五三二
一二九〇
337

10 21 月 28712 맑	2440151	134 三五三一	一二八九 338
22 火 28713 맑	2440152	135 三五三0	一二八八 339
23 水 28714 맑	2440153	136 三五二九	一二八七 340
24 木 28715 비	2440154	137 三五二八	一二八六 341

4290 3528 1286

참참둥글 사이굳다 치루니 두둘사이
둥글ᄃᆞ

25 金 28716	四二八九 2440155	三五二七 138	一二八五 342

두둘 사이를 치루니
— 면단뒤 : 더 딱기 만 —
『참 참 둥글다』 미들 손!
— 그뒤로 : 그뒤뒤로 —

正心 誠意
忠 信
ᄒᆞᆫ 몸 ᄆᆞᆺ 뜻

ᄒᆞᆫ몸 ᄒᆞᆫ뜻: 『안붙 드디』『안떠 디드』: ᄒᆞᆫ몸 ᄒᆞᆫ뜻!

첫 첨 · 치 참。『찰 참 찬』 ᄆᆞ치 · ᄆᆞ침내。 참몸 ᄆᆞᆺ뜻!

고디몸: ᄆᆞᆺ뜻으로: 로! 곤、쉴몰숨!! 숨수룸!!!

1968 土
10 26 28717 四二八八 ~~2488~~ 2440156 三五二六 139 一二八四 343

한팔두팔 가신해 두네이후 보고서 모든歲 물단 웅군 둥근 하나 오 작작 洗

27 日 28718 四二八七 2440157 三五二五 140 一二八三 344

故金建杓氏 寡宅吳氏 生辰(陰九月六日) 第二万九千五百九十一日. ~873

28 月 28719 四二八六 2440158 三五二四 141 一二八二 345

두들 사이를 치루니

— 읺단되 : 디막기만 —

— 참 참 둥 글 다 —

미들 손!

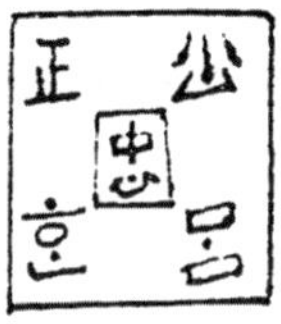

ᄒᆞᆫ몸 ᄒᆞᆫ뜻 : 『안볼 드디』『간띠 디드』: ᄒᆞᆫ몸 ᄒᆞᆫ뜻!

첫 참。치참。『찰 참 찬』 무치。무침비。참몸 몯뜻!

곰디 몯뜻으로 : 로! 곤 실 몰 숨!! 솟 ᄉᆞ 숨!!!

29 火 28720　　2440159　　三五二三　142　　一二八一　346

30 水 28721　　2440160　　三五二二　143　　一二八〇　347

31

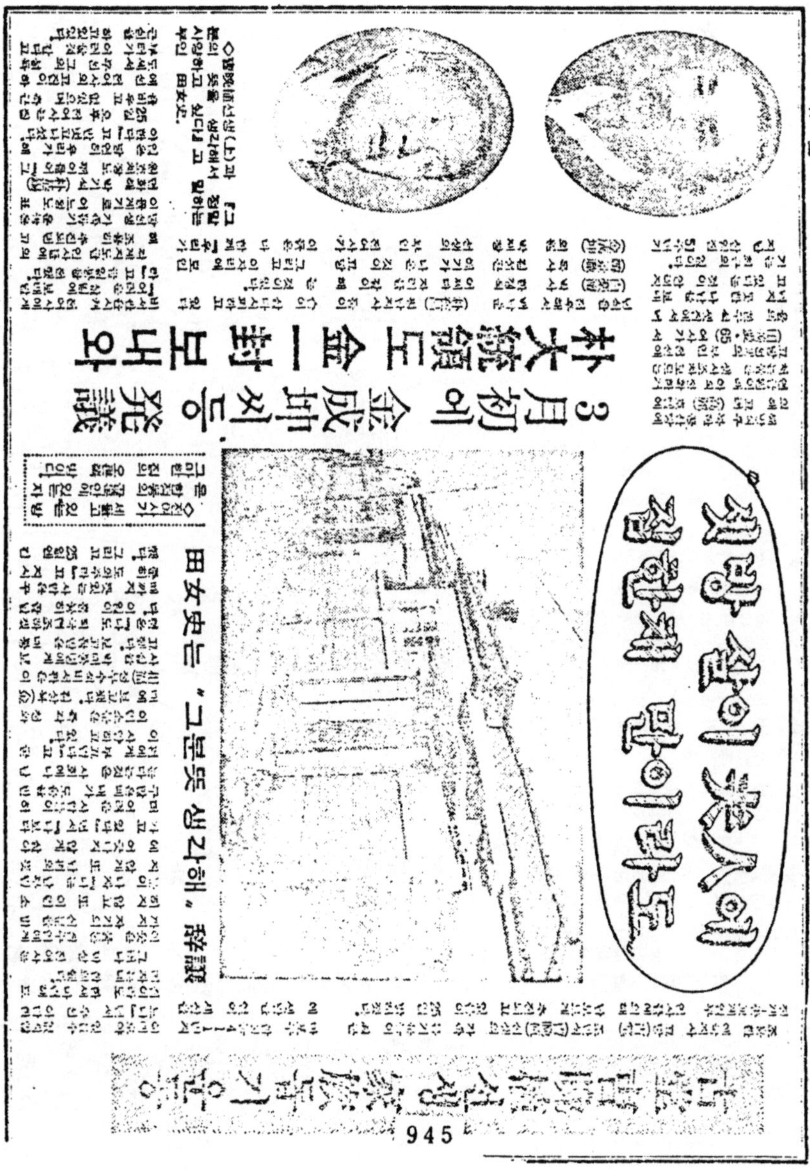

생일 설에 老人에
잡채만이라도

3月初에 金成坤씨 등 發議

朴大統領도 金一封 보내와

田女史는 "그분뜻 생각해" 辭謝

「그분의 뜻을 생각해서 정말 사양하고 싶다」고 말하는 부인 田女史.

오 이 들
올뜯 얼뜯 우러러들 얼들이여!
우리 안이ㄴ.
웃어 뜯어 우서서들 몸들이여!
너바 안에 ㄹ
내나나
너나 맛는 늦ᄂ잏 — ㅣ. ㄹ 모음작
몰몸!

오 이 들
올뜯 얼뜯 우러러들 얼들이여!
우리 뜻안이 맞.
웃어 뜻이 우서서들 몸들이여!
너나 안이 9.
너바 늦. 늦ᄂ 몸몸! — ㅣ. ㄹ
모음작7.

우리 가 예 이제 ᄇᆞ로 맞나면
따로 숨 나 슨 이 뜻 위 소리라도
우리 소리 은 한 마당 가 볃 히 기 우
리 이 든 만 은
나 나 너 나 나 너 어 네 께 네 끝 뉘 지 근
ᄇᆞ 로. 맞나 제 게 오 ᄇᆞ. 모신 오 늘 음
그 듦 소 리 들 련
굿 히 온 낫 에 못 나 네 빨 리 !.
ᄯᅩ 위 서 낫 겨 누 이 ᄂᆞ.
가 위 서 게 ᄒᆞ 야
별 속 사 길 을 갠 어 ᄉ 본 는 두 고 리 두 고

功得訣

力工日行功得成　三萬六千帝今日
利達自他名實貞　今日今日是平生
頂天立地貫一工　運功應物有爲力
性古來今超萬爭　法衍不衒無爲行

力工日行

功分得分　以公以德　力工成功　利達自他
萬人常慾　大同正望　日行所得　名實貞固

今日平生

昨日明日　通過今日　稀有人生　有意平生
今吾不見　三萬六千　雖曰百年　當作今工

頂天立地

人生本來　一貫天地　工能活用　性古來今
頂天立地　象得工字　天地利澤　超萬爭意

運功應物

功也去力　物也來力　執運時勢　唯日有爲
既成時勢　是即天命　且應天命　作工力行

法衍不衒

法衍二字　不衒二字　手之成之　行之又行
去了於衍　不文之衒　足之得之　無衒行也

無等園 31423 4489

牧子 崔興琮

一八八〇·六·一八 金曜
庚辰·五·一一 戊寅
一九六六·一一·五 土曜
丙午·九·二四 癸酉

[illegible]

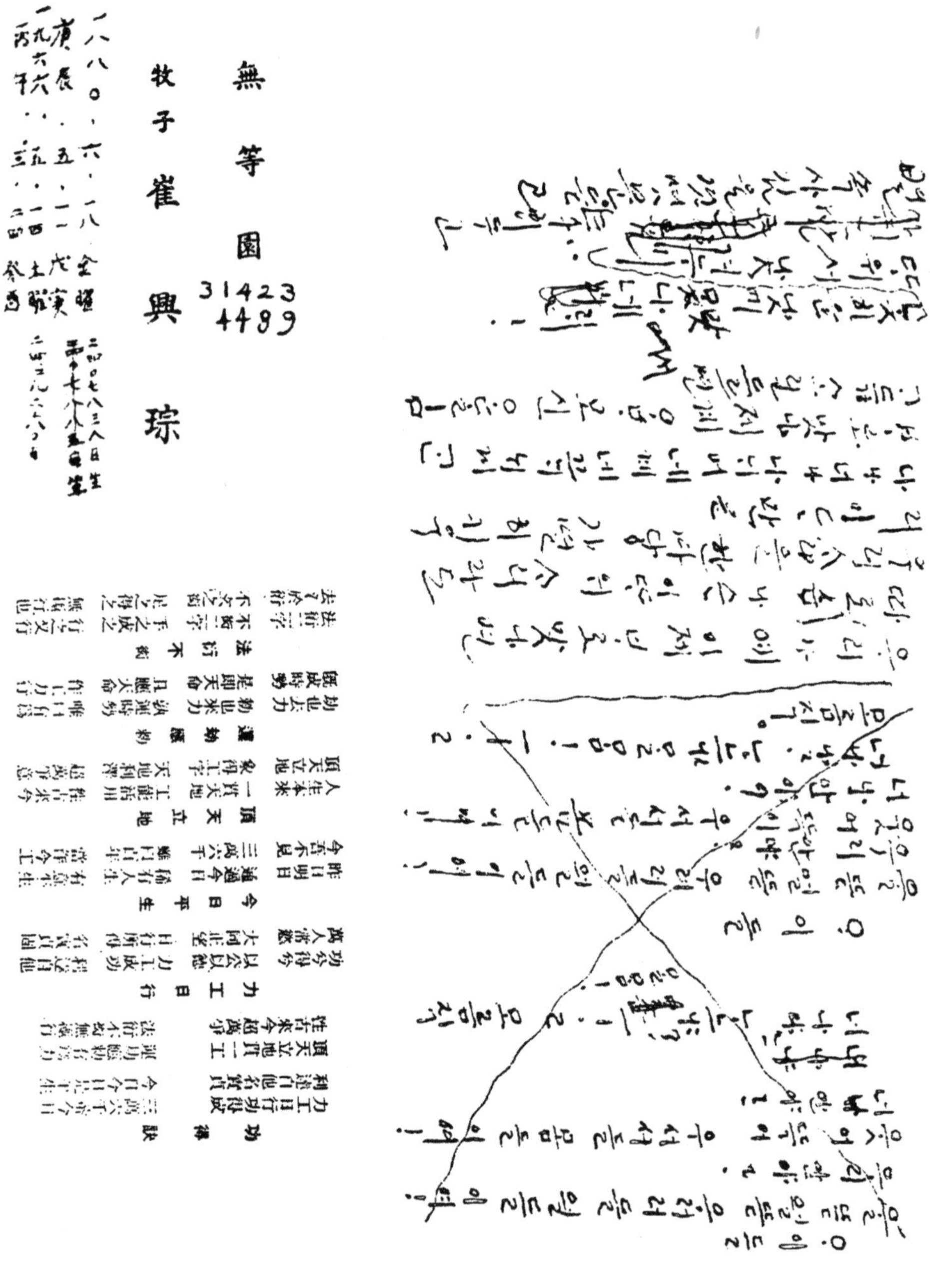

ᄒᆞ ᄂᆞ ᄅᆞᆱ

ᄋᆢᆽ히운 : 몯돌 엄마 븐봐서. 하루밤 꾸어: 쉼!
놉히울 : 성큼 아ᄇᆞ 받드러. 길기리 자라. 숯!
뜨러시 성큼과 몯돌 두틈새는 ᄒᆞᄂᆞᄅᆞᆱ!

ᄒᆞᆫ올 뗑일쪽 실줄

ᄒᆞ실. 너나·없: 비롯. ᄒᆞᆫ 푸리· 셋: 가장.
— 못다훌 밑둥 —。
ᄒᆞᄂᆞᆯ ᄒᆞᄂᆞ. ᄒᆞᆫ. 따 ᄒᆞᄂᆞ. 맞둘. ᄉᆞᄅᆞᆷ ᄒᆞᄂᆞ: 세읏

ᄒᆞᄂᆞ 그득, 밀썰되: 다ᄒᆞᆷ 없이 된 셈임.
ᄒᆞᄂᆞᆯ: 맞섯. 땅: 맞섯。 ᄉᆞᄅᆞᆷ: 맞섯.
ᄒᆞᆫ셋 맞든 여섯스나: 일곱·여둘업·아업. 생
기다.
옴기어 셋. 네모루치. 이룬 고리:
다섯·이룸·ᄒᆞᄂᆞ: 고히 노니름.
잘갈고: 잘은데: 갈리어 쓰이나, 꿈적않는
밑둥 —
밑둥 몸. 밑둥히: 뜨렷 ᄇᆞᆰ아:
ᄉᆞᄅᆞᆷ 곧디: ᄒᆞᄂᆞᆯ·땅. ᄒᆞᄂᆞ —
— ᄉᆞᄅᆞᆷ: ᄒᆞᄂᆞᆯ·땅. 드러 맞혼: ᄒᆞᄂᆞ: ᄒᆞᆫ
— 마침·없: 글. ᄒᆞ실.

우린. 우리 ᄒᆞᆫ울: 보재기!

ᄒᆞᆫ가지 사는 두새나, 너나 따로 사는우리
ᄒᆞᄂᆞᆯ·땅: 두샐 한가지 낡 따로 만 살가?
누구리! ᄒᆞᆫ무리 밖이? 우리!
따·따·땅. 싼: ᄒᆞᆫ울을.

뜻이 큰: 몸은 보재기라, ᄒᆞᄂᆞᆯ도 제: 몸기리,
보재기로: 싸고 쌈·같! 싼거 같히·보재기: 도
몸빈 몸 뜻·뜻·뜻. 시원: 여름겨를 한가히.

김옹김솖움디임

气運生衝

致知靈虛

끼·을셈ᄏᆞᆷ빙○·옴

一千九百六十八年 戊申

10 30 水 28721 四二八四 2440160 三五六三 一二七九 28721 . 348

九 九癸酉

清州初行

31 木 28722 四二八三 2440161 三五六二 一二七八 28722 349

十日甲戌

清州基督敎聯合. 朴碩麟
清州市長老會. 申德敎 兩氏主催座談

清州第一監理敎會 庾淳根 牧師 奔走

올 가외에는 皆旣食月秋를 쉬엇더니
이 九月十日月夜를 清州에서 淡遊!

11 1 金 28723 四二八二 2440162 三五六一 一二七七 28723 350

十一乙亥

집에 오니 大美父1 今朝發云、安福感恩.

2 土 28724 四二八一 2440163 三五六〇 一二七六 28724 351

NOTE 아니 보이니

洪惠冊子에 新錄久感.

3 日 28725 四二八〇 2440164 三五五九 一二七五 28725 352

1968 11 4 月 28726 四二七九 2440165 三五五八 28726 一二七四 353

올쯤 만이꼭. ᄒᆞᄂᆞ 만이꼭. 그 ᄀᆞᆫ 잘잡.

惟精惟一 允執厥中.

먹좀 몸 조금 오리 ᄀᆞᆫ 뜻 솟놈 ᄋᆞᆯ.

人心惟危 道心惟微.

5 火 28727 四二七八 2440166 三五五七 28727 一二七三 354

6 水 28728 四二七七 2440167 三五五六 28728 一二七二 355

、舌縮而声深 情近四律 而意止宮 似卜似ㅣ又似
ㅗㅜ 而不動專：地之上下 人之腹背 指示者是

子曰 易其至矣乎 夫易 聖人 所以崇德而廣業也

知崇 禮卑 崇效天 卑法地 天地設位 而易行乎其
中矣 成性存存 道義之門 繫辭上七章.

로마 八]
5 얼로 ᄉᆞᆫ이는 얼의 일에 살로 ᄉᆞᆫ이는 살의 일에 짓이
ᄂᆞ나니 6 살의 짓은 주금이오 얼의 짓은 삶과 조흠이니라.

擬古　陶淵明

東方有一士　被服常不完　三旬九遇食　十年著一冠
辛苦無此比　常有好容顏　我欲觀其人　晨去越河關
青松夾路生　白雲宿簷端　知我故來意　取琴為我彈
上絃驚別鶴　下絃操孤鸞　願留就君住　從今至歲寒

欽明銘

放勳
文思安安 允恭克讓 光被四表 格于上下

重華 協于帝
濬哲文明 溫恭允塞 玄德升聞 乃命以位

大禹
文命 敷于四海 祗承于帝

氤氳等文
瑞石澗水雄牧氤
接天原舅養牛氳
氤氳泰通桓無等
學敎平常儉思文

1968 戊申
11 7 木曜 九 ++ 辛巳 立冬 37일 28729 四二七六 一二七一
2440168 356

만 뜻게님 참	님 뜻계 ᄎᆞᆷ 만
님 뜻계ᄎᆞᆷ 로	ᄎᆞᆷ 뜻으 님 로

白馬江上 百濟橋 竣工. (五日式)

붉은돌: 내기 마당!
붉도 붉지!? 모주리도 깡그리들: 붉기도 붉!!
바람친 꼿! 서리친 입! 깨긴 낫은? 성낸 꼴은?
ᄒᆞᆫ가지 다 ᄒᆞᆫ가지로 나름내길 달잖고!?

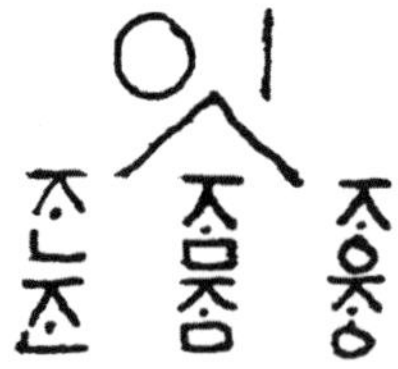

저 이
나 나
업
시
가 잇
는 다
집 서 업
잇
산
코,

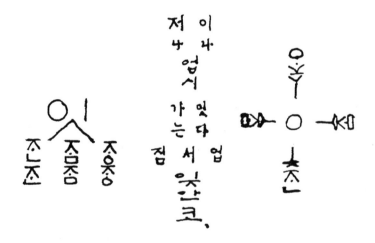

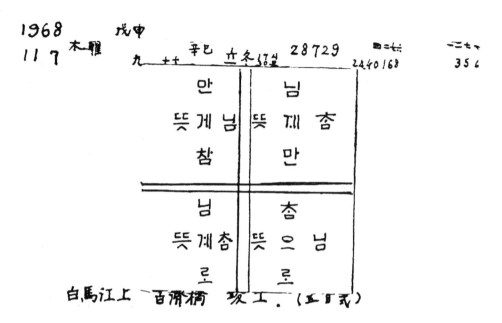

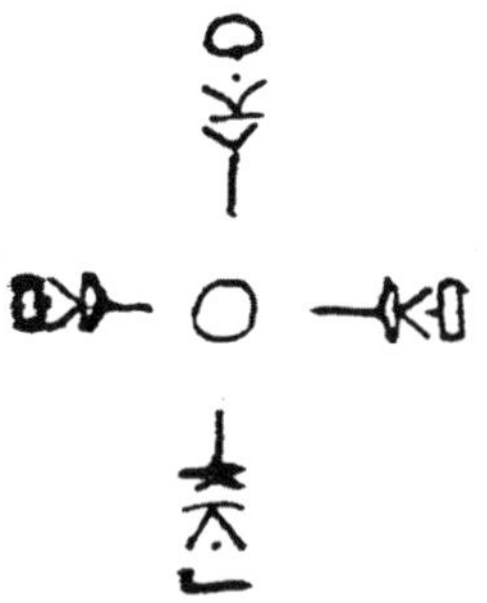

1968

11 9 안 노리

잇고 잇서 만코 만타 하다 커서 ᄒᆞᆫ오 온통
업고 업서 넓고 멀다 ᄋᆞ득 ᄒᆞ니 ᄒᆞᄂᆞ 죄다
이 ᄀᆞᆫ 곤곤 ᄀᆞᆫ듸 나니 볼가? 안 노리.

10 日 28732 2440171 四二七三 28732 三五五二 359 一二六八

啟明光金來 吾卽晉南山 而午后歸家 待賓朓寢安

11 月 28733 2440172 四二七二 28733 三五五一 360 一二六七

暮昏金回光 惟仰祈保惠

12 火 28734 2440173 四二七一 28734 三五五〇 361 一二六六

ᄒᆞ ᄋᆢ

히시 히서 히서라니
어이 히서 ᄆᆞᆯ숨인가?
ᄒᆞ이 아시, ᄒᆞ이시다.
ᄒᆞ이시사、 우리 ᄒᆞ ᄋᆢ!
웅: ᄒᆞ이 ᄒᆞ이싱으니
으리 흠이 울·춤·히.

셋 토막에 나·다·

(요한 十六 8 — 11).

죄다가 절멸틀 못ᄒᆞ고 나간다니 너·나·업!
내가 ᄋᆞ부지 께로: 가서 다시 올음이 오롬!
범금도 더걸슨업서 [illegible] 만을 기ᄂᆞᆫ다!

ᄒᆞ ᄋᆢ 금

ᄒᆞ루 ᄒᆞ루 나날이 가나
서른 그믐 ᄒᆞ야 [illegible]、
ᄃᆞ돌이 ᄃᆞᄃᆞ러 열ᄃᆞ돌
시힛 [illegible]설 큰 그믐、
ᄒᆞᆫ온히 ᄒᆞ이금 꺼면
모름지기 으름직!

1968

왼통 ᄒᆞᆫ아

아ᄇᆞ 아ᄇᆞ 우리아ᄇᆞᆫ 맨꼭ᄃᆡ기 계시오리!
밑도 끝도 업시, 너나 나너 서는 뮈ᄉᆞᆯᄒᆞ오?
들ᄃᆡ도 ᄂᆞᆯᄃᆡ도 업시 민꼭믄이 엿스믄!

ᄯᆞ먹겟단: 놈!

님이라고 예 ᄒᆞᆫ놈이 「맨꼭대주만」 싱겨먹!
그놈 압헨: 「ᄒᆞᆫ듣」 말도 못ᄒᆞ지! 「구멍」 난나?지!
ᄋᆞ플ᄉᆞ! 꾸러 업딘딤: 粲ㄹ지냄돔 모주리…

11 13 水 28735 4270 2440174 三五四九 28735 一二六五 362

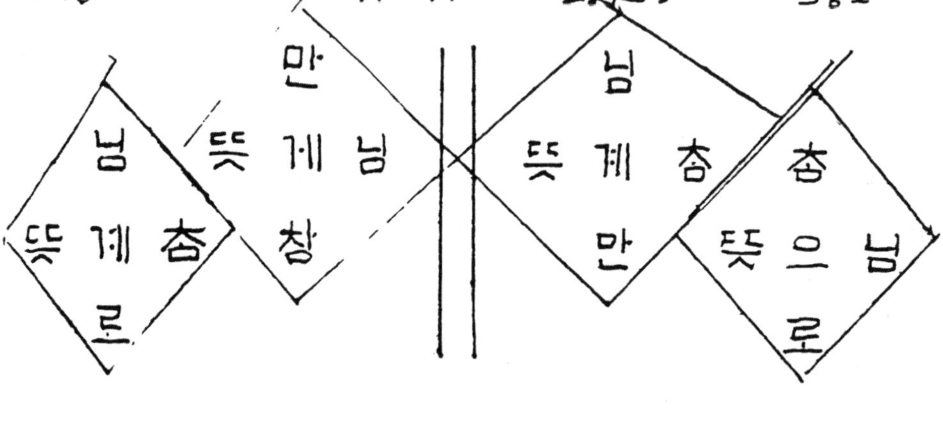

너 그러나 그림

모자라오! 몯이라! 몯!! 일 같으면 자ᄅᆞ볼만!

저 제ᄃᆡ로 제 제 절로 그저 그놈 그속 온돌!

모자라 몯이란 몯디! 일같으믄 잘 봄!

一九六八 一 二 二六 한 나그네 씀

뫼시과제

우리 언니들은 상싱히 댕겨 ᄀᆞ시옵. 아멘.
험차신 속울로, 헝ᄒᆞ니! 도로ᄀᆞ시옵 아멘.
ᄋᆞᄇᆞ지 할네누야 음 우리 웅 ᄀᆞᆫ 뫼시리.
ᄋᆞ느냐?
제ㅣ스어 따로 솟게 ᄒᆞ이심도 「ᄒᆞ야곰」을!
드난 목숨 九億기면 남믐믈씀 兆넘을 朕!
날른바 몰만 널리믄 ᄎᆞᆷᄆᆞᆯ 될줄 ᄋᆞ느냐?

ᄆᆞᆷ 같ᄉᆞ믄

虛靈知覺 ᄆᆞᆷ 같ᄉᆞ믄 하ᄂᆞᆯ 땅 과 잘몬 듭지!

할넬ᄂᆞ야 ᄋᆞ리아ᄇᆞ 虛靈知覺 이샤리 옴!

븨시다 제ᄃᆡ로 업시 계시미어 ― ᄋᆞᄂᆞᆯ도! 아멘

ᄆᆞᆯ숨 ᄉᆞ리 信仰告白

이어이에 숨쉬ᄂᆞᆫ ᄋᆞ리‥에 이제 쉼 ᄉᆞ오와,

이어이예 ᄆᆞᆯᄒᆞᄂᆞᆫ ᄋᆞ리‥예 이제 ᄆᆞᆯ ᄉᆞ르위,

ᄋᆞ리는 아ᄇᆞ지 그림 맨꼭대길 ᄋᆞ러름。

ᄒᆞᆫ과 한 가지

우리 드리ㄴ 인젠: 꼭 ᄒᆞᆫ가지? 둠둠까진: 가지!?

둘이 ᄒᆞ나 된담은 인제 ᄋᆞᆯ: 오ㅣ :드고 ᄒᆞᆷ을!

가지는 가닥지 치기: 하도 하게 한 가질!?

新別人間

正直 橫縱 眼鼻 美　懋實 力工 新開 天

一心 誠意 性情 宜　課業 成事 別闢 地

28756 水曜

一二四四
383

四二四九
2440195

지 ?

입맛 젓고 올쩜 술면、 그만인건 다울거니 ㅣ

이싦도 안 찻으매 안 븥은 그런 줄 ㅇ.!

그러나 몸이 앞장 서、 몸에인지 ?

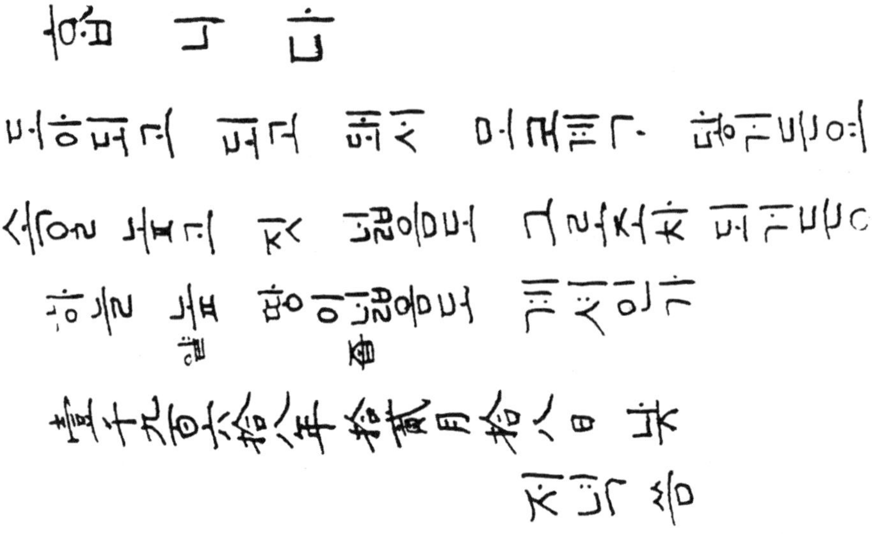

壹千九百六拾八年 拾貳月 拾八日

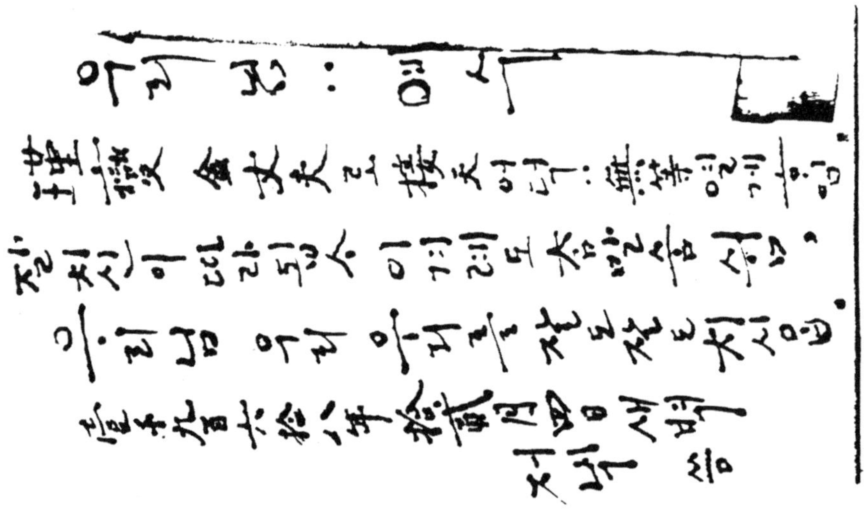

壹千九百六拾八年 拾貳月 四日

느·가 받들 낫가?

븥도 몰고, 떠도 모·오. ─ 븥다, 떠다. 떠다, 븥다.

안븥, 드디. 안떠, 디드. ─ 안떠, 디드, 안븥, 드디.

드디어 ᄀᆞ오신 몰숨 늬 뫼ᄉᆞ와 받들리.

貳百四拾四萬○壹百九拾六日 은 ㅣ 四千貳百四拾八日 ᄀᆞᄁᆞ

公元壹千九百六拾八年拾貳月五日 木曜 晨 夕 씀

무슨짓 들?

잡아 먹고 집어 쓰고 더럽 놀곤, 다 살앗더.
그릴라믄 그릴때믄 그릴테믄 뉘: 본인 누?
깨내며 길러나 보다 그만 두며. 옉! 싫대!

템? 땜? 람?

가고 가고 가다가들 다 갓단 테는 무슨 테?
오고 오고 와서들 가까왓단 때는 어느 때?
라고는 어이 할라고 누구 뜻을 얻달람?

이글 이글 믿ᄉᆞ올뿐

빈탕ᄒᆞᆫ디 ᄒᆞᆫ긔 꼭ᄃᆡ기 꼭믄이 너ᄂᆞ 제긴!

ᄂᆢᆷ 너네 계저 제계 도ᄅᆞᄀᆞᆫ은 ᄂᆞ으치키!

솟ᄂᆞ니 참 ᄉᆞᆯ소다! 참몰ᄅᆞ 참 음이멘

성ᄒᆞ옵시다 인ᄒᆞ옵시다

성홉시다 인홉시다

성ᄒᆞ길 찾·요 인킬 찾·요

인성 仁

일ᄀᆞ 늣 ᄀᆞ 八十一

四百四十四日 ᄌᆡᄀᆞ나

읍흐로 四千날도 ᄀᆞ깃

ᄉᆞᆯ길 ᄀᆞᆯ이 ㅣ 읠 니이리 ㅣ

ᄉᆞᆯᄉᆞ리 십고, ᄉᆞᆯ꼬지 좋ᄃᆞ. ! 므. ㅐ 그짓이 ᄌᆞ곰ㄲㅣ.

읠 차제 ᄉᆞᆺ나. 들리ᄋᆞ! 참·졸·ᄋᆞ름답·ᄉᆞ오리.

그 ᄌᆞᆯ길 기리 그리ᄋᆞᆸ ᄋᆞᆷ흙 אמן.

一 | 昇 · , · 降 | ○ 氤氳泰通

萬法,歸一一歸何處、一歸空中

中正是予天生德予德立身幻

直心日行所得自然

一九六八年五月念三日

通日유리안데이六六七七年間日

自前四七一三始至廿紀六四年終

二四三八七六一네히디히五念三

又消一二三九日二百四十四萬口

生於形气之私

原於性命之正

ᄉᆞᆯ ᄆᆞᆷ
몸 끌 김 ᄉᆡᆫ 못 짓
먹 ᄆᆞᆷ 주 금 오 리
ᄌᆞᆷ

人心
惟危

길 ᄆᆞᆷ
ᄇᆞᆯ 홀 ᄆᆞᆯ 슴 쉰 ᄐᆞᆯ [소리 철]
ㄱ 곤 ㄷ 뜻 ᄉᆞᆺ 놈 ᄋᆞ 믈

道心
惟微

山으로　　요한 福音 八章一節

鍾路 塔골 三一門맞 廣場 暗窟 白晝電燈、
술도 노리도 風水도 易理도
鎭京 吉師 牧、
다 各各 집으로 가고
예수 홀로 橄欖山。

一千九百六十九年四月十三日　夕ᄉᆞ리　ᄉᆞ리

엽의 돈 과 ᄂᆡ 몸의 짓 과 ᄂᆡ 맞나는 어려움 과
ᄂᆡ 받게되는 엽시임 과、 욕됨 과、 ᄂᆡ ᄉᆞ는 동안
히 돌 놀 곳 : 높 좋 걱정 고움 을 : 네
일지기는 ᄒᆞᆫ빠뭉 ᄎᆞᆺ에서 ᄎᆞᆺ던것을
게 받드리 드려. 온통 게 ᄎᆞᆷ빛게 도라가기로 꼭 ᄇᆞ
름、 이옵지! 무슨 계ᄀᆞ서 열두 요릳 ᄎᆞ지릿고?
ᄒᆞᆫ웋님 뜻 맞고 ᄒᆞᆫ웋님 말슴 ᄉᆡ어 도모지 ᄂᆞ 와
모든 ᄉᆞ름 속알 ᄂᆞ외임에 더욱 되기만을 가장 ᄇᆞ
기다. ᄒᆞᆫ웋님 우리 이 ᄌᆞ임 ᄉᆞᆯ의 ᄌᆞ임이 크고 몬
진 모질이 무거워 : 드린ᄃᆞ : 몸 되오나、 게 불상
힐 ᄇᆞ루며、 계 언일 기다어 . 비오니

ᄂᆞ드리

제계등

ᄀᆞ려오ᄂᆞᆫ 줄을 몰ᄌᆞᆸ고 : ᄉᆞᆲ
ᄉᆞᆲ : ᄂᆡ리오ᄂᆞᆫ 줄이 잇나 ?
옴 누리 ─ ᄇᆞᄃᆞ러 드릴 줄 ─ ᄒᆞᆸ.

[illegible]

ᄒᆞᆫ웋님 · 계 계시 ᄂᆞᆯ · ᄂᆡ 씻스니 ! ᄂᆡ ᄂᆞᆯ 가치 계 ᄇᆞᄃᆞ
리 ᄉᆡᆼ김 ᄉᆞᆸ홈으로 · 아제 ᄂᆡ ᄉᆞᆨ을과 ᄉᆞᆯ몸 몸ᄉᆞᆷ 과
ᄂᆡ ! ᄂᆞ의 힘 과 를 ── 계 · 받드러 · 드려 ─
내 ᄇᆞᄅᆞᆼ 날 ᄋᆞᆱ ᄂᆡ 몸 ᄃᆡ 닐 ᄋᆞᆱ ᄂᆡ 널 ᄉᆞᄅᆞᆼ
ᄏᆞ ᄀᆡᆷ ᄂᆡ 눈 네 좀 봐 ᄂᆡ 귀 네 올을.
들고, ᄂᆡ 혀 네 ᄀᆞ룩 을 기리ᄋᆞᆸ고 : ᄂᆡ 소리 네!
아름다ᄋᆞᆷ ᄂᆞᄅᆡ ᄂᆡ 손 ᄒᆞᄂᆞᆯ 일에 쓰며 ᄂᆡ 불
ᄒᆞᄂᆞᆯ 길 을 가면 ᄒᆞᄋᆞ니, ᄂᆡ 몸억 ᄉᆡᆼ각 과 ᄂᆡ

忠信所以進德也

속ᄋᆞᆯ ᄂᆞ외이기」 ᄒᆞᆫ ᄆᆞᆷ ᄆᆞᆽ뜻: ᄊᆡ ᄉᆡ

ᄒᆞᆫᄆᆞᆷ ᄒᆞᆫ뜻 『온봅 드디』 『ᄋᆡ띠 딛』 ᄒᆞᆫᄆᆞᆷ ᄒᆞᆫ뜻 !

ᄎᆡᄎᆡᆷ ᄎᆡᄎᆞᆷ 『ᄎᆞᆯ ᄎᆞᆷ ᄎᆞᆫ』 ᄆᆞ치 ᄆᆞ침ᄂᆡ ᄎᆞᆷᄆᆞᆯ ᄆᆞᆽ뜻 !

ᄀᆞ디ᄆᆞᆷ ᄆᆞᆽ뜻 ᄋᆞᄅᆞ 로 ᄀᆞᆫ ᄉᆡᆯ ᄆᆞᆯ ᄉᆞᆷ ᄉᆞᆯ ᄉᆞᄅᆞᆷ !!

修辭立其誠所以居業也

끝ᄭᆞ지 글름으로 만ᄉᆞᆲ으로 일움직

두 둘ᄉᆞ이를 치루니 .. 왼도디 더디 막기 모.

미들손! 참참 둥글다!! 흠흠 흔뜻、참몰 못뜻。

즐김이 흠흠 못뜻에 누구 늬고 손볼맜。

꼿ᆽᆾ 과 ᄉᆞᄅᆞᆫᆷᆼ

곻ᆸ다, ᄉᆞᆯᆫ다. ᄉᆞᆯᆫ이 곻ᆷ봄, 손가 꺽고, 복가 먹ᄃᆞᆷ!

빛ᄀᆞᆯ ᄆᆡᆫ디 고와 궤다, 맛이 또참 좋아 먹ᄃᆞᆷ!

ᄉᆞᄅᆞᆷ이 ᄉᆞᆯᆫᄉᆞᄅᆞᆷ: 누가 눈솔 입심 안쐬땜?

恒動力主頌

性恒動力貞
手常感心明
咸有一德世
意外竟至誠

生靈

未口意味生
知音史義靈
千歲樹生意
一朝菌命味
萬年世代史
无極人道義

ᄒᆞᆫ손ᄋᆞᄀᆡ ᄀᆞᆫᄃᆡ

ᄒᆞ늘 땅 ᄋᆞᄀᆡ팅이에 드렷건 :세고 :세도다.

아ᄀᆡ탕 ᄀᆞᆫᄃᆡ ᄋᆞᄀᆡ탕 말! 빈탕 ᄒᆞᆫᄃᆡᆯ!! ᄃᆡ돌가?

울ᄋᆞᄇᆞ· 우리ᄋᆞᄇᆞ지 엄시계심 ᄋᆞ ᄒᆞ ᄒᆞ

마대四章 十七節

ᄒᆞᆫ 옿 나라· ᄀᆞᄁᆞ오니 뉘옿치어 돌리키리。

몸 몸· 몸 몸

몸 모ᄋᆞ시 예ᄉᆞ리에 씨운것이 ᄉᆞ롱 기오!
제 가 몸올게 속올이 콤! 솜숨속에 듦이여!
ᄋᆞ ᄒᆞ ᄒᆞ 우리 ᄋᆞ부지 할넬누이: 아·ㅣ멘。

소리론 소뤼 들맀게? 노리룹 노뤼 불릴판!
우리는 예: 이제: ᄒᆞᆫ 소뤼ㄹ 울리어 외치옵기ㄹ:
ᄀᆞ종워 우리 ᄆᆞ리님 ᄉᆞ모치어 기리리…。

ᄂᆞ → 와·　　　　　　　　이 ← 들
올 — 몸 — 덩 ↑ 뎡 — 올 — 속

ᄂᆞ와· 올몸덩이 꼴: 뜨리지ᄅᆞ 보고 보실: ᄯᅢ、
들어 속올뎡이 골: 다시 엎시 듣고 듣좁: 게、
ᄯᅢ 때 ᄯᅢ 다·버시 뻘ᄂᆡ 제계ᄃᆞᄅᆞ ᄀᆞᄁᆞ은。

숨ᄆᆡ디 싀김 숣김

ㅡ ㅣ ㆍ ㆍ ㅣ ㆁ ᄆᆞᆷ

ᄆᆞ ㆍ ᄆᆞ ᄋᆞ ㅡ ᄆᆞᆷ ᄆᆞᆷ ㅡ ㅣ ㆍ ᄆᆞᆷᄆᆞ 엄ᄆᆞ

ᄆᆞ ㅡ ㆍ ᄆᆞ ㅡ ㆍ ᄋᆞᆷ

ᄋᆞ ㅡ ᄋᆞᆷ ᄋᆞᆺ ㅡ ᄋᆞᆷ 命 ㆍ ㅣ ○ ᄆᆞᆷᄆᆞ ᄎᆞ임

◇ 節

今 水我出入∴予幻間. 이 듬

玆 大有存在∴虛空中. 예 고 지

계 : ᄀᆞᆫ — 님뵙ᄌᆞᆫ —

님 그린기 ᄂᆞ시기는 =님 날길 ᄀᆞ= 님보입좀
님은 :얼님 이시오니 — 얼골속깊 드려서야 —
— ㅣ · ᄋᆞ부지! 외칠 ᄌᆞ리인ᄀᆞ.

— · 낯 ᄉᆞᆺ 뻐저 ᄇᆞ람 — 얼이

낯간 들고 ᄂᆞ는 낯은 나저진「낯바닥」이고!
온ᄂᆞᆯ 잊고 ᄌᆞ는 봄엔 낯은 업시 봄볽기만!
기디림 사여 볽기만 ᄂᆞ눔 업시 ᄇᆞ롬은?

입때 ᄀᆞ은이 ᄀᆞ끼요?

ᄉᆞ름수리 三萬날 보기도 : 이든셋솔 : 드믄!
ᄒᆞᄂᆞᆯ을 본이 미ᄃᆞ 二萬九千九百날 : 드믐\
어즈버 ᄀᆞ오는 뜻들 ᄀᆞ득 출출 ᄂᆞᆷ긴가?

ᄎᆞᆷ ᄒᆞᆫ 음

븬통ᄒᆞᆫ덜 太지ᄒᆞᆫ「잇」: 몬이란 몬 : ᄌᆞᆯ몬은「숨」!
고요히 모든 몬을 다 드린 빈통야 ᄎᆞᆷᄒᆞᆫ「움」!
그리운 ᄎᆞᆷᄒᆞᆫ움 ᄯᆞ름 : 모도 모둘 헌칠히!

민침에 ᄆᆞᆯ숨이 잇ᄉᆞ니 ᄆᆞᆯ숨이 ᄒᆞᄂᆞᆯ님과 ᄀᆞ치 계시뫼 ᄆᆞᆯ숨은 곧
ᄒᆞᄂᆞ님이시라. [3]ᄆᆞᆯ숨으로 잘몬이 지어지니라 [4]목숨이 ᄆᆞᆯ숨에 잇ᄉᆞ니
목숨은 ᄉᆞᄅᆞᆷ의 빛이라 [5]빛이 어드운데 빗외되 어두운 것이 ᄭᆡ도지 못ᄒᆞ더
리.
[6]요한이 와서 ᄆᆞᆯ ᄒᆞ는것은 모든 ᄉᆞᄅᆞᆷ으로 ᄒᆞ야곰「목숨이 ᄉᆞᄅᆞᆷ에게
ᄇᆡ오 빛이란걸 미드리」홈이고 요한이 빛은 아니오 [9]참 빛이 잇ᄉᆞ니
누리에 누리사 ᄉᆞᄅᆞᆷ마다에 빗외는 거시라 [10]그가 누리를 지으시고 누리
에 계시되 누리가 아지 못ᄒᆞᆫ [10]제ᄯᅢ에 와도 그씨올이 ᄆᆞᄌᆞ드리지
아니ᄒᆞ되 [12]마자드리는이는 그 이름을 믿는이라 저울뒤ᄅᆞᆯ 주시ᄉᆞ ᄒᆞᄂᆞ님
이 ᄋᆞ들 ᄯᆞᆯ이 되게 ᄒᆞ시ᄂᆞ니 [13]이는 핏김으로 난 것도 아니오 시픔으로 난
것도 아니오 ᄉᆞᄅᆞᆷ 싱가으로 난것도 아니오 ᄒᆞᄂᆞ님께로서 난것이라 ᄆᆞᆯ
숨이 ᄉᆞᆯ몸이 되이 우리 ᄀᆞᆫ데 계서 ᄒᆞ입과 참이 ᄀᆞ득ᄒᆞ매 우리가 그
빛우런을 보니 ᄋᆞ부지의 ᄒᆞᆫ ᄂᆞ신이의 빛얼 이러라

긋 디 슴

가시 슬 :: 와시 슬 :: 그·오는 : 긋 디 슴 ::
이제 이제 이제 ㅣ 이·저·업시·잇잔코ㅣ

ᄒᆞᆫᄂᆞᆯ 몸숨 이시어 보ᄋᆞᆷ이로· 거ᄂᆞ리는 보ᄋᆞᆷ을 길일로· 길ᄂᆞ어
긋 글ᄋᆞ 치 ᄒᆞ이지 키 시기히 ㅣ로·
길은 조곰도 ᄯᅳ덜몰올거시나 ᄯᅳᆯ거시면 길이라고 아니힛스리라·
이러므로 :기 는 그 보디몯ᄒᆞᄂᆞᆫ바에 삼가 까며 그 드디몯ᄒᆞᄂᆞᆫ바에
저허ᄒᆞᄂᆞ니라· ᄉᆞᆷ은처럼 보임은업고 쟈근처럼 ᄂᆞ툼은 업스믜
:기는저 홀로를 삼가ᄂᆞ니라·
조ᄒᆞ고 싫고 싫고 즐김이 픠지 아닌적을 긋이라 날ᄋᆞ고 픠여서 다
마디에 마딤을 고론 이라 날ᄋᆞᄂᆞ니
긋은 누리웋에 ᄒᆞᆫ밑이오 고론은 누리웋에 드딩발이니라·
긋과 고론이 날으면 ᄒᆞᆫᄂᆞᆯ땅이 자리로 스며 잘몬이 길리우ᄂᆞ
니라·

火曜 Julian day 2440222
乙亥

水曜 2440223
丙子

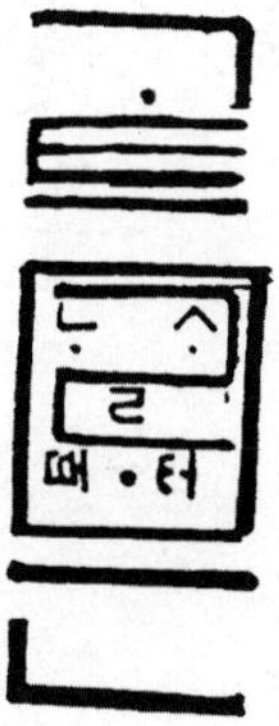

두네: 네네 두네: 둥글 ᄒᆡ

ᄒᆞᆫ아홉열든 ᄒᆡ 첫ᄂᆞᆯ 불ᄇᆞᆰ

그ᄒᆡ七月스므ᄉᆞ흔ᄂᆞᆯ 믈ᄆᆞᆰ 一

貳百四拾四萬四千四百四拾四ᄂᆞᆯ:

ᄇᆞᆰ고 ᄆᆞᆰ이 : 지 이 다 。

妹叔

一八九六年 三月 二七日 金曜 生 —二四一三六四六—
丙申 二月 一四日 己卯

曾祖父 務連 2

曾祖母 番南 朴氏 2

祖父 明根 4

祖母 金海 金完全

父 永模

母 金海 金孝貞

八代 俊萬

七代 成起

六代

祖父 潤福

祖母 宜寧 南氏 1

五代

祖父 東植

祖母 南陽 洪氏

高祖

祖父 德信

祖母 密陽 裵氏

←8→

公元一千九百六十九年一月十日에
江原道平昌郡芳林面桂村二里(大美山)서 서울 오다.

柳自相
一九一九 一〇 二六 日曜
己未 九 三 辛亥

熙琴
一九六〇 九 一五 木曜
庚子 七 二五 丙午

熙遠
一九六四 一〇 二四 土曜
甲辰 九 一九 丙午

熙純
一九六七 二 一八 土曜
丁未 一 一〇 癸丑

夫人 柳永烈 長女 允用
母 池洪蓮
一九三七年九月二八日火曜
丁丑年 八 二四 戊午
辛酉

外祖父 金顯成 子 建杓
一八八三年一一月一九日金曜 生
壬午 一〇 一一 一九日 癸亥
一九四八年五月二日日曜 卒
戊子 三月二四 丁亥 卒

外祖母 林氏 婦 吳氏
一八八七年 一〇月二一 土曜 生
丁亥 九月 [illegible] 庚申
一九七三年一一月一八日 [illegible] 卒
癸丑 一〇月二四 戊午
[illegible]

天命卽今

旣往從往何只今

古來將來誰卽今

卽今在玆予方今

往古來今生有今

回回究竟會

每日點心至誠課

每心回過遷善養

同天同地思言和

每日每心晦悔上

悔吝吉凶

忠信回顧悔

修辭立誠吝

博而約之吉

永訣終天凶

기니

「니겨 타다 끠지는 불」 이나.

기니디리미비시이지.

치키티피히

아야어여오요우유

ㅡ ㅣ ㆍ

니겨떼는 숨ᄉᆞ리

니겨떼는 숨ᄉᆞ리야 참 누가 떤달내릿가 ?
진달내 나는 진달네 님의 짐은 내 뗄ᄂᆞ·오 !
니긴뒬 깔고 안짐야 타고 만난 그분들。

타고 만나는 그분들 짓 니겨만 좋타지만、
一ᅵ· 로 솟ᄂᆞ· 오름 —울흘 길과는 딴줄기、
지고난 우리 나선딘: 소ᄉᆞ 울흘 막바지 。

우리길 막바지는 ᄒᆞᆫ웅님 계 계시는 우리 ᄆᆞᆯ(村) !
헤매인 그리움: 플델、 오·ㅂ· 질: 모실 제겔、 곤 !
제계야 참 반가워오 오·ㅂ· 랑부: 모이샤 !

者堯之所以授舜也人心惟危道心惟微
惟精惟一 允執厥中者舜之所以授禹也
蓋嘗論之心之虛靈知覺一而已矣而以
爲人心道心之異者則以其或生於形氣
之私或原於性命之正而所以爲知覺者
不同是以或危殆而不安或微妙而難見
耳二者雜於方寸之 間而不知所以治之
則危者愈危微者愈微而天理之公卒無
以勝夫人欲之私矣精則察夫二者之間
而不雜也一則守其本心之正而不離也

必使道心常為一身之主而

天性能常爲一身之主
人情每可聽命而達道

中庸何爲而作也子思子憂道學之失其
傳而作也蓋自上古聖神繼天立極而道
統之傳有自來矣其見於經則允執厥中

近貴思誠 (一九六八 一 一六 記 謄)

七十古來稀 八旬今居貴 千月非容易 百年難可期

望犧犇雲

無等上半被天雲

其像恰似犧且犇

ᄉᆞᄉᆞ 望犧醉 犇散雲

羊乎牛乎

人之牧之

千也萬

氣運元

ᄇᆞᆯ 生成信气 (一九七三.一一.二)

一人子吟

分明世間生 立命天上成 消息呼吸信 傳油元气盛

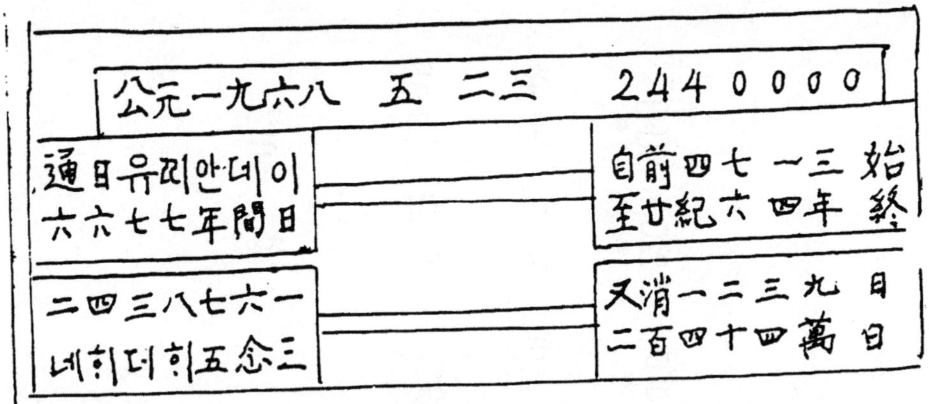

公元一九六八	五	二三	2 4 4 0 0 0 0
通日유리안데이 六六七七年間日		自前四七一三始 至廿紀六四年終	
二四三八七六一 네히더히五念三		又消一二三九日 二百四十四萬日	

ㅡ ㅣ · ㄹ · ㅣ ㅇ

고고 예·예·예、 예:옛! ㄱㄲ와 ㄱㄲ오니!고고

고고 예:옛날! 계:갓날! 내온날! 제온날! 고고

ㅇㅂ계 바로 제계를 가온인가 ㅎ노라。

므름즉

하늘 아레、땅위 몸든、몬 스린:줄을 아오니、

머리 들고、빌 드디고、두루 보다、친다 보리、

아마도 예 내어 노코 솟ㄴ슒을 모름직!

길 차자 ᄀᆞᆫ 길

믿고 미더: 나고 들고、 모도 미더: 남도 나도。

칠이: 나고、 일: 바름도、 밀다 믿고。 빌다 비롯·

ᄆᆞᆷ: ᄆᆞᆰ기· 몸: 성ᄒᆞ기도· 믿고 빎에 차즘: 길·

빈탕의 속알

하ᄂᆞᆯ 따ᄆᆡ 사ᄅᆞᆷ들은? 즘승과 새? 비레와 풀?

우리 온옷의 온옷이 빈탕인줄 안가? 말씀!

빈탕이 온옷만 만요? 속속드리 ᄀᆞᆫ: 길: 다!

시·금 은 제 : 「계」ㅅ 뜻 : 봬, 술 거니.

본훌 숨을 꼭 바로 쉬는이만 의더불 제 칠,

믿계라 믿뿐 솟올 짓으로만 날마닥 꼭 꼭,

이 아니 !?: 말숨날날이 안 맞히고 드·놀히.

一九六八 一二 二〇 二〇덧 전역 씀

?

모름즉

깨고싶뜻 높고 높은 ᄆᆞᄋᆞᆷ이여! 깨고싶슴!

뚫코싶뜻 맑고 맑은 속울이여! 뚫코싶슴!

아무렴 싶고 싶ᄉᆞ리 속、ᄋᆞ리옵。 모름직!

올케 올춤 올오르는 올흔 ᄆᆞᄋᆞᆷ! 비힌 ᄆᆞᄋᆞᆷ!

올이 우릴 느릴넛가? 올로 우리가 가릿가?

ㅡ ㅣ · ᄀᆞ 숨 잇다가 업서지도 잇ᄉᆞ코!

너 그리
나 그림.

나는、나니·넘어、넉넉、
너는、그속·속에、넉넉·

모자라오! 몯이라! 몯!! 월 가트면 자리볼만!
저 제딜로 제 제절로 그 저 그님 그속·글!·
모자라 몯이란 몸디! 월 같으믄 자라 뵘!
一九六八 一二 二六 한 나그네 씀

念宗勅

公元一千九百六十八年十二月十九日三時

天命誠意見
日課信德業
得意永生時
卒業多夕劫

28771

ᄏ ㅣ. ᄀᆞ ㅣ.

자. 라. 남 아. 넉 넉.

난, 나나. 남아: 넉넉, 넌, 그속. 그속에서: 넉넉.

모자라오! 몬이라. 몬! 얼 가트면 자리 봄만!

저 제디로 제 제절로 그 저 그넘 그 속 ᄋᆞᆯ ᄃᆞᆯ.

모 자 라 몬 이란 못디! 월 같음은

(一九六八 三 六) 자리 봄!

한, 나. 그. 네 ·씀

ᄆ 나. 그. 림.

生於形氣之私

太虛空中正

識一父子神聖合

小物我心意

參職

原於性命之正

음 ᄀᆞ 녀 ᄃᆞ 힝

ㆍㅣㅇ

ㅅ ㅣ ㅇ ᄒᆞ ㅣ ㅇ

ᄋᆞ린 인제 예 ㅜ 로 ᄉᆞᆺᄂᆞ

올흘 ᄆᆞᆯ슴

ᄀᆞᆫ 쓺 ᄀᆞᄉᆡ쓸 와ᄉᆡ쓸 ᄀᆞᄋᆞ는 ᄀᆞᆫᄃᆞ 쓺

ᄋᆞᆷ ᄒᆞᆰ [illegible]

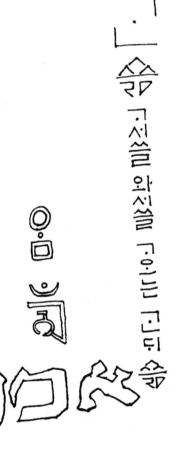

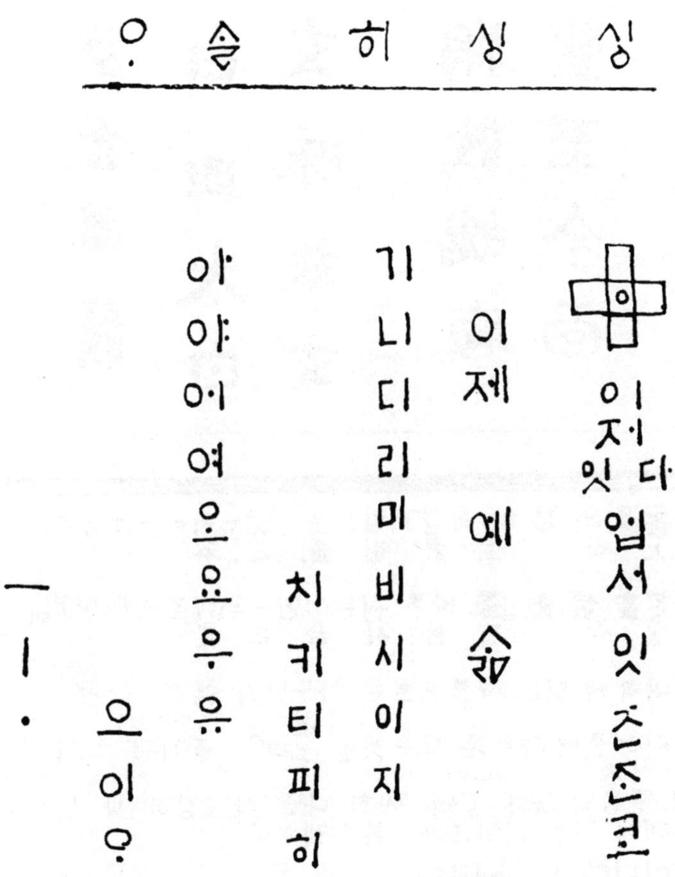
ᄋᆞ 히 싱 싱
이 제 예
기 니 디 리 미 비 시 이 지
치 키 티 피 히
아 야 어 여 오 요 우 유
으 이 ᄋᆞ
ㅡ ㅣ ·

明月玄酒歌

朗白興太白

酒玄味玆玄

初朔散魄晦

久望至今面

몸골의 김이 속살거림으로—맛ᄂᆞ지?—ᄂᆞ름브터

人心. 生於形氣之私

볼ᄒᆞᆫ 숨을 곧 바로 쉬는이만—얻더볼—제철열미

道心 原於性命之正 ‖ 知覺

22 내속에 잇는 사ᄅᆞᆷ으로는 하ᄂᆞ님의 法을 [즐거워 ᄒᆞ되]

23 지톄중에 다른法 잇는것을 [道心] 보매

[人心]

내 ᄆᆞ음의 法과 ᄒᆞᆷ씌 싸화 나를 사로잡아 나의

지톄에 잇는 죄의法에 복종케ᄒᆞ니

아니다 ! ~~날른다~~

살ᄉᆞ리 십히 살꼬지 좋다! ᄆᆞ. 그짓이 즈금

꿀차자 솟ᄂᆞ 달리오! 춤. 잘: 아룸답ᄉᆞ오리!

그줄길 기리 그리읍 음 몸 1ㅁㅅ

灣々長江東逝水
浪花淘盡英雄
是非成敗轉頭空
巖山依旧在
幾度夕陽紅
白髮漁樵江渚上
慣觀秋月春風
一壺濁酒喜相逢
古今多少事
都付笑談中
朗吟無心祝隆峯

砂台磴主人
여든한바퀴돈옌
흥·흡 일쥐 둔히
셀들 흐욱늘ᄀ서
드九九쉰비 로서
드九八ᆫ 네루ᄀ부님

29848日
4263週
1011朔
81回年260日

1968 水 28735 四二七○ 三五四九 一二六五
11 13 흐릿 비 뿌림 개임 2440174 28735 362

7시 覺相음

14 木 28736 四二六九 三五四八 一二六四
몱 2440175 28736 363

15 金 28737 四二六八 三五四七 一二六三
2440176 28737 364

情 떠러지다. 몸에 엱서지다. 실혀지다. 정의가 끊어지다.

16 土 28738 四二六七 三五四六 一二六弍
간밤 뿌렷고 2440177 28738 365
몱:몱

美人 投 標

입엇드냐? 언쳐 놧데! 果上美人 되실거고!
버섯드냐? 싯벌거니: 아렐:뉘와! 底下美人!
윌 입어 오를락: 길고, 아랜 텃건 시먼:다.

情?

하늘 땅도 一은갖 몬과 일에서도 一 情! 떠러지…….
조탐도 情誼람도 뭐시고 업단다! 실키만 야!
실탐도 情찟거기지? 어이홀가? 너 야: 물!!!

17 日 28738 四二六六 三五四五 一二六一
2440178 28739 366

P68 月 28740 四二六五 三五四四 一二六〇
118 2440179 28740 367

에베소 二章二十節二十一節

使徒들과 先知者들 우에 세운 바된 너희!

돌이 듥 되신 님속 제 저 마닥 끼 계읍실!

거룩게 말슴님으로 늘계읍심 모시리!

東大門區踏十里一洞二九四의五。 태평敎會 李斗洙牧師

本來安岳世居이시던; 그어르신 李鳳鎬氏

一八九八 一一 一五日 木曜

戊戌 一〇 二日 壬午 二四一四六〇九通日生 [illegible]

25 5 7 4

오는 21日木曜에 七旬紀念으로 모딤 잇돔 듣고。

19 火 흐림 28741 四二六四 2440180 三五四三 28741 一二五九 368

健다린 엄마 서울 와 午后 瑞麟洞吳錫奎代書所에 電話73--5987番

書類作成委托ᄒᆞ고 歸光。

20 水 흐림 28742 四二六三 2440181 三五四二 28742 一二五八 369

自作田證明書와 印鑑證明壹枚를 代書所에 내다。

21 木 28743 四二六二 2440182 三五四一 28743 一二五七 370

22 金 흐림 28744 四二六一 2440183 三五四〇 28744 一二五六 371

68

23 土 28745　　四二六〇 2440184　　三五三九 28745　　一二五五 372

24 日 28746　　四二五九 2440185　　三五三八 28746　　一二五四 373

李相雄 다녀 가다.

25 月 28747　　四二五八 2440186　　三五三七 28747　　一二五三 374

26 火 비 28748　　四二五七 2440187　　三五三六 28748　　一二五二 375

李邊河(43) 初來訪

27 水 28749　　四二五六 2440188　　三五三五 28749　　一二五一 376

施盈鬱 얼쇠 | 서울로 도라. 光州廻向.

28 木 믐 28750　　四二五五 2440189　　三五三四 28750　　一二五〇 377

시 은 울

施 盈 鬱

李邊河夜車行向光州云云

29 金 28751　　四二五四 2440190　　三五三三 28751　　一二四九 378

30 土 28752　　四二五三 2440191　　三五三二 28752　　一二四八 379

1968
12 1 日 28753 四二五二 2440192 三五三一 28753 一二四七 380

2 月 28754 四二五一 2440193 三五三0 28754 一二四六 381

熙純母女 : 5時向大美出發. 16時李邊河自光州來,
朴昌奉養豚資本으로 壹萬원 去.

3 火 28755 四二五0 2440194 三五二九 28755 一二四五 382

午後 二時頃 光來 轉向開天去

窮 · 變 · 通

나무 가다 콱 맥히면 가닥지기 : 가지 치기、
가닥지에 가지 가지 닥지닥지 열매맺지
가다가 맥힐 쩍이면 달리 채려 도라오。

4 水 ᄆᆞᆰ 28756 四二四九 2440195 三五二八 28756 一二四四 383

精工社 掛鐘을 金兄이 다시 손질 하와 오늘
가져다가 걸다。

5 木 28757 四二四八 2440196 三五二七 28757 一二四三 384

6 金 ᄆᆞᆰ 밤흐리 28758 四二四七 2440197 三五二六 28758 一二四二 385

1968

12 7	土 28759	四二四六	2440198	三五二五	28759	一二四一	386

호림 늑음

◎ 壹萬〇壹百五拾六日 재: 一食。

1941 2 17 [2430043逐日]

8	日 28760	四二四五	2440199	三五二四	28760	一二四〇	387
9	月 28761	四二四四	2440200	三五二三	28761	一二三九	388

ᄀᆞ온 찍기

고싶 ᄃᆡᄃᆡ 치고 싶되, 칫다 ᄀᆡ위 고싱이고
힘듬 덜덜 ᄋᆡᆨ겨 보되, ᄋᆡᆨ긴 것도 찌로가고
더더도 덜덜도 ᄃᆡ중 ᄀᆞ온찍기 우리론

10	火 28762	四二四三	2440201	三五二二	28762	一二三八	389
11	水 28763	四二四二	2440202	三五二一	28763	一二三七	390
12	木 28764	四二四一	2440203	三五二〇	28764	一二三六	391
13	金 28765	四二四〇	2440204	三五一九	28765	一二三五	392

夕自至 予感恩

14	土 28766	四二三九	2440205	三五一八	28766	一二三四	393

15 日 28767 四二三八 2440206 三五一七 28767 一二三三 394

16 月 28768 四二三七 2440207 三五一六 28768 一二三二 395

光州

金正鎬氏로 조차 登記郵便으로 借金清算金
으로 銀行換標 ₩28,000— 接受하다. 또 따로
나의 印章도 接受하다.

다시 님께 고맙소오이。 與自相誼定 感謝上主恩。

17 火 28769 四二三六 2440208 三五一五 28769 一二三一 396

흐림

1968 12 14 光山郡農協光州支所 常務 尹芳鉉

來書에 依하야 本日 14시 農協西大門支所로 가서

光州市鶴洞 790-1番地 金正鎬氏 畜牛資金借入에

本人이 擔保物提供承諾書에 自筆署名捺印하다。

18 水 28770 四二三五 2440209 三五一四 28770 一二三0 397

朝自向美

19 木 28771 四二三四 2440210 三五一三 28771 一二二九 398

20 金 28772 四二三三 2440211 三五一二 28772 一二二八 399

비뿌림

21 土 28773 四二三二 2440212 三五一一 28773 一二二七 400

22 日 28774 四二三一 2440213 三五一0 28774 一二二六 401 4時冬至。

1968

12 23	月 28775 눈 늦 옮	四二三0 2440214	三五09 28775	一二二五 402
24	火 28776 옮다 흐리다 옮	四二二九 2440215	三五08 28776	一二二四 403

洞事務所에서 釜山으로브터 覺相의 건電話를 받다。

전역站에 天安.相楨 來到.書類携還。

夕食後石泉氷談話闊實感恩。

25	水 28777	四二二八 2440216	三五0七 28777	一二二三 404
26	木 28778	四二二七 2440217	三五0六 28778	一二二二 405
27	金 28779	四二二六 2440218	三五0五 2[illegible]779	一二二一 406
28	土 28780	四二二五 2440219	三五0四 28780	一二二0 407
29	日 28781	四二二四 2440220	三五0三 28781	一二一九 408

尋月對面

力學精密勝利月
運動始作聖誕節

三千年來眼數星
萬有物重Newton說

觀測動靜

人物相感重力動
精神知覺勞工功

億兆生靈咸兌悅
功利動靜丹青情

訪日談判

進修緻密乘勝日
動功超然安息節

進德修蔡成性歩
内容外藏太空絜

宋 邵雍 字堯夫. 北海李之才攝共令. 授以圖書象數之學 妙悟神契. 多所自得.

雍: 歲時耕稼. 僅給衣食 名其居曰安樂窩. 自號安樂先生。

卒年六十七. 元祐中賜諡康節.

有觀物篇. 漁樵問答. 伊川擊壤集. 先天圖. 皇極經世等書

清夜吟

月到天心處　一般清意味
風來水面時　料得少人知

Newton sir Isaac　{万有引力發見人}

1642—1727 …… 一生涯 85年

ᄒᆞᄅᆞᄉᆞ니　一治理致

人物相感重力動　精神知覺勞工功

玄天吟

身脫地情境　一般新意味
心對空面時　料得少人知

公元一千九百六十九年

1　1 水 28784　四二二壹　三五〇〇　一二一六
밤에 눈　2440223　28784　411

9시 서울서 떠나 16시 光州에 왔다. 崔尙哲氏만 큰周旋해으며
俞亮錫氏도 同行來.

2 木 28785　四二二〇　三四九九　一二一五
눈뿌리고.고.　2440224　28785　412

昨同伴俞氏午后에出發歸京.

3 金 28786　四二一九　三四九八　一二一四
눈 오가다.　2440225　28786　413

4 土 28787　四二一[illegible]　三四九七　一二一三
눈오가다.　2440226　28787　414

5 日 28788　四二一七　三四九六　二一二
흐리다. 개임　2440227　28788　415

6 月 28789　四二一六　三四九五　一二一一
2440228　28789　416

7 火 28790　四二一五　三四九四　一二一〇
2440229　28790　417

8 水 28791　四二一四　三四九三　一二〇九
2440230　28791　418

9 木 28792　四二一三　三四九二　一二〇八
2440231　28792　419

돌아오니 집다 平安 다시 感謝.

10 金 28793　四二一二　三四九一　一二〇七
2440232　28793　420

午後에 大美食口들이 오다. 또 主 感謝.

11	土 28794	四二一一 2440233	三四九0 28794	一二0六 421
12	日 28795 맑	四二一0 2440234	三四八九 28795	一二0五 422

梧柳洞 聖書信愛社에 다녀오다

13	月 28796	四二0九 2440235	三四八八 28796	一二0四 423
14	火 28797	四二0八 2440236	三四八七 28797	一二0三 424
15	水 28798 맑	四二0七 2440237	三四八六 28798	一二0二 425
16	木 28799 눈 싹니	四二0六 2440238	三四八五 28799	一二0一 426
17	金 28800 호잇는날	四二0五 2440239	三四八四 28800	一二00 427

相雄來訪

18	土 28801	四二0四 2440240	三四八三 28801	一一九九 428
19	日 28802	四二0三 2440241	三四八二 28802	一一九八 429

熙澤 아우

熙潤 : 釜山에서 毒感氣肺炎作故云云
其父元相手
其母薛氏手先逝 不當面則幸耶辱耶
嗚呼哀也 生甚麼死甚麼

1969 1.20 月 28803	四二〇二 2440242	三四八一 28803	一一九七 430
21 火 28804 맑	四二〇一 2440243	三四八〇 28804	一一九六 431
22 水 28805	四二〇〇 2440244	三四七九 28805	一一九五 432

接完·加光

23 木 28806	四一九九 2440245	三四七八 28806	一一九四 433
24 金 28807	四一九八 2440246	三四七七 28807	一一九三 434
25 土 28808 진눈	四一九七 2440247	三四七六 28808	一一九二 435
26 日 28809 흐림	四一九六 2440248	三四七五 28809	一一九一 436
27 月 28810 흐림	四一九五 2440249	三四七四 28810	一一九〇 437
28 火 28811	四一九四 2440250	三四七三 28811	一一八九 438

진눈으로 온 눈이 많이 왔다. [1922<31센티 서울>]

29 水 28812 눈뿌리며 흐림	四一九三 2440251	三四七二 28812	一439
30 木 28813 흐림	四一九二 2440252	三四七一 28813	一一八七 440
31 金 28814 눈뿌리며 흐림	四一九一 2440253	三四七〇 28814	一一八六 441
1 土 28815	四一九〇 2440254	三四六九 28815	一一八五 442

2	日 28816 읽ᅳ를	四一八九 2440255	三四六八 28816	一一八四 443
3	月 28817 읽ᅳ를	四一八八 2440256	三四六七 28817	一一八三 444
4	火 28818	四一八七 2440257	三四六六 28818	一一八二 445

ᄒᆞᆫ 켜레

ᄒᆞᆫ 켜레 셋이 가—르—니

두ᄉᆞ름 넷팔이 둔팔 노릇.

장부 둘팔로 여섯팔이 ᄒᆞᆷ께 노—르—노.

불도 맞혀: 여섯 팔다리 놀제:

三六十八. 六六이 三十六. 六八이 四十八.

다 가라 노니. 골고르오이.

이제 쉬리로 이니다.

八時五十九分 立春大吉

5	水 28819	四一八六 2440258	三四六五 28819	一一八一 446
6	木 28820	四一八五 2440259	三四六四 28820	一一八〇 447

悔 吝 吉 凶

忠信回顧悔 修辭立誠吝 博而約之吉

永訣終天凶

1969

2.7 金 28821 · 2440260 · 四一八四 · 28821 · 三四六三 · 448 · 一一七九
고믈 누쁘림

8 土 28822 · 2440261 · 四一八三 · 28822 · 三四六二 · 449 · 一一七八
몸긔

~~449~~

몰라 길린 뉘

괜찬탈손 업는 뉘를 괜찬타고 괸계헛건
실찬이 너기다 걸리고 걸려 놔서 치루건
어렴 또 시럼이란게 껠되로 껠 가까와.

9 日 28823 · 2440262 · 四一八二 · 28823 · 三四六一 · 450 · 一一七七
몸긔 [illegible]

손불 같치

불 가. 손 오. 불갓 가서 손 가져 옴. 손불 놀 제!
장가 들고 싀집 나가 그끼 오왼 그은 두리!
이러히(그게) 제 누구오니 속을 누리 제울시!

15시쯤 恩和 네가 다녀어 가다.

10 月 28824 · 2440263 · 四一八一 · 28824 · 三四六〇 · 451 · 一一七六
몸긔

11 火 28825 · 2440264 · 四一八〇 · 28825 · 三四五九 · 452 · 一一七五
몸긔

12 水 28826 · 2440265 · 四一七九 · 28826 · 三四五八 · 453 · 一一七四

夕臥知覺到 早起見自發

13	木 28827 흐릴 비	四一七八 2440266	三四五七 28827	一一七三 454
14	金 28828	四一七七 2440267	三四五六 28828	一一七二 455

ᄀᆞᆫ 된 ᄃᆞ

ᄀᆞ긴 어딜 ᄀᆞ고? 오긴 어딜 오아·? ᄀᆞᆫ찍기!
ᄂᆡᄀᆞᆫ다· 나·온 ᄂᆡ: 인젠 계 ᄀᆞᆫ단· ᄉᆡᆼ각·도 듦(넘),
드님숢 드난ᄉᆞ리로 제계 도라· ᄀᆞᆫ된ᄃᆞ!

아·침 10시頃覺向南行

15	土 28829 흐림 진눈부리	四一七六 2440268	三四五五 28829	一一七一 456
16	日 28830 간·밤·진눈이쭉	四一七五 2440269	三四五四 28830	一一七〇 457

모임에 白承悅 記者께 「週刊한국」을 첨으로 받다.
모임을 또 쉬기로 ᄒᆞᆷ.
三月二日쯤 몇분이 私第를 尋訪의 일을 말씀.

17	月 28831	四一七四 2440270	三四五三 28831	一一六九 458

지 더 니: ?

믿을이 와· 을쯤이 가 마·주 누와 마·중 이름!
이찌히? 어찌히? 」을 어찌히? 니가· 」 노릇?
맨 처음 제절로 니 」「노릇시피」 지 더 니: ?

己酉年正月初一日癸亥. 自美山雪上. 至夕八点鍾. 多感大謝恩.

1969
2 [illegible] 18 火 28832 호림 四一七三 2440271 三四五二 28832 一一六八 459

熙純 生日 一九六七年二月一八日 土 2439540
七百三十二日新

14시 장승철(29)과 엄마(61)가 오래간만에 찾아옴.

19 水 28833 四一七二 2440272 三四五一 28833 一一六七 460

所以三而示一者辭也。參與之恩, 共同之商。
恩理商議者綸音也。『商』本義: 從外知內、商量京度、
章略合同。
『庶』 『庶』 广內有光。

20 木 28834 호림 四一七一 2440273 三四五○ 28834 一一六六 461

不滿百歲生 言思萬年史 未遠浮游存
敢讚性命辭

11時에 五山中學校長 송정헌 就任式

學校法人 五山學院理事長 김항복

21 金 28835 흐림 四一七○ 2440274 三四四九 28835 一一六五 462

22 土 28836 四一六九 2440275 三四四八 28836 一一六四 463

23 日 28837 四一六八 2440276 三四四七 28837 一一六三 464

憧 意不定 뜻정치 못할 동 僮 童奴 아해종 동 ○ 隷敬 親一一 습실거릴 동 僮仝

易曰憧憧往來朋從爾思 子曰天下何思何慮天下同歸而殊塗一致而百慮天下何思何慮

☱ 兌上
☶ 艮下

彖曰咸感也
柔上而剛下二气感應以相與止而說男下女是以亨利貞取女吉也
象曰山上有澤咸君子以虛受人
九四貞吉悔亡憧憧往來朋從爾思

日往則月來月往則日來日月相推而明生焉寒往則暑來暑往則寒來寒暑相推而歲成焉往者屈也來者信也相感而利生焉
尺蠖之屈以求信也龍蛇之蟄以存身也精義入神以致用也利用安身以崇德也
過此以往未之或知也窮神知化德之盛也
[繫辭下五章]

24 月 28838 몸 四一六七 2440277 三四四六 28838 一一六二 465

김계 다닭 됏드을곳! 속을 그중!!
窮 神 知 化 德 盛

25 火 28839 四一六六 2440278 三四四五 28839 一一六一 466
27678 6.4.

26 水 28840 四一六五 2440279 三四四四 28840 一一六〇 467
~~憧憧(憶)往來 — 곱실 곱실 근뒤~~
~~김게 다닭 됏드을곳! 속을 그끈 그존 좀 중!!~~
~~곱실 곱실 으근 — 아무 뜻 업시 — 나는 몰라요!~~
~~ᄂᆞ ᄃᆞᆫ 盡~~ 窮神知化 ~~恭~~ 精義入神 利用安身
~~知化盡~~

1969

2 27 木 28841 　 4164 2440280 　 三四四三 28841 　 一一五九 468

28 金 28842 　 四一六三 2440281 　 三四四二 28842 　 一一五八 460

3 1 土 28843 　 四一六二 2440282 　 三四四一 28843 　 一一五七 470

。 그 뚜 위 ⊡ 민 꽉 뒤

니/내 누/나 를 니/내 ᄀᆞ ᄀᆞ지고、제 절ᄅᆞᆯ 제ᄀᆞ 쓰ᄂᆞᆫ 늘!

믿/맨 들수 잇ᄉᆞ오릿ᄀᆞ? 돼/될 됨/수 도/ᄀᆞ 잇ᄉᆞ오릿ᄀᆞ?

드이라 ᄒᆞᆫ/흥 온/는 들 셈판 ᄯᆞᆼᄯᆞᆼ ᄯᆞ딜? ᄯᆞ위고

될ᄀᆞ?

업고、잇고。누코、주끄。쉬고、물고。 먹고. ᄡᆞ고。
외누、올드. 올누 외드。누고、드오。 드와、누고.
이근되 고마음이나 걱정ᄯᆞ월 얻ᄯᆞᆼ고?

2 日 28844 　 四一六一 2440283 　 三四四〇 28844 　 一一五六 471

求仁吟

克己相從兢兢別 — 利貞平生戰戰節
日夜維新持身良 — 始終如一養神烈

3 月 28845 　 四一六〇 2440284 　 三四三九 28845 　 一一五五 472

ㆍ ㆁ ㆆ 워 ᄀᆞᆫ

늬 ᄂᆞ를 늬가 가지고、제 절를 제가 쓰는 늘!
민들수 잇ᄉᆞ오릿가? 돼됨도 잇ᄉᆞ오릿가?
두어라 ᄒᆞᆫᄋᆞ 들 셈판 땅땅따딜? 따위 ᄀᆞᆫ!

ᄀᆞᆫ 민 ᄌᆞ 히ㆍ

네 나랄 내가 가지고, 제 절를 제가 쓰는 늴!
맨들수 잇사오릿가? 될수가 잇사오릿가?
두어라 ᄒᆞᄂᆞ 둘 셈판 땅땅따딜? 따위 ᄀᆞᆫ!

굽실굽실 ᄀᆞᆫ 듸 往來憧憧

二

굄기ᄂᆞ 드듥 뵌ᄃᆞ 울곳! 속울 ᄀᆞ끈 ᄀᆞ즌 좀 중!!
굽실굽실 오ᄀᆞᆫ = 나는 다른뜻 업시 싱싱힝=
知化玆 窮神知化玆 精義入神 利用安!

---

4 火 28846 四一五九 三四三八 一一五四
244028 5 28846 473

玄疏 一九五七日子耳	一九六三 日疏	十日早朝
沈日 二五一三〇以親	二五一三六 以親	
二四八三九以親	二四八三五 以親	
戚日 ~~三四三九~~		

元：三而示一辭令初。 目的乎貫革而已
經：思理商議綸音始。 正鵠
始：不出無在維麻經、
初：何爲而作共紀元。 維紀元次至公元

咸 亨 利貞 取女吉 ䷞ 艮下 兌上

彖曰 咸 感也

柔上而剛下 二气感應以相與 止而說

男下女 是以亨利貞 取女吉也

天地感而萬物化生 聖人感人心而天下

和平 觀其所感而天地萬物之情可見矣

象曰 山上有澤 咸 君子以虛受人

初六 咸其拇 象曰咸其拇 志在外也

六二 咸其腓 凶 居吉

象曰 雖凶居吉 順不害也

九三 咸其股 執其隨 往吝

象曰 咸其股 亦不處也 志在隨人 所執下也

九四 貞吉悔亡 憧憧往來 朋從爾思

象曰 貞吉悔亡 未感害也 憧憧往來 未光大也

九五 咸其脢 无悔 象曰咸其脢 志末也

上六 咸其輔頰舌

象曰 咸其輔頰舌 滕口說也

3 5 水 28847 四一五八 2440286 三四三九 28847 一二五三 474

6 木 28848 四一五七 2440287 三四三六 28848 一二五二 475

그리움 — 뉘 숨 ㅈ니 — 그림

ㅣ 때위 떼 때 때위만 뉘를 산 둘 수는 업지 ?

ㆍ어 ᄂᆞ 나려서 바다 쓰ᄃᆞ 즘금 넙에 솟 놈!

아ᄇᆞ지 우리 ᄋᆞᄇᆞ지 ᄋᆞᄇᆞ ᄋᆞᄇᆞ 그리웨.

紀	元	正	鵠			
三	而	示	一	辭	令	初
思	理	商	議	綸	音	始
不	出	非	在	維	麻	經
何	爲	而	作	共	紀	元
目	的	乎	貫	華	而	己
元	經	始	初	正	鵠	也

즘

그리 기리 그리운 글 : 몬 보입고야! 될게 : 뭐 ?

그리운 그을、 읊게 누릴 : 뉘를

ᄎᆞᆺ고져서요……。

一一四八
479

一一四七
480

우리네 몰숨이 : 돌들 동그라미 돌직이……。

7	金	28849	四一五六 2440288	三四三五 28849
8	土	28850	四一五五 2440289	三四三四 28850
9	日	28851	四一五四 2440290	三四三三 28851
10	月	28852	四一五三 2440291	三四三二 28852
11	火	28853	四一五二 2440292	三四三一 28853

公元千九百六十九年三月十日六時
逐石 卞榮泰 언님 누리를 여이시다。口
多夕 柳永模 : 은 우리 안 보고보라 : 누

1969

ㅇ68 12 5日 腦血栓症 二三 入院. 2 8日 退院. 云則 遝石平生跡鐵有日乎.

前萬古實在來卽今晤 後萬代多少去歸一晦

요ᄒᆞᆫ 十六 8—11

아니 ᄒᆞ노라.

잇고 잇서 만코 만타 하다 키시 ᄒᆞᆫ우 왼통.

업고 업서 넓고 멀다 ᄋᆞ득 ᄒᆞ니 ᄒᆞᄂᆞ 죄ᄃᆞ.

이 ᄀᆞᆫ 곤곤 ᄀᆞᆫᄃᆡ 나니 볼가 안노라.

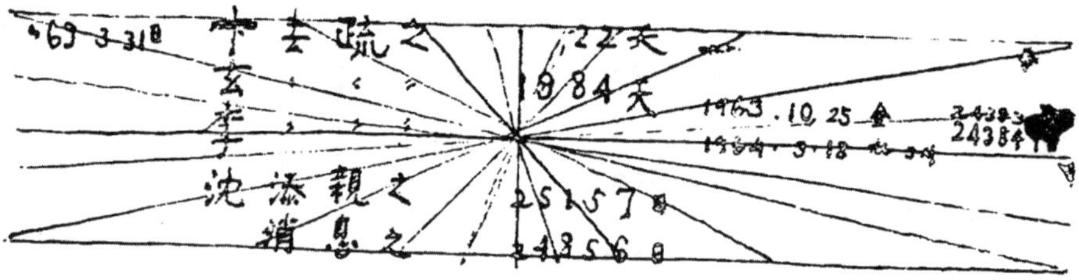

4 1	卞去疏之	1969	3	10	2440291	23天
	玄 〃 〃 〃	1963	10	25	2438328	1986天
	李 〃 〃 〃	1964	3	18	2438473	1841天

沈添親之 25158日

消息之 24857日

ᄒᆞ야

ᄒᆡ서 ᄒᆡ서 ᄒᆡ서ᄅᆞ나 어이 ᄒᆡ서 ᄆᆞᆫ숨인가?
ᄒᆞ이ᄋᆞ서, ᄒᆞ이시다。 ᄒᆞ이시ᄉᆞ、 우리 ᄒᆞ야!,
웋ᄒᆞ이 ᄒᆞ이시오나 우리 ᄒᆞᆷ이 울 춤 ᄒᆡ。

셋 토막에 ᄂᆞᄃᆞ

죄ᄃᆞ가 절 민덜 몬ᄒᆞ고 ᄂᆞᄅᆞᆫ다니!: ᄂᆞ니 업!
ᄂᆡ가ᄋᆞ부지 계로 ᄀᆞ서 다시 못 봉이 오름!
님금도 더 걸순 업서 審判만을 기둘다!

ᄒᆞ야 금

ᄒᆞ루 ᄒᆞ루 ᄂᆞ놀이 ᄀᆞ나 서ᄅᆞᆫ 그믐 ᄒᆞ야 금。
ᄃᆞ덜이 ᄃᆞᄃᆞ리 열두덜 ᄉᆞ흿 설쉘 큰 그믐,
ᄒᆞᆫ은ᄒᆡ ᄒᆞ이금 괴면 ᄆᆞ름지기 오름직!

1969

3 12 水 28854 호킨 는뿔	四一五一 2440293	三四三〇 28854	一一四六 481
13 木 (七十九回期) 28855 27644	四一五〇 2440294	三四二九 28855	一一四五 482

玄去疏之 一九六六天 沈加親之 二五一三九日 咸消息之 二四八三

14 金 28856	四一四九 2440295	三四二八 28856	一一四四 483
15 土 28857	四一四八 2440296	三四二七 28857	一一四三 484

卞去疏之	六天	一四天
玄去疏之	一九六八天	一九七六天
沈添親之	二五一四一日	二五一四九日
咸消息之	二四八四〇日	二四八四八日

16 日 28858 27697	四一四七 2440297	三四二六 28858	一一四二 485
17 月 28859	四一四六 2440298	三四二五 28859	一一四一 486
18 火 28860	四一四五 2440299	34二四 28860	一一四〇 487
19 水 28861 27700	四一四四 2440300	三四二三 28861	一一三九 488
20 木 28862	四一四三 2440301	三四二二 28862	一一三八 489

京東区 金湖洞 一街 一三二-七
⑤二二四七番
李晟範氏

光州驛 10시 發 서울驛 17着

21 金 28863	四一四二 2440302	三四二一 28863	一一三七 490

22 土 28864 四一四一 2440303 三四二〇 28864 一一三六 491

님뵙존 계곤

님 그린기 ᄂᆞ시기는 님 닐ㅅ길ᄀᆞ 님 보입좀、
님은 얼님이시오니 얼골 속깊 드러서야 .
ㅡ ㅣ · ᄋᆞᄇᆞ지 ! 의칠 ᄌᆞ리인ᄀᆞ ᄒᆞ노라 。

얼이 ᄈᆞ져 ᄇᆞ름 — 낯 ᄉᆞ굿 —

낯만 들고 ᄂᆞ는 낯은 나·져진 '낯 바닥'이고 !
온 날 잊고 자는 봄엔 낯은 업시 봄 ᄇᆞᆰ기~~ᄇᆞᆰ기~~만 !
기다림 ᄉᆞ이 ᄇᆞᆰ기만 ᄂᆡ놈업시 ᄇᆞ름은 ?

日 23 28865 四一四〇 2440304 三四一九 28865 一一三五 492

입대 가온이 가까요 ?

사람사리 三萬날 보기도 : 이든세실 ! 드믈,
百날을 본이 마다 二萬九千九百날 ! 드뭎,
어즈버 ᄀᆞ오는 뜻을 그득 촐촐 닮긴가 ?
참 ᄒᆞᆫ 옴 ! 그리우어………

탕ᄒᆞᆫ될 차지ᄒᆞᆫ '잇', =몬이란 몬= 줄몬은 '숨', !
요히 모든 몬을 다 드린 빈탕이: 참ᄒᆞᆫ'옴', !
그리운 참ᄒᆞᆫ옴 : 따름 : 모도모딜 헌칠히 !

月 24 28866 四一三九 2440305 三四一八 28866 一一三四 493

3 25 火 28867 2440306 (四一三八) 28867 (三四一七) 494 (一一三三)

光州鶴洞二區七九0의一号
韓一銀行支店普通預金3478番
金正鎬 ~~冊~~ 1500,000원整送金함.

26 水 28868 2440307 (四一三七) 28868 (三四一六) 495 (一一三二)

27 木 28869 2440308 (四一三六) 28869 (三四一五) 96

28 金 28870 2440309 (四一三五) 28870 (三四一四) 497 (一一三0)

1887 2 3 木曜 ＞2410306 ~1134 參萬000四날
丁亥 1 11 己亥

29 土 28871 2440310 (四一三四) 28871 (三四一三) 498 (一一二九)

30 日 28872 2440311 (四一三三) 28872 (三四一二) 499 (一一二八)

午接鶴洞回信

31 月 28873 2440312 (四一三二) 28873 (三四一一) 500 (一一二七) 三000七

4 1 火 28874 2440313 (四一三一) 28874 (三四一0) 501 (一一二六)

昨夕陵谷으로 와 쉰金昊 두 언니 : 이아참 7시에 떠나 벚골로.

2 水 28875 2440314 (四一三0) 28875 (三四0九) 502 (一一二五)

3 木 28876 2440315 (四一二九) 28876 (三四0八) 503 (一一二四)

4 金 28877 2440316 (四一二八) 28877 (三四〇七) 504 (一一二三)

1955 4 26 永樂敎會近處: 富來館에서
琴錫浩長老 [追記 1958 5 30 逝去]

長老喪配翌年新正雪寒에 去秋觀賞後
委之園枯菊을 發見 有感口占云.
元月摘霜菊 餘香惹九秋

끗 꿎 꽃 일 보릿가?

곳이 숟? 꽂을 지어 꽃이 꽃에 몰르 질가?
시히 첫돌에 눈위서 국화ㅅ 뒤 묵금을 본뒤
빛골론: 곧느니. 金빛! 香氣 곰곰 제 ᄂᆞ시!

5 土 28878 2440317 (四一二七) 28878 (三四〇六) 505 (一一二二)

6 日 28879 2440318 (四一二六) 28879 (三四〇五) 506 (一一二一)

下 28天 玄 1991天 李 1846天 沈添親之 25163日 咸消息之 24862日

ᄉᆞ룸 소리

ᄉᆞ룸 소리 두리 두리 무리 지어 숟고 지나,
ᄆᆞᆫ제 먹고 마지 자다. 치른 시험 마치믄: 네!
뚝. 뚝. 꾹. 네; 네! 네! 엣습!! 할넬누야 아—멘!

먹고 십다. 자고 십다. 으름 히서 몰: 넨!? 아닌!?

1969

쉽게 온돌수도 쉽게 모른돌수도 업지 : 안 !
百年을 마저 먹존들 온거루곤 계 : 업ᄃᆞ !!

4 7月 28880 27719 四一二五 2440319 三四〇四 28880 一一二〇 507

卞 29天 李 1847天 玄 1992天 咸消息之 24863 沈添親之 25164

ᄒᆞ 예든 셋이 ᄂᆞ 보면. 셋을 깡등뛰 셋이오.
凡八句參考 則 三 〇 三一五

서 두갈치 ᄒᆞ나치구보ㅏ 32871798

8火 28881 27720 四一二四 2440320 三四〇三 28881 一一一九 508

卞 30天 李 1848天 玄 1993天 咸消息之 24864 沈添親之 25165

9水 28882 27721 25978 四一二三 2440321 三四〇二 28882 一一一八 509

10木 28883 27722 25979 四一二二 2440322 三四〇一 28883 一一一七 510

卞 31天 李 1849天 玄 1994天 咸消息之 248658 沈添親之 251668

11金 28884 四一二一 2440323 三四〇〇 28884 一一一六 511

中 32天 李 1850天 玄 1995天 成 248669 沈 251671

12	土	28885	四一二〇 2440324	三三九九 28885	一一一六 511

自相內外大美行

13	日	28886	四一一九 2440325	三三九八 28886	一一一五 512
14	月	28887	四一一八 2440326	三三九七 28887	一一一四 513

山으로 가시엇다가 (요한 八장 一절)

鍾路 塔골、三一門앞、廣場暗窟: 白晝電燈、
술도、노래도. 風水도、易理도.

鎭京吉牧師。

다各各 집으로 가고
예수홀로 橄欖山。【요한七장五三절八장一절】

卞 35天 李 1853天 玄 1998天 咸 24869日 沈 25170日

15	火	28888	四一一七 2440327	三三九六 28888	一一一三 514

自由天性

消息通知如來生 歲月何事自存天

呼吸鼓動善逝命 思議不緊由己性

卞 36天 李 1854天 玄 1999天 咸 24870日 沈 25171日

1969

4 16 水 28889 四一一六 2440328 三三九五 28889 一一一二 515

17 木 28890 四一一五 2440329 三三九四 28890 一一一一 516
27729

卞 39天李 1856天玄 2000沃 咸 24873日 沈 25174日

18 金 28891 四一一四 2440330 三三九三 28891 一一一0 517

19 土 28892 四一一三 2440331 三三九二 28892 一一0九 518

星州	子 金貴勲 貴文 孫 吉元 吉俊 吉守 聖浩 李氏 長逝三日 葬行 1896 12 29 火曜 2413923 / 丙申 11 25 戊辰 1969 4 19 土曜 2440331 / 己酉 3 3 [illegible]	26407日 3772週 [illegible] 72歲 [illegible]

20 日 28893 四一一二 2440332 三三九一 28893 一一0八 519
27732 [illegible]~1045

故朴載甲의 스승 鄭 驍 舜氏 精神病廢人이 됐다. 고。鄭의 大恩師란(鄭이 記述) 崔기남도 作故ᄒᆞ고, 宗敎人도 廣場에서 講說있었단 말씀 듣다。

21 月 28894 四一一一 2440333 三三九0 28894 一一0七 520

物我有別

人間事物定分界　獨立自由唯我知
守分境界道義門　無往不復休提問

舊基洞 집 ᄉᆞ리도 이제 三十五年 동안: 石油燈 生活로 지냈는데, 오늘 이저녁 브터 電氣架設

하고 螢光燈을 켰다.

22火 28895   四一一〇 244033+   三三八九 28895   一一〇六 521

爲仁由己自正心　成仁殺身非殺生
情操所見至誠意　情操所見

고 일석 변영태박사 영결식

일 시: 1969. 3. 14. 오전10시
장 소: Y M C A 강당

저　서

- ☆ 외교 여록
- ☆ 논어 영역
- ☆ *My Attitude Toward Ancestor-Worship* 27844 3977 58
- ☆ *Tales from Korea* 943
- ☆ *Songs from Korea* 76 868
- ☆ *Korea my Country*

疏逸消啞輔忠成篤
鐵石息鈴國敬德信悼
有平未无大力永好感
日康徹音吉行生學
多夕

1969

4 16 水 28889 四一一六 2440328 三三九五 28889 一一一二 515

17 木 28890 四一一五 2440329 三三九四 28890 一一一一 516

星州李氏

子金貴勳 金貴文

孫 吉元 吉俊 吉守 聖浩

1896 12 29 火曜 1969 4 17 木曜

丙申 11 25 丙辰 己酉 3 1 壬戌

2413923 2440329

二六四〇七날 三七七二돌 三날 八九三돌 一이레 七二히 一一〇날

---

18 金 28891 四一一四 2440330 三三九三 28891 一一一〇 517

故朴義男氏 스승鄭聽 舜氏 精神病院에서 治療하다가 退院이나 廢人指目을 받게 됐다고。또 일즉이 鄭의 記述에 自己恩師로 推하였던 崔기남도 이미 作故。云

19 土 28892 四一一三 2440331 三三九二 28892 一一〇九 518

20 日 비 28893 四一一二 2440332 三三九一 28893 一一〇八 519

21 月 28894 四一一一 2440333 三三九〇 28894 一一〇七 520

舊基洞 집소리도 이제 三十五년동안 石油불 켠 술림 이쉬 이곳에도 電燈柱가 列立、線絲網이 羅布하니. 오늘 저녁브터 螢光燈을 붉다다가 쉴게스로 됨!

22 火 28895 四一一0 2440334 三三八九 28895 一一0六 521

고대 옳: 이서 업시

物我有别

人間事物定分界　　獨立自由唯我知
守分境界道義門　　無往不復休提問

自由平生

爲仁由己自正心　　殺身成仁非殺生
感情自由非由己　　情操所見至誠意

23 水 28896 四一0九 2440335 三三八八 28896 一一0五 522

어두엇서 비 오다

24 木 28897 四一0八 2440336 三三八七 28897 一一0四 523

흐리ᄃᆞ 비오ᄃᆞ ᄒᆞᄃᆞ ᄆᆞᄃᆞ

電話 75——九四二〇——番。 일ᄃᆞ 。求使以工

75 ——一 七 〇 三——番。崔穆　일치ᄒᆞᆯ 셈
一 致 公 業

25 金 28898 四一0七 2440337 三三八六 28898 一一0三 524

26 土 28899 四一0六 2440338 三三八五 28899 一一0二 525

1969 日相內外歸家來

4 27 日 28900 　四一〇五 2440339 　三三八四 28900 　一一〇一 526

忠武公李舜臣誕辰四百二十四年

忠清南道牙山郡鹽峙面白巖里
顯忠祠 重建竣工。

1545 4 28
3 8

1598 11 19

雖讐盟誓 壯孤 君天
死夷山海 士臣 儲步
不如草魚 樹愛 北西
爲盡木龍 勳國 地門
辭滅知動 時日 危外

28 月 몸 28901 　四一〇四 2440340 　三三八三 28901 　一一〇〇 527

午后 覺相來

29 火 28902 　四一〇三 2440341 　三三八二 28902 　一〇99 528

午后三時 覺室來到 [5月8日歸阪]

30 水 28903 　四一〇二 2440342 　三三八一 28903 　一〇98 529

5 1 木 몸 28904 　四一〇一 2440343 　三三八〇 28904 　一〇97 530

2 金 28905 　四一〇〇 2440344 　三三七九 28905 　一〇九六 531

3 土 28906 　四099 2440345 　三三七八 28906 　一〇九五 532

永登浦 宿場 노타리 中央禮式場 金瓊美 [金斗煥 二女] 朴炳宣 [朴根漢 五男] 게로 가는 비용.

4 日 28907 비	四〇九八 2440346	三三七七 28907	一〇九四 533
5 月 28908	四〇九七 2440347	三三七六 28908	一〇九三 534
6 火 28909 흐	四〇九六 2440348	三三七五 28909	一〇九二 535
7 水 28910 흐	四〇九五 2440349	三三七四 28910	一〇九一 536

◎西獨刑法改正審議

同性愛와 男色에 對한 處罰規定의 削除와 勞役刑廢止 및 短期刑을 大幅罰金刑」으로 바꾸는 等.

◎清州서 7歲少女가 被殺 清原郡江西面新田里 金기성 ...

21歲小子가 自處 一盡 一籠 一害 一決 一會落刹迷惑魔信仰果.?

8 木 28911	四〇九四 2440350	三三七三 28911	一〇九〇 537
9 金 28912	四〇九三 2440351	三三七二 28912	一〇八九 538
10 土 28913	四〇九二 2440352	三三七一 28913	一〇八八 539
11 日 28914	四〇九一 2440353	三三七〇 28914	一〇八七 540

異端同體 惹端中則 未可得善也哉

單七揆對三七童 七歲不同終始則
少年意見或痴釋 內外有別魂身値

1969
己 酉

5 12 月 28915 四〇九〇 2440354 三三六九 28915 一〇八六 541

13 火 28916 四〇八九 2440355 三三六八 28916 一〇八五 542

14 水 28917 四〇八八 2440356 三三六七 28917 一〇八四 543

15 木 28918 四〇八七 2440357 三三六六 28918 一〇八三 544

龍山區普光洞 168

五山中學[長宋廷哲]高等學[長朴熙昞]校

開校第六十二周年紀念을 보다.

16 金 28919 四〇八六 2440358 三三六五 28919 一〇八二 545

天下之言性也則故而已矣 故者以利爲本。 [1966 1 10]

(世俗之言性也則故而已矣 故者以好爲主。)

東豆川邑生淵四里

⑨楊州서 40鄭암이 飮毒 —— 29金翁의목을 찌른 — 뒤。(未遂處斷)

17 土 28920 四〇八五 2440359 三三六四 28920 一〇八一 546
二級品

石泉

27759 一八九三 五 一七 水曜 癸巳 四 二 甲寅

18 日 28921 四〇八四 2440360 三三六三 28921 一〇八〇 547
27760

한밤 비 준

동대문구 이문동 一五八一二四 金顯候 氏 來訪 谷口壽 提携

仝 上 回基洞 一〇三一四〇 張錤東.

19月 28922　　四〇八三 2440361　　三三六一 28922　　一〇七九 549

火
20 28923　　四〇八二 2440362　　三三六一 28923　　一〇七八 549
목

水
21 28924　　四〇八一 2440363　　三三六〇 28924　　一〇七七 550

용혼우합삼백일　이네일올치올치。 =금석지감=

22木 28925　　四〇八〇 2440364　　三三五九 28925　　一〇七五 551

네호일私邪없　이네ㅎ다네다치!　이네ㅎ다치닷지?
4 1 1 4 4 0　2 4 1 5 4 5 7　2 4 1 5 7 5 7
네 호 일 너 너 올　容動于感三百日　今昔之感念感李

金
23 28926　　四〇七九 2440365　　三三五八 28926　　一〇七三 552

市內城東區杏堂洞三〇四一六
任吉宰氏來訪 同張載東氏

土
24 28927　　四〇七八 2440366　　三三五七 28927　　一〇七〇 553
27766

日
25 28928　　四〇七七 2440367　　三三五六 28928　　一〇七三 554
27767

吳天 여러모루께
吳賢卿 2411440 - 2410567 = 873
1969 12 10 ⟶ 2440567 : 生來見第三萬次日出

月
26 28929　　四〇七六 2440358　　三三五五 28929　　一〇七二 555

1968

5 27火	28930 27769	四〇七五 2440369	三三五四 28930	一〇七一 556
28水	28931 27770	四〇七四 2440370	三三五三 28931	一〇七〇 557

~~[illegible]~~

29木	28932	四〇七三 2440371	三三五二 28932	一〇六九 558

비 촉촉 꽃술이 다 지나고。

30金	28933	四〇七二 2440372	三三五一 28933	一〇六八 559

~~ᄒᆞ 아흔돌: 보고싶건, 볼시 드팔칠일: 처음푸:~~

~~ᄒᆞ 온셈씻으로 치워 부니: 三萬三千놀: 됐스!~~

~~ᄋᆞ 죄로은 ᄒᆞ투수리로 목숨 꿀숨 다수리~~.

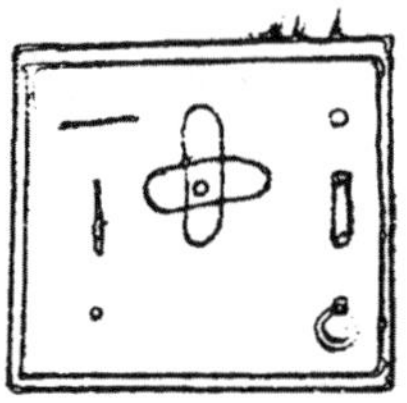

31土	28934	四〇七一 2440373	三三五〇 28934	一〇六七 560
6 1日	28935	四〇七〇 2440374	三三四九 28935	一〇六六 561
2月	28936	四〇六九 2440375	三三四八 28936	一〇六五 562

간밤비(뿌림

불 가?나 — 너 — 우리.

ᄒᆞ이 니계 모도 모다 ᄀᆞᄭᅳᆫ이시지? 치ᄅᆞ!
너이신 ᄋᆞ브 ᄂᆞ 나이 먹 너이신네 넉넉 ᄯᅥ옥!
ᄀᆞ온ᄃᆡ 곤곤 ᄉᆞᆱ으로 누군: 몬라?

3 火 28937 (四〇六八) 2440376 (三三四七) 28937 (一〇六四) 563
27776

4 水 욂 28938 (四〇六七) 2440377 (三三四六) 28938 (一〇六三) 564
27777

五柳 一李 七金福

5 木 [illegible] 28939 (四〇六六) 2440378 (三三四五) 28939 (一〇六二) 565

~~ᄋᆞ ᄒᆞ ᄒᆞ~~

~~ᄋᆞ기ᄋᆞᆼ: ᄆᆞᆯ!? 빈ᄐᆞᆼ ᄒᆞᆫ뭘: ᄃᆡ들가? 이거ᄐᆞᆼ ᄀᆞᆫ다~~
~~우린: ᄒᆞ늘ᄯᆞᆼ 틈박월: 드릿건 세고 세과다~~
~~ᄋᆞᆯ ᄀᆞᆸ 우리ᄋᆞ브지 업시 계신 ᄋᆞ ᄒᆞ ᄒᆞ.~~

~~업시 계신 ᄋᆞ브ᄋᆞ레 ᄉᆞᆺ블리도 가진 내게!~~
~~예와 나나ᆞ 계신 더로! 그저 그리운 게: 무심!~~
~~을 ᄋᆞ브 ᄉᆞ ᄋᆞ브지 업시 계신 ᄋᆞ ᄒᆞ ᄒᆞ.~~

6 金 28940 (四〇六五) 2440379 (三三四四) 28940 (一〇六一) 566

1969

ᄋᆞ ᅙᆞ ᄒᆞ 「ㅡ귄ㅣ

ᄋᆞ귀텅 : 말 !? 빈탕한ᄃᆡᆯ 뒤들기 ? 아귀텅

우린 : ᄒᆞ늘 ᄯᅡᇰ 틈박윌, 드럿건 : 세고 세과뎌 !

을ᄋᆞ브 우리 아바지 업시계신 ᄋᆞ ᅙᆞ ᄋᆞ

아흔돌 보고십건, 날 : ᄉᆡ 두팔칠일! 치구파 ?

온셈셋으로 치워 보니 : 三萬三千날 : 됏시!

ᄌᆔ모흔 ᄒᆞ루ᄉᆞ리로 목숨 몰숨 다ᄉᆞ리。

업시계신 ᄋᆞ브 올에 숫불리도 가진내돼!

예와 나니, 계선 데로! 그저 그리운 계 : 모심!

을ᄋᆞ브 우리 아바지 업시 계신 ᄋᆞ ᅙᆞ ᄒᆞ。

6 7土 28941 (27760) 2440386 (4064) 28941 (3342) 1 360 (367)

뭣일 : 옯 ? 롭 ? ― 귀둥 디둥 ― 물지 !

아귀텅 !? 틈박위 !? 북새에 : 노라! 노라 누느나!!

때귀, 떠귀, 귀ᄯᅡᇰ귀, 뻡대기, 귀퉁 ! 아귀퉁이 !;

예보오 뉘 : 가리누요 ?―꽃봐 ? 얼골 ? 속올 : 옯!?

8日 28942 2440381 (4023) 28942 (3342) 1 568 (059)

吉師 十字架說敎에 夕生 一ㅣ· 提案

9 日 28943   4062 / 2440382   3341 / 28943   1058 / 569

드레 매여 ᄀᆞᆫ 뒤 ᄉᆞ리

「날命。

계 잇던 제, 예 누의 님! 니님 맞ᄂᆞ니 우리
ᄂᆞ1命 날 먹 내 나ᄋᆞ이 먹, 니땀 흘리 남살 먹이,
단 둘이 될지만 않건 무리질손 드레 롭。

소멸ᄒᆞ는 불이시롭

ᄀᆞᆫ 나무 ᄂᆞᆨ이 되ᄃᆞ노!? 고맙기도 고맙지롭!!
불을 맡고 헤프장이 千萬히도 金剛不壞!
命 ᄉᆞ롬 사ᄅᆞᆨ이ᄅᆞ믄 제틸불씰 맡음직!

10 火 28944   4061 / 2440383   3340 / 28944   1057 / 570

11 水 28945 간방재리   4060 / 2440384   3339 / 28945   1056 / 571

시원홈 뒤답: 예: [illegible] ᄃᆞ !!!

님에! 님은: ᄒᆞᆫ 속속은 늘과 맞ᄂᆞ: ᄒᆞ실ᄉᆞ가? 요!
늘과 맞ᄂᆞ ᄒᆞ게 되믄: 얼마만쯤에: 영글가?
ᄒᆞᆫ 배기: ᄀᆞᆺᄀᆞᆺ에 가야지! 곧 진돌: 몰? 든곱? ᄒᆞ!

1969 4059 3338 105
6 12 木 28946 2440385 28946 57-

도라·가·는 동안 고디나·! 짤도 안하·!!

그: 기뒤로 오ㅂ:님요? 지:제절로 느:그네ㄹ

예:서 이제:ㄹ 술ㄴ이 들이: 숢기숢기 멀엇세ㅋ

예!? 이제!? 꾸 백헌게:않! 느그네린 들골:봇:

시원ᄒᆞᆫ 대답, 예:잇다。 따·뜻ᄒᆞᆫ 대답, 제:일다。

시원 너믄 얼게 걱정! 너므 딴·뜬 델일 시름!!

물불은 쓸이가 울이· 울마즐가· ᄒᆞ노라。

13 金 28947 4058 2440386 3337 28947 1054 573

14 土 28948 4057 2440387 3336 28948 1053 574

15 日 28949 4056 2440388 3335 28949 1052 575

清夜吟 邵康節 安樂窩

月到天心處 風來水面時 一般清意味
料得少人知

尋月對面 柳多夕

力學精密勝利月 三千年來眼點星
運動始作聖誕節 萬有物重Newton說

16 月 28950	4056 2440389	3334 28950	1051 576
17 火 28951	4055 2440390	3333 28951	1050 577
18 水 28952	4054 2440391	3332 28952	1049 578
19 木 28953	4053 2440392	3331 28953	1048 579

(18日) 저녁먹을때 소나기

一誠意吟

萬和歸一之死兮
兩分散亂之生矣.

生者視務學以仕
死者休息侍奉止

無事日課孝子心
留意承命知音耳

永登浦区 上道洞 130 의 19 大韓禁酒聯盟本部 會長
崔榮煥氏 來訪 一〃斷、同、〃〃 I.P.O. BOX 2239

光州 金先生 夫人 皆訃:

20 金 28954	4052 2440393	3330 28954	1047 580

ᄂᆞ 리 ᄂᆢ 리 ᄀᆞ

ᄆᆞᆷ 몸	올ᄂᆞᆯ ᄀᆞ이	ᄋᆞ리 오늘	모레는 몸으로
ᄒᆞ루 ᄀᆞ이	올ᄂᆞᆯ 제늘	올。ᄒᆞ이아 ᄒᆡ.	쓰지 몸 : 예。
늘금 ᄀᆞᄁᆞ?	그믐 업시	ᄒᆞᆺ것! 올것!	모는 몸 이
ᄌᆞ금 님에	늘늘 늘늘	ᄒᆞ이아 ᄒᆡ. 늘。	모인 몸 : 계。
올금 그믐!	늘느리이:	올것! ᄒᆞᆺ것!	올늘 느리
ᄆᆞᆷ 몸			[illegible]

1969

6 21 土 28955 4051 2440334 3329 28955 1046 581

夏至 22시55분

우리 그리운 그님: 기리 기리 기리리, 길-계-

그길 어딘? 츰 힝길이기 불 쁘리론: 다·됨길,

길과 불 드디듯 붙띠 디디· 붙다 거름보.

獨酌 李太白

謂人之飮酒 苟但得醉
中意趣勿為醒者道也

天若不愛酒 酒星不在天 地若不愛酒 地應無酒泉
天地旣愛酒 愛酒不愧天 已聞淸比聖 復道濁如賢
賢聖旣已飮 何必求神仙 三盃通大道 一斗合自然
但得酒中趣 勿謂醒者傳

22 日 28956 4050 2440335 3328 28956 1045 582

月下獨酌 李太白

花下一壺酒 獨酌無相親
擧盃邀明月 對影成三人
月旣不解飮 影徒隨我身
暫伴月將影 行樂須及春
我歌月徘徊 我舞影凌亂
醒時同交歡 醉後各分散
永結無情遊 相期邈雲漢

世間特酬 柳多夕

人間一壺舟 解放別地親
擧手晉明月 對影成三人
月旣不解食 影徒隨我身
暫伴月將影 行事須及春
我作月徘徊 我工影凌亂
當時同交歡 計後各分散
永結多情好 相期邈雲漢

23 月 28957　　2440396 (4049)　　28957 (3327)　　583 (1044)

몯 몸 몸 몯

몯: 모아서 예: 소리에 씨읃것이 소롱기오 !
계: 가.몸 울게. 속울 이큼! 츰 숨 속에 듬이 예!
ᄋᆞᄒᆞᄒᆞ 우리 ᄋᆞ부지 할넬누야 아멘。

24 火
28958　　2440397 (4048)　　28958 (3326)　　584 (1043)

누ㆍ외ㆍ 울 몸덩이 꿀: 뜨리지ㄹ 보고 보실: 때、
들어 속 울 밍이 물: 다시업시 듣고 듣좁: 계,
때 때 때 다ㆍ버서 빨나게 제게 도라 ㄱㆍ긴온.

25 水 28959　　2440398 (4047)　　28959 (3325)　　585 (1042)

ᄋᆞᆫ 웅 나라 ㄱㆍ깃오니 뉘웅치어 돌리키리。
마태 四 17

소리론 소리 들릴ㅅ게? 노리론 노리 불릴판!
우리는 예: 이제: 혼소리ㄹ 외치어 울림직 히!
가장위 우리 모리님 사모치어 기리리 ……

1969

春日醉起言志 「詩:言志. 歌:永言」

處世若大夢 胡爲勞其生 所以終日醉
頹然臥前楹 覺來眄庭前 一鳥花間鳴
借問如何時 春風語流鶯 感之欲歎息
對酒還自傾 浩歌對明月 曲盡已忘情

6 26 木 28960 2440399^{4046} 28960^{3324} 586^{1041}

覺向南

正月凱旋言志

出生若出征 胡爲勞其性 所以終日習
浩然養在營 覺來眄庭前 一鳥花間鳴
借問如何時 月風語流鶯 感之欲歎息
對飯還自傾 凱歌接面月 曲盡已忘情

27 金 28961 2440399^{4045} 400 28961^{3323} 587^{1040}

2407869

李正淦 1880 6 2 水曜 ⋯ 32530+ 오늘

庚辰 4 25 壬戌

28 土 28962 2440400^{4044} 28962^{3322} 588^{1039}

29 日 28963 2440401^{4043} 28963^{3321} 588^{1038}

불 ᄌᆞᆨ 소리

제 ᄂᆞᆷ 너네 계저 = ᄀᆞᄁᆞ 곤 찍기 = 계제계곤。

30月 28964　　4042 2440402　　3320 28964　　1037 590

口 節 圖 言

大有存在虛空中

小我生死天予幻

우一움웃一움 命

ᄆᆞ 一 ᅩ ᄆᆞ 一 一 ᆞ ᄋᆞᆷ

ᄆᆞ ᆞ ᆞᄆ ᄋᆞ 一 ᅮᄆ 뭄

一 丨 ᆞ ● 丨 ○ ᄆᆞᆷ

숨ᄆᆡ디

숨ᄆᆡ디 ᄉᆡᄀᆞᆷ

一 丨 ᆞ ᄆᆞᆷᄆᆞ엄ᄆᆞ。

ᆞ 丨 ○ 뭄ᄆᆞ침。

ᄆᆞᆷᄋᆞᆷ 뭄 모 므음。

ᄆᆞ오 오 ᄆᆞ 오우 ᄋᆞᆷ。

오으움 오스움 命。

1969

7 1 火	28965	4041 2440404	3319 28965	1036 591
2 水	28966	4040 2440405	3318 28966	1035 592
3 木	28967	4039 2440406	3317 28967	1034 593
4 金	28968	4038 2440407	3316 28968	1033 594
5 土	28969	4037 2440408	3315 28969	1032 595
6 日	28970	4036 2440409	3314 28970	1031 596
7 月	28971	4035 2440410	3313 28971	1030 597

우리네의 ᄇᆞ롬 보름 보롬 도 이쯤 와서는?
ᄇᆞ롬 보름 지나 보롬! 그믐: 이틀 빌미리 쉼!
스믈 여듧 좀 조리ㄹ 찍으며 엳드 부킈ㄹ — 훈 희—
희ᄃᆞᆯ의 숨부끔질에 열사흘다 증든 맞!
열아홉히
~~[illegible]~~ 돌도는ᄃᆡ 어찌 히: 증든이 어긋!? ㅂ—
돌:네
맞질 않으믄 노리우: ~~[illegible]~~ 일곱부킈ㄴ — 더좀—
희르니 흐이시 희나 ᄃᆞᆯ이 ᄃᆞ르 더맞힐……。

8 火	28972	4034 2440411	3312 28972	1029 598

由己仁道

精卵成體人子生　意誠進德得歸一
魂魄維心天命意　求仁上道自由己

9 水 28973　　24404 12 (4033)　　28973 (3311)　　599 (1028)

없을 운이 있칠손ᄀᆞ!?

ᄇᆞ람 불면 꽃도 피고, 꽃 웃는 덴 ᄇᆞ람도 ᄂᆞ!!

ᄒᆡ가 뜨나 ᄌᆞ리 멀며, ᄒᆞᆫ ᄌᆞ리나 뜻이 멀며,

몸먹은 뜻도 헤지면 '곱고 싫고' ᄇᆞ림: 업!

10 木 28974　　2440413 (4032)　　28974 (3310)　　600 (1027)

ᄂᆡ리 七零八落 — 민끝갈늠을 울며기들름.

마루재 썩, 돼말섭. 싼, 저울 돌아, 님이어요!

만나 짓고, 돼, 쌓, 두메, 들어니. 쓸: 바로 된돈!

차라리 저울대 먹고 맨끝 알음: 울기름!

11 金 28975　　2440414 (4031)　　28975 (3309)　　601 (1026)

12 土 28976　　2440415 (4030)　　28976 (3308)　　602 (1025)

늘계시옴: 빛최ㄴ ᄒᆡ ᄒᆞᆷ:

싱긴 힝 키워 싱싱히 도르근디 ᄋᆡ니 싱키,,!

ᄒᆞᄒᆞᄒᆞ ᄒᆞ도 ᄒᆞ도 ᄒᆞᄒᆞᄒᆞ ᄒᆞ오리 ᄒᆞ ᄒᆞᄃᆞ!

빈통 넙멀 깜 ᄋᆞ득 ᄋᆞ브모시 늘참올!

1969

ᄎᆞᆷ !?

ᄋᆞᄇᆞ의 늘음즉힘 ᄂᆡ신 만큼 ᄇᆞᆫ훌은 고디!
몸다 ᄇᆞᆰ혀 ᄂᆡ인 속을 ᄇᆞᆰ으니 만큼 ᄉᆞᆫ시 써!
온ᄂᆡ가 ᄒᆞᆫ속을 소리: 다신 몰없. 몰없 ᄎᆞᆷ!!

7 13 日 28977   4029 / 24404.16   3307 / 28977   1024 / 603

14 月 28978   4028 / 24404.19   3306 / 28978   1023 / 604

ᄉᆡᆼ인 一

ᄉᆡᆼᄒᆞᆫ! 인ᄒᆞᆫ! 김속:숣이: ᄋᆞ리거니. ᄉᆡᆼ인 ᄎᆞᄌᆞ
ᄉᆡᆼ인 ᄎᆞᄌᆞ ᄂᆞᆫ 길에: 너나 못나 몰못 ᄉᆡᆼ각!!
울ᄋᆞᄇᆞ 도루그 모실 울ᄒᆞ야금 ᄉᆡᆼᄎᆞᆷ인!!!

ᄉᆡᆼ인 二

ᄂᆡ ᄉᆡᆼ인은 ᄋᆞ리 본훌、ᄋᆞ리 본훌 ᄋᆞᄇᆞ ᄉᆡᆼ인
에 이제 ᄋᆞ리는 ᄉᆡᆼ인을 ᄎᆞᄌᆞ、기리기리 컴!.
직힐손 ᄋᆞ리 ᄉᆡᆼ인을 바로길러 솟ᄂᆞ 숣—。

솟놀흙을 ?

따뜯 ᄋᆡ서늘 틈박위에 곰지리을 두엇것도!
기는놈에 걷는놈과 뛰는놈과 놀기조ᄎᆞ!
ᄉᆡᆼ각에 몰숨주받다 솟놀흙을 ᄎᆞ집직!?

15 火 비 28979 　　 2440418 (4027) 　　 28979 (3305) 　　 605 (1022)

一

心ㆍ患本元自一患 人事始初在房事.

마·담· 둥글 일루되 맨듬. 니러. ᄒᆞᆫ ᄉᆞ름.

人事ㄴ 비롯될수 업! 갈비·곰· 으로 짓듬.

그듬일 房事=野合= 하ᄂᆞ: 님: 캄 캄 캄.

16 水 비 28980 　　 2440419 (4026) 　　 28980 (3304) 　　 606 (1021)

달아 달아 붉은 달아 바롬 보름 보롬 달아.

예 다시 보기 옵! 우럽만턴 낫을 딛고 섯네!

에보오 우리족은뉘 솔갓조차 맨져봐!

간 크리스마스: 낫마주 보인 우리 네는 또.

예 다시 보이옵! 김·물·밥을 다 쓰가지고:요.

예수여 우리 본훌뜻 조차 둘뚤 어릿고?

17 木 28981 　　 2440420 (4025) 　　 28981 (3303) 　　 607 (1020)

18 金 28982 　　 2440421 (4024) 　　 28982 (3302) 　　 608 (1019)

1969 7 19 土 비오림	28983	4023 / 2440422	3301 / 28983	1018 / 609
20 日 흐림	28984	4022 / 2440423	3300 / 28984	1017 / 610
21 月	28985	4021 / 2440424	3299 / 28985	1016 / 611

아·폴로 11 목

널·암스트롱 에드윈·올드린 마이클·콜린스

1969넌7월21일 5시17분42초 人間一閃兩體四足踏破月閒暇

步月古今

攸好得。

考終叅与

一九六九念七念

兩人步月惜夕惜

日升照明今如古

意見工作將影昔

愚家步月杜子美

升虛踏土航士功

艮下坤上自古謙

地姊月妹闢新翁

多夕 識

---

22 火	28986	4020 / 2440425	3298 / 28986	1015 / 612
23 水	28987	4019 / 2440426	3297 / 28987	1014 / 613

蜂群을 平昌으로 出發시키고 나·4 2시30분頃

24 木 28988   4018 / 2440427   3298 / 28988   1013 / 614

간밤비 안음을 고릅

25 金 28989   4017 / 2440428   3295 / 28989   1012 / 615

흐림 좀 뿌리

26 土 28990   4016 / 2440429   3294 / 28990   1011 / 616

27 日 28991   4015 / 2440430   3293 / 28991   1010 / 617

고르름

28 月 28992   4014 / 2440431   3292 / 28992   1009 / 618

흐림

아침뒤 槐山郡 甘物面
李鍾甲 京仁 뻐스 運轉士 來訪

29 火 28993   4013 / 2440432   3291 / 28993   1008 / 619

흐림

30 水 28994   4012 / 2440433   3290 / 28994   1007 / 620

흐리다가 비

31 木 28995   4011 / 2440434   3289 / 28995   1006 / 621

1 金 28996   4010 / 2440435   3288 / 28996   1005 / 622

흐림

午后 光州 金信 接受。

1969

8 2 土 28997 　 4009 2440436 　 3287 28997 　 1004 623

간밤시비

命一命

无去來住外 太虛空極中

生也死也元 父兮子兮命

3 日 28998 　 4008 2440437 　 3286 28998 　 1003 624

비

까듥 잇지 !?

비르집을 까드르든? 비로심은 더욱 까듥

ᄆᆞ치기를 서운히믄? 까듥도 흖 비룻 집네!

이저십 시신짔네들 까듥인가 ᄒᆞ노라

4 月 28999 　 4007 2440438 　 3285 28999 　 1002 625

5 火 29000 　 4006 2440439 　 3284 29000 　 1001 626

咸 24983

料外相會談中光州金壽訪했다. 말듣.

6 水 24984 29001 　 4005 244045940 　 3283 29001 　 1000 627

아침비가 만히 나린뒤 비끗있는가 은디 雨傘 들고 나스다.
益善洞 八二番地 門前닷다.
瑞山人 金氏ㄹ 맛나 朴淳甬氏 일운무럿더니 氏는
올봄에 作故云든다.

7 木 29002　　4004 / 244044[illegible]　　3282 / 29002　　999 / 628

誰
平生故人何作故　肇判出入孰決判
多故無故 故鄕故　喫烟絶烟恒茶飯

8 金 29003　　4003 / 2440441　　3281 / 29003　　998 / 629

木浦 가까 小島 塩田人來訪.

靜境依山築小樓 綠陰滿地景清幽 兩三白屋炊烟起
上下長堤麥浪流 一句詩成眞假樂 三盃酒醉可
醫愁 杏林知己相逢處 半日偷閑物外遊

9 土 29004　　4002 / 2440443　　3280 / 29004　　997 / 630

靈巖生 日本長歸後 釜山一大師一号章刻一要配 八十五才兒李
鄭一奉 來訪.

두어리

1969

이또 멱이 믿디리까? ㄹ ㄹ되로 속이리까?

먹어 싸리까? 솔아 살리까? 풂아시를 묾 ᄋᆞ!

믿 첫은 묾ᄋᆞ서리까? 믿끝 보름 보리까?

8 10 日 29005 　 4001 / 24404444 　 3279 / 29005 　 996 / 631

11 月 29006 　 4000 / 24404445 　 3278 / 29006 　 995 / 632

5시 光来昨夕到 伴忠熙今發 向平昌大美

12 火 29007 흐림 　 3999 / 24404446 　 3277 / 29007 　 994 / 633

13 水 29008 흐림 　 3998 / 24404447 　 3276 / 29008 　 993 / 634

14 木 29009 　 3997 / 24404448 　 3275 / 29009 　 992 / 635

15 金 29010 흐림 　 3996 / 24404449 　 3274 / 29010 　 991 / 636

솟누 숨은 ᄋᆞ돌

엄무 엄무 우리엄무 엄무여긔 몸무줘오!
읍부 읍부 우리읍부 진지상엔 반찬맛누!
엄무충 우린조아오 우리집이 조아오!

어머 어머 어머니야 엄무: 예잇: 젓먹여 큼!

아바 아바 아바지야 압ᄇᆞ:ᄯᅳᆺ: 밥벽이 큼!
다 흠끠 ᄋᆞ러러 솟남: ᄋᆞᆯ몸숨: 계곤 저!!
ᄋᆞᄇᆞ ᄋᆞᄇᆞ ᄋᆞᄇᆞ지론: 우리 몰라! 집엔 없서!
젓도 없ᄋᆞ 밥도 없ᄋᆞ 엄마 엄마 ᄆᆞᆷᄆᆞᆷ 밥ᄇᆞ!
엇지타 이런집안에 튀어 누은 손아이!!

16土 29011　244044~~1~~850 (3995)　29011 (3273)　637 (999)

ᄋᆞᄇᆞ　　계집　　계신

미디　비름　　ᄉᆞᄂᆡ　　님

ᄋᆞᄃᆞᆯ　　딸림　　올　몾

지　　　　미름

17시쯤에 成憲氏 맏드른 具仁植 鍾路區苑南洞一三三ノ一 (서울大附病院正門앞) 韓國教材商事営業部 (七二) 六一一七番 氏初來訪

17日 29012　24404 5~~1~~ (3994)　29012 (3272)　638 (989)

惡戰苦鬪由心忠　　善戰勇鬪事天命

1969

8 18月 읽 29013 2440451 (3993) 29013 (3271) 639 (988)

19火 29014 2440452 (3992) 29014 (3270) 640 (987)

吳秉學 연이 오다

20水 29015 2440454 (3991) 29015 (3269) 641 (986)

麗水行 豐登号로 10시35분 서울떠 17시나되어 求禮口에 下車하야 빠스로 15분쯤 것고 山길을 넘에 九시넘 谷城에 들다

21木 29016 2440455 (3990) 29016 (3268) 642 (985)

22金 29017 2440456 (3989) 29017 (3267) 643 (984)

23土 읽 29018 2440457 (3988) 29018 (3266) 644 (983)

祈禱會뒤 金執事1 끄으는 牛車에 안저 鴨綠에 나리어 버스로 東光園앞을 들러 光州로 오다。東光園에 들다。

24日 29019 읽 2440458 (3987) 29019 (3265) 645 (982)

吳執事(四兄弟第三者)長次農。季牧師。父親九十五歲下世시음。

金龍圖移居地 楊林洞 48반 99

25月 29020 2440459 (3986) 29020 (3264) 646 (981)

26 火 29021 　 3985 　 3263 　 980
비부림개임 　 2440459600 　 29021 　 647

27 水 29022 　 3984 　 3262 　 979
25005 　 2440464 　 29022 　 648
25306

趙成春君과 더브러 水海에 오다 (南原出生)
沈相鳳 神学出現移敎役。 個內公廳에 百種日을 타서 社集遊興ㅎ는 듯 하,

28 木 29023 　 3983 　 3261 　 978
2440462 　 29023 　 649

14시쯤에 水海서 물러나서 瀋陽大路로 散策步行 十五里 文章(當市場日)에 와 靈光——光州 去來車를 기다려 타고 희동강 着驛 下車하야 다시 걸어 그라드니 어둡다. 俊鎬氏도 谷城으로부터 도라와 계심을 봐 듯는! 밝은 달잔에 뜨는 雲빛 살랑되기에 달의 끝은 높은 山으로 막은 風光은 참으로 壯大抱容感으로 차고 차더이다.

29 金 29024 　 3982 　 3260 　 977
2440463 　 29024 　 656

卽 事

十番晝夜明命中 　 起居尋訪往復情
谷城光州長城間 　 信望寢食交涉安

이글 이글 믿ᄉᆞ올뿐。
빈탕ᄒᆞᆫ디 ᄒᆞ고 꼭대기 꼭문이 너 ᄂᆞ 제건!
ᄂᆞ 남 너네 계지 제계 ᄃᆞᄅᆞ 곤은 뉘우치키!
솟ᄂᆞ니 ᄎᆞᆷᄉᆞ롯ᄃᆞ다! ᄎᆞᆷ물로 ᄎᆞᆷ 음 아멘。

1969

一千九百六十九年八月二十九日

ᄒᆞ ᄋᆞ드님의 어머님을 첨으로 뵙는 오늘!

어제 水海에서 오사이 地方에서 비를 기다린 듯。진장 그리 늦읍디기 이 누습에 비가 내릿 흠。

道岩面登光里
慶州李 相福 庚戌(1910) 正月(2) 十六日(25) 金 2418728　　慶州李世鍾氏〔1880—1942〕?

8 30 土 29025　　2440464 (3981)　　29025 (3259)　　651 (976)
간밤 비 뿌리. 이어 비

31 日 29026　　2440465 (3980)　　29026 (3258)　　652 (975)
갈은 흐리다. 고흔 비

〔고 I 七章 三十一節〕이 누리의 끝자국 지나감이여!

빗깔: 올븐것! 살결: 박힌거! 끝자국 는것에。
싱각 내기 「다시 보믄? 좀더 올븐? 휘지 비지。
회오리 도라가므로 지느것다 다깃디。

9 1 月 29027　　2440466 (3979)　　29027 (3257)　　653 (974)
비ᆞ 흐렁 비 흐리
날뒤 李相福氏 慶州로 갔다」뜨심。

2 火 29028　　2440467 (3978)　　29028 (3256)　　654 (973)

祈禱夜夜懇〻切　薊薊日日默〻心

3水 29029　　2440468 (3977)　　29029 (3255)　　655 (972)
음

아침에 呉福熙氏歸于珍島發程.

4木 29030　　2440469 (3976)　　29030 (3254)　　656 (971)

15시쯤에 소낙갓트비 오고 음

5金 29031　　244046970 (3975)　　29031 (3253)　　657 (970)

구름뭉치 뛰었.." 오늘도 느지나 어제같이 소낙기

6土 29032　　2440471 (3974)　　29032 (3252)　　658 (969)

7日 29033　　2440472 (3973)　　29033 (3251)　　659 (968)

집싱각

집싱각 ᄒᆞᄂᆞᆫ듸 : ᄋᆞ부지, 어머니, 中年 相이 ?

ᄋᆞ이들도　안떠오르고, 마ᄂᆞᄅᆞ 낯도 안봬!

ᄂᆞ여든 무디인 싱각 그림일가 ……… 。

십흠 죽은이 잠 줄ᄌᆞ고。봅 줄 씹은이 줄슴

8月 29034　　2440473 (3972)　　29034 (3250)　　660 (961)

1969
9 9 火 29035　　3971 / 2440474　　3249 / 29035　　966 / 661

人事 보 입

ᄉᆞ름은 ᄂᆞ면서 고그디 1 4 ᄃᆞ。고그디 곧!
一ㅣ· 고기 드리드리오、음 ᄒᆞᆫ 10ᄉ 10ᄉ。
一ㅣ· 음은 ·一ㅇ 온녕 온ᆼ계셔오……。

腎枯腰痛頭重濁　精貞髓適活神正明　气安息平性命確
負一思神脊髓潤　「神明」

10 木 29036 흐릿파게임　　3970 / 2440475　　3248 / 29036　　965 / 662

ᄋᆞ부께 소리
이제른 덧도 애른 조리도 다시 다시 냇코、
솜도 몰도 피도 뜻도 서로 서로 닉이 신 가ᄂᆞ
ᄋᆞ가십 마조박혀서 우리 빔질 못ᄒᆞ옵!

ᄉᆞᆯ의 짓은 주금이오。 ~~얼의 짓은 그 [음] 이니ᄃᆞ~~。

얼의 짓은 그 그음은이니ᄃᆞ。

無去來往外　太虛空極中　生也死也元　父子子父命
그 잇도 디 끝 업、빈 통 ᄒᆞᆫ 디 ᄒᆞᆫ 그　ᄉᆞᄂᆞ니 죽ᄂᆞ니 뜸 ᄋᆞᆸ ᄋᆞᆯ 몰ᄉᆞᆷ
셋 토막: ㄴ [요 十六 8 ―― 11]
죄 ᄃᆞᆫ 절 믿덜 못ᄒᆞ고 ᄂᆞ른 ᄃᆞ니 니 ᄂᆞ 업!
늬ᄀᆞ ᄋᆞ부지 계로 ᄀᆞ서 다시 몯 봄이 오름!
님금도 더글슨 업서 심판 만을 기둘ᄃᆞ!

3969　3247　964

11 木 29037　2440476　29037　663

빌고 ᄇᆞᄅᆞ는 거름

이제예 저희는 이 ᄯᅡ 위 뉘로 몯 미음ᄋᆞ 엄마께 어든
술몸 속에서 속올을 키우더니
예수를 미드며 그 그리운 우리 ᄋᆞ부지 ᄋᆞ부ㄹ 되과져 이불로.
ᄒᆞᄂᆞᆯ 길을 ᄀᆞ면ᄀᆞ ᄒᆞᄃᆞ 보니
이제 도두 보건던 ᄒᆞᄂᆞᆯ길거른데 끈근 갈피도 잇는가 십고
— 이제 이놈은 우리 ᄋᆞᄇᆞ ᄋᆞ부지 계실 얼 골ᄌᆞ귀 아ᄉᆞ
ᄀᆞᄭᆞ온 목부지 길에서서 주은불을 ᄯᅴᄃᆞ 브티ᄃᆞ 불ᄃᆞ ᄯᅴᄃᆞ
ᄒᆞ는듯 ᄒᆞ여이이다。

3968　3246　963

12 金 음 29038　24404767　29038　664

鶴洞으로 向발다고 떠나 潭陽洪蔭科學士經營牧60里를遠風
[illegible] 后牧畜實況觀覽ᄒᆞ고 潭陽邑 [illegible] 市街로 지나 鶴洞
歸着留宿

3967　3245　962

13 土 29039　2440478　28039　665

午后에 芳林洞 一三二番地로 還圓ᄒᆞᄃᆞ。

3966　3244　961

14 日 29040 비　2440478　29040　666

乭 1963 10 25　李 1964 3 18

2414855　2438473

日正来 2150日　日正来 2005

1969

8 15 月 29041 비 — 3965 / 2440480 — 3243 / 29041 — 960 / 667

16 火 29042 흐림 — 3964 / 2440484 — 3242 / 29042 — 959 / 668

17 水 29043 — 3963 / 2440481 — 3241 / 29043 — 958 / 669

흐리다가 낫지녁 긔이엇다

어제 金溪石長老 瑜伽說明을 듣다. 18시에 빛골會에서 끝흐리 뒤에 飮食집으로 옮겨 안저서 삼계湯으로 저녁먹고 东光園으로 와서 쉬다. 새벽이러 몰슴 그리웠 펄다. [允植]

正疑正知解脫安。邪疑邪知煩惱痴。

18 木 29044 — 3962 / 2440482 — 3240 / 29044 — 957 / 670

19 金 29045 안개 흐릿 — 3961 / 2440484 — 3239 / 29045 — 956 / 671

文質彬彬。文勝質則史、質勝文則野。

[文藝] 精力잇는곧에 愛慾이나 情意가 發하매 和하기는 難。

[文質] 天降衷：—精气元力—

人復命：—情操意識—

繫辭上 第五章

一陰一陽之謂道 繼之者善也 成之者性也 「故君子之道鮮矣。

仁者見之謂之仁、知者見之謂之知。百姓日用而不知。

第七章

子曰 易其至矣乎 夫易聖人所以崇德而廣業也 知崇禮卑 崇效天 卑法地 天地設位而易行乎其中矣 成性存存道義之門

○天地設位而變化行 ○成性本成之性也 繼養之性也 [……]

猶知禮存性而道義出也。○存存謂存而又存不已之意也。

20 土 29046 흐림 — 3960 / 244048[illegible] — 3238 / 29046 — 956 / 672

21 日 29047　　2440486 (3959)　　29047 (3237)　　673 (954)
몸

22 月 29048　　2440487 (3958)　　29048 (3236)　　674 (953)
흐림 [illegible]
30182

林景澤[18] 初面. 人物說 있다。務安人이오。數学好課吾。

23 火 29049　　2440488 (3957)　　29049 (3235)　　675 (952)
고은비 비

性　　人　　天　　天
存　　復命　　設　　降衷
義 ― 道　意情　變 ~ 化　精元
知
禮　　誠操　　位 地　　气力

24 水 29050　　2440489 (3956)　　29050 (3234)　　676 (951)
비비비

몯 올 ᄀ? 님 촟 ᄃ!
고글올믄 그믄 모셰! 그온글 올믄 그믄!
온갖것의 모든것의 모든것 밖이 ᄇ로 기!
- 헤미긴 니늡직 업시 빈탕혼딜 헤밌고!

25 木 29051　　2440490 (3955)　　29051 (3233)　　677 (950)

두겹으로 여섯 여섯 가므리고 복판까지 열셋 더럼
―― 마가 七 21 22 23 ――

1969

마가 七 1 — 23

몹슬·난질·거만·캄캄· 세활기!
훔치고 주기고 난질이 한켠 엽텅이,
막굽 눈부림 주둥이짓이 또 한켠!
탐이 앞섯고 괜짓이 흔복판으로 꼬리가 가짓이러루?

9 26 金 29052 仲秋快晴 3954 2440496 3232 29052 949 678

昨年在清秋月食 洪牧去疏八百日
今年晋光夜明朗 柳生依昔信且仰

27 土 29053 晩晴 3953 2440497 3231 29053 948 679

28 日 29054 구름오락가락 3952 2440498 3230 29054 947 680

29 月 29055 흐림 3951 2440499 3229 29055 946 681

去日疏 2165 李日疏 2020

뉘웋처 솟ᄂᆞᆫ命 一九六九 九 二九

뉘으로 치러서 ᄉᆞᆫ것이 미듬길이옵고、
씻고 독가 거듭솟ᄂᆞᆫ ᄒᆞᄂᆞᆯ나라 씨ᄋᆞᆯ이옵、
一ㅣ· 예수 그리스도 우린 따름 이이요。

30 火 29056 비 3950 2440495 3228 29056 945 682

코 누드리 보고

코홀련 : 『더런 계집 이른!』던이 『곱고나! 야! 杏!』
두놈이 맞서서 돈드놈 뒤로 걸고 당겼덥!
계집의 생각에 비친 이뉘 론거 1 뭣? 일가!

꽃 몰 뭇. 부통이 몬: 지면 몬지! 질면 진물쌤!
열솟음 묽구뇨! 묽디 묽은! 지저 찌찌 틈시!
울쨤을 골리, 늬는된 추금넘어 수ᄅ이ᄅ!

10 1 水 29057 $\frac{3949}{2440496}$ $\frac{3227}{29057}$ $\frac{944}{683}$

27896

二萬五千四十日!

~~(感) 二万五千八十日 感謝回向澤由高~~

좋	둥	極	地	
고	그	樂	獄	으
싫	러	이	이	ᄇ
고	니	미	비	으
업	드	ᄀ	ᄀ	ᄇ
고	ᄅ	地	極	
ᄇ	고	獄	樂	지

1969

10 2 木 29058 ... 24403948 04980 ... 3226 29058 ... 94 68
몸 27897

3 金 29059 ... 3947 2440498 ... 3225 29059 ... 94 685
27898

4 土 29060 ... 3946 2440498 ... 3224 29060 ... 84 83
몸

5 日 29061 ... 3945 24400~~499~~ 500 ... 3223 29061 ... 94 68
몸 27900

ᄒᆞᆫ ᄂᆞ 신 ᄋᆞ들 요한 一 1 — 18

ᄆᆞᆯ슴이 ᄒᆞᆫᄂᆞ신 ᄋᆞ들로 됩시: 우리 ᄀᆞᆫ듸 납。

험답 ~~참올~~ 참올이 ᄀᆞ득ᄒᆞ시와 그 빛월이 거룩

님이여 예수 그리스도 기리ᄋᆞ며 우럽ᄉᆞᆸ。

6 月 29062 ... 3944 24405001 ... 3222 29062 ... 939 688

다시 ᄉᆞᆷ 요한 二 12 — 23.

계실되、때 ᅳ믄: 시픔 고픔이 ᄂᆞ를 아ᄌᆞ 싱킴!

아닌건: 곧 헐나! ᄉᆞᆯ이면 니ᄅᆞ키리라。심!

예수여 이루시던 님; ᄌᆞ그신지 ᄉᆞᆯ만!

계집돼 ᄀᆞ믄 시픔고픔이 ᄂᆞ를 아ᄌᆞ 싱킴!

아닌건: 곧 깨쳐! 오르? 니리? ᄉᆞᆯ 만에 ~~브~~옴!

님이여 조타시던님 쉬허쉬허 ᄉᆞᆯ릿가?

7 火 29063 ... 3943 24405002 ... 3221 29063 ... 938 689

ᄌᆞᆷ 씹 는 뉘우칙히 ᄋᆞ부 모시어지과저오

8火 29064　　2440503 (3942)　　29064 (3220)　　690 (937)

구름 2:30

요한

1 ᄆᆞᆫ첨에 ᄆᆞᆯ숨이 잇스니 ᄆᆞᆯ숨이 ᄒᆞᆫᄋᆞ님과 ᄀᆞᆺ치 계시ᄆᆡ ᄆᆞᆯ숨은 곧
ᄒᆞᆫᄋᆞ님이시라. 3 ᄆᆞᆯ숨으로 잘몬이 지어지니라 4 목숨이 ᄆᆞᆯ숨에 잇스
니 목숨은 ᄉᆞ람의 빛이라 5 빛이 어두은데 빛외되 어두은것이 깨
닫지 못ᄒᆞ더라
6 요한이 와서 몬ᄒᆞ는것은 모든 ᄉᆞ람으로 ᄒᆞ야금 「목숨이 ᄉᆞ람에게
바로 빛이란걸 미드라」 ᄒᆞ이고 요한이 빛은 아니며 9 참 빛이 잇
스니 누리에 ᄂᆞ리샤 ᄉᆞ람 마닥에 빛외는거시라 10 그가 누리를 지으시
고 누리에 계시되 누리가 아지 못ᄒᆞ고 11 제 따에 와도 그 씨알이
마즈드리지 아니ᄒᆞ되 12 마즈드리는이는 그 이름을 믿는이루
저울뒤를 주샤 ᄒᆞᆫᄋᆞ님의 ᄋᆞ들 ᄯᆞᆯ이 되게 ᄒᆞ시ᄂᆞ니 13 이는
핏김으로 난것도 아니오 십흠으로 난것도 아니오 ᄉᆞ람ᄉᆡᆼ각
으로 난것도 아니오 ᄒᆞᆫᄋᆞ님께로서 난거시라 14 ᄆᆞᆯ숨이
ᄉᆞᆯ몸이 되어 우리 ᄀᆞᆫ뒤 계서 힘입과 참이 ᄀᆞ득ᄒᆞᄆᆡ
우리가 그 빛월을 보니 ᄋᆞ부지의 ᄒᆞᆫ ᄂᆞ신이의 빛월
이러라。

9木 29065　　2440504 (3941)　　29065 (3219)　　691 (936)

예수의 判決　創四1—15 요한八3—11

조임가지고는 숨이 아니다.

아벨의 드린 짐승이 옳단데서 죽임 일고、
누구던지 조임 업시 던지 돌을 들어 치라、
더조임 나트 안주니 가서 다신 조임 모。

1969

요한 七 53 ― 八 1 ― 3 上半 八 12 ―

예수 橄欖山에서 니려 이른 아침 聖殿에 누심.
이제 다 옵옵 십으로 도라 가던이 가 보뎜,
바드라 목숨 빛는을! 어둠에서 니루심.

八 32 ― 37 ― 59

또 참을 올지니. 참이 너희를 노아주리라.
아브라함 꺼덕이라도 참안숨이 모닌 종놈!
종이면 으늘이 놔에 춤노히서 젊을갖음.
아브라함이 잇기전에 계신 목숨 빛 : 님은,
서른놈짓 되시어도 아브라함이 뵙고 잇!
으부질 민첨부터시 모신으들 목숨님!

3940 3218 935
10
10 金 29066 24405085 29066 692
27305
934
3939 3217
11 土 29067 24405086 29067 693

예 더 미므르므로 으부지 께 거룩ᄒᆞ실 뒤로 만
이루어 주시옵소서 아멘.
더욱 으부의 놓으신 뜻이 이씨올 근뒤 ᄎᆡ우시옵
소서 이를 브르옵고 빌고 빌고 빌므로 아멘

3938 3216 933
12 日 29068 24405087 29068 694

일리홍고개로 골뫼로, 좋은골로, 도루도루 오다.

3937 3215 932
13 月 29069 24405088 29069 695
[고린도 I 1장 26절 읽]

고리도 I 2장10 ᄒᆞᄂᆞ님의事情은 ᄒᆞᄂᆞ님이神이 앎. 16 그리스도몸.

6 : 19 몸은 모숨님 계실데!

7 : 31 늬 꼴박이는 지나감! 지닐슬건 아니!!

: 40 나도 또ᄒᆞᆫ ᄒᆞᄂᆞ님의 신을 바든줄로 ᄉᆡᆼ각ᄒᆞ노라.

8 : 祭物食 13終生菜食而亦可.

10 : 23—33 祭物食

11 : 敎會에서 사나히와 계집. 17. 聖餐과 食事.

12 : 神賜ᄒᆞᆫ것 : 職責各分 : 恰似體肢. (19) 敎訓五語勝於万句方言.

14 : 通辯者업거던方言은停止ᄒᆞ. 34 敎中婦女不言.

15 : 主復活後示現 12復活論 19若所望只止此生而已則吾儕最可憐

25 王治 26 征滅死亡 (이사야 25:8)

II 1 : 4 디가 우리 모든 患難中에서 우리를 慰勞ᄒᆞ사 우리
로 ᄒᆞ야곰 ᄒᆞᄂᆞ님께 받는 慰勞로써 모든 患難中에 있
는者를 能히 慰勞ᄒᆞ게 ᄒᆞ시ᄂᆞ니 5 大盖 그리스도의 苦難이
우리의게 만흔 것ᄀᆞ치 우리의 慰勞도 그리스도로말미암아 만흔
지라 9 ᄎᆞᆷ으로 우리 몸에 죽을줄 알앗스니 이는 自己를 믿지
말고 죽은者를 다시 살니시는 ᄒᆞᄂᆞ님만 믿게 ᄒᆞ심이라.
19 그리스도는 네ㅣ ᄒᆞ다가 아니라 ᄒᆞᆷ이 업고 다만 뎌의게는
네뿐이니라.

2 : 너희로 ᄒᆞ야곰 근심ᄒᆞ게 ᄒᆞᆫ者가 나면 너가 근심ᄒᆞ게ᄒᆞᆫ者밖
게 나를 깃부게 ᄒᆞᄂᆞᆫ者가 누구냐?

3 : 信者는 서로 목숨을 證據ᄒᆞᄂᆞᆫ片紙라. 6 儀文은 죽이는것
이오 聖神은 살니는것이라.

14 火	29070	3936 2440506[8→9]	3214 29070	931 696
15 水	29071	3935 24405[09→10]	3213 29071	930 697

1969

10 16 木 29072 연기흐리 눈뒤갬 — 3934 / 2440511 — 3212 / 29072 — 929 / 698

가깝은 게 업스니 가아고.
더 골부 업스니 다왔게?
예부르 계면 제계고 렙도!

詩篇 十六篇 읽고 읽고 읽과 지이시!

17 金 29073 흙 — 3933 / 2440512 — 3211 / 29073 — 928 / 699

18 土 29074 흙 — 3932 / 2440513 — 3210 / 29074 — 927 / 700

19 日 29075 흙 — 3931 / 2440514 — 3209 / 29075 — 926 / 701

20 月 29076 흙 — 3930 / 2440515 — 3208 / 29076 — 925 / 702

1929 3 17 日曜 己 巳 2 7 吉日 > 2425688 < 新安郡 岩泰面 島嶼部 松谷里 尹 明 烈 第14827日

崔鳳楨
14861

21 火 29077 흐랏 — 3929 / 2440516 — 3207 / 29077 — 924 / 703

22 水 29078 — 3928 / 2440517 — 3206 / 29078 — 923 / 704

같이 : 하나 같겟냐!?
같은 것은 같치 두고, 다른것을 따로 둘가?
갖 맞나 다른 쇠가 같치 누들 비 마침니 같!
아무록 아무록도 또 끼럼측도 흐름기 히!!

ᄇᆞᆫ드리 드릴줄

ᄒᆞᆫ웋님 계 계셔 늘 ᄂᆡ셧스니 ᄂᆡ 늘 가지
계 ᄇᆞᆫ드리 ᄉᆡᆼ김 십흠으로 이제 ᄂᆡ 속울과 ᄉᆞᆯ
몸 ᄃᆞᆨ숨과 ᄂᆡ ᄂᆞ의 힘과를 계 ᄇᆞᆭ드리 드ᄅᆡ

ᄂᆡ ᄇᆞᆰ음 ᄂᆞᆯ 올ᄆᆞ, ᄂᆡ 몸 ᄃᆡ ᄂᆞᆯ 옮, ᄂᆡ ᄂᆞᆯ ᄉᆞᆼ코
고ᄆᆞᆷ. ᄂᆡ 눈 네 ᄎᆞᆷ 봐. ᄂᆡ 귀 네 올을 듣고, ᄂᆡ 혀 네
거룩을 기리으고, ᄂᆡ 소리 네 ᄋᆞ름ᄃᆞ음 노릐, ᄂᆡ 손 ᄒᆞᆫ 늘
일에 쓰며, ᄂᆡ 발 ᄒᆞᆫ 늘 길을 ᄀᆞ면 ᄒᆞ오니, ᄂᆡ 몸의 ᄉᆡᆼ각과
ᄂᆡ 입의 몰과 ᄂᆡ 몸의 짓과 ᄂᆡ 맞나는 어려움과 ᄂᆡ 받
게 되는 업시임과 욕됨과 ᄂᆡ ᄉᆞ는 동안; ᄒᆡ ᄃᆞᆯ ᄂᆞᆯ 덧:
ᄂᆞᆷ ᄌᆞᆨ 걱정 고ᄆᆞᆷ을 네게 ᄇᆞᆭ드리 드려 ————
일지기는 흙ᄇᆞ퉁 낮에서 ᄎᆞᆺ던것을 ———— 온통 계
ᄎᆞᆷ빛에 ᄃᆞ라ᄀᆞ기로 꼭 ᄇᆞ롬이옵지: 무슨 계ᄀᆞ서 열ᄃᆞ
오릴 ᄎᆞ지릿ᄀᆞ?

ᄒᆞᆫ웋님 뜻 맞고 ᄒᆞᆫ웋님 몰ᄉᆞᆷ ᄉᆡ어 ᄃᆞ모지 ᄂᆞ와 모든 ᄉᆞ롬
속울 ᄂᆞ의임에 더욱 되기만을 가장 비ᄂᆞ이다.
ᄒᆞᆫ웋님 ᄋᆞ리 이 조임 ᄉᆞᆯ의 조임이 크고, 몬진 모질이 무
거워 드린ᄃᆞ 몯 되오니
계 불ᄉᆡᆼ힐 ᄇᆞᄅᆞ며
계 언이ᄅᆞ 기ᄃᆡ어 비오니 ᄂᆞ드리 제계듬 아멘。

요한一章

6 요한이와서 말ᄒᆞᆫ것은 모든 ᄉᆞ롬으로 ᄒᆞ여금
목숨이 ᄉᆞ롬에게 ᄇᆞ로 빛이란 거ᄅᆞ 미드리게 홈이고 요한이 빛은 아니며
9 ᄎᆞᆷ 빛이 잇스니 누리에 누리샤 ᄉᆞ롬 ᄆᆞ두에게 빛외는거시라
2 ᄆᆞᆺ드리는 이는 그 빛을 믿는이라 저울 되를 주샤 ᄒᆞᆫ웋님 ᄋᆞ돌이 되게 ᄒᆞ시니
3 이는 핏김으로 난것도 아니요 십흠으로 난것도 아니오 ᄉᆞ롬 ᄉᆡᆼ각으로 난것도
아니오 ᄒᆞᆫ웋님게로서 난거시라 14 몰숨이 ᄉᆞᆯ몸이 되어 우리 ᄀᆞᆫ되

~~계셔 힘잃과 참의 그득ᄒᆞᆫ며 우리가 그 빛월을 보나 ᄒᆞᆫ부자의 ᄒᆞᆫ누신아의 빛월이러라~~

계셔 힘잃과 참올이 그득ᄒᆞ미 우리가 그 빛월을 보
ᄋᆞ브 누신 ᄋᆞ 빛월이러라

요한 첫월 첫ᄆᆞ리

6 요한이 와서 몰ᄒᆞ는것은 모든 ᄉᆞ롬으로 ᄒᆞ야금
「목숨이 ᄉᆞ롬에게 ᄆᆞ로 빛이란 걸 미드라」 ᄒᆞ여고 요한
이 빛은 아니매 9 참빛이 잇스니 누리에 누리시ᄂᆞ ᄉᆞ롬 ᄆᆞ독이
게 빛외는 거시라 12 ᄆᆞ츠드리는이는 그빛을 받는이라
허울되롤 주시ᄂᆞ ᄒᆞ옿님 ᄋᆞ들이 되게 ᄒᆞ시니 13 이는 핏김으
로 는것도 아니오. 삽흠으로 는것도 아니오 ᄉᆞ롬 싱각으로 는것
도 아니오 ᄒᆞ옿님 계로서 는것이라 14 몰숨이 숨몸이 되ᄋᆞ
우리 군듸 계셔 힘잃과 참올이 그득ᄒᆞ미 우리 그 빛월을 보
니 ᄋᆞ브 누신 ᄋᆞ 빛월이러라.

요한 첫월 다섯ᄆᆞ디

一 ᄆᆞᆫ침에 날늠이 잇스니 날늠이 ᄒᆞ옿님과
곧치 계시미 날늠은 곧 ᄒᆞ옿님이시라 二 이
날늠이 ᄆᆞᆫ침에 ᄒᆞ옿님과 곧치 계시시 三 날늠
으로 잘몬이 니인바 되엿스니 눈몬이 날늠
읎시는 는것이 ᄒᆞ나도 업ᄂᆞ니라 四 命몰숨이
날늠에 잇스니 命몰숨은 ᄉᆞ롬의 빛이라

(날니 울님)

마태 六 21 눈은 온몸의 燈불이니 그런고로 네눈이 성ᄒᆞ면 온몸이 ᄇᆞᆰ을거시오
눈이 흐리면 온몸이 어두울거시니 그런고로 네게 잇는 빛이 어두면 그어
두운거시 얼마나 어둡겟ᄂᆞ뇨? 요한 九 41 너희가 눈이 머럿더면 罪가 업스려
니와 時方 몰ᄒᆞ기롤 우리가 본다 ᄒᆞ기로 죄가 그저 잇ᄂᆞ니라

1969 3927 3205 922

10 23 木 29079 2440518 29079 705

목

고린도Ⅰ 13:12 우리가 이제 거울속으로 보는것 가치 희미ᄒᆞ나
그때에는 님께서 나를 아신것 가치 ᄂᆡ가 온젼히 알니라.
요한Ⅰ 3:2 —— 우리가 그와 같을줄을 아는거슨 그의 계신 그대로
볼것을 인ᄒᆞᆷ이니라.
디모데의 미듬 디모데Ⅱ 一5 이는 네속에 거즛이 업는 미듬을 생각ᄒᆞᆷ이라.
이 미듬은 몬저 네 外祖母 로이스 와 네 어머니 유니게 속에 잇더니 또ᄒᆞᆫ 네 속에
잇는줄을 깁히 아노라.
12 그러므로 ᄂᆡ가 이같은 苦難을 바드되 붓그러워 ᄒᆞ지 아니ᄒᆞ노니 大蓋!
나의 믿은者를 ᄂᆡ가 알고 또ᄒᆞᆫ 나의 依託ᄒᆞᆫ것을 그날ᄭᆞ지 뎌가 能히 직
히실줄을 깁히 아노라. 13 너는 미듬과 그리스도 예수 안에 잇는 ᄉᆞ랑으로써 ᄂᆡ게
드른바 바른 말을 本받아 직히고 14 우리 안에 居ᄒᆞ시는 聖神을 힘닙어 ᄂᆡ게
附託ᄒᆞᆫ 아름다운 거슬 직히라. 二 9 福音을 爲ᄒᆞ야 죄인과 가치 매이는데ᄭᆞ지 고난을
받앗스나 하느님의 말슴은 매이지 아니ᄒᆞ니라. 主는 一 [illegible] 미쁘시니 自己를 否認ᄒᆞ실수 업스
리라 (요八55) 23 어리석고 무식ᄒᆞᆫ 변론을 바리라. 三 4 自己를 사랑ᄒᆞ며 快樂을 ᄉᆞ랑ᄒᆞ기를 ᄒᆞ
ᄂᆞ님 ᄉᆞ랑ᄒᆞ는것보다 더ᄒᆞ며 5 敬虔의 貌樣은 잇스나 敬虔의 能力은 否認ᄒᆞ는者니 이같은者들
의게서 네가 도라서라. 6 저희中에 남의계집의 집에 가만히 드러가 어리석은 女子를 誘引ᄒᆞ
는 者들이 잇스니

ᄀᆞᇀ ᄉ이 : ᄒᆞᄂᆞ ᄀᆞᇀ겟나 !?

ᄀᆞᇀ은것은 ᄀᆞᇀ치두고、다른것을 ᄯᆞ로둘가 ?

ᄀᆞᆺ맞나 다른시가 ᄀᆞᇀ치 ᄂᆞ들믜 마침ᄂᆡ ᄀᆞᇀ !

ᄋᆞ루륵 아ᄅᆞ록도 또 끼림측도 ᄒᆞ담ㄴ? 히!

셋재 닉 읊조리

1969

10 24 金 29080　　3926 / 24405188　　3204 / 29080　　921 / 706
흐린 비끝 밤갬

25 土 몸 29081　　3925 / 24405 19 20　　3203 / 29081　　920 / 707

26 日 29082　　3924 / 24405 20 21　　3202 / 29082　　919 / 708
안기 비끝 구름

27 月 몸 29083　　3923 / 24405 21 22　　3201 / 29083　　918 / 709

삼으엘下 〔壹拾九章〕 卅一—卅九 바실내 「35 내 나이 이제 八十歲라 엇더케 좋고 凶한 것을 分揀 할수 잇사오며 飮食의 맛을 알수 잇사오리가 엇더케 다시 노래하는 男子나 女人의 소리를 시라 드를수 잇사오리잇가……」

그 나라 와 그올　　맡六33 요十六10

계시 오브 뫼신 제가 예 나왔드 도르곰은?
오름올라 둥글우어 하늘나라 니뤄드니,
우리 몸 붉는 속울에 나라 ᄎᆞᄌᆞ 오르음.

28 火 몸 29084　　3922 / 2440523　　3200 / 29084　　917 / 710

本無一兩制　　生滅時空間
進退時空節　　惟人感貞烈

ᄆᆞᆯ ᄒᆞ는이가 귀를 가지기는 날름을 듣듣 듣듣 듣듣
ᄒᆞ야금을 다ᄒᆞ리는 섬김이기 ᄯᅢ문입니다。
닐르시는 ᄆᆞᆯ솜을 ᄇᆞᆮ드러 숨님 ᄯᅳᆮ 뒤로 섬깁시다。
ᄀᆞᄅᆞ치키김 뿐이기 ᄯᅢ문입니다。　요한一 1—5

저녁 뒤에 自相 오다「집 다 恩安을 感謝。」

29 水 몸 29085　　3921 / 24405 24　　3199 / 29085　　916 / 711

아침 十時頃 驛으로 나가 보아 東業사는 뒤로 上京ᄒᆞᆫ다고

30木 29086 몸 좋아 뒤몸 　 3920 2440524 25 　 3198 29086 　 915 712

ᄎᆞᆷ 쉼에 들과저

돈씨 지닌길 골고리 골니기도 ᄒᆞ더니만!
힘써 오를란데는 쉼없는 숨쉼으로 써만!
일없서 쉼이 아니고 ᄎᆞᆷ쉼에만 들과저.

잇가 본 꽃 　 베I — 13 — 25、가至二12。

잇ᄎᆞ 잇가 본꽃! ᄎᆞᆷ 고와! 싫것 두고 봘드면!
두고봐 시들고、뫈져봐 다치고、 다치면 피!
앏 몰숨"이 낱움 부로: 뒤게 틔쳐 뵙기루!

31金 29087 몸 　 3919 2440526 　 3197 29087 　 914 713 　 한천 정

11 1土 29088 몸 　 3918 2440526 27 　 3196 29088 　 913 714

2日 29089 흐림 　 3917 2440528 　 3195 29089 　 912 715

ᄂᆡ가 弱ᄒᆞᆯ때에 곧 强ᄒᆞ니라. 고後十二章10節 「고後五 p.10
우리는 肉體에 居ᄒᆞ던지 떠나던지 主를 깃브시게 ᄒᆞ기를 힘쓰노라.

3月 27929 29090 　 3916 2440528 　 3194 29090 　 911 716

1969

11 3 | ᄃᆞ구 둥글 ᄋᆞ옴둥글 　 이치ᄋᆞ옴ᄃᆞ ᄋᆞ옵
29090 　 27929

요 七 37—39 —— 그 빈에서 生水가 江곹치 흐르리라.
　八 28 　29 너희가 人子를 든뒤에 ᄂᆡ가 누인줄을 올고 또 ᄂᆡ가 스스로 아모깃도 ᄒᆞ지 아니ᄒᆞ고 ᄋᆞ부지께 ᄀᆞᄅᆞ치신뒤로 ᄂᆡ가 말ᄒᆞᄂᆞᆫ줄도 올니라 29 나를 보내신이가 나와 곹치 계시니 ᄋᆞ부지 계셔 나를 혼자 두지 아니ᄒᆞ시ᄂᆞᆫ것은 ᄂᆡ가 줄곧 그 깃버ᄒᆞ시ᄂᆞᆫ일로 섬김이라.

4 火	29091 몸 27930 26186	3915 / 2440529 30	3193 / 29091	910 / 717
5 水	29092 몸 ——— 좀 부름이츠지 드ᄀᆞ 등ᄒᆞ 거ᄒᆞ 이치올새ᄒᆞᄂᆞ	3914 / 2440531	3192 / 29092	909 / 718
6 木	29093 몸 좀흐리오기옹	3913 / 2440532	3191 / 29093	908 / 719
7 金	29094 흐림	3912 / 2440533	3190 / 29094	907 / 720 숨쉰도ᄃᆞᆸ
8 土	29095 몸 히미끼며	3911 / 2440534	3189 / 29095	906 / 721
9 日	29096 몸 27935 흐릿비방울	3910 / 2440535	3188 / 29096	905 / 722
望月朔 10 月	29097 흐림 비조금	3909 / 2440536	3187 / 29097	904 / 723
11 火	29098 몸	3908 / 2440537	3186 / 29098	903 / 724
12 水	29099 몸	3907 / 2440538	3185 / 29099	902 / 725 →
13 木	29100	3906 / 2440539	3184 / 29100	901 / 726

14 金 29101　　3905 24405~~39~~40　　3183 29101　　900 727

15 土 29102　　3904 2440541　　3182 29102　　899 728

磨崖如來　海南郡三山面九林里　大興寺

16 日 29103　　3903 2440542　　3181 29103　　898 729

17 月 29104　　3902 2440543　　3180 29104　　897 730

出房灌苔薄細精稱晩寄宿舍席痕

18 火 29105　　3901 2440544　　3179 29105　　896 731

간밤 눈 질척 ᄒᆞ이 땅에

우리는 ᄋᆞ부 압헤서 만

빗님네야 좋거 좋다 고 만 눈 필리진 — 모옵.
무더니 무던홀이를 무더니 네게서 모 — ᄎᆞᆺ!
끝끝늬 그리운 긔쿡 다다르아 뵈옵、계.

오늘 (여든 꼭 ᄎᆞ면 ᄆᆞ구두둥글.)

엄마 아기 난 ᄌᆞ란. 덜 업서서 : 더럽더니만.
ᄋᆞ부 누신 ᄋᆞ돌 우러르어 뵈면 빗ᄋᆞᆯ이옵,
우리가 인제 브터는 오오늘늘 늘느리.

19 水 29106　　3900 24405~~44~~45　　3178 29106　　895 732

기도 ᄒᆞ리다

마태 二十四 36「다만 그 날과 그時는 아는 사ᄅᆞᆷ이 업고 天使ᄭᆞ지 몯ᄒᆞ고 아ᄃᆞᆯ도 아지 몯ᄒᆞ되 아바지만 아시ᄂᆞ니라」
요한 十六30 우가 무ᄉᆞᆷ을 아지 몯ᄒᆞ시ᄂᆞᆫ거시 업ᄂᆞᆫ줄 알고

1969

11 20 木 29107　　3899 / 2440546　　3177 / 29107　　894 / 733

흐리고 개고

21 金 29108　　3898 / 2440547　　3176 / 29108　　893 / 734

22 土 29109　　3897 / 2440548　　3175 / 29109　　892 / 735

우리 미듬　이속에숨님흠계됨 물음줄이

잇: 존존히 업세진되 업시 계신 싱각 널고,
우린 듣뜯 물숨이읍 거룩흡시: 오ᄇᆞ 는ᄋᆞ;
빛월에 빛월고되로 빛월 칠·칠· ᄋᆞ름둡.

이제 예 오늘 우리 고디 힘없 옳음 ―― 널르심.
김 돌고 숨 돌고 물 돌고 피 돌고 물숨 싱각.
이 속에 숨님 예일줄 싱각인들 홀손가?

23 日 29110　　3896 / 2440549　　3174 / 29110　　891 / 736

24 月 29111　　3895 / 2440550　　3173 / 29111　　890 / 737

굳게 희뜨든 끄뭏; 천주들 놀려 뜨뜨면 곡; 밭에 부싱귀 때린 되로 진눈기비

25 火 29112　　3894 / 2440551　　3172 / 29112　　889 / 738

긴밤 눈줌 뿌림 기임

崔昌益 2428862通日生 第11689日
徐敬元

羊言善 羊我義

꼭대기 ᄋᆞ부되신 ᄋᆞᄃᆞ님　　　덥친 식기들 누신ᄋᆞ들 봐

絶對聖父侍奉子　　　重重人子獨生子
恒巡灵气信仰涯　　　億億生涯晦暗涯

돌고 도시는 숨님 멀우럼　　　억척 캄캄 그믐 개 싱확

26 水 29113　　3893 / 2440552　　3171 / 29113　　888 / 739

흐림 끄물

업는거슬 잇는것 곧치 부르시는 이시니라 로마 四 17
예수는 우리 죄임에 좇리여 니여줌이 되고 또훈 우리를 옳다ᄒᆞ시기 ᄯᅢ문 ᄉᆞᄅᆞ나셧
니라 로마 四 25

十　로마 四 17

업는거슬 잇는거 곧치 부르시는 이시고、
잇는거슬 업는거곧치 보니심도 ᄒᆞ실인？
ᄆᆞ리에 우리 첫ᄆᆞ리 그리스도 一ㅣ·。

온음응근 옹금옹콩 우리ᄋᆞ부 둥그르심。
빛월 놉곧 계촘 모오 늘늘 늘느리야 오늘、
ᄆᆞ리에 우리 첫ᄆᆞ리 그리스도 一ㅣ·。

27 木 29114 맑	3893 2440553	3170 29114	887 740
28 金 29115 맑	3891 2440554	3169 29115	886 741
29 土 29116 저녁에 비옴	3890 2440555	3168 29116	885 742

建人吟

剛健中正純粹精　初八回生終八健
思理充滿性命康　肉身獨立法身剛

30 日 29117 맑, 저녁때 흐림	3889 2440556	3167 29117	884 743
2 1 月 29118	3888 2440557	3166 29118	883 744

1969

12 2 火 29119 2440558 3887 3165 29119 882 745

저녁나·절 눈발 보임

이제 음

ᄃᆞ궁박이 큰뒤 빌너 어ᄆᆞ몸 드는 ᄌᆞ린 : 둚.

다ᄉᆞᆫ 몸 ᄂᆞ 놓게 되니 ᄯᅡᆼ속으로 ᄎᆞᄌᆞ든 : 둠.

옮기니 믿우리름던 ᄒᆞᄂᆞᆯ 솟놈이제 ㅣ 음

3 水 29120 2440558 3888 3164 29120 881 746

ㄷ봄눈 ᄯᅡᆼ될 눈놀리다·환. 환ᄐᆞ눈.

등진 ᄑᆞᆷ속

꼭묶어 진짐은 진ᄃᆞᆯ니로 진짐! 등진 ᄑᆞᆷ속!
ᄒᆞᄂᆞᆯ 밑에 ᄉᆞ롬ᄉᆞ이 잇길 마·는 잘들 몰루!
뒤듭세 민끝 저울될 올ᄅᆞ근된 ᄇᆞᆰ과· 제!

등져간 뒤 저 ᄇᆞ린줄 · 품어 둔뒤 그만 인·양!
오릉 조룽 시룽 시룽, ᄃᆞ르 ᄃᆞ도 곧히진듯!
이속을 헤여 놀이들 누구누근 이릿가?

4 木 29121 27860 28217 2440559 60 3885 3163 29121 880 747

ㄷ봄눈

싶뜻손질

님니서 : ᄉᆞ톤 니겨고, ᄉᆞ톤 니기니 누위힘!
나위힘 손불가취 손질ᄒᆞ면 돌ᄋᆞᄂᆞ흐 : 음!
일측이 손질 또 손질 이제:에: 슴 싶뜻도!

崔昌益

徐敬元 咸平郡大洞面金山里 果木場 (대동면 금산리 과목장)

5 金 29122　3884 / 2440561　3162 / 29122　879 / 748

거룩 어ᄆᆞ

ᄋᆞ둠 어민 당뗀 흙ᄒᆞᆫ즘 가ᄋᆞᆫ 어민 갈비ㅅ뒤.
예수 ᄋᆞ부 ᄒᆞᆫ울님이고 아ᄋᆞ들 ᄋᆞ뷴 요셉.
빛월에 ᄒᆞᆫᄂᆞ신 ᄋᆞ셔 어머니께 솔 ᄐᆞ셔.

ᄎᆞᆷᄆᆞᆯ: ᄆᆞᆯ 업시, ᄎᆞᆷ ᄂᆞ: ᄂᆞ 업시.

ᄆᆞᆯ업시 ᄒᆞ시ᄂᆞᆫ이 ᄀᆞᆫ듸 ᄎᆞᆷ ᄌᆞᆯᄒᆞᆫ: ᄎᆞᆨᄒᆞᆫ이: 잇!
ᄂᆞ 안들고 ᄂᆞ와서, 일 업게: 일 보신이: 계셔!
ᄋᆞᆯ괘라 ᄂᆞ 안들그놈 ᄋᆞᆶ을 나라 의 리 ᄃᆞ

6 土 29123 (음 노제 흐림)　3883 / 2440562　3161 / 29123　878 / 749

ᄆᆞᆯ숨 빛

ᄌᆞᆫ 빛 지 제 그림자에 늬기 캉캄 ᄒᆞ지로,
큰빛 등지고 보면 제 어둠은 조곰도 몰ᄅᆞ,
ᄀᆞ끼은 빛월 ᄀᆞᆫ듸로 솟ᄂᆞ봄만. ㅡㅣㆍ.

7 日 29124 (큰봄 비부렁 흐림)　3882 / 2440563　3160 / 29124　877 / 750

ᄂᆡ몰 안ᄒᆞᆫ게 잘 됏곤, ᄂᆞ 온들고 논게울ᄒᆞ곤.

꼭뒤기 ᄋᆞ부 뫼신 ᄋᆞ드님, 돌고 도시ᄂᆞᆫ ᄉᆞᆷ님 믿우럽,

덥친 석기들 ᄂᆞ신 ᄋᆞ들 빔, 억척 ᄏᆞᆼ콤 그믐께 싱이ᄋᆞᆷ

8 日 29125 (흐림)　3881 / 2440564　3159 / 29125　876 / 751

1969

거듭남 요三5—8

바람결에 김 오르나? 오른김에 바람 나나?
뉘가 먼저 길 내나? 김이! 물이! 김과 물 : ᄒᆞᆫ결!!
孔子曰 知風之自리、~~바람~~ 간ᄃᆡᆯ 몰라 빠이블。

欲心孕胎 罪를 놓고 罪長成 : ᄌᆞ금 논ᄃᆡㅅ지!?
믿고 품어 속 올끼고 긴올 ᄂᆞ라 솟고치듬!
솟ᄂᆞ오 솟ᄋᆞ나감 만 ᄂᆞ신 ᄋᆞᄃᆞᆯ 빛월로。

ᄒᆞᆫ ᄂᆞ 양소리ㄹ 자세 듣고ㄴ

ᄂᆡ 몰안ᄒᆞᆫ게 잘 됐곤、
ᄂᆞ 안 듣고는게 올ᄒᆞ곤。
꼭 되기 ᄋᆞ브 뫼신 ᄋᆞᄃᆞ님。
돌고 도시는 숨님 믿으럽。
~~덥친 식기둘 ᄋᆞᄃᆞᆯ 빛 ᄉᆞᆫ~~ 덥친 식기둘 ᄂᆞ신 ᄋᆞᄃᆞᆯ 봄。
억척 궁금 그믐ㅅ기 싱이름。

今十二月九日 29125
去八月二十四日 29015
110

12 9 火 29126 잔눈개비 3880 2440564" 3158 29126 875 752

ᄒᆞ이ᄋᆞ시 ᄒᆞ야 ᄒᆡ서 ᄒᆡ
오늘 어늘 ᄀᆞᄁᆞ이 ᄂᆡ 命 이제 에 ᄉᆞ오니、
간ᄂᆞᆯ 올ᄂᆞᆯ 어디 언제 ᄉᆞ리 命이 다름?
오늘은 ᄂᆞ늘 늘ᄂᆞ리 命이 命에。— 그리치!

먹고 命
그中 좋ᄂᆞㄴ 羊이다。소다。:ᄃᆡ: 잡아 먹나? 물슴?
ᄂᆞ 안 먹고ㄴ 못 ᄉᆞᆫ다! 먹어라! 드리처 먹어라!
힘써서 힘드려서 처 大慈大悲 읻도록。

10 水 29127 흐림 그믐　　3879 2440565"　　3157 29127　　874 753

傳道書 二 17 ᄒᆡ아래서 ᄒᆞ는 일이 내게 괴로움이오 다 虛되어
바람을 잡으려는것 뿐이로다 三 11 사람의게 永遠을 思慕ᄒᆞ는 맘
을 주셧고 …… 始終을 測量ᄒᆞᆯ수 업게 16 裁判자리에도 惡이 잇고 公義
行ᄒᆞ는 곧에서도 惡이 잇。七 14 亨通日 깃버ᄒᆞ고 困苦日 思慮ᄒᆞ라 ᄒᆞᄂᆞ님이
이 두가지를 並行ᄒᆞ게 ᄒᆞ사 將來事를 難測케 八 8 惡不可能救其行惡者 九 13
16 智慧가 힘보다 낫다 마는 가난ᄒᆞᆫ이의 知慧가 멸시를 받고 그 말이 信聽안됨

11 木 29128 흐림 저녁흐림　　3878 2440566"　　3156 29128　　873 754

빈통 과 몸
빈통은 ᄒᆞᆫ디루. 밖이 업시 큰: 님의 몸이서.
잇스믄 몸 몬은 빈통 가지고야 숨기시니!
몸 죽ᄋᆞ 속이 업시 죡 속잇ᄃᆞ믄 네속임!

12 金 29129 흐림　　3877 2440567"　　3155 29129　　872 755

쉬느라고: 못 쉬는 동안만　　요한 十 21—24, 34—38 (割·患 休·悅)
손질 곤디: 솔림이오. 거름볼 타: 누린 께루,
빅힌 싱각 뜬소리는 맞난 김에 다흔 물결,
그러나 바람과 물ㅅ결 틈시 틈시 쉼: 므로.

13 土 29130 고봉눈: 마당에 신울 만큼 닿 날옴　　3876 2440568"　　3154 29130　　871 756

나 너 맞나 나: 말씀! (요한 十七 6—11) (詩 一一八 / 마태 廿二 42)
ㄱ중 둥그르실 우리 님。몸: 브르 빈통ᄒᆞᆫ디!
싱각 열너 잘몬 된디 잘몬 든디 빈통ᄒᆞᆫ디!
이 나도 님품에 저로 (다로 남) 나 맞나! 너!

마태 廿三 23
박히 화함 근치
仁 義 信

이사야 五九 21 네우에 잇는 나의神과 네입에든 나의말이 自今永·永口第孫之口不離。
욥 三四 14 그가 心一自己만생각ᄒᆞ시고 그神과氣運을거두실진대 15 모든血氣者一切ᄒᆞᆫ且死亡。
야고보 二26 靈魂이 업는 몸이 주근거ᄀᆞᇀ치 行ᄒᆞᆷ이 업는 믿음은 주근거시니라
베전 四6 ……… 복음 주근이에도傳ᄒᆞᆷ

1969
12 14 日 29131 3875 2440569 ᄒᆡ 3153 29131 870 757

곤볼눈좀 바람에좀 낮뒤에 개이다 山등성 넘으며 다니는데 별작길은 눈속이 되러서 冬春心道行進難ᄒᆞ다 고도생각.

15 月 29132 3874 2440570 에 3152 29132 869 758

흐리다 개다

낮 ᄇᆞ름 빌

ᄒᆞ루 히 지나는길: 빋그늘 따에 서리나: 낮.
소리。빛 ᄇᆞ름 좇다 며、빌미맞힌 낮 치ᄃᆞ니。
자넌다! 씨 질르기도 무더니을 족잖오。

밤 바름 돌

ᄒᆞ루밤 지는동안 별들은 반족 분족 올러!
밤 바르며 낮을 낮ᄒᆞ이 쉬엄쉬엄 ~~바ᄒᆞ다~~ 三番흔;
ᄒᆞ이신 ᄒᆞ이옵시와 ᄒᆞ이오셔 ᄒᆞ심족!

ᄒᆞ이으서 하야 히셔 히 힘 헤므로 올으리。
따에서 별울러 바루 든뜬 욶이 곧디 서들。
ᄒᆞᆫ뒤로 쏴 올라서니: 돌바닥을 파서와。

히브리 十二 22-24 長子總会 教会 義人靈魂
누가 十 20 이름이 ᄒᆞᆫ울에 적힘

거룩 모딤

ᄒᆞᆫ읅 꾹디길 될 얼: 님자ㄴ 의디 누구 누구심?
새벽 저녁 속을 솔펴 기르시는 얻니는이!
도라간 ᄒᆞᆫ읅 웋에는 거룩 모딤 오리듭!!

네 우에 잇는 나의 神과 네입에든 나의 말이 이제브터 永永토록 네입에서와 네後孫의 입에서와 네後孫의 後孫의 입에서 떠나지 아니ᄒᆞ리라 이사야 五九장卄一절

16 ★ 29133 3873 2440571 시 3151 29133 868 759

ㅡ ㅣ · · ㅣ ○

ㅡㅣ· 올라ᄀᆞ 우리우리ㄴ 올라ᄀᆞ는길!
·16 부터요 빋드러 드리어요 ᄀᆞ득 찰 찰!
으흐흐 이히 히킹! 우리몰숨 영글둠!

골노새 一 10 ᄒᆞ옵님 오기에 日就月將. 24 그의 봄은 苦難. 二 10 그는 政事와 權勢의 머리 11 그리스도 割禮」 16 節期 月朔 安息日 18 勿信天使 崇拜 三 1-4 聖生者 道心生活. 四 6 울리는 것은 소금 치듯 恩心으로 ᄒᆞ라. 그러면 各人께 適答이 되리라.

좋ᄋᆞᆫ 아침

엷은구름 덮힌데도, 가루 찍힌 연꽃 놀되 ~~놀되~~,
이줄 이글 뜬히 아침 끼쳐 젓나? 뫼뜸 뎁손!
빛골은 길울 몰라루: 니놀마닥 ᄒᆞᆫ소리!

17 水 29134 (지름오롯구톡) 3872 2440572 3150 29134 867 760

18 木 29135 (길듯ᄒᆞ길) 3871 2440573 3149 29135 866 761

높큼 시다

숨은 놈ᄒᆞ짐! 커집! 숨엔 브ㅣ놓고: 올ㄹ고오!
인제 예서ㄴ 나ᄒᆞᆫ우뿐! 다시 두 세 네 다서엣!
일구어 예둡게 피음 ᄋᆞᆸ시ᄃᆞ 오르리! 옴.

19 金 29136 (묻ㄱ) 3870 2440574 3148 29136 865 762

20 29137 (묻ㄱ) 3869 2440575 3147 29137 864 763

```
   0 1 2 3 4 5 6 7 8 9
+  9 8 7 6 5 4 3 2 1 0
-----------------------
   9 9 9 9 9 9 9 9 9 9
+  億聖意中人·基督者·信 1
-----------------------
 1 0 0 0 0 0 0 0 0 0 0
```

一一百億信者之同歸一承命至誠

```
   1 2 3 4 5 6 7 8 9
+  9 8 7 6 5 4 3 2 1
--------------------
 1 1 1 1 1 1 1 1 1 0
+                  1
--------------------
 1 1 1 1 1 1 1 1 1 1
```

修辭立
其誠所以
居業而

一十一億一千一百一十一萬一千一百一十一人
言出于口咎悔友舟者乎

「그리스도人」使十一 26.

誠甫 柳永模	1890 3 7	≻2412192		28389
	1969 12 24	≻2440580		

1969

12 21 日 29138 몸 ᄀᆞᆷ 오로고로 | 3868 2440576에 | 3146 29138 | 863 764

22 月 29139 몸 | 3867 2440577에 | 3145 29139 | 862 765

23 火 29140 몸마다 돌봄 | 3866 2440578에 | 3144 29140 | 861 766

六十九 꽉 ᄎᆞᆫ 희 열두돌 보내는 오깐 스므 ᄒᆞ루:
골의골; 消息듣고 ;ᄒᆞ— — ᄒᆞ시리다。

뭣골길 늦던 눈 끼끄시 쌀쌀도 ᄒᆞ더니만。

오늘은 늦든 ᄌᆞ리조차 기치위ㅅ네 섭섭ᄒᆞ곤!

ᄋᆞ이고 ᄒᆞᆫ눈 ᄀᆞ시ᄃᆞᆷ 눈ᄋᆞ눈도 끼 끼꿎……。

光州冬至近 庭花欲發未 粱情立志溫
粉雪尋訪來 月桂顧心歸

24 水 29141 몸 갇봄도 돌봄 | 3865 2440579에 | 3143 29141 | 860 767

세 눈 ᄇᆞᆰ

땅에 누리 둥기 무섭게 여린눈의 눈물과。
萬年 등상 만타고 자는 눈에 눈곱이 업고
본단눈 보히겟든눈 불빛된눈 세눈ᄇᆞᆰ

오리 골게: 업 傳道書 一9-11 드드니 ᄀᆞ디
높히ㅅ빛: 땅닿면: 낮! ᄀᆞ므ᄒᆞᆫ 속울: 술십닭: 속!
히 아린 ᄉᆡ게 업나? 따우에선 무글수 업나?
힜거서 ᄉᆡ거시루죠! 따위에선 묵~~글수업~~ ? 지몯

列王記上 十七 디셉ㅅ 엘니야 → 엘냐

25 木 흐림 29142　　3864 2440580　　3142 29142　　859 768

(그 둘ㅅ지) 오리 골게 업

무근 때때 떠러지지! 오리:오미? 그리:그ᄂᆞ?
오리 골게 입고, 그시 맺나 지는게 아니오!
　맺ᄂᆞ민 본두면 ᄒᆞ고 미잉:몰들 ᄒᆞ지민.

ᄉᆞ롬 ᄉᆡ

으올 왼올 ᄃᆞ틈 에서 ᄂᆞ와 서로 ᄉᆞ롬 ᄉᆡ끼.
으둘 이들 ᄯᆞ러 ᄯᆞᆯ들 엄엽 ᄃᆞ시 ᄉᆡ끼 ᄉᆡ롭
　ᄒᆞ늘 ᄯᆞᆼ 뭇둥과 바다 ᄉᆡᄉᆡ 틈틈 사람ᄉᆡ.
　　　　뭇둥성

26 金 29143　　3863 2440581　　3141 29143　　858 769

도

도디내곰의도 도? ᄉᆞ롬잇는 날ᄭᆞ지는 使徒들의傳道리
거니 도디니고 도디니게 디디 모디 도도 모도 도문다네.

27 土 29144　　3861 2440583　　3140 29144　　857 770

스 이 : 시

잇시시 미디시 빛외시 피리온ᄃᆞ, 피리ᄅᆞ!
미시나 누구나 엇지나 필디로 피면 ᄒᆞᆫ늘!
　ᄒᆞᆫ옹법 됩시ᄉᆞ인들 미리비러 피필길!

뒈는디로 문은 브즈런히

업세서니 계계세:잇, 나ᄂᆞ스니 너도 드려,
곳ᄃᆞ오믄 놋ᄃᆞ들거, 드러ᄂᆞ믄 보혀 울거,
　모를손 뒤ᄃᆞ려므ᄂᆞ 끼믄 꼭꼭 됨돼ᄇᆞ.

내 ᄋᆞ부지 께서 至今 까지 일을 ᄒᆞ시ᄆᆡ 나도 ᄒᆞᆫ 일을 ᄒᆞᆫ다. 요五17 — 二子장...... 新約
ᄒᆞᄂᆞ님을 그 ᄋᆞ부지라 ᄒᆞᆷ이 自己가 ᄒᆞᄂᆞ님과 一體ᄒᆞ다 ᄒᆞᆷ이라(요5/10) 18 ㄴ ᄂᆞ리 一ᄂᆞ
死亡에서 나와서 生命으로 드러갓ᄂᆞ니라 요五24
요한五장37 「너희는 아모때에도 그 소리를 듣지 못ᄒᆞ고 그 形容을 보지 못ᄒᆞ엿는지라
1969 그 말슴이 너희 안에 잇지 아니ᄒᆞ니 이 보내신이를 멋지 아니ᄒᆞᆷ이니라」 1038

12 28 日 29145 　 3860 2440584 　 3139 29145 　 856 771

요한 열일곱·월 님 빎

이때 ᄋᆞ돌 빛월속 잘잇몬 몸ᄋᆞ에 저술뒤를 잡ᄉᆞ오니 ᄋᆞ부지 거시인
모든 사ᄅᆞᆷ에게 참숨을 줍니다. ᄋᆞ부지가 내 안에. 내가 ᄋᆞ부지 안에
잇는것과 같치 ᄋᆞ부지 께서 내게 주신 빛월을 내가 저희게 주
어 ᄒᆞ나이 되게 되기를 ᄋᆞ부지와 내가 ᄒᆞ나이 된거 같게 ᄒᆞ옵소서
ᄋᆞ부지여 내게 주신 사ᄅᆞᆷ도 다 ᄋᆞᆼ그러 ᄒᆞ나이 되게 ᄒᆞ시옵소서
그리ᄒᆞ와 빛월 속에 빛월을 ᄋᆞ부지께 돌림이어지이다.

요한 一장 十四절
몰숨이 숨몸이 되어 우리 군듸 계셔 힘앎과 참음
이 ᄀᆞ득 ᄒᆞᆷ의 우리 그 빛월을 보니 ᄋᆞ부 ᄂᆞ신 ᄋᆞ 빛월이러라.

이제 움
등공박이 코ㅅ뒤 빈너 이무 몸 드는 조린 : 덥.
드슨 몸 니 놓게 되니 당속으로 ㅊㅈ : 든 : 돔.
옮거나 믿우러웁던 ᄒᆞᆫ울 솟남 이제 움.

29 月 29146 효렵 　 3859 2440585 　 3138 29146 　 855 772

30 火 29147 효렵 눈 　 3858 2440586 　 3137 29147 　 854 773

예 헴 예
ᄒᆞ이ᄋᆞ서 ᄒᆞ야 희서 희 힘 헤므로 예헴예.
예헴예 야 예헴예야 나 ᄂᆞ니 는 ᄃᆞ 예헴예.
ᄋᆞ부지 ᄂᆞ신 ᄋᆞ 빛월 힘앎 참음 ᄀᆞ득참.

요六47 믿는 사람은 永生이 있나니 내가 곧 生命의 糧이라. … 내가 줄 糧食은 곧 내 살이니
世上 生命을 爲하야 주노라
七 28.29. 나를 보내신 이는 참이심. 38-39 生命水! 八23 너희는 自下 나는 自上
마가六三 이 사람이 마리아의 아들 木手가 아니며 야고보와 요셉과 유다와 시몬의
兄이 아니며 그 누이들이 우리와 함께 여기 있지 아니 하냐?

1039

31 水 29148   2440587 (3857)   29148 (3136)   774 (853)
모合

누가 11/7 나인城 길에 寡婦 獨子 行喪을 살니심 25—35/7 洗礼 요한에 対한 말슴.
36—50/7 바리새人 시몬 집 에서 香油 니야기

1970 4 25 → 貴男三五 德成 → 初面: 지난해 福男三五氏 作故 而未亡人 景氏四三 對吊

1964 2 20 木 27007

古來 李福男三三 {率三男五女云. 성환 덕준
室內 景 氏三三

公元一九六八 5 23 2440000		
通日 유리안 데이 一六七七年間日		自前四七一三 始 至廿紀六日年終
二四三八七六一 에헤 더헤 五念三		又消一二三九日 二百四十四萬日

1969 10 20日記 29076 9七
新安郡 岩泰面 島興部 松谷里
尹明烈 1929 3 17 日曜 Julianday 2435688 生
己巳 2 7 辛酉
1969 10 20 月曜 2440515 生後 14827日

하느님 멀브 고前一9

壹千九百七拾年 壹月壹日

1970 1 1 木 29149 · 3856 / 2440588 · 3135 / 29149 · 852 / 775

己酉 11 24 辛巳 27988 · 25102

26245 · 25433

吉 2260 · 藤 2115

尹明烈 14901

1970
1 2 金 29150 · 3855 / 2440589 · 3134 / 29150 · 851 / 776
25 壬午

3 土 29151 · 3854 / 2440590 · 3133 / 29151 · 850 / 777
몸 추움 오ᄅᆞᆷ

4 日 29152 · 3853 / 2440591 · 3132 / 29152 · 849 / 778
눈 傾斜陰地에 氷板도지음

5 月 29153 · 3852 / 2440592 · 3131 / 29153 · 848 / 779
서울 氣溫 0.22.2

ᄒᆞᆫ울 목숨(빋) 돌리시니 ᄒᆞᆫ목 울숨 바다 ᄉᆞᆲ힘!
ᄆᆞᆯ숨 받들(奉)이 사려 소리와 소리오리이다!
ᄆᆞᆯ숨님 밤낮 ᄒᆞᆫ가지! 가닥질가? 두렵습!

6 火 29154 · 3851 / 2440593 · 3130 / 29154 · 847 / 780
몸 추움

손 씨
ᄯᅮ위 나 나잊김 힘써 더홀 나의 업시 된 ᄃᆞᆷ
으로브터 누신나 손ᄀᆞ록 긏: 나의 업는 씨。
거듭나 거듭 나감을 손씨눈ᄃᆞ 철논ᄃᆞᆷ。

7 水 29155 · 3850 / 2440594 · 3129 / 29155 · 846 / 781

喪
1905 1 24 火曜 ~ 2416870日 · 23725日
甲辰 12 19 癸亥 · 3389
791
66

8 木 29156 $\overset{3849}{2440595}$ $\overset{3128}{29156}$ $\overset{845}{782}$
흐림

咸平 東영오 母親. (新年集會閉了.)
한글 ㅣ(뜯잇) 이ᄅᆞ 읽는 地方 잇는 것을. 서울쪽에서 읜 ㄹ음과 對照.
ㄱ ㄴ ㄷ ㄹ ㅁ ㅂ ㅅ ㅇ ㅣ : 기럭 니은 디ᄎᆞᆺ 리을 미엄 비읍 시읏 이 뜯잇.

9 金 29157 $\overset{3848}{2440596}$ $\overset{3127}{29157}$ $\overset{844}{783}$
이들때 자 벼뢰가 오다.

밑에서 나? 위에서 나?
따에 묻히존게 아니니: 숨쫓는 심뜻 엽고.
머리올 ᄒᆞ늘 드긴: ᄒᆞᆫᄋᆞᇂ님 우리 ᄋᆞᄇᆡ 니기.
님난 위 듯팔 들리니: 치니김이 그 믿에.

聖神(靈)이 우리 神(靈)으로 더부러 우리가 하나님의 子女 된거슬 證據로 16/8
고전 29/1 肉体를 가진 아모라도 ᄒᆞᄂᆞ님 앞에서 자랑하지 못ᄒᆞ게.
〃 10/2 聖神은 通達, 至於通達于神之已深奧. 11/2 人之事情則唯一該當者之意識外不可察之也, 神之事情則亦是唯一當神本元識外都不得也 12/2 우리 바든 神은 이 뉘 神이 아니고, 오직 하나님께로 온 神: 힘입음 ~~으로 주신 이러거슬~~ (힘입음 을) 알게 ᄒᆞ심.

ᄋᆞ들 은에 드러 계시니 거룩ᄒᆞᆫ 계시이옵셔.
ᄋᆞᄇᆡ 은에 드러 모시니 거룩命에 ㄱㄴ옴.
오직 한 ᄋᆞᄇᆡ 아부지! 힘입 힘입 거룩히.

10 土 29158 $\overset{3847}{2440597}$ $\overset{3126}{29158}$ $\overset{843}{784}$
눈 뿌림

11 日 29159 $\overset{3846}{2440598}$ $\overset{3125}{29159}$ $\overset{842}{785}$
눈뿌림

8시 48分 光州發 20시 40分 頃 서울 와 닿다.

12 月 29160 $\overset{3845}{2440599}$ $\overset{3124}{29160}$ $\overset{841}{786}$

1970

그린도 II 4월 16ㅇ뒤 — 18ㅇ뒤

겉ᄉᆞ롬은 낡으나. 속ᄉᆞ롬은 날로 시롭. 우리네 이승에서 받는 어려움의 기
벼움을 ᄎᆞᆼ고. 한웋님께서 우리 때문에 그ᄒᆞ신 빛월의 힘ᄎᆞᆫ거슬 우리가 뵘
도록: 우리가 믿습니다. 므로 이제 때 우리는 보이는 데서 ᄎᆞᆽ지 ᄎᆞᆽ기를 그마만치
ᄒᆞ고. 크고 얇고 넓고 높은 뒤로 그ᄋᆞᆼ 힘ᄎᆞᆫ 빛월을 봅든봅니다.

1 13 火	29161	3844 2440600	3123 29161	840 787

曾聞棉羊不言善 方見山羊有聲悲

14 水	29162	3843 2440601	3122 29162	839 788
15 木	29163	3842 2440602	3121 29163	838 789
16 金	29164	3841 2440603	3120 29164	837 790
17 土	29165	3840 2440604	3119 29165	836 791
18 日	29166	3839 2440605	3118 29166	835 792

神(灵)에 잇고 儀文에 잇지 않. 로마 29/2
새몸으로 섬기고 녯儀文으로 아니홀지니라 6/7
내속 곧 내손속에 착ᄒᆞᆫ거시 ᄒᆞ나도 업는줄을 아노니 18/7
너희 속에 하누님의 神(灵)이 계시면 너희가 솜에 잇지 아니ᄒᆞ고
오직 聖神에 잇느니 무릇 그리스도 神이 업는 ᄉᆞ룸은 그리스도ᄉᆞ람 아님 9/8

19 月	29167	3838 2440606	3117 29167	834 793
20 火	29168	3837 2440607	3116 29168	833 794

21 水 29169	3836 2440608	3115 29169	832 795
22 木 29170	3835 2440609	3114 29170	831 796
23 金 29171	3834 2440610	3113 29171	830 797
24 土 29172	3833 2440611	3112 29172	829 798
25 日 29173	3832 2440612	3111 29173	828 799
26 月 29174	3831 2440613	3110 29174	827 800
27 火 29175	3830 2440614	3109 29175	826 801
28 水 29176	3829 2440615	3108 29176	825 802
29 木 29177	3828 2440616	3107 29177	824 803
30 金 29178	3827 2440617	3106 29178	823 804
31 土 29179	3826 2440618	3105 29179	822 805

— ㅣ ·

ᄯᆞ에 묻히존 거 ㅣ 아니ᄂᆡ. 숨좇는 쉽뜻 입고.
ᄆᆞ리웋ᄒᆞ늘 드긴 ᄒᆞᆫ웋님 우리 ᄋᆞᄇᆡ 니기.
님넌· 두팔 들리니 치니김을 뉘보오?

ᄋᆞ돌 은에 드러 계시니 그ᄅᆞ호 계심이옴,
ᄋᆞᄇᆡ 은에 드러 모시니 그룩 숨 예 근:음,
오직ᄒᆞᆫ ᄋᆞᄇᆡᄋᆞᄇᆡ지 힘없 힘없 그룩히.

1970

2	1	日 昃	29180	3825 2440619	3104 29180	821 806
	2	月 昃	29181	3824 2440620	3103 29181	820 807
	3	火	29182	3823 2440621	3102 29182	819 808
	4	水	29183	3822 2440622	3101 29183	818 809
	5	木	29184	3821 2440623	3100 29184	817 810

己酉臘晦日丸丙辰

一九五六年

簡易
國漢文 聖經全書 改譯

大韓聖書公會 發行

一九五八年 七月 十日 初版
一九六八年十一月 一日 八版

스ᄉᆞ로 무근거시 된 오늘 도 또 ᄉᆡ로운 뜻을 뜯뜯뜯어 보고저 목숨줄 한·벌을 ᄉᆡ로 의더 드려 읽음.

庚戌正月元旦丁巳

6	金	29185	3820 2440624	3099 29185	816 811
7	온 土 흐림	29186	3819 2440625	3098 29186	815 812
8	日	29187	3818 2440626	3097 29187	814 813
9	月	29188	3817 2440627	3096 29188	813 814

10 火	29189	3816 2440628	3095 29183	812 815

奉天洞消息

11 水	29190	3815 2440629	3094 29190	811 816
12 木	29191	3814 2440630	3093 29191	810 817
13 金	29192	3813 2440631	3092 29192	809 818
14 土	29193	3812 2440632	3091 29193	808 819
15 日	29194 바칠셈	3811 2440633 내세一致	3090 29194	807 820

吳賢卿 30067

16 月	29195	3810 2440634	3089 29195	806 821
17 火	29196	3809 2440635	3088 29196	805 822
18 水	29197	3808 2440636	3087 29197	804 823
19 木	29198	3807 2440637	3086 29198	803 824
20 金	29199	3806 2440638	3085 29199	802 825

自 重 而 得 其 貴

一空放能得其貴
万有引力自重心
物占生心點々春
情偏處身仄々沉

轉輪軸極立頂天
自重得貴在玆朕
以物觀物性公明
順理治理人子臨

1970.

2 21	土	29200	3805 2440639	3084 29200	801 826
22	日	29201	3804 2440640	3083 29201	800 827
23	月	29202	3803 2440641	3082 29202	799 828
24	火	29203	3802 2440642	3081 29203	798 829
25	水	29204 비	3801 2440643	3080 29204	797 830
26	木	29205 비	3800 2440644	3079 29205	796 831
27	金	29206 오래 오시	3799 2440645	3078 29206	795 832

大田 吳賢卿 : 三００七九 : 日

完州郡九耳面龍伏里三區 독배 ㊂ 진달네 教會 은정님

28	土	29207 은	3798 2440646	3077 29207	794 833

:三００八０ : 日

濟州圖

水天一接正平直
風土萬化中奇妙
汨沒峯沙嗜啖吟
波濤山谷鰕鯨嘯

庚戌正月二十三日

今吟磁碒來
深險連延微
闈礦磁鑰光
三韓食器介

鉅碒

3 1 日 29208   3797 2440647   3076 29208   793 834

深險連延貌 : 磁碒 : 금음 : 石金欠石金 그 음

:三00八一:

2 月 29209   3796 2440648   3075 29209   792 835

지녁 ㄱ터 와 오류에 전화로 진달네 잇든 地目을通知

3 火 29210   3795 2440649   3074 29210   791 836

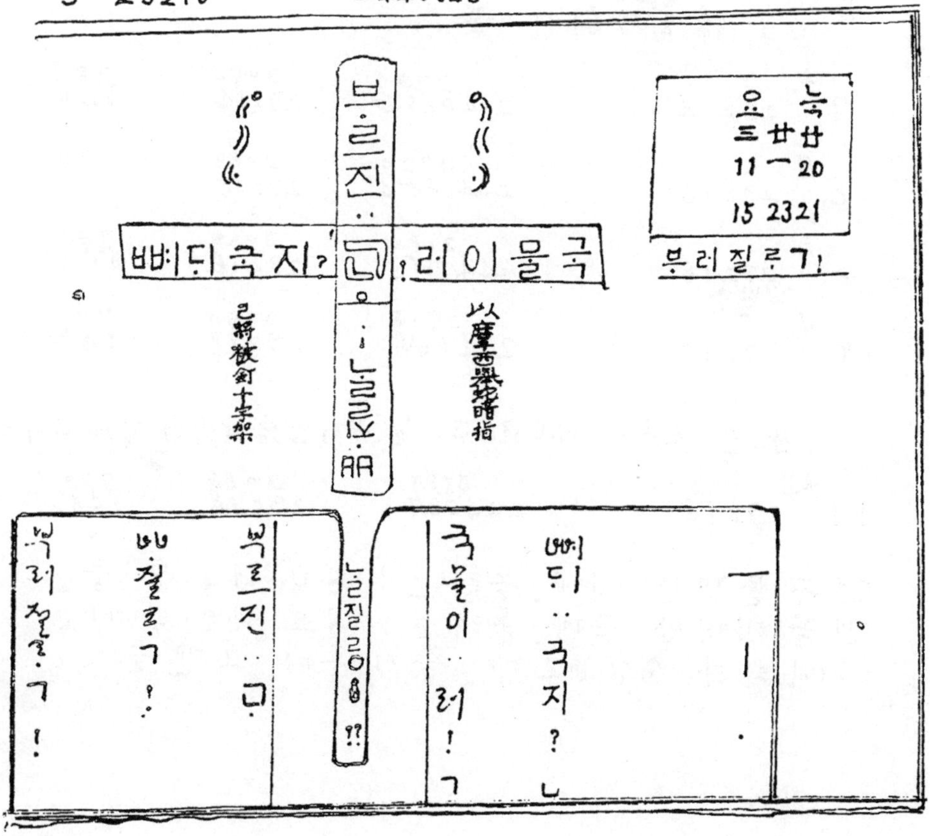

1970

3 4 水 29211 　 3794 / 2440650 　 3073 / 29211 　 790 / 837

行 世 日 課 修 辭 誠 言

人生目的希卒業　學士就職決動機
知止有定望志學　自榮自決自得覺

虛頂奉天 四六·八、 對百來在崔漢沐。

ㅅ·히 돌아 숣 一一一四 紭

5 木	29212	3793 / 2440651	3072 / 29212	789 / 838
6 金	29213	3792 / 2440652	3071 / 29213	788 / 839

崔 歸去向群山 發.

7 土	29214	3791 / 2440653	3070 / 29214	787 / 840
8 日	29215	3790 / 2440654	3069 / 29215	786 / 841
9 月	29216 (간밤눈)	3789 / 2440655	3068 / 29216	785 / 842
10 火	29217	3788 / 2440656	3067 / 29217	784 / 843

永哲 七十三 : 26313 : 늘 : 우리 암밝 얄밝 純 함께 다녀오다

11 水	29218	3787 / 2440657	3066 / 29218	783 / 844

맨 꼭 믈겟단 네게、믈려 는 : 나·니·너니·쿵 쿵。
맨 꼭 대겟·단 놈게、믈려 는 : 너요·나요·텅 텅。
예 뵈 리 십십십고 바 좋다, 좋다 그 만 들 \.

12 木	29219	3786 2440658	3065 9219	782 845

李潤榮 友鏡(29212) 氏 訪問。힘없느끼며 얘기ᄒᆞ고 옴.

13 金	29220	3785 2440659	3064 29220	781 846

咸錫憲 客水(25203) 氏 念思.

三萬日行：日周今　未達：兩歲 兩朔望

八十回轉今日周　昨訪親故映友鏡
渠在侍直我自由　今念確誼慮客水

14 土	29221	3784 2440660	3063 29221	780 847
15 日	29222	3783 2440661	3062 29222	779 848
16 月	29223	3782 2440662	3051 29223	778 849
17 火	29224	3781 2440663	3060 29224	777 850
18 水	29225 눈길덩	3780 2440664	3059 29225	~~776 846~~ 776 851
19 木	29226	3779 2440665	3058 29226	775 852

에레미야 35 6—15

레갑의 아들 우리先祖 요나답이 우리에게 命하여 이르기를 너희와 너희子孫은 永遠히 葡萄酒를 마시지 말며 집도 짓지 말며 播種도 ᄒᆞ지 말[illegible]

1970

3	20 金	29227	3778 2440666	3057 29227	774 853
	21 土	29228	3777 2440667	3056 29228	773 854
	22 日	29229	3776 2440668	3055 29229	772 855
	23 月	29230	3775 2440669	3054 29230	771 856
	24 火	29231	3774 2440670	3053 29231	770 857
	25 水	29232	3773 2440671	3052 29232	769 858

多夕穆柳永昇己上人子。

穆。生命

誠意平生

李柳又又友

舊基明明鏡

不慍人不知

君子自誠敬

多夕

나·온 나그네·으·로 오른데.

26 木 29233 $2440\overset{3772}{0672}$ $2\overset{3051}{3233}$ $\overset{768}{859}$

27 金 29234 $2440\overset{3771}{0673}$

$\overset{767}{860}$

진달네敎會 (로) 계신 吳卿

30107

信譽精粹
言中至足

生命은藝術의究極的理想인美自體를가르치심이라고봐도좋다. 다시말ᄒᆞ면世上의相對的眞善美보다超越ᄒᆞ서서絶對的眞善美의自體가곧그리스도이시다. 예수는知情意를統括ᄒᆞ고眞善美를綜合ᄒᆞ에極致의眞善美를나타내셧다. 이거슨十字架우에서最後의勝利를얻으심으로完成ᄒᆞ셋다.

29234

ᄃᆡᄅᆞᆷ

ᄋᆞ리 ᄀᆞᄋᆞᆫ
ᄋᆞ리 따ᄋᆡ 넨
글ᄅᆞ 그리ᄋᆡ
ᄂᆡᄋᆞ치 키믄
ᄋᆡᄅᆞ ᄋᆞ른 ᄃᆡ
ㅣᄅᆞᆷ

1970

3 28 土	29235	3770 2440674	3049 29235	766 861

올ᄃᆞᄀᆞ도 모를 셈

고르 고로 ᄉᆡ룩ᄉᆡ록 빌리 마쳐 놓고 봐도 ,
엘어 ᄂᆞ도 벳겨놔도 털어 니도 파드러도 ,
다름 업! 그거시 그 거!! 갈잔치인: 타릿가 ?

29 日	29236	3769 2440675	3048 29236	765 862
30 月	29237	3768 2440676	3047 29237	764 863
31 火	29238	3767 2440677	3046 29238	763 864

닭금앞 梁仁雲: 承喆 인 독빛골 에 한밤 쉬고

4 1 水	29239	3766 2440678	3045 29239	762 865

니·또 ᄂᆞ 죽죽죽 뗌

혼 ᄒᆞ르ᄉᆞ리 ᄉᆡ벽불밑 글읽글시 ᄋᆞᆼ에 놈、
ᄒᆞᆼ ᄂᆞ도 ᄂᆞ 너도 ᄂᆞ 聖嘆날 그 기미: 빌: 도、
ᄋᆞᆼᄒᆞᆼ ᄂᆞ로나구ᄂᆞ 뭣 몰너주 돼ᄂᆞᆫ 되ᄂᆞᆫ?

2 木	29240	3765 2440679	3044 29240	761 866
3 金	29241	3764 2440680	3043 29241	760 867
4 土	29242	3763 2440681	3042 29242	759 868
5 日	29243	3762 2440682	3041 29243	758 869

6 月	29244	3761 2440683	3040 29244	757 870
7 火	29245	3760 2440684	3039 29245	756 871
8 水	29246	3759 2440685	3038 29246	755 872

진달네 教會: 吳 30119 미네박: 孝 28085 오리: 淑 27040

9 木	29247	3758 2440686	3037 29247	754 873

若不行善、則孽伏於門、彼戀慕爾、爾猶將制之.

10 金	29248	3757 2440687	3036 29248	753 874

告: — 하ᄂᆞᆯ 따로 두어 둬 줘요! —: 别

곪의골 로만 뵌 눈빔 눈도: 으ᄫ 께로서 만ㅅ

뫼ㅅ골길 밤즌는 쌀쌀도! 그담 다시볼너 엽!

아ᄋᆞ멘에 부르 께면 제계 곤 됩!

1969 10 27日 288

삼우엘 下 十九章 31—39 바실내.

11 土	29249	3756 2440688	3035 29249	752 875
12 日	29250	3755 2440689	3034 29250	751 876
13 月	29251	3754 2440690	3033 29251	750 877
14 火	29252	3753 2440691	3032 29252	749 878

1970

모름지기 ᄋᆞ는 칙

無情도 탈! 多情이 病! 疏薄: 남은! 가깜도 弊;
敎派는 뭣? 無敎도 잇! 兩段一匹: 異端同體!
흐 몸은 들곧을 몰? 데질로든 누놈물!

花草

花草가 賣엽거들랑 花草집; 뜰안헤; 숨시、
꺾어 꼬치— 먹어 마시— 씀입히— 무슨: 고인 입?
귀염긴!? 잇게 키웁새 고이고이 지니옵。

스코필드 石虎弼 1970 4 14 朝鮮日報	
1889 3 15 ≻ 2411077	81 희 1
1970 4 12 ≻ 2440689	1003 동
	4230 동 3
	29613 놀소리
	2923 0 343

4 15 水 29253 2440692 (3752) 29253 (3031) 879 (748)

感謝咏 —成性存存— | 在玆只今習 瞻彼氣息參 | 供養精粹目 成言出道口

金海 金先龍(昌福) 嗣子: 金春善 婿: 梁南烈: 氏葬禮 弔問

1915 乙卯 11 10 22 16 月曜 丁巳 ≻ 2420824 — 2440690 ≺ 1970 庚戌 4 3 13 8 月曜 癸亥

19867 날
2838 주
673 돌
55 해 3

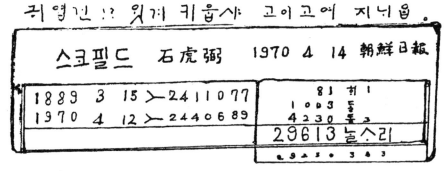

수넴 女子 아비삭
학깃 子 아도니야
솔몬 母 밧세바
祭司 사독
先知 나단

至誠知音願

回悔勸善宣福音
六千歲月尚礅碒
祭祀思親不求福
信仰慕元誠知音

子曰易其至矣乎 夫易 聖人 所以崇德而廣業也 知崇 禮卑 崇效天 卑法地
天地設位 而 易行乎其中矣 成性存存道義之門
天地設位 而 變化行 猶知禮存性而道義出也
成性 本成之性也 存存謂 存而又存不已之意也

하늘 이니,
땅이니.
조리 집힌 두는 .. 고나!
골려 돼. 누구 겠고나!
미、치 소릴 줄 올고、
'본훈'을 가던 곱 곧히서..
길 길 기리 기리
올 올 옳게 옳게
길 되더..
올 나、곰
옳 답.

天
地
設位而
易行乎其中矣
猶
知禮
存性而
道
義出也

아!
참!!
우 MI
ㄹ
소
리
ㄹ
듣
느
ㄴ

오늘 1970 4 21 날 우리 옳디드 몰른 데서 다시 들린 날

우리 둘읍 둘드읍 29259

둘드 둘네드 25242

370
4 16 木 29254 3751 / 2440693 3030 / 29254 747 / 880

17 金 29255 3750 / 2440694 3029 / 29255 746 / 881

18 土 29256 3749 / 2440695 3028 / 29256 745 / 882

6時: 用向大美發 要播大豆種.

19 日 29257 3748 / 2440696 3027 / 29257 744 / 883

20 月 29258 3747 / 2440697 3026 / 29258 743 / 884

21 火 29259 25242 3746 / 2440698 3025 / 29259 742 / 885

22 水 29260 3745 / 2440699 3024 / 29260 741 / 886

이 자리ㄹ 누안ㅅ기

짓떼고 수긁 닑고 오좀똥 그는 다음에: 가!

몸짓·몸짓·입짓·; 이: 부로 뜩 부로: 될릭? 말릭?

이 조릴 아모뤔에나 오르누릴 나더냐!?

23 木 29261 3744 / 2440700 3023 / 29261 740 / 887

即位在茲	離乳.淨匙.大小.便利.
	身·口·意:業[戴天:履地].
自大美回來	上帝=降衷、權勢=人子.

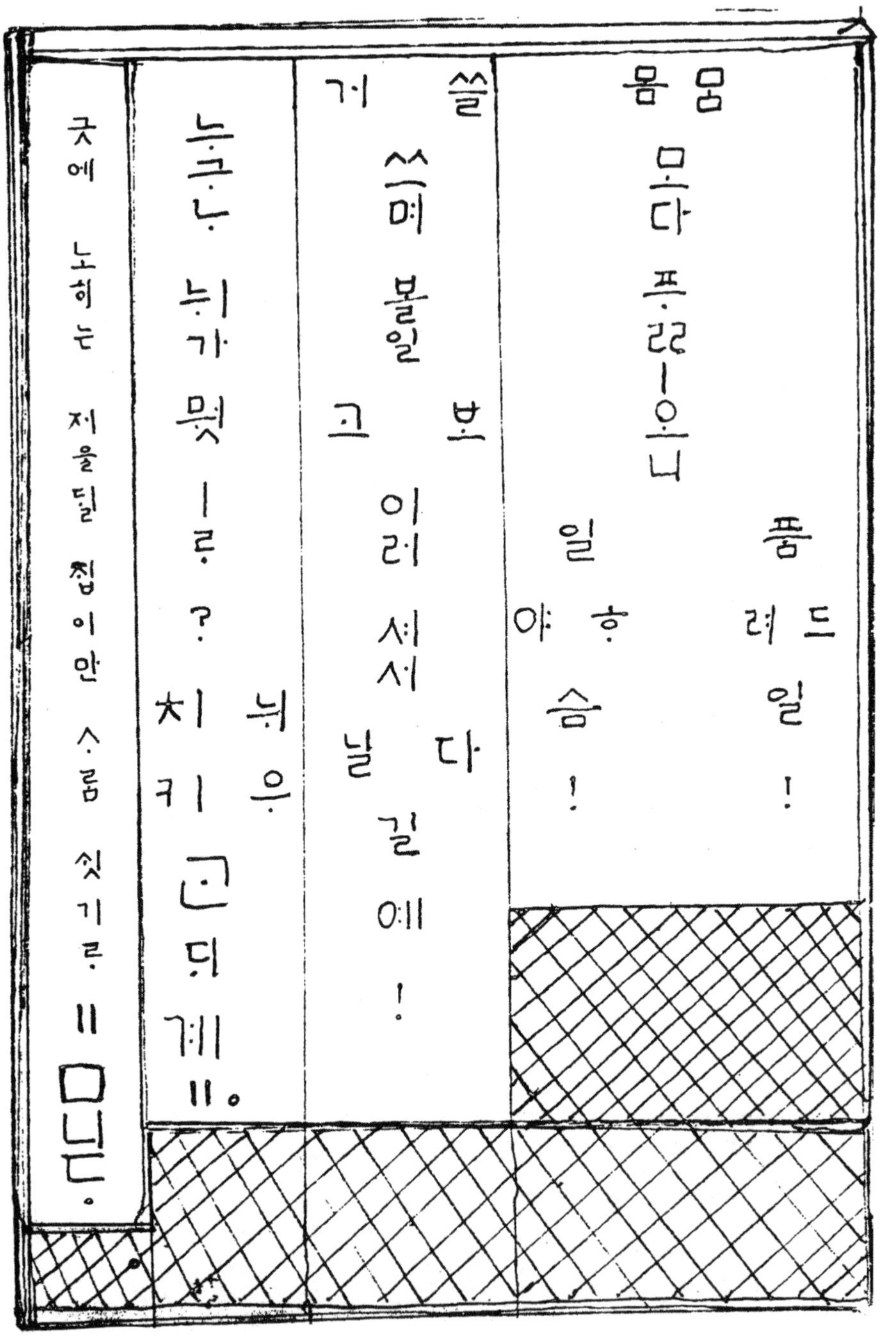

이루는히 칠ᄋᆞᆸ날 저녁 !

밑에서냐? 위에서냐?

에 무뎌조게ㅣ 아니네; 술 좇는 십뜻 업고、
리옹 ᄒᆞ늘 드긴: ᄒᆞᆫ옹님:우리 ᄋᆞ브 니기、
님 닌욹 드필 들리니: 쳐 니김은 그밑서。

로마 八·十六

聖神(靈)이 親히 우리 神(靈)으로 더브러 우리가 ᄒᆞᆫ옹님
ᄋᆞ들 인 것을 證據ᄒᆞᄂᆞ니

뵐 곱ᄒᆞ :— 빎 비름 —:

ᄋᆞ들 욘에 드러 계시니、거룩ᄒᆞᆫ 계심이읍。
ᄋᆞ브 옴에 드러 모시니、거룩 숨에 ᄀᆞᆫ되르。
아하멘 ᄋᆞ브ᄋᆞ브지 힘읎 힘ᄋᆞ 거룩히。

固獨　競爭
乎也　金青　究
精青　粹不　竟
精青　晶失　靜
貞節　鏡火

1970

4	24	金	29262	3743 2440701	3022 29262	739 888
	25	土	29263 古亰省墓行與悳相	3742 2440702	3021 29263	738 889
	26	日	29264	3741 2440703	3020 29264	737 890
	27	月	29265	3740 2440704	3019 29265	736 891
	28	火	29266	3739 2440705	3018 29266	735 892
	29	水	29267	3738 2440706	3017 29267	734 893
	30	木	29268	3737 2440707	3016 29268	733 894
5	1	金	29268	3736 2440708	3015 29269	732 895
	2	土	29270	3735 2440709	3014 29270	731 896

實存在虛無之中
親附于遠疎之上

去讒
遠色
賤貨而
貴德
所以勸賢也

疎疎遠之方昏夢
去讒遠色勸賢綱

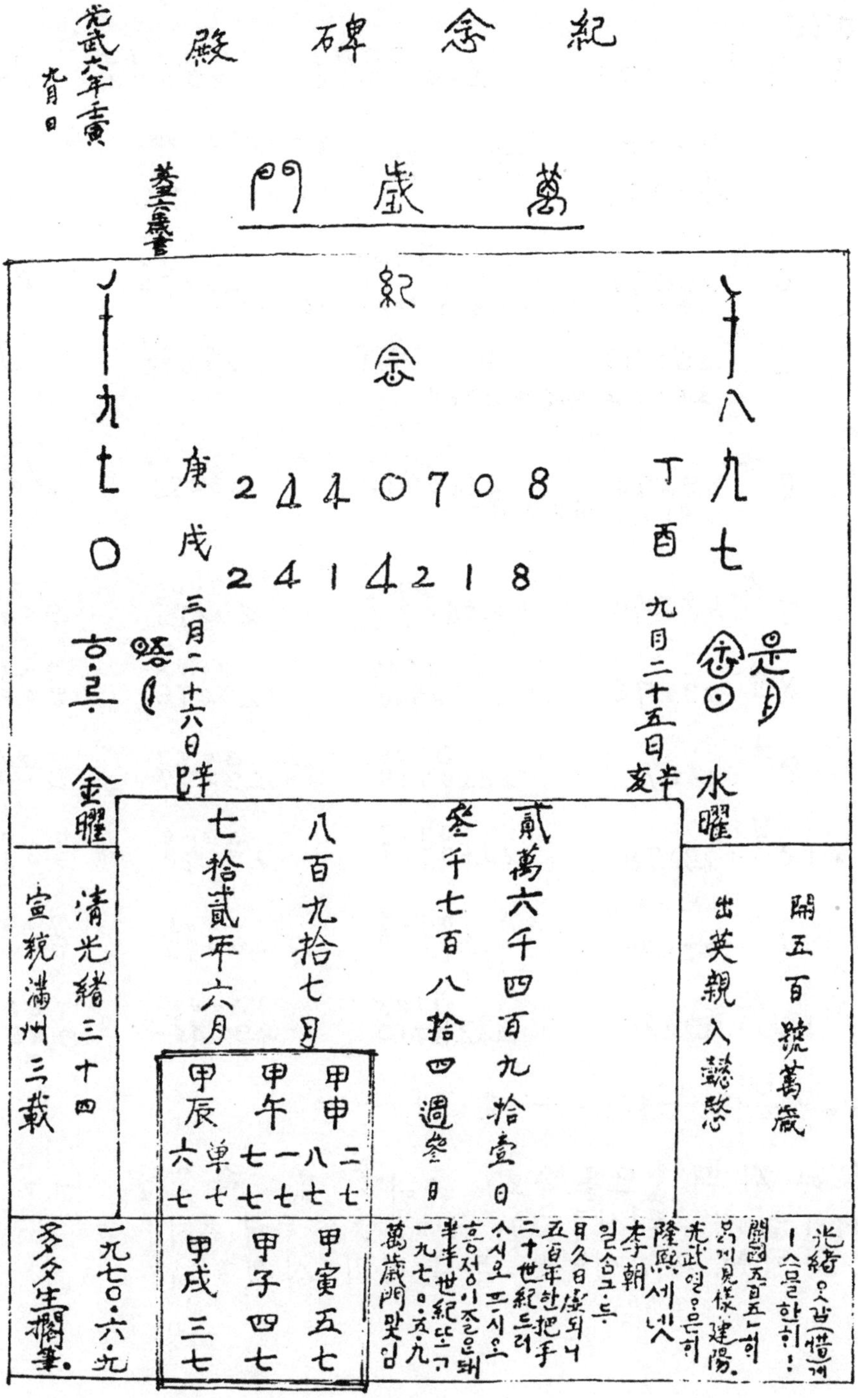

紀念碑殿

光武六年壬寅 九月日

萬歲門

恭六歲書

一八九七 丁酉 九月二十五日 辛亥 水曜

紀念

2440708

2414218

一九七〇 庚戌 三月二十六日 金曜

貳萬六千四百九拾壹日

參千七百八拾四週參日

八百九拾七月

七拾貳年六月

甲辰	甲午	甲申
六七 單七	七七 一七	八七 二七
甲戌 三七	甲子 四七	甲寅 五七

開五百號萬歲

出英親入懿愍

清光緒三十四

宣統滿州三載

光緒 오ᄉᆞᆸ(懵)게 ㅣ스믈한히！

開國五百五ㄴ히 몸게見樣建陽。

光武열으믄히

隆熙세넷

李朝

일승그・드

日久日康되니

五百年한把手

二十世紀드러

스시오 ᄒᆞ시오

흥정이좋은돼

半半世紀또ᄀ

一九七〇・六・九

萬歲門맺임

一九七〇・六・九

多夕生擱筆。

1970

5	3 日	29271	3734 2440710	3013 29271	73 89

亡2382 ⟩ 疏　親 ⟨ 25555 北
李2237 ⟩ 　　　 ⟨ 25254 感

	4 月	29272	3733 2440711	3012 29272	729 898
		28111 石泉 ― 石首魚 ― 碧屋 26368			
	5 火	29273	3732 2440712	3011 29273	728 899
		28112 庚戌 四月朔日			
	6 水	29274	3731 2440713	3010 29274	727 900
		28113 庚戌 四月二日			
	7 木	29275	3730 2440714	3009 29275	726 901
	8 金	29276	3729 2440715	3008 29276	725 902
	9 土	29277	3728 2440716	3007 29277	724 903
	10 日	29278	3727 2440717	3006 29278	723 904
	11 月	가느드른 비 29279	3726 2440718	3005 29279	722 905
	12 火	29280	3725 2440719	3004 29280	721 906

ㄹㄷㅅ 믄!? 느!? —— 솟 나 ——

믄이: 저 뭐? 모를 속오! 늙어죽 봄: 속을 묽: 느?
어이 업게: 뭐시를고!? 그저 즘지: 두어·두지!
두어둬. 그렁저렁 틀. 두 틈 바기: 시 싯기 !!

오늘 봄비 갔다。— 大美 —

未開國 十九

① 一人當 總國民生產高 1百弗未滿 ② 文盲者 人口 20%未滿

③ 國民生產에 製造業이 10%未滿 (1966～67年度)

아프리카洲 기니. 보츠와나、수단、우간다、니제르、레소토、차드、다오메이、소말리아、탄자니아、이디오피아、말라위、부룬디、오트 볼타、루안다.

아시아 라오스、아프가니스탄。中東 예멘.

13 水	29281	3724 2440720	3003 29281	720 907
14 木	29282	3723 2440721	3002 29282	719 908
15 金	29283	3722 2440722	3001 29283	718 909
16 土	29284	3721 2440723	3000 29284	717 910
17 日	29285	3720 2440724	2999 29285	716 911
18 月	29286	3719 2440725	2998 29286	715 912
19 火	29287	3718 2440726	2997 29287	714 913

서대문세무서 西大門遞信局 지나 麻浦路로 向右側에 우미禮式場을 지나서 陸橋近前 右轉入 洞北進則 高層노라노禮式所 發見. 該建物側後部也 入門登段而第四層事務室.

完州郡 九耳面 龍伏里 三區 두배 吳賢卿 (30160) —2410567— ～八七三～
氏 오시다.

20 水	29288	3717 2440727	2996 29288	713 914

1970
5 21 木 29289 $\frac{3716}{2440728}$ $\frac{2995}{29289}$ $\frac{712}{915}$

낮에 나가다가 變電所께 遞信夫로 맛나서 登記書를 接受하다。 金正鎬께에 힘입어이시압소서

22 金 29290 $\frac{3715}{2440729}$ $\frac{2994}{29290}$ $\frac{711}{916}$

우리 님 예 ᄉᆞᆸ

瑾變 金丈夫로 接天어덕 無等열게 ᄒᆞᆸ.

잘 치신이 따로 됩사이 겨레도 참말슴 숩.

ᄋᆞ리 님 우리 ᄋᆞ리를 잘도 잘도 치시옴。

公元壹千九百七拾年五月貳拾貳日金曜 새벽에

다석 씀

五 三 四

ᄃᆞ숨은 쉣 네

23	土	29291	3714	2440730	2993	29291	710	917

謙亨君子有終
彖曰謙亨 天道下濟而光明地道卑而上行
咸亨利貞取女吉不以貞則失其亨

24	日	29292	3713	2440731	2992	29292	709	918
25	月	29293	3712	2440732	2991	29293	708	919
26	火	29294	3711	2440733	2990	29294	707	920
27	水	29295	3710	2440734	2989	29295	706	921
28	木	29296	3709	2440735	2988	29296	705	922
29	金	29297	3708	2440736	2987	29297	704	923
30	土	29298	3707	2440737	2986	29298	703	924

李容勳 貳四九七壹

1902 1 17 金曜 ⟩ 241_5767 1970 5 30 土曜
辛丑 12 8 庚子 庚戌 4 26 庚戌

31	日	29299	3706	2440738	2985	29299.	702	925

祝 福 貳五〇〇〇日 1970 6 28 日曜 。
庚戌 5 25 己卯

光州瑞石洞四七〇의一 金正鎬『解止文券接受通知』

1970

6 1 月 29300	3705 2440739	2984 29300	701 926

元 气

有終无始元　　莊子逍遙游

多夕呼吸儀　　孟氏浩然气

2 火 29301	3704 2440740	2983 29301	700 927
3 水 29302	3703 2440741	2982 29302	699 928

物情詩

從容者優美　物好好利達

料顏以窒塞　情賢賢易色

4 木 29303	3702 2440742	― 2981 29303	698 929

物 情 吟

몬과 삶뜻을 읊

谷

골들레미월 닿흔이많이 넉 넉 넉 아름답!..、

이롤킈 틈실 몬떠? 봄 부름 없、낮힌 꽃비 닥!

오늘또 들고들 난나:? 일 업시들 먹고 싸!?

5 金 29304	3701 2440743	2980 29304	697 930

츠렌히말 登頂 1970 4 28日 5시30분: 캠프5 와 頂上: 標高 1050m.

金祜燮. 셀파 앤젤 出發

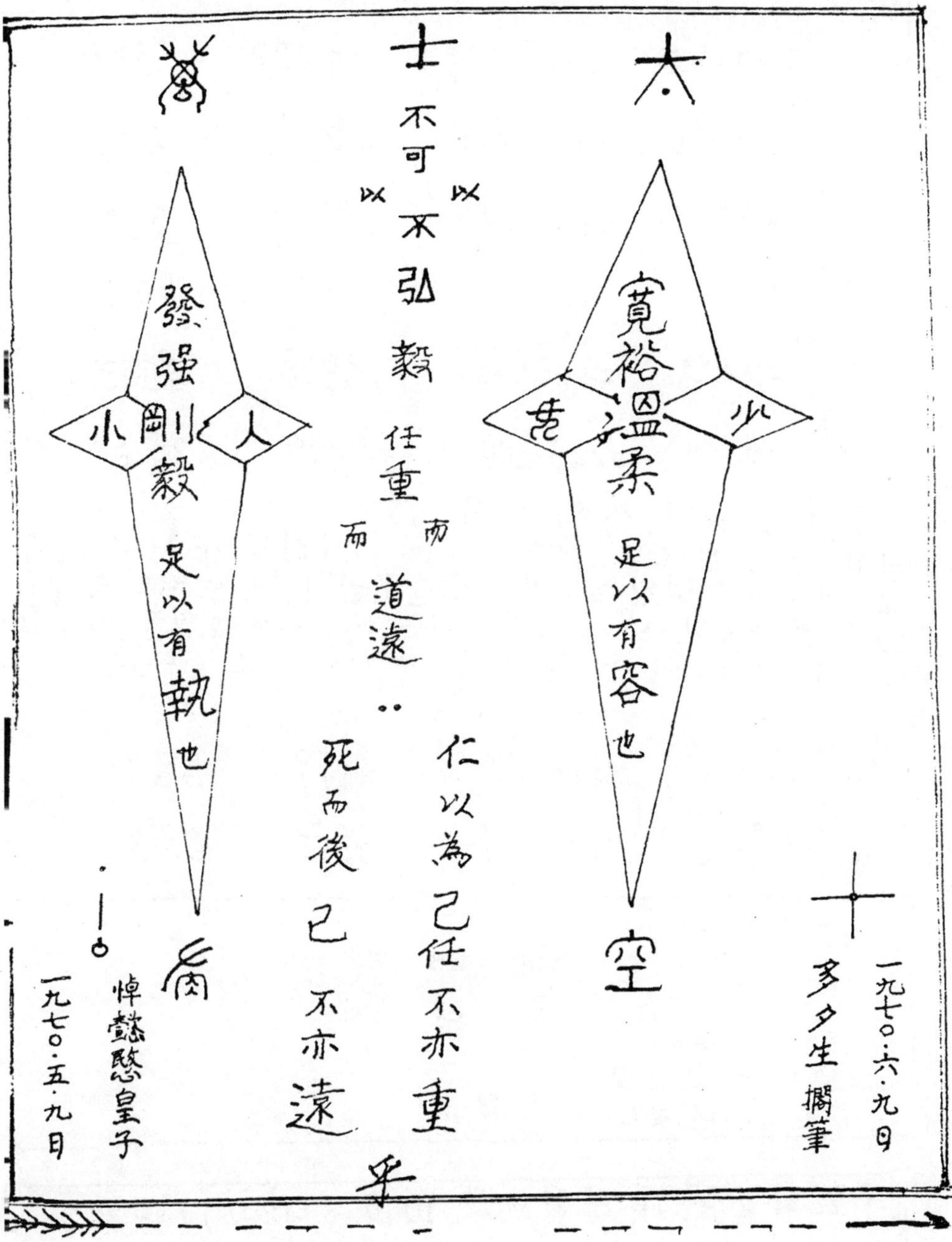
大
寬裕溫柔
足以有容也
空
士
不可以不弘毅
任重而道遠
仁以為己任不亦重乎
死而後已不亦遠乎
發强剛毅
足以有執也
小
人
一九七〇·六·九日
多夕生擱筆
悼懿愍皇子
一九七〇·五·九日

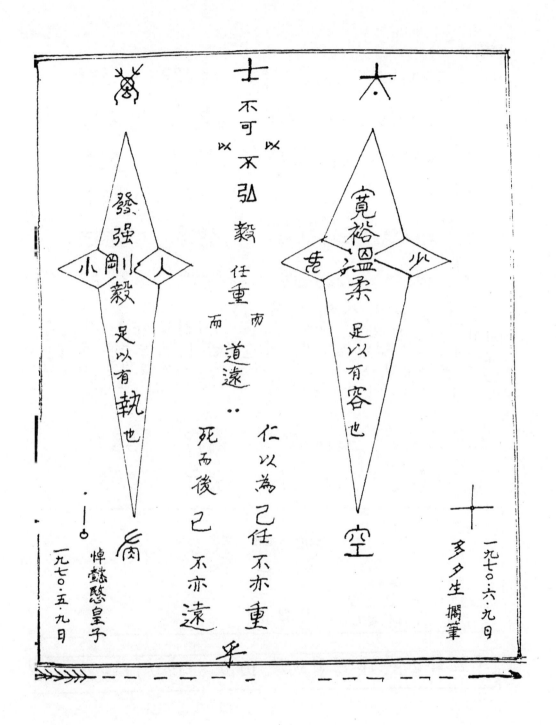

1970

6 6 土	29305	2440744 37001	2979 29305	696 931
7 日	29306	2440745 3699	2978 29306	695 932
8 月	29307	2440746 3698	2977 29307	694 933
9 火	29308	2440747 3697	2976 29308	693 934
10 水	29309	2440748 3696	2975 29309	692 935
11 木	29310	2440749 3695	2974 29310	691 936

민첩 성긴 ㅅ치 (奢 侈)

네가 잘 그면 엇지 네가 네낯: 가리겟냐? 네기름
을 네가 잘 쳣지않으면 네 솔조임이 네속으로 드니!
싶듯도 네게서 일지만、너는 또 네솔조임을 네손질
로 써 눅여 펴 나가야 만 그디 곧은 길; 부름.

| 12 金 | 29311 | 2440750 3694 | 2973 29311 | 690 937 |
| 13 土 | 29312 | 2440751 3693 | 2972 29312 | 688 938 |

柳 熙 敏
李 貞 淑

2441080通日
1971 5 8 土曜
辛亥 4 24 癸巳   柳 維 圭

추렌히말 登頂 隊員 凱旋 1970 6 12日 11時 30分 ⋅

14	日	29313	3692 2440752	2971 29313	688 939
15	月	29314	3691 2440753	2970 29314	687 940

城北區 三陽洞[二洞] 合乘終点

일심병원 崔泰士

九二 八三七一番

16	火	29315	3690 2440754	2969 29315	686 941
17	水	29316	3689 2440755	2968 29316	685 942
18	木	29317	3688 2440756	2967 29317	684 943
19	金	29318	3687 2440757	2966 29318	683 944
20	土	29319	3686 2440758	2965 29319	682 945

길ᄇᆞᆲᄋᆞᄀᆞ를 ᄀᆞᄅᆞ치키론ᄃᆡ

修道之謂教

21	日	29320	3685 2440759	2964 29319	681 946
22	月	29321	3684 2440760	2963 29321	680 947

12 22 日 15時36分 日長 9時34分間
(17 26)

夏至 4時43分 日長 14時46分間
(20 21 22 23)

一生何所以：我：一人可何 —

自生後至先死刻
一生作人能成何

上古以來先生死
只今而後於死我

1970 火
6 23 29322 3683 2440761 2962 29322 679 948

一 性 不 二 情

物賦身世生 終天獨生子
性稟心空命 永世統聖靈

气息寄食工 小中大學出
畢竟己識通 從事作業翁

正見物理利 去來惟一性
必順天道程 識職不二情

24 水 29323 3682 2440762 2961 29323 678 949

낮에 毓祥宮 停留所 近處로 向 떠나심: 吳賢鄕氏:
親庭 侄家로 由ㅎ와 南行爲計云 (30196日)
完州郡九耳面龍伏里三區
독배 진달네교회 尹정님

25 木 29324 3681 2440763 2960 29324 677 950

失性而
無所之
天元來太乙
地人展兩儀
生心發情性
空·自在空

	26	金	29325	信祭	3680	2440764	2959	29325	676	951
	27	土	29326	仰祀	3679	2440765	2958	29326	675	952
	28	日	29327	慕思	3678	2440766	2957	29327	674	953
	29	月	29328	元親	3677	2440767	2956	29328	673	954
	30	火	29329	誠不	3676	2440768	2955	29329	672	955
7	1	水	29330	知求	3675	2440769	2954	29330	671	956
	2	木	29331	音福	3674	2440770	2953	29331	670	957

七十年七月一日 咸氏一言客水止

니나·못ᄂᆞ ᄒᆞᆫ마당. 외 ᄂᆞ 린:없ᄒᆞᆫ ᄃᆞ레!

3	金	29332	3673	2440771	2952	29332	669	958
4	土	29333 비	3672	2440772.	2951	29333	668	959
5	日	29334	3671	2440773	2950	.29334	667	960
6	月	29335	3670	2440774	2949	29335	666	961
7	火	29336	3669	2440775	2948	29336	665	962

七十年七月一日

ᄀᆞᆫ질로 졸코 숨이 쓰!

니나· 못ᄂᆞ· ᄒᆞᆫ본 홍

에싯들 김받구와 돈!

니니 못ᄂᆞ· ᄒᆞᆫ마당

咸氏一言客水止.

ᄒᆞᆫ드레에 외ᄂᆞ린 읆!

二万五千三百十三

二万九千三百三十

知空無我至誠地

意識正心復命天

一行百里步　　　四時千里驅
身疲通人烟　　　心壯退自然

1970
7 7
이제 16時쯤 徐靜雄인 비 왔데 벤도 들고 옴, 니야기 곤뒤 朴世正인도 옴、徐雄先歸 朴正后退。

七月七日 계 모시、 ᄒᆞ이아 ᄒᆞ야 히시、
日中點心 시리금。 늬로읏리 ᄒᆞ야금。

8 水 29337	3668 2440776	2947 29337	661 963
9 木 29338	3667 2440777	2946 29338	663 964

應徐靜雄　肉与刀合　事畢欲靜　徐雄先歸
接朴世正　生丹爭青　眞飽實正　朴正後退

10 金 29339	3686 2440778	2945 29339	662 965

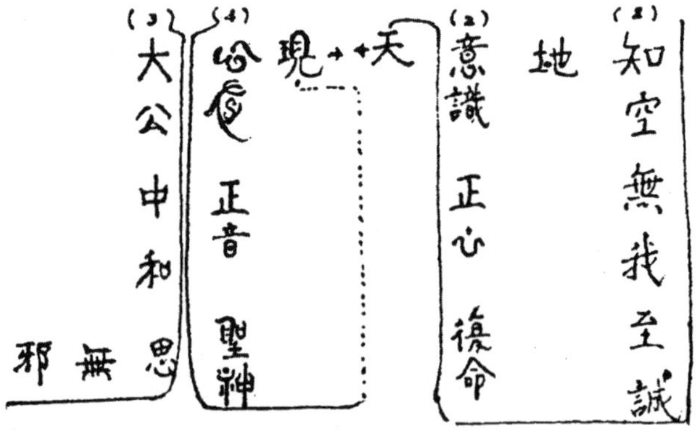

11 土	29340	3665 2440779	2944 29340	661 966

念　實　存

知空無我至誠地　大公中和思無邪

意識正心復命天　心存正音聖神現

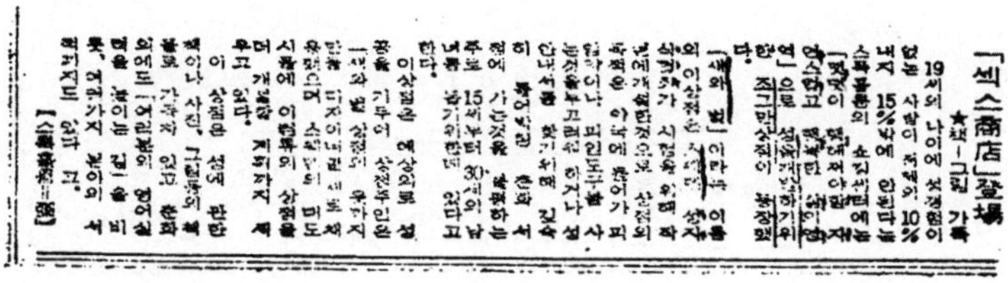

「섹스商店」登場
★책-그림 가득

19세의 나이에 첫경험이 없는 사람이 전체의 10% 내지 15%밖에 안된다는 스웨덴의 [illegible]에는 [illegible] 연」으로 [illegible] 한 조그만 상점이 등장했다.

「섹스의 법」이라는 이름의 이 상점은 [illegible] 가 [illegible] 한 것이라 상점의 목적은 이 곳에 찾아가 피임약이나 피임도구를 사는것을 [illegible] 하거나 성 안내서를 찾기 위해 [illegible] 히 [illegible] 서점에 가는것을 [illegible] 하는 주로 15세부터 30세의 남녀를 [illegible] 위한데 있다고 한다.

이 상점은 예상외로 성공을 거두어 상점주인은 「섹스와 법」상점의 [illegible] 만을 디자이너로 새로 채용했으며 스웨덴의 [illegible] 시에 이 형태의 상점을 더 개설할 계획까지 세우고 있다.

이 상점은 섹스에 관한 책이나 사진, 그림등의 책들로 가득차 있고 [illegible] 외에도 「어린이의 [illegible]」 [illegible] 을 높이는 길」을 비롯, 여러가지 분야의 서적이지도 있다 고.

【스톡홀름=聯合】

信　實　在

信上古聖神繼天　七十二侯廿四節

念至今人子獨生　日重率性能仁成

12 日	29341	3664 2440780	2943 29341	660 967
13 月	29342	3663 2440781	2942 29342	659 968

詩篇一三七.5

예루살렘아 내가 너를 잊을찐대 내 오른손이 그 재주를 잊을지로다.

14 火	29343	3662 2440782	2941 29343	658 969

1970

ᄂᆡ 미듬 ᄋᆞ리오

ᄂᆞᆾ힌 ᄂᆞᆾ부득 치어 들고, 한ᄂᆞ절 그ᄂᆞᆯ?니, ᄂᆡ?

깁흔 ?얼골속, ᄎᆞᆺᄋᆞ들어. ?ᄒᆞᆫ늘옹, 보뜻?나, 는!

ᄒᆞᆯ우고 스믈네떠고!? 이ᄯᆞ위 ᄯᅥᆫ: 발고 뭄!!

7 15 水 29344 — 3661 / 2440783 — 2940 / 29344 — 657 / 970

鄭基瑢氏	一八九九 己亥	五 四	二七 二六	土曜 己未	25982날

16 木 29345 — 3660 / 2440784 — 2939 / 29345 — 656 / 971

ᄃᆞ! ᄅᆞ! ᄂᆞ? ᄂᆞ! 골! ᄃᆡ? 곤뎬계!

ᄒᆞᆯ옹소리 히지ᄋᆞ 듯: 목숨 ᄂᆞ리 숨이 진 ᄃᆞ!

끄ᄅᆞᆨ속에 모를 끄ᄅᆞᆨ! 끄ᄃᆞ러운 끄림시ᄅᆞ!

옹것숨 이ᄯᆞ위 ᄯᅵ ᄯᅥᆫ 몇물빨릴 서ᄃᆞ ᄂᆞ?

17 金 비 29346 — 3659 / 2440785 — 2938 / 29346 — 655 / 972

저도 제계모신 저, 제절로 ᄋᆞᄇᆞᄋᆞ돌 옴!

○ 슬기붉ᄋᆞ 혼옹불림: 끄늘 ᄆᆞ둥:저울디 좁!

• □ ᄋᆞ부지 ᄋᆞᄇᆞᄋᆞ님 빛월 돌려 그득히!

18 土 29347　　3658/2440786　　2937/29347　　654/973

살前 4:8 저버리는 이는 사람을 저버림이 아니오 너희에게 그의
聖靈을 주신 ᄒᆞᆫ웋님을 저버림이니라。
고前 2:10 聖神은 모든것을 通達: ᄒᆞᆫ웋님의 깁흔거시라도
通達ᄒᆞ시ᄂᆞ니라
11 사람의 事情을 사람의속에 잇는 神外에는 누가 알니오
이와곧치 ᄒᆞᆫ웋님의 事情을 ᄒᆞᆫ웋님의 神外에는 또ᄒᆞᆫ 아
는이가 업ᄂᆞ니 ……… 神靈ᄒᆞᆫ 일은 神靈ᄒᆞᆫ거스로 ᄇᆞᆰ히ᄂᆞ니라
16 누가 님의몸을 알ᄋᆞ서 님을 ᄀᆞᄅᆞ치겟ᄂᆞ냐? 그리스도의몸
이 우리의게 잇ᄂᆞ니라

19 日 29348　　3657/2440787　　2936/29348　　653/974

叵判是非

無好惡而聊分界　　分界不知自我妄
有上下而不知中　　文傒我忙興共同

20 月 29349　　3656/2440788　　2935/29349　　652/975

空間美展　잇업 틈시 아름ᄃᆞᆸ음

有無際 美眞善開　　大空思由出無顏
生死中 人物情涯　　小我如心能容恕

ᄌᆞ그ᄂᆞᄆᆞ 뷔믐 곧음: 얼김 ᄂᆡᄋᆞ 쓰드럽지!
잇업시 아름ᄃᆞᆸᄋᆞ오 춤도 줄도 열릴제!

ᄒᆞᆫ웋뷘뜻 : 거룩ᄃᆞᆨ 안ᄉᆞᆷ알 낯 어ᄃᆡ 잇슴?

1970

잇 업 틈 ᄉᆡ ᄋᆞ름답음

흔옹빈뜻 그륵ᄃᆞ독 안숙일 놋 어ᄃᆡ잇슴?

쪽으ᄂᆞ무 ᄂᆡ몸곧음 윌김ᄂᆡᄋᆞ ᄊᆞ드립디!

잇업ᄉᆡ ᄋᆞ름답ᄋᆞ요 츰도 줄도 엘릴제!

徐斗銖氏 洪雄善氏 指路로 오시다.。[1968 7 27 俞大稙 외도]

늘 믿 / 속 로 / 나 뵐 이
忠信 所以 進德者

늘 올 바로 고 빌 ᄌᆞᆯ 몸 / 씌 잘 ᄌᆞᆷ 믿어 울 월 뜻
忠常正中 絜矩心 信宿律呂樂章意

7 21 火 29350 3655 2440789 2934 29350 6151 976

들ᄋᆞ숨도 몸이 스ᄉᆞ로 ᄉᆞᆲ

저넉 읽끝 ᄋᆞ침 몱ᄋᆞ 늦ᄯᅥ뫽 닛 플몸 ᄉᆡ좀、
모은ᄃᆡ로 ᄄᆞᆯ린ᄃᆡ로 오르 ᄂᆡ리 드릶 누기、
돌고돎 돌려돌ᄋᆞ돎 ᄉᆞ름이 몳: 세ᄋᆡ숨:。

22 水 29351 3654 2440790 2933 29351 650 977

一朝制作侔神工 훈ᄋᆞ지슴 믠듬곪
大東千古開矇矓 오린ᄋᆞ린 욺틸름

ᄒᆞᆫ글ᄂᆞᆯ 10월9일 五百二十四周年

世宗廿八年丙寅
(公元 1446)
正統十一年九月上澣
(明朝英宗) 鄭麟趾

3653 2932 649
23木 29352 2440791 29352 978

李容歟언 25025ᄂᆞᆯ 우리ᄉᆞ이 (네三이ᄒᆞ 四숨一치) 네숨이치 요둥글요 싱극

ᄀᆞᆯᄆᆞ | 닐름 믿듬
ᄀᆞᆷ비ᄋᆞ ᄋᆞ돌을 | 닐러 몰업
긴몸 ᄋᆞ브속 | ᄒᆞ야 일업

ᄆᆞᆯ든소리 音. | 일뜯소리 聲. | 꾹뚝 ᄇᆞ른소리 正音.

| 울 월 뜯 意.

訓民正音解例
制字解
正音之作。初非智營而力索。但因其聲音而極其理而已。------ 正音作而天地萬物之理咸備。其神矣哉
是殆天啓
聖心而假手焉者乎。
訣之末

一朝 制作侔神工 大東千古開矇矓	ᄒᆞᄋᆞ 지슴、믿듬 ᄀᆞᆷ、 오린 우린 ᄋᆞ털 ᄀᆞᆷ。

1970

뜯 듣 ᄒᆞᆫ글몸

늘옹 ᄇᆞ로 ᄀᆞᆫ 빅ᄒᆞᆫ몸。 뉘 낮좀 믿어 올월 뜯。

忠常正中絜矩心으。信宿律呂樂章意로。 (樂: 악, 章: 장, 意: 의)

ᄒᆞᆫ글몸 ᄇᆞ로 된 되로 그릇 안홀 올월 뜯。

7 24 金 흐림	29353	3652 / 2440792	2931 / 29353	648 / 979
25 土 흐림	29354	3651 / 2440793	2930 / 29354	647 / 980
26 日 흐림	29355	3650 / 2440794	2929 / 29355	646 / 981
27 月 흐림	29356 (빠르리음 빠르지??)	3649 / 2440795	2928 / 29356	645 / 982
28 火 흐림	29357 (빠림 빠리)	3648 / 2440796	2927 / 29357	644 / 983

별은 실고 별처는 내의 大美向 길을 떠나니
20시쯤. ᄒᆞ옹님 힘납히시면 ᄇᆞ롬 빏으로

29 水	29358	3647 / 2440797	2926 / 29358	643 / 984

ᄇᆞ른 소리 – 올흔 소리 – 正音

우리 ᄉᆞ리 소리。 뚝ᄇᆞ른 몰소리: 우리 글시。

ᄒᆞ올 ᄋᆞ 지습: 믿듬 곪! 오린 ᄋᆞ린 읎 털곰! 畬 줖。

ᄋᆞᆷ 은요 ᄋᆞ리 씨올이 터닐소리 ᄋᆞ름답。

30 木 호림 29359 3646 2440798 2925 29359 642 985

ᄋᆞ 이 들

을뜯 일뜯 우리리들 일들이여 — 우리 : 안야?

웃이 뜩어 우시서들 몸들이여 — 너나 : 안야?

너 나 냐? 누느 냐? 몰몸! — ㅣ · ㄹ 모름직.

31 金 29360 3645 2440799 2924 29360 641 986

ᄒᆞᆫ 몸 못 뜯 1968 10 17 28708 652 土

ᄒᆞᆫ몸 ᄒᆞᆫ뜯 : ᄋᆞᆫ블 드디 ᄋᆞᆫ때 디드 : ᄒᆞᆫ몸 ᄒᆞᆫ뜯 !

칫침 · 치츰.「촐 츰 츤」ᄆᆞ치 · ᄆᆞ침내. 츰몰 못뜯 !

고디몸 : 못뜯으로 : 로! 곧, 슬몰슴!! 슨·ᄉᆞᆷ !

8時쯤「平昌에安着한消息: 電話로 듣고」 고맙감히 드리옵니다.

餞夕路景

庚淳根氏來訪: 第一祈禱院으로 가는 길에 이름.(엇저녁)

萬河莊: 觀光호텔: 高塔電輝教堂: 祈禱院:

谷流濯沐: 川岸路頭 果蔬李桃 待客座商數十.

1970

8 1 土

ᄒᆞᆯ리고픔 29361 　 3841 2440800 　 2923 29361 　 640 987

요한 ᄀᆞ븜소리 첫월 ᄃᆞ섯 ᄆᆞ디

1 ᄆᆞᆫ첨에 날늠이 잇스니 (성극 날너 몰슴) 날늠
이 ᄒᆞᆫ옿님과 같치 계시믹 날늠은 곧ᄒᆞᆫ옿님이시라
2 이 날늠이 ᄆᆞᆫ첨에 ᄒᆞᆫ옿님과 같치 계시서
3 날늠으로 ᄌᆞᆯ몬이 ᄂᆡ인바 되엿스니 ᄂᆞᆫ몬이 날
늠 업시는 하나도 ᄂᆞᆫ것이 업ᄂᆞ니라
4 ᄉᆞᆲ몰숨이 날늠에 잇스니 ᄉᆞᆲ몰숨은 ᄉᆞ룸의 빛이라
5 빛이 어ᄃᆞ음에 비취되 어ᄃᆞ음이 ᄀᆡ닫지 몯ᄒᆞ더라

2 日

ᄒᆞ림 29362 　 3643 2440801 　 2922 29362 　 639 988

어머니 성극

이쿠이이 여든 누이 이ᄀᆞ이이 여덟히 더 .

이십세기 ᄒᆞᆫ고온히(1950) 부산천리 ᄒᆞᆫ나(1950~, 漢拏) 무지 .

어머니 우리 어머니 三八줄터 ᄒᆞᆫ울로 .

29220날八十年日子 2922날 八年日子
32142날八十八年日子 142날
32284날 어머니ᄀᆞ늘

3月 29363 $2440\overset{3642}{802}$ $\overset{2921}{29363}$ 638 989

·10 ᄀᆞ득ᄒᆡ

어디고 뒤들 몬몸이기 어둔몸 이ᄅᆞ지들 !?

비워 치워는 빈탕으로 빛월 빛 ᄆᆞ질롬 은。

숨 몰숨 목숨 몰숨님 一1·로·16.

4 火 29364 $2440\overset{3641}{803}$ $\overset{2920}{29364}$ 637 990

흐림

5 水 29365 $2440\overset{3640}{804}$ $\overset{2919}{29365}$ 636 991

우뢰 우림 쁘림 비비

夕晩自大美回來

힘 없으속

힘. 힘입어 싱싱힝 케:뵈기……시원、ᄒᆞ니……일없。

입고 ᄉᆞᄂᆞ? 쓰고 ᄉᆞᄂᆞ? 술려 ᄉᆞ오? 줄여 ᄉᆞ오?

힘입게 힘써 힘쓰미 힘없으속 속속듦!

시옷니 봬: 싱싱 ᄒᆞ니! 시옷니히: 힝 ᄒᆞ게 힝!

우리 ᄒᆞ야금: ᄒᆞ이 ᄒᆞ이야: ᄒᆞ야 히: 둥글리!

이속에 속깁히 드오、모름지기 모르미……。

1970

8 6 水 비 29366 　 3639 2440805 　 2918 29366 　 635 992

티 울 늘 믄 기 들
졸 싱계서 졸 싱겻돔! 몰싱계서 몰싱겻돔!
그런것도 저런것도 아니것믄 : 흙 트고 : 물 들도!
끝힐손 티위누구오 실흠조흠 흔골키.

7 金 묽 구름오름 29367 　 3638 2440806 　 2917 29367 　 634 993

우리 오름? 니림?
모름지기 모르며. 이기드시 이겨서 두네.
모르거니 울옹곤 업! 두고 누니 껄고 골줄!
올고 ㄱ? 모른뒤도 ㄱ? 모름지기 어아리?

无聊存心
物情相對去來圓 高低長短生死元
得失是非無聊地 乘除商量存心天

8 土 구름 29368 　 3637 2440807 　 2916 29368 　 633 994

伏도 누고 골로 듦

ᄋᆞ름 ᄋᆞ리 못도 옳고, 모름 모리 쓰게 지님.

쓰고 돌고 지너 ᄀᆞ미: 쓸데 썼고, 돌데 돌닷!

이토록 이마련 늙음? 조입술림 모질지.

ᄌᆡ 제계로

제가 나로 ᄂᆞ스믄 만흔 남들게: 듬가? 남가?

지모두 나스며는 남! 남남 못「나」「너」로 부름!

ᄂᆡ 누 나 불리 너ᄅᆞ니 ᄂᆡ너 미제 제계로!

9 日 29369 3636 2440808 2915 29369 632 995

더는 온 진 다

그대 는 ᄋᆞᆼ 큰 업ᄂᆞ? 그도대도 난 모르디!

계셔 그기 계시이디 모르드니 모를수 업!

두어로 ᄂᆞ님 드누기 남도 듬도 오르디!

10 月 흐림 29370 3635 2440809 2914 29370 631 996

1970

8 오로디 : 뉘듣둠? 물숨!

오로디니 기기 더더 더더기니 오로디드.

니ᄂᆞ 누ᄂᆞ 너느 나ᄂᆞ 는 ᄂᆡ 뉘 는 너 네 나

더옥.

디더디 ᄃᆞᄃᆞ 따따 똑떨 드드 뜯듦 뉘듣둠.

11 火 29371	3634 2440810	2913 29371	630 997

李永熙 李長鎔 차즈오다

歲月吟

聊達大千回歸月 率性修道步調絜

二九五三十日半 生來順命~~[illegible]~~應安

12 水 29372	3633 2440811	2912 29372	629 998

二李向橋口云而從.

13 木 29373	3632 2440812	2911 29373	628 999
14 金 29374	3631 2440813	2910 29374	627 1000

行動 不知止危殆 左右止步行

左止右止步 一止正中悟

15 土	29375	3630 2440814	2909 29375	626 1001
16 日	29376	3629 2440815	2908 29376	625 1002

金東洙. 李潤植. 消風過此尋訪歡談而別.

무朝瑟侍二親大美行

17 月	29377 흐렵고는비옴	3628 2440816	2907 29377	624 1003
18 火	29378	3627 2440817	2906 29378	623 1004
19 水	29379	3626 2440818	2905 29379	622 1005

서울아 내가 너를 잊은 진대 내오른손이 그 재주를 잊을지로다。
詩篇壹百參拾七篇五節 ⟶

20 木	29380	3625 2440819	2904 29380	621 1006

<table>
<tr><td>威</td><td>左止右止坐　手之足之舉
左之右之行　舞之蹈之動</td><td>光</td></tr>
<tr><td>在</td><td>行動舉止人　生順死安魂
心思處世生　身終歸天公</td><td>儀</td></tr>
</table>

21 金	29381	3624 2440820	2903 29381	620 1007

1970 8 22 土	29382	244 3623/0821	2902/29382	1 619/008
23 日	29383	244 3622/0822	2901/29383	1 618/009
24 月	29384	244 3621/0823	2900/29384	1 617/810

빎〔'70 1 5 빛골서: 日記에서〕

ᄒᆞᆫ웋목숨 돌리시니 ᄒᆞᆫ목몰숨 바더 삶킴!

몰숨 받들(奉)이 ᄉᆞ례 소리와 ᄉᆞ리오리이다!

몰숨님 밤낮 ᄒᆞᆫ가지! 가ᄃᆞᆨ질가? ᄃᆞ랍 숩ᄋᆞ.

손씨〔'70·1·6 빛골서: 日記에서〕

ᄯᅳ위 나· 나윗김 힘써 더홀 나위 업시 된듬.

옿로브터 나신 나· 손ᄀᆞ록 끗: 나위 업는 씨.

기듭나· 기듭나감을 손씨 늘ᄃᆞ! 철 는듬?

로마 八 12—16

12 언ᄋᆞ들아 우리가 빚진이로되 살에게 저서 살되로
살 깃이 아니니라 13 너희가 살되로 살면 반드시 죽을것
이로되 얼로써 몸의 홀짓을 죽이면 살리니 14 므릇
ᄒᆞᆫ웋님의 얼로 이끎을 받는 그들은 곧 ᄒᆞᆫ웋님의 아들이리
15 너희는 다시 무서워 ᄒᆞ는 종의 얼을 받지 아니ᄒᆞ엿고
길럴ᄋᆞ의 얼을 받았으므로 아바 아부지라 부르짖느니라 16

웅님 께서 우리 ᄋᆞᆯ로 더불어 우리가 ᄒᆞᆫ웅님의 ᄋᆞ들인것을
ᄇᆞᆨ히 시ᄂᆞ니라

25 火 29385	3620 / 2440824	2899 / 29385	616 / 1011

업 (시 계 신 ᄋᆞ) 부

ᄒᆞᆫ
+
웅
님

福　　　地

1 夕穀夜寐夙興天　2 宿口空心實腹地

3 夕穀夜寐萬天興　4 宿口空心百里行

5 老老病病死　6 宿老不病歸

26 水 29386	3619 / 2440825	2898 / 29388	615 / 1012
27 木 29387	3618 / 2440826	2897 / 29387	614 / 1013
28 金 29388	3617 / 2440827	2896 / 29388	613 / 1014

22시 지ᄂᆞ서 · 大美로브터 熙瑟 父女 드름;

29 土 29389	3616 / 2440828	2895 / 29389	612 / 1015

김봉국 않보본 차조오시다

1970 8 30 日 29390   3615 2440829   2894 29390   611 1016

예네브터 일러 ᄂᆞ려온 ᄆᆞᆯᄉᆞᆷ

이 븬탕 ᄒᆞᆫ디 우리 ᄋᆞᄇᆞ ᄆᆞᆷ、ᄋᆞᄇᆞ ᄋᆞᄇᆞ지 뜻！

믿첨 일놈 있、우리 ᄋᆞᄇᆞ、ᄒᆞᆫ웋、ᄒᆞᆫ웋님、ᄆᆞᆷ 뚫！

갸륵ᄒᆞ오 ᄒᆞᆫ웋 뜻 뜯븐 양웨 이 [illegible]！

길딕룸ᄃᆞ 꿈미듬

계기시니 (인젠 그만) 그ᄆᆞᆫ ᄆᆞ실 우린 데계.

ᄂᆞ니！ ᄉᆡᆼᄋᆞᆨ：ᄋᆞᄅᆞᆷ、ᄇᆞᄅᆞᆷ、십고、십흠、십븐：좋음！

그믐을 ᄆᆞᄅᆞᆷ은、싫종 업시：실코 조쿨 기려！

퇴ᄃᆞ로 ᄆᆞᄅᆞᆷ디긔길 꿈！ 몰름 몰르：우ᄅᆞ론！

月 31 29391   3814 2440830   2893 29391   610 1017

9 1 火 29392   2440831 (3613)   29392 (2892)   1018 (609)

에러 날 끄므로는 날시로 오드구 어제 颱風雨 지나곳스나· 오늘도 그믈

2 水 29393   2440832 (3612)   29393 (2891)   1019 (608)

ᄒᆞᆫ 낮 ᄋᆞ조 묽음.

---

3 木 29394   2440833 (3611)   29394 (2890)   1020 (607)

모름딕길 꿈 미듬

야ᄒᆞ웨 그리워 그립ᄉᆞ와 기리우리이다、

ᄒᆞ야ᄋᆞ에 ᄒᆞ이ᄋᆞ ᄒᆞ야 히 우리 힘써 ᄒᆡ서.

힘입히 속에 든 나라 데게들ᄋᆞ 모심믄!

일즉 自相 떠나 大美 가다

4 金 29395   2440834 (3610)   29395 (2889)   1021 (606)

고봄 비좀: 비줄줄기로 으매 그도 그매 오다,

5 土 29396   2440835 (3609)   29396 (2888)   1022 (605)

묽 구름오고는 묽

6 日 29397   2440836 (3608)   29397 (2887)   1023 (604)

1970

업시 계셔 : 네겐、 잇시 예셔 : 몌겐。

이제 우리넨 업시 계심을 우러러 그리움!

예 : 우리 네 예이 숨이 땅에 심는건 아니오!

이제 ᄇᆞ 업시 계세요 잇시 예는 우리겐!

9 7 月 29398 2440837 (3607) 29398 (2886) 1024 (603)

땅은 ᄄᆞ땅 ᄒᆞᆫ올은 ᄒᆞ올 ᄒᆞ올 우린 속을

ᄎᆞᆽ고 ᄎᆞᄌᆞ 우리 ᄀᆞ메、 긺고 길어 ᄇᆞᄅᆞ온길!

긷는 덧은 우리 ᄯᅥᄯᅥ 고단ᄒᆞ믄 좀지플림!

ᄆᆞᆫ낯이 군진술 ᄎᆞᆯ된 물에붙침 흙돼땅!

無窮初開花

無窮孤立路傍委 紅塵萬丈多年本

履風輪埃不顧危 白露一朝初榮枝

8 火 29399 2440838 (3806) 29399 (2885) 1025 (602)

白露 10時 38分

ᄒᆡᆫ 이슬 ᄂᆞᆯ

ᄋᆞ침이루 이슬인데 ᄒᆞ이ᄒᆞ니, 빛월 돈봬!
힌이슬에 이름날컴 또ᄒᆞᆫ 줌ᄋᆞ 一길물글월!
오늘이 이 힌이슬놀 길위 묽은 움물물!

9 9 水	29400	3605 2440839	2884 29400	601 1026
	28239	2411449 2412601 ~ 1181 듣 27 … 십	2442000 768 5 23 / 1973 11 13	고 뭄

Julian day 通日 유리안데이

自前四七一三始 至廿紀六四年終: 六六七七年間日。
2 4 3 8 7 6 1 ― 이네삼 팔칠을 일― 네히더히五念三:
更消一二三九日 二百四十四萬日 1968. 5. 23。

다시 뒷히 훌적히 一九七三 11月 열ᄉᆞᇂ은 ᄂᆡ 단골!
二千놀을 더져뵘!

10 木	29401	3604 2440840	2883 29401	600 1027
11 金	29402	3603 2440841	2882 29402	599 1028

ᄒᆞᆫ읍엳파 다· 숨세: 1968 5 23-1973 11 13: ᄒᆞᆫ음일곱셈 곧듬 ᄒᆞ는셈

北漢吟

呼吸人民息 山深黑巖端
吸生呼死前 口密白石面

12 土	29403	3602 2440842	2881 29403	598 1029
13 日	29404	3601 2440843	2880 29404	597 1030

1970
9

大 學 至 誠 크게비읨참…몰로 ᄀᆞ否.

耳目廣大於脾胃 如心容想求仁近

心患豐足乎耳目 何必顏料改良篇

ᄒᆞ비위. 날느신 속: 몰숨 일위. ᄉᆞᆫ월 돌린 빛!

우리 ᄋᆞ부 나신 ᄋᆞ들 예수 그리스도 믿숨.

온 빛월 도루온 ᄆᆞ동 계있 참命 ᄒᆞ이:금.

ᄒᆞ 비위: ᄉᆞᆫ빛 ᄎᆞᄌᆞ.

우리 ᄒᆞ이:금: ᄒᆞᆫ뵈님 계심.

싱곡 싱곡 곰곰 닐너 닐너 콜콜 ᄌᆞ고 븐기.

ᄌᆞᄃᆞ ᄌᆞ금 ᄂᆞᆯᄃᆞ 늘금 콜콜 코곰 껼뗘 보디.

ᄒᆞ비위 참 크게 비위 ᄉᆞᆫ빛 ᄎᆞᄌᆞ 시러금.

14 月 몸 27	29405	3600 / 2440844	2879 / 29405	596 / 1031
15 火	29406	3599 / 2440845	2878 / 29406	595 / 1032
16 水	29407	3598 / 2440846	2877 / 29407	594 / 1033

興士团 등산디

「물에 산에 서클」 지난 日曜日 5百回 놀파.
第15208號 조선일보 1970 9 16日 水曜日 記事文中에
金興濟 (仁荷工大 敎授를 지내다 68年作故) 句를 當着! 作故?
68年에?

五山學校事務室(敎監先生朴基璿氏住持)接壁
一間房은 金興濟 柳永模 李寅洙 三人ᄒᆞᆫ방안
소리로: 거의 두히 들 너무 늡엇다 이러ᄒᆞ므로 오시
습니다. 李寅洙氏는 여이신지 三十年도 더 되것
스나 金인이 柳압세 뜨시단 몰습!

17	木	29408	2440847 (3597)	29408 (2876)	1034 (593)

늘 믿 속을 누·왼이
늘 옳 ᄇᆞ로 고 ᄇᆡ ᄒᆞᆫ 몸　늬 낮좀 믿이 울월 뜻

忠信所以進德者
忠常正中絜矩心　信宿律呂樂章意

지난 밤ᄉᆡ비로 石橋脚半程川流漲大而雨順續

18	金 呂	29409	2440848 (3598)	29409. (2875)	1035 (592)
19	土 呂	29410	2440849 (3595)	29410 (2874)	1036 (591)

6時 大美: 採蜜蜂群荷車到着. 內外平安. 崇揚感恩 아·멘

1970

닐니 올님

요한 첫월 다섯 ᄆᆞ듸

1 ᄆᆡᆫ첨에 닐늠이 잇스니 닐늠이 ᄒᆞᆫ옿님과 ᄀᆞᆮ치 계시ᄆᆡ 닐늠은 곧 ᄒᆞᆫ옿님이시라 2 이 닐늠이 ᄆᆡᆫ첨에 ᄒᆞᆫ옿님과 ᄀᆞᆮ치 계서서 3 닐늠으로 잘몬이 ᄂᆡ인바 되엿스니 ᄂᆞᆫ몬이 닐늠 업시는 ᄂᆞᆫ것이 ᄒᆞ나도 업ᄂᆞ니라 4 ᄉᆞᆱ몰숨이 닐늠에 잇스니 ᄉᆞᆱ몰숨은 ᄉᆞ름의 빛이라 5 빛이 어ᄃᆞ움에 비취되 어ᄃᆞ움이 ᄁᆡ돋지 못ᄒᆞ더라

ᄋᆞᄃᆞᆯ 이기로
너희게 닐늠· ᄆᆡᆫ첨으로
—몰·숨 쉬게—
돌니신‥
우리로서 뉘우치게。
계게심 모세 —올님—
ᄁᆡ‥
우리웋 ᄒᆞᆫ웋님 올님
모실 ᄋᆞᄃᆞᆯ 이기로。

相知眞情難

食以爲天耕作地
政用中正幹事貞
溫故知新生前志
物故心靜死後情

9 20 日 음	29411	3594 2440850	2873 29411	590 1037
21 月	29412	3593 2440851	2872 29412	589 1038

「

올님 날러 ᄒᆞᆫ옹 또 너 우리 희 네게

게네 네게

또로 또네

ᄒᆞᆫ옹 계로

또네 잇서 예고

ᄒᆞᆫ옹 계시 업스시니

어디?

게네 메리!

므니? 므기?

닐늠! 그름!

오ᄅᆞ! ᄂᆞ리!

곧 잇ᄀᆞ!?

길님 [illegible]

22 火 음	29413	3592 2440852	2871 29413	588 1039
23 水	29414	3591 2440853	2870 29414	587 1040

울 월 [樂章]

音

울월이 뜬 펀 월든 소리를 니는 우리 몸씨!

씨울 울월 — 우리 나라 물씨: ᄀᆞ종 울월 —

聲

바깥에 월 뜬 소리이: 데절로들 ᄀᆞ른디

1970

9 24 木 29415 ‧ 3590 2440854 ‧ 2869 23415 ‧ 586 1041

몸 구름 누느

晨興

言忠信士 生前志 — 行篤敬人 死後情

萬古無代 上下中 — 中是暗今在玆灵

情死後情倍前情乎? 生心前心近本心我!

25 金 29416 ‧ 3589 2440855 ‧ 2868 29416 ‧ 585 1042

夕展

子心動議請父精 心神精气合灵生

息神發願求母卵 孝慈合致上下中

실이금을 모름디ㄱ —의들룸 꼭—

그누는 므동에: 그놀라ᄃᆞ 지리는 놈이ᄂᆞ.

치우는 조라에: 버려서 놓기로 만 ᄒᆞ는 이.

ᄒᆞ이오 ᄒᆞ야 ᄒᆞ야금 실이금을 모름딕!?

ᄀᆞ신二五二七뒤날

二万五千九百九十九 二万六千三百日順天

麥倉米國好美邑行次 水海長城迴信光坐地

二三八二

26 土 29417 ᄆᆞᆰ ᄇᆞᄅᆞᆷ 오ᄅᆞᆨ ᄀᆞᄅᆞᆷ ᄀᆞᄅᆞᆨ

2440856^{3588}

29417^{2867} 1043^{584}

物心情

不卽不離卽離卽離中∴

見物生心乎? 心思物情乎?

情是生丹平平靜

炭懷發火默默然

萬物貿太陽

無物不自然

征服自然乎

企待自然乎

大學時習

中用小康

信仰呼父

人子自由

求仁由己

万有

无心

咸美 二萬六千日

27 日 29418

2440857^{3587}

29418^{2866} 1044^{583}

柳模

七十二候年年行

二十四気歳歳歩

月到天心處卽地

風來水面時亦慕

돈 노리

싸홈 끝엔 : 이긴이가 ᄐᆞ고

온진 ᄌᆞᆫ치ᄅᆞ도!

ᄃᆞ나는덴 : 남긴 돈、넌이믄

제 ᄌᆞ리 거름요!

돌 돌 돍 ᄃᆞᄅᆞ구는 땅

돈돍 읫힘 ᄒᆞᄃᆞ히!

1970

9 28月 29419　　2440858^{3586}　　23419^{2865}　104^{58}

一九七〇 九 一四 月曜

더니름。
던이름!
더ㅣ름、
데름。
되고、
되여。
온통、
빈통、
혼뒤。
되어 도로
곤디름!

솘
솖
솖
손 솖 솖
손 ᄉᆞ름 ᄉᆞ룽
길 — 그이를 —
싱곡 그리으는
우리 우리름이여……

빈통곤 이 몬 몸

空中而己
宇宙不世間
萬古無代替
地交日月游
人別晝夜生
天何年月日
地無時分秒
點各 ●●●
二十四時卽今離
多點別 ●●●●
大地無有時分秒
一千四百四十分
八万六千四百秒
在地無回歸別至一晝日是晝

몸 몬 이 곤 통 빈

29 火 29420 2440859 (3585) 29420 (2864) 1046 (581)

우리 오르홀 긄

빌긄 ᄒᆞ인 힌 자앙올ᄂᆞ 우린우로 우리름!

흙긄 거믄 그믐: 다 안 가고; ᄯᅡᆼ은 ᄯᅩ로 ᄯᅡᆼᄯᅡᆼ!

長短이 뭐른 몰인가? ᄌᆞ온 ᄃᆞ옹 우리속!

30 水 ᄒᆞ릿 29421 좀ᄲᅳ림 2440860 (3584) 29421 (2863) 1047 (580)

[illegible] 會意形声字 兀者高遠意也 久則変匕(化) 兀者倒匕 ᄒᆞᆫ긄 ᄉᆞ리

ᄆᆞᄅᆞᆷ 딕 ㅣ 우리..

오ᄅᆞ 님..

ᄃᆞᄅᆞᆫ치 ᄯᆞ로 ᄯᆞ로 가디는 ᄯᅦ 숨님 ᄉᆞ리.

ᄒᆞᆨ디 ᄀᆞ독 ᄀᆞ독 되ᄃᆞᆨ 닥닥 치어 가돼

다홈 ᄁᆘ 웅이 웡로운 늘늘 키키 모름 닒

ᄆᆞ리 ᄯᆞ녜 드니? 일 우리 ᄋᆞᆶ 음!

ᄆᆞ리(首) 월(章)을 돌립과뎌 :: 글(文)·ᄉᆞᆯ(成)·올(樂)·월(章) 돌(을)리리!

ᄆᆞ리 ᄀᆞ룩 ᄁᆞᄃᆞᆰ 얽히: ᄀᆞ릴ᄉᆞ 업! 몇몇 마리 ?

ᄃᆡᄆᆞ독 ᄀᆞ리어 불ᄯᅴ ᄀ(긱)치니 ᄯᅳ렷 디!?

ᄉᆞᆶ 월 이른 ᄒᆡ ᄋᆞ 이달 홈 돌 설른 날 도 ᄀᆞ ᄆᆞᆸ.

1970
10 1 木 29422 3583 2440861 2862 29422 579 1048

加味二百二日
有無接境卜一點
叮嚀平常由己爲
長長夜夜忘世眠
玄玄天天念今悟
瞻彼度彼成能仁
念茲在茲感慈悲
나읨성김
늬웅치킴

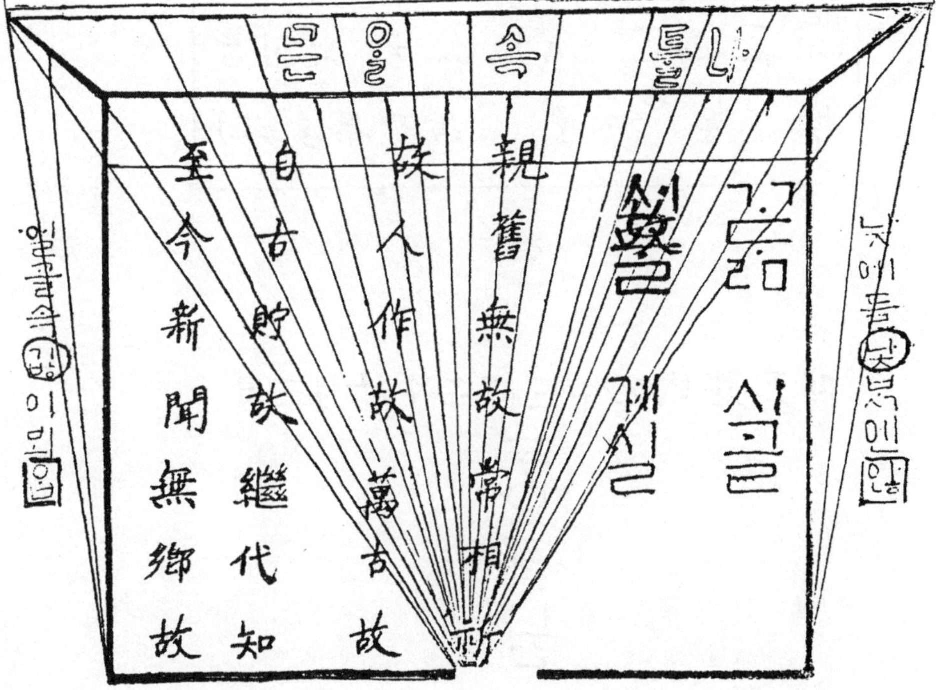
親舊無故常相
故人作故萬古故
自古貯故繼代知
至今新聞無鄕故

1970

10 2金 29423 　3582 2440862 　2861 29423 　578 1049

[5][0][0]-□□ 光州市瑞石洞四七○의一
글월 받。 金正鎬 언

3土 29424 　3581 2440863 　2860 29424 　577 1050

서울 西大門區沓基洞150 [1][2][0]-□□

四	千		三	百	年	흔	읊	르	침
넷	즈	믐	세	은	ᄒᆡ	1	9	6	7
(單	二	厽	三	算)	公	元	첫	ᄒᆡ	름
檀	貳	參	參	參	(西	紀	第	壹	年)

ᄒᆞᆫ

開天建國四千三百三年十月三日

둥굴님

4 日 29425 (몸27)　　^{3580} 2440864　　^{2859} 29425　　^{576} 1051

壹	㐱	[illegible]
흘 읗	會意:形聲:字 되길:브리:令 됐ᄂᆞ. ㅇ븐。 兀者高遠意也 久則變七(化) 匕者倒亾(逃亡)	ㅇ· 杏

廉洛駿 언 ᄋᆞᆯ希昇 (八歲) 君 다리고 來訪.

5 月 29426　　^{3579} 2440865　　^{2858} 29426　　^{575} 1052

杏 올르 히 날늘. 꾿

至誠日課

鑿嶽石手通道士

活用象鼻率性國

地展足履步行道

天蓋頭巾修辭旭

杏ㅇ 읗흘

히 숨· 오름 곧치

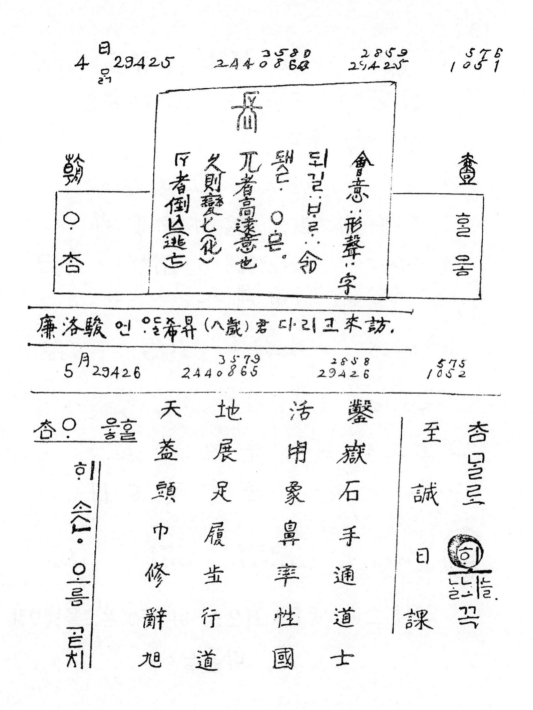

1970

10 6 火 呂 29427   3578 / 2440866   2857 / 29427   574 / 1053

吳完州 : 三萬0三百日 되신 날。

夜宿軒

夜宿五時刻 天上萬星瞬
方正平板息 階下無竊蘇

7 水 呂 29428   3577 / 2440867   2856 / 29428   573 / 1054

。金永修 南原人 初來訪

8 木 呂 29429   3576 / 2440868   2855 / 29429   572 / 1055

松頌   柳夕生

夜宿五時刻 先歆松本公
日興十八齋 後羨其良材

9 金 29430   3575 / 2440869   2854 / 29430   571 / 1056

뜩ᄇᆞ른소리 든ᄄᆞᆮ이 게으신 ᄃᆡ ᄃᆞ셋온스믈넷ᄇᆞᄏᆡ
ᄒᆡ돐날

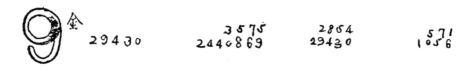

우리 쓸 뀨 ᄇᆞ른 소리
公元一四四六年에
世宗 임금 되신 뒤
二十八年인데
우리
ᄒᆞᄂᆞ ᄉᆞᄉᆞ로 에
꼭ᄇᆞ른 소리를 듣。 떠· 거· 거린· 글시∶
밑소리 로 스믈여덟 시를 ᄇᆞ이시옵시니
우리 쓸
뀨 ᄇᆞ른 소리。
ᄒᆞᆫ·ᄋᆞ홉온이름 ᄒᆡ 열 달 ᄋᆞ·홉 날

이제
예
뜩
부른
소리
로 듣 뜯
날른
물숨
누
구
뉘귀

信實在

天生鄭成
繼獨四仁
神子廿能
聖人候性
古今二率
上至十重
信念七日

念實存

地天邪現
誠命無神
至復思聖
我心和音
無正中正
空識公存
知意大心

탕 츈 대 계셔서
蕩 春 臺

造紙署 고개를 닦으시기 두잘 비치구두 — 28792 날
조 지 서 　　　二万八七九二

김춘명님 사첼도라 하나 하나 세시더니 — 4113 돌
金俊明 四千 一 一 三

흰돌달 아홉온치다 도리가신 여든해 — 975 달
白石月 九百七五 週 八十歲

나 신 　　　도 라 가 신. — 80 해

1881. 8. 19 金曜 　　1960. 6. 17 金曜
辛 巳. 7. 25 乙酉 　　庚 子. 5. 24 丙子
2408312 　　2437103

嗣子 金吉成

七十古來稀
八個今居貴
千月我容易
百年難可期

970 9 14
더너 몸몸
던이 몸몸
디ㅣ 몸
뎨 · 몸
되고 되여
은 퉁 빈
된어 ᄂᆞ
근 딘 [illegible]

he Chosun Ilbo (西紀1920年3月5日創刊) 西紀1970年4月14日 (火曜日)

오늘밤 달引力圈突入

아폴로13, 快調

母·着陸船 도킹 완벽

TV生放 混成軌道진입…宇宙 잠즐겨

【휴스턴宇宙本部=外信綜合】 인류사상 세번째의 달 탐험에나선 미국의 아폴로13호는 13일밤 11시15분 (한국시간) 지구로부터 27만2천8백80㎞, 달로부터 12만4천8백㎞지점을 통과, 단순 한해 순조로운 비행을 계속했다. 제임스 로벨, 프레드 헤이즈, 존 스위거트등 세명의 우주인을 태운 아폴로13호는 13일 오전10시54분 (한국시간) 정확한 달궤도進入을위해 로케트를 3, 4초간 점화, 제1차 진로수정을마치고 混成軌道進入에 들어갔다. 진로수정은 아폴로 13호가 지구와달의 중간지점을 훨씬 돌파하지못한 지구에서 23만9천7백13㎞떨어진 지점에서 이뤄졌으며 이로써 우주선은 자동적으로 지구에 돌아갈수있는 自由귀환궤도를 떠나 혼성궤도에 들어갔다. 아폴로13호는14일밤 달의 引力圈에 들어갈 예정이다.

아폴로13호는 도중에 새턴5형 로케트 제2단계의 다섯개 모터중 하나가 한때 고장을 일으켰으나, 제3단계의 점화시간을 45초 연장함으로써 사고는 극복되었다. 아폴로13호는 순조롭게, 지구주위의 軌道에 올라갔다가 12일 아침6시48분, 3단계 로케트를 6분간 분사하여 二軌道를 벗어났다. 이어 아폴로 13호의 宇宙人들은 아침7시34분, 母船오디세이와 着陸船 어퀘리어스호의 배열을 바꾸는 작업을 무사히 마쳤다. 이광경은 칼라TV방송을통해전세계에중계되었다. 세宇宙人들은 15일오전9시 月軌道에 進入하며 16일오전7시30분 로벨, 헤이즈 두宇宙人은 어퀘리어스호를 타고 月面의 광막한 프라마우로火口에 着陸하여 33시간半동안 月面에 머무르면서 10시간에 걸쳐 2次月面船外活動(EVA)을 통해 ①… ②스타, 큰분화구火口관측 ③月面및 月內部의 月石및 土壤95파운드를 수집한뒤 18일 地球귀로에 올라 22일새벽5시17분 太平洋의 크리스마스群島 2백마일해上에 着水, 回收된다.

【휴스턴=聯合】 인류세번째의 탐사를 이룰안을 13일 오후5시20분(韓國시간)현재 아폴로13호의 주인들은 지구에서 25만3천㎞떨어진 우주공간을 초속 1천3백m의 속도로 비행하면서 수면에 들어갔다.

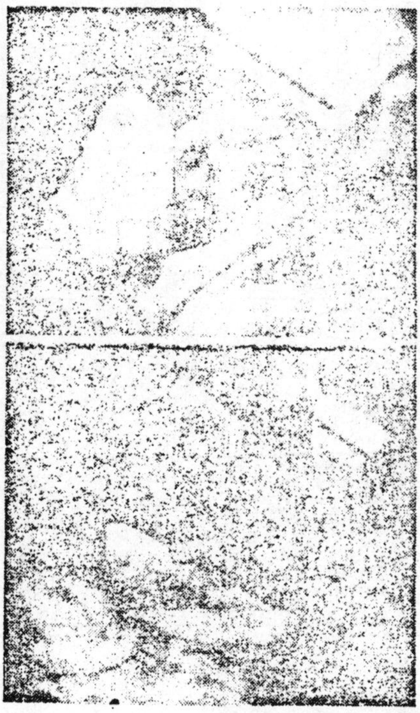

◇잠자는 宇宙人들 우주인 프레드 헤이즈(上)가 잠을 자고있는동안 동료 우주인 존 스위거트가 우주선内의 점검을 하고있다. 【휴스턴 우주본부=AP 聯合】

念: 實存　　　　　　　信: 實在

知空無我至誠地　　　　信: 上古聖神繼天
意識正心復命天　　　　念: 至今人子獨生

大公中和愚無邪　　　　七十二候廿四節
心存正音聖神現　　　　日重率性能仁就

스코필드博士永眠

享年81歲…16일社会葬

◇스코필드博士

與野, 哀悼담화

·人物相

八面鏡

一八九二 四 五 月曜　一九六九 一二 二四 水曜
壬 辰 三七 乙酉　己 酉 一一 一六 癸酉
2612192 ⟵ ⊕ 2440590

~~無好惡而自分界~~
~~有上下不知中~~
~~有上下而~~
~~無好惡而自分界~~
아ᄃᆞ 알ᄅᆞ 모ᄅᆞ 몰히
潤屋豊家莫妄求

無好惡而自分界
有上下而不知中
分界不知自我亡女
女係樂忙中興共同

多好惡而自分界
有上下而不知中
分界不知自我妄
女妄我怡與共同

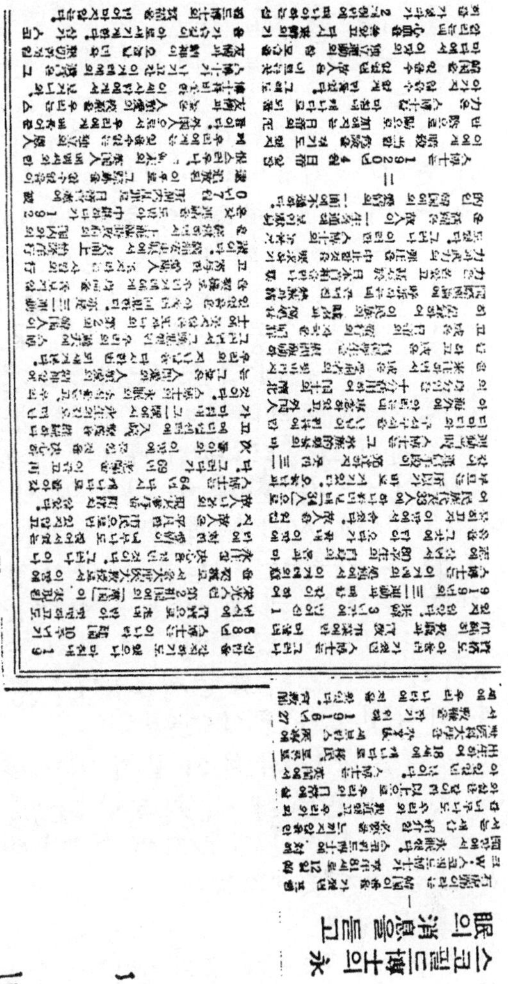

스코필드博士의 永眠의 消息을 듣고

萬起福植信連根模相桓

사회장 알림

三·一운동을 비롯하여 우리민족의 독립과 번영을 위해 한평생 몸 바쳐 노력하여주신 「프랭크·W·스코필드」박사의 사회장을 다음과 같이 거행하옵기 이에 알리나이다.

一、일시 一九七〇년四월一六일 一四시

二、장소 남대문장로교회(서울역앞)

三、장지 국립묘지 (애국지사묘역)

「프랭크·W·스코필드」박사

사회장 장의위원회

二世載籍

三代漢山

連綿于今

根模相桓

保惠師

요한 十四 17 18 19。너희가 듣는거슨 내말이 아니오 나를
보내신 ᄋᆞ부지의 말슴이니라.24。一가 곧聖神이라 27。
나를사랑ᄒᆞ엿더면 내가 ᄋᆞ부지께로 도라갈거슬 깃버ᄒᆞ엿스리니
이는 ᄋᆞ부지께서 나보다 크심이라 28。이世上 님금이 올터이
나 내게 아모 相關이 업스니 30下半。

十五 12 너희가 서로 싱연ᄒᆞ기를 내가너희를 싱연ᄒᆞ듯ᄒᆞ라
이것이 나의誡命이니라.13사ᄅᆞᆷ이親旧를爲ᄒᆞ야 목숨을 버리면
이에서 더큰 ᄉᆞ랑이업ᄂᆞ니 26保惠師는眞理의神이니

十六 2 너희를 죽이는사ᄅᆞᆷ이 ᄉᆡᆼ각ᄒᆞ기를 스ᄉᆞ로 ᄒᆞᄂᆞ님
을 섬긴다ᄒᆞ리니 3이곧치 홀거슨 아바지와 나를 아지 못ᄒᆞ
는 ᄭᆞ닭이라 7떠나지 아니ᄒᆞ면 保惠師가 너희게로 오지아니
ᄒᆞᆯ거시오 8保惠師가 와서罪와 義와 審判으로世上을責望ᄒᆞ
리라 21女人이解産ᄒᆞ게 되매 근심ᄒᆞ는거슨 그때가니름이오
兒孩를 나흐면 괴로옴을 다시ᄉᆡᆼ각지 아니ᄒᆞ는거슨 사ᄅᆞᆷ이 世上
에 남을 즐거워홈이라 31이제는 너희가 믿ᄂᆞ냐? 32나를 혼ᄌᆞ
드나 내가 혼ᄌᆞ 잇는거시 아니라 ᄋᆞ부지께서 나와 ᄒᆞᆷ께 계실터
이니라 33世上에 잇슬제 너희가患亂을 바드나安心ᄒᆞ라 내가 世上
을 이긔엿노라 ᄒᆞ시더라

十八 37 네말과 곧치 내가 王이니라 내가 이를爲ᄒᆞ야 世上
에 왓나니 곧眞理에對ᄒᆞ야證據ᄒᆞ려홈이로라

二十 16。17예수ᄭᅴ서 날아샤ᄃᆡ 나를 만지지말라 내가 아직 아바지
ᄭᅴ로 올나가지 못ᄒᆞ엿노라

安息日

마태 十二 7 나는慈悲홈을 깃버ᄒᆞ고 祭祀를깃버ᄒᆞ지 아니ᄒᆞ노라 8人子安息日主
32 聖神을拒逆無救。二十 1-16天國民日糧先後輩同一量25-28음
시는 자리에 앉저: 섬김이 일홈 28—31 내ᄒᆞ고: 일안ᄒᆞᆫ 언니와 싫다ᄃᆞ 일ᄒᆞᆫ아ᄋᆞ

요한 첫월

六 요한이 와서 물ᄒᆞᄂᆞᆫ 거슨 모든 ᄉᆞ롬으로 ᄒᆞ야금
목숨이 ᄉᆞ롬에게 ᄇᆞ로 빛이란 걸 미드라」 홈이고
요한이 빛은 아니며
九 참빛이 잇스니 누리 ᄂᆞ리샤 ᄉᆞ롬 ᄆᆞ독에게 빛외
는거시라
一二 ᄆᆞᄌᆞ드리는이는 그 빛을 믿는이라 저울뒤를 ᄌᆞ시
ᄒᆞᆫ웅님 ᄋᆞ돌이 되게 ᄒᆞ시니
一三 이는 핏김으로 ᄂᆞᆫ것도 아니오 십흠으로 ᄂᆞᆫ것도 아
니오 ᄉᆞ롬 싱각으로 ᄂᆞᆫ것도 아니오 ᄒᆞᆫ웅님 계로서
ᄂᆞᆫ거시라
一四 몰숨이 ᄉᆞᆯ몸이 되어 우리 ᄀᆞᆫ듸 계시 힘앎과 참올.
이 ᄀᆞ득ᄒᆞ미 우리 그 빛월을 보니 ᄋᆞ부 ᄂᆞ신ᄋᆞ 빛월이러라

다섯 ᄆᆞ듸

一 ᄆᆡᆫ첨에 닐늠이 잇스니 :싱각 닐너 몰숨: 닐늠
이 ᄒᆞᆫ웅님과 같치 계시미 닐늠은 곧 ᄒᆞᆫ웅님이시리·
二 이닐늠이 ᄆᆡᆫ첨에 ᄒᆞᆫ웅님과 같치 계셔서
三 닐늠으로 잘몬이 ᄂᆡ인바 되엿스니 ᄂᆞᆫ몬이 닐늠업
시는 하나도 ᄂᆞᆫ것이 업ᄂᆞ니라·
四 ᄉᆞᆱ몰숨이 닐늠에 잇스니 ᄉᆞᆱ몰숨은 ᄉᆞ롬의 빛이라·
五 빛이 어두움에 비취되 어두움이 끼돋지 몯ᄒᆞ더라·

고린도前三

16 너희가 하ᄂᆞ님의聖殿이 된것과 하ᄂᆞ님聖神이 너희 안에 居하심을
22 바울이나 아볼노나 게바나 世界나 生命이나 死亡이나 只今 것이나 將來것이나
다 너희의게屬ᄒᆞ고 23 너희는 그리스도의게屬ᄒᆞ고 그리스도는 하나님ᄭᅴ屬ᄒᆞ엿ᄂᆞ니라
五 12 外人들을 判斷ᄒᆞᄂᆞᆫ데 ᄂᆡ게 무슴相關이 잇스리오 마ᄂᆞᆫ 敎中사ᄅᆞᆷ들이야 너희가
判斷치 아니ᄒᆞ랴 6장 3 天使를 審判ᄒᆞᆯ것을 너희가 아지못ᄒᆞᄂᆞ냐 (맡十九 28)
9 不義者不得入天國 淫者 拜偶者 奸淫者 貪色者 男色者 盜賊 貪濫者 長醉者 辱者
討索者. 七 38 處女말ᄂᆞᆫ嫁집보내ᄂᆞᆫ者도 잘ᄒᆞ거니와 嫁집보내지 아니ᄒᆞᄂᆞᆫ者가 더 잘ᄒᆞᄂᆞᆫ것이니라
八 10 智識者在偶像處若飮食則心弱者隨食之而後我罷故不食可也

로마 一 17 하ᄂᆞ님의義는 福音에 나타나서 미듬으로 미듬에 니르게 ᄒᆞᄂᆞ니

生水

요한四 10 13 14 七 37–39 聖神江流 八 22 爾下生我上來 26–29
送我者眞. 我之言行都是送我者之本意而已 —59 相討父子論
十 30 我父子一體 34 承命者稱之神

시아누크의女性遍歷

結婚여섯번…妾이40명

시아누크公의 여자관계, 그는 14명이나 되는 아이 [illegible]

所生 20名以上…父傳子傳 아들도 플레이보이

[마닐라=聯合]

第15059號

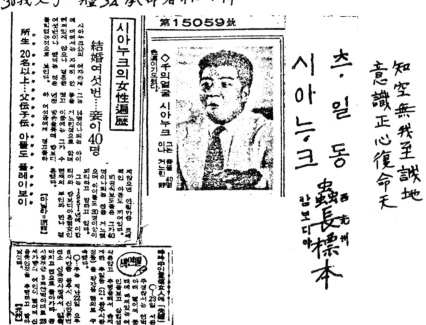

◇千의얼굴 시아누크 그는 妾을 40명이나 거느린 好色漢이기도했다

새연필

[illegible]女人에 「失明」

[illegible]

知空無我至誠地
意識正心復命天
ᄎᆞ 일 동
蟲長標本 西光州
캄보디아
시아누크

기리 기리 그리운 그를 니기므로、 우리 모、리는ㄱ

생각 새록 웅로 맘 둔 밤 낮 없이 자나 깨나、

니긴 님 미밀 러어 마믄 드듬 내고 더로 솟곤 힘!

김내리와 목숨 키고 님 받들며 한웅로 솟!

•몬 몬지 반 몸뎅이 속 살 불 피물 도는 바람!!

이 꿈들 꿈들 거리곤 자란 잠깬 그이들!!!

말슴 마이르리 러ㅁ 쉽진 못했、 듣긴 드려 볼

집웅 말우를 우러러 마름 이 말씀하라 한다지만 /

한웅 마루를 찾게 곤 먼이 말쳐라 마루대기를 듬!

예 난 길 멀다면 멀란 길 숨 앟 차게 숨쉬곤..

말 말라는 ㄱ말 막음이 말ㄱ막음ㄴ이 될 말이며ㅅ

몸에 맞게 먹은 먹을 몸을、 몸대로 모는 몸도 나

바른 몸 속속 들린 듯 들려 봄만 쉽거나、 있사

서울特別市西大門区 서울特別市西大門区 蒼基洞 百五拾番地

서울特別市

서울

요ᄒᆞᆫ ᄎᆡᆺ 윌

六 요한 이 와서 ᄆᆞᆯᄒᆞᄂᆞᆫ 거슨 모든 ᄉᆞᄅᆞᆷ으로 ᄒᆞ야금「목숨이
ᄉᆞᄅᆞᆷ에게 ᄇᆞ로 빛이론 거ㄹ 미드ᄅᆞ」ᄒᆞᆷ이고 요한이 빛은 아
니며 九 ᄎᆞᆷ 빛이 잇ᄉᆞ니 누리에 ᄂᆞ리샤 ᄉᆞᄅᆞᆷ ᄆᆞ독에게 빛
외는 거시라· 十二 ᄆᆞᄌᆞ드리는 이는 그 빛을 믿는 이라· 저울ᄃᆡ
를 주샤 ᄒᆞᄂᆞᆯ님 ᄋᆞ들이 되게 ᄒᆞ시니 十三 이는 피ㅅ깁으로 ᄂᆞᆫ
것도 아니오 ᄉᆡᆸ흠으로 ᄂᆞᆫ것도 아니오 ᄒᆞᄂᆞᆯ님 계로서 ᄂᆞᆫ거시
라· 十四 ᄆᆞᆯᄉᆞᆷ이 ᄉᆞᆯ몸이 되어 우리 ᄀᆞᆫ디 계셔 힘잃과 ᄎᆞᆷᄋᆞᆶ
이 ᄀᆞ득ᄒᆞᄆᆡ 우리 그 빛윌을 보니 ᄋᆞ부 ᄂᆞ신 ᄋᆞ 빛윌 이러ᄅᆞ

다ᄉᆞᆺ ᄆᆞᄃᆡ

一 ᄆᆡᆫ쳠에 닐늠이 잇스니 :싱국 닐너 몰솜: 닐늠이 ᄒᆞᆫ웅님과 ᄀᆞᆮ치 계시ᄆᆡ 닐늠은 곧 ᄒᆞᆫ웅님이시ᄅᆞ 二 이 닐늠이 ᄆᆡᆫ쳠에 ᄒᆞᆫ웅님과 ᄀᆞᆮ치 계셔서 三 닐늠으로 졸몬이 ᄂᆡ인ᄇᆞ 되엿스니 ᄂᆞᆫ몬이 닐늠 업시는 ᄒᆞᄂᆞ도 ᄂᆞᆫ것이 업ᄂᆞ니라 四 ᄉᆞᆱ몰솜이 닐늠에 잇스니 ᄉᆞᆱ몰솜은 ᄉᆞ룸의 빛이ᄅᆞ 五 빛이 어두움에 비칙되 어두움이 ᄭᅵᄃᆞᆮ지 몰ᄒᆞ더라

ㅇ·ㅂ·ㅇ·ᄃᆞᆲ

로마 8 12—16

12 언ᄋᆞ들아 우리가 빗진 놈이로되 ᄉᆞᆯ에 저서
ᄉᆞᆯᄃᆡ로 ᄉᆞᆯ것이 ᄋᆞ니니라 13 너희가 ᄉᆞᆯᄃᆡ로 ᄉᆞᆯ면
반드시 주글거시로되 얼로써 몸의 ᄒᆞ고십흔 짓
을 주기면 ᄉᆞᆯ리니 14 무릇 ᄒᆞᆫᄋᆞᇰ님의 얼로 이끎을 받
는 그들은 곧 ᄒᆞᆫᄋᆞᇰ님의 ᄋᆞ들이라 15 너희는 다시 무서
워ᄒᆞ는 종의 얼을 받지 ᄋᆞ니ᄒᆞ엿고 길릴ᄋᆞ의 얼을
받ᄋᆞᆫ슴으로 ᄋᆞ부 ᄋᆞ부지로 부르짖느니라 16 승님께서
우리 얼로 더불어 우리가 ᄒᆞᆫᄋᆞᇰ님의 ᄋᆞ들 인것을 ᄇᆞᆰ히
시ᄂᆞ니라

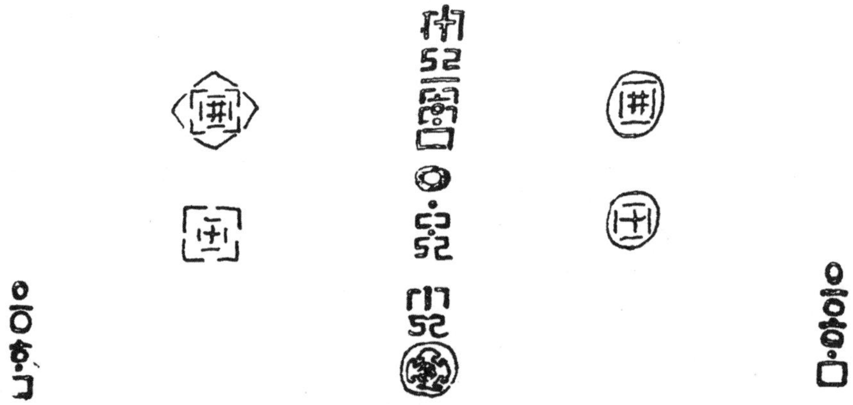

붇드러 우리 올월 올니므로 ᄃᆞ시 계시골로 ᄉᆞ리위

向上一直卍古公 기리우니라 由己空中只今功

ᄒᆞᆫ울님 계 계셔 ᄂᆞᆯ ᄂᆡ셧스니 ᄂᆡ ᄂᆞᆯ ᄀᆞ져 계
붇들어 섬김 십ᄒᆞ므로 이제 ᄂᆡ 속얼과 온몸
목숨과 ᄂᆡ 누의 힘과를 계 붇드러 드려
ᄂᆡ 붉ᄋᆞ 겔옶、ᄂᆡ 몸뒤 겔옶、ᄂᆡ 겔 ᄉᆞᆼ코
고맙、ᄂᆡ 눈 계 좀 봐 ᄂᆡ귀 계 올을 듣고、
ᄂᆡ혀 계 거룩을 기리우고. ᄂᆡ 소리 계 ᄋᆞ름
ᄃᆞ움 노릐、ᄂᆡ 손 ᄒᆞ늘 일에 쓰미. ᄂᆡ 불
ᄒᆞ늘 길을 ᄀᆞ변ᄒᆞ오니。

ᄂᆡ ᄆᆞ음의 ᄉᆡᆼ각과 ᄂᆡ 입에 ᄆᆞᆯ과 ᄂᆡ 몸의 짓과 ᄂᆡ
맞ᄂᆞᆫ 어려움과 ᄂᆡ 빈게 되는 업시윔과 屛 됨과
ᄂᆡ 사는 동안 : 히 ᄃᆞᆯ ᄂᆞᆯ 덧 : ᄂᆡᆼ 죽 걱정 고뭄을
ᄭᆡ 계로 붇들어 ᄃᆞ어 —— 일지기는 흙부퉁낮

1 춫던것을 —— 온통 계 참빛 꼐 도
ᄅᆞᄀᆞ기로 꼭 보름 이음지! 모슨 계고시 옐
ᄃᆞ 오릐ㄹ ᄎᆞ지릿ᄀᆞ?

ᄒᆞᆫ웋님 뜯 몿고 ᄒᆞᆫ웋님 ᄆᆞᆯ슴 쉬어 ᄂᆞ와 모든 ᄉᆞᄅᆞᆷ
속을 ᄂᆞ외입에 더욱 되기 ᄆᆞᆫ을 ᄀᆞ중 비ᄂᆞ이다.

ᄒᆞᆫ웋님 우리 이 조임솔의 조임이 크고, ᄆᆞᆫ진 모
질이 묵어워 들인ᄃᆞ 몯되오ᄂᆞ:

계 불숭힐 ᄇᆞᄅᆞ며。
계 싱김을 기ᄃᆞ려,) 비오니: (ᄂᆞ들ㅣ / 데계 듦) 옴.

고前 6 11

11 너희 ᄀᆞᆫ뒤 이와 ᄀᆞᆮ은 이가 잇더니 님 예수그리
스도 이름과 우리 ᄒᆞᆫ웋님의 얼로 ᄒᆞ이오 '씨슴'과
'거륵'홈과 '오름'을 의뎟ᄂᆞ니라

12 모든 거시 ᄂᆡ게 좋ᄂᆞ 다 놈는게 아니오 모든게

ᄂᆡ게 좋ᄂᆞ ᄂᆡ가 아무게도 갇낸힘을 받디아니ᄒᆞ
리라 13 뫼기는 ᄇᆡ 때믄이고 ᄇᆡ는 뫼기 때믄이나
ᄒᆞᆫ웋님이 이것 뎌것 다 없ᄋᆡ시리라 몸은 눈질리 질
않고 오직 님 모시우며 님은 몸 모으시도다 14
ᄒᆞᆫ웋님이 님을 다시 솔리셧고 또ᄒᆞᆫ 그 ᄌᆡ울나의
로 우리를 다시 솔리시리라 15 너희 몸이 그리스도
가닥진ᄌᆞ를 모르느냐? ᄂᆡ가 그리스도 가닥질
가지고 노는 년의 가닥질 만들겟나냐!?
17 님과 ᄒᆞᆫ께 ᄒᆞ는이는 ᄒᆞᆫ얼이니라
19 너희 몸은 너희가 ᄒᆞᆫ웋님께로브터 바든 바
너희속에 계신 숨님의 계계 인술 모르느냐?

光緖 21(廿一) 앗스곱게
開國五百온ᄒᆡ
見樣 내ᄉᆞᆯ 建陽!
ᄃᆞᆯᄒᆡ브터 光武 열아믄ᄒᆡ!
또ᄃᆞᆯ隆熙 세넷!
李相國!
일상주ᄃᆞ(一九一〇)되니
日久日虜(一九四五)
五百年把手(五一八)
解放이된ᄯᆡ도(一九四五)사시오 八五(파시오)
흥앙이 판際터냐
三八線 둔 동강!
二十世紀 꼭 折半 (一九五〇 六二五)
브터 밋근 스므ᄒᆡ도 (一九七〇)

28388 ᄂᆞᆯ
4055 두ᄅᆡ 3/7
961 ᄃᆞᆯ 1/3
77 ᄒᆡ 3/4

愼鏞岱 誠嵩 影子 謹記

二八三八八日
四〇五五週
九六一周
七七歲
三月一 九月

한국일보

네루印度首相逝去

어제下午5時30分 腦出血로、享年74歲

28日葬禮式、난다內相臨時首相就任

◇故「네루」首相

【뉴델리二十七日AP·UPI·AFP·로이타=本社綜合】「자와하를랄·네루」印度首相은 二十七日下午二時(한국시간下午五時半) 그의 官邸에서 享年七十四세를 일기로 逝去했다. 死因은 心臟病을 [illegible] 腦出血이었다. 딸「인디라·간디」女史와 七名의 심장병醫師가 침대곁에서 臨終을 보았다.

【네루特輯四面에】

上下議員들 흐느껴 울어

世界의 指導者들은 깊은 哀悼

「수부다마니암」重工業相이 議會에서「네루」首相의 逝去를 報告하자 上下院議員들은 소리죽여 흐느껴울었다. 「네루」首相은 지난 一月부터 [illegible]이었는데 二十七日아침九時五十分(한국시간) 갑자기 病勢가 惡化되어 八時間동안 昏睡狀態에 빠져있었다. 그의 逝去가 널리 알려지자 全世界의 指導者들은 다같이 깊은 哀悼의 뜻을 표했다.

「존슨」美大統領은 國防問題公議를 中斷했고「엘리자베드」英女王과「머글러스·홈」英首相은 哀悼의 말文을 보냈다.

「처칠」前英首相과「흐루시초프」蘇首相및「아할」[illegible] 國家指導者들은「偉大한指導者」의 逝去에 대한 [illegible]을 전했다.

그의 葬禮式은 二十八日에 있을예정이다.

[illegible]「난다」內務相은「네루」首相이 逝去한지 數時間뒤에「라다크리슈난」大統領의 指名에 따라 臨時首相에 就任했다. 그는 數日後에 새 [illegible] 議會에서 選出될때까지 임시로 首相職을 맡아야할것이다.

◇난다臨時首相

사진은「난다」臨時首相 [illegible]

◇故네루首相略歷

▲一八八九年「알라하바드」에서出生▲十五歲에 英國에留學、「해로·스쿨」을거쳐「케임브리지」大學서 自然科學및法學研究▲一九一二年=英國서歸國 [illegible]▲一九一六年「간디」를 [illegible] 國民會議에 參加 [illegible]

기후의 表情

서울	대전	광주	대구	부산
18-10	22-10	15-9	20-10	26-18

東洋은 한偉人을 잃었다

—「네루」印度首相의 逝去를 哀悼한다—

東洋은 한 偉人을 잃었다. 장구한 세월에 걸쳐 東洋의 위신과 면모를 굳세게 지켜오던 한 뛰어난 인물이 갔다.

「네루」. 그는 참다운 東洋의 사람이었다. 그는 溫厚하였다. 그렇기 때문에 그는 많은 세계의 사람들로부터 尊敬을 받았다. 그리고 그의 미소엔 언제나 湖水와도 같은 잔잔한 고요가 있었다.

그러나 그는 오랜 東洋의 傳統의 美德을 지키고 가꾸는데 있어서 결코 [illegible] 悠悠하기만 했던것은 아니다.

현실을 분간할줄 알았다. 먼저 [illegible] 그는 印度의 [illegible] 그 자신의 나라의 정신적 영광을 위해서 그가 할일이 무엇인가를 잘 가려내고 있었다. [illegible] 무시하면서까지 그는 印度의 [illegible] 가에 대한 [illegible] 길을 닦아놓고 있었다.

그런점에 있어서 그는 누구보다도 [illegible] 정신의 영향을 차지할수가 있었던것이다.

享年七十四歲. 이제「네루」없는 印度는 [illegible] 정치적으로 [illegible] 것같다. 印度民衆의 마음의 支柱가 되어왔던 그가 사라진후 印度는 그 마음에 있어서나 정치에 있어서 일종의 [illegible]

[illegible] 그 탁월한 指導力 [illegible]

그래서 우리는 印度국민과 함께 그의 逝去를 [illegible]

[illegible] 우리는 印度와 우리사이는 같은 東洋안의 국가라는 이외에도 여러가지로 얽힌 事情들이 있다. 古代에 있어서의 文化의 교류는 고사하고 當代에 있어서도 우리의 記憶에 떠오르는 몇 友情의 往來가 있었다. 우리나라 독립에 즈음하여 한국에 와있었던「유엔」韓委에 그들 대표가 끼어있었던것을 비롯하여 [illegible] 捕虜交換時의 활동 [illegible] 그대로 우리와의 인연을 잊지않고 있었던것이다.

다만 지난 李政權의 [illegible] 外交政策으로 두나라의 友好關係가 정상적이고 정당한 상태에 있지 못하였다는 것이 [illegible]

아뭏든 오늘 우리는 東洋의 한 偉人이 사라졌다는 소식에 接하여 [illegible] 마음을 禁할수없다. [illegible] 생생한 新生國의 희망·의욕 [illegible] 세계평화의 [illegible]

1910

月	日	曜				
10	10	土 구름	29431	3574 2440870	2853 29431	570 1057
	11	日 흐림 땀방울 같 비뜻	29432	3573 2440871	2852 29432	569 1058
	12	月 비뜻	29433	3572 2440872	2851 29433	568 1059
	13	火 맑	29434	3571 2440873	2850 29434	567 1060
	14	水 맑	29435	3570 2440874	2849 29435	566 1061
	15	木 끄물	29436	3569 2440875	2848 29436	585 1062

天生信念

信：上古聖神繼天

念：至今人子獨生

思慕求知

祭祀思親不求福

禮拜慕元誠知音

行動舉止

左止右止歨 手之足之舉

左之右之行 舞之蹈之動

行動舉止人 生順死安魂

心思處世生 身終歸天公

月	日	曜				
	16	金 구름	29437	3568 2440876	2847 29437	564 1063
	17	土 맑	29438	3567 2440877	2846 29438	563 1064
	18	日 맑	29439	3566 2440878	2845 29439	562 1085

1970
10 19 月 29440 3565 2440879 2844 29440 561 1066

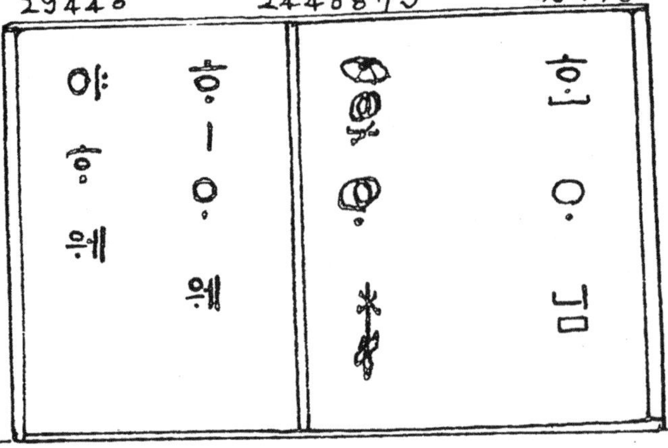

20 火 29441 3564 2440880 2843 29441 560 1067
몸
—57721—
28280

21 水 28281
3563 2842 559
29442 2440881 29442 1068
몸 저녁뒤 大学赤培 金聖雨 엇 初來訪 一:金亨錫 언뜰:一

22 木 29443 3562 2440882 2841 29443 558 1069

23 金 29444 3561 2440883 2840 29444 557 1070
끄을두몸
오흙동수는 드내어 가시다。

24 土 29445 3560 2440884 2839 29445 556 1071
비 佛巖寺(三溪洞谷) 聖雨重遇中說中崩

25 日 29446 3559 2440885 2838 29446 555 1072
빈 初遇夜金顯明日 兩會日聖容晦暗

10 26 月 29447 2440886 (3558) 29447 (2837) 1873 (1554)

望美人兮天一方

夏雲多奇未可執　髮膚處身率性命
蓮花可觀叵褻玩　生順死安忠信環

空	生	地	天	宜
○	心	人	元	多
自	發	展	來	夕
在	情	兩	大	一
室	好	儀	一	

16시40분 西山을 님으련 히둥근 낯 : 독부의글로通ᄒᆞᆫ장문으로 부르드리 東峇에返映照 ᄒᆞ다

27 火 29448 2440887 (3557) 29448 (2836) 1074 (553)

常典 「為無窮之一」(茶盞)

空心眠懋人一生　老敎幼學成順序
夙興夜憩孝萬古　日照地供養悟晤

1970

10 28 水 29449 2440888 [3556] 29449 [2835] 1075 [552]

7296

佩王儀

宫荒居寓牙衡重

天命處地人事賢

珩璜琚瑀佩玉儀

頭足肩胸要正眞

29 木 29450 2440889 [3555] 29450 [2834] 1076 [551]

웋에서 닐ᄂᆞ신

믈슴:

ᄉᆞ·름은 땅에

붙처 숨쉼으

로 김속에서

힘을 분고 힘

씀으로 싱기ᄂᆞ·

니 콩팥지울뒤

를 꼭ㅂ·로 좁

그곤이로만이

드디어 숨은

흙이라 땅으로

도라가고 그

영근 얼이야:

웋로 솟ᄉᆞ 옳

으리라ᄂᆞ 믈슴。

일 ‖ 으· 리

雖爲無窮之常典

終成永久之性能

끝듬 업 시짓 더기 떨르 미면

마오 칭릐 니분 홀 기ᄂᆞ 리월

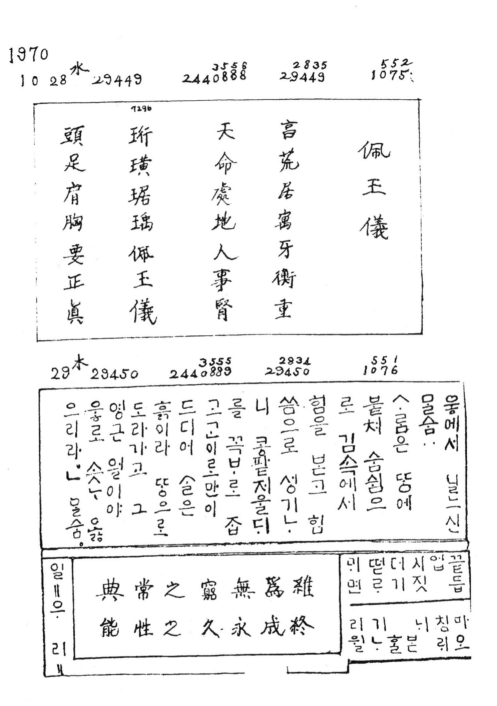

○ 有機 具備生活機能。有生活力。
自內在發展遂成生活目的。

性 ᄐᆞᆷ。天賦、天命、本質、一天賦與之心神本體。

轉而：情慾、才能、身體、壽命、萬有根源等。

佛 性戒：殺生·偷盜·邪淫·妄語。

性命 易經「窮理盡性至於命」諸葛亮「苟全性命於亂世」

性命理氣 天付之謂：命、稟之在我謂：性、理：一切平等、

氣：各個殊別故賢愚不同。後漢書「其性度如此」 李中獻

性格孤高世所稱。李紳「隨其性根」 性向 性癖 性法 自然法

性情 (一) 呂.易經「利貞者性情也」 性質 唐書「性質嚴重」

生執 性質執心、強情、 性術 禮記「声音動靜性術之變

盡於此矣」 性靈 徐寅「出水蓮花比性靈」論語「性相近習相遠」

30 金 29451 　 $2440\overset{3554}{890}$ 　 $\overset{2833}{29451}$ 　 $\overset{550}{1077}$

眞::理解之發 吾心‖ 日气·

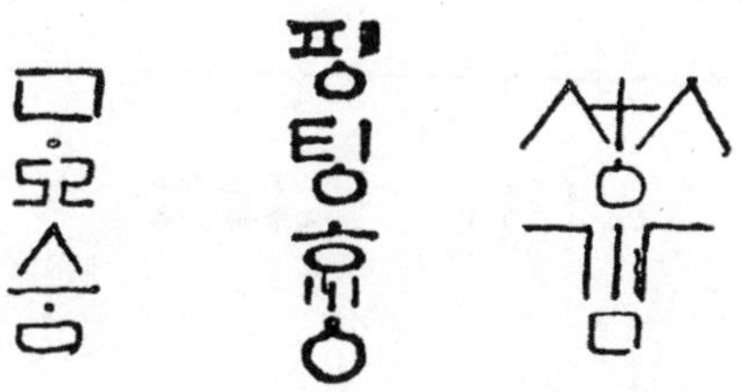

天::命之‖稟 之在我‖ 曰性·

1970

10 31 土 29452 2440891 (3553) 29452 (2832) 1078 (549)

11 1 日 29453 2440892 (3552) 29453 (2831) 1079 (648)

맑

知空 正心 至誠地

근게 질로는

죄다 디로 흔 분흥

너나 뭇 낭효 ㅁ 등

외누리 : 업! 흔두레

근질론 : 좋고 슨이 :

좋은 고 술 몸

意識 無我 復命天

기	리	무	피
	곱	종	길

27歲 : 예일大 女學長 증빈

골은 「짝。우이。일、세가지는 다 혼가지로 온시간을 쓰다야 홀 對象。」

유봉완	돌찌	희만	혼인.	미근洞 80—10
권길웅	누이	오향		

2 月 29454 2440893 (3551) 29454 (2830) 1080 (547)

3 火	29455	3550 2440894	2829 9455	546 1081
호림 22시 우리비잇느				
4 水	29456	3549 2440895	2828 29456	545 1082
5 木 묵	29457	3548 2440896	2827 29457	544 1083
6 金 묵	29458	3547 2440897	2826 29458	543 1084

김

ᄎᆞᆷ : 올로 플리、몸으로 핀데、ᄉᆞ롬으로 김ᄎᆞᆷ!

김ᄎᆞᆫ ᄉᆞ롬 힘쓰는 때 뿔리 비·로 일업도록!

일을 봐· 일 업시지고 몰닐른데 몰업슴!

김 : ᄎᆞᆷ 좋으오! 김 : 다 ᄈᆞ진 뒤、인쎈 : 뭘 ᄒᆞ나요!?

김치고 : 불롬! 김ᄎᆞ기 브터 믿먼저 ᄎᆞ즈오!

믿먼저 김ᄎᆞᆫᄉᆞ롬 돼 힘도 쓰는 ᄎᆞ림을!

7 土	29459	3546 2440898	2825 29459	542 1085
8 日	29460	3545 2440899	2824 29460	541 1086

完에 진돌네 : 계실뿐는 三권 0三百三十三날 이실데。

1970

起身機會 ◎气鼓動

끝업시 덛덛 미듬 짓기르·면、
마침니 기리 오리 보돌 나.
될 우리 !

維爲無窮之常、典
終成永久之性能

물으흔세 예순흔 놀

아리랑園藝社
鍾路五街一二七
(73)五八三四番
育種農場
忠南舒川郡馬西面南田里

鄭淳輔

든두네시
11 9月

드 흘
29461
29207

물으흔둔이 뚝이 월케 ㅎ 놀

3544
2440900
2823
29461
540
087

天命之 稟之在我 曰 性。
眞理解之 發吾心 曰 气。
◎气發動力以工作
◎心气一轉變更業

又欲見一日起床開眼
日中夜犯有漏系
天上晦光無故園
生死去來笑嚬步
無有肩麻玄玄元

11 10 火	29462	3543 2440901	2822 29462	539 1088

溫故知新 ── ᄒᆞ며 ᄀᆞᆯ길 이리 ──

精卵發孝處戀昏　人生最要理間格

子女聊認父母存　政治經濟中和溫

요한 16 : 31 ─ 33

31「이제는 너희가 믿느냐?」32「보라 너희가 다各各
제곧으로 흩어지고 나를 혼자 둘 ᄯᅢ가 오니 이미 왓다 그러나
내가 혼자 잇는게 아니라 아부지께서 나와 ᄒᆞᆫ께 계시니라 33
「이말은 너희로 내안에서 平安ᄒᆞ게 ᄒᆞ려 홈이라 世上에서는 너희가
患難을 當ᄒᆞ나 膽大ᄒᆞ라 내가 世上을 이기엿다」ᄒᆞ시니라

11 水	29463	3542 2440902	2821 29463	538 1089
12 木 ᄆᆞᆰ	29464	3541 2440903	2820 29464	537 1090
13 金 흐림	29465	3540 2440904	2819 29465	536 1091

二

ㄱ기로 고기!
으느니 온 느!
은느 나 ㄱ니
게 ㄱ 기! 은으?

우리 우러리
게 ㄱ즈오니
우리 느그네
느그네 느!
우리 에 솔줌?
뜨로 뜨로 뜨로 는
뜽스리!

뜨로 는 뜽스리
뜽파기로 어려워
우리 느그네

으리는 다시 게: 그리워
다시 그리워요 —
게 ㄱ요!
오ㅂ게: 모신 게:
오 들로: 우리 게:
빛월 고: 데 게:

우리 을월 울니므로
다시 게 시 골로!
기리 우리 이다.
으리 우리 으리!
기리 기리 기리!

기리 우리 이다.
우리 길 일 이다!
옳춤 효 길로 에둡.

1970

11 14 土 29466 3539 2440905 2818 29466 535 1092

요한 十六章

八 保惠師가 와서 罪와 義와 審判으로 世上을 責望.

十六 조곰 잇다가라. 혼 말슴이 무슴 말슴이뇨?

廿八 내가 아ᄇᆞ지께로 나와서 世上에 왓다가 다시
世上을 떠나 아ᄇᆞ지께로 도라가노라.

15 日 29467 3538 2440906 2817 29467 534 1093

生气機關	
理解之發吾心曰气	天地設位易行乎中
順序之展健康曰體	當今進中窮變通故
气體候節氤氳泰通	生先死後是大中也

16 月 29468 3537 2440907 2816 29468 533 1094

17 火 29469 3536 2440908 2815 29469 532 1095

人生使命

气機體制格節候 地思天意達士命

1970

11 18 水 29470 2440909 (3533) 29470 (2814) 1096 (531)

싱싱코 : ㅡ보니ㅡ : 힝 ᄒᆞ기에 : ㅡ다니이ㅡ

ᄉᆞᆲ ᄆᆞᆲ ᄉᆞᆷ으로 ᄆᆞᆲ ᄉᆞᆷ ᄃᆞ ᄌᆞᆲ ᄃᆞᆲ니ᆡ 오ᄋᆞ

ᄃᆞᆲ ᄃᆞᆲ ᄐᆞᆲ ᄐᆞᆲ ᄒᆞ①ᄉᆞ5ᄅᆞ ①ᄃᆞ。

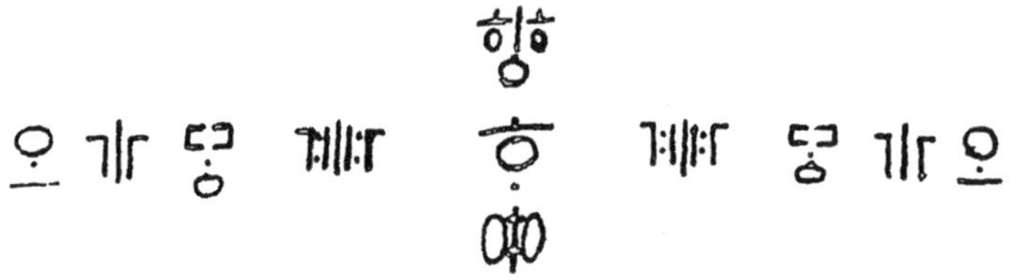

19 木 29471 2440910 (3532) 29471 (2813) 1097 (530)

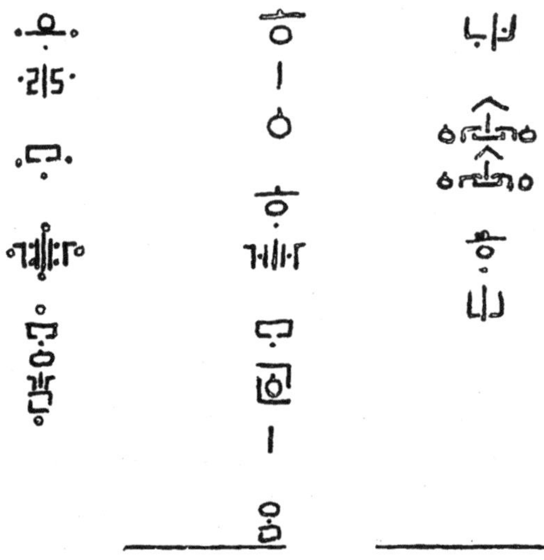

30344 [illegible]

25755 沈

25454 咸

25144 李

20	金	29472	3533 2440911	2812 29472	529 1098

— ⊙ 彡 。———— 日行心 —

大中空中天我中 | 所
得 | 如心容納將來去

無心虛心萬有心 | | 中心誠意歸去來

21	土	29473	3532 2440912	2811 29473	528 1099
22	日	29474 28313	3531 2440913	2810 29474	527 1100
23	月	29475	3530 2440914	2809 29475	526 1101

진달네敎會에吳賢卿눈님 (지난 8月15日頃다시가게신 말슴)
듣고 감수。—'6 24日:30196: '8 15日: 30248: 30348 — 積阻百五十日

24	火	29476	3529 2440915	2808 29476	525 1102
25	水	29477	3528 2440916	2807 29477	524 1103

時間 貴客吾容納 意見自覺父正音

金位 尊約我參與 生涯日用商去來

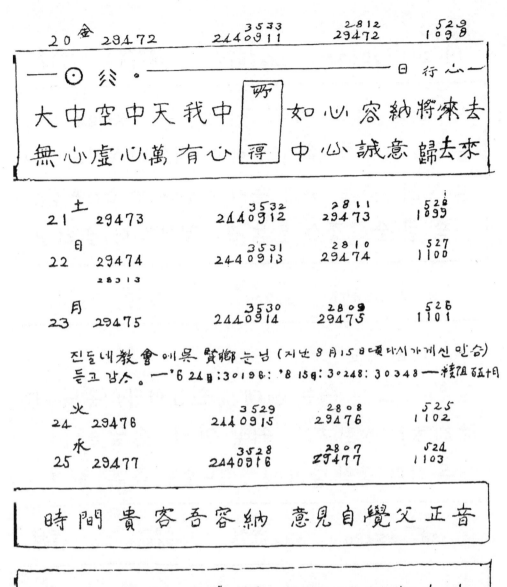

1970

11 26 木 29478 2440917 (3527) 29478 (2806) 1104 (523)

듣고 읽고 닉히 ᄂᆡ쉼 — 숫ᄂᆞᆷ —

숨쉬이 : ᄉᆞ름 : 命 !, 놈이야 쉐요 — 믿지믄 몯쉼!

물ᄉᆞ리 : ᄉᆞ름 : 命 ! 들이야 ᄂᆡ요 — 듣조큰 몯님!

숨물숨 종ᄉᆞ 은놈곤 ᄉᆞᆯ알의더 몯뵈옵!

27 金 29479 2440918 (3526) 29479 (2805) 1105 (522)

기리우리

쇨인 ᄃᆞ로! 쉬는 엔데! 쉰인 어딘? 숫ᄂᆡ께계

ᄎᆞ례 ᄎᆞ려 ᄎᆞ린 ᄌᆞ리 쉬염 쉬어 숫놈우리!

우리응 울림 울리이 숫ᄂᆞ숫ᄂᆞ 올흠 길!

28 土 29480 2440919 (3525) 29480 (2804) 1106 (521)

ᄀᆞ루 치키ㄹ 몰숨

나ᄋᆡ·빛골·일음으로 우리 떠는 길이어오.

나ᄋᆡ 업시 빛ᄋᆞᆯ 돌려 날븐 뒤로 ᄆᆞᆯ슴 이름 !

ᄋᆞᄇᆞ지 、ᄋᆞ돌 우리는 ᄀᆞᄅᆞ치킬 ᄂᆞᆸ니다 .

29 日 29481 0° 8.2 C 3524 2440920 2803 29481 520 1107

두레에 외 누리ㄴ 업ᄃᆞ

ᄋᆞᄅᆞ. ᄋᆞ름답 ! ᄇᆞᄅᆞ. 빛슴 !? — 그리옵기 — 그리: ᄀᆞ、

그림 그려. 글시 쓰고. 글: 받귀며 ᄉᆞ귀 술기 、

븐홍을 글월을 ᄒᆞ며 뒷즈믄히 ! 오늘도 —

그적게 떠나 開天行힛던 熙純 18時頃 來平安.

30 月 29482 0° 11.8C 3523 2440921 2802 29482 519 1108

기리우리 二

위로 위로 우린 위로 오름 올은 옳게 올고 !

누의 누의 우리위로 — 더홀 누의 업시 술가 ?.

ᄋᆞᄇᆞ 께 ᄋᆞᄇᆞ 계신 계ᄅᆞ, 기리우리 !! 올리슴 !!!

1970

永登浦區 九老洞
驛前住宅 906號
정운달

12 1 火 29483 2440922 (3522) 29483 (2801) 1109 (518)

<u>로마八16</u> ᄆᆞᆯ숨님께서 우리 얼로 더브러
『우리가 ᄒᆞᆫ웋님 ᄋᆞᄃᆞᆯ ᄋᆞᆫ것』 ᄇᆞᆰ히시ᄂᆞ니라.

우 리5

ᄋᆞᄇᆞ [卌] 시 [卌] 25 ! 기 리5 우리5 !!

올 리5 올25 리5 [25] !!!
上 可 升 可 生

2 水 29484 2440923 (3521) 29484 (2800) 1110 (517)

3 木 29485 2440924 (3520) 29485 (2799) 1111 (516)

4 金 29486 2440925 (3519) 29486 (2798) 1112 (515)

商量去來可能辭
上可昇可生 入定商議得
主能乘能除 乘勝除殘去

5 土 29487 2440926 (3518) 29487 (2797) 1113 (514)

羊言善 羊我義 (昨年 11 25日記)

꼭디기 ᄋᆞᄇᆞ 외신 ᄋᆞ드님 　　 덥 친 ᄉᆡᆨ기듣 ᄂᆞ신 ᄋᆞ들 뵙

絕對聖父侍奉子 　　 重重人子獨生子

恒巡灵气信仰涯 　　 億億生涯晦暗涯

돌고 도시는 숨님 믿옵럼 　　 억척 캉캄 그믐ㅅ개ᄂᆞᆫ 싱화

로마 四 17 下半 25

17下半
업는 거슬 잇는 거 ᄀᆞᆮ치 부르시는 이시니라.

25
예수는 우리 犯罪홈을爲ᄒᆞ여 내여 줌이되고 또ᄒᆞᆫ 우리를義롭

다 ᄒᆞ심을爲ᄒᆞ여 술ᄋᆞᄂᆞ셧느니라.

—ᄋᆞ— ㊥수 는 우 리 조ᄋᆞᆷ에 졸리어 내어줌 이

되고 또ᄒᆞᆫ 우 리 를 옳다 ᄒᆞ시기 때문 ᄉᆞ라

ᄂᆞ个⊕ ᄂᆞ니라

6 ㄹ 29488 　　 2440927 (3517) 　　 29488 (2796) 　　 1114 (513)

朴恩弘

1961 8 6 日曜 ― 2437518
辛丑 6 25 辛未

150-02 永登浦區 등촌동 山2
가나다 兒童[illegible]團
洪命淳

1970

12 7 月	29489		3516 2440928	2795 29489	512 1115
8 火	29490		3515 2440929	2794 29490	511 1116
9 水	29491		3514 2440930	2793 29491	510 1117
10 木	29492 28588	28331	3513 2440931	2792 29492	509 1118
11 金	29493 26589	28332	3512 2440932	2791 29493	508 1119
12 土	29494 비중일	28333	3511 2440933	2790 29494	507 1120

1919 2 26 水曜 ≻18918≺ 1970 12 12 土曜
己未 1 26 己酉 庚戌 11 14 丙寅
2422016 金興浩 2440933

1919 10 26 日曜 ≻18676≺ 1970 12 12 土曜
己未 9 3 辛亥 庚戌 11 14 丙寅
2422258 柳自相 2440933

13 日	29495 눈날리는 보름 오구두 날에 보름돌이 봄	3510 2440934	2789 29495	506 1121
14 月	29496 흐림	3509 2440935	2788 29496	505 1122

本宅. 永登浦 區 九老洞 簡易住宅 906号

慶北社 43號
電話 54 — 7111 交換 43

鄭雲達 (16時以后: 本요가道場)

서울 運動場

新平和市場

1939	9	22 金曜	≻2429529—
己卯	8	10 壬戌	11407
			≻2440935≺

1970	12	14	月曜
庚戌	11	16	戊辰

二十四气ㄴ
두구다두구
ᄉᆞᆱ
혼팔 돌려
파구
히

15 火 흐림 29497	3508 2440936	2787 29497	504 1123
16 水 흐림 29498	3507 2440937	2786 29498	503 1124
17 木 흐림 29499	3506 2440938	2785 29499	502 1125
18 金 29500	3505 2440939	2784 29500	501 1126

우리 는 옹 로 — ᄆᆞᆯ슴 후야금 —
스믈 넷 ᄀᆞ디 김을 두구다두구 ᄉᆞᆱ 이오니、
혼팔 돌려 ᄑᆞ구 —ᄒᆡ— ᄒᆡᆺ! 후이ᄋᆞ 후야 ᄒᆡ셔요!
늘르신 ᄇᆞ른소리로 후야금을 누ᄋᆡ리。

1970

12 18　ᄎᆞᆷ 命

우리 긴 있건·뜨건, ᄒᆞᆫ ᄀᆞ디로: ᄒᆞᆫ님 모신: 읠、
기 계셔 ᄁᆡ: 데 데 디 로ㄹ!? 늬 예:예이 뜻의 뜸흙
뒷그룩 땀쥔손 씻고 잃에 쉴날 ᄎᆞᆷ위로。!!

171-87 京畿 始興郡 의왕面 二里 二七一
朴永浩

19 土 흐림 29501　$\overset{3504}{2440940}$　$\overset{2783}{29501}$　$\overset{500}{1127}$

13시30분 조음에 大美行歸來感恩。

20 日 29502　$\overset{3503}{2440941}$　$\overset{2782}{29502}$　$\overset{499}{1128}$

민꼭문이 되니: 솟는:누른데。
ᄃᆞ로 누니. 늬소리 놈. 일는! 늬일!! 물도: 물성。
븬통 ᄒᆞᆫ뒤: ᄋᆞᄇᆞ일는、데속:물숨 ;민꼭되기!%
이플ᄉᆞ 비서ᄂᆞ서이: ᄋᆞᄇᆞ 모심 예수예!

21 月 29503　$\overset{3502}{2440942}$　$\overset{1}{\overset{2781}{29503}}$　$\overset{498}{1129}$

廿	十	卅	卌
입	십	삽	십

○ᆢ ᄒᆞ|ᄋᆞ ᄒᆞ야 뎨 ᄒᆞ야곰

디에어 벌에 : 곰인데、덜 에엿기 : 인제도 멀!

싱싱히 : 누! 험ᄒᆞ니 : 그오는 길!! 인젠 : 다왓다!

님이에 도루왓ᄉᆞ와 덜 업찬코 : 깨끝치!

3501 2780 497
22 火 29504 2440913 29504 1130

冬至 22일15시36분 晝間 9時間34分
[illegible]景 前五日等當五日 晝九時卅四分景。

3500 2779 496
23 水 29505 2440944 29505 1131

뎨 더로 : 뫼? 옳디!

얕놋 보니고 높봄 부러 싀기루도 ᄒᆞᆫ둡!

시네 시네 또 ᄒᆞᆫ둡세 : 봅십 봅심 또 ᄒᆞᆫ둡세!

두어라 보님 부림두 뒤돔 몸믄 ᄒᆞ두 : 냐?

3499 2778 495
24 木 29506 2440945 29506 1132

~~齒~~ 齒語。 齒不相值 — 주이.

訓。 說理教道。 儒識訓故 不能經世日之學究,

1970

慶南居昌郡 渭川面 茅東里 569 番地

鄭載均

12	25 金	29507	3498 2440946	2777 29507	494 1133
	26 土	29508	3497 2440947	2776 29508	493 1134
	27 日	29509	3496 2440948	2775 29509	492 1135
	28 月	29510	3495 2440949	2774 29510	491 1136
	29 火	29511	3494 2440950	2773 29511	490 1137
	30 水	29512	3493 2440951	2772 29512	489 1138
	31 木	29513	3492 2440952	2771 29513	488 1139

일 든 ㅣ 흔 ㅇ 뭄 ① 룸

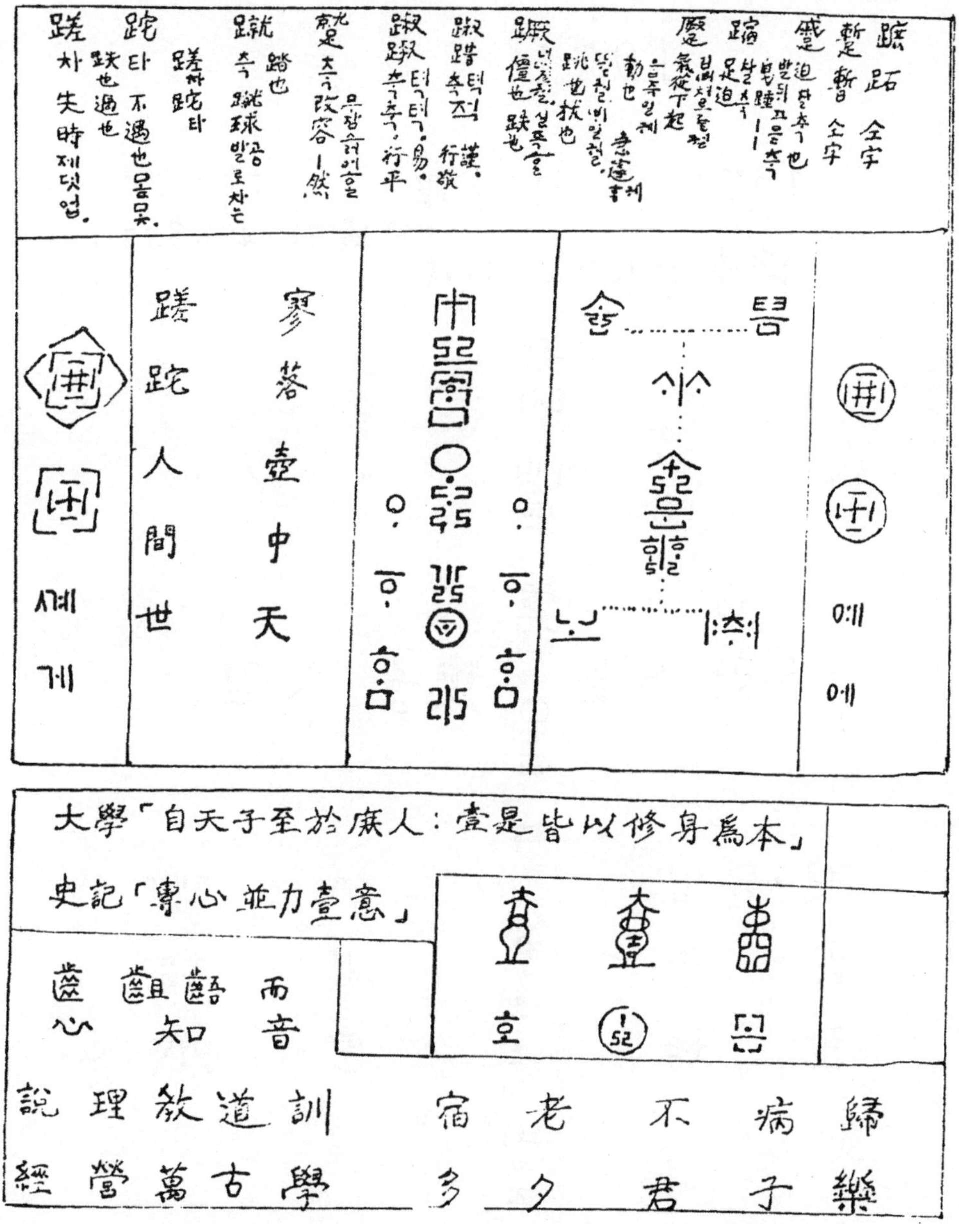
寥落壺中天
蹉跎人間世
大學「自天子至於庶人：壹是皆以修身爲本」
史記「專心並力壹意」
知
音
說 理 敎 道 訓
經 營 萬 古 學
宿 老 不 病 歸
多 夕 君 子 樂

1971

1971 1 1 金曜

辛亥(霙)12 5 丙戌 通日: 2440953日

ᄃᆞ
네
넷오
둘러

우린 오늘 爽 슴 싱김

ᄋᆞᄒᆞᆷ
ᄃᆞ

닭	出	셋	入	끼ᄯᅡ
⊕ᄆ	落	으	昇	끝ᄯᅳ
좀	垢	로	空	个

비
롯
ᄒᆡ

시ᄉᆞ ______ 모ᄅᆞ ______

— 다석 류영모 일지

多夕日誌

다석일지

| 제1권 |

류영모 지음
4*6배판
양장 제본
872쪽
정가 80,000원

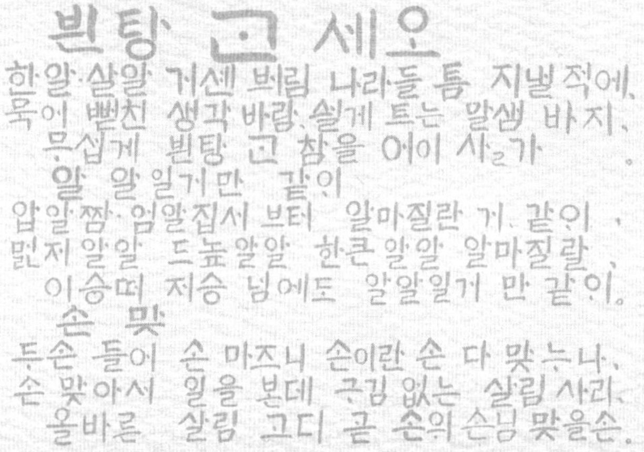
빈탕 ᄃᆞ 세오
한알·살알 거센 븨림 나라들 틈 지낼 적에,
목이 뻗친 생각 바람, 쉽게 트는 말샘 바지,
무섭게 빈탕 ᄃᆞ 참을 어이 사ㄹ가.
알 알 일거만 같이
압알짬·엄알집서 브터 알마질란 거, 같이,
밑지알알 드높알알 한큰 알알 알마질랄,
이승떠 저승 님에도 알알일거 만 같이.
손 맞
두손 들어 손 마즈니 손이란 손 다 맞느니,
손 맞아서 일을 본데 구김 없는 살림사리,
올바른 살림 그디 곧 손의 손님 맞을손.

| 제1권 | 차 례

류영모 지음
4*6배판
양장 제본
808쪽
정가 80,000원

— 다석 류영모 일지

多夕日誌
다석일지

| 제3권 |

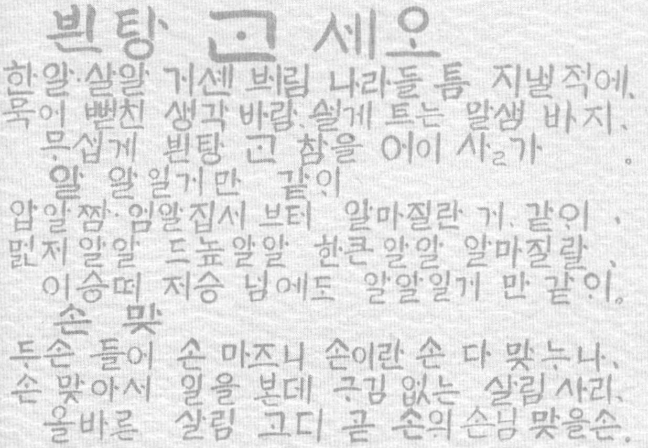
빈탕 세오
한알·살알 거센 벼림 나라들 틈 지낼직에,
목이 뻗친 생각 바람·실게 트는 말샘 바지.
무섭게 빈탕 참을 어이 사ㄹ가 .
알 알 일거만 같이
압알 짬·엄알 집서 브터 알마질란 거. 같이 ,
믿지 알알 드높알알 한큰 알알 알마질랄 ,
이승떠 저승 님에도 알알일거 만 같이.
손 맞
두손 들어 손 마즈니 손이란 손 다 맞누나,
손 맞아서 일을 본데 구김 없는 살림 사리,
올바른 살림 그디 곧 손의 손님 맞을손.

| 제3권 | 차 례

— 다석 류영모 일지

多夕日誌
다석일지

| 제4권 |

류영모 지음
4*6배판
양장 제본
752쪽
정가 80,000원

| 제4권 | 차 례

다석일지多夕日誌를 출간하며

다석일지多夕日誌 재간에 즈음하여

길잡이 말(일러두기)

1. 친필 이력서
2. 다석일지多夕日誌 전前 수첩手帖
3. 늙은이(노자 국역老子 國譯)
4. 메트르 요항要項 — 도량형 신제新制: 미터법 해설(류영모 편술編述, 1928)
5. 버들푸름(류영모 YMCA 강의 속기록)
6. 빈탕한데 맞혀 놀이(與空配享)
7. 친필 류영모 강의안(일부)
8. 류영모 잡지 기고문
9. 류영모 잡지기자 회견기
10. 류영모 추모문(잡지 게재)
11. 多夕 柳永模 스승님 추모담(다석 추모 좌담회 속기록, 1982. 2. 3.)
12. 多夕 서거 추모 보도자료 모음
13. 씨올 (류영모 전기) 서평 _ 박규홍
14. 류영모의 절필絕筆 한시漢詩(마지막 글, 1977. 3. 13.)
15. 류영모 님의 사신私信